OEUVRES COMPLÈTES

DU CHANCELIER

D'AGUESSEAU.

SE TROUVENT AUSSI

CHEZ L'ÉDITEUR, RUE CHRISTINE, N.º 3, A PARIS;
ET CHEZ LES PRINCIPAUX LIBRAIRES DE FRANCE ET DE L'ÉTRANGER.

~~~~~~

DE L'IMPRIMERIE DE I. JACOB, A VERSAILLES.

OEUVRES COMPLÈTES

DU CHANCELIER

D'AGUESSEAU.

NOUVELLE ÉDITION,

AUGMENTÉE DE PIÈCES ÉCHAPPÉES AUX PREMIERS ÉDITEURS,
ET D'UN DISCOURS PRÉLIMINAIRE

PAR M. PARDESSUS,

PROFESSEUR A LA FACULTÉ DE DROIT DE PARIS.

TOME QUINZIÈME,

CONTENANT CINQ INSTRUCTIONS SUR LES ÉTUDES PROPRES A FORMER
UN MAGISTRAT; UN ESSAI D'UNE INSTITUTION AU DROIT PUBLIC;
UN DISCOURS SUR LA VIE ET LA MORT DE M. D'AGUESSEAU, ET
DES RÉFLEXIONS DIVERSES SUR JÉSUS-CHRIST.

PARIS,

FANTIN ET COMPAGNIE, LIBRAIRES,
QUAI MALAQUAI, N.º 3.

H. NICOLLE, A LA LIBRAIRIE STÉRÉOTYPE,
RUE DE SEINE, N.º 12.

DE PELAFOL, RUE DES GRANDS-AUGUSTINS, N.º 21.

M. DCCC. XIX.

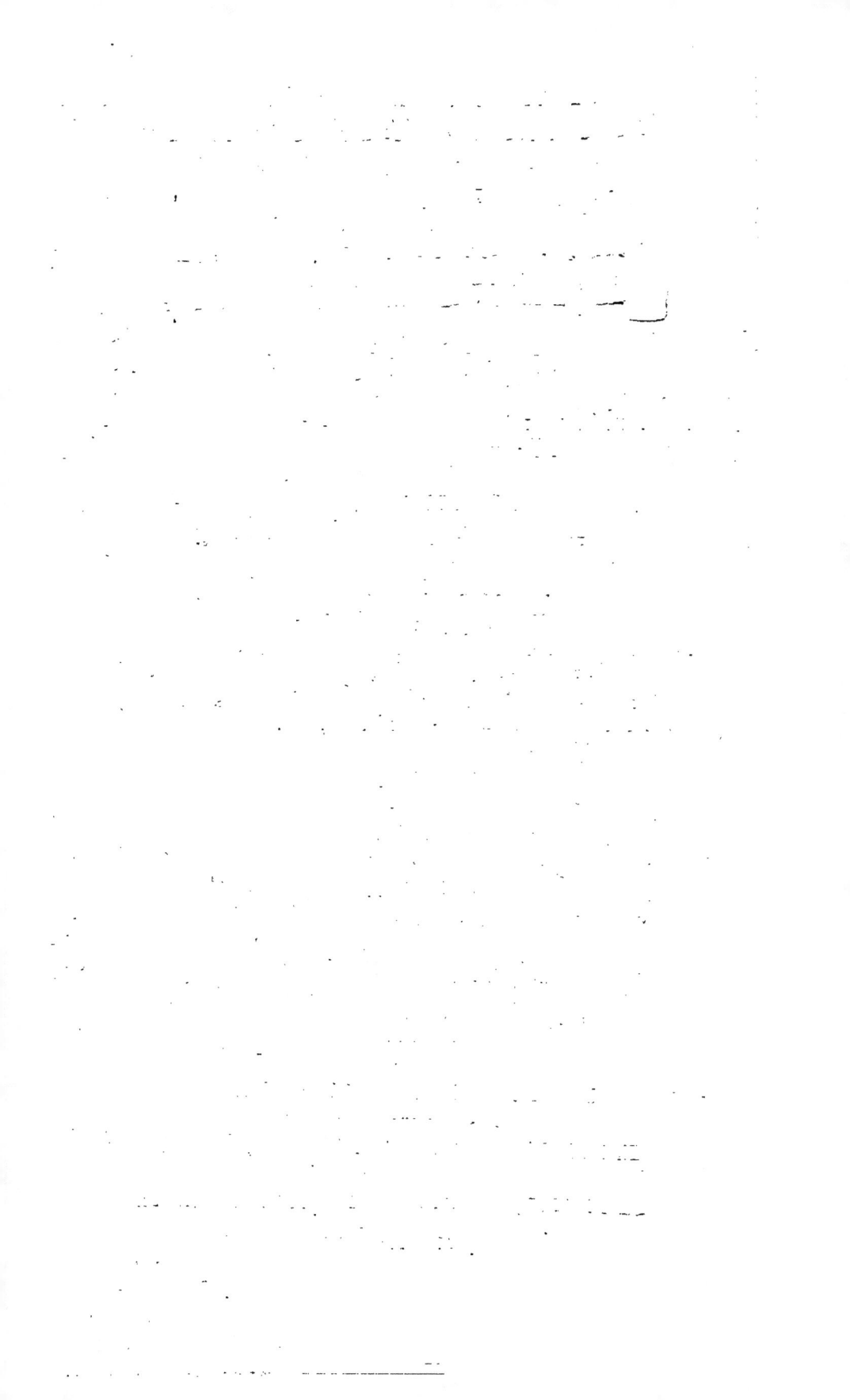

TITRES

DES DIFFÉRENS OUVRAGES

CONTENUS DANS LE TOME QUINZIÈME.

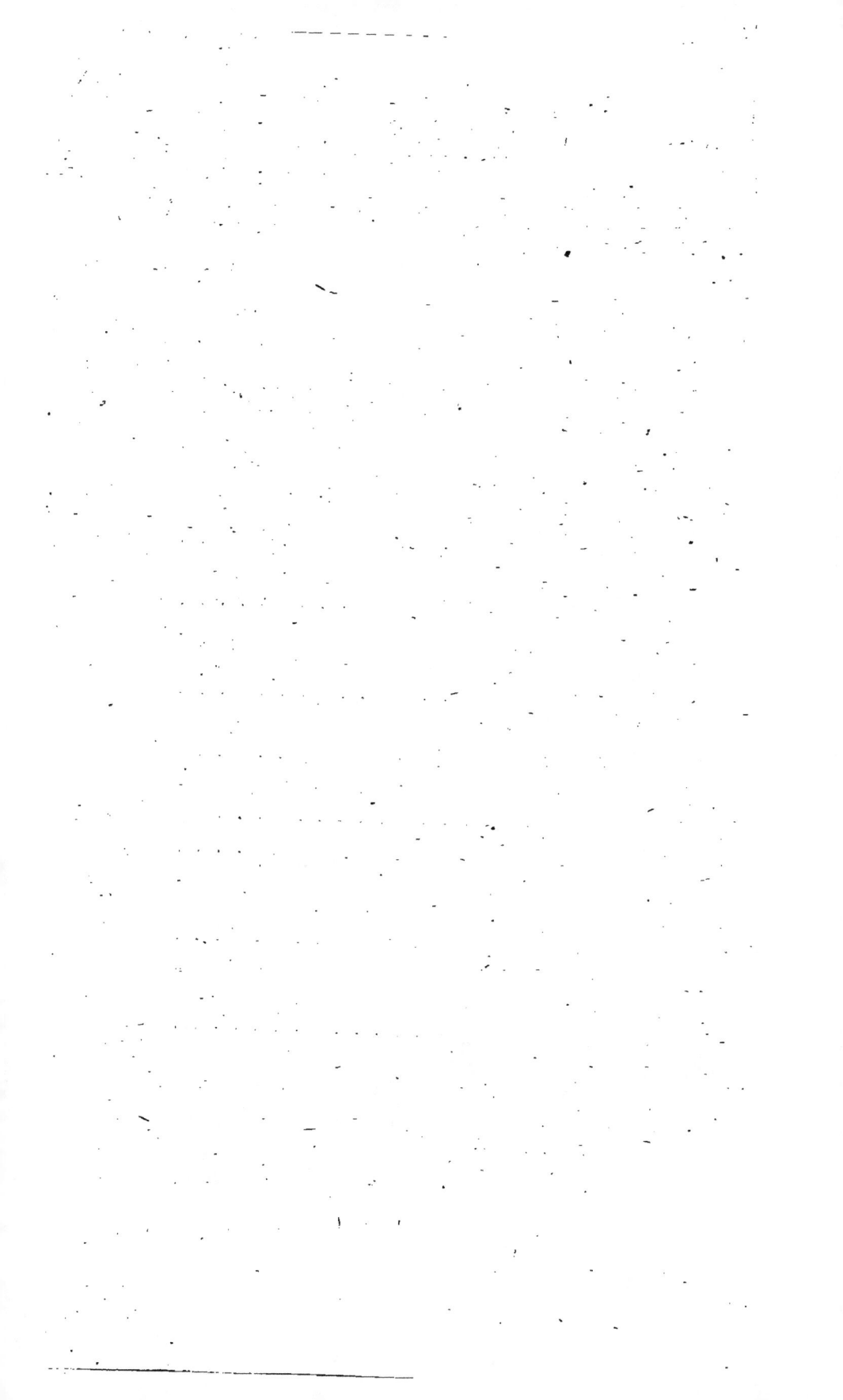

OEUVRES
DE D'AGUESSEAU.

INSTRUCTIONS

SUR LES ÉTUDES,

PROPRES A FORMER UN MAGISTRAT.

PREMIÈRE INSTRUCTION,

Contenant un Plan général d'Études, et en particulier celle de la Religion et celle du Droit.

Envoyée par M. D'AGUESSEAU, alors Procureur-Général, à son Fils aîné.

A Fresnes, ce 27 septembre 1716.

Vous venez, mon cher fils, d'achever le cercle ordinaire de l'étude des humanités et de la philosophie ; vous l'avez rempli avec succès, je vous en félicite de tout mon cœur, je m'en félicite moi-même, ou plutôt nous devons l'un et l'autre en rendre grâces à Dieu de qui viennent tous les biens dans l'ordre de la nature, comme dans celui de la grâce.

D'Aguesseau. Tome XV. 1

Ne croyez pourtant pas avoir tout fait, parce que
vous avez fini heureusement le cours de vos premières études; un plus grand travail doit y succéder,
et une plus longue carrière s'ouvre devant vous. Tout
ce que vous avez fait jusqu'à présent, n'est encore
qu'un degré ou une préparation pour vous élever
à des études d'un ordre supérieur. Vous avez passé
par ce que l'on peut appeler *les élémens des sciences*;
vous avez appris les langues qui sont comme la clef
de la littérature; vous vous êtes exercé à l'éloquence
et à la poésie autant que la foiblesse de l'âge et la
portée de vos connoissances vous l'ont pu permettre;
vous avez tâché d'acquérir dans l'étude des mathématiques et de la philosophie la justesse d'esprit,
la clarté des idées, la solidité du raisonnement,
l'ordre et la méthode qui sont nécessaires soit pour
nous conduire nous-mêmes à la découverte de la
vérité, soit pour nous mettre en état de la présenter
aux autres avec une parfaite évidence. Ce sont, il est
vrai, de très-grands avantages, et celui qui est assez
heureux pour les posséder, peut se flatter d'avoir
entre les mains l'instrument universel de toutes les
sciences; il est en état de s'instruire mais il n'est
pas encore instruit, et toutes ses études précédentes
ne servent, à proprement parler, qu'à le rendre
capable d'étudier.

C'est la situation où je vous trouve aujourd'hui,
mon cher fils; mais avec cet avantage que, quoique
les études que vous allez commencer, soient plus
vastes et plus étendues que celles que vous venez
de finir, vous y entrerez néanmoins avec une habitude de travail et d'application qui, s'étant formée
en vous par rapport aux matières les plus abstraites
et les plus subtiles, ne trouvera presque plus rien d'é-
pineux ni de pénible dans les autres sciences, en
comparaison des difficultés que vous avez été obligé
de dévorer.

L'essentiel est de vous former d'abord un plan
général des études que vous êtes sur le point d'entreprendre; de suivre ce plan avec ordre et avec fidélité,

et surtout de ne point vous effrayer de son étendue. Ce n'est pas ici l'ouvrage d'un jour, ni même
d'une année ; mais quelque long qu'il puisse être,
si vous êtes exact à en exécuter tous les jours une
partie, vous serez comme ceux qui, dans les travaux
qu'ils font faire, suivent toujours un bon plan sans
jamais en changer. Comme ils ne perdent point de
temps, ils mettent à profit toute la dépense qu'ils
font. Insensiblement l'édifice s'élève, les ouvrages
s'avancent ; et, quelque lent qu'en soit le progrès,
on arrive toujours à la fin qu'on se propose, pourvu
que l'on marche constamment sur la même ligne,
et qu'on ne perde jamais de vue le plan qu'on s'est
une fois formé.

C'est à cette fidélité que je vous exhorte, mon
cher fils ; je suis persuadé du désir que vous avez
de vous instruire ; je ne crains donc point de vous
proposer tout entier, un plan que j'aurois pu ne vous
montrer que successivement et par parties. Vous pouvez juger, par là même, de l'opinion que j'ai de votre
bonne volonté, puisque je ne vous dissimule aucune
des difficultés de l'état auquel je crois que Dieu
vous appelle.

Je réduis ce plan à quatre points principaux sur
lesquels je ne vous marquerai à présent, que ce que
vous pourrez exécuter à peu près dans le cours d'une
année ; je le continuerai dans la suite, à mesure que
le progrès de vos études le demandera ; et j'espère
que le succès de chaque année m'encouragera à
vous tracer, avec une nouvelle confiance, le plan du
travail de l'année suivante.

Les quatre points principaux dont je veux vous
parler, sont :

1.º L'étude de la religion ;
2.º L'étude de la jurisprudence ;
3.º L'étude de l'histoire ;
4.º L'étude des belles-lettres.

Je sais qu'il n'y a aucune de ces matières qui ne
pût occuper un homme tout entier, et être l'étude
de toute sa vie ; mais vous n'êtes pas obligé de les

approfondir toutes également. Il vous doit suffire
d'en prendre ce qui sera nécessaire à votre état; il
seroit même dangereux d'aller plus loin ; la raison
et la religion doivent présider à l'étude , comme
aux autres actions de notre vie, une grande partie
de la sagesse d'un homme qui est né avec beaucoup
de goût pour les sciences, est de craindre ce goût
même ; de ne vouloir pas tout savoir pour mieux
apprendre ce qui est essentiel à sa profession; de
donner par conséquent des bornes à sa curiosité naturelle , et de savoir garder de la modération dans
le bien même. C'est l'éloge que Tacite donne à
Agricola ; je souhaite , mon cher fils , que ce soit
un jour le vôtre, et qu'on puisse dire de vous comme
de lui , *retinuit, quod est difficillimum, ex sapientiâ
modum.*

Après cet avis, je commencerai par ce qui regarde
la religion , dont l'étude doit être le fondement , le
motif, et la règle de toutes les autres.

ÉTUDE DE LA RELIGION.

Deux choses peuvent être renfermées sous ce nom :

La première, est l'étude des preuves de la vérité
de la religion chrétienne;

La seconde, est l'étude de la doctrine qu'elle enseigne , et qui est ou l'objet de notre foi, ou la règle
de notre conduite.

L'une et l'autre sont absolument nécessaires à tout
homme qui veut avoir une foi éclairée , et rendre
à Dieu ce culte spirituel, cet hommage de l'être
raisonnable à son auteur , qui est le premier et le
principal devoir des créatures intelligentes ; mais
l'une et l'autre sont encore plus essentielles à ceux
qui sont destinés à vivre au milieu de la corruption du siècle présent, et qui désirent sincèrement
d'y conserver leur innocence en résistant au torrent
du libertinage qui s'y répand avec plus de licence
que jamais, et qui seroit bien capable de faire trembler un père qui vous aime tendrement , si je ne

croyois, mon cher fils, que vous le craignez vous-
même.

Vous ne sauriez mieux réussir à l'éviter, qu'en
vous attachant aux deux vues générales que je viens
de vous marquer : l'une, de vous convaincre toujours
de plus en plus du bonheur que vous avez d'être
né dans la seule véritable religion, en vous appliquant à considérer les caractères éclatans qui en
démontrent la vérité ; l'autre, de vous remplir le
cœur et l'esprit des préceptes qu'elle renferme, et
qui sont la route assurée pour parvenir à ce souverain bien que les anciens philosophes ont tant
cherché, et que la religion seule peut nous faire
trouver.

Par rapport au premier point, c'est-à-dire, l'étude
des preuves de la vérité de la religion, je ne crois
pas avoir besoin de vous avertir, mon cher fils, que
la persuasion, ou la conviction à laquelle on peut
parvenir en cette matière par l'étude et par le raisonnement, ne doit jamais être confondue ni même
comparée avec la foi qui est un don de Dieu, une
grâce singulière qu'il accorde à qui il lui plaît, et
qui exige d'autant plus notre reconnoissance, que
nous ne la devons qu'à la bonté de Dieu qui a bien
voulu prévenir en nous la lumière de la raison même,
par celle de la foi.

Mais, quoique cette conviction et cette espèce de
foi humaine qu'on acquiert par l'étude des preuves
de la vérité de la religion chrétienne, soient d'un ordre
fort inférieur à la foi divine qui est le principe de
notre sanctification, et quoique la simplicité d'un paysan
qui croit fermement tous les mystères de la religion, parce que Dieu les lui fait croire, soit infiniment préférable à toute la doctrine d'un savant
qui n'est convaincu de la vérité de la religion que
comme il l'est de la certitude d'une proposition de
géométrie, ou d'un fait dont il a des preuves incontestables, il est néanmoins très-utile d'envisager avec
attention, et de réunir avec soin toutes les marques visibles et éclatantes dont il a plu à Dieu de

revêtir et de caractériser, pour ainsi dire, la véritable religion.

Non-seulement cette étude affermit et fortifie notre foi ; mais elle nous remplit d'une juste reconnoissance envers Dieu qui a fait tant de prodiges, et dans l'ancienne loi, et dans la nouvelle, soit pour révéler aux hommes la véritable manière de l'adorer et de le servir, soit pour les convaincre de la vérité et de la certitude de cette révélation.

On ne sauroit trop se remplir de ces pensées et de ces sentimens, dans l'âge où vous êtes, mon cher fils. Vous allez entrer dans le monde, et vous n'y trouverez que trop de jeunes gens qui se font un faux honneur de douter de tout, et qui croient s'élever, en se mettant au-dessus de la religion. Quelque soin que vous preniez pour éviter les mauvaises compagnies, comme je suis persuadé que vous le ferez ; et quelque attention que vous ayez dans le choix de vos amis, il sera presque impossible que vous soyez assez heureux pour ne rencontrer jamais quelqu'un de ces prétendus esprits forts qui blasphèment ce qu'ils ignorent. Il sera donc fort important pour vous, d'avoir fait de bonne heure un grand fond de religion, et de vous être mis hors d'état de pouvoir être ébranlé ou même embarrassé par des objections qui ne paroissent spécieuses à ceux qui les proposent, que parce qu'elles flattent l'orgueil de l'esprit ou la dépravation du cœur, qui voudroit pouvoir se mettre au large en secouant le joug de la religion.

Ce n'est pas, mon cher fils, que je veuille vous conseiller d'entrer en lice avec ceux qui voudroient disputer avec vous sur la religion. Le meilleur parti, pour l'ordinaire, est de ne leur point répondre, et de ne leur faire sentir son improbation que par son silence. Vous devez même éviter avec soin de paroître vouloir dogmatiser. C'est un caractère qui ne convient point à un jeune homme, et qui ne sert qu'à donner à des libertins le plaisir de le tourner en ridicule, et quelquefois même la religion avec lui. Mais c'est une grande satisfaction pour un jeune homme aussi bien né que vous l'êtes, de s'être mis en état de sentir le frivole des raisonnemens qu'on se donne la liberté de faire contre la religion ; et de bien comprendre que le système de l'incrédulité est infiniment plus difficile à soutenir que celui de la religion, puisque les incrédules sont réduits à oser dire, ou qu'il n'y a point de Dieu, ce qui est évidemment absurde; ou que Dieu n'a rien révélé aux hommes sur la religion, ce qui est démenti par tant de démonstrations de fait, qu'il est impossible d'y résister : en sorte que quiconque a bien médité toutes ces preuves, trouve qu'il est non-seulement plus sûr, mais plus facile de croire, que de ne pas croire; et rend grâces à Dieu d'avoir bien voulu que la plus importante de toutes les vérités fût aussi la plus certaine, et qu'il ne fût pas plus possible de douter de la vérité de la religion chrétienne, qu'il l'est de douter s'il y a eu un César ou un Alexandre.

C'est pour vous remplir de toutes ces réflexions, que je vous conseille, mon cher fils, de lire attentivement quelques-uns des meilleurs ouvrages qu'on ait faits pour prouver cette grande vérité, comme le traité d'Abbadie, celui de Grotius, les pensées de M. Pascal, et la seconde partie du discours de M. Bossuet, évêque de Meaux, sur l'histoire universelle.

Je voudrois commencer par le premier, parce qu'il embrasse toute la matière, et qu'il descend par degrés de cette première proposition, *il y a un Dieu*, jusqu'à celle-ci, *donc la religion chrétienne est la seule véritable religion.* Vous trouverez même peu de philosophes qui aient poussé aussi loin que cet auteur, les preuves de l'immatérialité et de la spiritualité de l'ame; et comme vous venez d'étudier à fond cette matière, vous ne serez pas fâché de la voir traiter d'une manière moins sèche et plus étendue, par un homme qui étoit en même temps philosophe et orateur.

Cette dernière qualité ne vous plaira peut-être pas tant dans son ouvrage, que la première. Son style vous paroîtra souvent trop diffus ; et vous pourrez souhaiter plus d'une fois, qu'il eût pu imiter la noblesse et la simplicité du style de M. Pascal, autant qu'il a su s'enrichir de ses pensées, et les mettre chacune en leur place. Mais vous pourrez passer légèrement sur les endroits qui vous paroîtront trop amplifiés, et vous arrêter principalement à ceux qui méritent d'être médités avec soin, et même d'être lus plus d'une fois.

Il seroit à souhaiter que cet auteur eût traité avec plus de force et de capacité, l'argument des prophéties, quoiqu'il ait fait de très-bonnes réflexions sur cette matière. Mais il n'est pas le seul qui soit tombé dans ce défaut, et il est fâcheux que cet argument que saint Pierre regardoit comme la plus grande preuve de la véritable religion, n'ait pas encore été traité aussi solidement et aussi profondément que son importance le méritoit. Vous trouverez cependant le nécessaire dans Abbadie ; et il vous mettra en état de suppléer ce qui peut y manquer, soit par vos propres réflexions, ou par les conversations que vous pourrez avoir sur ce sujet, si vous le jugez à propos dans la suite, avec des personnes savantes et versées depuis long-temps dans l'étude des saintes écritures.

Vous pourrez vous contenter de parcourir son troisième volume, où il traite de la divinité de Jésus-Christ. C'est la partie de son ouvrage qui est le moins bien traitée ; et d'ailleurs, quand le corps de la religion a été une fois bien prouvé, la vérité de chaque point particulier est suffisamment démontrée par les preuves générales de la certitude de la révélation. Il ne reste plus que de savoir ce qui a été révélé ; et il n'y a personne qui, après avoir lu l'évangile selon saint Jean, et quelques endroits des épîtres de saint Paul, puisse douter de bonne foi, que l'Écriture inspirée de Dieu même, qui ne peut ni tromper ni être trompé, ne nous représente Jésus-Christ comme

Dieu, égal à son père, et n'ayant qu'une même nature avec lui (1).

Quand vous aurez une fois embrassé le système entier des preuves de la vérité de la religion, la lecture du livre de Grotius vous sera aussi utile qu'agréable. Vous y verrez un mélange précieux d'érudition sacrée et profane, par lequel ce savant auteur découvre des semences de vérité jusque dans la fable même; et fait voir que les plus anciennes traditions qu'il y ait parmi les hommes, s'accordent en grande partie avec ce que l'Écriture nous apprend de la création du monde, et avec les idées qu'elle nous donne de la Divinité. Vous y trouverez encore une infinité de réflexions sensées sur les preuves de fait, qui sont les plus grandes de toutes pour convaincre de la vérité de la religion, et les plus à portée de tous les esprits. Vous y désirerez peut-être un peu plus d'ordre et d'arrangement dans la manière de développer ses idées; mais un jugement solide, une érudition choisie, et une grande profondeur de raison vous dédommageront pleinement de tout ce que vous pourriez y désirer de plus, et peut-être qu'après avoir lu ces deux auteurs, c'est-à-dire, Grotius et Abbadie, vous préférerez celui qui pense plus qu'il ne dit, à celui qui, quoiqu'il pense bien, parle néanmoins encore plus qu'il ne pense.

Je ne vous dirai rien ici ni des pensées de M. Pascal, ni du livre de M. l'évêque de Meaux. Je crois que vous les avez lus l'un et l'autre. Mais, quoique vous en ayez déjà pris une teinture dans un âge peu avancé, je crois que vous ferez bien de les relire à présent que votre raison plus formée, et votre esprit exercé dans les matières de philosophie, vous mettront beaucoup plus en état de profiter pleinement de

(1) C'est le sujet d'un ouvrage intitulé : *Divinitas D. N. J. C. manifestata in scripturis et traditione.* D'Aguesseau eut beaucoup de part à la publication de ce traité, qui fut imprimé par ses ordres en 1746, comme l'auteur l'explique dans sa préface. Il a pris part aussi à l'ouvrage français du même auteur, qui n'a paru qu'en 1751.

cette lecture; et surtout d'y prendre ces grandes notions, et ces idées sublimes de la religion qui sont
comme autant de sources de lumière dont vous ferez
ensuite l'application, de vous-même, à tous les objets
que l'étude ou le commerce du monde présenteront
à votre esprit.

Si votre courage croît avec le travail, comme je
l'espère, vous pourrez, dans la suite des temps,
lire aussi quelques-uns des principaux ouvrages des
pères, sur la vérité de la religion, tels que le traité
de saint Augustin de la véritable religion, celui de la
cité de Dieu, etc., et surtout les apologies de ceux
qui ont écrit pour sa défense contre les païens et
contre les juifs, comme saint Justin, Origène, Tertulien, etc.

Mais, encore une fois, ce sera votre courage
et l'ardeur que vous aurez pour l'étude, qui déci-
deront un jour de ces lectures; et il ne faut pas
oublier que nous ne parlons ici que de l'ouvrage
d'une année.

Pour ce qui est de l'étude de la doctrine que la
religion nous enseigne, et qui est l'objet de notre foi
ou la règle de notre conduite; c'est l'étude de toute
notre vie, mon cher fils. Vous en êtes déjà aussi instruit qu'on le peut être à votre âge; et je vois avec
joie que vous travaillez à vous en instruire de plus en
plus. Je ne puis donc que vous exhorter à vous y
appliquer sans relâche, et à lire pour cela le caté-
chisme du concile de Trente, les ouvrages de M. Nicole, sur le symbole et sur les autres parties de la
religion qu'il a traitées, où vous trouverez toujours
un accord parfait de la raison et de la foi, de la philosophie et de la religion.

Je ne crois pas avoir besoin de vous recommander
la lecture de l'Écriture sainte. Je prie Dieu, mon
cher fils, que vous vous y attachiez toujours avec
fidélité pendant tout le cours de votre vie. Je vous
conseillerai donc seulement, pour vous mieux remplir de toutes les vérités que l'Écriture sainte renferme, de vous prescrire un travail que je regretterai

toujours de n'avoir pas fait pendant ma jeunesse (1) : c'est d'extraire des livres sacrés, tous les endroits qui regardent les devoirs de la vie civile et chrétienne, de les ranger par ordre, et d'en faire comme une espèce de corps de morale qui vous soit propre. Il y a des auteurs qui ont travaillé sur l'Écriture sainte dans cette vue ; mais je ne suis point d'avis que vous vous serviez de leurs ouvrages, si ce n'est peut-être après que vous aurez fait le vôtre, pour voir s'il ne vous sera rien échappé. La grande utilité et le fruit solide de ces sortes de travaux, ne sont que pour celui qui les fait soi-même, qui se nourrit par là à loisir de toutes les vérités qu'il recueille, et qui les convertit dans sa propre substance.

Je n'ai garde d'exiger de vous, que vous fassiez cet ouvrage dans le terme d'une année. Il faudroit pour cela quitter toutes vos autres études. Je serai bien content, si vous le commencez et si vous le continuez avec persévérance. C'est un de ces travaux qu'il n'est pas nécessaire d'avoir achevé pour en recueillir le fruit. Il est bon même qu'il dure long-temps pour le faire avec plus de réflexion et de sentiment ; et je ne sais s'il n'y a pas au moins autant d'avantage à le faire, qu'à l'avoir fait.

Il ne me reste, après cela, pour finir ce premier point qui regarde la religion, que de prier Dieu qu'il continue de répandre sa bénédiction sur l'étude que vous en ferez ; qu'il vous préserve de cet esprit de curiosité, qui se perd en voulant approfondir des questions vaines, inutiles, ou même dangereuses ; et qu'il vous inspire ce goût solide de la vérité, qui la cherche avec ardeur, mais avec simplicité ; et qui s'occupe tout entier des vérités utiles, bien moins pour les connoître que pour les pratiquer.

Je viens maintenant à ce qui regarde le second objet de votre application, c'est-à-dire, l'étude de la jurisprudence.

(1) On trouve, à la fin de ce volume, les extraits que d'Aguesseau avoit faits sur la vie et les miracles de Jésus-Christ.

ÉTUDE DE LA JURISPRUDENCE.

Quoique vous ne soyez pas encore initié dans les mystères de la jurisprudence, vous savez sans doute, mon cher fils, qu'on en distingue trois sortes dont vous devez apprendre les élémens dans le cours de droit que vous allez commencer : la jurisprudence romaine, la jurisprudence canonique, et la jurisprudence française. Je vous parlerai beaucoup de la première, parce qu'elle doit être votre principal objet dans l'année prochaine ; peu de la seconde, parce qu'il suffira, dans cette première année, de l'étude du droit que vous en preniez quelques notions générales ; et je ne vous dirai encore rien de la dernière, parce que vous ne pourrez commencer à vous y appliquer que dans la troisième année de votre cours de droit.

ÉTUDE DU DROIT ROMAIN.

Pour vous mettre d'abord au fait de la méthode que je crois que vous devez suivre dans cette étude, il faut supposer ces deux divisions générales du droit, que vous avez bien la mine de savoir sans l'avoir jamais étudié. Les lois, qui sont la matière de cette étude, peuvent être considérées, ou par rapport à leur source et à leur principe ; ou par rapport à leur objet.

Si on les considère par rapport à leur source, ou elles sont fondées sur des règles naturelles, immuables, éternelles ; ou elles n'ont, pour principe, que la volonté de ceux que Dieu a établis pour gouverner les hommes, et alors on les appelle *arbitraires* ou *positives*.

Je n'entre point ici dans les différentes distinctions que l'on fait ordinairement, ou que l'on peut faire sur ces deux espèces de lois ; vous les trouverez expliquées dans le droit romain, et encore mieux dans les auteurs modernes que je vous indiquerai dans un moment ; il suffit, pour entrer dans le plan que je vais vous tracer, de supposer cette première division des lois.

Si on les considère par rapport à leur objet, ou elles ont été faites pour régler l'ordre et l'administration du gouvernement, comme la vocation à la couronne par succession ou par élection, les différentes formes des états républicains ; les fonctions des charges et des dignités, les droits du prince, son domaine, ses revenus, les subsides et autres impositions publiques, la punition des crimes, la police, et en général tout ce qui a un rapport direct au bien commun de l'état ; ou, au contraire, les lois ont pour objet de régler les différens engagemens que les hommes contractent entr'eux, l'ordre des successions, et, en un mot, ce qui regarde les intérêts des particuliers.

La première de ces deux espèces de lois forme ce qu'on appelle *le droit public* ; et la seconde, ce qu'on nomme *le droit privé*.

Je pourrois ici en ajouter une troisième, qui appartient en quelque manière au droit public ; c'est ce qu'on appelle *le droit des gens* ; ou, pour parler encore plus correctement (parce que le nom de droit des gens a un autre sens que vous apprendrez dans l'étude du droit romain), le droit entre les nations, *jus inter gentes*, qui comprend les règles que les nations doivent observer entr'elles, soit dans la guerre, soit dans la paix. Mais, comme cette espèce de droit n'a point d'autre force pour être exécuté, que celle que les idées de justice et d'équité naturelle peuvent lui donner ; et qu'il n'y a aucune autorité supérieure qui puisse en affermir l'observation entre des princes ou des nations qui ne dépendent point l'une de l'autre, on ne peut lui donner le nom de droit que dans un sens général, et non pas dans l'exacte précision ; parce que, comme vous le verrez ailleurs, la notion exacte du nom de *droit* renferme toujours l'idée d'une puissance suprême qui puisse contraindre les hommes à s'y soumettre.

Ces premières divisions supposées, je veux vous

faire voir, mon cher fils, combien je pense à épargner votre peine, et à diminuer votre travail, quoique vous n'avez peut-être pas cette opinion de moi.

Je vous dispense donc, tout d'un coup, d'étudier, quant à présent, tout ce qui regarde le droit public et le droit des gens ; il est vrai qu'il viendra un temps où j'exigerai peut-être de vous, que vous n'étudiez que ces deux espèces de droit ; mais jouissez au moins de ma facilité présente, en attendant que je devienne un père plus rigoureux pour vous.

Je voudrois pouvoir aussi, en reprenant la première division des lois, en lois immuables et en lois arbitraires, vous soulager à présent de l'étude des lois arbitraires. Mais, quelque bonne volonté que j'aie pour vous, il ne m'est pas possible de vous épargner ou même de différer ce travail ; et cela par deux raisons : l'une, que les lois naturelles sont tellement mêlées dans le droit romain avec les lois arbitraires, qu'il n'est pas possible ni de bien étudier, ni de bien comprendre les premières sans les dernières ; l'autre, parce que vous serez obligé de répondre également sur les unes et les autres, dans les différens exercices que vous ferez en droit ; et que, par la mauvaise méthode de ceux qui professent la jurisprudence, vous aurez beaucoup plus de difficultés à résoudre sur les lois arbitraires que sur les lois naturelles.

Mais, quoiqu'il y ait une nécessité indispensable d'étudier les unes et les autres en même temps, vous devez vous appliquer à deux choses, qu'il ne faut jamais perdre de vue, dans toute l'étude de la jurisprudence : la première est de faire toujours, dans chaque matière, un discernement exact de ce qui appartient au droit naturel, et qui, étant fondé sur cette justice originaire et primitive, qui est comme le modèle et l'archétype de toutes les lois, doit être également observé dans toutes les nations ; et de ce qui, au contraire, n'appartient qu'au droit positif, parce qu'il n'est appuyé que sur l'autorité du législateur, et qu'on peut le regarder plutôt comme l'ouvrage de l'homme que comme l'ouvrage de la loi. La seconde chose est de distinguer même, dans les matières arbitraires, ce qui peut dériver du droit naturel, par des conséquences plus ou moins éloignées, afin de bien pénétrer l'esprit du législateur, et d'être en état de juger, entre deux lois arbitraires qui se contredisent, quelle est celle qui mérite la préférence, comme ayant un rapport plus naturel et plus direct avec les lois immuables.

Mais, comme rien n'est plus important pour vous, et pour tous ceux qui veulent étudier le droit d'une manière supérieure, et capable de former non-seulement un juge mais un législateur, que de s'accoutumer de bonne heure à savoir faire ce discernement, je crois, mon cher fils, que, avant que de vous jeter dans l'étude de la jurisprudence, il est important que vous lisiez quelques livres qui vous apprennent à remonter jusqu'aux premiers principes des lois ; et qu'il n'est pas même inutile que vous approfondissiez cette question, qui a tant exercé autrefois les philosophes politiques, et qui consiste à savoir s'il y a un droit qui soit véritablement fondé sur la nature, dont on puisse démontrer la justice par des principes tirés de la connoissance de l'homme, ou, si vous serez de l'avis d'Horace, soit lorsqu'il dit :

Nec natura potest justo secernere iniquum ,
Dividit ut bona diversis , fugienda petendis (1).

ou lorsqu'il n'attribue l'origine de la justice qu'à la crainte que les hommes ont eue d'être vexés par l'injustice :

Jura inventa metu injusti fateare necesse est,
Tempora si fastosque velis evolvere mundi (2).

ou enfin, lorsqu'il veut que l'intérêt, qui est ordi-

(1) *Horat., lib.* 1, *sat.* 3, *vers.* 114 *et* 115.
(2) *Idem, ibid.* 111.

nairement le père de l'injustice, soit néanmoins l'auteur de la justice et de l'équité.

Atque ipsa utilitas, justi propè mater et œqui (1).

Vous croyiez, peut-être, mon cher fils, être sorti
des spéculations métaphysiques, en quittant l'étude
de la philosophie ; et vous y retomberez, en examinant cette question, et toutes celles qui en dépendent, que l'on peut appeler *la métaphysique de
la jurisprudence.* Je ne vous conseillerois pourtant
pas d'y employer votre temps, si cette étude devoit
se terminer à une simple spéculation plus ennuyeuse
qu'utile, et plus propre à orner votre esprit qu'à
le former véritablement. Mais, en approfondissant
bien cette matière, vous trouverez que presque tous
les principes des lois les plus respectables, c'est-à-
dire, de celles qui sont immuables et universelles,
en dépendent, comme autant de conséquences naturelles qui dérivent de cette justice originale dont
Dieu est la source et dont il a gravé les premières
notions dans le fond de notre être. Vous devez donc
faire, de cette espèce de métaphysique du droit,
une étude préliminaire à toute autre étude de la jurisprudence dont elle doit être le fondement ; et je
vous conseille, pour cela, de lire d'abord le premier
livre du traité de Cicéron de *legibus*, où il examine
quel est le principe général de toutes les lois. C'est
une lecture qui ne vous occupera pas long-temps,
et où vous aurez occasion de remarquer ce qu'on
a observé sur les offices du même auteur, qu'à la honte
du Christianisme il y a bien des chrétiens qui n'ont
pas eu des lumières aussi pures et aussi droites qu'un
païen, sur les premières idées de la justice naturelle, et sur le fondement de tous les devoirs de la
société.

Cicéron, qui étoit plus orateur que philosophe,
et plus propre à exposer les pensées des autres qu'à

(1) *Horat.*, *lib.* 1, *sat.* 3, *vers.* 97.

penser de lui-même, avoit puisé de grandes notions dans la lecture de Platon, qui semble avoir eu plus de part, qu'aucun autre philosophe, à ce que l'on peut appeler *la révélation naturelle*, c'est-à-dire, à cette manifestation de la vérité que Dieu accorde aux hommes qui savent faire un bon usage de leur raison.

Je souhaiterois donc fort, mon cher fils, que vous pussiez trouver le temps de lire la république et les lois de Platon ; mais surtout sa république ; ouvrage beaucoup plus sublime et plus parfait que celui des lois ; ce qui a donné lieu de croire que, dans la république, il avoit parlé véritablement d'après Socrate, et que, dans les lois, il n'avoit parlé que d'après lui-même. Mais je craindrois que cette lecture ne fût peut-être trop longue pour vous, dans le temps présent, et qu'elle ne vous obligeât à différer trop long-temps de commencer l'étude du droit romain. Ainsi, il suffira que vous lisiez la république de Platon, en même temps que vous vous appliquerez à cette étude ; et, comme je suppose que vous destinerez une partie de votre temps à étudier à fond les belles-lettres, vous pourrez placer la lecture de ce livre admirable, dans les heures que vous donnerez à la littérature. Il réunit deux des principaux objets de vos études présentes ; puisque, si, d'un côté, on y découvre les premiers principes des lois, développés d'une manière sublime, on y trouve, de l'autre, le modèle du style le plus parfait : je pourrois ajouter encore (si l'on en excepte quelques opinions singulières) les leçons de la plus pure morale ; en sorte que ce livre peut passer, en même temps, pour un chef-d'œuvre de législation, d'éloquence et de morale.

Mais, comme je compte que la lecture de cet ouvrage ne fera qu'accompagner l'étude que vous ferez du droit romain, je crois qu'il faudra que vous passiez de la lecture du premier livre des lois de Cicéron, à celle de deux ouvrages modernes qui ne cèdent point à ceux des anciens, au moins pour la force et la solidité des choses, quoiqu'ils leur soient fort inférieurs, pour la beauté et le choix des expressions.

L'un est les prolégomènes du livre que Grotius a fait sur le droit, que je vous ai dit, tout à l'heure, qu'on pouvoit appeler *jus inter gentes*, et que Grotius a intitulé : *jus belli et pacis*. Il donne, dans la préface ou prolégomènes de ce livre, des idées fort justes et fort précises sur les principes généraux des lois et sur leurs différentes espèces, par des distinctions et des définitions qui m'ont toujours paru beaucoup plus exactes que celles qu'on trouve dans les auteurs du droit romain. Cette préface ne vous occupera pas plus long-temps que le premier livre des lois de Cicéron, quoiqu'elle mérite d'être méditée attentivement, et même d'être lue plus d'une fois.

L'autre ouvrage moderne, qui vous suffiroit presque seul, et que vous ne sauriez trop vous rendre propre, soit par une lecture exacte ou même par l'extrait que vous ferez bien d'en faire, est le traité des lois de M. Domat, qui est à la tête de son grand ouvrage des lois civiles dans leur ordre naturel.

Personne n'a mieux approfondi que cet auteur, le véritable principe des lois, et ne l'a expliqué d'une manière plus digne d'un philosophe, d'un jurisconsulte et d'un chrétien. Après avoir remonté jusqu'au premier principe, il descend jusqu'aux dernières conséquences. Il les développe dans un ordre presque géométrique : toutes les différentes espèces de lois y sont détaillées avec les caractères qui les distinguent. C'est le plan général de la société civile le mieux fait, et le plus achevé qui ait jamais paru, et je l'ai toujours regardé comme un ouvrage précieux que j'ai vu croître et presque naître entre mes mains, par l'amitié que l'auteur avoit pour moi. Vous devez vous estimer heureux, mon cher fils, de trouver cet ouvrage fait, avant que vous entriez dans l'étude de la jurisprudence. Vous y apporterez un esprit non-seulement de jurisconsulte, mais de législateur, si vous le lisez avec l'attention qu'il mérite; et vous serez en état, par les principes qu'il vous donnera, de démêler de vous-même, dans toutes les lois que vous lirez, ce qui appartient à la justice naturelle et immuable, de ce qui n'est que l'ouvrage d'une volonté positive et arbitraire; de ne vous point laisser éblouir par les subtilités qui sont souvent répandues dans les jurisconsultes romains; et de puiser avec sûreté, dans ce trésor de la raison humaine et du sens commun, ce que l'on trouve recueilli dans le digeste, comme je vous le dirai quand il sera temps que vous commenciez à l'étudier.

Quand vous aurez lu le traité des lois de M. Domat, vous lirez aussi, tout de suite, le livre préliminaire qui est à la tête du premier volume, et qui, suivant la méthode des géomètres sur laquelle cet auteur s'étoit formé, établit d'abord des règles et comme des axiomes généraux qui influent sur toutes les parties de la jurisprudence.

Vous y trouverez donc un abrégé fort utile des maximes générales qui regardent la nature, l'usage et l'interprétation des lois.

Vous y trouverez ensuite deux sortes de définitions générales :

L'une, des personnes qui sont l'objet de la science du droit, et des différentes qualités qui les distinguent, qui les caractérisent, et qui forment ce qu'on appelle *l'état des personnes* :

L'autre, des choses que les lois envisagent par rapport à l'usage des hommes, soit dans les engagemens, soit dans les successions.

C'est à quoi je réduis, mon cher fils, l'étude des préliminaires, ou, si vous le voulez, des prolégomènes de la jurisprudence, principalement par rapport à ce qui est d'un droit naturel et immuable.

Mais, il y a une autre espèce de prolégomènes qui vous seroit aussi nécessaire, et dont l'utile regarde uniquement l'étude des lois positives et arbitraires.

Comme, pour les bien entendre, il faut être instruit du progrès de la législation romaine, de la nature des différentes lois dont le corps du droit est composé, de l'autorité des jurisconsultes dont les réponses ont mérité de devenir des lois et ont fait donner au recueil de leurs décisions le titre glorieux de *raison écrite*, des différentes sectes qu'il y a eu parmi eux, et de la diversité de leurs opinions ; il est à propos que vous en preniez d'abord une idée et une notion générale : et vous trouverez presque tout ce qui vous est nécessaire à cet égard dans deux petits ouvrages qui sont dans le *manuale juris* de Jacques Godefroy, grand jurisconsulte et grand critique, dont j'aurai occasion de vous parler plus d'une fois dans la suite de vos études.

Le premier de ses ouvrages est intitulé, *historia seu progressus juris civilis romani*, qu'il est bon de lire et relire jusqu'à ce que vous le sachiez exactement.

Le second a pour titre, *Bibliotheca juris romani*, qui vous apprendra à connoître tous les matériaux, si l'on peut parler ainsi, dont l'édifice entier du droit romain a été composé : comme des lois des premiers rois, la loi des douze tables, l'édit perpétuel du préteur, les constitutions ou les rescrits des empereurs, les écrits et les réponses des jurisconsultes, etc.

Si vous vouliez étudier les fragmens qui nous restent de ces anciens monumens de la jurisprudence romaine, vous les trouveriez tous recueillis dans un autre ouvrage du même auteur, qui a pour titre, *fontes juris civilis*, et qui renferme beaucoup de critique et d'érudition : mais, comme ces sortes de recherches ont plus de curiosité que d'utilité, il vous suffira, quant à présent, mon cher fils, de savoir où elles se trouvent, et je regretterois le temps que vous emploieriez à les étudier, d'autant plus que vous y trouveriez bien des choses que vous ne seriez pas encore en état d'entendre sans beaucoup de peine.

Contentez-vous donc de bien savoir son histoire et sa bibliothèque du droit romain, et joignez-y encore l'histoire du même droit, qui a été faite par M. Doujat, professeur, parce qu'elle a encore plus de rapport à la méthode des écoles : c'en sera assez pour le temps présent, d'autant plus que ces premières idées vous seront tant de fois présentées dans l'étude du droit, qu'elles vous deviendront entièrement familières sans les étudier plus à fond quant à présent.

Vous serez en état, après cela, de commencer à lire les institutions de Justinien; et, quoique l'ordre n'en soit pas vicieux, vous souhaiterez néanmoins plus d'une fois, qu'il eût pu être tracé par M. Domat au lieu de l'être par M. Tribonien.

La meilleure méthode à mon sens, d'apprendre les instituts, est celle que Justinien même avoit prescrite aux professeurs de son temps, c'est-à-dire, de les apprendre *levi ac simplici viâ*, en se contentant de bien entendre le texte, sans le charger d'abord de beaucoup de commentaires.

Ainsi, je voudrois que vous lussiez d'abord le texte des instituts avec la paraphrase de Théophile qui en facilite suffisamment l'intelligence; en y joignant seulement les courtes notes de M. Cujas. S'il y a quelques endroits que vous n'entendiez pas encore, avec ces secours, vous pourrez consulter l'avocat que vous aurez auprès de vous ; mais, je vous prie, mon cher fils, de n'y avoir recours que lorsque, après quelque temps d'une application sérieuse et suffisante, vous désespérerez de bonne foi du succès de votre attention ; car je souhaite fort, que, autant qu'il sera possible, vous soyez votre maître à vous-même. L'expérience vous apprendra, et elle vous l'a peut-être déjà appris, quoique vous ne soyez pas bien vieux, qu'on ne sait rien si parfaitement que ce que l'on a appris par le seul effort de son application.

Il faut pourtant que cette règle ait ses bornes, mon cher fils, surtout dans le commencement d'une étude nouvelle avec laquelle on n'est pas encore familiarisé; autrement on s'épuiseroit l'esprit, on pourroit même se rebuter, et on perdroit d'ailleurs un temps qu'on pourroit employer plus utilement. Il suffit d'être de bonne foi sur cela comme sur tout le reste; mais il faut y ajouter encore la précaution de

repasser sur les endroits difficiles avec quelque personne éclairée, quoique l'on croie les avoir bien entendus, afin de voir si l'on ne s'est pas trompé.

Quand vous aurez lu ainsi tous les instituts de
Justinien, sans y chercher autre chose que l'intelligence du texte, vous aurez cet avantage que, ayant une
teinture générale de tout le corps de la jurisprudence
romaine, pour ce qui regarde le droit privé, vous
serez en état d'embrasser tout votre objet, et de répondre sur chaque matière aux difficultés que l'on
tire souvent d'une matière différente.

Je compte que deux mois bien employés, suffiront
pour cette première lecture.

Ce sera alors qu'il faudra revenir sur vos pas, et
recommencer le même travail, en y joignant le commentaire de feu M. Baudin sur les instituts, que vous
trouverez aisément manuscrit; je n'en ai point vu de
plus clair, de plus méthodique, de plus convenable
aux exercices des écoles, et d'une meilleure latinité.

Vous pourrez aussi consulter sur les endroits les
plus difficiles, les notes de Vinnius et celles de la
Coste, qui sont, à mon sens, les meilleurs commentaires imprimés que nous ayons sur les instituts.

Vous aurez dans ce temps-là un docteur de droit
qui viendra vous exercer sur chaque titre de ce livre,
vous expliquer les difficultés les plus considérables,
et vous proposer les argumens ordinaires qu'on a
accoutumé de faire dans les écoles.

Vous y joindrez aussi des exercices fréquens sur
les mêmes matières, avec de jeunes gens studieux et
de bonnes mœurs, pour acquérir la facilité de parler,
et surtout de parler le langage des lois; c'est à quoi
vous ne sauriez trop vous attacher, mon cher fils.
Chaque profession a sa langue qui lui est propre; et
celle des jurisconsultes romains est une des plus
pures. Il est d'ailleurs d'une utilité infinie de s'accoutumer à parler en termes propres; c'est une des plus
grandes parties de l'élégance du style, et quand on
en a une fois pris l'habitude dans une matière, on la
porte aisément dans toutes les autres, et l'on parvient

même à ne pouvoir plus s'en passer. Lisez donc, pour cela, mon cher fils, et pour bien d'autres choses, lisez continuellement les écrits de M. Cujas, qui a mieux parlé la langue du droit qu'aucun moderne, et peut-être aussi bien qu'aucun ancien. Je tâcherai de vous faire avoir aussi les écrits de M. Boscager, qui a été le maître de mon père, et qui a traité les matières de droit avec une pureté et une élégance singulière.

Je souhaiterois fort que cette seconde étude des instituts, plus exacte et plus profonde que la première, pût être entièrement achevée dans six mois à compter du premier janvier prochain, et que vous en eussiez fait dans le même temps un petit abrégé pour fixer et pour soulager votre mémoire en le relisant de temps en temps ; je crois que cela ne vous sera ni impossible ni même fort difficile, en donnant à cette étude trois heures par jour, en y comprenant le temps que vous passerez avec votre répétiteur.

Je suppose donc que, vers la saint Jean, vous aurez achevé ce travail ; et je ne vous demanderai alors plus que deux choses pour finir votre première année du droit civil, jusqu'aux vacations de l'année prochaine :

L'une, sera de lire dans le même manuel de Godefroy, dont je vous ai déjà parlé, ce que l'on appelle : *series digestorum et codicis*, c'est-à-dire, la suite et la liaison des titres du digeste et du code ; non pour vous convaincre de la bonté de l'ordre de ces deux corps de jurisprudence, ce que je crois qu'on aura de la peine à vous persuader, d'autant plus qu'on y a suivi deux plans différens dont aucun n'est le naturel ; mais, pour vous familiariser insensiblement avec cet ordre, tout défectueux qu'il est, vous donner une légère idée de toutes les matières du droit, et vous mettre en état de trouver aisément les titres et les lois que vous serez obligé de chercher dans le digeste et dans le code : mais l'habitude fera plus sur cela que tout le reste.

L'autre, qui sera pour vous d'une plus grande

utilité, c'est de lire les deux derniers titres du digeste, qui sont comme le supplément des instituts, et dont l'un traite des règles du droit, et l'autre de la signification des mots. Si ces deux titres tenoient tout ce qu'ils promettent, ils seroient d'une utilité infinie pour ceux qui étudient en droit; mais, quoiqu'ils ne soient pas aussi parfaits qu'on pourroit le désirer, il est néanmoins très-important de les bien savoir : et, si vous y trouvez quelque difficulté, vous pourrez avoir recours aux notes de Denis Godefroy, et quelquefois même à celles de Jacques Godefroy sur le titre *de regulis juris*, qui sont beaucoup plus savantes, et qu'on a toujours regardées comme un chef-d'œuvre en ce genre.

Vous y joindrez enfin un autre recueil, que le même Jacques Godefroy a fait pour servir de supplément au titre *de regulis juris*, et qui est dans le même manuel dont je vous ai déjà parlé, sous le titre de *florilegium rotondiorum juris sententiarum*, etc. On ne sauroit trop se remplir l'esprit de ces notions communes, qui sont comme autant d'oracles de la jurisprudence, et comme le précis de toutes les réflexions des jurisconsultes. Rien même ne fait plus d'honneur à un jeune homme qui fait ses exercices ordinaires en droit, que d'avoir à la main ces sortes de sentences, qui donnent non-seulement de l'ornement, mais du suc et de la substance à toutes ses réponses.

Voilà, mon cher fils, tout ce que je vous propose de faire pendant le cours de l'année académique que vous allez commencer. J'ai peur que vous n'en soyez si las par avance, que vous ne me donniez pas une audience trop favorable sur ce que j'ai à vous dire de l'étude du droit canonique, qu'il faudra pourtant tâcher de commencer avant la fin de cette première année; mais j'en exigerai si peu sur ce point, que j'espère qu'à la fin nous nous séparerons contens l'un de l'autre.

ÉTUDE DU DROIT CANONIQUE.

Cette étude a aussi ses préliminaires, ou ses prolégomènes, comme celle du droit civil, et ils ne sont
pas moins nécessaires pour y entrer avec la préparation convenable.

L'étude du droit canonique est, à proprement parler, l'étude des lois de l'église, par rapport à sa police
et à sa discipline, aux titres et aux fonctions de ses
ministres, et à l'ordre de ses jugemens.

Ainsi, tout ce que vous aurez vu dans les prolégomènes du droit civil, sur l'origine, la nature et
les différentes espèces des lois, aura aussi son application au droit ecclésiastique; en sorte qu'il sera
vrai de dire en ce sens, comme dans beaucoup d'autres
qui s'offriront à vous dans la suite, qu'en étudiant le
droit civil, vous aurez appris, sans y penser, le droit
canonique.

Mais, outre ces premières notions générales, qui
sont communes à l'une et à l'autre jurisprudence,
vous aurez encore à étudier ces deux sortes de prolégomènes qui sont propres à l'étude des canons :
l'une, qui est toute de droit, quoique les exemples
puissent servir à l'illustrer; l'autre, qui est entièrement de fait.

La première, consiste à bien approfondir la nature des lois ecclésiastiques, et toutes les différences
qui sont entre ces lois et les lois civiles ou temporelles, soit par rapport à leur matière, soit par rapport à leur objet, soit enfin par rapport aux peines
qui affermissent l'autorité des unes et des autres. C'est
ce qui vous conduit naturellement à la grande et
importante question de la distinction des deux puissances, c'est-à-dire, de la puissance spirituelle et de
la puissance temporelle, qui est ce que l'on appelle
d'un autre nom, *le sacerdoce et l'empire*.

Vous ferez quelque jour, mon cher fils, une étude
suivie et approfondie de cette grande matière qui,
suivant toutes les apparences, pourra devenir un

des principaux objets de vos fonctions, si vous vous rendez digne de remplir celles du ministère public.

Mais, en attendant que vous puissiez étudier à fond cette matière, il est nécessaire que vous vous en formiez au moins une juste idée, avant que de vous engager dans l'étude du droit canonique, où vous pourriez prendre de très-mauvais principes sur les bornes des deux puissances, si vous en lisiez le texte et les interprètes, sans précautions, et sans avoir dans l'esprit quelques maximes générales qui sont absolument nécessaires pour en faire un juste discernement.

La lecture du traité des lois, de M. Domat vous en aura donné d'abord une première notion; mais, comme il n'a touché ce point qu'en passant, quoique avec beaucoup de justesse, vous ferez bien d'y joindre deux choses qui vous suffiront quant à présent :

L'une, est la lecture du traité de M. le Vayer, *de l'autorité des rois dans l'administration de l'église*; traité qui, dans son genre, ne cède guère à celui de M. Domat, sur les lois, et qui est même écrit avec encore plus de clarté et d'agrément dans la diction. Vous pourrez en passer la première partie qui est historique, mais superficielle et peu exacte sur certains faits, pour vous attacher d'abord à la seconde qui est toute de droit, et où vous trouverez des idées simples, naturelles, mesurées avec toute la sagesse possible, et véritablement capables de concilier deux puissances souvent ennemies, qui ne le seroient jamais si elles entendoient parfaitement, non-seulement leurs droits, mais leurs véritables intérêts. Je me garderai bien de vous dire que j'en ai un extrait tout fait, parce qu'il faut, s'il vous plaît, que vous ayez aussi la peine d'en faire un; l'utilité de ces sortes d'extraits, comme je vous l'ai déjà dit ailleurs, étant de les faire soi-même.

L'autre, est la lecture de quelques écrits de M. le Merre, sur la même matière, où vous trouverez aussi beaucoup de sagesse et de solidité; et c'est par là que vous pourrez commencer à faire connoissance avec un homme d'un mérite supérieur, qui seul est plus capable de vous conduire dans l'étude du droit ecclésiastique, que tout ce que je pourrois vous en dire.

Quand vous aurez bien compris la véritable nature de la puissance spirituelle et des lois canoniques, vous passerez à la seconde espèce de prolégomènes qui ne consiste qu'en faits, et qui est entièrement semblable à celle que vous aurez vue dans Jacques Godefroy, sur le droit romain.

Vous comprenez assez par là, mon cher fils, que je veux vous parler de l'histoire du droit canonique, que l'on peut diviser en deux parties, dont la première comprend l'ancien droit, c'est-à-dire, l'histoire des collections anciennes des canons qui ont eu cours dans l'église, jusqu'à la collection d'Isidore, exclusivement; et la seconde regarde le nouveau droit, c'est-à-dire, les nouvelles collections des canons et des décrétales des papes, dont la dernière forme avec le décret de Gratien, ce que l'on appelle le corps du droit canonique; recueil beaucoup plus imparfait que ceux du droit civil, et qui ne contient presque que ce qu'il y a de moins bon dans les dispositions canoniques, en sorte qu'il pourroit être plus justement appelé le corps de droit du pape que le corps de droit de l'église.

Il faut cependant l'étudier, mon cher fils, soit parce que c'est le principal et presque le seul objet des études qui se font dans les écoles canoniques, soit parce que l'ignorance d'une longue suite de siècles a donné une espèce d'autorité à ce recueil, dans les choses néanmoins qui ne sont pas contraires aux maximes de ce royaume et aux libertés de l'église gallicane.

Mais, pour y bien entrer, et être en état d'en porter un jugement équitable, il faut en savoir l'histoire, qui contribue beaucoup à donner une juste idée de son autorité.

Vous pourrez lire, pour cela, la dissertation de

M. Florent, savant professeur en droit, qui a pour titre, *de origine et arte juris canonici*; les préfaces de la bibliothèque du droit canonique, de M. Justel, et les six premiers chapitres du troisième livre de M. de Marca, *de concordiâ sacerdotii et imperii*. Vous pourrez parcourir aussi ce qui en est dit dans les prénotions canoniques de M. Doujat, et qui est encore plus accommodé à la méthode ordinaire des écoles. Il n'est pas inutile de lire aussi la même histoire dans plusieurs auteurs différens, soit parce que chacun d'eux y joint des réflexions qui lui sont propres; soit parce que, comme cette science consiste uniquement en faits et en observations critiques, dont il faut que les principales demeurent toujours dans la mémoire, il est nécessaire de les lire et relire plus d'une fois; et vous le ferez plus agréablement en changeant d'auteur, et en renouvelant par là votre attention.

L'essentiel, pour vous rendre absolument maître de ces prénotions canoniques, sera d'en faire vous même un abrégé tiré de tous les auteurs que je viens de vous marquer, et je me garderai bien de vous donner le mien, mon cher fils, vous en savez la raison.

Quand vous vous serez ainsi préparé à l'étude du droit canonique, vous commencerez à y entrer par la lecture des paratitles, des décrétales du professeur dont vous prendrez les leçons, parce que c'est sur cela que vous serez examiné; mais vous y joindrez deux autres ouvrages pour vous instruire plus exactement des élémens du droit canonique.

Le premier, est le traité de Duaren, *de sacris ecclesiæ ministeriis*, qui est une espèce d'abrégé de ce droit, et dont la principale utilité sera de vous apprendre à bien parler latin dans cette jurisprudence, dont le style ordinaire est bien éloigné de la pureté et de la propreté de celui des jurisconsultes romains, et de plusieurs interprètes modernes.

Le second, est l'institution de M. l'abbé Fleury,

au droit ecclésiastique. Quoique cet ouvrage ne soit pas aussi parfait qu'il pourroit l'être, il vous sera néanmoins avantageux de le lire, parce que l'auteur a soin de rapporter le droit canonique romain à nos usages, et que les notions qu'il donne ont bien plus de rapport à la pureté des anciennes règles ecclésiastiques, que les autres institutions composées pour la plupart par des auteurs dont toute la science étoit renfermée dans le cercle étroit et dangereux du corps du droit canonique.

De toutes les institutions de ce genre, celles dont on fait le plus de cas, et qui semblent avoir acquis une espèce d'autorité dans les écoles, sont celles de *Lancelot*; vous pouvez les parcourir, mon cher fils; mais j'aimerois encore mieux que vous lussiez celles de M. Baudin, qui a pris tout ce qu'il y a de bon dans Lancelot, et qui y a joint une expression beaucoup plus pure et plus correcte.

En voilà plus qu'il n'en faut, mon cher fils, pour vous occuper sur l'une et sur l'autre jurisprudence, pendant le cours de votre première année académique : je compte même que ce que je viens de vous conseiller sur le droit canonique, vous conduira jusqu'au premier janvier de l'année 1718, et je serai bien content, si vous n'y employez pas plus de temps.

Il ne me reste avant de passer à une autre matière, que de vous marquer comment vous pourrez concilier ces deux études, et les faire marcher presque de front.

Je vous ai déjà dit que je croyois que vous deviez vous attacher uniquement au droit romain, jusqu'à la saint Jean de l'année prochaine; alors, comme j'espère que vous vous serez rendu maître des instituts de Justinien, et que vous n'aurez plus à lire que ce que je vous ai marqué à la suite de cette étude, qui ne doit pas vous occuper plus d'une heure, ou une heure et demie par jour, vous pourrez employer une heure et demie ou deux heures à la lecture du droit canonique, et vous mettre en état

d'avoir achevé tout ce que je viens de vous proposer, dans les derniers six mois de l'année 1717, pour
vous disposer à subir le premier examen, et à soutenir votre première thèse, dans les deux premiers mois
de l'année 1718.

DEUXIÈME INSTRUCTION.

ÉTUDE DE L'HISTOIRE.

Il y a long-temps, mon cher fils, que je vous ai
promis de vous parler de l'histoire, qui est le troisième objet de vos études présentes ; et je crains
que si vous ne m'accusez pas d'être un débiteur de
mauvaise foi, après un si long retardement, vous
ne me regardiez du moins comme un débiteur peu
solvable.

Vous ne vous tromperiez peut-être pas même dans
ce jugement; car, comme il faut que vous profitiez
de mes fautes, je ne rougirai point de vous avouer
que je me suis toujours repenti de n'avoir pas étudié
l'histoire avec autant de suite et d'exactitude que
j'aurois dû le faire. Je ne saurois même trouver une
excuse suffisante dans les emplois pénibles et laborieux dont j'ai été chargé de bonne heure ; ils
m'auroient laissé encore assez de temps, si j'avois
su le mettre à profit, pour acquérir une science dont
on sent toujours de plus en plus l'utilité, à mesure
qu'on avance en âge et en connoissances. Mais, d'un
côté, les charmes des belles-lettres, qui ont été pour
moi une espèce de débauche d'esprit ; et de l'autre, le
goût de la philosophie et des sciences de raisonnement,
ont souvent usurpé chez moi une préférence injuste
sur une étude qui, lorsqu'elle est faite avec les réflexions nécessaires, joint à la douceur des belles-
lettres, l'utilité de la philosophie, je veux dire de
la philosophie morale, la plus digne de l'homme, et
surtout de l'homme public.

Évitez, mon cher fils, de tomber dans le même inconvénient; et fuyez, comme le chant des sirènes, les discours séducteurs de ces philosophes abstraits et souvent encore plus oisifs, qui, sensibles au bonheur de leur indépendance, et sourds à la voix de la société, vous diront que l'homme raisonnable ne doit s'occuper que du vrai considéré en lui-même, qui peut seul perfectionner notre intelligence, et qui suffit seul pour la remplir; que si nous voulons connoître l'homme, c'est à la philosophie qu'il appartient de nous le montrer dans les idées primitives et originales dont l'histoire ne nous présente que des copies imparfaites et des portraits défigurés; que nous n'y voyons que ce que les hommes ont fait, au lieu que l'étude de la philosophie nous découvre d'un coup-d'œil non-seulement tout ce qu'ils peuvent, mais tout ce qu'ils doivent faire; et qu'enfin il y a plus de vérité dans un seul principe de métaphysique ou de morale, bien médité et bien approfondi, que dans tous les livres historiques.

Tels furent à peu près les discours que me tint un jour le P. Malebranche, lorsque, après avoir conçu quelque bonne opinion de moi, par les entretiens que j'avois souvent avec lui sur la métaphysique, il la perdit presqu'en un moment, à la vue d'un Thucidide qu'il trouva entre mes mains, non sans une espèce de scandale philosophique.

Mais, quoi qu'en puissent dire ou penser le P. Malebranche et ses semblables, outre les usages infinis que l'homme public sait tirer de l'histoire pour les lois, pour les mœurs, pour les exemples, je ne craindrai point de vous dire aujourd'hui, mon cher fils, bien revenu des erreurs de ma jeunesse, que l'histoire est vraiment une seconde philosophie qui mérite mieux qu'Homère, l'éloge qu'Horace a donné à ce poète (1), c'est-à-dire,

Quæ quid sit pulchrum, quid turpe, quid utile, quid non,
Plenius ac melius, Chrysipo et Crantore dicit.

(1) *Epist.*, lib. 1, ep. 2.

La métaphysique et la morale forment à la vérité
les premiers traits, et elles posent les fondemens de
la connoissance du cœur humain ; mais elles ne nous
montrent au plus que les causes, au lieu que l'histoire
nous découvre les effets ; et tel est le caractère de la
plupart des hommes que, comme les exemples les
affectent davantage et font plus d'impression sur eux
que les préceptes, ils connoissent aussi plus facilement les causes par les effets, que les effets par
les causes.

Entre les causes mêmes, la métaphysique et la
morale ne nous découvrent que les plus simples et
les plus générales, c'est-à-dire, celles qui sont plus
agréables dans la spéculation qu'utiles dans la pratique : il n'y a que l'histoire qui nous instruise des
causes particulières, et qui nous développe les ressorts secrets et souvent imperceptibles qui remuent
les volontés des hommes, et qui par là donnent la
guerre, ou la paix forment ou rompent les engagemens qui lient les nations entr'elles, ébranlent ou
affermissent les empires. C'est par cette connoissance
que l'homme apprend véritablement à vivre avec les
hommes ; il est né pour la société, et la connoissance
de soi-même, qui ne lui suffit que dans la solitude,
doit emprunter le secours de la connoissance des
autres hommes, pour se soutenir dans le tourbillon
du monde et des affaires. Ainsi, l'utilité de l'histoire
n'a plus besoin d'être prouvée que l'utilité de la
connoissance des hommes, qui s'acquiert en grande
partie par l'étude de ce qui est arrivé dans les différentes sociétés entre lesquelles la providence a partagé l'univers.

Sans cela la métaphysique, ou la morale purement
philosophique, ne peuvent produire que de vertueux
solitaires, ou des savans occupés à satisfaire leur curiosité, et inutiles à leur patrie ; ou des esprits spé-
culatifs qui, ne connoissant que l'homme en général,
et non pas l'homme en particulier, veulent gouverner
le monde par intelligence plus que par expérience,
et conduire les affaires par des systèmes abstraits qui

supposent les hommes tels qu'ils devroient être, plutôt que par des vérités pratiques qui les supposent
tels qu'ils sont.

De là vient que toutes les méditations du plus
grand philosophe que la Grèce, ou plutôt que la
nature ait produit avant la prédication de l'évangile,
se sont terminées à enfanter une république dont
l'idée, quoique sublime, a été justement regardée
comme une belle spéculation; et de là vient aussi que
le plus sage et le plus vertueux des Romains a mérité
le reproche que Cicéron lui fait d'avoir voulu conduire les citoyens de Rome comme s'il eût vécu dans
la république de Platon, et non dans la lie de
Romulus.

Ce n'est pas, après tout, que, déserteur et trans-
fuge de la philosophie, je veuille vous en dégoûter aujourd'hui pour vous livrer servilement à l'histoire.

Il faut rendre à la philosophie l'honneur qu'elle
mérite, et la justice qui lui est due; c'est elle qui prépare notre esprit aux autres connoissances, qui le
dirige dans ses opérations, qui lui apprend à mettre
toutes choses dans leur place, et qui lui donne non-
seulement les principes généraux, mais l'art et la
méthode de s'en servir et de faire usage de ceux
mêmes qu'elle ne lui donne pas.

Vous avez donc très-bien fait, mon cher fils, de
vous disposer à l'étude de l'histoire par celle de la
philosophie. Vous y joignez à présent celle de la
jurisprudence qui n'y est guère moins nécessaire; et,
ce qui me fait beaucoup plus de plaisir, vous y serez
encore mieux préparé par la connoissance de la religion, dont je rends grâces à Dieu de vous voir instruit
par principes.

La véritable nature de l'homme y est dévoilée bien
plus clairement que dans la philosophie la plus sublime; nous y découvrons le principe de ce mélange et
de cette contrariété étonnante de passions et de vertus,
de bassesse et de grandeur, de foiblesse et de force,

de légéreté et de profondeur, d'irréligion et de su-
perstition, de crimes atroces et d'actions héroïques,
qu'on trouve partout dans l'histoire, et souvent dans
le même homme; en sorte qu'il y a eu peu de ceux
mêmes qui y brillent avec le plus d'éclat, dont on
ne puisse dire ce que Tite-Live a dit d'Annibal,
ingentes animi virtutes ingentia vitia æquabant; et
que rien n'est plus rare que les deux extrêmes opposés; c'est-à-dire la vertu sans vices et le vice sans
vertus, ou, ce qui est presque la même chose, l'homme
entièrement bon, et l'homme souverainement mauvais : principe fécond, dont un politique moderne
s'est servi si utilement, pour expliquer la véritable
cause d'une grande partie des événemens qui nous
surprennent dans l'histoire.

　Si nous sommes affligés d'y voir souvent la vertu
méprisée et le vice honoré, la religion nous apprend
à soutenir cette espèce de scandale sans en être troublés; elle nous montre une Providence toujours attentive et toujours juste, soit qu'elle ne semble occupée
pour un temps, qu'à éprouver et à purifier la vertu,
soit qu'elle fasse éclater enfin le châtiment du vice;
exerçant successivement sa justice contre les nations,
faisant servir la malice des hommes à l'accomplissement de ses desseins, et punissant les Assyriens par
les Perses, les Perses par les Grecs, les Grecs par
les Romains, les Romains par les Gots, les Huns et
toutes les autres nations du Nord, qui ont enfin accablé cette grande monarchie à laquelle ses oracles
et ses poètes avoient tant de fois promis une durée
éternelle (1).

　Je regarde donc l'étude de l'histoire comme l'étude
de la providence, où l'on voit que Dieu se joue des
sceptres et des couronnes, qu'il abbaisse l'un, qu'il
élève l'autre, et qu'il tient dans sa main, comme parle
l'écriture, cette coupe mystérieuse, pleine du vin de

---

(1) *His ego nec metas rerum, nec tempora pono.*
　Imperium sine fine dedi. Virg.

sa fureur, dont il faut que tous les pécheurs de la terre boivent à leur tour (1).

Ouvrez les livres saints, mon cher fils, et surtout ceux des prophètes; cette providence cachée à présent sous le voile des événemens qui en sont comme le chiffre et le langage muet, y est clairement développée par la voix de Dieu même, expliquant aux hommes l'ordre, les motifs, le tissu et l'enchaînement des révolutions qu'il veut faire éclater sur la terre. Si Dieu ne parle pas toujours, il agit toujours en Dieu. Sa conduite peut être plus ou moins manifestée au dehors; mais au fond elle est toujours la même; elle se montre partout à quiconque a des yeux pour la reconnoître; et comme la contemplation des choses naturelles nous élève par degrés jusqu'à la première cause physique qui influe en tout, et sans laquelle tous les autres êtres sont stériles et impuissans, ainsi, l'étude des événemens humains nous ramene à la première cause morale de tout ce qui arrive parmi les hommes : ensorte que ceux qui ne trouvent pas Dieu dans l'histoire, et qui ne lisent pas sa grandeur, sa puissance, sa justice dans les caractères éclatans qu'elle en trace à des yeux éclairés, sont aussi inexcusables que ceux dont parle saint Paul, qui, à la vue de l'univers, de l'ordre, du concert et de la proportion de toutes ses parties, s'arrêtoient à la créature sans remonter au créateur.

C'est ainsi, mon cher fils, que l'étendue de l'histoire fondée sur les principes de la vraie philosophie, c'est-à-dire, de la religion, nourrit la vertu, élève l'homme au-dessus des choses de la terre, au-dessus de lui-même, lui inspire le mépris de la fortune, fortifie son courage, le rend capable des plus grandes résolutions, et le remplit enfin de cette

_____

(1) *Hunc humiliat, et hunc exaltat; quia calix in manu Domini vini meri plenus mixto, et inclinavit ex hoc in hoc ;.....bibent omnes peccatores terræ.* Ps. 74.

magnanimité solide et véritable qui fait non-seulement le héros, mais le héros chrétien.

Je n'avois pas dessein de m'étendre si long-temps sur ces généralités; mais je vous parle de l'abondance du cœur, mon cher fils, et le cœur d'un père qui parle à un fils qu'il aime, ne connoît point de mesure. Je reviens maintenant de ces réflexions générales sur l'utilité de l'histoire, à ce que je dois vous dire sur la manière de l'étudier.

Je la réduis à six points :

1.º Les préliminaires de l'histoire ;

2.º Ce qu'il faut lire ;

3.º L'ordre dans lequel cette lecture doit être faite ;

4.º Les secours, et si l'on peut parler ainsi, les accompagnemens qu'il y faut joindre ;

5.º Ce qu'il est important de remarquer en lisant l'histoire ;

6.º La manière de faire les extraits ou les collections qui contiennent les remarques qu'on a faites, et qui nous facilitent l'usage d'un trésor qu'il seroit peu utile d'amasser, si l'on n'y joignoit les moyens de pouvoir s'en servir aisément, et d'avoir, pour ainsi dire, son bien en argent comptant.

PREMIER POINT.

Préliminaires de l'Histoire.

Je passerai légèrement sur les deux principaux préliminaires de l'histoire, parce que vous m'avez déjà prévenu sur cette matière et que, pendant que je m'arrête, vous avez continué de marcher.

Vous comprenez sans doute, mon cher fils, que par ces deux préliminaires de l'histoire, je veux parler de la chronologie et de la géographie ; et je ne ferois que vous dire ce que vous savez déjà, si je voulois m'étendre ici sur l'utilité de ces deux sciences. Votre propre expérience vous l'a fait assez sentir de vous-même, et vous savez qu'on les doit regarder comme les deux clefs de l'histoire, sans lesquelles on s'égare d'autant plus, que l'on y fait plus de chemin.

Premier Préliminaire de l'Histoire : la Chronologie.

Je me réduis donc à vous marquer ici ce que je vous conseille de faire pour empêcher que les connoissances que vous avez déjà acquises sur ces deux matières, et celles que vous acquerrez dans la suite, ne s'effacent insensiblement.

Ces connoissances, quelque utiles qu'elles soient, sont néanmoins (si l'on en excepte les principes généraux de la chronologie) du nombre de celles qui ne pouvant être fixées et comme enchaînées par le raisonnement, ne sauroient être confiées qu'au dépôt fragile de la mémoire dont il n'y a personne qui n'éprouve l'infidélité, surtout dans ce qui dépend d'un détail presque infini de dates et de noms propres, qui n'ont entr'eux aucune liaison naturelle et nécessaire.

Je crois donc que, pour prévenir cette infidélité dont la jeunesse a de la peine à se défier, mais dont un âge plus avancé s'aperçoit quelquefois trop tard quand il n'est plus temps d'y remédier, vous devez faire deux choses : l'une sur la chronologie, et l'autre sur la géographie.

Je voudrois à l'égard de la chronologie, que vous vous fissiez à vous-même des tables des époques de l'histoire de chaque peuple, comparées les unes avec les autres. J'y remarquerois non-seulement les époques principales et fondamentales, comme celles de l'établissement ou de la fondation des monarchies et des républiques, mais celles des principaux changemens et des plus grands événemens qui y soient arrivés : comme dans l'histoire grecque, l'expédition de Darius; celle de Xercès, la guerre du Péloponèse; les révolutions arrivées entre les Athéniens et les Lacédémoniens sur le commandement

de la Grèce; les conquêtes d'Alexandre, le partagé
de ses royaumes entre ses généraux; la défaite de
Persée ; l'assujetissement de la Grèce à l'empire
des Romains; et, de même, dans l'histoire romaine,
l'exil des Tarquins, l'établissement des consuls et
de la république, la création des Decemvirs et
la loi des douze Tables, l'institution des Tribuns
militaires, le consulat partagé entre les Patriciens et
les Plébéiens, la prise de Rome par les Gaulois,
les trois guerres puniques, la défaite d'Antiochus,
celle de Mithridate, les guerres civiles, la conju-
ration de Catilina, le premier et le second trium-
virat, la destruction de la république, l'établissement du pouvoir d'abord presque monarchique et
ensuite plus que monarchique, etc. Il est inutile de
s'étendre davantage sur ces exemples : en voilà plus
qu'il n'en faut pour faire comprendre ma pensée.
Vous me direz que cela a été déjà fait par un grand
nombre d'auteurs; j'en conviens avec vous, et je pourrois vous répondre que c'est par cette raison même
qu'il vous sera plus aisé de le faire ; mais ce que
d'autres ont fait, ne deviendra véritablement votre
bien, que quand vous l'aurez fait vous-même. Des
tables déjà faites seront un spectacle agréable à vos
yeux, parce qu'elles vous représenteront en abrégé,
et comme dans une espèce de mappe-monde chronologique, toute la suite des principales époques rangées
avec ordre selon leur temps. Elles vous seront même
fort utiles, en les consultant souvent pendant que
vous lirez les différentes histoires; mais la liberté, ou
la négligence de la mémoire, a besoin d'être do-
minée par quelque chose de plus fort, et il n'y a
que la plume qui puisse la fixer et vous en rendre
le maître. Se contenter de lire les choses de cette
nature, c'est écrire sur le sable ; les arranger soi-
même et les digérer par écrit, selon son goût et
sa méthode particulière, c'est graver sur l'airain ; le
travail en est plus grand, je l'avoue, mais, outre que
le fruit en est aussi infiniment plus grand, vous re-
connoîtrez un jour que vous aurez gagné même du

côté du travail, parce que vous ne serez plus obligé
de revenir sur vos pas et de recommencer à vous
instruire de nouveau : ce qui arrive presque toujours à ceux qui se contentent d'une simple lecture,
et qui ne se donnent pas la peine d'arrêter, par l'écriture, des notions qui nous fuient et qui nous échappent malgré nous, si nous ne savons pas les fixer.

*Deuxième Préliminaire de l'Histoire : la Géo-
graphie.*

Il seroit difficile de vous proposer rien de semblable sur la géographie, parce qu'on n'a presque
pas besoin de secours pour en retenir les généralités,
et que d'ailleurs elle n'est véritablement utile que
par un détail qu'il n'est pas possible d'abréger.

Je m'imagine donc qu'un seul moyen de fixer ce
détail et de se le rendre familier presque sans peine
et sans efforts, c'est de l'orner, de l'embellir, et
d'y joindre des idées accessoires qui le fassent entrer
avec elles dans l'esprit d'une manière agréable et
instructive en même temps. Notre mémoire ne reçoit
rien plus volontiers, et ne conserve rien avec plus
de fidélité, que ce qui lui a causé de la satisfaction en l'apprenant; et elle se venge, au contraire,
par un prompt oubli, de la peine qu'elle a eue à
apprendre des choses que leur sécheresse et leur
aridité lui rendent désagréables : tel est le détail ingrat
et stérile de la géographie, qui, lorsqu'on le détache
de toute autre chose, n'est à proprement parler que
le plan et comme le squelète du monde connu. Il
faut donc lui donner de la chair et de la couleur,
si l'on veut le faire passer dans notre mémoire sous
une forme plus gracieuse, qui l'invite à le conserver
fidélement; c'est ce que vous ferez, mon cher fils,
par la lecture des voyages qui, soit par une description plus exacte de divers pays, soit par les
curiosités naturelles, ou par les antiquités que les
voyageurs y observent, soit par l'histoire abrégée
des différens peuples qui les ont habités, soit par

le détail des lois, des mœurs, du gouvernement qui y sont en usage, donnent, pour parler ainsi, du corps à la géographie, et y ajoutent des images et des singularités qui la fixent dans notre esprit.

Mais, pour bien faire cette lecture, il faut avoir toujours sous les yeux les meilleures cartes du pays dont vous lirez la description (attention que vous devez avoir aussi en lisant quelque histoire que ce puisse être); et, pour donner aux voyages un ordre et un arrangement qui lie toutes vos idées, et qui vous donne une plus grande facilité pour les conserver, je voudrois qu'autant qu'il est possible, vous fissiez cette lecture dans un ordre à peu près semblable à celui des géographes, en sorte que, s'il est question de l'Europe, par exemple, vous prissiez d'abord les voyages qui ont été faits dans les royaumes du nord, comme l'Angleterre, le Dannemark, la Suède, etc. ; vous descendiez ensuite aux pays qui sont entre le nord et le midi, comme la France, l'Allemagne, et la Hongrie, etc., pour finir cette suite de voyages par les royaumes du midi, tels que l'Espagne, l'Italie, la Turquie en Europe, etc. Ce que je dis de cette partie du monde, peut s'appliquer également à toutes les autres.

On voyage soi-même en quelque manière par cette méthode, et l'on voyage de suite. On va de proche en proche, et l'on fait entrer plus aisément dans son esprit les limites et les frontières des différens états ; ce qui n'est pas une des moindres utilités de la géographie. On est aussi plus en état de comparer les mœurs et les opinions de différens peuples, dont on voit plusieurs s'égarer dans leurs idées, à la honte de l'esprit humain qui se perd lorsqu'il est abandonné à lui-même et qu'il n'est pas conduit par la lumière de la véritable religion.

Je regarde donc cette méthode, comme la meilleure de toutes, soit pour imprimer la géographie plus aisément et plus fortement dans notre mémoire, soit pour toutes les autres utilités que l'on peut tirer de la lecture des voyages. Mais l'importance n'est pas

assez grande néanmoins, pour vous imposer sur cela
une contrainte et une espèce de servitude qui gêne
votre goût, et qui refroidisse en vous une curiosité
utile dans ce qui a rapport aux études, parce qu'elle
en est comme le sel et l'assaisonnement. Ainsi, pourvu
que la lecture des voyages vous promène successivement dans toutes les parties de la géographie, et vous
fasse faire le tour du monde entier, je serai bien
content, quand même vous ne suivriez pas exactement cet ordre que je vous propose, non comme
absolument nécessaire, mais comme le meilleur et
comme celui que je prendrois pour moi.

Je prétends encore moins exiger de vous, mon
cher fils, que vous lisiez tous les voyages, ou même
la plus grande partie de ceux qui ont été donnés
au public. Ce seroit vous engager à perdre un temps
que vous pouvez mieux employer : il faut donc se
fixer aux meilleurs voyageurs, sans vous amuser inutilement à lire ceux qui ont moins de réputation
ou qui passent même pour être peu sincères, et, entre
les voyageurs les plus estimés, vous contenter d'un
ou deux pour chaque pays : un plus grand nombre
de guides ne serviroit peut-être qu'à vous égarer ; et
vous devez d'ailleurs considérer cette lecture comme
un amusement plutôt que comme une étude et une
occupation principale.

Outre ces deux préliminaires de l'histoire, où nous
voyons l'ordre des temps et la situation des lieux qui
sont comme les scènes différentes de tous les événemens qui sont arrivés sur le grand théâtre de l'univers, il n'est pas moins utile pour bien lire les historiens, et il est même encore plus nécessaire, de
connoître le plan de cette grande société que la nature ou plutôt Dieu même (car la nature est un nom
vague et vide de sens) a formée, soit entre tous les
hommes en général, soit entre les citoyens de chaque
nation en particulier.

Troisième Préliminaire de l'Histoire : l'Étude des principaux Auteurs qui ont traité des fondemens de la Société civile, du Gouvernement en général, et du Droit des Gens.

Je regarde donc comme un troisième préliminaire qui doit précéder la lecture de l'histoire, l'étude des principaux auteurs qui ont traité des fondemens de la société civile, du gouvernement en général, et du droit des gens.

Ce que vous avez déjà lu à cet égard par rapport à l'étude du droit civil, comme la république de Platon, le traité de Cicéron *de legibus*, et le traité des lois de M. Domat, est un commencement et comme l'ébauche de ce travail.

Je voudrois à présent que vous y joignissiez la lecture des politiques d'Aristote, ouvrage moins beau dans la spéculation que la république de Platon, mais peut-être plus utile dans la pratique ; parce qu'il a travaillé sur le vrai, au lieu que l'idée de la république de Platon est, pour ainsi dire, un portrait d'imagination. Vous serez affligé, en lisant les politiques d'Aristote, de ce qu'un ouvrage si solide est demeuré imparfait ; et, en effet, suivant l'idée que j'en ai conçue à votre âge, les anciens ne nous ont guère laissé d'ouvrages plus remplis de principes sur la société humaine, et sur le gouvernement en général.

Parmi les modernes, les savans du Nord estiment beaucoup le gros traité de Puffendorf *de jure naturali, gentium et civili.* Je souhaite que vous ayez plus de courage que je n'en ai eu, mon cher fils ; mais je vous avoue, peut-être à ma confusion, que je n'ai jamais pu achever la lecture de cet ouvrage. L'auteur est profond à la vérité ; mais il écrit à la mode des péripatéticiens qui obscurcissent souvent ce qu'ils veulent définir, par des termes abstraits et des expressions techniques, plus propres à donner la facilité de

discourir long-temps sur une matière, qu'à la faire
bien entendre.

Après cela, je ne veux pourtant point vous prévenir,
il vaut mieux que vous en jugiez par vous-même ;
en tout cas, si vous aviez le même malheur que votre
père, et que l'ennui commençât à vous gagner en
faisant cette lecture, vous pourriez vous contenter de
lire l'abrégé que Barbeyrac nous a donné de l'ouvrage
de Puffendorf, à qui il a peut-être fait plus d'honneur en l'abrégeant qu'il ne lui en a fait en le tradui-
sant, quoique cependant sa traduction soit assez es-
timée ; on peut même tirer plus d'avantage sur cette
matière d'un pareil abrégé, que d'un long traité,
parce qu'il est bon de commencer par mettre l'esprit
sur les voies, et, si je l'ose dire, en train de penser,
en lui montrant les principes généraux qui doivent le
conduire, avant que de le faire entrer dans une
longue carrière dont l'étendue pourroit le rebuter.

Je vous parlerai bien différemment, mon cher fils,
du livre de Grotius *de jure belli et pacis*. Vous y
trouverez des idées moins abstraites, mais plus nobles, plus élevées, et plus appliquées aux faits et aux
événemens que la dialectique, j'ai presque dit la
scolastique de Puffendorf : car il a traité la politique à peu près comme les auteurs scolastiques traitent la théologie. C'étoit aussi (je veux dire Grotius)
un génie d'un ordre fort supérieur. Il seroit à souhaiter qu'il eût quelquefois un peu plus appuyé et
développé ses raisonnemens. Puffendorf pèche par
un excès de longueur, et Grotius, en certains endroits, par un excès de précision. Mais ce défaut
beaucoup plus aisé à supporter que le premier, devient quelquefois un principe de perfection pour le
lecteur qu'il instruit par ce qu'il lui présente, et qu'il
engage à travailler encore de lui-même sur ce qu'il
n'a fait que lui indiquer.

Vous verrez, d'ailleurs, dans Grotius un recueil
précieux d'un grand nombre d'exemples de ce que les
nations ont observé entr'elles comme fondé sur le
droit des gens, c'est-à-dire, sur cette convention

tacite des peuples de différens pays, dont on peut dire avec un de nos jurisconsultes, *magnæ auctoritatis hoc jus habetur, quod id tantum probatum est, ut non fuerit nécesse scripto id comprehendere.* Vous sentirez de vous même, mon cher fils, de quel poids sont ces exemples dans une matière où il tiennent lieu de lois, parce qu'il n'y a point d'autorité supérieure qui puisse en imposer d'une autre nature aux différentes nations. Ainsi, au lieu que vous autres jurisconsultes vous dites ordinairement, *legibus non exemplis judicandum est;* ici tout au contraire il faut dire, *exemplis non legibus judicandum est;* parce que ce sont ces exemples qui prouvent les règles reconnues par tous les états.

DEUXIÈME POINT.

Ce qu'il faut lire.

Je passe à présent, mon cher fils, des préliminaires de l'histoire à l'histoire même, et le premier objet qui se présente d'abord à examiner suivant l'ordre que je me suis prescrit, est ce qu'il faut lire: mais c'est ici que je dois vous dire comme la Sybille de l'Énéide.

Nunc animis opus, Ænea, nunc pectore firmo (1).

Si je voulois entrer dans un détail exact de ce que vous devez lire sur l'histoire de chaque nation, j'entreprendrois un ouvrage qui seroit certainement au-dessus de mes forces et qui pourroit même vous rebuter par sa longueur; d'ailleurs, il vaut mieux faire ces sortes de plans par parties, et à mesure que vous serez sur le point de commencer l'histoire d'un royaume ou d'un peuple particulier; alors je ne rougirai point d'emprunter pour vous chez les savans

(1) *Virg. Æneid.*, *lib.* 6.

qui se sont le plus appliqués à cette histoire, les richesses qui me manquent, ou de vous envoyer à eux
pour en recevoir les lumières que je ne pourrai vous
donner ; et je vous indiquerai au moins les guides que
vous ferez bien de suivre, si je ne suis pas en état de
vous montrer moi-même le chemin.

Je me renferme donc à présent dans un petit nombre de notions ou de réflexions générales sur ce qu'il
faut lire en étudiant l'histoire, plutôt pour distinguer
les principaux objets et pour dégrossir la matière en
la séparant comme par masse, que pour la traiter
véritablement.

Ceux qui étudient l'histoire se partagent ordinairement en deux routes différentes, dont l'une est la
voie large par laquelle le plus grand nombre passe ;
l'autre est la voie étroite qui n'est fréquentée que par
un petit nombre de personnes.

Les uns, ne voulant prendre qu'une teinture générale de l'histoire, soit pour amuser leur loisir, soit
pour être en état d'en discourir, et pour ne pas paroître l'ignorer plutôt que pour la savoir en effet, se
contentent de lire des abrégés ou des histoires générales souvent écrites par les auteurs modernes et peu
exacts ; mais c'en est assez pour l'usage qu'il veulent en faire.

Les autres, qui ne forment que le petit nombre,
remontant jusqu'à la source, lisent les originaux ;
comparent les auteurs contemporains ; y joignent la
lecture des actes et des principaux monumens historiques ; ne perdent jamais de vue la chronologie et la
géographie la plus exacte ; en un mot, étudiant en
critiques qui veulent tout voir, tout examiner avant
que de porter leur jugement, deviennent en effet
véritablement savans dans l'histoire.

Entre ces deux extrémités, vous trouverez, sans
doute, mon cher fils, que la première pèche par le
défaut, et la seconde par l'excès ; trop peu dans l'une
pour votre instruction, et peut-être trop dans l'autre
par rapport au reste de vos occupations. Ainsi, vous
choisirez apparemment le milieu ; comme la route la

plus sûre et la plus convenable ; et c'est aussi mon sentiment.

Mais, pour mieux développer ma pensée, je ferai ici quelques distinctions qui serviront à la mettre dans tout son jour.

1.º Quoique l'on puisse profiter dans la lecture des histoires de toutes les nations, c'est cependant à celle de notre pays que nous devons principalement nous attacher. Les unes sont pour nous l'agréable et l'utile, l'autre est l'essentiel et le nécessaire ; nécessaire, pour tout homme éclairé qui ne veut pas vivre comme un étranger dans sa patrie ; encore plus nécessaire, pour un homme destiné à servir la république, qui ne sauroit la bien servir sans la connoître parfaitement, ni la connoître parfaitement sans une étude exacte et suivie de l'histoire prise dans ses sources et autorisée par les monumens qui nous en restent.

Suivant cette première distinction, vous pouvez vous contenter de lire un ou deux des meilleurs historiens des autres nations. Mais vous ne sauriez trop approfondir l'histoire de la France, non-seulement par la lecture des historiens contemporains, mais encore par celle des actes publics ; et que l'étendue de ce projet ne vous effraye point, ce n'est pas ici l'ouvrage d'un jour, c'est l'étude de toute votre vie.

2.º Comme il est impossible de bien savoir l'histoire de la France, sans savoir celle des nations voisines avec lesquelles elle a toujours eu des guerres à soutenir, ou des alliances à faire, ou un commerce à entretenir, ou des traités à faire observer, tout homme, qui veut acquérir une connoissance exacte et parfaite de notre histoire, doit aussi lire les historiens contemporains de ces nations et les actes publics qu'on en a conservés, principalement sur tous les faits qui ont rapport à l'histoire de France ; et cette étude est d'autant plus nécessaire, que l'on trouve souvent, dans ces historiens, des faits de notre histoire qui ont échappé à nos auteurs, dont la

plupart se sentent de la barbarie et presque tous de
la négligence de leur siècle, ou qui y sont beaucoup mieux développés que dans nos propres annales;
en sorte qu'il y en a plusieurs que l'on peut regarder
comme des écrivains de l'histoire de France, autant
que comme des historiens de leur pays.

3.º Outre l'histoire de notre patrie, et celles qui
y sont tellement mêlées qu'on doit les en regarder
au moins comme l'accessoire si elles n'en font pas
une partie principale, il y en a trois autres qui, par
leur importance, par le nombre des grands exemples
dont elles sont remplies, par le génie, l'éloquence
et la beauté du style, ou la profonde sagesse de
ceux qui les ont écrites, méritent aussi une étude
particulière.

Vous concevez aisément à ces caractères, mon cher
fils, que je veux vous parler de l'histoire sacrée,
de l'histoire grecque et de l'histoire romaine.

La première est l'histoire de la religion; et c'est
en quelque manière la connoissance de la religion
même, puisque la meilleure méthode pour l'apprendre
soi-même : et pour la faire bien connoître aux
autres, est de l'étudier et de la démontrer par les
faits. S'il n'est pas honorable d'ignorer les autres
histoires, c'est une espèce de crime de ne pas savoir
celle qui nous apprend à connoître Dieu et son
église, le plus grand de tous ses ouvrages; enfin à
nous connoître nous-mêmes.

Elle a deux objets principaux : ce qui a précédé
la naissance de Jésus-Christ, et ce qui l'a suivie.
Je m'étendrai un peu plus sur le premier, parce
que c'est lui qui doit naturellement ouvrir la carrière
de vos études historiques.

Deux livres renferment une histoire si précieuse;
l'histoire sainte et l'histoire de Josephe. Il n'y a rien
à retrancher d'une lecture si nécessaire; et on est
encore fâché de n'avoir pas plus à lire, et d'avoir
perdu plusieurs livres sur l'histoire des anciens peuples.

On peut réparer en partie cette perte, soit par

l'histoire grecque et romaine, soit par les fragmens de quelques anciens auteurs que Josephe, qu'Eusèbe et Syncelles nous ont conservés. Vous pourrez les y chercher, et ce seroit un temps bien employé; mais peut-être les lirez-vous avec plus de fruit, dans un auteur qui les a mis en ordre dans son ouvrage chronologique, et qui en a tiré des lumières pour l'intelligence de l'histoire sainte : c'est Usserius que vous connoissez déjà, mon cher fils (1).

Je ne vous dirai encore rien de la seconde partie de l'histoire sacrée, qu'on appelle ordinairement l'*histoire ecclésiastique* : histoire dont l'étude a aussi ses préliminaires particuliers, et qui est d'ailleurs un champ si vaste et si important à bien cultiver par rapport à vous, que cette matière mérite un discours séparé ; mais vous avez assez de pays à parcourir avant que d'entrer dans cette carrière, pour me donner tout le loisir de penser et de digérer mes pensées sur cette partie de l'histoire.

Je reviens donc à la seconde espèce d'histoire qui mérite d'être approfondie presque autant que celle de notre patrie : c'est l'histoire grecque, dont l'étude remplira deux de vos principaux objets, l'histoire et les belles-lettres. Elle est renfermée dans un petit nombre d'originaux qui méritent d'être lus par ceux mêmes qui n'ont qu'une curiosité médiocre pour l'histoire, et qui ne cherchent qu'à orner leur esprit et à perfectionner leur style. Quelle lecture en effet peut être plus agréable à ceux qui ont été nourris dans le commerce des Muses, que celle d'Hérodote, de Xénophon, de Thucidide, de Diodore de Sicile, de Plutarque? Je me souviens encore avec plaisir, des jours délicieux que j'ai passés dans cette douce occupation, et dont je pourrois dire :

Fulcere verè candidi mihi soles.

(1) Ces antiquités se trouvent encore recueillies et mises en ordre dans deux ouvrages imprimés depuis cette instruction, qui sont : *l'Histoire des Juifs et des Peuples voisins*, par Prideaux, et *l'Histoire Ancienne*, par M. Rollin.

Ces jours heureux luisent pour vous à présent ; jouissez-en, mon cher fils, et tâchez d'en profiter mieux que je n'ai fait.

Je ne pourrois que vous répéter les mêmes choses sur l'histoire romaine, c'est-à-dire, sur l'histoire de cette république vertueuse, dont vous savez que Tite-Live a dit avec tant de raison, *nulla unquam respublica nec major, nec sanctior, nec bonis exemplis ditior fuit, nec in quam tam serò avaritia, luxuriaque immigraverint, nec ubi tantus ac tam diu paupertati, ac parcimoniæ honor fuerit.*

Bien loin de trouver trop de livres à lire sur cette histoire, vous vous plaindrez encore ici d'être réduit à un si petit nombre d'excellens orignaux. Vous regretterez plus d'une fois la perte irréparable que l'histoire et l'éloquence ont faite d'une grande partie des livres de Salluste, de Tite-Live et de Tacite, de l'histoire entière de Trogue Pompée, des commentaires de Sylla, de tant d'autres ouvrages précieux dont il ne nous reste que les titres ; et vous serez peut-être tenté de savoir plus mauvais gré aux barbares qui ont ravagé l'Italie, de nous avoir dérobé ces anciens monumens de l'histoire romaine, que d'avoir pris Rome même et détruit les restes de l'empire romain.

En voilà assez, quant à présent, mon cher fils, sur ce qu'il faut lire en étudiant l'histoire, je passe à ce qui n'est guère moins important, je veux dire à l'ordre dans lequel la lecture en doit être faite.

TROISIÈME POINT.

L'ordre dans lequel il faut lire l'Histoire.

Il est d'abord certain, et le bon ordre le demande évidemment, que l'histoire, considérée en général comme dans un seul tableau et sous un seul point de vue, doit précéder l'étude du détail des différentes histoires envisagées séparément par rapport à chaque pays.

D'Aguesseau. Tome XV. 4

Vous devez donc commencer par prendre une idée générale et une première teinture de l'histoire de tous les peuples, en lisant de suite une histoire universelle, à peu près comme dans la géographie la connoissance du globe précède l'étude des quatre parties du monde, et celle de chaque partie en général, le détail des différens pays qu'elle renferme.

C'est dans cette première lecture de l'histoire universelle, que vous pourrez vous faire à vous-même les tables dont je vous ai déjà parlé, qui comprendront les principales époques de chaque histoire comparées les unes avec les autres ; la difficulté est de trouver une bonne histoire universelle.

Vous avez dans les annales d'Usserius tout ce que l'on peut lire de meilleur pour le temps qui a précédé la naissance de Jésus-Christ ; mais vous n'aurez pas le même secours pour les temps postérieurs. *Le Rationarium* du P. Petau est bon en lui-même, mais il a le défaut d'être si court et si abrégé, qu'il ne donne pas assez de prise à la mémoire, et qu'il échappe presque à mesure qu'on le lit.

D'autres auteurs qui ont fait des histoires universelles, ont péché par un excès contraire. Un de ceux dont on estime plus le travail pour l'histoire moderne, est Vignier ; mais c'est une lecture bien longue et bien ennuyeuse. Je crois donc que, après tout, vous ne ferez peut-être pas mal de vous contenter d'abord de la lecture du père Petau pour les temps qui ont suivi la naissance de Jésus-Christ. Le soin que vous aurez de vous en faire des tables, fixera votre mémoire, et fera que vous aurez dans la tête au moins le plan, et, ce qu'on appelle dans la perspective, l'ichnographie de l'histoire universelle. J'entre d'autant plus volontiers dans cette pensée, que vous suppléerez dans la suite au défaut des histoires universelles de toute la terre, par les histoires générales de chaque pays ; et c'est là qu'il faut se hâter d'arriver, parce qu'il n'y a que le détail de l'histoire qui soit véritablement utile.

Je voudrois donc lire d'abord tout de suite les annales d'Usserius, pour les temps qui ont précédé la naissance de Jésus-Christ, et le *Rationarium temporum* du P. Petau, pour les temps postérieurs, en faisant un extrait de l'un et de l'autre par forme de tables, comme je vous l'ai déja dit.

Après cela, vous entrerez dans l'étude des histoires particulières; mais commencerez-vous cette étude par les derniers temps ou par les plus reculés? J'ai connu quelques esprits singuliers, qui vouloient que l'on étudiât l'histoire en rétrogradant, c'est-à-dire, en remontant de notre âge jusqu'aux siècles les plus éloignés; de même que dans certaines généalogies on remonte du fils au père, du père à l'aïeul, et ainsi de suite jusqu'à la tige commune, au lieu qu'ordinairement on descend de la tige commune jusqu'au dernier rejeton; ou, comme dans la géographie, on s'attache d'abord à connoître son pays, pour passer ensuite de proche en proche aux terres plus éloignées de nous; autrement, disent les partisans de cette opinion, on est obligé d'ignorer pendant long-temps ce qu'il y a de plus nécessaire dans l'histoire et d'un plus grand usage pour nous; on est comme étranger dans sa patrie, pendant que l'on voyage dans une terre étrangère; et l'on passe une grande partie de ses jours à vivre avec les morts, avant que d'être parvenu à pouvoir converser avec les vivans.

Mais il y a quelque chose de si bizarre dans un ordre où l'on voit mourir les hommes avant que de les avoir vus naître, et les affaires finir avant que de les avoir vu commencer; il seroit même si difficile de se former, par cet ordre renversé, une suite et un enchaînement de faits historiques, que je doute fort, mon cher fils, que les raisons, quoique spécieuses des défenseurs de cette méthode, fassent une grande impression sur votre esprit.

Elle peut néanmoins devenir plus soutenable, lorsque, sans vouloir l'appliquer à chaque histoire particulière, on s'en servira seulement par rapport à l'ordre qu'on mettra dans l'étude des histoires de

différens pays. Ainsi, pour m'expliquer plus clairement, on peut douter s'il ne seroit pas plus utile
pour vous, de vous attacher d'abord à l'histoire
romaine dont vous avez besoin par rapport à l'étude
des lois, et à l'histoire de France qui vous est la
plus nécessaire de toutes, que de suivre scrupu-
leusement l'ordre des temps, et de commencer vos
lectures historiques, comme quelques généalogistes
des maisons souveraines, par *Adam*, pour finir par
l'empereur Charles VI et le roi Louis XV. Le premier
parti a une utilité présente; le second, a pour lui
l'avantage d'un ordre plus naturel et d'un système
plus suivi. Je ne laisse cependant pas d'être touché
pour vous, de l'inconvénient d'ignorer pendant long-
temps ce qui s'est passé dans votre pays, et de
manquer des notions nécessaires pour étudier ou
même pour traiter certaines questions du droit
public, qui peuvent se présenter dans les différens
emplois auxquels vous pouvez être appelé dans la
suite. Je voudrois donc essayer de concilier, s'il
étoit possible, l'ordre naturel des choses avec
l'ordre de votre convenance particulière; et pour
cela, en même temps que vous étudierez à fond
l'histoire ancienne suivant l'ordre des temps, en
commençant par celle des Juifs, ou même avant que
de la commencer, et pendant que vous acheverez
votre droit, ou que vous vous occuperez des préliminaires de l'histoire, vous pourriez lire une histoire de France générale, comme celle de Mezerai
ou celle du père Daniel : deux historiens que je ne
prétends pas égaler à Salluste et à Tite-Live, mais
dont on peut dire ce que Quintilien a dit de ces
deux anciens auteurs, *pares magis quam similes* (1).
Mezerai a beaucoup plus le génie, le caractère et
le style d'un historien; on sent de la force, du nerf,
et de la supériorité dans sa manière d'écrire. Si sa
diction n'est pas pure, il sait au moins penser noblement. Ses réflexions sont courtes et sensées, ses

—   (1) *Instit. Orat., lib.* 10, *cap.* 1.

expressions quelquefois grossières, mais énergiques, et son histoire est semée de traits qui pourroient faire honneur aux meilleurs historiens de l'antiquité. Le père Daniel écrit d'une manière différente. Son style sent le dissertateur plutôt que l'historien. Mezerai pense plus qu'il ne dit, et le père Daniel dit plus qu'il ne fournit à penser : mais, d'un autre côté, celui-ci a beaucoup plus d'ordre, d'arrangement, de clarté dans la suite des faits. Il a débrouillé mieux que personne le cahos de la première race ; sa composition, ou, pour parler en termes de peinture, son ordonnance est beaucoup meilleure que celle de Mezerai ; et, puisque j'ai commencé une fois à me servir de cette image, le père Daniel est un Poussin pour la partie de la composition, mais il pèche comme ce peintre par la couleur ; au lieu que Mezerai est un Rubens qui frappe les yeux par la force des traits et la vivacité du coloris, mais qui est quelquefois confus dans sa disposition.

Tel est à peu près le caractère de ces deux historiens. Vous choisirez entre les deux celui qui vous plaira le plus, et peut-être feriez-vous bien de lire l'un et l'autre, règne par règne ; vous trouveriez souvent dans l'un ce qui manque dans l'autre, et vous prendriez par là une assez grande teinture de notre histoire, pour être au fait des principaux événemens, et en état d'approfondir davantage ceux dont vous pourriez avoir besoin, par rapport aux questions que vous aurez à discuter, en attendant que le temps soit venu de faire une étude plus profonde de toute l'histoire de France.

De cette première observation sur l'ordre qu'on peut mettre entre les histoires des différens peuples, il est naturel de passer à l'ordre qu'il faut suivre dans la lecture de chaque histoire particulière, comme dans l'histoire sacrée, dans l'histoire grecque, dans l'histoire romaine, et dans l'histoire de France. Je m'attache principalement à ces quatre espèces d'histoire, parce que ce sont celles que vous devez le

plus approfondir ; et si vous avez un jour le courage
d'aller plus loin, et de faire le même travail sur
les histoires de tous les états voisins de la France,
la même méthode pourra vous servir également pour
les unes et pour les autres.

Le meilleur et le plus naturel de tous les ordres,
est sans doute l'ordre chronologique ; mais, pour le
suivre plus exactement et acquérir une connoissance
plus parfaite de l'histoire, il est bon de diviser
chaque histoire particulière en différentes époques ;
et c'est ce que vous aurez fait par vos tables.

Ce fondement supposé, lorsqu'il y a plusieurs
historiens qui ont écrit la même histoire en tout
ou en partie, et qui méritent d'être lus également,
je voudrois lire d'abord tout ce qui sera dans l'histoire générale qui vous servira comme de guide
depuis une époque jusqu'à l'autre ; prendre ensuite
successivement les auteurs originaux et les actes sur
le même intervalle de temps, et remarquer avec
attention en quoi l'un diffère de l'autre, dont il sera
bon même de faire quelques notes abrégées, au
moins sur les endroits essentiels, et suivre ainsi la
même méthode d'époque en époque.

Des comparaisons qui se font ainsi de proche en
proche, et dans le temps que l'esprit est encore plein
de ce qu'il vient de lire, sont non-seulement plus
faciles, mais infiniment plus utiles que celles qui se
font d'un ouvrage entier avec un autre ouvrage entier, dont la fin fait souvent oublier le commencement,
du moins dont elle obscurcit les images, et diminue
la première impression.

Rien n'est plus propre d'ailleurs à graver profondément les faits historiques dans notre mémoire ; et
quelque peu qu'on en eût, il seroit presque impossible que, lisant de suite des faits renfermés dans un
intervalle de temps assez court (car c'est une des
raisons pour lesquelles je crois qu'il est bon de multiplier les époques), et les lisant d'abord dans une
histoire générale où ils sont marqués suivant l'ordre

chronologique, et ensuite dans les historiens originaux du même temps, les principaux événemens
ne demeurassent pas imprimés dans la mémoire.

Il y a enfin une dernière utilité dans cette méthode,
que je toucherai ici en passant quoiqu'elle appar-
tienne encore plus à l'étude des belles-lettres, c'est
que, dans ces comparaisons d'auteurs partagés ainsi
par époques, vous ne remarquerez pas seulement ce
qui regarde la vérité et le détail des faits historiques,
mais vous vous attacherez aussi, quand les auteurs
le mériteront, à comparer leur style, à juger de la
beauté de leur narration, de leurs descriptions, de
leurs portraits, de leurs harangues et des traits de
morale répandus dans leur histoire. Tout cela se fait
sans peine, et presque de soi-même, quand on a l'esprit encore rempli de la lecture qu'on vient de faire:
ainsi, quand vous aurez lu Tite-Live par exemple,
depuis l'époque de la loi des douze Tables jusqu'à
l'institution des Tribuns militaires, si vous prenez
Denis d'Halicarnasse sur le même temps, vous y
trouverez le discours de la mère de Coriolan à son
fils, que vous aurez déjà lu dans Tite-Live; et si vous
lisez ensuite la vie de Coriolan dans Plutarque, vous
y verrez encore le même discours. Votre esprit se
plaira de lui-même à comparer les différentes manières dont trois grands historiens ont traité le même
sujet, et, vous établissant juge entr'eux, vous distri-
buerez à chacun le rang qu'il mérite, sans vous détourner presque de votre chemin pour faire cette
comparaison. La mémoire fraîche de ce qu'on vient
de lire, se joint à l'objet présent que l'on a entre les
mains; on en sent les différences, on en distingue le
caractère; et c'est par cette comparaison assidue, ou
pour ainsi dire, habituelle de différentes beautés,
que se forment le goût et le discernement du vrai mérite, plus facilement et plus parfaitement que par
toute autre voie.

Ce que je vous propose de faire, mon cher fils, en
coupant ainsi les historiens par partie, afin de pouvoir aussi les comparer par parties, vous seroit peut-

être difficile à faire par vous-même, parce que, pour
le bien faire, il faudroit que vous eussiez plus de
connoissance des auteurs, et des temps dont ils ont
écrit l'histoire ; mais heureusement pour vous ce travail est déjà fait, et c'est ce qu'il y a de meilleur dans
la méthode de Wéar, auteur anglais, que je vous ai
conseillé de lire.

Vous y trouverez non - seulement les historiens
suivis, mais les pièces ou les morceaux détachés,
comme les vies des grands hommes, et les histoires
de faits singuliers rangés suivant l'ordre des temps.
Vous n'aurez qu'à le suivre pour l'ancienne histoire
sur laquelle son travail me paroît assez exact, je
doute qu'on en doive porter le même jugement pour
ce qui regarde l'histoire moderne ; mais vous pourrez
y suppléer par le moyen des auteurs qui ont traité
des histoires de leur pays par forme de bibliothèque
historique ; vous aurez surtout un secours inestimable dans celle que le père Le Long fait imprimer
actuellement pour l'histoire de France, et, enfin,
les avis des savans que vous consulterez vous mettront en état d'avoir une route certaine, et comme une
carte fidèle, pour vous conduire dans votre voyage
historique.

QUATRIÈME POINT.

Les Secours et les Accompagnemens de l'Histoire.

Le quatrième point sur lequel je me suis engagé à
vous entretenir, mon cher fils, regarde les secours et
les accompagnemens qu'il faut joindre à la lecture de
l'histoire.

J'en distingue quatre principaux :

Le premier, est la lecture des voyages et des descriptions des pays, sur quoi je me suis déjà assez
expliqué par rapport à l'étude de la géographie ; et
si je vous en parle encore en cet endroit, c'est
parce que l'histoire ne se sert pas moins avantageusement de ce secours que la géographie, et qu'on

peut le regarder comme un bien qui appartient en commun à ces deux sciences ; dont l'une y prend ce qui regarde la position, l'étendue, la division des pays ; et l'autre y profite de tout ce qu'on y lit des lois, des mœurs et du gouvernement des peuples qui les habitent, pourvu, cependant, que l'on ne s'attache qu'à ceux des auteurs de ce genre qui sont connus pour exacts, en laissant ceux qui sont soupçonnés d'avoir travaillé d'après leur imagination plutôt que d'après leur mémoire, et d'avoir été plus occupés à faire un récit amusant de leurs aventures qu'à instruire par une relation véritable de ce qu'ils ont appris dans leurs voyages.

Le second secours, que l'on peut chercher dans l'étude de l'histoire, se trouve dans celle des médailles et des inscriptions ; étude qui n'est pas seulement un objet de curiosité pour ceux qui ont le goût des antiquités, mais qui est souvent très-utile pour éclaircir des points de chronologie, pour redresser les historiens et les ramener à la vérité originale que l'airain et la pierre nous ont conservée, pour nous apprendre des faits qui ne se trouvent pas quelquefois dans les histoires les plus exactes ; pour nous instruire enfin de plusieurs choses curieuses et singulières sur les usages des anciens. Ainsi, quand vous aurez lu la vie d'un empereur romain, il sera bon que vous parcouriez la suite des médailles de son temps dans les recueils que les antiquaires en ont faits ; vous pourrez même vous divertir à les aller voir dans les cabinets des curieux, parce que la vue des originaux affecte davantage, et qu'on y respire un air d'antiquité qui fait plaisir à ceux qui aiment à voir le vrai dans sa pureté, au lieu que les copies le défigurent souvent et l'altèrent presque toujours. Mais vous devez regarder l'étude des médailles et des autres anciens monumens, plutôt comme un délassement que comme une occupation principale ; sans quoi vous courreriez risque d'y perdre beaucoup de temps ; et vous auriez d'autant plus de sujet d'y avoir regret, que cette étude poussée trop loin fait dégénérer la gravité de l'histoire dans une multitude de petits faits, ou dans un nombre infini de minuties qui ne méritent pas la place qu'elles occuperoient dans votre mémoire, dont je fais trop de cas pour vouloir la remplir seulement, et non pas la meubler précieusement.

Un troisième secours, qu'il ne faut pas aussi négliger quoique je fusse fâché de vous y voir employer un temps considérable, est celui des généalogies; elles servent quelquefois à démêler les faits historiques; elles préviennent l'équivoque et la confusion des noms propres; elles ont même leur utilité par rapport à la connoissance des intérêts des princes; enfin, elles aident la mémoire, et, de même que les époques de la chronologie et les divisions de la géographie, elles forment une espèce de mémoire locale, par la liaison que les faits ont avec les personnes comme avec les temps et les lieux, qui sert à arranger les événemens et à les fixer dans notre esprit; mais, dans cette vue, il suffit de s'attacher aux généalogies des princes et des maisons distinguées qui ont figuré dans l'histoire. Le reste est moins un secours qu'un pesant fardeau pour la mémoire, dont elle ne peut se charger qu'avec une grande perte de temps, et dont elle cherche souvent à se soulager aux dépens de l'honneur des familles, comme pour se payer, par le plaisir de la médisance, de tout l'ennui qu'une étude si sèche et si aride lui a coûté.

J'estime donc beaucoup plus le quatrième secours dont il me reste à vous parler, je veux dire celui des dissertations qui ont été faites, par de savans hommes, sur les mœurs, le gouvernement, la milice, les antiquités des peuples dont vous étudirez l'histoire, comme des grecs, des romains, et des royaumes ou des républiques qui se sont formées des débris de l'empire romain.

Ce seroit une entreprise téméraire et presque insensée, de vouloir lire toutes ces dissertations qui sont sans nombre; et je n'ai garde de vous proposer de lire tous les ouvrages de cette nature que Grono-

vius et Grœvius ont recueillis dans près de trente
volumes *in-fol.*, qui ne regardent cependant que
l'histoire grecque et l'histoire romaine, et qui ne comprennent pas encore tout ce qui s'est fait sur cette
matière.

Il faut se réduire à un objet moins étendu, par un
choix éclairé et par un juste discernement, non-seulement entre les différens auteurs, mais entre les matières différentes.

Je dis entre les matières différentes; car tout ce
que des savans oisifs, qui n'avoient souvent d'autres
règles dans leurs recherches et dans leurs travaux que
l'attrait de leur goût et de leur curiosité, ont regardé
comme digne d'exercer leur plume, ne mérite pas
pour cela de partager le temps d'un homme destiné
à servir le public; il est presque également dangereux de tout lire, et de ne rien lire. Le juste milieu
entre ces deux extrémités est de s'attacher principalement à ce qui est important, et dont nous pouvons
faire usage dans le genre de vie auquel nous nous
destinons : ainsi, ce qui regarde les habillemens des
grecs ou des romains, leurs festins, leurs jeux,
leurs spectacles, les exercices du corps, les bains,
les cérémonies, les funérailles et d'autres choses semblables, peut bien quelquefois servir d'amusement
et de délassement à votre esprit. On en peut même
tirer une sorte d'utilité par rapport à l'intelligence
des poètes et des anciens auteurs; mais ce qui mérite
véritablement d'être étudié avec plus de suite et
d'exactitude, c'est tout ce qui regarde le gouvernement et l'ordre public : comme les traités de Meursius
sur les républiques grecques; de Samuel Petit, sur
les lois d'Athènes; de Sigonius, *de jure civium roma-
norum*, *de senatu*, *de judiciis;* celui de Gruchius, *de
comitiis;* de Manuce et d'Antoine Augustin, *de legibus.* Il n'est pas encore temps, mon cher fils, de
vous en donner un dénombrement exact; en voilà
assez pour en tracer une première idée; et il en est
de même pour ce qui regarde l'histoire moderne à
laquelle il est très-utile de joindre la lecture des

auteurs qui ont traité de tout ce qui a rapport au gouvernement des différens états dont on lit l'histoire. Ces sortes de dissertations ouvrent l'esprit d'un jeune homme, lui donnent des connoissances, et presque une expérience anticipée qui le rend attentif dans la lecture des histoires, à une infinité de choses qu'il n'auroit pas remarquées, ou sur lesquelles il auroit passé légèrement, s'il n'y avoit été préparé par la lecture de ces dissertations. Il arrive souvent que la plupart des lectures de la jeunesse, quoique faites avec goût et avec application, sont presque inutiles, ou ne sont pas du moins aussi utiles qu'elles le devroient être, parce que, faute de notions suffisantes, on ignore ce qu'il faut remarquer, et qu'on ne sent pas la conséquence d'une partie des choses qu'on lit.

Mon sentiment seroit donc, avant que de commencer la lecture des historiens originaux de chaque nation dont vous approfondirez l'histoire, que vous lussiez quelques-unes des dissertations que les meilleurs auteurs ont faites sur les lois et sur le gouvernement de cette nation. Quand vous en aurez l'esprit bien rempli, rien de tout ce que vous lirez dans les historiens et dans les actes qui sont la source de ces dissertations, ne pourra vous échapper ; et, joignant ainsi vos propres réflexions à celles des auteurs dont vous aurez lu les dissertations, vous serez en état de faire un excellent usage de l'histoire pour y acquérir la science du droit public qui doit être un des principaux objets de toutes vos études.

Outre tous ces secours que vous trouverez dans les livres, et pour lesquels vous n'aurez besoin que de votre propre courage et de votre application personnelle, il y en a un qui se répand sur tout ce que je vous ai dit jusqu'à présent, et que vous ne pourrez trouver que dans la conversation des savans qui se sont appliqués à l'étude de l'histoire. Vous retirerez, mon cher fils, une très-grande utilité du commerce que vous aurez avec eux ; non-seulement vous y apprendrez souvent ce qui vous aura échappé dans vos lectures particulières, où il n'est pas aisé de tout

embrasser, mais tout ce que vous aurez déjà appris
par vous-même vous deviendra beaucoup plus
propre, lorsque vous en aurez conféré avec des personnes instruites et versées depuis long-temps dans
l'étude de l'histoire : vous avez déjà fait l'expérience
de ce que je vous dis, dans vos études précédentes ;
et vous avez reconnu sans doute, que vous ne saviez
rien plus parfaitement, que rien ne vous étoit plus
familier, et plus dans vos mains, que les choses dont
vous aviez conféré avec vos maîtres ou avec d'autres
personnes. La lecture est en quelque manière un
corps mort et inanimé ; la conversation avec des gens
habiles et d'un jugement solide, le ranime et lui
donne de la vie et du mouvement. Elle a je ne sais
quoi de sensible et d'intéressant, qui entre bien plus
avant dans notre ame ; et si la lecture trace les
premiers traits des choses que la mémoire doit conserver, on peut dire que la conversation ou la conférence est comme le burin qui les y grave profondément, et qui les y imprime en caractères ineffaçables.
On y trouve d'ailleurs l'avantage de redresser ses
idées ou de les perfectionner, de les confirmer, du
moins de s'en assurer la stabilité, et de se mettre en
état d'en avoir la jouissance paisible et tranquille.

Je voudrois donc, mon cher fils, afin de mettre,
autant qu'il est possible, de l'ordre et de la méthode
en toutes choses, que vous consultassiez les savans
dans deux temps différens, sur chaque histoire particulière ; c'est-à-dire, avant que de commencer à
l'étudier en détail, lorsque vous en aurez pris une
idée générale, et après que vous l'aurez achevée, ou
plutôt à mesure que vous en aurez lu une partie assez
considérable, pour pouvoir en raisonner avec ceux
qui la savent parfaitement. La première consultation
aura pour vous l'avantage de vous diriger dans vos
études, de vous en faire connoître les difficultés et
les points principaux qui méritent votre attention.
La seconde, encore plus utile, vous servira, comme
je viens de vous le dire, à imprimer plus avant les
faits dans votre esprit ; à vous enrichir des lieux

fugitifs que vous n'aurez pu découvrir ; à épurer vôtre critique ; en un mot, à former votre jugement par le secours de ceux qui ont plus d'âge, plus de lumière et plus d'expérience que vous.

CINQUIÈME POINT.

Ce qu'il est important de remarquer, en lisant l'Histoire.

Je pourrois, après cela, me dispenser de traiter avec vous le cinquième point que je me suis proposé d'examiner, parce que, si vous êtes fidèle à suivre la méthode que je viens de vous tracer sur les quatre premiers points, vous saurez, de vous-même, ce qui regarde ce cinquième article, je veux dire, ce qu'il faut remarquer en lisant l'histoire, et ce que vous ferez bien d'en extraire.

Mais, comme après tout, c'est l'article le plus important, et par lequel on peut recueillir une plus grande utilité de la lecture de l'histoire, je ne laisserai pas de vous indiquer ici les principales vues que l'on peut avoir sur ce sujet, et j'abandonnerai le reste à votre goût pour la science, et à votre amour pour le travail.

Jean Bodin, digne magistrat, savant auteur, et ce que j'estime encore plus, très-bon citoyen, a traité cette matière comme beaucoup d'autres, dans la méthode qu'il a faite pour la lecture de l'histoire ; et je vous dirai, en passant, que c'est un livre qui mérite que vous le lisiez comme un des meilleurs, et peut-être même, à tout prendre, le meilleur de tous ceux qui ont été faits sur ce sujet. Vous y trouverez un chapitre où il examine dans un grand détail, quelles sont les choses qu'il faut remarquer en lisant l'histoire ; le plan qu'il en forme est beau et bien ordonné, mais il est si vaste que, quand même vous auriez le courage d'entreprendre de le suivre, je ne sais si je devrois vous conseiller de le faire.

Dans le temps que les magistrats se levoient à quatre heures du matin, qu'ils dînoient à dix, et soupoient à six, qu'ils vivoient renfermés dans le cercle étroit de leur famille, et d'un petit nombre d'amis qui avoient les mêmes mœurs et les mêmes inclinations qu'eux; que tout ce que les fonctions publiques leur laissoient de loisir, ils l'employoient à l'étude qui faisoit en même temps et leur unique occupation, et leurs plus grandes délices. Un jeune homme, destiné à la magistrature, pouvoit n'être pas effrayé d'un plan aussi immense que celui de Bodin. Nos pères trouvoient le moyen d'étendre leurs jours, et de prolonger leur vie par le bon usage qu'ils en faisoient; au lieu que nous l'abrégeons par la profusion et le dérangement de notre temps. Rien n'étoit plus commun alors, que de voir non-seulement des magistrats savans, mais des magistrats auteurs qui enrichissoient le public du fruit de leurs veilles; et qui, après avoir employé une partie de la journée à rendre justice aux hommes de leur âge, en consacroient le reste à instruire les siècles à venir. Mais cet heureux temps n'est plus. Les mœurs sont entièrement changées : la fragilité des hommes les soumet à la tyrannie de la coutume; la forme même de traiter les affaires est différente; les occupations de la vie et les devoirs de la société se sont tellement multipliés, que ceux qui sont destinés à vivre dans le tumulte des affaires, sont forcés, malgré leur goût pour l'étude, et leur ardeur pour s'instruire, de laisser aux savans de profession, une grande partie du terrein que les magistrats partageoient autrefois avec eux. Il est même de la sagesse et du devoir d'un homme dévoué au service du public, de se réduire au nécessaire et à l'utile, pour ne pas s'exposer à perdre l'un et l'autre, en s'attachant à ce qui n'est que d'ornement, et, pour ainsi dire, de luxe dans les sciences. Il ajoute par là à l'essentiel, tout ce qu'il refuse au superflu; et il vaut beaucoup mieux pour lui, ignorer certaines choses étrangères à sa profession, pour approfondir solidement celles qui regardent son état, que d'être superficiel sur tout, pour vouloir tout savoir.

Après cette espèce de digression, où je me suis laissé aller par le souvenir du passé et la triste comparaison du temps présent, ne craignez pourtant rien, mon cher fils; et ne vous pressez pas de m'accuser d'être trop avare pour vous, et de vouloir vous réduire dans des bornes trop étroites. Vous allez voir que je vous en laisse encore assez.

Voici donc, mon cher fils, le plan que je crois que vous pouvez vous proposer sur les remarques que vous ferez dans la lecture des Historiens.

Tout ce qui mérite d'y entrer, peut se réduire à trois points, parce qu'il n'y a que trois ordres de choses qui soient l'objet de toutes les sciences :

Les choses divines ;

Les choses naturelles ;

Les choses humaines.

On peut néanmoins y ajouter un quatrième objet qui comprend ce qui appartient à la critique et à la philologie, dont les observations tombent moins sur les choses en elles-mêmes, que sur le temps, le génie, le style de ceux qui nous les apprennent, et sur la manière de les exprimer.

Les choses divines renferment tout ce qui apartient à la religion, ou qui en est l'accessoire, et l'on peut les réduire à cinq points principaux :

1.º La croyance et la doctrine;

2.º Le culte et les cérémonies ;

3.º Les personnes consacrées au service divin, leurs dignités, leurs fonctions, leurs prérogatives, leurs immunités ;

4.º Les biens et les droits utiles qui leur sont attribués;

5.º La discipline et la police qui comprennent le gouvernement, les lois, les jugemens, les peines, la concorde du sacerdoce et de l'empire, ou la distinction et la conciliation des deux puissances entre lesquelles Dieu a partagé le gouvernement des hommes, c'est-à-dire, de la puissance temporelle, et de l'autorité spirituelle.

Voilà, mon cher fils, un champ bien vaste et une moisson abondante de remarques que je vous ouvre; mais pour la réduire à de justes bornes, il faut distinguer d'abord ce qui regarde les fausses religions, ou les différentes sectes qui se sont séparées de l'église, de ce qui est digne de remarque par rapport à la véritable religion, et à l'église catholique.

Sur les fausses religions, il seroit fort inutile que vous prissiez la peine de compiler tout ce que vous trouverez sur ce sujet dans l'histoire, et d'entreprendre de faire un recueil complet des extravagances de l'esprit humain, lorsqu'il est abandonné à lui-même et privé des lumières de la véritable religion. Il n'y a pas d'apparence que vous vous croyez destiné à ce genre d'ouvrage qui a même été fait par plusieurs pères de l'église, et principalement par les anciens apologistes de la religion chrétienne; c'est déjà un premier article que vous retrancherez de votre travail.

Je vous dirai presque la même chose, mon cher fils, sur les sectes qui sont sorties du sein de l'église catholique.

Vous prendriez une peine doublement inutile, si vous vouliez extraire tout ce qui regarde le dogme et le culte des hérétiques; soit parce que vous n'êtes pas destiné à vous occuper aux matières de controverse, soit parce que vous en apprendrez beaucoup plus sur ces matières, dans quelques livres choisis, que vous ne feriez pas tout ce que vous pourriez recueillir, vous-même, en lisant les différentes histoires.

Vous pourrez trouver quelquefois, en lisant l'histoire, des maximes reconnues même dans les fausses religions, des règles anciennes conservées dans les sectes mêmes qui sont séparées de la communion de l'église, dont on peut tirer des conséquences utiles, et qui peuvent par cette raison mériter vos remarques;

mais sans en trop charger vos extraits ni vous engager
à cet égard dans un grand travail.

A l'égard de ce qui concerne la véritable religion,
le premier des cinq points, que j'ai distingués sur
les choses divines, a rapport à l'étude de la religion
qui fait la première partie du plan de vos études (1),
et à celle de l'histoire de l'église qui pourra faire la
matière d'un mémoire séparé.

Par rapport au second point, c'est-à-dire, le culte
et les cérémonies, je ne désirerois point que vous
vous chargeassiez de beaucoup de remarques sur
cette matière, si ce n'est par rapport à ce qui regarde le mélange de la puissance temporelle, et de
l'autorité ecclésiastique sur ce point; mais c'est ce
qui appartient plus aux questions de discipline et
de juridiction, qu'à l'étude du culte et des cérémonies.

Les trois derniers points, je veux dire, les personnes ecclésiastiques, les biens ecclésiastiques, la
discipline ecclésiastique, sont ceux qui doivent être
présentement les principaux objets de votre attention.

L'étude du droit canonique; des libertés de l'église
gallicane, et des maximes du royaume, vous ouvrira
plus l'esprit sur ce que vous devez remarquer à cet
égard, que tout ce que je pourrois vous en dire aujourd'hui; et, lorsque vous aurez conçu une juste
idée de la qualité des personnes consacrées à Dieu,
de la condition des biens ecclésiastiques, du gouvernement et de la discipline de l'église, de la nature des deux puissances, des matières qui appartiennent à l'une privativement à l'autre, ou qui leur
sont communes, et que par cette raison on appelle
mixtes; des moyens qui sont en usage dans ce royaume
et ailleurs, pour entretenir une concorde désirable
et une parfaite harmonie entre le sacerdoce et l'empire, pour prévenir ou pour réprimer les entreprises
que l'on peut faire sur l'autre, vous sentirez de vous-

_____

(1) Voyez la première Instruction.

même, mon cher fils, ce qui mérite d'entrer dans vos recueils, sur une matière si importante.

Les choses naturelles, second objet des remarques que l'on peut faire en lisant l'histoire, sont peut-être plus propres à orner et à amuser l'esprit d'un magistrat, qu'à le former ou à le perfectionner. Si on les prend superficiellement, on n'en tire presque aucun fruit; si on veut les étudier exactement, c'est une science à laquelle toute la vie peut à peine suffire, et qui demande presque un homme entier; vos collections d'ailleurs, et surtout ce que vous pourriez tirer de la lecture des historiens, ne pourroient jamais égaler les recherches de ceux qui ont fait des livres sur ces matières, ou qui les ont traitées dans les journaux des académies de physique qui peuvent vous fournir, dans de certains momens, un délassement agréable.

Vous pouvez donc vous dispenser de recueillir ce que vous trouverez de singulier dans l'histoire, ou sur l'astronomie, ou sur la physique, ou sur les mathématiques, et en général sur ce qui regarde l'histoire naturelle dont les historiens parlent souvent, même d'une manière assez imparfaite : la vie est si courte, et l'étude est si longue, qu'il faut savoir se borner aux deux grands objets dont je vous parlerai bientôt, c'est-à-dire, à ce qui peut former les vertus de l'homme privé, et celles de l'homme public; je ne prétends pourtant pas imposer des lois trop austères à votre curiosité; mais comme les Italiens disent avec beaucoup de raison que *le bien n'a point de plus grand ennemi que le mieux*, je crains aussi que le superflu, dans les recueils, ne nuise chez vous au nécessaire et à l'utile.

Le troisième ordre des choses que j'ai distinguées d'abord, je veux dire les choses humaines, demande plus d'explication.

C'est ici, mon cher fils, que je dois approfondir davantage la distinction que je vous ai marquée, en passant, de l'homme considéré en lui-même, et de l'homme considéré dans l'ordre de la société.

5 *

Ces deux personnes que l'on peut distinguer dans chaque homme, se trouvent dans vous comme dans tous les autres; vous êtes homme, vous êtes citoyen; vous y ajouterez, selon toutes les apparences, le caractère d'homme public; et c'est à ces trois vues que doit se rapporter toute étude bien faite, et surtout celle de l'histoire.

L'homme, considéré en lui-même, est encore plus l'objet de la philosophie, que celui de l'histoire. L'historien commence où le philosophe finit, et il envisage l'homme principalement dans l'ordre de la société. La religion réunit ces deux objets en apprenant à l'homme à se connoître lui-même, et à connoître ce qu'il doit aux autres, suivant la place qu'il occupe dans la société.

La lecture des historiens peut cependant vous fournir des exemples et des réflexions solides sur les qualités de l'esprit et du cœur, qui rendent l'homme heureux ou malheureux, en le considérant en général et sous le premier point de vue. Lorsque vous y trouverez des choses de ce genre, vous ferez bien de vous les approprier, et d'en faire votre bien particulier, en les consignant dans le dépôt de vos recueils.

Mais, après tout, le grand objet de l'histoire est l'homme considéré dans la qualité de citoyen, et dans celle d'homme public. C'est donc sur cette double idée que vous devez principalement travailler, et pour cela envisager d'abord l'une et l'autre dans un plan général, qui puisse exciter votre attention et diriger toutes vos remarques. Je me contenterai de l'ébaucher ici; ce sera à vous de le perfectionner.

Lorsque l'on considère l'ordre général de la société, l'on peut ou comparer les nations les unes avec les autres, examiner les rapports qui les unissent ou qui les séparent, ou s'attacher à chaque nation prise en particulier.

La première vue forme ce qui s'appelle *le droit des gens*; la seconde nous présente l'image du droit public, qui est propre à chaque nation.

Mais cette seconde idée a besoin d'une nouvelle division, pour former un plan lumineux et complet.

Car, ou l'on envisage chaque nation comme un tout, ou on la considère dans les parties qui forment ce tout par rapport à l'ordre public; et ces parties sont :

Ou les diverses conditions des hommes qui sont reconnues dans une nation, et qui y établissent des différences dans leur état ;

Ou les différens ordres que l'on y distingue, ou les corps, les compagnies, les communautés qui y sont admises;

Ou enfin les particuliers considérés comme membres de l'état.

Il ne sera peut-être pas inutile de faire ici quelques réflexions sur chacun de ces articles, qui sont comme le terme et la fin de toutes les réflexions que vous ferez en lisant l'histoire.

J'ai dit d'abord, mon cher fils, que, de la première manière d'envisager la société humaine, c'est-à-dire, de la considération des rapports d'union ou de contrariété qui sont entre les diverses nations, naissoit le droit des gens.

Grotius l'a réduit aux deux principaux objets auxquels presque tous les autres se rapportent, en donnant à son livre, qui, à proprement parler, est un traité du droit des gens, le titre de traité du *droit de la guerre et de la paix.* Lorsque vous aurez bien lu ce traité, mon cher fils (et c'est pour cela que je l'ai mis au nombre des préliminaires de l'histoire), vous serez pleinement au fait de tout ce qui doit être remarqué sur ce point, dans la lecture des historiens; et ce qui doit vous y rendre plus attentif (je crois vous l'avoir dit aussi en passant), c'est qu'au lieu que dans la jurisprudence ordinaire, c'est par le droit que l'on doit juger du fait; ici, tout au contraire, c'est presque toujours le fait qui sert à faire observer le droit. Le commun des hommes défère aux exemples plus qu'aux raisonnemens; mais c'est principalement entre les souverains et les états indépendans les uns des autres, qu'il ne suffit pas de montrer ce qui se doit faire, sans montrer aussi ce qui s'est fait. Ceux qui craindroient de s'abaisser, en cédant à la raison, rougissent moins de céder à l'exemple, qui renferme toujours une excuse pour leur condescendance ; et ce que la force des armes fait entre les souverains, pendant la guerre, l'autorité des exemples le fait assez souvent, entr'eux, pendant la paix.

Vous ne sauriez donc être trop exact à recueillir tout ce qui regarde les différentes distinctions des nations comparées les unes aux autres ; les questions de rang et de préséance entre les souverains ou les républiques ; les prérogatives et les priviléges dont certains peuples sont en possession par rapport à d'autres peuples ; la forme des traités ; le caractère des ambassadeurs, des envoyés et des agens ; les différentes manières de déclarer la guerre ; les lois que les armes même respectent ; le droit que la victoire ou la conquête donne au conquérant, sur les personnes et sur les choses ; les règles établies pour le commerce d'une nation avec un autre peuple, celles que la guerre suspend, et celles qui s'observent au milieu de la guerre ; enfin, tout ce qui peut servir d'exemple ou de préjugé dans cette partie importante du droit public, et qui est une de celles qui intéressent davantage la curiosité de tout homme raisonnable.

Je vous ai dit, en second lieu, mon cher fils, que, si l'on passoit de la considération des différens peuples comparés les uns aux autres, à la vue de chaque peuple considéré séparément, on pouvoit alors l'envisager d'abord comme un tout ; et c'est ce qui vous fournira la matière de deux sortes de remarques.

Les unes, sur le caractère, le génie et les mœurs de chaque nation, qui ne méritent néanmoins d'être observées avec soin, que par rapport à notre nation et à celles qui nous environnent.

Les autres, par rapport aux différentes formes de

gouvernement, dont vous aurez pris une idée générale, par la lecture des traités que je vous ai indi-
qués, en parlant des préliminaires de l'histoire :
vous y aurez vu (pour réunir ici, comme dans un
tableau, tout ce qui doit être le sujet de vos remarques, sur une matière si importante), vous y
aurez vu, dis-je, que toutes les formes de gouvernement se réduisent à deux principales : le gouvernement d'un seul, et le gouvernement de plusieurs,
c'est-à-dire, la monarchie et la république. Mais,
comme ces deux formes sont souvent mêlées, et
comme tempérées l'une par l'autre, ce sont ces divers tempéramens, et ces combinaisons de différentes espèces de gouvernement, qu'un esprit, qui
cherche à s'instruire à fond, doit observer attentivement, dans la lecture de l'histoire. Il y a,
d'ailleurs, des différences importantes dans la manière de déférer ou de transmettre la suprême puissance, qui méritent aussi d'être remarquées avec
exactitude.

Ainsi, la distinction des monarchies en royaumes
électifs, en royaumes héréditaires, et en royaumes
patrimoniaux, c'est-à-dire, dont on peut disposer
librement (s'il est vrai qu'il y en ait encore qui soient
véritablement de cette nature), et la subdivision
des royaumes héréditaires en monarchies affectées
aux mâles, et en monarchies transmissibles aux fe-
melles, au défaut des mâles, vous rendront attentif
à tout ce que vous trouverez dans l'histoire sur l'élection, sur la succession ou sur la disposition des
monarques.

Elle vous apprendra que la plupart des monarchies de l'Europe ont toujours été tempérées, soit
par un reste des anciennes mœurs des germains et
des gaulois, qui, dans le sein même de la barbarie,
avoient presque tous un gouvernement modéré; soit
parce que les sciences et la politesse, qui ont établi
depuis long-temps leur demeure en Europe, y ont
aussi adouci la rigueur du gouvernement, en rendant
les hommes plus susceptibles de respect pour la

raison et pour les lois ; soit enfin par un effet de la
religion chrétienne , qui enseigne la modération à
tous les hommes , et qui apprend aux peuples à révérer, dans les rois, l'image de Dieu , et aux rois ,
à exprimer cette image par leur bonté.

Comme les monarchies sont tempérées en Europe,
les républiques le sont aussi. On ne voit guère de dé-
mocratie, d'oligarchie ou d'aristocratie (pour se servir
ici des termes de l'art), qui soient entièrement pures
et sans mélange d'aucune des deux autres formes de
république. Plusieurs auteurs ont même pensé
qu'une république ne peut pas être bien constituée,
si elle n'est composée des trois différentes espèces du
gouvernement républicain ; et que c'est parce que
la république romaine avoit cet avantage , qu'elle
s'est soutenue, sans altération , pendant plusieurs
siècles ; en sorte que la dissolution d'un corps si bien
composé, n'est arrivée que parce que l'équilibre ,
ou , si vous le voulez , l'harmonie des trois espèces
de républiques dont il étoit formé , a été rompue ,
et que l'une des espèces a pris le dessus sur les deux
autres.

Par ces idées générales , que je ne fais que vous
montrer, mon cher fils, vous comprendrez aisément
ce que vous devez remarquer, à cet égard, en lisant
l'histoire.

Tout ce qui regarde la nature et la constitution
essentielle de chaque espèce de gouvernement, sa
composition , et, si je puis parler ainsi , sa tempéra-
ture ou sa mixtion , les causes des différentes révolutions qui y sont arrivées , et des changemens d'une
espèce de gouvernement en un autre , en un mot
la naissance , le progrès , le dernier période de la
grandeur d'un état , son affoiblissement, sa décadence, sa destruction, sont des objets vraiment dignes
de l'attention de l'esprit humain , encore plus de
ceux qui sont destinés à servir la république. Ce sera
donc le premier objet de vos remarques, par rapport
à chaque nation , considérée comme ne faisant qu'un
seul tout.

Le second, qui est une suite du premier, ce sont les lois et les usages observés, comme des lois, dans chaque pays.

Vous m'apprendriez, si je ne le savois pas, mon cher fils, vous qui êtes à présent un grand jurisconsulte, que le droit se divise en droit public et en droit privé; vous savez la définition et la différence de l'un et de l'autre. Ce seroit une peine infinie et un travail souvent inutile, de vouloir entrer dans le détail des lois de chaque peuple, qui ne regardent que le droit privé, et l'histoire même ne vous les fourniroit pas exactement. Il est bon d'avoir des livres où ces lois sont recueillies, pour les consulter dans les occasions où l'on peut en avoir besoin; mais il y a bien des choses qu'il faut placer dans sa bibliothèque, et qu'il seroit superflu de vouloir mettre dans sa tête. Ainsi, je retranche d'abord de vos remarques, tout ce qui ne regarde que le droit privé de chaque nation, à moins que vous ne trouviez, quelquefois, en lisant l'histoire, des lois ou des usages de cette nature, qui vous paroissent dignes de servir d'exemples ou de préjugés pour appuyer ou pour perfectionner quelques points de notre jurisprudence; auquel cas vous ferez bien de les remarquer.

Vous vous renfermerez donc, mon cher fils, dans le droit public; et, quoique celui de votre pays mérite beaucoup plus d'attention, vous ne négligerez pas néanmoins ce que vous trouverez dans l'histoire, sur le droit public des autres nations. Deux raisons principales vous en feront sentir l'utilité :

L'une, que cette connoissance donne beaucoup plus d'étendue à l'esprit, que celle du droit public qui nous est propre. La comparaison des différentes règles que chaque nation a établies dans l'ordre public le met en état de juger, sans prévention pour son pays, et sans une admiration imprudente pour d'autres nations, de ce qui est le meilleur pour en faire usage, avec un esprit de législateur plutôt que de jurisconsulte, et avec une sagesse qui prévoit tous les inconvéniens dans les réglemens nouveaux qu'on propose, et dans ce qui peut avoir rapport au gouvernement.

L'autre, que, faute de cette connoissance du droit public des autres nations, ou du moins de celles qui nous environnent, on prend souvent de fausses mesures en traitant avec elles ; on tente vainement des choses qui ne peuvent réussir ; on aliène, on révolte ou l'on indispose au moins leurs esprits ; et, quoique la connoissance de leurs intérêts présens, et de leurs dispositions actuelles, soit encore plus nécessaire, il est cependant fort utile d'être instruit de leur gouvernement, de leurs maximes dominantes, et de tout ce qui compose leur droit public, surtout dans les états républicains, où l'on s'écarte moins aisément des règles générales, et où l'on s'attache plus à certains principes suivis et uniformes, qui y sont regardés comme essentiels pour leur conservation.

Ce droit public, soit qu'il nous soit propre, ou que ce soit pour nous un droit étranger, se divise en deux espèces, dont l'une est le droit public, temporel ou profane, parce qu'il ne regarde que les choses de la terre, et ne tend qu'à procurer une félicité présente ; l'autre est le droit public spirituel ou sacré, parce qu'il a pour objet les choses célestes, c'est-à-dire, la religion, et pour terme, la béatitude éternelle : ce qui n'empêche pas que le souverain n'y exerce son autorité, soit comme roi dans les matières mixtes, soit comme protecteur de l'église dans les matières purement spirituelles.

Je ne vous parlerai plus ici de cette seconde espèce de droit public, parce que je m'en suis assez expliqué avec vous, en traitant des choses divines, par rapport à notre objet présent, c'est-à-dire, à ce que vous devez remarquer en lisant l'histoire.

La première, c'est-à-dire, le droit public temporel, comprend,

1.° La législation ou le pouvoir de faire des lois, et les lois mêmes ;

2.° L'exercice de la puissance publique dans l'administration de l'état ;

3.° Les secours nécessaires au gouvernement ;

4.° Les prérogatives, les honneurs, les priviléges des rois, ou de ceux qui gouvernent les états, soit par rapport à leurs personnes, ou par rapport à leurs biens.

Sur le premier point, vous devez remarquer, en lisant l'histoire, non-seulement à qui le pouvoir de faire des lois appartient dans chaque nation ; mais encore plus, de quelle forme les lois y sont revêtues, comment elles y doivent être publiées, à qui il est réservé ou permis de les interpréter, ou d'en dispenser, ou d'y déroger.

Sur le second point, qui regarde l'exercice de la puissance publique, comme le prince et ceux qui tiennent les rênes du gouvernement ne peuvent faire tout par eux-mêmes, c'est ici que nous devons placer tout ce qui concerne les différens dépositaires de leur autorité, qui, parmi nous, portent le nom général d'officiers, de quelque ordre qu'ils soient ; parce que l'office n'est autre chose qu'une portion de la seigneurie, ou de la puissance publique, confiée, par celui qui gouverne, à un certain nombre de ses sujets pour le bien de tous les autres. Cette partie du droit public est une de celles qui vous seront le plus importantes dans la profession qu'il y a lieu de croire que vous embrasserez ; et c'est dans cette vue que je vous conseille d'observer avec soin, principalement dans l'histoire de France, tout ce que vous y trouverez par rapport aux fonctions et aux prérogatives des principaux officiers qui sont établis, soit en particulier, soit en corps, tant pour ce qui regarde la justice et la police, que pour ce qui appartient à la milice et à ce qui en dépend, dont il faut connoître les droits pour pouvoir distinguer les objets qui les concernent, de ceux qui regardent les officiers de justice. Vous joindrez enfin à ce second point, ce qui regarde les conseils des rois ou des républiques, parce que cela appartient aussi à l'exercice et à la sage administration de la puissance publique.

A l'égard du troisième point, je veux dire des secours du gouvernement, je ne parlerai point ici des traités et des alliances avec les puissances temporelles, parce que cela regarde aussi le droit des gens dont j'ai fait un article séparé.

Je réduis donc ce que j'appelle le secours du gouvernement, à trois ou quatre genres différens :

Le premier est celui des armes, secours que la corruption du cœur humain a rendu également nécessaire à ceux qui gouvernent, et pour se faire craindre de leurs ennemis, et pour n'avoir rien à craindre dans leurs états.

Mais, comme votre génie me paroît trop pacifique pour aimer la guerre, je crois que vous pouvez vous épargner la peine de compter, comme a fait M. de Thou dans son histoire, tous les boulets de canon que l'on a tirés dans chaque siége ; c'est-à-dire, d'entrer dans tous les détails de la guerre, qui sont plus propres à faire un bon général d'armée, qu'à former un grand magistrat ; et qui vous seroient d'autant plus inutiles, que tout ce qui peut vous regarder dans la guerre regarde aussi le droit des gens dont je vous ai parlé dans un autre endroit.

Le second genre de secours nécessaire au gouvernement, est la terreur des peines et des châtimens, par laquelle le prince fait une espèce de guerre domestique et continuelle aux ennemis de la paix et de la sûreté intérieure de l'état. C'est en quoi consiste principalement ce que les jurisconsultes romains appellent *merum imperium et jus gladii.*

L'étude de la jurisprudence ancienne et moderne, vous en apprendra plus sur ce sujet, que la lecture de l'histoire. Mais cependant vous ferez bien d'y remarquer les choses les plus importantes qui regardent l'ordre judiciaire, surtout dans les matières criminelles, et principalement pour les crimes d'état, la qualité des juges, la forme des jugemens, la nature des peines, et les exemples éclatans de sévérité ou de clémence qui sont répandus dans l'histoire.

On peut regarder aussi comme un troisième genre de secours pour le gouvernement, tout ce qui contribue à augmenter l'abondance dans un état, et à y multiplier ou les richesses naturelles, ou celles que l'industrie ajoute à la nature.

Ainsi, d'un côté, tout ce qui regarde les lois et les maximes générales des nations bien policées, sur la culture des terres, sur les priviléges de ceux qui s'y attachent, sur les moyens de prévenir la disette ou d'y remédier; et de l'autre, tout ce qui concerne les règles fondamentales du commerce intérieur ou extérieur, de la monnoie ou du change qui en sont comme les deux bras, mérite une attention très-sérieuse, dans la lecture de l'histoire, et doit tenir une place importante dans l'ordre de vos remarques.

Enfin, le dernier genre de secours dont tout gouvernement a besoin, est un revenu et des fonds suffisans pour en supporter les charges et faire respecter la suprême puissance au dedans et au dehors.

Ce secours est de deux sortes, au moins en France et dans tous les états voisins de ce royaume : il consiste ou dans un domaine, et dans des droits seigneuriaux, ou dans des impositions ordinaires ou extraordinaires.

Vous devez donc remarquer, en premier lieu, ce qui regarde le domaine des rois et ses prérogatives, comme son inaliénabilité et son imprescriptibilité.

Vous ne devez pas donner moins d'attention à ce qui regarde les impositions sur lesquelles vous aurez seulement à recueillir, dans l'histoire de France, les différentes époques de chaque genre d'imposition, et tout ce qui peut en faire connoître l'origine et le progrès; les anciennnes formes qu'il falloit observer, soit pour établir de nouvelles levées, soit pour les exiger, soit pour en rendre compte, et en montrer l'emploi; enfin, l'établissement des divers tribunaux érigés successivement dans le royaume pour connoître de ces différentes matières.

Sur le dernier article de ceux qui regardent le gouvernement en général, c'est-à-dire, sur les prérogatives, les honneurs, et les distinctions des rois, ou de ceux qui gouvernent, vous aurez à observer ce qui regarde les cérémonies, comme les entrées, les sacres des rois et des reines, les assemblées de plusieurs rois, etc., principalement par rapport aux rangs et aux questions de préséance, sans vous jeter néanmoins dans un trop grand détail, ni vouloir faire des recueils sur ce sujet, tels qu'un maître des cérémonies, ou un des membres de la congrégation des rites en pourroit faire.

Jusqu'ici, mon cher fils, nous n'avons envisagé dans l'ordre de la société, que les nations comparées les unes avec les autres, ce qui forme le droit des gens, ou chaque nation considérée comme un tout; ce qui nous a conduit à parler du gouvernement en général, et de ses différentes parties. Il faut maintenant, pour achever ce plan abrégé du droit public, et en même temps de vos remarques historiques, entrer dans un plus grand détail, qui comprend quatre objets que je vous ai déjà marqués.

Les différentes conditions des hommes, forment le premier; et je n'entends parler ici que de celles qui constituent leur état, ou qui sont du moins une source de distinctions générales dans l'ordre politique.

Telle est la distinction des libres et des esclaves, ou des serfs, nom plus connu et plus usité dans nos mœurs; celle des séculiers et des ecclésiastiques; des nobles et des roturiers; et entre les nobles, de ceux qui le sont par la naissance, et de ceux qui le deviennent par privilége. La noblesse même a ses degrés; soit par l'ancienne différence des simples gentilshommes, et des seigneurs des grands fiefs, de l'écuyer, du chevalier, du baron; soit par les dignités, comme les pairies. L'ordre ecclésiastique a aussi ses distinctions et ses degrés. La roture même, ou l'ignobilité, n'est pas entièrement uniforme, puisqu'elle admet aussi une distinction entre les habitans de la campagne, qui n'étoient presque autrefois que des serfs affranchis, souvent même de véritables serfs, et auxquels seuls le nom de *roturier* convient dans son ancienne signification (1); et entre les habitans des villes, qui jouissent du droit de bourgeoisie, auxquels nos rois ont accordé différens priviléges.

Toutes ces différences dans les conditions des hommes, appartiennent à l'ordre public, et méritent que vous observiez dans l'histoire, ce qui s'y présente de plus important sur cette matière.

Les qualités communes à plusieurs sujets, forment ce que l'on appelle *ordre*, qui est le second des quatre principaux objets, que je vous ai déjà dit plus haut que vous pouviez envisager dans chaque nation prise en détail.

Ainsi, les nobles du royaume forment l'ordre de la noblesse, qui, lorsqu'on la considère dans cette vue générale, ne connoît aucune distinction de degrés différens; au lieu qu'en Allemagne ces degrés forment autant d'ordres ou de classes différentes.

Ainsi, les ecclésiastiques forment pareillement l'ordre du clergé sans distinction de degrés, au moins en France, ainsi que celui de la noblesse.

Anciennement, il n'y avoit que deux ordres dans ce royaume, qui eussent entrée aux assemblées générales: les seigneurs, qui représentoient la noblesse; et les prélats, qui représentoient le clergé.

A l'égard des citoyens non nobles, quoique leur condition soit assez marquée dans la seconde race de nos rois, et qu'on en trouve plusieurs vestiges dans les capitulaires de Charlemagne et de ses successeurs, il y a lieu de croire que dans la confusion et le désordre qui fut fatal à cette seconde race, la plus

_____

(1) L'opinion la plus commune est que le nom de *roturier* vient de *ruptarii*, qui signifioit ceux qui travaillent à fouir ou rompre la terre.

grande partie du peuple retomba presque en servitude ; en sorte qu'on revint aux anciennes mœurs
des gaulois, *apud quos*, comme dit César dans ses
commentaires, *plebs propè servorum loco habebatur.*
Mais nos rois ayant commencé à accorder des lettres
de commune ou de bourgeoisie aux habitans de plusieurs villes, pour se les attacher, les seigneurs, qui
se piquèrent de générosité, en accordèrent de même
dans l'étendue de leurs seigneuries : les manumis-
sions, ou les affranchissemens, devinrent aussi communs dans la campagne ; et, comme les rois pouvoient
tirer beaucoup plus de secours d'argent des roturiers,
que des nobles ; et qu'il leur étoit avantageux de
pouvoir les leur opposer pour diminuer leurs forces,
qui donnoient alors de l'ombrage à la puissance
royale, ils travaillèrent à les rendre de plus en plus
indépendans de l'autorité des seigneurs. Ainsi, l'état
des non-nobles, étant devenu plus considérable,
prétendit avoir part aux assemblées des ordres du
royaume. Nos rois ne rejetèrent pas, ou favorisè-
rent même cette prétention ; et c'est ainsi que se
forma insensiblement un troisième ordre : les dé-
putés des villes furent admis dans les assemblées des
états, où ils représentoient le corps des habitans de
chaque ville ; et c'est ce qui s'appelle proprement
le *tiers-état.*

J'ai fait ici cette digression, mon cher fils, pour
vous faire sentir combien il est important de bien
observer ces différens progrès du droit ou des mœurs,
en lisant l'histoire, pour y démêler l'origine des différens ordres, leur distinction, leurs privilèges, leurs
obligations, leurs juges ; en un mot, tout ce qui
constitue ou qui caractérise leur état.

Je passe maintenant des diverses conditions des
hommes et des différens ordres qu'on distingue dans
une nation, à cette union ou cet assemblage qui,
étant autorisé par le souverain, forme un seul corps
de plusieurs membres ; car il faut bien remarquer
que ces différens ordres que je viens de vous expliquer, le clergé, la noblesse, le tiers-état, ne sont

pas regardés comme des corps, tant qu'ils ne sont point assemblés légitimement. Jusque-là ce ne sont encore que des ordres qui ont seulement une disposition prochaine à se réunir, et comme une aptitude naturelle, ou plutôt civile, à devenir un corps, par l'uniformité de leur état.

De tous les corps auxquels la puissance souveraine peut donner l'être, il n'y en a pas de plus auguste que les assemblées des états généraux parmi nous, ou ce qui en tient lieu dans les pays étrangers. Toute la nation y est représentée; et il est très-utile, pour bien entendre notre histoire et celle des autres pays, d'observer exactement dans la lecture des historiens, les temps et les occasions de ces sortes d'assemblées; qui sont ceux qui doivent y être appelés, la manière de les choisir; l'ordre de leurs séances et de leurs délibérations; le poids de leurs résolutions; jusqu'à quel point elles peuvent engager le gouvernement, selon la différente constitution des empires; la manière de les dissoudre, et de répondre à leurs demandes.

Ce que les états généraux sont par rapport à un royaume entier, les états particuliers le sont par rapport à une seule province; et par conséquent ils sont susceptibles des mêmes remarques.

Je mettrai aussi dans la même classe les assemblées d'un seul ordre en particulier, comme les conciles nationaux ou provinciaux, les assemblées générales du clergé, les assemblées des communes de provence, qui se tiennent tous les ans; et s'il y a ailleurs quelque chose de semblable.

En faisant vos observations sur ces assemblées passagères, ou sur ces corps qui ne subsistent pas toujours, vous ne serez pas moins attentif, mon cher fils, aux compagnies, ou aux corps fixes et perpétuels, qui sont établis, soit pour rendre la justice, soit pour l'administration des villes, soit pour faire fleurir les sciences et les arts, soit enfin pour le culte de Dieu et pour la perfection du christianisme. Vous trouverez là une ample matière de remarques sur l'origine des parlemens, ou des autres compagnies de justice ou de finance, des corps de ville, des universités, des académies, des ordres, et des communautés séculières ou régulières; sur le pouvoir, les fonctions, les droits, la police et la discipline de ces différens corps; sur leur utilité, et les différens avantages qu'ils procurent à l'état.

Je ne dois pas oublier de vous dire, mon cher fils, que c'est principalement dans la lecture de l'histoire de France, que vous serez chargé de ce détail de remarques. Il seroit trop long, et peut-être d'une médiocre utilité pour vous, d'apporter la même exactitude à l'étude des autres histoires, dans laquelle il vous suffira de vous arrêter aux grands objets, sans tomber dans le défaut que Térence appelle si bien *obscuram diligentiam*. Une trop grande et trop scrupuleuse exactitude abât l'esprit au lieu de l'élever, et ne produit qu'une confusion d'idées entassées les unes sur les autres qui demanderoient un nouveau travail pour les débrouiller.

Délassons-nous à présent, mon cher fils, d'un détail peut-être trop long, mais que j'ai cru nécessaire pour vous tracer le plan du droit public, en passant à un objet beaucoup plus agréable, et qui est le dernier de ceux que j'ai distingués dans chaque nation considérée en détail, c'est-à-dire, au citoyen: nous ne le regarderons ici que par rapport à sa conduite personnelle; en ne considérant sa condition, l'ordre ou le corps dont il peut être membre, qu'en tant que ces qualités peuvent devenir la matière de ses vices ou de ses vertus. Si cet objet de vos remarques n'est pas aussi utile que les autres pour acquérir la science du droit public, il le sera beaucoup plus par rapport à la morale, à l'étude et à la pratique même de la vertu. Tout le reste peut bien former en vous le savant et l'habile homme; mais j'ai assez bonne opinion de vous, mon cher fils, pour être persuadé que vous ferez encore plus de cas de ce qui peut former l'homme de bien, le bon citoyen, le vertueux magistrat. Attachez-vous donc surtout à remarquer les exemples des vertus

qui peuvent être à votre portée ; c'est-à-dire , les
exemples de sagesse, de modération , de simplicité ,
de modestie, de désintéressement, de générosité ; de
grandeur d'ame, de fermeté dans l'administration
de la justice, de fidélité pour le prince, d'amour
pour la patrie ; de mépris pour la fortune, pour
la gloire même qui ne doit point être préférée au
devoir et à la justice dont l'amour doit vous conduire. Ce sont ces qualités qui doivent animer votre
courage, et vous faire éprouver ce que vous avez lu
dans Salluste : *Memoriâ rerum à majoribus gestarum*
vehementissimè animum ad virtutem accendi ; et
eam flammam egregiis viris in pectore crescere ,
neque priùs sedari , quam virtus eorum famam
atque gloriam adæquaverit (1).

Allumez continuellement cette ardeur et cette soif
de vertus dans votre ame , mon cher fils , par la
lecture de l'histoire ; et surtout par celle des vies
des hommes illustres, dont les auteurs , semblables
à ces peintres qui ne s'attachent qu'au portrait (c'est
la comparaison de Plutarque) (2), se sont appliqués à
exprimer jusqu'aux moindres traits de la physionomie, c'est-à-dire, du caractère de ceux dont ils ont
écrit la vie. Je ne sais si je me trompe , mais il
me semble qu'on se sent toujours plus vertueux , ou
du moins plus amateur de la vertu et plus ennemi
du vice, quand on sort de la lecture des vies d'Aris-
tide , de Dion , de Phocion , de Caton d'Utique , et
de ces autres héros de la probité, dont les vertus
(si l'on peut cependant se servir de ce nom en
parlant de ceux qui ne connoissoient pas la seule
fin où nous devons tendre et qui doit être l'unique
motif de nos actions) font souvent honte à plusieurs
de ceux qui vivent dans le sein du christianisme.
Étudiez donc avec soin, mon cher fils , et recueillez
précieusement leurs portraits, que les plus grands
maîtres dans l'art de l'histoire ont tracés avec des

(1) *Bello jugurt. in exordio.*

(2) *In Cimone.*

6 *

caractères et des couleurs inimitables ; portraits , comme le dit si bien Tacite (1), l'un des plus grands peintres de l'antiquité , plus utiles et plus estimables que ceux que le marbre ou le bronze nous a con- servés , pourvu que nous travaillions à les exprimer , et à les faire revivre dans nos mœurs : *Ut vultus hominum , ità simulacra vultûs imbecilla ac mor- talia sunt : forma mentis æterna , quam tenere et exprimere non per alienam materiam et artem , sed tuis ipse moribus possis.*

Ce n'est pas tout encore , mon cher fils , le vice nous instruit quelquefois dans l'histoire , autant que la vertu même ; et elle peut faire sur vous l'effet que le législateur de Lacédémone vouloit produire , lorsqu'il approuvoit que les pères fissent sentir à leurs enfans la bassesse et la honte de l'ivrognerie , en leur montrant , comme en spectacle , leurs esclaves ivres , pour leur inspirer l'horreur de cet état. La vue du mal , couvert souvent sous des dehors agréa- bles , est un écueil dangereux pour la vertu ; l'his- toire , en le peignant sous ses traits véritables et dans sa difformité , nous le montre d'une manière inno- cente ; c'est par elle que sans participer à la malice des hommes , ou sans être-exposés à en devenir la dupe , nous apprenons à être également , suivant l'expression de l'écriture , *simples dans le bien , et prudens à l'égard du mal* (2). Étudiez donc dans l'histoire les différens grès , et les suites pernicieuses du vice , soit pour le haïr et le mépriser encore plus , soit pour savoir vous en défier. Joignez-y enfin l'étude de ce mélange de vices et de vertus , qui est le caractère le plus ordinaire des hommes , comme je vous l'ai déjà dit. Vous acquerrez par là , l'utile , l'inestimable science de connoître les hommes , qui est le plus grand fruit de l'histoire et le plus digne prix de vos travaux. Car , comme l'a fort bien dit

(1) *In vitâ agric.* , n.° 46.

(2) *Rom.* 16 , 9.

Tacite que je viens de vous citer, le temps change
successivement le nom des acteurs qui paroissent
sur la scène du monde, mais les caractères et les
mœurs demeurent les mêmes : *Et magis alii ho-
mines, quam alii mores* (1).

C'est pour cela qu'outre les caractères particuliers
de certains hommes distingués par la vertu ou par
le vice, ou par le mélange et l'assortiment bizarre
de l'une et de l'autre, il est très-important de remarquer encore dans l'histoire, les caractères généraux des différentes conditions. Ainsi, tout ce qui peut
apprendre à bien connoître le génie et le caractère
ordinaire de ceux qui vivent à la cour ou dans la profession des armes, des magistrats, des différens corps et
du peuple, mérite pour le moins autant votre attention,
que les traits qui ne marquent que le caractère d'un
homme en particulier : ce sont des copies dont les
originaux subsistent et vivent toujours, et des caractères communs qui sont moins susceptibles de variété
et d'inégalité, que ceux des particuliers.

On reconnoît tous les jours dans le commerce du
monde, ce que l'on a déja lu dans l'histoire; et l'expérience se joignant à l'étude et aux réflexions, achève
bien plus aisément d'y ajouter les traits singuliers
qui peuvent manquer à ces portraits.

Vous plaindrez-vous encore après cela, mon cher
fils, du peu d'étendue que je donne à vos remarques?
Mais plutôt ne vous plaindrez-vous pas au contraire
de ce que je vous jette dans une autre extrémité?
Je crois cependant avoir gardé à peu près le juste
milieu, et il me semble que je ne vous ai rien proposé
qui ne soit utile et presque propre à votre état. Mais,
d'ailleurs, je vous l'ai déja dit, et je dois vous le répéter encore, ce n'est pas ici l'ouvrage d'un jour;
c'est à proprement parler, le plan d'étude de toute
votre vie.

J'oubliois presque un quatrième et dernier objet
de vos remarques, après vous avoir parlé de ce qui

(1) *Histor., lib.* 2, *n.°* 95.

regarde les choses divines, naturelles et humaines;
je pourrois même l'oublier entièrement, parce que
je n'ai rien à vous dire sur ce dernier objet, si ce
n'est de suivre votre attrait, et de vous laisser conduire par votre goût.

Je veux parler, mon cher fils, de la critique et
de la philologie, qui, dans le sens le plus étendu
que l'on donne quelquefois à ce nom, comprend
même la critique. Elle a trois objets principaux :

La critique, proprement dite, est le jugement des
auteurs, de leur âge, de l'authenticité, de l'autorité
de leurs écrits, des dates et autres notes chronolo-
giques, de la vérité, et de l'exactitude des faits qu'ils
racontent ;

Le second, regarde le détail des mœurs et des antiquités de chaque nation, que l'on peut appeler
les aménités de l'histoire, et dont je vous ai parlé
sous un autre nom, en traitant des secours ou des
accompagnemens de l'histoire;

Le troisième, qui sera peut-être encore plus de
votre goût que les deux premiers, consiste dans
l'examen des beautés et des ornemens du langage;
soit par rapport à la narration et aux descriptions;
soit par rapport à l'éloquence qui brille principalement dans les harangues que les historiens mettent
dans la bouche de leurs principaux acteurs; soit
enfin par rapport aux traits de morale ou de politique qui y sont répandus.

Je me suis déja assez expliqué sur le second
point qui fait partie des accompagnemens de l'histoire, pour vous faire connoître ce que vous devez
remarquer sur ce point dans la lecture des historiens.

A l'égard du premier, qui regarde la pure critique, si vous me demandez mon sentiment, je vous
conseillerai de vous en reposer sur les meilleurs
auteurs qui ont traité *ex professo*, et de les prendre
seulement comme des guides, quand vous en aurez
besoin dans le cours de votre marche, sans vouloir
parcourir vous-même tout le pays qu'ils ont été

obligés de battre avant que de se fixer à une route
certaine ; ce travail seroit ou inutile, si vous le faisiez
imparfaitement, ou trop long et trop pénible, si
vous y apportiez toute l'exactitude nécessaire. D'ailleurs, s'il se présente dans la suite de votre vie des
occasions particulières où la nécessité des affaires
demande que vous approfondissiez un point de critique essentiel, pour bien décider la question que
vous aurez à traiter, vous pourrez le faire aisément
avec toutes les notions et les connoissances que vous
aurez acquises.

Si vous me demandez encore, mon cher fils, ce
que je pense sur le troisième point, c'est-à-dire,
sur ce qu'on appelle les lumières et les ornemens
du discours, je vous dirai que je crois, qu'il faut
aussi être très-sobre sur ces sortes de remarques.

Premièrement, parce qu'il est assez rare que des
morceaux détachés conservent la même grâce et le
même prix hors de leur place, qu'ils ont dans la
suite et dans le tissu du discours de l'historien.

Secondement, parce que ces sortes d'extraits ne
peuvent guère se faire que sur un petit nombre
d'excellens originaux, qu'il vaut mieux se rendre
familiers par une lecture assidue et faite avec goût,
que d'en copier des passages avec une exactitude
que je ne vous conseille pas d'envier aux allemands.
L'un, vous remplit du génie de ces grands hommes,
qui vaut beaucoup mieux pour vous que leurs
passages, quelque beaux qu'ils soient ; l'autre, ne
vous donne qu'un ample recueil de morceaux dé-
cousus, qui pouvoit être utile lorsque les citations
étoient à la mode, mais qui à présent charge plus
le papier qu'il n'enrichit véritablement l'esprit.

Je laisse néanmoins sur cela, mon cher fils, comme
je vous l'ai dit d'abord, une libre carrière à votre
inclination et à votre goût, la matière étant du
nombre de celles où chacun peut abonder dans son
sens ; et où ce qui convient à l'un, ne convient pas
toujours à l'autre.

SIXIÈME POINT.

Manière de faire des Extraits ou des Collections.

Je serai aussi court, mon cher fils, sur le sixième point qui me reste à traiter avec vous, c'est-à-dire, sur la manière de faire des recueils ou des collections, en lisant l'histoire.

Je vous dirai d'abord sur ce point, ce que je viens de vous dire sur un autre sujet : faites ce que vous voudrez, mon cher fils ; la meilleure manière de faire des extraits, sera pour vous celle que vous aimerez le mieux, parce que ce sera celle qui aidera davantage votre mémoire.

Pour vous dire néanmoins quelque chose de plus précis, je crois que vous devez tâcher de réunir deux choses dans l'ordre que vous vous proposerez pour faire vos extraits :

La promptitude et la diligence, dans le temps que vous les ferez;

La facilité à retrouver dans la suite ce que vous aurez recueilli, et à vous en servir.

Vous pouvez pour cela prendre deux méthodes différentes :

La première, est de suivre le plan que je vous ai proposé (que je ne vous donne néanmoins que comme un canevas, auquel non-seulement je consens, mais je serai fort aise que vous ajoutiez tout ce qui pourra le perfectionner), et de mettre chacun des différens articles de ce plan, pris en détail, sur une feuille de papier, ou sur un cahier, et d'écrire au-dessous tout ce que vous remarquerez sur chaque article.

Quoiqu'il y eût bien des subdivisions à faire à l'ordre des temps, ou à celui des matières, si vous vouliez cependant, composer un traité suivi de toutes vos observations sur chaque article, cette distinction des articles différens formera toujours un premier arrangement qui ne sera pas fort embar-

rassant dans le temps que vous écrirez vos remarques,
et qui suffira peut-être pour vous les faire retrouver
assez aisément lorsque vous serez obligé d'en faire
usage.

La seconde méthode que je trouve encore plus
courte et plus simple, est d'écrire tout de suite les
choses qui vous paroîtront mériter d'être extraites,
et de marquer à côté de chaque extrait, sur une
grande marge, la matière à laquelle il doit être
rapporté.

Dans le temps que l'on fait ces recueils, il n'est
pas possible de trouver une méthode plus facile; et
pour peu que l'on ait essayé de vouloir d'abord
arranger ces recueils par matières, en les faisant sur
des feuilles de papier ou sur des cartes séparées,
on a bientôt éprouvé l'embarras inséparable de cette
méthode, lorsque les recueils commencent à grossir.
Il faut avoir toujours présens les différens titres qu'on
a déja employés, pour y rapporter exactement ce
qui regarde la même matière; et, ce qui est encore
plus important, il faut avoir toujours devant soi
une multitude de feuilles ou de cartes détachées;
et le cabinet d'un homme de lettres devient bientôt
ou l'antre de la Sybille dont les feuilles *turbata
volant rapidis ludibria ventis* (1); ou la boutique
confuse et dérangée d'un cartier.

Vous retomberiez même insensiblement dans cet
inconvénient, en suivant la première méthode, parce
qu'il se trouveroit des articles si chargés de remarques, que vous ne pourriez presque vous dispenser
d'y faire des subdivisions qui peu à peu vous jet-
teroient dans la même confusion.

Ce qui paroît manquer à la seconde méthode, qui
est la facilité de retrouver tout ce qu'on a extrait sur
la même matière, se peut aisément suppléer, ou par
une table exacte de tous les sommaires qu'on a
mis à la marge de chaque extrait, et que l'on fait
ranger par ordre alphabétique, ou, ce qui vaudroit

(1) *Æneid.*, *lib.* 6.

encore mieux, en faisant copier de suite tous les passages qui ont le même titre ou le même sommaire; en sorte que par là, en épargnant un temps plus précieux que l'argent, vous trouvez vos extraits rangés par ordre de matières.

Il y a d'ailleurs cet avantage dans cette méthode, qu'elle réunit l'ordre des temps à celui des matières. On est quelquefois bien aise de repasser les faits les plus remarquables d'une histoire particulière, et de se remettre dans la suite des temps dont elle raconte les événemens. On n'a pour cela qu'à relire son extrait historique : et si l'on veut voir les mêmes choses rangées par matières, le second extrait en donne la facilité.

Telle est donc la méthode qui me paroît la plus simple et la plus utile. Mais encore une fois, mon cher fils, suivez sur cela votre goût, et consultez sur toutes choses votre commodité particulière; car, comme je vous l'ai déja dit, la méthode qui vous plaira le plus, sera aussi la meilleure pour vous.

Voilà, mon cher fils, ce que j'avois à vous dire, quant à présent, sur l'histoire : vous êtes à portée par ces réflexions générales de connoître les avantages d'une étude si nécessaire, et j'espère que vous en éviterez de vous-même les inconvéniens. Vous les sentirez aisément pour peu que vous fréquentiez ceux qui se sont tellement attachés à cette étude, qu'ils ont négligé toutes les autres. Ils tombent dans un excès directement opposé à celui des esprits qui ne font cas que de la philosophie. Ceux-ci veulent juger de ce qui s'est fait, par ce qui doit se faire; et ceux-là veulent toujours décider de ce qui doit se faire, par ce qui s'est fait. Les uns sont, si j'ose le dire, la dupe des raisonnemens, et les autres le sont des faits qu'ils prennent pour la raison même. Leur esprit devient tellement historique, qu'ils ne sont presque plus capables de raisonner par principes. S'agit-il de former un jugement, ils racontent un fait; et au lieu de la décision que vous leur demandez, ils vous donnent une histoire et souvent un conte, en sorte que, contens de pouvoir répéter beaucoup de faits, et ne travaillant qu'à enrichir leur mémoire, ils semblent n'être plus que des dictionnaires animés, et des répertoires parlans.

Comme il n'y a presque point de matière sur laquelle on ne trouve des faits ou des exemples contraires, et qu'ils négligent l'étude des principes qui apprennent l'usage qu'on doit en faire, il ne résulte souvent de tout leur savoir, qu'une confusion et une indécision universelle; parce que les faits se combattent, pour ainsi dire, dans leur tête, où ils ne produisent que des doutes, et ne forment que des nuages.

Enfin, si le ciel leur a fait le dangereux présent d'une trop heureuse mémoire, c'est un miroir où tout se peint en détail, et jusqu'aux moindres objets. Le superflu et le frivole prennent la place de l'essentiel et du solide, ou du moins le chargent et l'offusquent tellement, qu'il faut traverser une mer de bagatelles pour arriver jusqu'à la terre-ferme.

De là vient que souvent il n'y a nul ordre dans leurs écrits : ils ont perdu l'habitude de la pensée, ils n'ont plus que celle de la réminiscence. Leur mémoire les presse et les suffoque en quelque manière, et ils sont dans une espèce de nécessité de se prêter à ses fantaisies : elle les conduit plutôt qu'ils ne se conduisent eux-mêmes ; et, comme s'ils étoient opprimés sous le poids de leur mémoire, ils ne cherchent qu'à se soulager de ce fardeau, en jetant au hasard sur le papier des faits qu'ils ne peuvent ni contenir ni digérer :

Omne supervacuum pleno de pectore manat (1).

Les principes que vous avez déjà imprimés dans votre esprit, mon cher fils, et ceux que vous y ajouterez dans la suite, me font espérer que vous ne tomberez pas dans ces défauts : vous ne séparerez point deux choses qui doivent toujours marcher

(1) *Horat., de art. Poet.*

de concert, et se prêter un secours mutuel, *la raison et l'exemple*. Vous éviterez également et le mépris des philosophes pour la science des faits, et le dégoût ou l'incapacité que ceux qui ne s'attachent qu'aux faits contractent souvent pour tout ce qui est de pur raisonnement. Ainsi, pour finir par où j'ai commencé, sachant réunir et vous approprier les avantages de deux sciences également nécessaires à l'homme public, la vraie et solide philosophie dirigera chez vous l'étude de l'histoire, et l'étude de l'histoire perfectionnera la philosophie.

C'est au moins le fruit que je souhaite, mon cher fils, que vous tiriez de cette espèce de conversation que j'ai avec vous par écrit, dont je pourrois dire ce que l'orateur Antoine dit de lui-même dans Cicéron ; *Docebo vos, discipuli, id quod ipse non didici* (1); ou tout au plus, à l'exemple d'Horace :

Fungor vice cotis, acutum
Reddere quæ ferrum valet, exsors ipsa secandi (2).

FRAGMENT

D'UNE TROISIÈME INSTRUCTION

SUR L'ÉTUDE DES BELLES-LETTRES.

Après vous avoir parlé de l'histoire, mon cher fils, il ne me reste plus qu'un article à traiter avec vous pour achever le plan de vos études présentes : c'est celui des belles-lettres. Il me semble qu'en passant à cette matière, je me sens touché du même sentiment qu'un voyageur, qui, après s'être rassasié pendant long-temps de la vue de divers pays, où souvent même il a trouvé de plus belles choses, et plus dignes de sa curiosité, que dans le lieu de sa

(1) *De Orat.*, lib. 2, n.º 7.
(2) *Horat.*, de art. poet.

naissance, goûte néanmoins un secret plaisir en arrivant dans sa patrie, et s'estime heureux de pouvoir respirer enfin son air natal.

On aime à revoir les lieux qu'on a habités dans son enfance. Une ancienne habitude y fait trouver des charmes qu'on ne goûte point ailleurs; et c'est ce que j'éprouve aujourd'hui en rentrant avec vous comme dans ma patrie, c'est-à-dire, dans la ré-publique des lettres où je suis né, où j'ai été élevé, et où j'ai passé les plus belles années de ma vie.

Je crois rajeunir en quelque manière, je crois voir renaître ces jours précieux, ces jours irrépa-rables de la jeunesse; et si l'on a écrit que Scipion et Lélius, lorsqu'ils pouvoient s'échapper, ou pour me servir des termes mêmes de Cicéron (1), s'envoler de la ville à la campagne, sembloient y retrouver non-seulement leur jeunesse, mais leur enfance; *in-credibiliter repuerascere solitos*, dois-je rougir, mon cher fils, de retourner avec vous à cet âge, non en ramassant sur le bord de la mer ces coquilles et ces autres jeux de la nature, qui amusoient le loisir du vainqueur de Carthage et de Numance, mais dans la compagnie des muses, et en recueillant quelques étincelles de ce feu divin dont étoient remplies ces grandes lumières de l'éloquence et de la poésie, ces arbitres du bon goût et de la plus saine critique, qui nous serviront de guides et de modèles dans tout ce que j'ai à vous dire sur ce sujet.

Ne croyez pourtant pas, mon cher fils, qu'après m'être excusé devant vous d'avoir eu peut-être trop de passion pour les belles-lettres, je veuille retomber dans mes anciennes habitudes, auxquelles je me suis vanté avec vous d'avoir renoncé; et ne me re-gardez pas comme un relaps, qui, après avoir donné pendant quelque temps une préférence feinte à la vérité et à la solidité de l'histoire, retourne bientôt au frivole, et à ses premières erreurs qu'il n'avoit jamais bien sincèrement abjurées.

(1) *De Orat.*, lib. 2, n.° 6.

Je donnerai toujours à l'histoire, après la religion et la jurisprudence, le premier rang dans vos études; je la regarderai toujours comme une occupation principale pour vous : et quelque prévenu que je sois en faveur des belles-lettres, elles ne passeront jamais dans mon esprit que pour l'accessoire et l'ornement des sciences plus solides; mais un ornement qui ne doit pas aussi être regardé comme un superflu, et qui peut même être mis au rang du nécessaire, pour vous apprendre à faire usage de vos autres connoissances, et à les mettre à profit dans les différens emplois auxquels vous serez destiné. Comme la parole, quoique moins estimable que la pensée, n'est cependant guère moins nécessaire à l'homme considéré dans l'ordre de la société; ainsi, l'art de bien parler, quoiqu'en un sens d'un ordre inférieur à l'art de bien penser, est presque aussi nécessaire à l'homme public qui n'a qu'un mérite imparfait, et qui ne jouit, pour ainsi dire, que de la moitié de lui-même, quand il n'est savant que pour lui, et qu'il ne sait pas rendre sa science utile aux autres hommes par le talent de la leur faire entendre, goûter, respecter. Je pourrais développer encore plus cette pensée dans la suite de ce discours; et il vaut mieux vous donner à présent une idée générale de ce qui doit être la matière des réflexions que je ferai avec vous sur l'étude des belles-lettres.

Je les réduis à trois points principaux, qui comprennent tout ce qui regarde cette matière. Il semble même qu'on pourroit n'en distinguer que deux. En effet, tout se réduit ou à lire ce que les autres ont écrit, ou à écrire des choses dignes d'être lues : *aut scripta legere, aut scribere legenda*. Mais, comme dans les lectures que l'on fait, il ne suffit pas d'entendre, et qu'il faut savoir juger (en quoi consiste même la plus grande utilité de la lecture), je distingue trois différens degrés dans l'étude des belles-lettres, l'intelligence, le jugement ou la critique, et la composition; à peu près comme j'ai ouï dire que l'on faisoit dans la musique, où de la connoissance des tons et des notes, l'on passe à celle des accords, et enfin aux règles de la composition.

Je n'ai que très-peu de choses à vous dire sur le premier point, mon cher fils. Toutes vos études jusqu'à la rhétorique, ont eu principalement pour objet de vous mettre en état d'entendre les auteurs qui règnent, pour parler ainsi, dans l'empire des belles-lettres, c'est-à-dire, les grecs et les latins. Tout ce que vous avez appris depuis ce temps-là, vous a encore perfectionné dans le don de l'intelligence.

La clef de la science est entre vos mains, et j'espère qu'elle n'y sera ni oisive ni inutile. Je n'examinerai donc ici qu'une seule chose avec vous, qui consiste à savoir, si vous devez porter plus loin l'étude des langues, et jusqu'où elle doit aller.

Entre les langues anciennes, je ne vois que l'hébreu qui puisse faire la matière d'un doute raisonnable.

D'un côté, le goût de la plus auguste et de la plus vénérable antiquité, le secours que l'on peut tirer de cette langue, pour l'intelligence des livres divins ; secours sans lequel il est presque impossible d'y voir aussi clair qu'il est permis à l'humanité de l'espérer, et sans lequel même (pour nous rapprocher de notre objet présent), on ne sauroit bien sentir la force, la magnificence, le sublime des auteurs sacrés, dont plusieurs sont presque autant au-dessus des profanes, par la hauteur de leur éloquence, que par la grandeur de leur objet. Voilà sans doute de grandes raisons, pour vous porter à dévorer les difficultés de la langue hébraïque.

D'un autre côté, la nature de la profession à laquelle vous êtes destiné, et qui n'exige point de vous cette connoissance profonde de l'écriture sainte, qui est souvent plus propre à remplir l'esprit qu'à nourrir le cœur, et sans laquelle on peut très-bien faire son salut ; la multitude de choses plus nécessaires que vous avez à apprendre ; les différentes occupations dont vous serez chargé ; les distractions même inévitables auxquelles vous serez souvent exposé, et qui, vous dérobant, malgré vous, une

partie de votre temps, augmenteront le prix de celui
qu'elles vous laisseront, sont aussi des raisons considérables, qui peuvent vous détourner de cette
étude, quand même elle seroit de votre goût.

Si vous me demandez, après cela, ce que j'en
pense, je vous répondrai que je crois vous l'avoir
déjà dit, en vous marquant qu'elle n'est point absolument nécessaire. Je la mets donc au nombre des
choses sur lesquelles le goût personnel doit décider.
A mon égard, le peu que je sais de la langue hébraïque, m'a souvent fait regreter de ne m'y être
pas assez attaché, dans ma jeunesse, pour m'en rendre le maître, au moins par rapport à l'intelligence
de l'écriture sainte; car j'aurois grand regret d'avoir
employé mon temps à me mettre en état de lire les
livres des Rabbins, c'est-à-dire, à acheter bien cher
le droit de les mépriser, droit que l'ignorance nous
donne aussi sûrement, et à meilleur marché.

Mais, après tout, mon goût personnel, et un certain esprit de critique littérale, que je suis bien
éloigné de regarder comme une perfection en moi,
ne fait point une raison décisive pour vous. Je reviens
encore ici, comme je l'ai fait plus d'une fois, en vous
parlant de l'histoire, à une règle aisée à pratiquer,
qui est de suivre votre goût; et je finis ce que j'ai à
vous dire sur ce sujet, par ces belles paroles : *faites
ce que vous voudrez.*

J'y ajouterai seulement, que si vous voulez apprendre cette langue, c'est-à-dire, l'hébreu, vous ferez
bien de profiter de l'âge où vous êtes, et de la félicité présente de votre mémoire, pour vous initier
dans ses mystères, avant qu'un âge plus avancé vous
ait dégoûté de ce qui n'est que science de mots, et
vous en ait rendu peut-être l'acquisition plus difficile.

Pour ce qui est des langues modernes, il y en a deux
surtout, je veux dire l'italien et l'espagnol, qu'il ne
vous sera pas permis d'ignorer, soit à cause de la facilité que vous aurez à les apprendre, soit par rapport
au grand nombre d'ouvrages qu'on y trouve dans tous
les genres, et principalement dans l'histoire.

Le génie des Italiens et des Espagnols est plus propre à ce genre d'écrire que le nôtre, soit parce qu'ils sont plus capables que nous, d'une solide et continuelle réflexion sur les choses humaines, soit parce que la constitution de leur gouvernement, et les différentes révolutions qui y sont arrivées, les ont rendus, et surtout les Italiens, plus profonds dans la politique, qui est l'ame de l'histoire. Ainsi, faute de savoir deux langues, qui ne vous coûteront pas un mois de travail, vous seriez privé du plaisir et de l'avantage de lire des historiens qui égalent les anciens, ou qui, du moins, ne leur sont guère inférieurs; ou vous ne goûteriez qu'une partie de ce plaisir et de cet avantage, en ne lisant que des traductions.

La poésie a aussi ses héros, principalement en Italie, dont il semble que les muses aient préféré le séjour à celui des autres pays : il n'y a au moins que la France qui puisse disputer le prix aux Italiens; encore faut-il que nous leur cédions des genres entiers, comme le poème épique, l'églogue, je dirois aussi le lyrique, si je ne craignois d'offenser les mânes de Malherbe et de Racan. Ils ont, à la vérité, leurs défauts, et de grands défauts. Nos auteurs sont souvent froids, et les Italiens ont trop de feu, aussi bien que les Espagnols. Nous manquons de fécondité d'esprit, et ils en ont trop : nous péchons par le défaut, et ils pèchent par l'excès; en sorte que, pour former un poète parfait, il faudroit le faire naître en Italie, le faire voyager en Espagne, et le fixer en France, pour le perfectionner en le tempérant, et en retranchant seulement les superfluités d'une nature trop vive et trop abondante, je voudrois bien pouvoir hasarder ici l'expression de *luxuriante*. Mais, malgré ces défauts, ce seroit abuser de la critique, et tomber dans le caractère que Socrate appelle, quelque part, la mysologie, à l'exemple de la misanthropie, que de vouloir fermer les yeux aux beautés d'un auteur, parce qu'on ne peut s'empêcher de les ouvrir sur ses défauts. Telle est la condition des ouvrages humains,

parce que telle est aussi la condition des hommes,
on n'y trouve aucun bien pur et sans mélange; mais
le bon esprit consiste à connoître le mauvais, pour
l'éviter, et à profiter du bon, pour l'imiter; et au
lieu de dire ce que Justin a dit des scythes (1), *plus
in illis proficit vitiorum ignoratio quam cognitio
virtutis*, je dirois volontiers, par rapport à ces auteurs, *non minùs proficit exploratio vitiorum quàm
cognitio virtutum.* C'est ce qui forme véritablement
le goût; c'est ce qui épure la critique. Je trouve
d'ailleurs, dans cette étude, des défauts de nation,
et, pour ainsi dire, de climat, où un degré de
soleil de plus change le style, aussi bien que l'ac-
cent et la déclamation; quelque chose qui étend
l'esprit, qui le met en état de comparer les meilleures
productions de chaque pays, qui le conduit ainsi et
l'élève jusqu'à la connoissance de ce vrai, et de ce
beau universel qui a une proportion si juste, et une
si parfaite harmonie avec la nature de notre esprit,
qu'il produit toujours sûrement son effet, et qu'il
frappe tous les hommes, malgré la différence de
leur nation, de leurs mœurs, de leurs préjugés; en
sorte que, pour se servir encore des termes de Platon,
on pourroit le regarder comme l'idée primitive et
originale, comme l'archétype de tout ce qui plaît
dans les ouvrages d'esprit; et c'est, à mon sens, une
des plus grandes utilités que l'on puisse tirer de la
connoissance de plusieurs langues.

Je ne vous parle point des orateurs italiens et espagnols, soit parce que je n'ai pas beaucoup lu de
ceux qui n'ont été qu'orateurs, soit parce que le peu
que j'en ai lu me donne lieu de croire que nous
pourrions aisément leur tenir tête sur cet article;
mais cela n'empêche pas que, pour les raisons que
je viens de vous expliquer, il ne soit bon d'en lire
quelques-uns; ce qui ne se peut faire, avec quelque
utilité, sans les lire dans leur langue même. Je ne
vous parle point non plus de la langue portugaise,

----

(1) *Justin. Hist.*, lib. 2.

qui n'exige pas un article séparé, parce que ce sera
un jeu pour vous de l'apprendre quand vous saurez
une fois l'espagnol.

Au reste, mon cher fils, je ne voudrois point que
l'étude de ces langues vous dérobât une partie considérable de votre temps, ni qu'elle devînt, pour
vous, une occupation principale. Cette étude doit
être placée dans des temps, ou dans des heures
presque perdues, dans lesquelles on ne peut pas en
faire aisément de plus importantes. J'y destinerois,
par exemple, quelque partie des temps de vacations,
et de ceux que l'on passe à la campagne, dans le
cours de l'année. Je commencerois par l'italien, parce
que c'est la langue la plus utile, après le grec, le latin
et le français, et j'y donnerois une année ; c'est beaucoup plus qu'il n'en faut, en ne prenant qu'une
portion des temps que je viens de vous marquer,
pour vous mettre en état d'entendre facilement et
les historiens et les orateurs, et même les poètes, à
la réserve du Dante, qui demanderoit peut-être une
étude particulière. L'année suivante, je m'attache-
rois à l'espagnol. Ainsi, sans interrompre vos autres
occupations, vous vous seriez familiarisé, sans peine,
avec deux langues nouvelles, et vous vous trouveriez
en état de profiter de leurs richesses.

Pour achever ce qui regarde le premier point de
ceux que j'ai distingués d'abord, c'est-à-dire, l'intelligence, je devrois peut-être vous parler ici des gram-
mairiens, des dictionnaires, des commentateurs et
des ouvrages de critique. Mais, à l'égard des trois
premiers, c'est un secours qui est du nombre des
choses qu'on entend assez, sans qu'il soit besoin
de les dire, et qui ne demandent que deux précautions :

La première, d'user sobrement de ce secours, et
de chercher, autant qu'il est possible, l'intelligence
des auteurs dans les auteurs mêmes, plutôt que
dans leurs commentateurs ;

La seconde, de savoir choisir les meilleurs, pour

7 *

ne point se jeter dans la mer des interprètes, et dans la triste occupation de compiler, comme dit Horace, *Crispini scrinia Lippi* (1).

A l'égard des ouvrages de critique, comme cela appartient encore plus au jugement qu'à la simple intelligence, je me réserve de vous en dire un mot, en parlant du second point auquel je passe à présent.

On juge d'un ouvrage de belles-lettres, ou par lumière et par la connoissance des règles, ou par sentiment et par goût; mais on n'en juge jamais bien que lorsqu'on peut joindre l'un à autre. Un savant, dont la tête est remplie des préceptes de la rhétorique, de la poétique, ou de l'art historique, et qui ne juge du mérite des auteurs que par l'application méthodique des règles spéculatives, est souvent sujet à se tromper ; et un ouvrage froid, dans lequel cependant toutes les lois de l'art auront été exactement observées, pourra quelquefois lui paroître plus estimable qu'une pièce moins régulière, mais où la nature l'emporte sur l'art, qui a ses imperfections et ses irrégularités, mais tellement compensées, ou plutôt effacées par la noblesse des pensées, la grandeur du sentiment, et le sublime de l'auteur, qu'on peut dire que ces fautes, contre les règles de la composition, sont comme absorbées dans sa gloire.

QUATRIÈME INSTRUCTION,

SUR L'ÉTUDE ET LES EXERCICES QUI PEUVENT PRÉPARER AUX FONCTIONS D'AVOCAT DU ROI.

Un jeune homme qui se destine à remplir bientôt la charge d'avocat du roi au châtelet, et qui désire

(1) *Satyr.*, lib. 1, sat. 1.

encore plus d'y réussir, doit s'y préparer en deux manières différentes ; je veux dire par l'étude, et par une espèce de pratique ou d'exercice anticipé, comme je l'expliquerai dans la suite : l'un sans l'autre ne l'y disposeroit qu'imparfaitement.

ÉTUDE.

Savoir le fond des matières, ou du moins les principes généraux ; y joindre l'art d'expliquer ses pensées, ses preuves, ses raisonnemens, d'une manière propre à convaincre et à plaire pour persuader : c'est ce qui forme le partage naturel de son étude ou de sa science ; et c'est à ces deux objets qu'il doit rapporter tous ses travaux.

PREMIER OBJET.

ÉTUDE DU FOND DES MATIÈRES.

Trois sortes de jurisprudence : c'est-à-dire, le droit romain, le droit ecclésiastique, le droit français, lui ouvrent un champ assez vaste, pour ne pas ajouter encore le droit public, dont il faut remettre l'étude à un autre temps.

DROIT CIVIL OU ROMAIN.

Ce que l'on apprend de ce droit, dans les écoles, est plutôt une préparation à l'étude qu'une étude véritable ; et l'on se tromperoit fort, si l'on regardoit le titre de licencié comme une dispense de continuer, ou plutôt de commencer à fond l'étude solide d'une jurisprudence qui est la base de toutes les autres. Les principes en sont puisés dans la source la plus pure, c'est-à-dire, dans la loi, ou dans l'équité naturelle, et ils ne s'appliquent pas moins aux questions du droit ecclésiastique et du droit français, qu'à celles qui naissent du droit romain même.

La meilleure manière de se remplir de ces principes, est de les étudier dans le texte même des lois, beaucoup plus que dans les interprètes, dont la lecture seroit immense et peu utile, quelquefois même dangereuse, par la confusion qu'elle met souvent dans les idées de ceux qui veulent savoir le droit, par autorité plutôt que par raison.

Mais l'étude même des seuls textes seroit bien longue, s'il falloit l'embrasser toute entière ; et elle demande d'ailleurs d'être suivie avec un ordre qui fasse bien sentir l'enchaînement des principes, et qui contribue beaucoup à les faire retenir. Ainsi, tout ce qui regarde cette étude, peut se réduire à deux points :

Le premier, est de choisir les matières qui sont d'un plus grand usage, et où l'on reconnoît plus aisément ces premières règles du droit naturel, qui distingue la jurisprudence romaine de toutes les autres ;

Le deuxième, est de prendre pour guide celui qui a traité ces matières avec le plus de méthode, et toujours dans la vue de les ramener à ce droit primitif, qui doit être aussi commun à toutes les nations que la justice même : on entend bien que c'est de M. Domat que je veux parler. On peut en effet l'appeler le jurisconsulte des magistrats ; et quiconque posséderoit bien son ouvrage, ne seroit peut-être pas le plus profond des jurisconsultes, mais il seroit le plus solide et le plus sûr de tous les juges.

Si le jeune homme que j'ai en vue, dans cet écrit, veut le devenir, la matière des contrats et des obligations sera celle à laquelle il s'attachera d'abord, dans l'étude du droit romain, en y joignant celle des restitutions en entier, qui est aussi fondée sur les premières notions de la justice naturelle, et qui est d'un usage continuel au châtelet. Les matières des testamens et des successions viendront ensuite : mais, comme dans cette seconde espèce de matières, il y a plus de mélange d'un droit arbitraire et positif, avec celui qui est vraiment immuable et naturel ;

le bon ordre exige que l'on commence par les premières.

Pour le faire, avec fruit, il faudra lire d'abord,
avec attention, ce que M. Domat a écrit, soit sur les
engagemens en général, soit sur chaque espèce de
convention particulière, soit sur ce qu'il appelle les
suites ou l'accessoire des engagemens, en s'attachant
surtout à bien méditer les préfaces qu'il a mises à la
tête de chaque titre. Non-seulement elles en renferment toute la substance; mais, par la généralité des
idées ou des réflexions qu'elles présentent à un esprit attentif, elles lui donnent de l'étendue et de
l'élévation, soit en l'accoutumant à embrasser également toutes les parties d'un seul tout, soit en lui faisant prendre l'habitude de remonter toujours jusques
aux premiers principes; en sorte que, comme ils
sont souvent communs à plusieurs matières différentes, on est étonné, dans la suite, ou plutôt on
reconnoît, avec plaisir, que l'on sait presque ces
matières, avant que de les avoir étudiées en particulier.

A mesure qu'on aura lu un titre de M. Domat,
il sera temps de lire attentivement les lois des titres
du digeste et du code qui y répondent, auxquelles
M. Domat renvoie le lecteur; et de faire alors la
critique ou le supplément de cet auteur :

La critique, si l'on croit qu'il ne soit pas assez
entré dans le véritable esprit de la règle qu'il tire
du droit civil, ou qu'il ne l'ait pas assez développée;

Le supplément, s'il a omis quelqu'un des principes de la matière qu'il traite, ou s'il a négligé d'en
tirer quelqu'une des conséquences importantes qui
en résultent.

De toutes les manières de faire une étude suivie
du droit romain, c'est celle qui paroît la plus courte,
la plus facile, et en même temps la plus utile, surtout quand il ne s'agit encore que de s'affermir dans
la connoissance des règles générales. Il viendra un
temps où il faudra sans doute, pour approfondir les
questions particulières qui se présenteront dans l'exer-

cice de la magistrature, étudier les interprètes du droit et ceux qui ont fait des traités sur les différentes matières de la jurisprudence. Mais le partage naturel des travaux d'un magistrat est de s'attacher presque uniquement aux sources, pour se faire le fond de science qui lui est nécessaire, et de les suivre jusqu'aux ruisseaux les plus éloignés qui en dérivent, lorsqu'il s'agit de résoudre une question particulière.

Mais, comme le premier point est à présent notre unique objet, la seule chose qu'on peut ajouter ici sur la méthode d'étudier les textes du droit romain, avec M. Domat, c'est que dans cette étude on ne sauroit être trop attentif à remarquer tout ce qui peut former un axiome ou une règle générale du droit, soit dans la décision même, soit dans la raison de la décision.

On se mettroit par là, en état de faire successivement un ouvrage qui seroit d'une grande utilité ; ce seroit le supplément du titre du digeste, *de diversis regulis juris antiqui* (1), qui a deux grands défauts :

L'un, de ne tenir que très-imparfaitement ce qu'il promet, parce qu'il y manque un grand nombre de règles qui y tiendroient aussi bien, et peut-être mieux leur place, que celles qui y sont recueillies ;

L'autre, de n'avoir aucun ordre ; et c'est ce qui fait que ces règles demeurent beaucoup moins dans l'esprit, que si le jugement encore plus que la mémoire aidoit à les y conserver.

Si l'on pouvoit corriger ces deux défauts, soit en rassemblant toutes les règles qui manquent dans le titre *de regulis juris*, et qui sont dispersées dans d'autres titres, soit en les distribuant par matières dans leur ordre et dans leur enchaînement naturel, on auroit l'avantage de recueillir, dans un très-petit volume, toute la substance et comme tout l'esprit de ces principes généraux, qui sont dictés par la loi naturelle, et qui influent dans toutes les décisions des juges.

(1) *Lib.* 50, *tit. ult.*

L'ouvrage de M. Domat qui a pour titre *legum delectus*, le *Manuale juris* de Jacques Godefroy, son commentaire, et celui de Petrus Faber sur le titre *de regulis juris*, peuvent être d'une grande utilité, si l'on a le courage de suivre cette vue.

Au reste, avant que de finir ici ce qui regarde l'étude du droit romain, il est bon de faire remarquer, qu'en excluant, comme on l'a fait, la lecture des interprètes de ce droit, on n'a pas prétendu mettre au nombre des auteurs proscrits, quant à présent, les notes abrégées de Denis Godefroy, les commentaires de M. Cujas, et surtout ceux qu'il a faits sur les lois de Papinien, enfin, le commentaire de Jacques Godefroy sur le code Théodosien ; ce sont des livres qu'on ne sauroit trop lire et relire ; ils suffiroient presque seuls, pour donner la plus parfaite et même la plus profonde intelligence des principes du droit romain.

DROIT ECCLÉSIASTIQUE.

Il n'est pas temps encore de former un plan entier de l'étude de ce droit, à laquelle il faut nécessairement que celles qui sont plus pressées fassent une espèce de tort ; mais à condition que ce tort sera réparé dans la suite.

On se réduira donc ici, à ce qui est absolument essentiel, pour avoir des notions générales du droit ecclésiastique, qui puissent au moins mettre notre futur avocat du roi, en état d'étudier les questions qui se présenteront dans cette matière.

La première lecture qu'il doit faire, est celle des institutions de M. l'abbé Fleury.

Il faut y joindre le livre de M. le Vayer, sur l'autorité des rois dans l'administration de l'église gallicane, pour commencer à se former une juste idée de la distinction des deux puissances.

Lire ensuite l'histoire de la pragmatique sanction, et du concordat, faite par M. du Puy, et le texte de l'une et de l'autre ; à quoi l'on peut ajouter la lecture des pièces que M. Doujat a fait imprimer dans son *specimen juris canonici.*

Sans se jeter encore dans une étude profonde des libertés de l'église gallicane, il suffira d'en prendre une légère teinture, en lisant l'édition *in-quarto* des articles de M. Pithou, avec les notes abrégées qui y sont mises.

Enfin, pour entrer plus avant dans le fond des matières, et se former une suite et comme un corps des principes du droit ecclésiastique, la meilleure ou la moins défectueuse lecture que l'on puisse faire, est celle de Van-Espen, en commençant par son traité *de promulgatione legum ecclesiasticarum*, et en passant ensuite à l'ouvrage qui a pour titre : *jus ecclesiasticum universum.* Mais, pour mettre cette lecture à profit, il seroit bon de faire un extrait fort court du dernier ouvrage, en n'y marquant que les définitions, les règles ou les maximes qui résultent de chaque titre, avec des renvois aux autorités sur lesquelles ces maximes sont fondées, à peu près de la même manière que M. Domat a mis ses citations au bas de chaque article de ses titres. Ce travail seroit suffisant pour préparer à une étude plus profonde du droit ecclésiastique, et pour mettre en état de traiter les questions qui se présentent quelquefois au châtelet sur des matières bénéficiales. On se formeroit même par là, une espèce de canevas auquel on rapporteroit toutes les connoissances qu'on acquerroit dans la suite; et, en y faisant successivement des additions, des critiques, des corrections, on parviendroit à avoir quelque jour un précis excellent de toutes les règles qu'on doit suivre dans les matières canoniques. Enfin, pour approprier davantage ce travail à nos usages, il ne faudra pas manquer, à mesure qu'on lira une matière dans Van-Espen, d'y joindre les articles de nos ordonnances qui peuvent y avoir rapport, soit que cet auteur les cite, ou qu'il ne les cite pas; et l'on ne sauroit se rendre ces ordonnances trop familières.

DROIT FRANÇAIS.

Comme le temps manque pour embrasser toute l'étendue de ce droit, on se réduira ici au nécessaire, de même que l'on a fait sur ce qui regarde le droit ecclésiastique.

On distingue deux sources différentes du droit français, les coutumes et les ordonnances ; je nomme les coutumes les premières, parce qu'elles demandent un travail plus considérable.

Mais il y a une introduction qui leur est commune : c'est l'histoire du droit français, et les institutions au même droit. M. l'abbé Fleury a fait l'une ; et à l'égard des institutions, celle de M. Argou, avocat, est plus qu'aucune autre à la portée des commençans. On y joindra, dans la suite, celle de Coquille, qui est plus savante et plus instructive, mais dont la lecture sera mieux placée et plus utile lorsqu'on aura déjà fait quelque progrès dans l'étude du droit français.

Les règles de Loisel, avec les commentaires de M. de Laurière, donneront ensuite des notions plus recherchées et plus doctes de l'origine, des antiquités, et de l'esprit général du droit coutumier auquel je m'attache à présent, avant que de passer à ce qui regarde les ordonnances de nos rois.

L'étude particulière de la coutume de Paris, est absolument nécessaire à un avocat du roi au châtelet ; et cette étude doit avoir, pour premier objet, une exacte intelligence du texte.

Le commentaire qui la facilite et qui la fixe le plus, est celui de M. de Laurière, sur lequel cependant il est permis de n'être pas toujours de son sentiment.

On peut lire ensuite celui d'un avocat nommé le Maître, pour avoir une idée générale de la plupart des questions qu'on y agite sur la coutume de Paris, et de la jurisprudence la plus commune sur la manière de les décider.

Le commentaire de Duplessis trouvera alors sa place. Quoique ce ne soit pas un ouvrage sans défaut,

et que les sentimens de cet auteur n'aient pas toujours été suivis, il est cependant utile de le lire de
suite, pour apprendre à traiter les questions avec
cette clarté qui en fait le principal mérite : et, si l'on
peut y désirer plus de solidité et de profondeur, on
peut cependant profiter beaucoup en le lisant, au
moins par rapport à la méthode et à la manière de
discuter les principes du droit coutumier.

Avec ces secours on aura acquis assez de connoissances pour être en état d'approfondir les questions particulières, surtout en y joignant des conférences sur la coutume avec de jeunes avocats et
de jeunes magistrats qui aient vraiment envie de
travailler et de s'instruire. Rien n'est plus propre à
ouvrir l'esprit, et à le familiariser avec un droit
qui consiste plus en usages et en décisions particulières, que dans des principes immuables, ou dans
des conséquences directement tirées des règles de
la justice naturelle.

Il seroit trop long de marquer ici comment on
doit faire ces conférences pour les rendre vraiment
utiles. On y suppléera par la conversation ; et il
suffit de dire un mot, quant à présent, sur la manière
de s'y préparer.

Ce n'est pas assez pour cela de lire tous les commentateurs de la coutume de Paris sur les questions que l'on y doit traiter. La véritable méthode
pour l'étudier d'une manière supérieure, et pour
entrer dans l'esprit général du droit coutumier, en
travaillant sur une coutume particulière , c'est
d'y joindre la conférence de toutes les autres coutumes. L'ouvrage est tout fait ; et c'est pour ainsi
dire, le digeste du droit françois. Il faut donc, à
mesure qu'on étudie une question par rapport à la
coutume de Paris, voir de suite dans le livre qui a
pour titre, *la conférence des coutumes*, de quelle
manière elles se sont expliquées sur ce qui fait
naître la question ; comparer exactement cette coutume avec celle de Paris, en peser les rapports et
les différences ; remonter jusqu'à la diversité des

principes, qui est la source de ces différences; se
constituer le juge en quelque manière des coutumes
mêmes, et tâcher de découvrir quel est le principe qui auroit dû mériter la préférence, et réunir
les dispositions de ces différentes espèces de lois
entre lesquelles on trouve si souvent une si grande
contrariété.

Un des auteurs qui sont le plus entrés dans cet
esprit, et qui, pour se servir d'un terme de mathématiques, ont le plus entrepris de généraliser les
règles du droit coutumier, c'est M. Auzannet, qui
a travaillé sur la coutume de Paris plutôt en réfor-
mateur et presque en législateur, qu'en interprète
ou en commentateur. Le grand magistrat (1) qui
l'avoit associé à ses travaux, méditoit le vaste et
difficile dessein de réduire toutes les coutumes à
une seule loi générale. Ainsi, et les notes de M. Auzannet sur celle de Paris, et ce qu'on appelle les
arrêtés de M. le premier président de Lamoignon,
sont des ouvrages très-propres à former cette étendue
et cette supériorité d'esprit avec laquelle on doit
embrasser le droit français, si l'on veut en posséder parfaitement les principes, et peut-être mieux
que ceux mêmes qui ont rédigé ou réformé chaque
coutume particulière.

Enfin, quoique Dumoulin n'ait travaillé à fond
que sur celle de Paris, c'étoit néanmoins un génie
si profond et si propre à épuiser les matières qui
étoient l'objet de ses veilles, que si notre jeune
avocat du roi a le courage d'entrer dans les vues
que je viens de lui indiquer, la lecture, ou plutôt
l'étude la plus utile qu'il puisse faire, est celle du
commentaire de Dumoulin, sur le titre des fiefs de
la coutume de Paris. Mais s'il veut se l'approprier
véritablement, et se former, non-seulement dans la
science du droit coutumer, mais dans la profondeur
du raisonnement, il ne se contentera pas de lire et
relire cet ouvrage avec la plus grande attention,

(1) M. le premier président de Lamoignon.

il en fera une espèce d'abrégé ou plutôt d'analyse suivie. C'est le terme le plus propre dont on puisse se servir pour faire sentir la véritable manière d'entrer dans l'esprit et de prendre le caractère de l'auteur le plus analytique qui ait écrit sur la jurisprudence ; parce que sa méthode perpétuelle est de remonter, par degrés, du sexte de la coutume jusqu'au premier principe de la matière, et d'en descendre ensuite par une gradation semblable jusqu'aux dernières conséquences.

Si l'on ajoute à ce travail la lecture réfléchie des notes abrégées, ou de ce qu'on nomme les *apostilles* de Dumoulin sur les différentes coutumes du royaume, et qui ont mérité d'être respectées presque comme des lois, il manquera peu de chose à notre laborieux avocat du roi·pour devenir quelque jour le Papinien français.

Au reste, pour ne pas l'effrayer aussi par la vue d'un trop grand travail, quand on lui propose de faire l'analyse du commentaire de Dumoulin sur le titre des fiefs, on ne prétend pas qu'il commence demain un ouvrage qui ne sera bien placé que lorsqu'il aura acquis des notions suffisantes du droit coutumier, pour le faire avec plus de fruit. Les questions particulières sur lesquelles il sera obligé de consulter Dumoulin, lui en feront sentir l'utilité ; et ce ne sera qu'après avoir exercé pendant quelque temps la charge d'avocat du roi, qu'il sera véritablement en état de mettre à profit un temps de vacation pour faire tout de suite un ouvrage dont il se remerciera lui-même tous les jours de sa vie.

Pour achever ce qui regarde l'étude du droit français, il reste de dire un mot de celle des ordonnances.

Il y en a deux sortes :

Les unes n'ont pour objet que la procédure, ou les règles de l'ordre judiciaire ; mais, comme il est plus court de parler que d'écrire sur la manière de les étudier, on n'en dira rien ici, ce sera plutôt la matière d'une conversasion ;

Les autres ont rapport au fond même de la jurisprudence civile, canonique ou française. Il suffiroit, quant à présent, d'en faire une simple lecture, pour en avoir une notion générale; et, à mesure qu'on travaillera sur chaque espèce de jurisprudence, suivant le plan qu'on vient de tracer, il faudra avoir soin de marquer sur chaque matière les ordonnances qu'on peut y rapporter.

On fera bien de s'aider, dans ce travail, de ce qu'on appelle le code Henry, où l'on trouve les ordonnances rangées par ordre de matières. Mais, comme le président Brisson, qui est l'auteur de cet ouvrage, et qui espéroit de le faire revêtir de l'autorité du roi, y a travaillé souvent en législateur plutôt qu'en simple compilateur, il est bon de vérifier les ordonnances qu'il cite, pour ne pas s'exposer à regarder comme une loi ce qui n'étoit que la pensée du président Brisson. Son recueil finit en l'année 1585; ainsi, il sera nécessaire d'y joindre l'étude de toutes les ordonnances postérieures, qui ont établi des règles sur quelques matières du droit romain, du droit ecclésiastique, ou du droit français. Nous n'en avons pas encore de recueil complet, mais il sera aisé de les indiquer à notre futur avocat du roi.

Il viendra un temps où l'on exigera peut-être de lui une étude plus profonde des ordonnances, et surtout de celles qui regardent le droit et l'ordre public. Mais à présent il faut se réduire au possible et au plus nécessaire.

DEUXIÈME OBJET.

ÉTUDE DES RÈGLES.

Sur la manière de traiter les différentes Matières, et sur le Style ou l'Élocution.

L'ART de traiter méthodiquement une matière, ou de la discuter pleinement et jusqu'à la conviction, est la science la plus essentielle à tout homme qui ne parle que pour prouver, et, s'il se peut, pour démontrer.

Mais la raison même a souvent besoin de chercher à plaire, pour entrer plus facilement et plus sûrement dans l'esprit de ceux qu'il s'agit de persuader. Ainsi, la méthode par laquelle on arrange ses idées, ses réflexions, ses raisonnemens, d'une manière capable de produire la conviction, ne réussit pas toujours, si elle n'est accompagnée des charmes d'une élocution qui rende l'auditeur attentif, et qui l'intéresse, en quelque manière, à l'établissement de la vérité que l'orateur entreprend de prouver.

Tout se réduit donc à ces deux points : savoir prouver, savoir plaire en prouvant, et même pour mieux prouver.

ART DE PROUVER.

On l'apprend, ou par les préceptes, ou par les exemples.

Les préceptes se trouveront dans les ouvrages des maîtres de l'art, et surtout de ceux qui ont su joindre la dialectique et l'esprit géométrique, à la théorie de l'éloquence.

Dans les anciens, il n'y a rien de plus parfait sur ce sujet que la rhétorique d'Aristote; et c'est un ouvrage qui mérite d'être non-seulement lu, mais médité.

Les trois livres de Cicéron, *de oratore*, fourniront des préceptes excellens, et des exemples encore meilleurs.

Quintilien trop sec, et, pour ainsi dire, trop scholastique dans une partie de sa rhétorique, est aussi utile qu'admirable dans les préceptes ou dans les conseils généraux qu'il donne au commencement, et encore plus à la fin de son ouvrage. On y trouve, non-seulement les préceptes, mais, ce qui vaut beaucoup mieux, la raison des préceptes : et il n'y a point de lecture plus propre à former le goût, que celle

des trois premiers et des trois derniers livres de cet
auteur.

Mais il faut avouer que, si l'on se renferme d'abord
dans l'art de prouver, sans penser encore à ce qui
regarde la perfection et la beauté du style, les modernes paroissent avoir un grand avantage sur les
anciens : et voici les principaux livres qu'un jeune
homme doit lire le plus attentivement, s'il veut acquérir le grand talent d'arranger ses preuves dans cet
ordre naturel qui soutient l'attention de l'auditeur,
en le conduisant, par une espèce de gradation de
vérités ou de propositions qui naissent toujours l'une
de l'autre, jusqu'à une évidence aussi parfaite que la
matière peut l'admettre.

Tels sont *la méthode de M. Descartes*, le dernier
livre de *l'art de penser*; à quoi l'on peut joindre
ce que M. Regis a dit plus en détail dans sa logique sur *la méthode synthétique* et sur *la méthode
analytique*; et le sixième livre de *la recherche de la
vérité.*

On peut lire aussi, avec utilité, les discours que
le père Reynault a mis à la tête de ses ouvrages de
mathématiques, et surtout de *la science du calcul*,
où il a recueilli en peu de mots toute la substance
de l'art de prouver, suivant l'esprit et l'ordre géométrique.

Des préceptes il faut passer à des exemples, qui
seront sans doute plus agréables, et peut-être encore
plus utiles. Ce que les préceptes, considérés en eux-
mêmes, ont quelquefois de trop abstrait, et, pour
ainsi dire, de trop spirituel, devient plus sensible
et semble acquérir une espèce de corps et une plus
grande clarté, par l'application que ceux qui nous
servent de modèles en ont faite à certaines matières.
L'attention, soulagée par la vue d'un objet fixe et
déterminé, conçoit mieux toute l'utilité des préceptes;
et, à force de lire des ouvrages bien ordonnés, notre
esprit prend insensiblement l'habitude et, comme le
pli de cette méthode parfaite, qui, par le seul arran-

gement des pensées et des preuves, opère infailliblement la conviction.

Entre les ouvrages où l'on peut trouver de tels
exemples, les *méditations de Descartes* et le commencement de ses principes peuvent tenir le premier
rang. Il a été également le maître et le modèle de ceux
même qui l'ont combattu; et l'on diroit que ce soit
lui qui ait inventé l'art de faire usage de la raison.
Jamais homme, en effet, n'a su former un tissu plus
géométrique, et en même temps plus ingénieux et
plus persuasif de pensées, d'images et de preuves; en
sorte qu'on trouve en lui le fond de l'art des orateurs,
joint à celui du géomètre et du philosophe.

On peut dire du père Malebranche,

Proximus huic, longo sed proximus intervallo.

Mais, comme il a su joindre l'imagination au raisonnement, ou, si l'on veut, le raisonnement à l'imagination qui dominoit chez lui, la lecture de ses
ouvrages peut être avantageuse à ceux qui se destinent à un genre d'éloquence où l'on a souvent
besoin de parler à l'imagination, pour faire mieux
entendre la raison.

Ce n'est donc pas ce qui est du ressort de la pure
métaphysique, que l'on doit chercher dans le père
Malebranche; c'est ce qui a rapport à la morale,
comme plusieurs chapitres du livre de *la recherche
de la vérité*, où il traite de l'imagination : le livre
des inclinations, et celui des passions, ou si l'on
veut quelque chose qui soit encore plus travaillé,
ses entretiens métaphysiques, qu'on peut regarder
comme son chef-d'œuvre, soit pour l'arrangement
des idées, soit pour le style et pour la manière
d'écrire.

Un génie peut-être supérieur à celui du père Malebranche, et qui a passé avec raison pour le plus grand
dialecticien de son siècle, pourroit suffire seul pour
donner un modèle de la méthode avec laquelle on

doit traiter, approfondir, épuiser une matière, et faire en sorte que toutes les parties du même tout tendent et conspirent également à produire une entière conviction.

Il est aisé de reconnoître M. Arnaud à ce caractère. La logique la plus exacte, conduite et dirigée par un esprit naturellement géomètre, est l'ame de tous ses ouvrages : mais ce n'est pas une dialectique sèche et décharnée, qui ne présente que comme un squelette de raisonnement ; elle est accompagnée d'une éloquence mâle et robuste, d'une abondance et d'une variété d'images qui semblent naître d'elles-mêmes sous sa plume, et d'une heureuse fécondité d'expressions : c'est un corps plein de suc et de vigueur, qui tire toute sa beauté de sa force, et qui fait servir ses ornemens mêmes à la victoire. Il a d'ailleurs combattu pendant toute sa vie ; il n'a presque fait que des ouvrages polémiques ; et l'on peut dire que ce sont comme autant de plaidoyers, où il a toujours eu en vue d'établir ou de réfuter, d'édifier ou de détruire, et de gagner sa cause par la seule supériorité du raisonnement.

On trouve donc dans les écrits d'un génie si fort et si puissant, tout ce qui peut apprendre l'art d'instruire, de prouver et de convaincre. Mais, comme il seroit trop long de les lire tous, on peut se réduire au livre de la *perpétuité de la foi*, auquel M. Nicole, autre logicien parfait, a eu aussi une grande part ; et à des morceaux choisis dans le livre qui a pour titre : *la morale pratique*.

Le premier est une application continuelle des préceptes de la logique, qui enseignent à renverser les argumens les plus captieux, et à démêler les sophismes les plus subtils, en les ramenant toujours aux règles fondamentales du raisonnement.

Le second est plein de modèles dans l'art de discuter les faits, de digérer et de réunir les preuves, les conjectures, les présomptions, pour leur donner une évidence parfaite, ou du moins ce degré de vraisemblance et de probabilité qui, dans les questions

8 *

de fait, tient lieu, en quelque manière, de l'évidence, et équipolle presque à la vérité.

Il n'est pas même nécessaire de lire ces deux ouvrages en entier ; et l'on peut appliquer ici ce mot de Sénèque, *multùm legendum, non multa*. La véritable manière de mettre à profit cette lecture, c'est de s'arrêter, lorsqu'on a achevé de lire un des points que l'auteur a entrepris de prouver ; de repasser successivement sur les différens degrés par lesquels il a conduit ses raisonnemens jusqu'au genre de démonstration dont la matière est susceptible : d'en faire une espèce d'analyse, ou par une simple méditation, ou quelquefois même par écrit, afin de se rendre le maître de l'ordre qu'il a suivi, d'en faire son bien propre, et de se former comme une espèce de moule, où toutes nos pensées s'arrangent d'elles-mêmes dans leur place naturelle.

L'étude d'une douzaine d'endroits, médités avec cette attention, sera un travail plus utile que la lecture d'un grand nombre d'ouvrages dont on ne retire souvent pour tout fruit qu'une connoissance superficielle, et une approbation vague du mérite d'un auteur : au lieu qu'en faisant, comme on vient de le dire, l'anatomie exacte de sa méthode dans quelques morceaux choisis, on apprend à devenir auteur soi-même, et à approcher au moins de son modèle, si l'on ne peut l'égaler.

Les ouvrages de M. Nicole, et sur tout les quatre premiers volumes des *essais de morale*, qui sont plus travaillés que les autres, et où il est plus aisé d'apercevoir un plan et un ordre suivi, entrent aussi dans la même vue ; et, en y apprenant à bien ordonner les pensées de son esprit, on y trouvera l'avantage infiniment plus grand d'apprendre en même temps à bien régler les mouvemens de son cœur.

En voilà assez sur ce que l'on a appelé d'abord *l'art de prouver* : et il est temps de donner aussi une notion générale de la manière d'apprendre à plaire en prouvant.

ART DE PLAIRE EN PROUVANT, ET POUR MIEUX PROUVER.

Ce second point demande moins de réflexions, parce qu'il se confond presque avec le premier.

On est toujours sûr de plaire quand on parvient à convaincre par une méthode qui sait conduire l'esprit sans effort, et presque sans travail, à la découverte de la vérité : et c'est même par là qu'un homme public, qui ne parle que pour elle, doit chercher presque uniquement à plaire à ses auditeurs.

D'ailleurs, les maîtres que l'on vient d'indiquer, soit pour donner des préceptes, soit pour fournir des exemples dans l'art de prouver, sont presque tous aussi des modèles excellens dans l'art de préparer cette volupté innocente qui accompagne la conviction, ou qui dispose l'ame de l'auditeur à s'y livrer plus facilement.

Il ne reste donc ici que de parler des ouvrages qu'il est bon de lire avec attention, pour achever de se former à la pureté et à l'élégance du style, ou aux grâces et aux ornemens de l'élocution. On s'attachera principalement à ceux qui, suivant l'idée naturelle de l'éloquence, n'ont regardé l'art de plaire que comme un instrument utile et presque nécessaire à l'art de prouver.

Démosthène et Cicéron sont en possession, depuis plusieurs siècles, d'être regardés en ce genre comme les plus grands modèles ; et le premier peut-être encore plus que le second, si l'on s'attache à la force du raisonnement.

Mais, comme les harangues de Démosthène perdent beaucoup de leur mérite dans les traductions, on peut commencer par la lecture de Cicéron, et remettre celle de Démosthène jusqu'au temps où notre jeune orateur, revenu de ses distractions philosophiques et juridiques, si elles méritent ce nom, aura renouvelé, avec le grec, une connoissance qui aille jusqu'à la familiarité.

Une lecture rapide des *oraisons de Cicéron* ne

seroit pas suffisante : on peut s'en rassasier d'abord, si l'on veut; mais il faudra revenir ensuite sur ses pas, et en choisir quelques-unes, dont on fera une espèce d'analyse, pour y découvrir l'art caché de cet ordre oratoire, qui, dans certaines matières, peut être plus propre à manier les esprits que la méthode des géomètres ou des philosophes.

Après ceux qui ont été, pour ainsi dire, éloquens par état ou par profession, les historiens latins (car on ne parle point ici des grecs, par la raison qu'on vient de marquer) peuvent fournir des modèles aussi parfaits dans l'art de bien parler, et peut-être plus approchans de notre génie et de notre goût que Cicéron même.

Les harangues de Salluste, de Tite-Live, de Tacite, sont des chefs-d'œuvre de sens, de raison, et de cette éloquence de choses plutôt que de mots, qui persuadent sans art oratoire, ou du moins sans en employer d'autre que celui dont le principal mérite est de savoir se cacher. Le corps entier de leurs histoires n'est pas moins utile à lire, soit pour se former le style de la narration, soit pour se remplir de réflexions qui préviennent l'effet de l'expérience, et qui donnent une maturité anticipée à la raison. Si l'on pouvoit même en apprendre par cœur les plus beaux endroits, on exerceroit utilement sa mémoire ; et ce seroit le moyen, non-seulement d'orner, mais d'enrichir et de fortifier son esprit.

La lecture des poètes n'est pas non plus à négliger ; et Cicéron souhaite quelque part à ceux même qui n'écrivent qu'en prose, *verba propè pœtarum.* La poésie inspire un feu d'imagination qui sert beaucoup à animer, à échauffer le style, et à l'empêcher de languir, surtout en traitant des matières sèches et épineuses, qui le refroidissent naturellement, et qui le mettent, pour ainsi dire, à la glace.

Mais c'est ici, plus qu'en tout autre genre de lecture, que dans le bon il faut savoir choisir le meilleur, et dans le meilleur même, l'excellent. Je conseillerois donc à notre futur orateur de s'attacher presque uniquement à trois des poètes latins, et de les avoir continuellement entre les mains. Il devinera aisément que c'est de Térence, de Virgile et d'Horace que je veux parler. Il les connoît déjà trop pour avoir besoin que je lui en trace ici les différens caractères. On peut dire qu'ils sont *pares magis quàm similes*. Mais s'il falloit faire un choix dans ce qui est également parfait, je louerois dans Térence cette pureté, cette naïveté, cette élégance de style qu'on ne sauroit trop imiter ; j'admirerois dans Virgile la noblesse, l'élévation, la perfection de ses vers, et surtout ce fond de sentiment qui va jusqu'au cœur, et qui rend son style si intéressant que c'est peut-être par là que l'imitateur et le rival d'Homère l'a emporté sur son original. Mais je finirois par donner la préférence à la lecture d'Horace, et surtout de ses satires, de ses épîtres, et de son art poétique qui donne des leçons aux orateurs mêmes, quoiqu'il ne paroisse fait que pour les poètes.

Je dirois donc volontiers d'Horace, ce que Quintilien a dit de Cicéron : *ille se profecisse sciat, cui Horatius valdè placebit* (1). On y apprend non-seulement à bien parler, mais à bien penser ; à juger sainement de ce qui doit plaire ou déplaire dans ceux avec qui nous vivons ; à avoir le sentiment vif et délicat sur les caractères, sur les bienséances et les devoirs de la vie civile, et à connoître ce qui peut former l'honnête homme, l'homme aimable dans le commerce de la société.

Toutes les vertus du style s'y réunissent en même temps : une justesse d'expression qui égale celle des pensées ; un art à présenter des images toujours gracieuses, et toujours traitées avec cette sobriété qui sait s'arrêter où il faut, et faire succéder de nouvelles beautés qui semblent suivre naturellement les premières, et charmer l'esprit par leur variété sans le fatiguer par leur multitude ou par leur confusion : un choix dont les épithètes qui ne sont jamais oisives,

---

(1) *Inst. Orat.*, lib. 10, c. 1.

et qui ajoutent toujours ou plus de force ou plus
de grâce aux termes qu'elles accompagnent : une
perfection dans les narrations, dont l'élégance et
l'ornement ne diminuent point la simplicité et la
rapidité. Enfin, on trouve en lui un maître toujours
aimable, qui, comme il le dit lui-même, enseigne
le vrai en riant, et dont le savant badinage semble
jouer autour du cœur (c'est l'expression de Perse),
pour y faire entrer plus agréablement ses préceptes.
Mais en voilà trop sur le caractère de cet auteur :
il faudroit être Horace lui-même, pour en faire dignement le portrait; et l'on profitera plus à le lire
qu'à l'entendre louer.

Ce n'est pas qu'outre les trois poètes latins dont
on vient de parler, il n'y en ait plusieurs autres
dont la lecture ne soit pas à mépriser. La force et
la véhémence de Juvénal, le grand sens et l'énergie
de Perse; la morale, les pensées, les expressions
mêmes de plusieurs endroits de Sénèque le tragique; la vaste imagination de Stace, la liberté et
quelquefois la grandeur de Lucain, la facilité et la
fécondité de Claudien, peuvent avoir leur utilité
pour élever et pour enrichir l'esprit d'un orateur.
On peut donc lire ces poètes, mais il faut étudier
les premiers. Le mélange des défauts rend souvent
les vertus mêmes dangereuses, et l'on ne sauroit choisir de modèles trop parfaits, quand on veut arriver
soi-même à la perfection.

Au reste, ce seroit une erreur de croire que des
auteurs latins ne puissent pas nous apprendre à bien
écrire en français. Les perfections essentielles du
style sont les mêmes dans toutes les langues. Les
signes ou les instrumens, c'est-à-dire, les mots dont
on se sert pour s'exprimer, sont différens; mais les
règles générales, pour les mettre habilement en œuvre,
sont toujours semblables; et, dans quelque langue
qu'on parle ou qu'on écrive, on ne le fera jamais
avec succès, si l'on ne présente à l'auditeur ou au
lecteur le même enchaînement dans les pensées, la
même suite dans les images, la même justesse dans

les comparaisons, le même choix et la même exactitude dans les expressions.

Mais, outre ces vertus communes à toutes les langues, elles ont aussi chacune des beautés qui leur sont propres; et il y a d'ailleurs une espèce de mode dans le style même, qu'on est obligé de suivre dans ce qu'elle a de bon, parce qu'on parle aux hommes de son temps. Ainsi, il est nécessaire de joindre aux modèles que les anciens nous ont laissés dans leur langue, ceux que nous trouvons dans la nôtre, en s'attachant toujours aux meilleurs et à ceux qui approchent le plus de notre âge.

Tels sont les ouvrages de M. Fléchier, de M. Bossuet, du père Bourdaloue : et, sans vouloir faire ici des comparaisons toujours odieuses, entre ceux qui ont excellé chacun dans leur genre, le dernier est peut-être celui qu'on peut lire avec le plus de fruit, quand on se destine à parler, pour prouver et pour convaincre. La beauté des plans généraux, l'ordre et la distribution qui règnent dans chaque partie du discours; la clarté, et, si l'on peut parler ainsi, la popularité de l'expression, simple sans bassesse, et noble sans affectation, sont des modèles qu'il est plus aisé d'appliquer à l'éloquence du barreau, que le sublime ou le pathétique de M. Bossuet, et que la justesse, la mesure ou la cadence peut-être trop uniforme de M. Fléchier.

Les lettres provinciales, et surtout les dernières, par rapport à l'objet qu'on se propose, de plaire en prouvant, peuvent se placer hardiment à côté de ces grands orateurs : et je ne sais quels sont ceux qui devront avoir le plus de peur du voisinage. La quatorzième lettre surtout est un chef-d'œuvre d'éloquence qui peut le disputer à tout ce que l'antiquité a le plus admiré, et je doute que *les philippiques* de Démosthène et de Cicéron offrent rien de plus fort et de plus parfait.

Pour se rapprocher davantage de la sphère du barreau, on peut lire quelques-uns des plaidoyers de M. le Maître, où l'on trouve des traits qui font regretter que son éloquence n'ait pas eu la hardiesse de marcher seule et sans ce cortège nombreux d'orateurs, d'historiens, de pères de l'église, qu'elle mène toujours à sa suite.

Les plaidoyers de M. Patru, dégagés de cette pompe inutile, pèchent plutôt par l'excès contraire de la sécheresse; mais la diction en est pure, le style très-français, et peut-être meilleur que celui du temps présent. On ne perdra donc pas son temps à les lire, aussi bien que ceux de M. Erard, où l'on trouvera un style doux et coulant, un tour d'esprit naturel, une ironie assez fine et assez délicate qui en faisoit le principal ornement, mais qui laissoit à désirer cette force de raisonnement et ce progrès de preuves toujours plus pressantes l'une que l'autre, qui fait le principal mérite de ces sortes de discours.

Je n'ai point parlé jusqu'ici de deux auteurs qui ont été regardés autrefois comme les maîtres, et presque comme les fondateurs du style français; je veux dire de Coëffeteau et de Balzac, qu'on ne connoît presque plus aujourd'hui, quoique la lecture en pût être fort utile, si on la faisoit avec discernement.

L'histoire romaine du premier peut être lue sans aucun danger; et elle mérite de l'être, pour apprendre non-seulement la pureté, mais le caractère naturel et le véritable génie de notre langue.

Balzac doit être lu avec plus de précaution : on y trouve une affectation vicieuse dans les pensées, un goût peu réglé pour l'extraordinaire et pour le merveilleux, un génie qui prend souvent l'enflure pour la grandeur, et qui approche plus de la déclamation que de la véritable éloquence : défauts après tout qui sont trop marqués dans cet auteur pour être bien dangereux, et qui peuvent être utiles, parce qu'ils montrent les écueils que ceux à qui la nature a donné beaucoup d'esprit ont à éviter. Mais en récompense, on y remarque un tissu parfait dans la suite et dans la liaison des pensées, un art singulier dans les transitions, un choix exquis dans les

termes, une justesse rare et une précision très-digne
d'être imitée dans le tour et dans la mesure des
phrases, enfin un nombre et une harmonie qui semblent
avoir péri avec Balzac, ou du moins avec M. Fléchier, son disciple ou son imitateur, et qui ne seroit
peut-être pas moins utile à notre avocat du roi, que
celle des *cantates* de Corelli ou de Vivaldi.

Les défauts de cet auteur ont donc fait un grand
tort à ses vertus : trop admiré pendant sa vie, il a été
trop méprisé après sa mort. Mais le bon esprit consiste à savoir faire usage de tout ; et pourquoi ne pas
profiter de ce qu'un auteur a d'excellent, parce qu'on
y trouve des fautes qu'on ne sauroit excuser ? On peut
donc appliquer à Balzac ce que Quintilien a dit de
Sénèque, qui avoit presque les mêmes défauts : ceux
qui ont le goût déjà formé peuvent non-seulement le
lire impunément, mais le lire utilement, quand ce ne
seroit que parce qu'il est propre à exercer des deux
côtés le jugement, *vel ideò quod potest exercere
utrimque judicium.* Ce qu'il a de vicieux, est l'objet
d'une critique avantageuse, qui sert à affermir l'esprit dans le goût du simple et du vrai : ce qu'il a de
bon, apprend à perfectionner la nature, sans cesser
de la prendre pour modèle et de travailler toujours
d'après elle.

On devroit à présent parler des poètes français,
de même qu'on a parlé des poètes latins : mais il
seroit inutile de répéter ici ce qu'on a déjà dit sur les
secours que l'éloquence peut tirer de la poésie ; et
d'ailleurs nos poètes sont si connus et si fort au goût
de la jeunesse, qu'on n'a pas besoin de lui en recommander la lecture.

Tout ce qu'on peut désirer d'elle à cet égard, c'est
qu'elle proscrive d'abord tous ceux qui sont dangereux pour la religion et pour les mœurs ; que dans les
bons, elle choisisse toujours les meilleurs ; et que
dans les meilleurs, elle s'attache principalement à
ce qui les caractérise, et qui les distingue entre leurs
égaux, comme la structure et l'harmonie dans Malherbe ; l'élévation des pensées, la noblesse des senti-

mens et la profondeur des réflexions dans Corneille ;
la beauté des images, la vivacité des mouvemens, et
la félicité des expressions dans Racine ; le simple, le
vrai, le gracieux dans la Fontaine, et de même à l'é-
gard de nos autres poètes. L'impression, et comme la
teinture de ces différens caractères, se fait sentir dans
les ouvrages de ceux qui les ont bien lus ; et il en est
de leur style comme de ces carnations parfaites dans
la peinture, où aucune des couleurs ne domine et où
néanmoins elles font toutes leur effet.

Je m'oublie, en parlant si long-temps d'une matière qui naturellement flatte mon goût ; et je ferai
mieux d'achever de remplir le plan que je me suis
proposé, en passant de l'étude ou de la théorie, à ce
qui regarde l'exercice ou la pratique.

EXERCICE OU PRATIQUE.

On comprend aisément que les différens essais
qu'on peut faire de ses talens, doivent se rapporter
aux deux objets qui ont été distingués dans ce qui
regarde l'étude ; c'est-à-dire, à ce qu'on a appelé
l'art de prouver, et l'art de plaire en prouvant.

A l'égard du premier point, pour s'exercer comme
à l'ombre et par un essai domestique, à ce qu'on
doit faire au grand jour et dans l'exercice réel des
fonctions publiques, rien ne sera meilleur que de
prendre dans le *Journal des Audiences*, ou dans quelque autre recueil d'arrêts, un fait qui ait donné lieu
d'agiter une question de droit, et surtout de droit
romain, dont notre jeune candidat est plus instruit ;
de bien lire les moyens des deux parties, et le discours de l'avocat-général qui n'y est souvent rapporté qu'en substance ; et de composer ensuite un
plaidoyer, tel qu'on le feroit si l'on étoit obligé de
parler sur une affaire semblable.

Deux ou trois essais de cette espèce, revus et cor-
rigés par ceux qui sont capables d'en juger, seront
plus utiles que tous les préceptes, pour en apprendre
le véritable tour et le caractère propre, pourvu que

l'on ait la patience de les remanier, et de les remettre sur l'enclume, jusqu'à ce qu'on les ait portés au point de perfection dont on peut les rendre susceptibles. Un ouvrage achevé forme, sans comparaison, plus l'esprit et le goût, que cent ouvrages commencés; et si le temps manque dans l'exercice actuel d'une charge, pour perfectionner ainsi ce que l'on écrit, on sait au moins ce qu'il faut faire pour y parvenir, et l'on en approche toujours beaucoup plus que si l'on n'avoit jamais fait que des ébauches.

Un second exercice domestique, qui peut être aussi d'une grande utilité, est de profiter des conférences que l'on fait sur le droit, pour acquérir l'habitude d'en digérer et d'en développer les principes dans un ordre qui, par des définitions, des distinctions et des preuves bien disposées, conduise sûrement l'esprit à prendre le meilleur parti.

Il faut, pour cela, commencer la conférence par une espèce de discours suivi, où, en se proposant toujours pour modèle, autant qu'il se peut, la méthode géométrique, on épuise d'abord tout ce que le raisonnement peut fournir sur la matière que l'on traite, pour y joindre ensuite les autorités tirées des sentimens des jurisconsultes et de la jurisprudence des arrêts.

Ce discours ne doit être ni lu ni appris par cœur; il suffira d'en avoir fait une espèce de plan ou de canevas; après quoi il faudra s'abandonner à sa facilité naturelle pour l'exécution, et être seulement attentif à éviter les fautes de langage, sans trop rougir de celles qui échappent. L'exercice en diminuera toujours le nombre, et c'est le meilleur moyen de se former l'habitude de parler, et de bien parler, sans avoir rien appris par mémoire, comme on doit le faire dans les plaidoyers. L'essentiel est que l'ordre le plus naturel règne toujours dans tout ce que l'on pourra dire; et, quand on s'y est une fois accoutumé dans la jeunesse, il en coûteroit plus pour parler sans méthode que pour le faire avec méthode.

Le second point, qui consiste à savoir plaire en

prouvant, et pour mieux prouver ; ne demande pas
moins d'exercice et de préparation que le premier,
si l'on veut acquérir une élocution non-seulement
pure et naturelle, mais noble, et même fleurie
jusqu'à un certain point. Ce ne seroit peut-être qu'un
avantage frivole, si elle ne servoit qu'à faire louer
l'orateur ; mais elle devient un objet solide, quand
on considère combien elle est utile pour faire triompher la justice.

De tous les travaux domestiques qu'on peut entreprendre pour se former le style, il n'en est guère de
comparable à celui de la traduction ; elle apprend
à faire mieux sentir les vraies beautés de l'original ;
et, comme ce travail excite une louable émulation
de les égaler dans notre langue, il force l'esprit à
chercher et à trouver les tours capables d'exprimer
tout ce qu'il pense, tout ce qu'il sent même. Or, c'est
en cela précisément que consiste la véritable perfection du style. Toutes les expressions sont des images ;
et tout écrivain est un peintre qui a réussi dans son
art, lorsqu'il a su donner, à ses portraits, toute la vérité et toutes les grâces des originaux.

La traduction est donc comme l'école de ceux qui
se destinent à peindre par la parole. La nécessité de
frapper à plusieurs portes différentes, pour trouver
une expression qui rende fidèlement, en français,
toute la force du mot latin, nous ouvre enfin celle
qui nous fournit le terme propre que nous cherchons.
Nous découvrons, par là, dans notre langue, des
richesses qui nous étoient inconnues ; et notre esprit
acquiert une heureuse fécondité, en se rendant le
maître d'un grand nombre d'expressions synonymes,
ou presque synonymes, qui joignent, dans ses discours, la variété à l'abondance. Il apprend même
(et c'est ce qui est encore plus important) à distinguer les termes vraiment synonymes, de ceux qui ne
le sont pas exactement ; et de là se forme ce goût
pour la justesse et pour la propriété des expressions ;
et ce choix entre celles qui sont plus ou moins énergiques, et qui répandent non-seulement plus de lu-

mière, mais plus de force ou plus d'agrément sur nos pensées.

L'expérience fera encore mieux sentir l'utilité de ce travail que tous les raisonnemens. L'essentiel est de s'y attacher avec persévérance, et de choisir toujours les plus grands modèles, comme les narrations de Térence, les plus beaux endroits des oraisons de Cicéron, les harangues de Salluste, de Tite-Live, de Tacite, et les portraits qui se trouvent dans ces trois auteurs. C'est contre de tels émules qu'il est véritablement utile de jouter. Le combat est pénible, et presque toujours inégal ; mais on y gagne même à être vaincu, par les efforts que l'on fait pour vaincre. On a au moins le plaisir de sentir qu'on approche toujours de plus près de son modèle, pourvu que, sans désespérer du succès, comme cela arrive quelquefois à des esprits vifs qui voudroient tout emporter du premier coup, on soit bien persuadé qu'avec le temps et l'application, il n'est point de difficulté qui ne cède à une heureuse opiniâtreté.

Au reste, il n'est pas nécessaire de se piquer toujours de faire des traductions exactement littérales ; il est bon même d'en mêler quelquefois de plus libres, qui approchent plus de l'imitation que de la traduction. On ne fait des copies que pour se mettre en état de produire à son tour des originaux ; et c'est l'esprit des grands maîtres qu'il faut tâcher de leur dérober, pour ainsi dire, et de s'approprier, plutôt que leurs expressions ou leurs pensées mêmes.

Il y auroit bien d'autres genres d'ouvrages auxquels il seroit utile de s'exercer, comme des comparaisons des endroits presque semblables qu'on trouve dans différens auteurs ; des jugemens ou des critiques de certains ouvrages ; des parallèles de différens auteurs, ou de grands hommes, dont on auroit lu la vie, à l'imitation de ceux de Plutarque. Mais le temps est trop court pour pouvoir faire tout ce qui seroit avantageux ; et, comme je l'ai déjà dit ailleurs, il seroit dangereux d'effrayer un jeune courage, en multipliant trop les objets de ses travaux. Je crains même d'être déjà tombé dans cet inconvénient ; et, à mesure que j'ai vu les pensées et les réflexions croître toujours sous ma plume, il m'est souvent venu dans l'esprit qu'on pourroit me dire : « mais tout cela » est-il bien nécessaire pour se mettre en état d'exer-» cer une charge d'avocat du roi au châtelet » ? Est-ce donc un ministère si difficile à soutenir ? Et s'agit-il, pour cela, de former un chef-d'œuvre en genre de capacité, d'éloquence et de goût ? Tous ceux qui ont rempli une semblable fonction, et qui l'ont fait même avec succès, s'y étoient-ils préparés d'une manière si laborieuse ?

Je conviendrois volontiers que beaucoup ne l'ont pas fait, pourvu qu'on avoue aussi qu'ils auroient dû le faire ; mais, d'ailleurs, celui qui est ici mon objet prétend-il se borner à être avocat du roi toute sa vie ? J'ai trop bonne opinion de lui pour penser qu'il veuille se contenter du pur nécessaire, en le bornant même à ce qui suffit pour remplir une charge qui ne doit être considérée que comme un passage et une espèce de noviciat. Il portera donc plus loin ses vues ; et, s'il entre bien dans les miennes, il regardera le plan que je viens de lui tracer comme une prépara-tion pour toute la suite de sa vie, beaucoup plus que pour le temps qu'il passera dans la charge d'avocat du roi, et il se mettra bien dans l'esprit ces pa-roles qu'il lira dans Quintilien : *altiùs ibunt qui ad summa nitentur, quàm qui præsumptâ despera-tione quò velint evadendi, protinùs circà ima subs-titerint.*

Je finis cette espèce d'instruction par deux avis, qui ne lui seront peut-être pas moins utiles que tous les autres :

Le premier, est de s'accoutumer à ne point parler, même dans le commerce ordinaire du monde, sans avoir une idée claire de ce qu'il dit, et sans être attentif à l'exprimer exactement. Rien n'est plus ordi-naire que de voir des hommes de tout âge parler avant que d'avoir pensé, et manquer du talent le plus nécessaire de tous, qui est de savoir dire, en effet, ce qu'ils veulent dire. Le seul moyen d'éviter un si grand défaut, est de prendre, dans la jeunesse, l'habitude de ne dire que ce que l'on conçoit, et de le dire de la manière la plus propre à le faire concevoir aux autres. On apprendra, par là, à parler toujours juste, et à prévenir une certaine précipitation qui confond les idées, et qui est la source de tous les paradoxes et de toutes les disputes que la conversation fait naître entre des gens qui ne se battent que parce qu'ils ne s'entendent pas les uns les autres.

Le second, est de ne pas croire qu'il ne faille s'expliquer correctement que quand on parle en public. La facilité de le faire dans un grand auditoire, sans le secours de la mémoire, ne s'acquiert parfaitement qu'en s'accoutumant dans les conversations les plus communes, à suivre exactement les règles de la langue, à ne se permettre aucune faute, aucune expression mauvaise ou impropre, et à se réformer même sur-le-champ, lorsqu'il en échappe. Parler correctement, parler proprement, c'est l'ouvrage de l'habitude ; et l'habitude ne se forme que par des actes réitérés et presque continuels.

Je désire donc à notre jeune orateur, sur ce point comme sur tous les autres, le don de la persévérance ; et il méritera de l'obtenir, s'il s'applique à s'instruire par principe de devoir, et surtout dans cet esprit de religion qui doit animer tous nos travaux, qui en adoucit la peine, et qui peut seul les rendre véritablement utiles.

FRAGMENT

D'UNE CINQUIÈME INSTRUCTION,

QUI N'A PAS ÉTÉ ACHEVÉE,

SUR L'ÉTUDE DU DROIT ECCLÉSIASTIQUE.

Notions générales sur la manière d'étudier le Droit Ecclésiastique.

I. DANS le droit civil de chaque nation, et dans tout ce qui appartient au gouvernement extérieur de la société, il y a unité de puissance, de législation, de loi, et pour ainsi dire, de jugement; parce qu'il n'y a qu'une seule autorité souveraine dont tout ce qui forme un droit émane comme de sa source, et qui est le centre commun où tous les rayons du cercle se réunissent.

On ne trouve point la même simplicité dans le droit ecclésiastique. L'église est dans l'état, et non pas l'état dans l'église, comme l'a fort bien observé un ancien auteur ecclésiastique; et saint Augustin a encore mieux exprimé les premières notions de cette matière, lorsqu'il a dit que le prince ne doit pas seulement servir Dieu comme homme, mais qu'il est encore plus obligé de le servir comme roi, c'est-à-dire, d'user de son pouvoir pour faire rendre à l'Être suprême l'honneur et le culte qui lui sont dus; de protéger la religion et ses ministres; de tenir la main à l'observation, non-seulement des règles communes à tous les chrétiens, mais des lois qui sont propres aux ecclésiastiques; d'ajouter ce qui manque à l'autorité de l'église, en contenant, par la terreur des peines temporelles, ceux qui ne sont pas assez

frappés de la crainte des peines spirituelles : en un
mot, de faire pour Dieu tout ce qui ne peut être fait
que par un roi.

De cette doctrine, il suit nécessairement qu'il doit
se trouver dans le droit ecclésiastique un grand
nombre de matières qu'on peut appeler *mixtes*, dans
lesquelles la puissance temporelle concourt avec
l'autorité spirituelle, et où ces deux puissances, sans
être subordonnées l'une à l'autre, doivent se prêter
un secours mutuel, afin qu'étant également émanées
de Dieu, elles agissent, chacune dans leur genre,
pour la gloire de leur auteur, et pour la félicité
non-seulement temporelle, mais encore éternelle de
leurs sujets.

Il y a donc, pour ainsi dire, duplicité de puissance dans les matières du droit ecclésiastique, ou
une double autorité, une double législation, de
doubles lois, et des jugemens de deux espèces différentes ; il y a aussi par conséquent deux sortes
d'études qu'il faut toujours réunir pour s'instruire
pleinement de ce droit : l'une, est celle des règles
établies par l'église ; l'autre, est celle des lois que les
princes y ont ajoutées ; et c'est sans doute par cette
raison que les anciens collecteurs des canons, qui
en ont voulu faire comme des codes ecclésiastiques, y
ont souvent inséré les textes des lois des empereurs
romains, et que Photius en particulier a donné à
son recueil le titre de *Nomo-Canon*.

II. De cette notion générale du droit ecclésiastique,
on peut conclure que, puisque ce droit, considéré
dans son intégrité, est l'ouvrage de deux puissances
qui ont concouru à le former, la première étude que
doivent faire ceux qui veulent s'en instruire solidement, est celle de la nature, de l'étendue et des
bornes de ces deux puissances toujours amies dans
l'ordre et dans les desseins de Dieu, mais souvent
ennemies par l'ignorance ou par les passions des
hommes, dont la plus forte et la plus dangereuse
est la jalousie de pouvoir et d'autorité.

C'est ce qui a formé ce qu'on appelle les *querelles*

9*

où les *questions de puissance*; questions souvent agitées dans les différens âges de l'église, presque toujours mal soutenues des deux côtés, plutôt appaisées que clairement décidées, et dont la discussion a paru embarrassante, moins par la difficulté de la matière, que par la prévention de plusieurs de ceux qui les ont traitées.

Rien n'est plus utile que de s'instruire à fond de cette longue suite de querelles, d'en étudier exactement les faits, d'en peser attentivement les raisons, de comparer les excès ou les extrémités dans lesquelles on a pu se jeter des deux côtés, de considérer quelle en a été la fin, souvent contraire aux vues de ceux qui les avoient fait naître; de remarquer enfin qu'en se fixant à des notions simples et incontestables, on découvre aisément le véritable principe qui auroit terminé toutes ces disputes, si les parties intéressées eussent mieux aimé s'entendre que se combattre mutuellement.

Mais quelque utile que soit ce travail, il demande tant de temps, de recherches et de discussions, qu'on ne croit pas devoir proposer à notre jeune avocat-général (1), de l'entreprendre dès à présent; il retarderoit même trop long-temps l'acquisition de plusieurs connoissances, dont le besoin est beaucoup plus pressant pour lui dans la place qu'il remplit. Il peut donc se contenter aujourd'hui de se mettre au fait des principes généraux de cette matière, en lisant avec attention un petit nombre de livres où ces principes sont mieux expliqués qu'ailleurs, et en remettant l'examen des preuves de ces ouvrages à un temps où il aura moins de connoissances pressées à acquérir.

Il ne doit cependant jamais perdre de vue un examen si nécessaire, et il sera bon qu'il se forme dès à présent, comme je le dirai dans la suite, un plan général de l'ordre dans lequel il fera ce travail,

---

(1) M. le chancelier d'Aguesseau avoit commencé cette instruction pour son fils aîné, qui venoit d'entrer dans la charge d'avocat-général.

afin de pouvoir le placer dans tous les intervalles de repos que les autres occupations de sa charge pourront lui laisser.

III. Après cette espèce d'étude préliminaire de la distinction des deux puissances, qui appartient en quelque manière à l'un et à l'autre droit, c'est-à-dire, au droit civil et au droit ecclésiastique, notre jeune avocat-général sera beaucoup plus en état de s'appliquer utilement à l'étude du fond des matières qui sont l'objet propre de la jurisprudence ecclésiastique.

Mais dans cette étude même, il y a encore des préliminaires qui sont communs aux deux parties qu'on sera obligé de distinguer bientôt dans le même droit.

Telle est l'histoire qui en a été écrite par plusieurs auteurs.

Telle est la connoissance exacte qu'il faut acquérir de toutes les collections des canons, anciennes ou nouvelles, qui sont la source du droit ecclésiastique, et qui ont donné lieu de les réduire comme en art ou science méthodique. Il est d'autant moins permis de négliger cette connoissance, que c'est le seul moyen d'apprendre sûrement quel a été le progrès du droit canonique, de faire une critique judicieuse des différentes parties dont le corps de ce droit a été composé, et de juger sainement de l'autorité que les compilations successives qui en ont été faites, ont eue dans certains siècles ou dans certains pays, et de celle qu'elles doivent avoir à présent.

Telle est enfin la lecture des meilleures institutions, ou des premiers élémens de la jurisprudence ecclésiastique; et il est bon d'en lire de plus d'une espèce, non-seulement parce que cela sert à affermir ces premières notions dans l'esprit, mais parce que les différentes manières dont elles sont présentées par des auteurs différens donnent lieu de les mieux envisager par toutes leurs faces, et de profiter des diverses réflexions que plusieurs hommes savans ont faites sur le même sujet; ce qui, dans tout genre de science, contribue beaucoup à donner de l'étendue et de la supériorité à l'esprit.

En voilà assez sur les préliminaires; il est temps de passer à ce qui regarde l'étude du fond des matières.

IV. La division ordinaire du droit civil de chaque état, en droit public et en droit privé, ne peut guère s'appliquer au droit ecclésiastique. Comme presque toutes les dispositions de ce droit ont pour objet des ministères, des devoirs ou des fonctions publiques qui tendent directement au bon ordre et au bien commun de la société chrétienne, on peut dire que cette portion sacrée de la jurisprudence appartient presque entièrement au droit public; et ce qui en tenoit lieu chez les Romains dans le temps du paganisme, n'a pas été regardé par eux d'une autre manière.

On peut cependant distinguer dans le droit ecclésiastique deux parties principales qui sont d'un ordre différent:

La première, que l'on peut appeler la partie supérieure de ce droit, comprend un genre de questions de puissance, qui sont différentes de celles dont on a parlé dans le premier article. Elles ne s'agitent pas, si l'on peut parler ainsi, au dehors du gouvernement ecclésiastique, comme celles qui se forment entre la puissance temporelle et l'autorité spirituelle : elles naissent dans le sein du gouvernement ecclésiastique lui-même, et entre ceux à qui il est confié, comme entre le pape et les conciles généraux et particuliers, ou entre le même souverain pontife et les autres évêques, sur l'étendue et les bornes de leur autorité. Telles sont encore celles qui, sans intéresser le chef de l'église, ne se traitent qu'entre les autres ministres de l'église, comme entre les primats et les archevêques ou les métropolitains; entre ceux-ci et les évêques; entre les évêques et les curés, ou d'autres ministres du second ordre.

Toutes les règles qui concernent la discipline générale de l'église, les immunités ou les priviléges généraux des personnes ou des biens ecclésiastiques; la distinction du clergé séculier et du clergé régulier; l'établissement des corps qui se sont formés dans l'église sous le nom d'*ordre* ou de *congrégations*, les maximes que cet établissement a rendues nécessaires, celles qui regardent les vœux de religion, les exemptions prétendues par des communautés religieuses ou par des chapitres; la juridiction quasi-épiscopale que les uns ou les autres croient avoir acquis le droit d'exercer; enfin, l'ordre et les degrés de la juridiction ecclésiastique, la forme des jugemens qui s'y rendent, et plusieurs autres matières semblables, peuvent encore être mises dans la première classe des matières ecclésiastiques qui sont d'un ordre supérieur, comme plus générales, plus importantes, et ayant un rapport plus direct avec l'intérêt commun de toute la société ecclésiastique.

A l'égard de la seconde partie du droit ecclésiastique, qu'on peut regarder comme inférieure à la première; ce qui la caractérise principalement, est que les matières qu'elle renferme regardent plus directement les titres et les intérêts particuliers de certaines personnes ecclésiastiques, que l'ordre ou le bien général de tous; et que l'usage y a établi une espèce de droit de propriété, ou du moins de possession, pareil à celui qui a lieu à l'égard des biens profanes ou purement temporels.

Tels sont, par exemple, les droits des gradués, des indultaires, et des autres expectans pour requérir des bénéfices; les différentes espèces de présentations ou de nominations qui appartiennent au roi ou à ses sujets; les divers genres de collations ou de provisions; la manière de procéder sur le possessoire ou sur le pétitoire des bénéfices, ou dans les affaires civiles ou criminelles des ecclésiastiques; les prérogatives, les priviléges, les droits honorifiques qui appartiennent à certains corps ou à certaines dignités; les questions qui s'agitent sur les dîmes, sur l'entretien et les réparations des églises

et des presbytères; et, en général, comme on l'a dit
d'abord, tout ce qui peut se réduire en droit, et
ne pas consister seulement en devoir, en fonctions
publiques, en règle de conduite et de discipline:
c'est l'idée la plus naturelle qu'on puisse se former
de cette seconde partie du droit ecclésiastique, d'un
ordre fort inférieur à la première.

V. Par laquelle de ces deux parties est-il à propos
de commencer l'étude de ce droit?

S'attacher d'abord à la première comme à la plus
élevée, la plus importante, et à celle dont les principes supérieurs influent perpétuellement dans toutes
les matières de la seconde; ce seroit l'ordre le plus
naturel, et sans comparaison le meilleur, si l'on ne
considéroit que ce qui tend à la perfection de l'ouvrage, plutôt que ce qui est possible à l'ouvrier, et
ce qui lui est même le plus nécessaire.

Commencer au contraire par la seconde, c'est un
ordre qui, quoique moins bon en lui-même, peut
avoir aussi ses raisons; soit parce qu'il est souvent
utile de commencer par le plus facile, soit parce
que l'acquisition des connoissances dont le besoin
est le plus pressant, paroît mériter la préférence.

Mais, après tout, il n'est point nécessaire d'opter
entre deux partis qui peuvent être regardés comme
deux extrêmes, entre lesquels il y a un milieu qui
prévient les inconvéniens de chacun d'eux, et qui
en réunit les avantages; c'est de faire marcher de
front deux études qui se prêtent un secours mutuel,
parce qu'on trouve la théorie et les maximes générales dans l'une, la pratique et les règles particulières dans l'autre, et il ne sera pas bien difficile
de concilier ces deux études, en s'attachant à l'ordre
suivant.

On peut étudier d'abord et en même-temps, les
deux sortes de préliminaires qu'on a distingués dans
les articles deux et trois, c'est-à-dire, d'un côté ce
qui regarde la distinction des deux puissances; et
de l'autre, ce qui sert également de préparation à
l'étude de ces deux parties du droit ecclésiastique;

c'est ce qu'on a réduit à trois points : l'histoire du
droit canonique, la critique des différentes collections qui en ont été faites, les institutions ou les
élémens de ce droit.

De ces deux études qui s'allient fort bien ensemble,
l'une est encore plus de raisonnement que de fait ;
l'autre au contraire est beaucoup plus de fait que
de raisonnement, et la seconde peut servir à délasser
de la première.

Il sera temps, après cela, de s'engager dans une
étude plus profonde des deux parties du droit ecclésiastique ; et, pour les faire marcher toujours autant
qu'il est possible, d'un pas égal, il faudra se faire
un plan général de l'ordre qu'on y suivra, et être
fidèle à donner chaque jour, pendant les vacations,
un temps réglé à chacune de ces deux études.

Ce temps manquera, à la vérité, pendant la séance
du parlement, où il faut nécessairement se livrer
par préférence à l'expédition des affaires courantes ;
mais, outre les temps des fêtes, qui sont comme de
courtes vacations, il y a quelquefois des intervalles
favorables ou un avocat-général n'est chargé que d'affaires légères ; et quand il aura fait un bon plan, il sera
très en état de mettre ces intervalles à profit, pour
exécuter quelque partie de son dessein général. Ces
travaux particuliers qui paroissent peu de chose
quand on les examine séparément, forment à la fin
un objet considérable, *in summam proficiunt.* Les
intervalles mêmes où l'on peut les placer, et dont
les momens sont précieux, croîtront tous les jours
par l'effet de l'habitude et de l'exercice qui, en augmentant la facilité de travailler, et en multipliant les
connoissances, augmentera le nombre des matières
légères, et diminuera dans les mêmes proportions
celui des affaires pressantes. L'essentiel est d'être
fidèle à son plan ; et de ne laisser échapper aucune
occasion d'avancer l'édifice qu'on veut élever, quand
on ne feroit qu'y placer une seule pierre.

VI. Pour donner ici une première idée et comme
une légère ébauche de ce plan qu'il est si important

de se former, et encore plus de suivre constamment, on peut distinguer deux objets principaux dans l'étude du droit ecclésiastique, comme dans celle de toute espèce de jurisprudence.

Le premier et le plus essentiel, mais qui cependant a besoin du second, est la connoissance exacte des lois, des actes, et des autres monumens publics qui forment comme le fond du droit dont on veut s'instruire.

Le second, qui, comme on vient de le faire entendre, est nécessaire pour faciliter et pour fixer l'intelligence du premier, est l'étude des jurisconsultes qui ont expliqué ou enrichi par des commentaires, le texte des lois et des actes publics, ou qui ont fait des traités généraux ou particuliers pour développer les principes de la jurisprudence ecclésiastique.

A l'égard du premier objet, si l'on vouloit ou si l'on pouvoit l'embrasser dans sa vaste étendue, il faudroit d'un côté y comprendre toute la suite des canons, des conciles généraux ou particuliers, sur tout ce qui a rapport à la discipline de l'église ; de l'autre, il seroit nécessaire d'y ajouter toutes les lois des empereurs romains, et toutes les ordonnances de nos rois sur les matières ecclésiastiques, sans parler des lois étrangères dont il y en a plusieurs qui mériteroient aussi d'y tenir leur place, et d'un grand nombre d'arrêts des parlemens, qui forment une partie considérable de la science du droit ecclésiastique, soit à cause des principes qui y sont rappelés et établis, soit parce qu'il y a des matières dont les règles sont la suite d'une jurisprudence ancienne et uniforme, en sorte qu'on peut y appliquer ce qui a été dit de la régale en particulier : *tota Regalia præjudicatis constat.*

Mais un objet si immense seroit peut-être plus propre à dégoûter du travail, qu'à y encourager ; et il n'est que trop ordinaire aux hommes de ne rien faire du tout, précisément parce qu'il y auroit trop à faire.

Il faut donc avoir égard jusqu'à un certain point,

à la foiblesse humaine, se réduire à ce qui est possible et plus proportionné aux forces de ceux même qui ont beaucoup de courage, et faire un choix entre ce qui est véritablement essentiel, et ce qui est seulement utile.

Il y a même des degrés dans ce genre de connoissances, dans lesquels il est permis de s'arrêter pour un temps, en se réservant de monter plus haut dans la suite, à mesure que la facilité croît, et que l'expérience montre le besoin d'une étude encore plus étendue. Il est certain au moins, que dans les commencemens, le plus sûr est de se contenter du nécessaire, parce qu'on ne sauroit l'acquérir trop promptement.

Enfin, il reste à observer que dans cette étude du nécessaire, on ne doit pas chercher à séparer ce qui appartient proprement à la partie supérieure du droit ecclésiastique, de ce qui n'en regarde que la seconde, pour ne s'attacher d'abord qu'à l'une et revenir à l'autre dans la suite. On ne sauroit morceler ainsi l'étude des textes, et c'est une des raisons qui m'ont donné lieu de penser que les deux parties du droit ecclésiastique dévoient être étudiées en même temps.

Voici donc, après toutes ces réflexions, à quoi l'on peut réduire, quant à présent, l'étude du premier objet, c'est-à-dire, des lois, des actes, et des monumens publics.

Je voudrois bien qu'on pût faire remonter cette espèce de tradition jusqu'aux lois des empereurs romains; depuis Constantin jusqu'à Justinien inclusivement, et y joindre l'étude des savantes et admirables notes de Jacques Godefroi sur celles de ces lois qui sont dans le code Théodosien; mais cette étude seule, si elle étoit bien faite, pourroit remplir une grande partie du temps des vacances présentes; et notre jeune avocat-général en aura besoin pour des choses encore plus pressées. Je ne laisse pas cependant d'en faire la remarque en cet endroit, afin qu'il sache qu'il faudra revenir dans la suite, et le plutôt qu'il le pourra, à une étude si importante.

Je passe, par la même raison, tout ce qui regarde les anciennes collections des canons, les capitulaires même de nos rois, et je me réduis tout d'un coup, au moderne, parce qu'il est d'un usage plus pressant que tout le reste, sauf à reprendre, dans la suite, ce qui est plus ancien, mais moins nécessaire dans ce moment.

Je fixe donc l'époque du commencement de l'étude des lois, des actes, et des monumens ecclésiastiques, au temps de la pragmatique sanction, c'est-à-dire, à l'année 1438.

Depuis cette époque jusqu'à présent, on trouve comme trois corps de lois, qui regardent les matières ecclésiastiques, et un grand nombre d'ordonnances générales et particulières qui doivent être comme le bréviaire d'un bon avocat-général, par rapport à ces matières :

Le premier corps, ou recueil des lois, est *la pragmatique sanction;*

Le second, est *le concordat passé entre le pape Léon X et le roi François I.er;*

Le troisième, est *le concile de Trente.*

Il ne s'agit point d'examiner ici le degré d'autorité de chacun de ces recueils ; ce sera un des objets de la judicieuse critique de notre avocat-général, lorsqu'il les étudiera chacun en particulier : mais, en attendant, il doit savoir qu'il n'y en a aucun dont la lecture ne lui soit nécessaire. La pragmatique sanction, plus respectée, et plus respectable en effet que le concordat, n'a point été entièrement abrogée par cette espèce de traité, fait entre le roi François I.er et le saint Siége. Le concordat, long-temps combattu, a enfin passé en usage, et a été employé, en différentes occasions, comme un titre entre la France et la cour de Rome.

A l'égard du concile de Trente, il est vrai qu'il n'est pas reçu dans ce royaume, en ce qui concerne la discipline, et qu'on l'y cite plutôt comme un

exemple que comme une loi; mais, d'un côté, c'est
ce point là même, c'est-à-dire, celui de savoir
pourquoi un concile, d'ailleurs si respectable, n'a
jamais pu être revêtu du caractère de l'autorité royale,
malgré les instances vives et réitérées, mais toujours
inutiles, que fit le clergé de France, qu'il est très-
important à un avocat-général de bien approfondir;
et, d'un autre côté, comme l'ordonnance de Blois,
et plusieurs ordonnances postérieures ont adopté, le
fond d'une partie des dispositions du concile de
Trente, sur la discipline, il est nécessaire d'en faire
une étude sérieuse, quand ce ne seroit que pour être
en état de bien le comparer avec les lois du royaume,
qui l'ont imité dans plusieurs points; et cette comparaison seule, pourra suffire pour faire sentir par
quelles raisons on a emprunté une partie de ses dispositions, pendant qu'on a négligé les autres, et
pourquoi on a mieux aimé mettre sous le nom du roi
ce qui a été tiré de ce concile, que de l'autoriser,
sous le nom du concile même.

A l'égard des ordonnances de nos rois, sur les matières ecclésiastiques, les principales et les plus essentielles, sont une partie de l'ordonnance de 1539;
de celles d'Orléans, de Moulins, d'Amboise, de
Blois, de Melun; les édits de 1606, ceux de 1678
et de 1684, sur les procès criminels des ecclésiastiques; l'édit de 1673, et la déclaration de 1682, sur
le régale; les déclarations de 1686 et de 1690, sur
les portions congrues; enfin, les lettres-patentes, en
forme d'édit de 1695, concernant la juridiction ecclésiastique; les édits et les déclarations qui ont suivi
jusqu'à présent. Il est bon de prendre d'abord une
teinture générale de ces lois, pour y revenir, dans
la suite, en étudiant chaque matière particulière. Il
y auroit peut-être même un ouvrage général à faire
sur ce sujet, qui seroit d'une grande utilité, pour celui qui auroit le courage de l'entreprendre; et je
pourrai en dire un mot, dans la suite.

A ces différens textes des lois, qui sont comme
la source de la jurisprudence présente, sur les ma-

tières ecclésiastiques, j'ajouterai deux sortes d'ouvrages, qui n'ont pas, à la vérité, le même caractère ou le même degré d'autorité, mais dont la lecture n'est peut-être pas moins utile pour un avocat-général, qui veut s'initier dans les mystères, et dans les grands principes de la partie supérieure du droit ecclésiastique.

Je veux parler d'abord des articles de M. Pithou, sur nos libertés, ouvrage si estimé, et en effet si estimable, qu'on l'a regardé comme le *palladium* de la France, et qu'il y a acquis une sorte d'autorité plus flatteuse pour son auteur, que celle des lois mêmes, puisqu'elle n'est fondée que sur le mérite et la perfection de son ouvrage, qui seroit cependant encore susceptible d'un bon supplément.

Je ne dis rien, quant à présent, des preuves de cet ouvrage, peut-être plus utiles encore que l'ouvrage même ; c'est une lecture importante, qui occupera notre avocat-général, une autre année.

Après les articles de M. Pithou, rien n'est plus propre à faire naître le goût des véritables principes de la partie la plus élevée du droit ecclésiastique, que les discours de MM. les avocats-généraux, surtout dans les affaires publiques, où ils ont fait des remontrances ou des réquisitoires, soit pour réprimer les entreprises de la cour de Rome, soit pour exercer leur censure sur des ouvrages contraires à nos maximes.

On trouve plusieurs de ces discours dans les preuves des libertés de l'église gallicane. On en trouve encore dans les journaux des audiences, ou dans d'autres recueils : ils ont presque tous été imprimés dans leur temps ; et, s'il y en a quelques-uns qui ne l'aient pas été, ce seroit un ouvrage digne d'un avocat-général, de les faire chercher dans les registres du parlement, pour tâcher d'en avoir un recueil complet, auquel il faudroit joindre aussi les remontrances qui ont été faites à nos rois, par leurs parlemens, en différentes occasions, qui concernent la même matière. Comme les discours des avocats-généraux contiennent toujours une critique sévère des fausses maximes, ils montrent en même temps celles qui sont véritables. Ils accoutument ainsi l'esprit à en faire un juste discernement; et, par les notions générales qu'ils lui donnent, ils le mettent en état de mieux connoître l'usage qu'il doit faire de ses études, et de sentir, plus aisément, tout ce qui est digne de remarque, dans les lectures qu'il se propose.

VII. Je passe maintenant au second objet de cette espèce de plan général; que j'ébauche ici fort à la hâte, et sur lequel il me reste à parler des auteurs dont les ouvrages méritent non-seulement d'être consultés, mais d'être lus sur les deux parties du droit ecclésiastique.

Entre ces ouvrages, il y en a qui doivent être lus dès à présent, ou par lesquels il faut commencer; il y en a d'autres, dont la lecture peut être différée, mais qu'il est bon de savoir d'avance qu'on doit lire dans la suite, afin de les regarder toujours comme des créanciers qu'il faudra satisfaire le plus promptement qu'il sera possible.

OUVRAGES A LIRE DÈS A PRÉSENT.

On les placera ici, suivant l'ordre des différens points qu'on a distingués en commençant.

On se contentera, sur ce point, comme sur les autres, d'indiquer les auteurs. On ne finiroit point, si l'on vouloit porter ici un jugement exact sur leurs ouvrages, et il ne faut pas prévenir celui de notre avocat-général, dont ils doivent subir la critique. On y joindra seulement quelques notes très-courtes, lorsqu'elles pourront être nécessaires.

Traité de M. le Vayer, sur l'autorité des Rois dans l'administration de l'Église, et celui du même auteur, sur l'autorité du Roi à l'égard de l'âge des vœux de religion. Ces deux ouvrages méritent non-seulement d'être lus, mais d'être médités; il n'y en a guère de plus lumineux ni de plus méthodiques sur cette matière, et où l'on ait mieux su conduire l'esprit des commençans, par les idées les plus claires, et par les principes les plus féconds.

Grotius., de imperio summarum potestatum circà sacra. C'est un livre digne de la profondeur du génie et de la vaste érudition de son auteur. Aucun ouvrage, au moins, n'est plus propre à donner lieu d'aller jusqu'au fond d'une matière si importante, dont on peut le regarder comme la partie métaphysique.

Il mérite, peut-être par là, qu'on en dise beaucoup plus de bien que de celui de M. le Vayer; mais en récompense on peut en dire aussi beaucoup plus de mal.

C'est donc un livre qu'on ne sauroit lire avec trop de précaution, si l'on veut y démêler exactement le vrai et le faux. La différence qui les sépare est quelquefois si déliée, qu'elle échappe à des yeux médiocrement attentifs; et il vaudroit mieux ne point lire du tout cet ouvrage, que de ne le pas étudier avec assez d'application pour en tirer une utilité qui doit consister plutôt dans ce qu'il donne lieu de découvrir par ses défauts mêmes, que dans ce qu'il présente au premier coup-d'œil.

C'est pour en recueillir ce fruit, qu'il faut s'attacher principalement à en épurer les premières notions, à examiner si les termes généraux y ont été définis assez exactement, s'il n'a point supposé ce qui avoit besoin d'être prouvé, et donné pour des axiomes, ou pour des premiers principes, des propositions qui étoient très-disputables; en un mot, s'il n'est pas possible de remonter encore au-dessus de la métaphysique de Grotius, pour y trouver des idées supérieures aux siennes, d'autant plus dignes de recherches, qu'elles tendent à établir une véritable concorde entre les deux puissances, en accordant à chacune ce qui ne peut lui être justement refusé.

La lecture de Grotius, faite avec précaution, et en se tenant toujours en garde contre la simplicité et en même temps la profondeur apparente de ses raisonnemens, peut être infiniment utile. C'est un de ces ouvrages qu'on doit regarder comme la pierre de touche d'un bon esprit ; et un jeune homme, qui en aura su bien discerner le bon et le mauvais, aura fait, avec moi, des preuves de justesse, de précision, et de solidité dans les jugemens.

Songe du Verger, ou *Dialogue du Clerc et du Chevalier*. C'est un ouvrage qui a eu une grande réputation, et il est important de le lire, comme un monument de l'ancienne tradition de la France, sur la distinction des deux puissances. On y trouve les meilleurs principes, mêlés avec beaucoup de puérilités, qui étoient encore à la mode dans le temps que l'auteur a écrit. Quel est cet auteur ? et dans quel temps a-t-il vécu ? C'est sur quoi nos critiques ne sont pas d'accord. On peut lire la dissertation qui a été imprimée, sur ce sujet, dans la nouvelle édition *des libertés de l'église gallicane*, où le *songe du Verger*, qui étoit devenu assez rare, a été compris parmi les traités qui remplissent les deux premiers volumes de cette édition.

Au reste, comme il y a bien des landes dans cet ouvrage, et même des digressions inutiles et souvent frivoles, il faut savoir le lire de telle manière, que, en négligeant ce qui est de cette espèce, on ne s'attache qu'à ce qui peut mériter le temps qu'on y donnera.

Loiseau, et M. Domat. Quoique ce que ces deux auteurs ont écrit sur la distinction des deux puissances soit fort court, ils avoient tous deux un si grand sens, que les momens qu'on employera à les lire, ne seront pas perdus.

Articles de M. Pithou, sur les libertés de l'église gallicane. La lecture en sera bien placée après cette première étude des principes généraux de la matière.

Il sera bon de les lire dans l'édition *in-quarto*, avec les notes de M. Pithou.

Défense de la déclaration donnée par le clergé de France, en 1682, par Bossuet. Il suffira de lire,

D'Aguesseau. Tome XV.   10

quant à présent, la troisième partie de cet ouvrage, qui contient cinq livres; outre que les principes généraux de la matière y sont rappelés, on y voit la suite des faits qui y ont rapport, et la connoissance en est très-importante, dans une matière qui dépend du fait presque autant que du droit. Entre le prince et ses sujets, c'est la loi qui fixe les principes, et elle se suffit pleinement à elle-même; mais entre les souverains, ou entre deux puissances indépendantes l'une de l'autre et naturellement jalouses, les exemples ont souvent plus de force que les lois.

Traité manuscrit de M. Le Merre, de la discipline de l'église de France, et de ses usages particuliers. Cet ouvrage contient plusieurs réflexions, aussi solides qu'utiles, sur les différentes espèces de lois ecclésiastiques et leur autorité, aussi bien que sur les matières que l'on doit regarder comme mixtes; et la lecture qu'on en fera, servira comme de passage ou de transition, entre ce qui est de raisonnement ou de spéculation, et ce qui est d'un plus grand usage dans la pratique.

Préliminaires de la seconde Espèce, c'est-à-dire, qui appartiennent en entier au Droit Ecclésiastique.

Art. 1.er *Histoire de ce Droit.* Il y en a une abrégée, à la tête de l'*institution au droit ecclésiastique de l'abbé Fleury,* mais elle est bien superficielle.

Il y en a une autre de M. Doujat, qui est plus étendue, et par laquelle on peut commencer.

Mais, ce qu'il y a de meilleur à lire, sur ce sujet, pour les commençans, ce sont les *prénotions canoniques* du même auteur, ou, du moins, les cinq premiers livres de cet ouvrage, dans lequel il y a beaucoup de choses qui ne sont bonnes qu'à parcourir.

Art. 2. *Notice ou Connoissance des différentes Collections,* ou *Corps du droit canonique.* Outre ce qu'on aura déjà vu, sur ce sujet, dans les *préno-*

tions canoniques de M. Doujat, il faut lire, avec attention, le traité de François Florent, *de origine et arte juris canonici.* C'est un des meilleurs ouvrages qui aient été faits, pour initier la jeunesse dans l'étude de ce droit.

On peut encore y ajouter, si l'on en a le temps, la lecture des *prolégomènes* que Beveregius a mis à la tête du recueil qui a pour titre, *pandectæ canonum*, etc.

Il est bon, outre cela, de se familiariser avec ces différentes collections, en parcourant les différens recueils qui en ont été faits, comme celui de M. Pithou, celui de Justel, celui de Beveregius, etc.

La vue des pièces mêmes, affecte davantage que ce qu'on en lit dans les auteurs; et d'ailleurs on apprend par là où l'on peut les trouver, quand on en a besoin. La connoissance des livres, et de ce qu'on doit y chercher, est une science plus nécessaire qu'on ne peut le dire à un bon avocat-général.

Art. 3. *Institutions au droit ecclésiastique.* Les plus aisées et les plus agréables à lire, peut-être même les plus utiles par rapport à nos usages, sont celles de M. l'abbé Fleury.

Le livre de Duaren, qui a pour titre, *de sacris ecclesiæ ministeriis*, et qui est aussi une espèce d'institution au droit ecclésiastique, a quelque chose de plus noble et de plus élevé; il est d'ailleurs si bien écrit et en si beau latin, que la lecture en est non-seulement utile mais agréable.

L'ouvrage de *Melchior Pastor* sur les *bénéfices*, est encore un livre élémentaire en cette matière; et en y joignant les notes de Solier, on peut y acquérir une première teinture de la jurisprudence canonique, rapprochée de nos maximes et de nos usages.

Il ne sera pas inutile d'y joindre la lecture des *Paratitles de Canisius* sur les décrétales; c'est un ouvrage fort court, mais qui suffit pour donner une notion générale de ce qui est contenu dans chaque livre et dans chaque titre des décrétales, qui, sans être respectées en France comme des lois, y ont été néanmoins adoptées en quelque partie par l'usage, et qui ont toujours le mérite d'une collection méthodique, à laquelle nos auteurs même ont rapporté leurs travaux.

Enfin, un ouvrage qui peut aussi tenir lieu d'élémens, et qui doit être lu avec encore plus d'attention que les autres, est le *traité des bénéfices* de *Fra-Paolo*. On y trouvera même des principes sur la distinction des deux puissances, qui sont au-delà de l'objet propre de ce livre; et il est bon de commencer à faire connoissance avec un auteur dont il y aura bien d'autres ouvrages à lire dans la suite.

Au reste, en finissant cet article, il n'est pas mauvais de rappeler encore ce que j'ai remarqué plus haut, que l'étude des *deux espèces de préliminaires du droit ecclésiastique*, doit être faite conjointement; en donnant une partie du temps qu'on y destine à la lecture des ouvrages qu'on vient d'indiquer sur la distinction des deux puissances; et l'autre partie à l'étude de l'*histoire*, à celle de la *critique des différentes collections*, et enfin à celle des *institutions du droit ecclésiastique*.

Comme il ne s'agit à présent que de se remplir l'esprit des premières notions générales, la simple lecture sera suffisante, sans y joindre un autre genre de travail; et comme en lisant les livres dont on a parlé, on verra les mêmes choses répétées en plusieurs manières différentes, il sera bien difficile qu'il n'en reste toujours une grande partie dans une tête qui a encore tous les avantages de la jeunesse. Les idées qu'on aura saisies, quoique superficiellement, s'éclairciront, se digéreront, et s'affermiront plus parfaitement dans la suite, par le travail qui doit les suivre.

ÉTUDE DU FOND DES MATIÈRES.

ÉTUDE DES TEXTES.

Art. 1 et 2. *Pragmatique Sanction et Concordat.* Avant que d'en commencer la lecture, il faut lire *l'histoire* que MM. Dupuy ont écrite, de l'une et de l'autre, c'est la meilleure préparation avec laquelle on puisse entreprendre cette lecture, et elle servira beaucoup à diriger le jugement qu'on doit porter de ces deux ouvrages.

Il y en a des commentaires différens : *la glose* du président Guimier, *sur la pragmatique*, est un ouvrage estimé depuis long-temps, et on le rendroit beaucoup meilleur, si on en retranchoit tout l'inutile ; mais il n'est pas encore temps de se jeter ni dans cette lecture, ni dans celle des interprètes du concordat, ou des auteurs qui ont écrit sur les matières qu'il renferme. Je ne sais même si ce temps viendra jamais, et si l'on ne fera pas mieux de regarder ces ouvrages comme des livres qui sont bons à consulter, sur les difficultés particulières qui se présentent dans le courant des affaires, plutôt que d'employer son temps à les lire de suite, avec plus de peine et d'ennui que de véritable utilité.

La bonne manière d'étudier, d'abord, *la pragmatique et le concordat*, comme la plupart des lois, est de travailler à en bien entendre le texte, et à se former une idée claire de leurs dispositions.

On peut en faire une espèce de précis ou d'analyse, pour les graver plus profondément dans la mémoire. Toutes les matières qu'on y trouve, ne méritent pas même que l'on prenne cette peine ; et il suffira de le faire sur les titres *de collationibus, de causis, de pacificis possessoribus, de frivolis appellationibus*, qui se trouvent également dans l'une et dans l'autre, en y ajoutant, pour le concordat, le titre *de regiâ ad prælaturas nominatione faciendâ.*

Il ne faudra pas oublier de joindre aux titres de la

pragmatique, et du concordat, *de collationibus*, tout ce qui se trouve, sur les gradués, dans les ordonnances antérieures et postérieures au concordat; moyennant quoi on aura épuisé en quelque sorte une matière qui est d'un grand usage, au moins pour tout ce qu'il est nécessaire de savoir, afin de se mettre en etat d'étudier les questions particulières qui se présentent fréquemment sur ce sujet.

Il y aura bien d'autres choses qu'il faudra lire dans la suite, par rapport à la pragmatique et au concordat; mais on ne parle à présent que de ce qui presse le plus.

Art. 3. *Concile de Trente.* Tout ce que l'on vient de lire dans l'article précédent, peut s'appliquer aussi à l'étude du *concile de Trente.*

Lire les sessions qui regardent la discipline; tâcher, dans cette première lecture, d'en bien entendre le texte, et, sans se piquer quant à présent, d'apprendre exactement sur ce concile tout ce qui est de critique et d'érudition, se contenter d'en acquérir une notion suffisante, pour être en état de le mieux étudier dans la suite; c'est à quoi se réduit tout ce que j'ai à demander d'abord sur ce sujet. Il seroit bon seulement, d'y joindre la lecture des *notes manuscrites de M. le Merre, sur ce concile,* pour commencer à y bien distinguer ce qui est contraire et ce qui est conforme à nos maximes ou à nos usages, et apprendre les principales règles de notre droit, en le comparant avec celles du droit que le concile de Trente avoit voulu établir.

Il viendra un temps où il faudra reprendre plus à fond l'étude de ce concile, en lire les deux célèbres histoires, et les comparer l'une avec l'autre, au moins dans les endroits les plus intéressans pour les maximes de la France; voir les différens recueils de pièces qui ont rapport à ce concile, et les principaux écrits qui ont été faits pour en favoriser ou pour en empêcher la réception dans ce royaume.

ÉTUDE DES ORDONNANCES SUR LES MATIÈRES ECCLÉSIASTIQUES.

On les trouvera presque toutes rassemblées dans un recueil qui forme le troisième volume *du nouveau traité des bénéfices ecclésiastiques*, en trois volumes *in-quarto*.

Il est bon de lire d'abord de suite, les textes de ces lois, en y joignant seulement, si l'on veut, les notes sur l'ordonnance de 1539; sur celles d'Orléans, de Moulins, etc., qui sont imprimées dans le *recueil de Néron*.

Il n'est pas impossible, sans doute, qu'il n'échappe beaucoup de ce qu'on aura lu d'une manière si rapide; mais il en reste toujours une notion générale, qui montre au moins tout ce que l'on doit savoir, et elle fait à peu près le même effet que la vue des cartes générales dans l'étude de la géographie : on n'en retient point le détail; mais les positions des provinces et des villes principales, demeurent toujours dans l'esprit, et forment comme des points auxquels on rapporte les connoissances plus exactes que l'on acquiert dans la suite.

Il faudra bientôt passer de cette notion superficielle à une étude plus parfaite des *ordonnances sur les matières ecclésiastiques*; et c'est ici que je dois m'acquitter de ce que j'ai promis plus haut, je veux dire l'indication d'un travail qu'on peut faire sur ces ordonnances, pour les fixer entièrement dans sa mémoire, et se mettre en état de les avoir toujours, pour ainsi dire, dans sa main.

Le *code Henri*, où le président Brisson, émule de Tribonien, qui a voulu imiter le *code de Justinien* jusque dans ses défauts, fournit non-seulement le plan, mais l'exécution en grande partie, du travail qu'il seroit à propos de faire sur les ordonnances.

Il les a arrangées suivant l'ordre des matières : il a subdivisé chaque matière en différens titres; et,

dans chacun des articles de ces titres , il a réuni
toutes les dispositions semblables des ordonnances,
pour n'en former que comme un seul article de
loi , et il est évident qu'on ne peut pas imaginer
une meilleure méthode , pour mettre à profit l'étude
des ordonnances, et pour se les rendre toujours présentes.

Mais, sans examiner si l'ordre général de ce code
est bien bon , et si l'auteur a mieux réussi dans l'ordre
particulier de chaque matière , il est certain , d'un
côté, que cet ouvrage exige un très-grand supplément par rapport à tout ce qui l'a suivi ; et de l'autre,
qu'il a besoin d'être remanié et perfectionné dans les
choses même qu'il contient.

En l'examinant sur les matières ecclésiastiques qui
sont à présent notre unique objet, on trouvera qu'il
y aura des titres à y ajouter ; que dans ceux qui y
sont, il y en a qu'il faudroit subdiviser, et qu'enfin il seroit peut-être bon d'en changer tout l'ordre
général.

Il faudroit donc en former d'abord un nouveau
plan , et faire la table des titres ; après quoi on auroit
deux ouvrages à faire en détail, sur chaque titre,
comme je viens de l'indiquer : l'un seroit de suppléer ce qui manque au code Henri ; l'autre, de perfectionner ce qui s'y trouve.

L'ordre des temps paroîtroit demander que l'on
s'attachât d'abord au premier ; mais, comme ce que
le président Brisson a fait, peut suffire par provision,
pour ce qui l'a précédé , il sera beaucoup plus utile
de ne penser d'abord qu'à y suppléer ce qui l'a suivi ,
en observant toujours sa méthode, c'est-à-dire, en
réunissant dans le même article , toutes les dispositions semblables des ordonnances postérieures, comme
si l'on avoit à en faire une nouvelle loi , sans oublier
de citer à côté les articles de chaque ordonnance
qui avoient été comme fondus en un seul ; et c'est
aussi ce que le président Brisson a eu soin de faire
exactement.

Ainsi , pour rédiger un titre entier, suivant cette

idée, il faudra commencer par écrire dans l'ordre qu'on se sera prescrit, les articles qui sont dans le code Henri, avec les renvois aux ordonnances dont ils ont tirés, et mettre ensuite les nouveaux articles qu'on aura formés des dispositions des ordonnances postérieures.

On aura, par là, une espèce de *code ecclésiastique* complet, et en le relisant une fois l'année, au commencement de chaque parlement, on y ajoutera les nouvelles lois, s'il y en avoit qui eussent été faites dans le cours de l'année précédente sur les matières ecclésiastiques, en sorte que le code croîtra successivement avec les années; et, chaque chose étant ainsi mise à sa place, rien n'échappera à notre avocat-général, que je regarde ici comme cet orateur parfait que Cicéron et Quintilien cherchoient, et dont ils travailloient à se former une juste idée.

Il observera, en passant (c'est-à-dire, notre avocat-général), que tous les articles du code Henri, à la tête desquels on ne trouve que la date de 1585, sans aucun renvoi à des ordonnances, ne sont l'ouvrage que du président Brisson, qui avoit fait ses additions aux lois précédentes, dans la vue de faire autoriser son code par le roi Henri III. Ainsi, tous ces articles seront à retrancher dans un travail qui ne doit avoir pour objet, que de mettre en ordre ce qui a vraiment force de loi; on trouvera d'ailleurs, en beaucoup d'endroits, que les ordonnances postérieures ont suppléé aux vues particulières du président Brisson.

Au reste, ce genre d'ouvrage n'est pas de ceux qu'on doit faire dans un temps fixe, et rendre à un jour certain. L'essentiel est de le commencer bientôt, et de le continuer avec persévérance. Il est même de nature à pouvoir être aisément exécuté par parties, et il n'y en a point dont on puisse faire un usage plus commode, pour remplir les vides légers et les intervalles peu considérables que les occupations d'un avocat-général peuvent lui laisser.

ÉTUDE DES COMMENTAIRES ET DES TRAITÉS SUR
LE DROIT ECCLÉSIASTIQUE.

Pour bien expliquer l'usage qu'on peut en faire,
il faudroit distinguer :

1.º Les anciens et les nouveaux interprètes, dont
les uns ont réciproquement leurs avantages sur les
autres ;

2.º Les auteurs ultramontains qui doivent être lus
avec précaution, et les auteurs français qui ont suivi
des maximes conformes à celles de la France, entre
lesquels il faut préférer ceux qui sont le plus généralement estimés ;

3.º Ceux qui ont fait des commentaires perpétuels
ou des ouvrages généraux sur tout le droit canonique,
et ceux qui n'ont travaillé que sur une partie de ce
droit : les derniers valent ordinairement beaucoup
mieux que les premiers.

Quel jugement doit-on porter sur tous ces auteurs?
qu'est-ce qu'on doit en lire? et quand faudra-t-il
placer cette lecture? Je ne dirai qu'un mot sur une
matière qu'il seroit trop long de traiter par écrit, et
il faudra y suppléer par la conversation. Je commence
par ce qui regarde les commentateurs.

Entre les anciens, les plus estimés sont Innocent IV, qui, d'interprète du droit canonique, devint
auteur d'une partie de ce droit, par les décisions
qu'il donna depuis qu'il fut élu pape ; Jean André,
Hostiensis, Bouhic, Panorme, ou l'abbé de Palerme,
Zabarella, Joannes de Anania, etc.

Entre les modernes, les plus célèbres et les plus
utiles de ceux qui ont suivi *les opinions ultramontaines*, et qui ont regardé *le corps du droit canonique*
comme un recueil de véritables lois, sont Fagnan et
Gonzalez.

Parmi les interprètes français, ou ceux qui ont
écrit à peu près dans le même esprit, en se rappro-

chant de nos maximes, les meilleurs sont Florent, la Coste, et Van-Espen.

L'étude des anciens commentateurs a deux avantages principaux :

Le premier, est qu'on y trouve plusieurs faits singuliers qui sont arrivés de leur temps, et qui peuvent servir beaucoup à illustrer la jurisprudence canonique, où les exemples ne sont guère moins importans à savoir que les lois.

J'ai souvent désiré que quelque jeune homme laborieux entreprit de lire les anciens canonistes dans cette vue, c'est-à-dire, pour en extraire tous les faits qui y sont rapportés, dont on peut se servir pour exemples : c'est un travail qu'un avocat-général ne sauroit faire, et le peu de temps qui lui reste, doit être employé encore plus utilement ; mais s'il pouvoit trouver, dans la jeunesse du barreau, quelque avocat d'assez bonne volonté pour se charger de cette entreprise, il en résulteroit un ouvrage qui seroit non-seulement utile, mais curieux, qu'on pourroit donner au public sous le titre d'*anecdotes de la jurisprudence ecclésiastique*, et en y joignant ce que l'on peut trouver sur ce sujet, dans les historiens contemporains, et dans les recueils de pièces ou de monumens historiques, on en feroit un livre dont la lecture seroit intéressante pour les jurisconsultes, et même pour ceux qui ne le sont pas.

Le second avantage de la lecture des anciens interprètes, est de connoître, par ce moyen, le progrès des opinions ultramontaines. On remarque souvent dans ces auteurs, que les maximes de leur temps étoient plus pures, moins éloignées de la saine discipline, moins favorables à des prétentions exorbitantes, qu'on ne pensoit pas encore à soutenir, ou qu'on ne proposoit que foiblement les maximes des modernes, dont la flatterie a enchéri dans certains points sur celle de leurs prédécesseurs. Nos jurisconsultes français en ont souvent tiré des armes pour combattre les partisans de la pleine puissance du pape. L'abbé de Palerme, par exemple, et Adrien VI, qui de

même qu'Innocent IV, avoit écrit comme docteur,
avant de décider comme pape, sont cités heureusement par les défenseurs de nos maximes contre le
système de l'infaillibilité du pape, telle que les Italiens la soutiennent aujourd'hui. Ce seroit donc encore un ouvrage très-utile de recueillir, dans ces
anciens interprètes, tout ce qui tend à confirmer la
doctrine de la France, ou à faire mieux sentir les
excès des ultramontains modernes. Cet ouvrage est
bien avancé par ceux de nos auteurs qui ont le mieux
écrit sur nos maximes ; mais on pourroit encore y
ajouter beaucoup de semblables autorités. Et quoique ce travail, non plus que le précédent, ne puisse
pas être exigé d'un avocat-général, il est bon cependant qu'il ait lui-même cette notion dans l'esprit,
afin que, lorsqu'il sera obligé de consulter les anciens interprètes, sur les questions qu'il aura à traiter,
il remarque, chemin faisant, ce qui peut servir à
l'usage que je viens d'indiquer.

    Les interprètes modernes ont réciproquement plu-
sieurs avantages sur les anciens (1).

FRAGMENS DIVERS

SUR L'ÉGLISE ET LES DEUX PUISSANCES.

    L'ÉGLISE née sur la croix, accrue par le sang des
martyrs, étendue par toute la terre, *une, sainte,*
toujours visible au milieu même des nuages, inébranlable, quoique souvent agitée, *invincible, quoique
tout le monde conspire à lui faire la guerre* (2), subsistera jusqu'à la fin des siècles, et régnera dans
l'éternité.

(1) Cette Instruction n'a pas été finie.

(2) Termes de S. Alexandre dans M. de Fleury, tom. 3,
pag. 79.

La vue des événemens heureux ou malheureux qu'elle a éprouvés, forme la plus longue et la plus intéressante de toutes les histoires, et présente un spectacle utile surtout à ceux qui sont appelés, par leurs emplois, à contribuer au bonheur des citoyens et à protéger l'Église. La vie et la mort des saints qui l'ont défendue par leurs écrits, ou soutenue par les exemples d'un héroïsme auparavant inconnu, sont sans doute un des principaux ornemens de cette histoire. Mais rien n'est plus digne de l'attention de l'homme public, dans l'*Histoire de l'Église*, que l'histoire même et tout ce qui peut faire connoître ses principaux caractères, son autorité et sa police ; la nature, l'objet et l'exercice de la puissance que Dieu lui a donnée sur les esprits.

La relation que cette puissance a nécessairement dans plusieurs matières avec une puissance d'un autre genre, les différends qui se sont élevés quelquefois entre l'une et l'autre, et les principes qui peuvent servir à les concilier; ce sont encore des objets sur lesquels les auteurs ecclésiastiques se sont moins arrêtés et qui ne doivent pas échapper aux réflexions de celui qui aime sincèrement l'état et l'église, et qui veut s'instruire à fond de ses devoirs.

Mais, pour suivre ses vues dans toute leur étendue, il faut remonter jusqu'à la source du pouvoir et du gouvernement de l'Église, et commencer son histoire par celle de Jesus-Christ même, et du ministère qu'il est venu exercer sur la terre.

Jésus-Christ, *par qui et en qui tout a été créé dans le ciel et dans la terre, les choses visibles et les invisibles* (1), *principe* (2) *de tout, qui est le chef de toute principauté et de toute puissance* (3), *et que le père a fait aussi chef de l'église qui est son corps* (4), réunissoit en lui deux sortes de puissances;

_____

(1) Aux Coloss., c. 1, v. 16. — (2) *Ibid.*, v. 18, Jos., 8, v. 25. — (3) Aux Coloss., c. 2, v. 10. — (4) Aux Ephes., c. 1, v. 22 et 23 ; aux Coloss., c. 1, v. 18.

celle qui lui appartient sur les corps et sur toutes les choses visibles et temporelles ; et celle qui lui appartient également sur les esprits et sur toutes les choses visibles et spirituelles. C'est ainsi qu'il a toujours possédé une double royauté; et lui seul peut réunir, comme dans une même source et dans un même principe, deux espèces d'autorités destinées, par la nature même de leur objet, à être toujours distinctes ou séparées.

L'une de ces deux puissances, celle qui fait impression sur les hommes par la terreur des peines extérieures, avoit été donnée par le Très-Haut aux rois ou à ceux en qui réside le pouvoir suprême pour l'exercer par eux-mêmes et par leurs officiers. *Il n'y a point,* en effet, *de puissance qui ne vienne de Dieu* (1). Les princes et les juges temporels *n'en auroient aucune, si elle ne leur étoit donnée d'en haut* (2). Et par une conséquence de cette origine vénérable de leur pouvoir, quand ils seroient infidèles, *ils sont* toujours *les ministres du Dieu* (3).

Lorsque Jésus-Christ vint dans le monde, cette autorité résidoit dans l'empereur Auguste et les officiers qu'il envoyoit pour gouverner les provinces, et dans Hérode qui conservoit en Judée le titre et un reste des fonctions de roi. Ce fut sans sujet que ce prince *se troubla et tout Jérusalem avec lui,* lorsqu'il apprit qu'*il étoit né un roi des juifs* (4). *Celui qui donne les couronnes du ciel, ne venoit point enlever* aux rois *celles de la terre.* Le gouvernement qu'il devoit établir, ne retranchoit rien de l'autorité et de l'étendue du gouvernement politique, et il n'y a point au contraire, de maxime plus conforme au christianisme que celle qui nous apprend que les princes, en embrassant la vraie religion, ne perdent rien du pouvoir qu'ils avoient auparavant.

La vie de Jésus-Christ, pauvre, simple, long-

(1) Aux Rom., c. 1, v. 1, 4, 6. — (2) Jos., 19, v. 11. — (3) Aux Rom. — (4) Math., c. 2, v. 2, 3.

temps cachée, et toujours humble, fit voir encore
plus combien étoit vaine cette inquiétude cruelle qui
fit couler le sang innocent. Il ne possédoit pas sur la
terre *de quoi reposer sa tête!* Il n'y étoit *pas pour
être servi, mais pour servir*, et pour exciter, par un
si grand exemple, les pasteurs et tous ceux qui ont
des dignités ecclésiastiques ou séculières, à s'appliquer uniquement au bien de ceux dont le soin leur
est confié. *Il s'enfuit seul sur une montagne, lorsqu'il
connut que le peuple*, frappé de ses miracles, *alloit
venir pour le faire roi* (1). S'il entra dans Jérusalem
comme roi, c'est avec des caractères qui ne conviennent pas aux princes temporels. Il représentoit toujours son royaume comme un royaume céleste,
spirituel, qui n'étoit pas de ce monde. *Si mon
royaume étoit de ce monde*, disoit-il, *mes officiers
combattroient pour m'empêcher d'être livré aux
juifs* (2), marquant ainsi qu'il étoit dépouillé de cette
force et de cette contrainte qui est le propre de la
puissance temporelle. L'empire qu'il n'a pas voulu
prendre pour lui, n'a pas sans doute été communiqué
par lui à ses ministres : au contraire, après avoir
réprimé l'ambition de deux d'entr'eux qui se faisoient des idées trop humaines des places de son
royaume, il prit soin de leur apprendre à tous, en
leur proposant même son exemple, combien il devoit
y avoir de différence entre leur gouvernement et la
domination des rois des nations (3).

Aussi, il n'exerça jamais aucune partie des fonctions
qui dépendent de la puissance royale. Lorsqu'un
homme vint le prier d'ordonner à son frère de partager avec lui une succession qu'il ne pouvoit retenir
en entier sans injustice : *homme*, répondit Jésus-
Christ, *qui m'a établi au-dessus de vous pour être
juge ou pour régler des partages?* C'est ainsi qu'il a
décidé, que, pour exercer la justice contentieuse et
prononcer sur la propriété des biens ou sur le fait de

(1) Jos., 6, v. 6. — (2) Jos., 19. — (3) Math., 20; Marc,
10; Luc, 22.

la possession, il faut être établi par celui en qui réside l'autorité souveraine; que ces fonctions ne sont point naturellement celles de ses ministres ; et que, s'ils jugent avec quelque appareil extérieur, s'ils connoissent du civil dans des matières mixtes et quelquefois même de demandes toutes civiles, ce ne peut être en vertu de la mission et de l'autorité que Jésus-Christ leur a donnée ; mais qu'ils exercent en ce point, par la permission expresse ou tacite du prince temporel, une partie de son autorité.

Jésus-Christ ne se contenta pas de ne rien ôter à la puissance séculière, il voulut encore montrer qu'il y étoit soumis. Il obéit à un édit d'Auguste (1), avant même que de naître. Il paya le tribut pour lui et pour le chef de ses apôtres, à ceux qui étoient préposés pour l'exiger (2), quoique le roi de la terre en dût être plus exempt *que les enfans des souverains.* Il enseigna publiquement qu'il falloit *rendre à César ce qui est à César, à Dieu ce qui est à Dieu* (3); distinguant, par là, deux ordres de domination aussi bien que de devoirs. *Il se livra* enfin *au jugement,* même *injuste d'un juge* (4) envoyé par un prince temporel ; et, comme il ne souffrit que *parce qu'il le voulut* (5), il voulut souffrir en exécution de ce jugement.

La nouvelle loi qu'il a donnée, a même augmenté en un sens l'autorité des princes, soit parce qu'elle l'a rendu plus respectable en montrant que son origine vient de Dieu, soit parce qu'en apprenant aux sujets à se soumettre, non-seulement par nécessité et par raison, mais par religion et par conscience, à obéir même à des maîtres fâcheux, elle a réellement donné aux souverains, et à ceux qui agissent sous leurs ordres, une assurance que le nombre des soldats ne pouvoit leur donner, et de nouveaux moyens de

(1) Luc, 2, v. 1, 4, 5. — (2) Math., 17, v. 23. — (3) Math., 22, v. 16; Marc, 12, v. 13; Luc, 20, v. 20. — (4) I. Pet. 2, v. 23, selon la Vulg. dont le sens est reconnu catholique par l'église, quoique non conforme au texte grec en cet endroit. — (5) Isaïe, 53, v. 7.

se faire obéir. Mais, pour connoître la nature et l'u-
tilité de cette loi, il faut reprendre les choses de
plus haut.

Avant qu'elle eût été publiée, les hommes étoient
conduits par deux sortes de règles : un droit commun
à tous, qui comprend les préceptes du droit naturel
et ceux du droit des gens, un droit particulier à
chaque peuple, qui est le droit civil des différens
états. Le peuple juif avoit cet avantage entre tous les
peuples, que ses lois, soit sur le culte de la religion, soit sur les matières profanes, lui avoient
été données par l'ordre de Dieu, qui s'étoit réservé,
sur cette nation, même pour la conduite extérieure
et le gouvernement politique (1), un empire particulier.

Toutes ces lois, celles même de Moïse, avoient
deux défauts principaux : l'un, qu'en prescrivant aux
hommes ce qu'ils devoient faire, elles ne les mettoient point en état de le faire, et les rendoient par là
plus coupables, ne marquant pas même assez les
motifs dont on devoit être animé pour les accomplir;
l'autre défaut étoit, qu'en s'accommodant trop à la
foiblesse humaine ou au penchant de chaque nation,
elles s'éloignoient de leurs propres principes dans
plusieurs conséquences, et restoient imparfaites sans
oser porter les choses au point où elles devoient être
suivant leur nature.

Jésus-Christ pouvoit seul remédier au premier de
ces défauts, puisqu'il n'y avoit que lui qui pût, non-
seulement montrer le bien aux hommes, mais rendre
les hommes bons, et donner en même temps la loi,
la force d'accomplir la loi, et l'accomplissement
même de la loi. Il étoit aussi réservé à lui seul de
rétablir et de porter à leur perfection les principaux
engagemens qui unissent les hommes entr'eux dans
l'ordre que Dieu a établi.

L'amour de Dieu, l'amour du prochain, la con-

(1) Surtout au temps de Moïse, de Josué et des Juges, *tot.
lib. Deut. Jos. Judic. et Reg.*, *lib.* I.

noissance de soi-même, sont les trois grands principes
d'où dépend toute la conduite de la vie, soit pour les
personnes publiques, soit pour les simples particuliers. Jésus-Christ nous apprend que tous les devoirs, tous les préceptes et toute la loi, sont renfermés
dans l'obligation générale d'aimer Dieu sans exception et sans bornes, et d'aimer nos semblables comme
nous-mêmes (1). Et quelques jurisconsultes ont fait
voir que c'est de là que dérivent tous les engagemens
légitimes et les principales règles du droit sur la nature
et les effets de cet engagement (2). Mais, la loi de
Jésus-Christ s'attache encore à faire accomplir à
l'homme, avec joie, ces obligations si conformes à sa
nature. Elle lui fait connoître ce qu'il est et ce qu'il
doit être, sa foiblesse, et les secours avec lesquels il
pourra faire ce qu'elle lui prescrit. Elle tend à réformer les principes des actions encore plus que les
actions mêmes, à faire aimer le bien encore plus qu'à
éloigner du mal. Il n'y a point de loi qui soit plus
exacte ni mieux suivie dans toutes ses conséquences,
plus élevée, plus pure, et en même temps plus
simple et plus naturelle dans ses principes. Il n'y en
a point qui soit capable de former de meilleurs pères
de famille, de meilleurs amis, de meilleurs citoyens;
et ceux mêmes qui, dans la doctrine de Jésus-Christ,
blasphèment des mystères qu'ils n'entendent pas,
pendant qu'ils sont forcés d'admirer des préceptes
qu'ils ne peuvent s'empêcher d'entendre, conviennent tous que rien n'est plus utile que la pratique
de l'évangile pour le bien de la société, qu'ils se
vantent d'avoir toujours en vue et dont ils font leur
seule règle. En effet, ni les républiques que l'antiquité a admirées, ni la république imaginaire de
Platon, n'approchent de l'ordre, de la paix, de l'u-
nion qui régneroit dans un état dont tous les membres
observeroient exactement la loi de Jésus-Christ.

Un seul livre, écrit simplement, capable d'étonner
les plus grands génies par l'élévation de ses principes,

(1) Math., 22, v. 40. — (2) Domat, *Traité des lois.*

et cependant à la portée des plus petits esprits, contient toute cette loi. Il n'a point de page qui ne renferme beaucoup plus de substance, et n'aille beaucoup plus loin que tout ce que les plus grands hommes de l'antiquité sont parvenus à découvrir sur la morale par parties, avec peine et par un long circuit de raisonnemens. La vérité de ses décisions se présente d'elle-même et frappe également tout le monde, et l'on reconnoît qu'elles sont conformes à la nature de l'homme, à ces premières notions de droiture et de justice qui ont toujours été en lui, dont tout homme raisonnable ne cherche point la preuve, et dont les plus déraisonnables ne peuvent même douter. Un ouvrage si fort au-dessus des forces de l'homme, est encore une preuve de la vérité de la religion chrétienne et de la divinité de Jésus-Christ.

C'étoit une suite nécessaire des lumières que cette loi nous a données, de rectifier les idées auxquelles on s'étoit accoutumé sur plusieurs matières qui intéressent l'administration de la justice, la police et la conservation des états.

Le mariage est le premier et le plus important des engagemens nécessaires à la société. Si on le considère dans le droit naturel et dans sa première institution, c'est une union sainte qui a Dieu même pour auteur, perpétuelle, et qui doit durer autant que la vie. Si l'on consulte les principes généraux du droit civil, c'est un lien légitime qui forme dans toute la vie une liaison inséparable (1). Cependant, les mêmes lois qui définissent ainsi le mariage, celles même qui avoient été données aux juifs, dont plusieurs dispositions avoient été accordées *à la dureté de leur cœur*, permettoient de rompre cette union établie pour être inséparable, et que les jurisconsultes romains regardent eux-mêmes comme perpétuelle, du moins dans le vœu et l'intention de ceux qui la forment. Jésus-Christ, en marquant *qu'il n'en étoit pas ainsi au commencement*, paroît avoir écarté, par ce seul mot,

_____

(1) *Individuam vitæ consuetudinem continens.*

11 *

toutes les raisons qui avoient porté les anciens législateurs à permettre le divorce, la pluralité des femmes,
et même le système licencieux de la communauté des
femmes que Lycurgue n'avoit pas eu peur d'autoriser.
En ramenant ainsi à sa première institution l'engagement qui est comme le principe et la pépinière des
états, Jésus-Christ a voulu encore le rendre sacré,
non-seulement par le souvenir de son établissement,
mais aussi par une bénédiction particulière, et par
un sacrement propre aux peuples chrétiens.

ESSAI D'UNE INSTITUTION

AU DROIT PUBLIC.

Il y a dans ce titre deux termes qui paroissent
avoir besoin d'être définis ou expliqués chacun séparément, pour donner d'abord une juste idée de ce
qui doit être l'objet de cet essai.

Le Droit, considéré en général, est le premier de
ces termes.

Le Droit Public est le second ; et son objet est
moins étendu que celui du premier.

DÉFINITIONS.

I. Ce que l'on appelle le *droit* considéré en général, n'est autre chose par rapport à l'objet présent,
que l'assemblage ou la suite des règles par lesquelles
nous devons faire le discernement de ce qui est juste,
et de ce qui ne l'est pas, pour nous conformer à l'un,
et nous abstenir de l'autre.

II. Le caractère général de toutes ces règles, ou ce
qu'elles ont de commun, est qu'elles tendent également à diriger la conduite d'un être intelligent qui
ne doit pas vivre au hasard, et à qui la raison a été
donnée pour être comme sa première loi. Il est donc

évident que toutes ses actions doivent avoir un motif
raisonnable ; et il ne l'est pas moins que ces règles ne
lui sont données que pour le conduire à sa perfection
et à son bonheur.

III. Tel est en effet le véritable objet de tout ce qui
porte le nom de *droit*, soit qu'on applique ce terme
à tous les hommes considérés en général comme formant la société universelle du genre humain ; soit
qu'on le renferme dans ces sociétés moins nombreuses, qu'on appelle *nation*, *royaume* ou *république* ; soit enfin qu'on restreigne encore plus le
terme de *droit*, en le bornant à ce qui regarde les
intérêts des particuliers.

IV. Lorsqu'on s'arrête à la première espèce de *droit*,
c'est-à-dire, à ces règles qui sont communes à tous
les hommes, parce qu'elles ont pour fin la perfection
et le bonheur de l'humanité considérée en elle-même,
on les appelle *droit naturel*, comme si l'on disoit,
droit que la nature, ou plutôt la raison, ou, pour
parler encore plus correctement, que l'auteur de la
nature et de la raison dicte également à tous les
hommes.

V. Si l'on passe au second objet, c'est-à-dire, à ces
sociétés moins étendues qui forment les nations, les
royaumes, les républiques, on y découvre sans peine
l'origine du second terme qu'on a cru devoir définir :
c'est celui de *droit public*, et l'on aperçoit aussi
aisément la raison qui lui a fait donner ce nom.

Comme le droit naturel se rapporte essentiellement
à la perfection et au bonheur de la grande société du
genre humain, de même le droit public a pour objet
direct et immédiat la perfection et le bonheur de
chacune de ces sociétés moins nombreuses, dont les
différentes nations ou les divers états sont composés,
et c'est ce qui caractérise véritablement le *droit* qu'on
appelle *public*.

VI. Mais ces sociétés doivent être envisagées dans
deux différens points de vue :

On peut les regarder d'abord comme les membres
principaux de ce grand corps qui renferme tous les

hommes ; et , en les considérant de cette manière ;
on conçoit aisément qu'elles ont des règles à observer entr'elles , ou des devoirs réciproques à remplir , si elles veulent assurer leur perfection et leur
bonheur.

Mais on peut aussi n'envisager ces grandes sociétés
qu'au-dedans d'elles-mêmes , en tant qu'elles forment
un corps distinct et séparé de tous les autres, dans
lequel ceux qui vivent sous la même domination sont
assujettis aux mêmes lois ; et si on les regarde dans
cette vue, comme ne formant qu'un seul tout, cette
partie du *droit public* a encore pour objet la perfection et le bonheur du corps entier.

VII. On doit donc distinguer deux sortes de droit
public.

La première est le droit public extérieur , ou le
droit que les différens états doivent suivre entr'eux
pour leur perfection et leur félicité commune ; et c'est
ce que l'on doit nommer proprement *le droit des
gens* (*jus gentium*), le droit des nations, qu'il seroit
peut-être encore mieux d'appeler *le droit entre les
nations* (*jus inter gentes*);

La seconde espèce de *droit public*, est le droit
public intérieur, qui est propre à chaque état, et
qui tend à la perfection et à la félicité dont il est
capable.

VIII. Enfin, si l'on prend le terme de *droit* dans le
sens le plus limité, c'est-à-dire, comme ne contenant
que les règles qui doivent avoir lieu entre les membres de chaque état, dans les différentes relations
qu'ils ont entr'eux, ou dans les divers engagemens
qu'ils contractent les uns avec les autres, on donne à
ce droit le nom de *droit privé* ; parce qu'il a pour
objet direct l'intérêt particulier de ceux qui vivent
sous la même domination, plutôt que le bien de tout
le corps, quoiqu'il doive toujours s'y rapporter.

IX. Il ne reste plus, après toutes ces définitions,
que d'appliquer à la France la notion générale que
l'on vient de donner du droit public.

Ainsi, le droit public extérieur de ce royaume, est

le droit qu'il doit observer avec les nations voisines, ou avec celles qui ont avec lui des relations de commerce, ou d'autres semblables ; et le *droit public intérieur* de la France, est le droit qui est établi dans cet état pour le bien commun, ou, ce qui revient au même, pour la perfection et la félicité de la nation et de la monarchie.

X. Il est fort important de remarquer ici en achevant ces définitions, que toutes les espèces de droit dont on vient de parler, renferment toujours un mélange de ce *droit naturel et primitif,* qui est la source et le fondement de toutes les lois. On peut dire même que, comme les principes du droit public ont un rapport plus direct et plus immédiat avec le bonheur des hommes que les règles qui ne regardent que le *droit privé*, il y a encore plus de droit naturel dans l'un que dans l'autre ; et c'est par cette raison que les souverains qui ne suivent pas, les uns à l'égard des autres, les règles que l'auteur de notre être impose à tous les hommes, pèchent encore plus contre le droit naturel que les particuliers qui s'en éloignent dans leur conduite.

Ainsi, le droit public étant principalement fondé sur le droit naturel, il est nécessaire de se former d'abord une notion générale de ce droit primitif, avant que de traiter du droit public qui n'en est qu'une émanation.

NOTIONS GÉNÉRALES DU DROIT NATUREL.

I. S'il y a un droit qui mérite véritablement ce nom (comme on ne sauroit en douter, et comme l'on en sera encore plus convaincu par l'exposition même de ce droit), il doit consister uniquement dans des règles que la raison enseigne à tout homme exempt de passion et attentif à envisager de sang-froid ce qui tend à sa perfection et à son bonheur ; ou, si l'on veut exprimer la même pensée d'une autre manière, on peut dire que le droit naturel consiste dans ces lois primitives, qui, étant également reconnues par tous les

hommes, même par ceux qui les violent, sont regardées avec raison comme gravées dans le fond de
notre être par la main de son auteur.

De là vient que ce droit a été encore appelé un
droit commun à toutes les nations. Il n'en est aucune
qui n'ait une idée du juste et de l'injuste, qui n'approuve et ne loue les actions conformes à cette idée,
qui ne blâme et qui ne punisse même les actions contraires. Il n'est aussi aucun homme qui ne soit content de lui-même, lorsqu'il a suivi les règles de
l'équité naturelle; qui n'en soit mécontent au contraire, lorsqu'il a blessé ces règles, et qui n'en soit
bientôt puni par le trouble de son ame, et par un
remords vengeur qui suit promptement le crime, et
qui est comme le premier tourment du coupable.
C'est ainsi que tous rendent témoignage à ce droit
supérieur à tout autre, qui est né, pour ainsi dire,
avec nous, et qui a précédé tous les préceptes et
toutes les lois.

II. Mais, en quoi consistent les règles de ce droit
naturel? C'est ce qu'on ne sauroit bien expliquer
qu'après avoir ébauché un léger tableau de l'état de
l'homme dans ce monde.

III. Placé par une main invisible et toute-puissante
entre Dieu qui l'a créé, et d'autres êtres qui lui sont
égaux, l'homme s'aperçoit aisément qu'il y a trois
objets principaux auxquels se rapportent toutes ses
pensées, tous ses désirs, toutes ses actions :

Le premier est Dieu, auteur et dernière fin de
son être ;

Le second est lui-même, dont il se fait souvent
une espèce de divinité, en rapportant tout à lui par
un amour-propre qui devroit le conduire à son véritable bonheur s'il étoit bien réglé, et qui fait ordinairement son malheur parce qu'il ne l'est pas ;

Il trouve son troisième objet dans ses semblables,
c'est-à-dire, dans les autres hommes avec qui il est
lié, comme ils le sont avec lui par une espèce d'inclination naturelle, et même par des besoins réciproques.

IV. Lorsque l'homme se considère dans ces trois points de vue, il n'a pas besoin de maître pour sentir que sa félicité dépend de la manière dont il se conduit à leur égard ; et qu'il ne peut être heureux qu'autant qu'il est bien avec Dieu, avec lui-même, avec ses semblables.

Et, comme il aspire continuellement, nécessairement, invinciblement à être heureux, il reconnoît en même temps que c'est dans son union à ces trois objets, qu'il doit trouver le principe et la règle de tous ses devoirs naturels.

V. Toute société humaine, ou toute nation particulière n'étant que l'assemblage de plusieurs hommes unis ensemble par des liens plus étroits que ceux qui ne sont formés que par la nature, peut être considérée comme un seul homme. Ainsi, il est évident que ce qui est vrai de chaque membre d'un corps, n'est pas moins vrai du corps entier ; d'où il résulte nécessairement, que le bonheur et les devoirs généraux ou primitifs de tout royaume ou de tout état, doivent consister aussi à être bien avec Dieu, avec lui-même, avec ses semblables, c'est-à-dire, avec les autres états avec qui il est lié par les mêmes relations ou les mêmes besoins qui rendent les particuliers dépendans les uns des autres. Ainsi, tout ce que l'on va dire des devoirs naturels de l'homme, par rapport aux trois grands objets de son amour, doit être appliqué à chaque nation, ou à chaque état, comme à chaque homme envisagé séparément.

VI. Après ces observations préliminaires, il est temps d'entrer dans un plus grand détail, en s'attachant d'abord au premier objet, je veux dire, à Dieu ; et je demande qu'il me soit permis de parler ici en mon nom, pour m'exprimer d'une manière plus abrégée et plus sensible sur des devoirs qui me sont communs avec tous les hommes.

DEVOIRS NATURELS DE L'HOMME ENVERS DIEU.

I. Ce sont ces devoirs qui forment ce que l'on peut appeler *le droit naturel entre le Créateur et la créature.*

Mais, comment ma raison pourra-t-elle s'en former une juste idée? Je ne connois point d'autres moyens pour y parvenir, que de considérer ce que je suis, et ce que Dieu est; de tourner mes premiers regards vers mon être borné, pour les élever ensuite vers l'Être infini. C'est ce qui peut me faire mieux connoître mes devoirs par rapport à Dieu, et j'espère de trouver dans ce double regard la source de toutes les règles que je dois suivre à l'égard de l'Être suprême.

II. Au premier coup-d'œil que je jette sur moi-même, je vois qu'il a donné à l'homme deux facultés différentes, par lesquelles il a bien voulu imprimer sur lui quelques traits de ressemblance avec son auteur:

La première, est une intelligence, ou un entendement capable de connoître;

La seconde, est une volonté faite pour aimer.

L'objet de l'une et de l'autre est infini.

L'œil ne se rassasie point de voir: l'esprit a un désir de connoître, qui n'a point de bornes, qui croît, qui se multiplie avec ses connoissances mêmes, parce que tout ce qu'il découvre étant borné, il veut toujours voir au-delà de ce qu'il a vu.

La volonté de l'homme, aussi insatiable que son intelligence, et peut-être encore plus, éprouve également que tout ce qui est fini ne fait qu'irriter sa faim bien loin de l'apaiser. Dégoûtée bientôt des objets qu'elle possède, elle en cherche toujours de nouveaux, sans en trouver jamais aucun qui remplisse ce vide immense qu'elle sent au fond de son être.

III. Si j'ose élever ensuite mes foibles yeux vers l'Être suprême qui a allumé en moi cette soif ardente et continuelle du vrai et du bien, je sens d'un côté qu'un Dieu souverainement juste ne sauroit avoir formé en moi ce désir éternel et inépuisable, qui est comme le fonds de mon être imparfait, pour ne le contenter jamais; et je ne sens pas moins de l'autre, que lui seul peut satisfaire pleinement ce désir, parce qu'il n'y a qu'un objet infini dont la possession puisse remplir la capacité d'une intelligence et d'une volonté qui, quoique finies dans leur nature, sont cependant infinies dans leurs désirs.

IV. De cette espèce de comparaison de l'homme avec Dieu, je conclus naturellement, que si la possession de l'Être infini peut seule me rendre heureux, c'est parce qu'elle me fait participer au bonheur de Dieu même.

V. Me sera-t-il permis de remonter encore plus haut, et de rechercher à me former au moins une idée imparfaite de ce bonheur que nous pouvons à peine entrevoir au travers des ombres de la vie présente? Il me semble cependant que je peux supposer sans témérité que la félicité de l'Être divin consite dans la vue et, pour ainsi dire, dans la jouissance de lui-même, ou, si l'on aime mieux cette autre expression, dans la satisfaction infinie que lui donne le spectacle éternel de sa perfection infinie.

Mais comment l'être imparfait pourroit-il acquérir la perfection qui lui manque, si ce n'est par sa ressemblance et par son union avec l'Être souverainement parfait? Union par laquelle la perfection du Créateur devient en quelque sorte la perfection de la créature, qui entre par là en partage du même bonheur.

VI. De toutes ces notions générales qui sont comme la métaphysique du droit naturel entre Dieu et l'homme, il me semble que je peux tirer aisément, et par des conséquences immédiates, toutes les règles essentielles de cette espèce de droit; et je les appelle essentielles, parce qu'elles renferment éminemment toutes celles qui en résultent par des conséquences plus éloignées, et dont le détail seroit infini. Je réduis donc ces règles à sept principales, et je commence par celles qui regardent mon intelligence.

VII. Comme elle ne peut être satisfaite que par la connoissance de l'Être infini, ma première règle ou mon premier devoir à l'égard de Dieu, sera de travailler à développer toujours en moi cette première idée qu'il lui a plu de me donner de lui-même, et que le spectacle admirable de l'univers qui publie si hautement la gloire de son auteur, retrace continuellement dans mon esprit.

Je sais en général que c'est un Être souverainement parfait; mais ma foiblesse m'obligeant à séparer dans mon esprit ce qui est essentiellement un, pour l'envisager plus facilement, en distinguant ce que l'on appelle les propriétés ou les attributs de l'Être divin, qui portent tous également le caractère de sa perfection infinie, je tâcherai de me former l'idée la plus étendue qu'il me sera possible de sa science, de sa sagesse, de sa puissance, de sa justice, de sa bonté infinie; et les réunissant ensuite, comme elles le sont en effet dans l'Être suprême, je parviendrai par là, autant que la mesure bornée de mon intelligence me le permet, à remplir mon premier devoir, qui est de faire tous mes efforts pour connoître celui qui m'a fait ce que je suis.

VIII. Mais ma volonté n'a pas moins besoin de règles que mon intelligence, et j'ai remarqué qu'elle ne peut être rassasiée que par la possession d'un bien infini : ainsi, ma seconde règle sera de tendre constamment par tous les désirs, par toutes les affections. par tous les mouvemens de mon ame, à m'unir autant qu'il m'est possible à l'Être suprême qui est l'unique et l'inépuisable source de ma félicité.

IX. Je conclurai de là, et ce sera ma troisième règle, que si je m'aime moi-même, comme je ne saurois m'en empêcher; si je ne m'aime véritablement, qu'autant que je crois approcher de la perfection de mon être; enfin, si je ne peux la trouver que dans Dieu, je suis obligé de l'aimer, je ne dis pas autant, mais plus que moi-même; ou, pour parler plus correctement, je sentirai que je ne peux m'aimer raisonnablement qu'en lui ; ou, pour exprimer encore mieux ma pensée, je dirai que c'est Dieu que j'aime véritablement, en m'aimant moi-même comme je le dois, puisque ce *moi* n'est aimable qu'autant qu'il est uni à l'Être souverainement parfait, dans lequel il se confond, pour parler ainsi, et en devenant un avec lui, comme les sages mêmes du paganisme l'ont senti par les seules lumières de la raison naturelle.

X. Par conséquent ma quatrième règle sera de me représenter toujours Dieu comme le seul être qui soit véritablement aimable, le seul qui puisse soutenir ma foiblesse, suppléer à mon indigence, et donner à mon ame toute espèce de satisfaction ; et il est non-seulement mon bien, mais mon unique bien, ou plutôt, il est tout bien pour moi. Ce qui me flatte même dans les autres êtres à qui je prodigue ce nom, ne consiste que dans ce sentiment agréable qu'il plaît à Dieu de me donner à leur occasion. Malheur à moi, si j'en abuse pour m'attacher à des biens indignes de mon amour, et incapables de le satisfaire ! Mais si je le fais, c'est moi seul qui deviens mauvais, et Dieu demeure toujours souverainement bon, parce qu'il ne me donne un pareil sentiment que pour me faire tendre à celui qui en est l'auteur.

XI. Il est le maître de m'affliger par des sentimens douloureux, comme de me faire goûter une douce satisfaction : arbitre suprême des biens et des maux, il les tient également en sa main, et il les dispense comme il lui plaît suivant les règles de sa bonté et de sa justice. Ma cinquième règle sera donc de craindre souverainement de lui déplaire, et de le craindre d'autant plus que je l'aimerai davantage. La crainte du mal naît en moi de l'amour du bien, et ces deux sentimens sont naturellement la mesure l'un de l'autre.

XII. Ainsi, regardant Dieu comme disposant de tout ce qui me paroît aimable et de tout ce que je trouve redoutable, j'en tirerai cette conséquence, qui sera ma sixième règle : que l'homme est naturellement obligé d'invoquer et d'implorer continuellement le secours divin. Je reconnoîtrai que c'est lui que je dois supplier de m'accorder les vrais biens, et de détourner de moi les véritables maux, quand même je serois assez aveugle pour demander comme un bien ce qui doit être regardé comme un mal, ou pour craindre comme un mal ce qui est en effet un bien véritable : prière dont les poètes profanes de l'antiquité nous ont laissé le modèle, tant ils ont senti par les seules lumières de la raison, que cette prière étoit une suite nécessaire de la nature de l'homme comparée avec l'être de Dieu.

XIII. Mais il est évident que l'Être infiniment parfait ne peut se rendre favorable ni s'unir qu'à ceux qui lui ressemblent : vérité qui n'a pu aussi être obscurcie par les ténèbres du paganisme; et les philosophes mêmes de l'antiquité en ont conclu que l'homme devoit travailler continuellement à retracer, à perfectionner en lui cette image du souverain Être qu'il trouve dans sa nature.

Ma septième règle sera donc de joindre à l'invocation de cet Être, l'imitation de ses divines perfections; et elle ne peut consister que dans la conformité de mes pensées et de ma volonté avec les pensées et la volonté de mon auteur. Juger de tout comme Dieu, autant qu'il m'est possible de le connoître; vouloir tout ce qu'il veut; rejeter tout ce qu'il ne veut pas, ce sera dans cette heureuse conformité que je ferai consister le principal effet d'un amour qui me porte naturellement à l'imitation de l'Être souverainement parfait.

XIV. On me demandera, sans doute, comment ma foible raison pourra parvenir à pénétrer, pour ainsi dire, dans le secret de l'intelligence et de la volonté d'un Être qui surpasse infiniment toutes mes connoissances. Mais j'ai déjà prévenu en partie cette question, lorsque j'ai remarqué qu'au milieu même des ténèbres qui nous environnent, nous apercevons au fond de notre ame un rayon de lumière qui nous

éclaire assez pour nous faire connoître au moins que
Dieu est un être infiniment parfait, en science, en
sagesse, en puissance, en justice, en bonté; et c'est
en travaillant à nous former l'idée la plus sublime
et la plus étendue de ces perfections, que nous pouvons parvenir à connoître, quoique imparfaitement,
comment nous devons nous conduire, pour conformer notre intelligence et notre volonté à celle
de Dieu.

- J'ajoute seulement ici, que quelque bornées que
soient nos connoissances, elles nous suffisent pour
nous faire sentir au moins ce qui nous manque, et
ce que nous ne pouvons trouver qu'en Dieu. Tel est
l'effet et la conséquence naturelle de la comparaison
que nous faisons de notre être borné avec l'Être qui
n'a point de bornes; en sorte que la vue même de
notre imperfection nous élève, par degrés, jusqu'à la
connoissance de la perfection, telle que nous pouvons la voir par les seules forces de la raison.

- XV. Ainsi, pour entrer dans un plus grand détail
sur l'utilité de cette comparaison de l'imperfection
humaine avec la perfection divine, mon plus grand
soin sera de méditer attentivement sur l'élévation et
la bassesse de l'homme; sur sa force et sa foiblesse.
Je chercherai à découvrir en quoi peut consister la
perfection bornée de son intelligence et de sa volonté; ce qui peut le rendre heureux ou malheureux;
ce qu'il a reçu et ce qu'il reçoit continuellement de
l'auteur et du conservateur de son être; ce qu'il
doit en craindre, ce qu'il doit en désirer, et ce
qu'il peut en attendre ou en espérer, s'il est toujours
fidèle à chercher dans l'Être infini ce qui manque à
son être fini.

XVI. Cette première manifestation des lois que le
seul nom de Créateur impose à la créature, est ce
que l'on appelle *révélation naturelle*, par laquelle
Dieu fait connoître à l'homme ce qu'il exige d'un
être raisonnable qu'il n'a créé que pour l'élever à
lui et le rendre aussi parfait et aussi heureux qu'il
le peut être par la connoissance, par l'invocation,

par l'imitation de son auteur; et c'est à cette même révélation que l'on donne aussi quelquefois le nom de *religion naturelle*, dans laquelle est renfermée cette espèce de droit primitif et immuable, qui a lieu, comme je l'ai dit, entre le Créateur et la créature.

XVII. J'éprouve cependant tous les jours que, soit par la foiblesse de ma raison, soit par les nuages des passions qui en obscurcissent souvent la lumière, ou qui lui font perdre de vue son véritable objet, mes connoissances sont comme enveloppées d'une obscurité qui m'afflige. Mais, si je sais en faire un bon usage, ce seront ces ténèbres mêmes qui me porteront à désirer de savoir s'il n'a pas plu à l'Être souverainement bon de joindre, à cette révélation naturelle et imparfaite dont je viens de parler, une révélation plus expresse, plus lumineuse, plus étendue, dans laquelle il ait daigné nous parler lui-même, venant ainsi au secours de notre raison impuissante, pour nous révéler ce que nous devons connoître de son intelligence et de sa volonté, sur la vraie perfection, sur le bonheur solide et durable de notre être, sur la voie qui nous y conduit, sur le culte par lequel il veut être honoré, en un mot, sur tous nos devoirs par rapport à lui, et sur les forces qu'il nous donne pour les remplir.

XVIII. S'il y a eu une révélation de cette nature, ma raison même doit m'exciter à faire tous mes efforts pour la bien connoître comme le plus grand présent que la bonté de Dieu ait pu faire au genre humain, puisqu'il l'a mis par là en état de le chercher et de le trouver.

XIX. Il me semble même que mes foibles lumières me font découvrir deux vérités également importantes sur ce sujet:

L'une, que si Dieu a bien voulu parler lui-même à l'homme, il aura sans doute accompagné sa parole de tant de signes éclatans et des prodiges évidemment surnaturels, que tout esprit raisonnable et attentif dût être convaincu que c'est Dieu en effet qui avoit parlé;

L'autre, que pour accomplir ce qu'il nous aura commandé, nous pouvons espérer de sa bonté un attrait puissant, un secours capable de nous faire résister au charme ou à la violence des passions, et surmonter tous les obstacles qui nous empêchent de tendre véritablement à notre perfection et à notre félicité.

XX. Quelle sera donc ma satisfaction, si je parviens à m'assurer que Dieu a parlé; qu'il s'est fait connoître sensiblement aux hommes pour les éclairer, pour les instruire lui-même; qu'il y a une religion qui porte les caractères que je viens d'indiquer, et qui peut se glorifier d'être la seule dépositaire de cette *révélation surnaturelle*, où je trouve abondamment tout ce qui m'est nécessaire pour me rendre parfait et heureux par la connoissance et par l'amour.

Il est temps de finir cette espèce de digression, où je suis sorti en quelque manière de ma sphère; mais si je m'en suis écarté pour un moment, je ne saurois cependant m'en repentir, puisque je me suis convaincu que le dernier effort de ma raison est de me conduire et de m'amener par degrés jusqu'à la porte de la véritable religion.

XXI. Je reviens donc ici à mon objet, je veux dire aux devoirs, dont la révélation naturelle m'apprend que je suis obligé de m'acquitter envers Dieu. Je les ai renfermés dans un nombre de règles générales, dont toutes les autres, comme je l'ai dit, ne sont que des conséquences plus ou moins éloignées; et il me semble même que je pourrois réduire toutes ces règles à une seule; puisque, après m'être convaincu, d'un côté, que ma souveraine perfection est d'être uni à Dieu, et de l'autre, que cette perfection fait mon souverain bonheur, il est évident que mon intention continuelle doit être de tendre constamment à cette union, comme à la dernière fin de mon être. Sa véritable essence consiste dans une inclination raisonnable, qui ne m'attache ni à moi-même, ni à aucun autre objet, que pour me rendre parfaitement et solidement heureux; à quoi ma raison m'apprend que je ne peux parvenir que par la possession de l'Être suprême.

XXII. Mais, après tout, je dois observer que le nom de droit naturel, entre le Créateur et la créature, que j'ai donné à ces devoirs, ne peut s'entendre que dans un sens impropre, puisque, à la rigueur, le nom de *droit* semble signifier des obligations réciproques, entre ceux qui y sont soumis; et puis-je penser que, comme l'homme est naturellement obligé de suivre, à l'égard de Dieu, les règles dont je viens d'ébaucher l'idée, Dieu est aussi tenu d'observer certaines règles, à l'égard de l'homme, comme si, en le tirant du néant, il avoit contracté, par la création même, une espèce d'engagement avec l'ouvrage de ses mains?

Toute réciprocité suppose une égalité de droit, plus ou moins parfaite. Et qui est-ce qui peut avoir des droits contre Dieu? L'Être infini est, à ce titre même, le plus libre et le plus indépendant de tous les êtres : il a un droit suprême et universel sur tout ce qu'il a fait; et rien de tout ce qu'il a fait n'a aucun droit sur lui : sa volonté est la seule règle, la seule mesure de ses actions; ses promesses ne sont que le libre effet de sa bonté infinie. L'homme doit donc tout à Dieu; mais, dans l'exacte vérité, Dieu ne doit rien à l'homme. Et si l'on attache au terme de *droit naturel*, l'idée d'un engagement réciproque, on ne peut, sans doute, l'appliquer proprement à Dieu.

Mais, dans cette extrême inégalité, qui est essentiellement attachée aux qualités de *créateur* et de *créature*, l'homme a le bonheur de trouver le titre de son espérance, dans les idées que Dieu lui donne de ses perfections infinies; et il est aisé d'en conclure que l'homme traite, pour ainsi dire, avec Dieu, beaucoup plus sûrement, sans aucune comparaison, qu'il ne peut le faire avec un homme semblable à lui. Il n'en faut pas davantage pour faire connoître le sens légitime que l'on peut attacher au terme de *droit naturel entre Dieu et l'homme.*

DEVOIRS NATURELS DE L'HOMME ENVERS LUI-MÊME.

I. Avant que d'entrer dans l'explication de ces devoirs, ou des règles générales de ce droit naturel, qui a lieu entre moi et moi-même, je ferai d'abord deux observations préliminaires :

L'une, que toutes ces règles doivent être renfermées dans cette proposition, dont je me suis déjà convaincu ; je veux dire, que si je suis raisonnable, si je m'aime véritablement moi-même, je tendrai toujours à mon bonheur par ma perfection ;

L'autre, que je suis composé de deux substances différentes : l'une matérielle, que je nomme mon corps ; l'autre spirituelle, que j'appelle mon ame : et que ces deux substances, dont la nature est si essentiellement différente, sont cependant unies par un lien invisible, mais qu'une expérience continuelle me fait sentir à chaque instant ; et sont tellement assorties l'une à l'autre, que les biens et les maux leur sont communs, en quelque manière, par l'impression qu'elles en reçoivent, chacune, selon sa nature.

II. La première conséquence que je tirerai de ces deux observations, ou la première règle générale de mes devoirs à l'égard de moi-même, sera donc que je suis naturellement obligé de travailler à la perfection de mon corps, à la perfection de mon ame, et enfin, à celle de ce tout, ou de ce moi tout entier, qui est composé de l'un et de l'autre.

III. Pour commencer par ce qui regarde le corps, ce droit naturel, que je dois observer à l'égard de moi-même, m'oblige de prendre un soin raisonnable de conserver, de rétablir, d'augmenter même, s'il est possible, la bonne disposition, la force, l'adresse de mon corps ; d'éviter, avec soin, les plaisirs ou les excès qui peuvent y être contraires, et tout ce qui est capable de déranger ou de détruire une machine si admirable, mais si fragile.

Je trouve un avantage dans l'observation de cette règle ; c'est que la perfection de mon corps ne m'est pas seulement agréable en elle-même, je sens qu'elle m'est encore très-utile pour la perfection de mon ame, qui remplit, bien plus aisément, toutes ses fonctions, lorsqu'elle n'est point troublée par le dérangement et l'altération d'un corps dont les organes lui sont si nécessaires, dans les opérations même les plus spirituelles.

Ainsi, mon plus noble objet, dans l'attention que que j'aurai pour mon corps, sera de l'entretenir dans une situation, où, loin de se rendre inhabile au service de mon ame et souvent même d'y mettre un obstacle, il soit, entre ses mains, comme un instrument souple et docile, dont elle dispose à son gré pour parvenir à sa propre perfection.

IV. C'est ce qui me conduit naturellement à parler de ce que je dois à mon ame.

Personne, dit un des sages du paganisme, ne sait honorer son ame autant qu'elle le mérite. C'est, en effet, dans cette seule partie de mon être, que je peux trouver une image de la divinité. Je respecterai donc cette image ; et, connoissant tout ce qui élève l'esprit, infiniment au-dessus du corps, je me prescrirai, pour seconde règle générale, de travailler beaucoup plus, sans comparaison, à la perfection de mon être spirituel, qu'à celle de mon être corporel.

Mais il est évident que cette perfection ne peut consister que dans le bon usage de mon intelligence pour connoître le vrai bien, et de ma volonté pour l'acquérir. C'est par là que ma perfection me conduit à mon bonheur. Ainsi, toute mon attention doit se porter à chercher les moyens de faire cet usage de mes deux facultés, en observant, avec une fidélité persévérante, les règles que je vais expliquer.

V. Le premier et le plus général de ces moyens,

dont je ferai ma troisième règle, est de m'appliquer à établir et entretenir, dans mon ame, un ordre et une proportion parfaite, entre ses facultés et ses différentes observations.

Mais en quoi peut consister cet ordre ou cette proportion? si ce n'est,

1.° Dans la conformité des jugemens de mon esprit, avec mes perceptions ou mes idées claires;

2.° Dans l'accord parfait et constant de mes sentimens, ou des mouvemens de mon cœur, avec les jugemens de mon esprit;

3.° Dans la fidèle correspondance de mes paroles et de mes actions, avec mes jugemens et mes sentimens.

Ainsi, la règle, qui est l'objet de cet article, en renferme trois, dont le concours tend directement à ma perfection, et par là à mon bonheur.

VI. Mais le pays où mon intelligence peut voyager, n'a point de bornes: celui qui s'offre continuellement aux désirs de ma volonté, en a moins encore, s'il est possible, comme je l'ai déjà observé. C'est cette immensité même, ou cette multiplicité infinie des objets de ma pensée ou de mon amour, qui est une des principales causes de mes égaremens; parce que l'activité de mon esprit et l'avidité de mon cœur, ayant besoin d'une nourriture continuelle, il m'arrive souvent de les amuser, plutôt que de les rassasier, en saisissant le premier objet qui se présente à mes regards ou à mes désirs.

Ce sera donc pour éviter cet inconvénient, que je ferai consister ma quatrième règle à être en garde contre ces premières impressions, qui détournent et qui débauchent, pour ainsi dire, mon entendement, ou ma volonté, en lui dérobant la vue de son véritable objet, qui est sa perfection intérieure. J'éloignerai donc, avec soin, tout ce qui peut distraire mon ame d'un si grand objet, afin que, l'ayant toujours devant les yeux, elle soit attentive à diriger, vers lui, les pensées de son esprit et les mouvemens de son cœur.

VII. Ce seroit peu, cependant, d'éviter la méprise

qui me fait courir vainement d'objets en objets inutiles, ou même nuisibles à ma perfection, si je tom-
bois dans un inconvénient contraire, par un excès
d'esprit ou de métaphysique mal entendu, en voulant trop fixer mes regards sur les objets mêmes qui
sont véritablement dignes de mon attention.

C'est ce qui m'arrive, lorsque, par une curiosité
téméraire et dangereuse, je cherche à découvrir, ou
sur Dieu, ou sur moi-même, plus qu'il ne m'est permis
de savoir. Je regarderai donc, comme une des connoissances les plus nécessaires pour moi, celle de la
mesure de mes forces ; et j'en jugerai, comme de
tout le reste, par les idées claires que je trouve dans
mon ame.

Tout ce qui peut se résoudre, par ces idées ou par
des conséquences non moins évidentes, me paroîtra
un objet proportionné à la capacité de mon intelligence bornée.

Mais tout ce qui n'a point ce caractère, tout ce
qui appartient à des connoissances que je n'ai pas,
et que je ne saurois acquérir, soit parce qu'elles sont
fondées sur des idées qui surpassent la portée de
mon esprit ; soit parce qu'elles dépendent d'une volonté positive de Dieu, qu'il ne lui a pas plu de
me révéler dans cette vie, je les regarderai comme
des objets qui sont hors de la sphère de mon esprit.
Plus content de l'ignorer sagement, que si j'osois le
sonder témérairement, je me ferai une cinquième
règle de savoir jusqu'où je peux aller, et de m'arrêter
au point qui sépare, pour moi, le connu de l'inconnu, afin de garder constamment une juste mesure dans le bien, et de mériter, si je le peux, la
louange qu'on a donnée à un grand homme de l'antiquité, lorsqu'on a dit de lui qu'il avoit su tempé-
rer l'ardeur de sa curiosité par sa raison, et être
sobre dans sa sagesse même (1).

(1) *Incensum et flagrantem animum mitigavit ratio et ætas,*
retinuitque, quod est difficillimum, ex sapientiâ modum. Tacit.
in Vit. Agric.

VIII. Jusqu'ici j'ai envisagé séparément la perfection de mon être corporel, et celle de mon être spirituel, pour me prescrire distinctement les règles qui sont propres à l'un et à l'autre. Mais j'ai déjà remarqué que je ne devois pas être moins occupé du *tout*, qui est formé par l'union de ces deux substances, c'est-à-dire, de la perfection de l'homme entier. Il me reste donc à parler des règles qui conviennent à ce *tout*.

IX. L'affection naturelle que j'ai pour ce *moi*, qui résulte de l'union de deux substances si différentes, seroit bien peu raisonnable, si, après avoir étudié la nature de l'un et de l'autre, mon esprit ne s'attachoit à connoître, autant qu'il lui est possible, celle du lien qui les unit. Il sait, par une expérience continuelle, qu'elles agissent réciproquement l'une sur l'autre; et il ne peut douter que ce ne soit Dieu, qui est l'auteur et le conservateur perpétuel de ce pouvoir. Il ne m'en faut pas davantage pour en conclure, comme je le fais dans ma sixième règle, que je pécherois contre les lois de l'union intime, qui est entre mon ame et mon corps, si j'abusois de la puissance que j'exerce, par mon ame sur mon corps, ou par mon corps sur mon ame, pour nuire à la perfection de l'un ou de l'autre, ou à celle d'un si admirable composé, à laquelle l'un et l'autre doivent concourir de leur côté, selon la proportion de leur nature.

X. J'ajoute cette restriction, parce que les soins qu'ils exigent de moi pour la conservation des avantages qui leur sont propres, ne m'empêchent pas de sentir combien la première substance est plus excellente que la seconde; et j'en tire cette septième règle, que, s'il m'est permis, et même ordonné de cultiver attentivement l'union que Dieu a formée entre mon corps et mon ame, je dois, en les appréciant à leur juste valeur, donner la préférence à celle de ces deux substances qui est, sans comparaison, la plus parfaite et la seule qui soit capable du bonheur que je ne cesse jamais de désirer.

XI. S'il se trouve donc des occasions où la perfection de l'une soit incompatible avec la perfection de l'autre, un amour éclairé de nous-mêmes n'hésitera point à se déclarer pour la partie la plus noble; et la raison dont il suit les leçons, lui dictera cette huitième règle, que je dois sacrifier généreusement les intérêts d'une substance fragile et périssable, à ceux d'une substance non-seulement plus durable mais immortelle.

XII. Cette huitième règle me paroît même d'une si grande importance, que je croirai travailler utilement pour ma perfection, si je m'attache à l'approfondir et à la développer encore plus, en l'appliquant aux biens et aux maux sensibles, ou au plaisir et à la douleur que nous éprouvons à l'occasion de ces biens ou de ces maux. Ce sera le moyen de tirer de nouvelles conséquences des principes que je viens d'établir sur cette espèce de *droit naturel*, qui a lieu entre l'homme et l'homme même.

XIII. Tout bonheur et tout plaisir actuel n'aissent en moi de l'opinion que j'ai de posséder un bien; opinion qui me trompe souvent par excès ou par défaut, c'est-à-dire, parce qu'elle ajoute, ou parce qu'elle retranche à l'idée réelle que je dois avoir de la véritable valeur de ce bien. Ainsi, pour éviter cette double méprise, qui est souvent également nuisible à mon ame et à mon corps, la première conséquence que j'en tirerai, sera que je dois juger toujours de l'objet qui excite mon amour, non par l'impression sensible que j'en reçois, mais relativement à la valeur réelle que cet objet a par rapport à moi. Je ne chercherai donc point à diminuer cette valeur, par un mépris purement philosophique, et par le vain honneur de résister aux opinions communes. Je n'éviterai pas moins de l'augmenter, par une facilité aussi imprudente et plus ordinaire à suivre le rapport de mes sens, ou le jugement trompeur de mon imagination; et, pour garder un juste milieu entre ces deux extrémités, je ferai toujours passer, comme par le creuset d'une raison

épurée, si j'ose me servir de cette image, tout ce
que les hommes appellent un bien, pour connoître
ce qu'il a de réalité, et en fixer la véritable esti-
mation.

XIV. Par une juste conséquence de cette estima-
tion, et de la comparaison que je ferai des différentes
espèces de biens, je comprendrai aisément que je dois
préférer le bien le plus durable à celui qui l'est moins;
et, à plus forte raison, le bonheur parfait, qui remplit tous mes désirs, et qui, comme je l'ai dit ailleurs,
ne se trouve que dans mon union avec Dieu. Je mé-
priserai donc, à la vue de ce bonheur, toute satisfaction imparfaite et passagère, qui irrite ma soif au lieu
de l'apaiser; et je sacrifierai sans peine une joie plus
sensible et de peu de durée, à un contentement
moins vif, mais stable et permanent, qui me procure,
non pas un seul acte de plaisir, mais une habitude
persévérante de bonheur.

XV. Pour m'affermir dans la pratique de cette
règle, j'envisagerai les plaisirs, non-seulement en
eux-mêmes, mais dans leurs suites; et à la vue des
maux qui naissent précisément de ce qui m'avoit
paru un bien par l'illusion du plaisir, je tirerai cette
troisième conséquence, que des délices innocentes qui
ne m'exposent à aucun retour de douleur, doivent
me paroître bien au-dessus de celles qui, quoique
plus agréables dans un moment rapide, deviennent
pour moi la source d'une longue suite de déplaisirs.

XVI. Comme le mal et la douleur sont le contraire du plaisir, j'en ferai le discernement par les
mêmes principes, parce que les règles qui m'apprennent ce que j'ai à rechercher, me montrent en même
temps ce que je dois faire et éviter.

XVII. Si je compare donc les peines avec les plaisirs, je reconnois aisément (et ce sera la quatrième
conséquence que je tirerai de ma huitième règle),
que la seule exemption de toute sorte de peines est
par elle-même un si grand plaisir, que s'il faut l'a-
cheter par la souffrance d'une peine passagère, je ne

dois pas hésiter à prendre ce parti, comme je le prends en effet toutes les fois qu'il s'agit de la conservation ou du rétablissement de ma santé, qui n'a cependant pour moi que le simple plaisir de ne sentir aucune douleur, ou aucune impression désagréable à l'occasion de mon corps.

XVIII. Par conséquent (et c'est ma dernière conclusion) la crainte d'une peine actuelle doit encore moins m'arrêter lorsqu'il s'agit de parvenir, non-seulement à l'exemption de toute douleur, mais à un état permanent qui m'assure la jouissance d'un plaisir beaucoup plus grand que la peine par laquelle je puis arriver à cet état. Or, tel est le plaisir que j'éprouve, lorsque je reconnois, par le témoignage intérieur de ma conscience, que je suis dans la voie qui me conduit à la perfection de mon être; et, comme ce plaisir croît à mesure que j'en approche davantage, il n'y aura point de peine qui ne me paroisse supportable, quand je la comparerai avec une si grande satisfaction, soit que cette peine consiste dans une simple privation, ou même qu'elle soit portée jusqu'à un sentiment triste et pénible pour moi.

Jusqu'ici j'ai envisagé les deux premiers objets de mon intelligence et de ma volonté, je veux dire, Dieu et moi-même, pour y trouver les premiers principes de mes devoirs, ou les premières règles de cette espèce de *droit naturel* que je dois suivre à l'égard de l'un et de l'autre. Il me reste à me considérer par rapport au dernier des trois grands objets avec lesquels j'ai un rapport essentiel : ce sont mes semblables, ou les autres hommes. Mais, avant que d'entrer dans l'explication de ces règles, il ne sera pas inutile de faire d'abord un petit nombre de réflexions préliminaires sur l'état où les hommes se trouvent réciproquement les uns avec les autres, lorsqu'on ne considère en eux que la nature qui leur est commune. Il en naîtra des notions générales et semblables à celles que les géomètres appellent des *axiomes*, ou des *demandes*, qu'ils placent à la tête des élémens de leur science, comme la semence ou le germe de toutes les preuves des vérités qu'ils se proposent de démontrer.

RÉFLEXIONS PRÉLIMINAIRES sur l'état de l'Humanité, ou du Genre humain, considéré comme composé d'Êtres absolument semblables.

I. Tous les hommes sont sortis égaux des mains de la nature, ou plutôt de celles de son auteur; et malgré la différence des conditions, ils demeurent égaux aux yeux de celui devant qui les rois mêmes ne sont pas plus grands que leurs sujets. Tous ont un corps entièrement semblable : tous ont une ame qui renferme également en elle-même une intelligence et une volonté. La différence des talens, l'éducation et les réflexions peuvent y mettre une espèce d'inégalité; mais il n'y en a point dans leur essence, et on ne les considère ici que par rapport à cette essence, sans parler des qualités qui les unissent plus étroitement, telles que celles de pères et d'enfans, entre lesquels il y a une supériorité et une infériorité dans l'ordre même de la nature.

II. Tous les hommes, ainsi considérés, doivent se regarder comme des frères, comme les enfans du même père, comme une seule famille composée de tout le genre humain, qui a un droit égal à l'héritage paternel, c'est-à-dire, à la suprême félicité attachée, comme il a déjà été dit, à la possession de Dieu même.

III. S'il y a donc une règle qui exige naturellement leur soumission, elle doit avoir ces deux caractères :

L'un d'être commune à tous, puisque tous sont égaux;

L'autre, d'être l'effet d'une intelligence et d'une volonté supérieure qui impose à tous la même loi, et qui la leur manifeste par une révélation naturelle, c'est-à-dire, par la manifestation que Dieu nous fait lui-même de sa volonté, avec des signes qui ne nous permettent pas de douter que ce ne soit Dieu même qui a parlé.

IV. Tous les hommes ont un plaisir naturel à voir leurs semblables, encore plus à vivre en société avec eux. Une solitude entière et de longue durée leur est pénible, ou plutôt insupportable; le spectacle même de toutes les beautés que la nature offre à leurs yeux, a quelque chose de languissant et presque d'inanimé à leur égard, jusqu'à ce qu'ils voient des êtres semblables à eux, avec qui ils puissent en jouir.

On aperçoit dans une partie des brutes mêmes, comme une image de la société, et une espèce d'instinct et de mécanique naturelle qui les porte à vivre avec leurs semblables.

V. L'usage de la parole qui n'a été accordé qu'à l'homme, suffiroit seul pour montrer qu'il est né pour la société. C'est le canal par lequel Dieu lui a donné le moyen de communiquer ses pensées et ses sentimens à ses semblables; et à quoi lui serviroit ce don précieux dont il tire de si grands avantages, s'il n'étoit pas fait pour converser avec eux?

VI. A cette inclination commune qui forme la première liaison naturelle entre les hommes, il a plu à l'auteur de leur être de joindre un autre lien, qui naît du besoin réciproque qu'ils ont les uns des autres. Si on les considère du côté du corps, combien manque-t-il de choses à chaque homme considéré séparément et hors de toute société, soit pour sa nourriture, pour son vêtement, pour se mettre à l'abri des injures de l'air, pour conserver ou pour rétablir sa santé et ses forces; soit pour se garantir et se mettre à couvert des insultes auxquelles il seroit continuellement exposé s'il vivoit dans la solitude.

Si on l'envisage du côté de l'esprit, on reconnoît aisément qu'il n'a pas moins besoin du secours de ses semblables, pour s'éclairer par une communication mutuelle de lumières; pour étendre la sphère de son intelligence, pour apprendre à diriger utilement les mouvemens de sa volonté; en un mot, pour corriger les défauts et augmenter la perfection de son être spirituel.

Pourrois-je douter, après cela, que Dieu n'ait voulu unir l'homme à ses semblables par son imperfection, par son indigence même? Incapable de suffire seul à ses besoins corporels ou spirituels, il est comme forcé d'y suppléer par le secours de ceux qui ont ce qui lui manque. Tel est l'ordre et, pour ainsi dire, le secret admirable de la providence, que la pauvreté naturelle de l'homme, et cette espèce de nudité dans laquelle nous naissons, deviennent la cause de notre abondance, par les ressources que nous trouvons dans la société. Plus les nécessités sont grandes des deux côtés, plus les liens se multiplient et se resserrent réciproquement. Le désir de la commodité et le goût même du superflu les augmentent encore : et l'homme le plus occupé de lui-même, est obligé de reconnoître qu'il se nuit quand il nuit aux autres, parce qu'il se prive de leur secours; comme au contraire, il se sert lui-même en servant les autres, puisqu'il entre par là en partage des biens qu'il n'a pas, et qui sont entre leurs mains.

VII. Telles sont en général ces premières notions, ces idées fondamentales sur l'état de l'homme comparé avec ses semblables, que l'on peut regarder comme des axiomes clairs par eux-mêmes, ou comme des propositions si évidentes, que personne ne peut y refuser son acquiescement sans se déclarer l'ennemi de la raison.

Ainsi, tout esprit attentif en conclura nécessairement qu'il doit rejeter avec mépris le système de ces philosophes anciens ou modernes, qui ont pris le désordre et le trouble des passions pour l'état naturel de l'homme : comme si l'on devoit le considérer par la corruption qui l'a dégradé, et non tel qu'il est par sa nature primitive, ou supposer qu'un être qu'on ne peut pas s'empêcher d'appeler un être raisonnable, doit commencer par agir directement contre la raison, contre son propre intérêt, contre sa perfection, contre son bonheur.

Mais ce n'est pas ici le lieu d'examiner et de réfuter exactement une opinion si injurieuse, si per-
nicieuse même au genre humain, il suffit d'en avoir
indiqué le vice en passant, et de s'en tenir à ce
principe évident par lui-même, qu'un être raisonnable doit agir raisonnablement, et que c'est là ce
qui forme véritablement son état naturel.

Il faut entrer, à présent, dans l'exposition abrégée
des règles générales de ce droit, que j'ai appelé *le
Droit naturel entre l'homme et ses semblables*.

DROIT NATUREL ENTRE L'HOMME ET SES SEMBLABLES.

I. Je le répète ici : cette grande société qui embrasse tout le genre humain, et qui est uniquement
fondée sur les liens réciproques qu'une nature commune a formés entre tous les hommes, est la seule
que je dois envisager présentement. Si je veux découvrir d'abord les règles que la raison me dicte
par rapport à cette immense société, je n'y considérerai mes semblables qu'en tant qu'ils sont
hommes comme moi : et, en effet, il ne m'en faut
pas davantage pour m'obliger à dire comme ce
vieillard de Térence : Je suis homme; et, dans
tout ce qui intéresse le genre humain, il n'y a rien
d'étranger pour moi :

Homo sum : humani nihil à me alienum puto (1).

II. Mais, plus je médite sur ce sujet, plus je reconnois que, comme l'objet direct et légitime de
mon affection pour moi, est de tendre à mon bonheur
par ma perfection, mon amour pour mes semblables
doit avoir la même fin, et aspirer à les rendre heureux en les rendant plus parfaits. Tel est, en général,
le but de tout amour bien ordonné; et, en ne consultant même que mon intérêt propre, je suis convaincu
par un sentiment intérieur, qu'en travaillant à la

(1) *Terent. Heaut.*, act. 1, scená 1.

perfection et à la félicité des autres, j'augmente réellement la mienne.

De cette réflexion générale, il me semble que je peux tirer aisément les conséquences suivantes que je regarde comme autant de règles de ce droit qui est commun à la société universelle du genre humain.

III. J'en conclus d'abord que je dois être toujours dans la disposition réelle et effective de leur faire du bien; et, comme l'exemption du mal est le premier de tous les biens, ma première règle sera aussi de ne faire à mes semblables aucun mal réel et véritablement nuisible. Je leur épargnerai même, s'il se peut, ces maux qui n'existent que dans leur imagination : car, quoiqu'ils ne soient qu'apparens lorsqu'on les considère dans l'exacte vérité, il en résulte cependant une peine pour eux, et un mal certain pour moi, je veux dire la perte ou la diminution de cette amitié de mes semblables qu'il m'est aussi utile qu'à eux de conserver, en prévenant tout ce qui seroit capable de l'altérer. Par conséquent, je ne dois jamais m'exposer à cet inconvénient, si ce n'est lorsqu'il s'agit des véritables biens, c'est-à-dire, de notre perfection et de notre félicité commune, pour laquelle tout mal, comme tout bien imaginaire, doit être méprisé.

IV. Mes semblables n'auront donc rien à craindre de ma part ni pour leurs biens, ni pour leur vie, ni pour leur honneur; et je me ferai même une seconde règle d'empêcher, autant qu'il m'est possible, les autres hommes de leur nuire, sans quoi il ne seroit pas vrai de dire que je fais tout ce qui est en moi pour ne pas nuire à leur perfection et à leur bonheur.

V. J'ai déjà dit que la parole étoit le lien qui unissoit le plus étroitement l'homme avec l'homme; ainsi, je me garderai bien d'en faire au contraire une source de division : et je prévois aisément que c'est ce qui arriveroit, si je m'en servois pour induire les autres en erreur, soit en leur cachant le vrai, soit en leur présentant le faux; et je regarderai le mensonge, quoiqu'il ne tombe que sur des faits qui peuvent être ou n'être pas, comme une des plus grandes infractions des droits de la société humaine, à la perfection de laquelle je dois travailler comme à la mienne.

La vérité régnera donc toujours de ma part, dans un commerce dont elle fait la sûreté; et la fausseté en sera bannie, parce qu'elle en est la destruction.

VI. Si je me conduis ainsi lorsque la vérité n'a pour objet que des faits purement contingens, que sera-ce, lorsque je serai obligé de parler de ces vérités nécessaires, immuables, éternelles, qui sont le fondement des devoirs naturels de l'homme? Le mensonge qui iroit jusqu'à les trahir, à les altérer, ou à les déguiser, me paroîtra un attentat sur les droits de l'humanité, puisqu'il tend directement à pervertir les jugemens, ou à corrompre les mœurs de mes semblables, en leur donnant des idées fausses, ou en leur inspirant des sentimens vicieux qui ne peuvent que les rendre imparfaits, et par conséquent malheureux. J'irai même encore plus loin; et, considérant ces vérités respectables, comme ayant leur source dans l'Être divin dont elles sont une émanation, je regarderai le premier genre de fausseté qui ne tombe que sur des faits qui peuvent être ou ne pas être, comme un mensonge qui attaque principalement les hommes; et le second qui est contraire aux vérités nécessaires et éternelles, comme un mensonge, ou plutôt comme un blasphème qui attaque directement la majesté de Dieu même.

VII. Mais, me contenterai-je de remplir ces devoirs, qu'on peut appeler *négatifs*, parce qu'ils ne consistent qu'à ne point faire de mal à mes semblables? La nature de mon être, et même l'amour que j'ai pour moi, s'il est raisonnable, ne m'inspireront-ils pas le désir de leur faire du bien, non-seulement par un motif intéressé, je veux dire par l'espérance du retour, mais par l'attrait de cette satisfaction intérieure qui est naturellement attachée à l'exercice de la bienveillance, et au plaisir de faire des heureux. C'est encore une règle qui me paroît être de la dernière évidence;

et il ne s'agit ici que d'expliquer plus en détail les effets de cette disposition générale.

VIII. La première attention qu'il me semble qu'elle m'inspirera naturellement aura pour objet la conservation de leur vie corporelle.

Ainsi, assister les misérables et les indigens, soutenir les foibles, défendre les opprimés, consoler les malheureux, et donner à tous les secours qui dépendent de moi, par rapport à ce qu'on appelle les biens du corps, me paroîtront non-seulement des actes de bonté, ou d'une générosité purement volontaire de ma part, mais des devoirs fondés sur cette justice naturelle dont j'explique ici les véritables règles.

IX. Pour m'en convaincre encore plus, je considérerai que, quoique tous les hommes soient égaux dans l'ordre de la nature, il y a néanmoins une grande inégalité entr'eux du côté des avantages et des biens extérieurs. Or, je ne saurois concevoir qu'un Dieu souverainement juste ait laissé introduire une telle différence entre des êtres parfaitement égaux, s'il n'avoit voulu les lier plus étroitement par cette inégalité même, en donnant lieu, aux grands et aux riches, d'exercer abondamment une bienveillance dont ils seroient avantageusement récompensés par les services qu'ils recevroient des pauvres.

On a eu raison de dire, il y a long-temps, que Dieu a mis le nécessaire du pauvre entre les mains du riche; mais il n'y est que pour en sortir. Il ne peut y rester sans une espèce d'injustice, qui blesse non-seulement la loi de la Providence, mais la nature même de mon être, qui le porte à se répandre au dehors, et qui m'inspire de former une communication réciproque entre moi et les autres hommes, par les biens que je verse sur ceux qui en sont privés, et par ceux que je reçois d'eux à mon tour.

En effet (et c'est une réflexion qui peut mettre cette vérité dans un plus grand jour), ce n'est pas seulement le riche qui a de quoi fournir aux besoins du pauvre, c'est le pauvre qui a aussi dans sa main ce qui manque au riche. L'un fait, pour ainsi dire, le fond de cette société en argent ; l'autre la sert peut-être encore plus utilement par son industrie ; ou, pour se servir d'une autre image, le premier fournit le prix, le second donne la marchandise ; et c'est par cette espèce d'échange que chacun trouve de quoi remplir ses besoins.

On peut dire même, en un sens, que le riche est encore plus dépendant du pauvre que le pauvre ne l'est du riche. Quel est le prince, le souverain, l'homme puissant, quelque grand qu'il soit, qui puisse seul se suffire à lui-même, et satisfaire également à tout ce que la nécessité exige, que la commodité demande, ou que la cupidité désire ? Plus les riches et les puissans croient que leur fortune les met en état de suivre aveuglément les mouvemens de leurs passions ; plus, sans y faire réflexion, ils augmentent leur indigence. A des besoins réels, ils en ajoutent d'imaginaires, éprouvant ainsi une espèce de pauvreté au milieu de l'abondance même : *magnas inter opes inops* ; ou, comme dit un autre poète : *semper inops quicumque cupit.* Le pauvre, au contraire, mesure ses désirs sur les vrais besoins de la nature ; et, plus il sait se contenter du peu qu'elle exige, moins il est dépendant du riche, et plus il approche du bonheur de se suffire à lui-même. C'est encore une vérité qui s'est fait sentir aux poètes de la profane antiquité ; et tout ce que l'on vient de dire est renfermé dans ces vers d'Horace :

> *Multa petentibus*
> *Desunt multa : benè est cui Deus obtulit*
> *Parcá quod satis est manú* (1).

X. Je passe aux besoins de l'esprit, et je reconnois sans peine que mon affection naturelle, pour mes

---

(1) *Horat., lib.* 3, *od.* 11.

semblables, me porte à goûter encore plus de plaisir, quand je peux leur communiquer cette seconde espèce de biens.

J'en suis convaincu par la satisfaction que j'éprouve lorsque je peux leur apprendre ce qui est utile; faire croître leurs lumières en y joignant les miennes, étendre les bornes de leur intelligence, et surtout leur faire connoître les véritables biens et les véritables maux.

Je regarderai donc comme un devoir essentiel pour moi l'obligation de partager avec eux les richesses de l'esprit, de même que les biens du corps; et les avantages que j'en recevrai me feront connoître de plus en plus que je m'aime véritablement moi-même en aimant mes semblables comme moi.

XI. Non-seulement donc la parole ne me servira jamais à les tromper sur les vérités de fait, mais je leur communiquerai, avec candeur, toutes celles qu'il leur importera de savoir, sans qu'elles puissent nuire à d'autres; et je leur serai toujours utile par mes paroles, si je ne peux pas l'être toujours par mes actions.

XII. Je leur ferai part, avec encore plus de libéralité, des connoissances qui tendent plus directement à leur perfection et à leur bonheur, je veux dire de ces vérités invariables qui sont la règle de notre vie; et si je suis plus instruit qu'eux de la route qui conduit à la solide félicité, je ferai consister une partie de la mienne à leur montrer ce chemin; je m'y porterai même d'autant plus volontiers, que, suivant l'expression d'un ancien poète, je ne perds rien en souffrant qu'ils allument leur flambeau à celui qui m'éclaire; au contraire, il me semble que ma lumière croît à mesure qu'elle se répand sur mes semblables; leur approbation la redouble, et la rend plus éclatante pour moi-même, comme par une espèce de réflexion.

XIII. Si je repasse, à présent, sur ces vérités, dont je viens de me convaincre, elles concourent toutes à me faire reconnoître que tous les devoirs réciproques de l'homme à l'égard de l'homme, se réduisent, en effet, à ces deux grandes règles, où se trouve tout ce qui est nécessaire pour la perfection et pour le bonheur, soit de chaque homme, considéré séparément, soit de la société entière du genre humain :

La première, est que je ne dois jamais faire aux autres ce que je ne voudrois pas qu'ils fissent contre moi;

La seconde, que je dois pareillement agir toujours pour leur avantage, ainsi que je désire qu'ils agissent toujours pour le mien, comme nous sommes réciproquement obligés de le faire, quand nous ne consulterions que nos besoins mutuels.

Nous avons même la satisfaction de voir que les leçons de l'expérience s'accordent parfaitement sur ce point, avec celles de la raison; en sorte que les deux principales sources de nos connoissances conspirent à affermir ces deux règles fondamentales qui renferment les premiers principes de toute morale, comme de toute jurisprudence.

Je ne serai donc point surpris si j'apprends, dans la suite, que la vérité éternelle, ayant daigné s'unir à la nature humaine, nous a dicté elle-même ces deux grandes règles, comme la source de toutes les lois; je les respecterai; par conséquent, je les aimerai, je les observerai avec d'autant plus de fidélité et de persévérance, que j'y admirerai davantage ce concert parfait de la raison et de la religion, et cette heureuse conformité, qui se trouve entre le véritable intérêt de l'homme et ce que Dieu exige de lui.

Je pourrai expliquer ailleurs, dans un plus grand détail, les conséquences directes et immédiates qui naissent de ces deux grands principes; mais je dois achever, auparavant, de me former les premières notions de ce *droit naturel*, dont je me suis proposé de développer les différentes règles.

XIV. Il me reste, pour cela, de prévoir un cas qui, malheureusement, n'est que trop commun. Ce ne sera pas moi qui manquerai à mon devoir par rapport à mes semblables, ce seront eux qui y manqueront à mon égard.

Non-seulement ils me refuseront toute communication des biens qu'ils possèdent, mais ils chercheront à me priver de ceux qui m'appartiennent; ils s'efforceront de me nuire, ou par la force et la violence, ou par la fraude et l'artifice; et, en cas que j'éprouve ce malheur, quelle doit être ma conduite, si je veux continuer de suivre inviolablement les principes de la loi naturelle?

XV. Pour commencer par le cas de la violence, il faut convenir que, dans l'état purement naturel, où l'on ne suppose aucun gouvernement établi, aucune autorité supérieure, aucun tribunal à qui l'offensé puisse avoir recours pour se mettre à couvert des violences de l'offenseur, ou pour en demander une réparation convenable, il semble qu'on peut dire qu'il n'est pas défendu, en supposant cet état, qui n'existe point dans aucune nation policée, de repousser la force par la force; mais, dans cette supposition même, je devrois observer les règles suivantes:

1.º Ne chercher jamais à grossir les sujets de mon aversion, et éviter avec soin de joindre au mal réel que les autres me font, des maux imaginaires qui n'ont d'existence que dans mon opinion;

2.º N'agir jamais par les mouvemens d'une haine aveugle et implacable qui n'écoute point les conseils de la raison, et qui se livre impétueusement à ceux de la passion; ni dans la seule vue de goûter le plaisir inhumain, dangereux et souvent funeste de la vengeance;

3.º Regarder comme un bien pour moi, de pouvoir me défendre contre les attaques de mes ennemis, sans leur faire aucun mal réel et sensible;

4.º Comme la société entière du genre humain doit encore m'être plus chère que moi-même, je ne ferai rien, pour ma défense, qui puisse nuire au bien général de l'humanité; et je serai disposé à souffrir un mal particulier qui ne tombe que sur moi seul, lorsque je ne pourrai le détourner, ou le réparer ; qu'en faisant un plus grand mal au genre humain par le violement des lois qui en assurent la tranquillité.

L'équité de ces règles, l'obligation même de les observer ont été expressément reconnues par des jurisconsultes païens, lorsqu'ils ont dit que le droit naturel permettoit, à la vérité, de repousser la force par la force, mais avec la modération que la défense doit avoir pour être irrépréhensible, *cùm moderamine inculpatæ tutelæ*.

XVI. Du cas de la violence, je passe à celui de la fraude ou de l'artifice, et je trouve ce cas beaucoup plus susceptible de difficultés que le premier.

Si je ne consulte que cette égalité naturelle qui est entre tous les hommes, et qui leur donne réciproquement le même pouvoir l'un sur l'autre, il me semble que je peux me défendre avec les mêmes armes que celles dont on se sert pour m'attaquer, et, par conséquent, opposer la fraude à la fraude, comme la force à la force, et rendre aux autres le traitement que j'en ai reçu.

Quæque prior nobis intulit, ipse ferat (1).

Telle étoit la morale des poëtes de l'antiquité ; et c'est ce qui a donné lieu à Virgile de dire :

Dolus an virtus quis in hoste requirat (2)?

Regarderai-je donc cette maxime comme une règle du droit naturel ? Mais je sens je ne sais quoi dans le fond de mon ame qui y répugne : ma droiture naturelle en est alarmée, et je crois en apercevoir ici la raison.

Il est vrai que celui qui a employé la fraude contre moi, mérite, à la rigueur, que j'en use réciproque-

(1) *Ov. Ep. Her. OEnone Paridi.*

(2) *Æneid., lib. 2.*

ment contre lui; et; si je le fais, il n'est pas en droit
de me dire que je manque à ce que je lui dois,
parce que c'est lui-même qui m'a mis en état de ne
lui devoir rien. Mais ce n'est pas seulement à lui que
je suis redevable; je le suis à moi-même, je le suis
encore plus à Dieu, notre maître commun; et la
suspension momentanée de l'exercice d'un devoir naturel à l'égard de celui qui manque le premier à ce
qu'il me doit, ne fait point cesser deux autres devoirs
si essentiels et si inviolables.

Or, 1.º je manque à ce que je me dois, lorsque
j'use de fraude et d'artifice, soit parce que, en le faisant, je nuis à la perfection de mon être, et, par
conséquent, à son bonheur, soit parce que je donne
atteinte à cette bonne foi, à cette confiance réciproque qui fait le bien et la sûreté de toute société
entre les hommes; je les avertis même, par ma conduite, de se défier de moi en particulier, comme
capable d'abuser de la parole, ou d'autres signes semblables, pour tromper les autres hommes.

2.º Je manque en même temps, et encore plus à
Dieu, qui est la vérité par essence, et qui veut, par
conséquent, qu'elle règne dans mes actions comme
dans mes paroles. Je pèche donc contre le respect
que je lui dois, lorsque je la trahis, ou même que
je l'altère, ou que je la déguise pour tromper mon
semblable, quoiqu'il soit devenu mon ennemi. Il a
tort, sans doute, de m'en donner l'exemple; mais
faut-il que je devienne coupable, parce qu'il l'est?
C'est à quoi ma rectitude naturelle s'oppose avec
raison.

Je ne pécherai peut-être pas, à la rigueur, contre
la justice que je dois à mon semblable, en trompant
celui qui m'a trompé; mais je serai véritablement
injuste et envers moi et envers Dieu, parce que je
manque également et à Dieu et à moi, lorsque je
trahis la vérité pour me venger de celui qui la trahit
à mon égard.

XVII. La conséquence que je retirerai de ces réflexions sera donc que si mon semblable a voulu me

nuire par la fraude, je n'aurai point recours à un pareil moyen pour m'en garantir. Je regarderai tout artifice et tout déguisement comme indigne d'un être raisonnable, et je n'oublierai jamais cette belle maxime d'un jurisconsulte païen : *Tout ce qui blesse la vertu, l'honneur, notre réputation, et, en général, tout ce qui est contraire aux bonnes mœurs, nous devons le regarder comme impossible.*

XVIII. Il est temps, à présent, de prévoir une question qu'on pourra me faire sur le terme de *droit naturel*, ou de la loi naturelle, que j'ai donné aux règles qui me montrent mes devoirs par rapport à Dieu, à moi-même, aux autres hommes.

Pourquoi, me dira-t-on, nous le présenter sous cette idée ? Rien ne mérite le nom de *droit* ou celui de *loi*, que des décisions ou des commandemens émanés d'une autorité légitimement établie ; qui peut se faire obéir par la crainte d'une peine inévitable, ou par l'espoir d'une récompense assurée.

Or, dans le temps qui a précédé toutes les espèces de gouvernement, dans cet état purement naturel, où les hommes, considérés comme égaux et indépendans les uns des autres, sont supposés n'avoir pas encore de maître commun sur la terre qui puisse leur imprimer cette crainte ou leur donner cette espérance, et mettre en mouvement ces deux grands ressorts du cœur humain, il peut bien y avoir des règles qu'un esprit raisonnable doive se prescrire à lui-même pour son propre bien ; mais, peut-on dire qu'il y ait un droit obligatoire, ou de véritables lois coactives ? Ne manque-t-il pas toujours, aux règles les plus conformes aux lumières naturelles, cette partie de la loi qu'on appelle la *sanction*, c'est-à-dire, cette disposition pénale, souvent plus efficace que l'attrait de la récompense, qui seul peut assujettir l'homme et le contraindre à l'observation de la loi ? Ainsi, me diront les mêmes critiques, donnez, si vous le voulez, à vos règles, le nom de *devoirs naturels*; appelez-les des principes, ou des préceptes de morale ; mais ne prodiguez pas le nom de *loi* à des règles impuissantes, auxquelles il manque des armes ou des grâces pour dominer par la crainte, ou pour régner par l'espérance.

Ce raisonnement est-il aussi solide qu'il se présente sous une forme spécieuse, et presque séduisante? Cette question mérite bien que je m'arrête ici pour l'examiner avec toute l'attention qu'il demande.

LES RÈGLES qu'une raison éclairée inspire à l'homme sur ses devoirs naturels à l'égard de Dieu, de lui-même, de ses semblables, peuvent-elles porter justement le nom de Droit, et être regardées comme des véritables Lois?

I. Si j'avois voulu écarter entièrement cette question, pour m'épargner la peine de la résoudre, je n'aurois eu besoin que d'une réflexion bien simple qui s'offre d'elle-même à mon esprit.

Que m'importe, en effet, qu'on donne le nom de *loi* aux règles que je me suis prescrites, ou qu'on les appelle simplement des devoirs ou des préceptes de morale, qui, par eux-mêmes, n'exercent pas, sur moi, un empire de contrainte? Ne me suffit-il pas de savoir, comme je m'en suis convaincu, que l'observation de ces règles est nécessaire pour la perfection, et, par conséquent, pour le bonheur de mon être?

Ai-je besoin qu'une puissance extérieure vienne m'effrayer par la terreur des peines dont elle me menace, pour me contraindre à aimer tout ce que je dois aimer? Et qu'est-ce qu'une loi positive pourroit ajouter à l'efficacité des motifs qui m'y engagent? En un mot, la force de ces règles ne dépend point de leur nom. Et quelle loi peut exercer une contrainte plus douce, et en même temps plus puissante, sur un être raisonnable, que celle qui agit sur lui par ce désir permanent et invincible qu'il a d'être heureux; en sorte qu'il est obligé d'aimer cette loi, et de s'y conformer par l'amour continuel qu'il a pour lui-même?

II. Mais je ne me contenterai pas de fermer la bouche, par cette seule réflexion générale, à ceux qui veulent douter de la force du *droit naturel*, et je ne craindrai point d'entrer avec eux dans une discussion plus profonde de la question qu'ils me donnent lieu d'agiter.

Je les prierai donc d'abord de se souvenir que, suivant leurs principes mêmes, ce qui fait la force des lois les plus impérieuses, n'est pas tant l'attrait de la récompense (motif qui se trouve rarement dans les lois humaines), que la terreur qu'elles impriment par la crainte des peines dont elles menacent les réfractaires.

Il n'y a même personne qui ne sente que la crainte du mal agit beaucoup plus puissamment sur la plupart des hommes, que l'espérance du bien. C'est par la force de cette crainte que la loi se fait respecter.

Il n'y a que Dieu, comme on le dira dans la suite, dont la volonté, essentiellement et souverainement efficace, opère immédiatement tout ce qui lui plaît. Le législateur absolu, le monarque le plus puissant n'a point d'autre voie pour faire exécuter ses lois, que de répandre la terreur par la menace des peines dont il dispose. C'est à quoi se réduit cette espèce de contrainte ou de coaction qui est attachée à la loi positive, et sans laquelle elle ne seroit plus qu'un simple conseil, ou un précepte presque toujours inefficace.

III. J'admets donc volontiers ce principe, et je crois qu'il me suffit, pour convaincre tout esprit raisonnable, que les règles du droit naturel ont tous les caractères essentiels à une véritable loi, puisqu'elles ont aussi celui de régner sur l'homme par la crainte, et par une crainte d'un ordre supérieur à celle qu'inspirent les lois émanées des législateurs les plus redoutés.

IV. Pour établir cette proposition, et pour développer encore mieux ma pensée, je distingue trois sortes de craintes, qui affermissent l'autorité des lois

humaines, et qui leur font donner le nom de *lois
coactives* :

La première leur est commune avec celle qui
fait, en grande partie, la force des lois naturelles ;
c'est celle que chaque homme a de lui-même, et des
reproches de sa conscience ;

La seconde, est la crainte qu'inspire le caractère
ou l'autorité du législateur; et cette crainte est toujours proportionnée à la grandeur des maux et des
peines qui sont à sa disposition ;

La dernière, est celle que chaque homme a des
autres sujets du même législateur, qui sont les ministres, les exécuteurs ou les vengeurs de ses lois.

Si je trouve donc que ces trois genres de crainte
se réunissent, et même dans un degré supérieur,
pour m'obliger à observer les lois naturelles, ne
serai-je pas en droit d'en conclure que rien ne manque à ces lois pour en porter justement le nom,
c'est-à-dire, pour renfermer cette espèce de coaction
qui assure l'exécution des lois positives. C'est ce
qui mérite d'être discuté plus exactement dans les
trois articles suivans :

ARTICLE PREMIER.

*Premier genre de crainte, fondé sur le caractère
ou sur la puissance du Législateur.*

I. Quel est le législateur, ou l'auteur et le fondateur du *droit naturel?* Je ne saurois douter que ce
ne soit Dieu même. Qu'est-ce, en effet, que la loi
naturelle, si ce n'est un ordre visiblement dicté par
l'auteur de la nature; une suite, ou une conséquence
nécessaire de l'idée qu'il nous donne de son Être
suprême et de notre être borné ; des rapports essentiels qui sont entre l'un et l'autre ; des relations qui
nous lient, qui nous unissent avec nos semblables,
et qui forment une société, non-seulement agréable,
mais utile, mais nécessaire pour notre perfection et
notre félicité ? Loi favorable, par conséquent, à

chaque homme envisagé séparément, favorable à tous
les hommes considérés comme ne faisant qu'un tout,
ou qu'un seul corps ; loi toujours conforme aux lumières de la raison, c'est-à-dire, à ce don du Ciel
qui nous est commun avec tous nos semblables ; loi,
enfin, dont un amour-propre éclairé suffiroit seul
pour nous apprendre les régles, et qui porte justement le nom de loi naturelle, puisque, d'un côté,
elle est l'ouvrage de l'auteur de la nature entière,
et que, de l'autre, elle renferme ce qui convient le
mieux à celle de notre être particulier.

De là vient, sans doute, que, comme je l'ai remarqué ailleurs, cette loi est gravée dans le cœur
de tous les hommes. Les passions peuvent bien l'obscurcir quelquefois, et pour un temps, mais elles ne
l'effacent jamais. C'est à cette loi que tous les hommes
appellent toujours leurs semblables, comme à la con-
servatrice et la protectrice du genre humain. C'est
par elle qu'ils condamnent les autres hommes, par
elle qu'ils se condamnent eux-mêmes ; et il est évident qu'une impression si générale, un sentiment
si commun à tous les peuples, et inséparable de
la nature humaine, ne peut venir que d'une cause
commune, c'est-à-dire, de l'auteur même de cette
nature.

II. Il est évident que trois sortes de sentimens
concourent à former cette impression de crainte que
le législateur, considéré en lui-même, fait sur notre
esprit :

1.º La connoissance que nous avons de la vérité
constante et reconnue de son pouvoir ;

2.º L'idée que nous nous formons de la justice
avec laquelle il l'exerce ;

3.º La persuasion où nous sommes de l'étendue de
sa puissance ou de ses forces, et de l'impossibilité d'y
résister ;

En un mot, certitude de l'autorité, justice de l'autorité, l'étendue de l'autorité ; ce sont les trois caractères dont la réunion rend le législateur vraiment
redoutable ; et l'efficacité de ses lois est toujours pro-

portionnée au degré dans lequel il possède ces trois caractères.

III. Je reprends, après cela, les trois caractères qui sont le fondement de la crainte qu'inspire la menace du législateur : certitude, justice, étendue de son autorité, et je demande, ou plutôt je n'ai pas besoin de demander, s'il y a, ou s'il peut y avoir un législateur dans lequel ces trois caractères réunis aient quelque proportion avec la plénitude ou l'immensité dans laquelle Dieu les possède.

Le législateur le plus puissant sur la terre n'est qu'un homme, et, par conséquent, un être limité. Quoique son autorité puisse croître à mesure que ces trois caractères reçoivent en lui un nouvel accroissement, il est cependant vrai de dire que, à quelque degré qu'ils soient portés, son pouvoir demeurera toujours fini comme son être. Mais, dans l'Être infini, tout est infini : nulle imperfection, nulles bornes ne peuvent le restreindre ou le terminer. Sa puissance est donc infiniment certaine et infiniment juste. Je conclus par une conséquence nécessaire, que le rapport du pouvoir des plus puissans auteurs de toute loi humaine, à celui de Dieu, auteur de la loi naturelle, est le rapport du fini à l'infini.

IV. Si j'ose donc transgresser la loi naturelle, je résiste à l'ordre établi par un législateur qui possède seul la suprême autorité, seul la véritable justice, seul l'étendue immense du pouvoir ; devant lequel tout genou fléchit, toute puissance, toute force s'évanouissent ; qui tient en sa main tous les biens que je peux désirer, tous les maux que je peux craindre, et qui est le maître, non-seulement de punir, mais d'anéantir l'être qu'il a créé, et qui ose être rebelle à sa loi.

Mais, si cela est, comme je n'en saurois douter, quelle crainte fondée sur la menace d'un législateur mortel et fragile comme moi, peut jamais être comparée avec la terreur que m'impriment les lois dictées par un législateur éternel, toujours armé d'une puis-

sance infinie, et dont les paroles sont des paroles de
vie et de mort pour moi.

V. Telle est l'idée que ma raison me donne de
l'autorité des lois naturelles ; et il ne m'en faudroit
pas davantage pour me convaincre pleinement qu'il
ne leur manque rien du côté de la qualité de législateur pour être encore plus obligatoires, encore plus
coactives qu'aucunes lois positives. Mais mon esprit
se plaît à s'affermir de plus en plus dans la connoissance de cette vérité par des preuves de sentiment,
toujours plus intéressantes, et souvent non moins
convaincantes que celles du raisonnement. C'est par
la réunion des unes et des autres que je joindrai l'acquiescement de mon cœur à la conviction de mon
esprit.

VI. Je remarque d'abord qu'une impression secrète m'avertit tous les jours, que la crainte de la
puissance du suprême législateur est née, pour ainsi
dire, avec moi, comme la connoissance de ses lois.
Il semble que Dieu ait confié la garde de mon ame
à cette crainte salutaire, pour la contenir dans l'ordre
qui convient à sa perfection et à son bonheur ; pour
exercer continuellement sur elle cette espèce de contrainte, qui l'assujettit à des lois dictées par une puissance à laquelle rien ne peut résister.

VII. Ce sentiment ne m'est pas propre ; il m'est
commun avec tous mes semblables, parce que ces
lois ont été faites pour eux comme pour moi. Ils ont
reconnu la réalité de ce sentiment, dans les temps,
dans les lieux mêmes où leur esprit étoit obscurci
par les ténèbres de la plus profonde ignorance, et
ceux qui sont encore dans cet état ne le reconnoissent
pas moins. Il n'est point de nation où l'on ne trouve
des preuves de cette crainte naturelle à l'homme, de
la justice et de la puissance d'un Être supérieur, toujours prêt à punir le crime et à protéger l'innocence.

N'est-ce pas, en effet, par l'impression de cette
crainte qui les suit partout, qu'ils rougissent de certaines actions ; qu'ils voudroient pouvoir les cacher,

non-seulement aux autres, mais à eux-mêmes? Quand, malgré les efforts qu'ils fassent pour en détourner leur vue, ils sentent bien qu'ils ne sauroient éviter les regards pénétrans de l'Être qui voit tout, qui connoît tout, et qui porte le flambeau jusque dans les replis les plus ténébreux du cœur humain, un remords intérieur leur représente la Divinité comme toujours armée contre l'injustice; et de là vient encore qu'ils menacent les autres de cette puissance qu'ils redoutent pour eux-mêmes; qu'ils leur reprochent amèrement les infractions de la loi naturelle; qu'ils les citent à ce tribunal suprême qui doit exercer sa rigueur sur tous les violateurs de cette loi.

Il n'est pas même nécessaire, pour leur en faire reconnoître l'équité, l'utilité, la nécessité, que ceux qui la méprisent leur fassent actuellement un mal réel; il suffit qu'ils n'aient point d'intérêt présent qui les porte à en éluder l'autorité. Justes, et souvent sévères censeurs de la conduite des autres dans le temps qu'ils sont indulgens pour eux-mêmes, ils jugent très-sainement des règles du droit naturel, lorsqu'ils sont exempts des passions qui troublent ou qui obscurcissent leur raison.

Tant il est vrai que tout le genre humain conspire unanimement à attester la réalité et la force de cette terreur efficace qui assure l'observation des lois que leur auteur a dictées et enseignées, comme par une révélation naturelle, à tous les êtres raisonnables.

VIII. Je vais encore plus loin, et je ne craindrai point de dire que l'impiété même, ou plutôt l'extravagance de l'athéisme, fournit, malgré elle, des preuves non suspectes de cette vérité.

J'entends un poète me dire que c'est la crainte qui a formé la première, et pour ainsi dire, enfanté les dieux :

Primus in orbe Deos fecit timor (1).

Je ne m'arrête pas à lui répondre, qu'on ne

(1) *Petron. satyr. Stat. Thebaïd.*, *lib.* 3.

craint point ce que l'on ignore, et dont on n'a même aucune idée; d'où je conclurois que, si les hommes ont craint la divinité, il falloit donc qu'ils la connussent.

Mais sans raisonner ainsi sur ses paroles, j'en tire cette conséquence nécessaire, que la crainte de la divinité, a tant de pouvoir sur l'homme, et est tellement née avec lui, qu'elle l'a porté à imaginer des dieux, comme convaincu que le genre humain avoit besoin d'être contenu par une frayeur généralement répandue dans l'univers, et d'être forcé par là, à subir le joug de ces premières lois, qui font en effet toute sa sûreté.

Si un fameux disciple d'Épicure (1), voulant donner à son maître la vaine et folle gloire d'avoir osé s'élever le premier contre le sentiment de tous les hommes, me représente le genre humain comme opprimé par le fantôme de la religion, qui, levant sa tête du haut du ciel, effrayoit les mortels par un aspect redoutable; il me fait voir par sa peinture même, que ce qu'il appelle un mal, est un mal commun à toutes les nations de la terre, et, par conséquent, que la crainte de la divinité a toujours été, comme je l'ai déjà dit, la plus grande de toutes les terreurs; crainte naturelle ou innée à l'esprit humain, et aussi inséparable de son être, que la connoissance de Dieu et de lui-même.

IX. Faut-il confirmer encore cette vérité par une autre preuve de sentiment? Je la trouverai dans un lieu aussi éloigné de la véritable religion que l'athéisme; et ce sera dans l'idolatrie.

Personne n'ignore jusqu'à quel excès l'aveuglement et la foiblesse de l'homme l'avoient portée. Conservant toujours dans le fond de son ame l'idée de la divinité, et cherchant à la trouver dans tout ce qui frappoit ses sens, il avoit consacré et comme déifié tous les objets de ses craintes ou de ses désirs, en sorte que, divisant l'Être divin en autant de parties

(1) *Lucr., lib.* 1.

qu'il avoit de besoins à remplir, ou de passions à
contenter, il offroit des sacrifices à des dieux qu'il
regardoit comme malfaisans, pour détourner les maux
dont il se croyoit menacé, pendant que sa main,
non moins criminelle, immoloit des victimes à d'autres
divinités, appelées bienfaisantes, pour en obtenir
les biens qui excitoient sa cupidité. Mais, de tant
de cultes insensés, et de cette multiplication absurde de dieux imaginaires, je suis toujours en droit
de conclure que la crainte de la divinité est le plus
général de tous les motifs qui agissent sur le cœur
de l'homme. On diroit, en effet, que, convaincu par
une persuasion intime et invincible de la dépendance continuelle où il est d'un Être supérieur, il
n'ait cherché qu'à multiplier les vengeurs de ses crimes,
ou les rénumérateurs de ses bonnes actions; et, comme
ce sentiment accompagne toujours le mépris ou l'observation des règles du droit naturel, il n'y a point
de loi positive, qui puisse imprimer une crainte aussi
juste et aussi puissante.

X. Si je veux approfondir encore plus cette matière, en réunissant les preuves de sentiment et les
preuves de raisonnement, je supposerai d'abord, ou
plutôt je reconnoîtrai que je porte dans moi-même
un pressentiment secret de l'immortalité de mon
ame, et l'attente d'une vie future qui n'aura jamais
de fin. En vain, voudrois-je étouffer cette opinion
dans mon cœur, et écouter ceux qui cherchent à
l'obscurcir. Je sens en moi un principe, et comme
un germe d'immortalité qui ne me permet pas d'en
douter. La dissolution des organes de mon corps ne
me paroît point entraîner avec elle la destruction
de cet être spirituel qui lui est uni. Je ne vois dans
un être indivisible et essentiellement un, aucune
cause de séparation ou de corruption; et je ne conçois
pas pourquoi un Dieu aussi sage que puissant, n'auroit
tiré cet être du néant, que pour l'y faire rentrer après
ce court intervalle qui est entre la naissance de
l'homme et sa mort, intervalle qui n'est qu'un instant,
et encore moins aux yeux de l'Être éternel.

D'Aguesseau. Tome XV. 14

Je me dis donc à moi-même, comme Horace, et dans un meilleur sens que lui :

Non omnis moriar; multaque pars mei
Vitabit libitinam (1).

Je trouve en moi une autre idée qui achève de me confirmer dans ce sentiment.

En effet, si je ne saurois concilier la supposition de la mortalité de mon ame, avec l'idée que j'ai de la sagesse de Dieu, je peux encore moins l'accorder avec celle que j'ai de sa justice.

Le partage très-inégal des biens et des maux du monde présent, la prospérité dans laquelle je vois souvent couler les jours de l'homme injuste, l'adversité qui n'accompagne pas moins souvent ceux du juste ou de l'homme de bien, m'annoncent également qu'un Dieu qui est la justice même, ne sauroit permettre qu'un si grand désordre dure toujours, en laissant le vice éternellement sans punition, et la vertu éternellement sans récompense.

J'en conclus donc qu'il viendra un temps, et qu'il y aura après cette vie, destinée à l'épreuve des bons et des méchans, un état où une inégalité si surprenante sera avantageusement réparée, et où le juste souverainement heureux, l'injuste souverainement malheureux, feront également, s'il est permis de parler ainsi, l'apologie de la providence.

En vain, quelques-uns de mes semblables, à qui leur ame prophétise comme à moi, un avenir favorable aux observateurs de la loi naturelle, et redoutable à ses violateurs, voudroient pouvoir écarter cette pensée importune, qui trouble et qui empoisonne leurs plaisirs. Elle les suit partout malgré eux; elle redouble leurs frayeurs à mesure qu'ils approchent du terme fatal de leur course; et, tôt ou tard, ils sont forcés de reconnoître que l'homme trouve également dans lui-même, et une réponse de mort par rapport à son être corporel, et une

_____

(1) *Horat.*, lib. 3, od. 24.

réponse de vie ou d'immortalité par rapport à son être spirituel.

Non-seulement le plus grand nombre des philosophes, mais presque tous les poètes sans en excepter les plus profanes, me font voir que cette opinion ne m'est pas propre, et que tel est le sentiment perpétuel et universel du genre humain.

La fable même a rendu témoignage sur ce point, à la vérité; et il ne seroit pas possible que toutes ses fictions sur l'état des ames séparées de leurs corps, sur les supplices des méchans, sur les récompenses des bons, eussent acquis une si grande autorité dans l'esprit des peuples, si elles n'eussent été fondées sur une très-ancienne tradition qui remontoit jusqu'à l'origine de l'humanité, et qui, quoique obscurcie par un mélange fabuleux d'images grossières, s'étoit conservée et transmise d'âge en âge, dans toutes les nations, en sorte que c'est ici une de ces matières où l'on peut dire que le faux même est une preuve du vrai.

XI. Rien ne fait mieux sentir combien une opinion a jeté d'anciennes et de profondes racines dans l'esprit de tous les hommes, que lorsque la tradition peut en être prouvée, non-seulement par le témoignage de ceux dont les écrits ont résisté à l'injure des temps, mais par des faits mêmes qui en sont comme des témoins muets, et, par là, encore plus irréprochables; j'entends parler ici des mœurs et des usages observés dans tous les pays de la terre qui nous sont connus. Or, tel est le caractère de l'opinion que tous les hommes ont naturellement d'un Dieu vengeur qui punit rigoureusement après la mort tous les infracteurs de la loi naturelle.

C'est sur ce sentiment qu'est fondé l'usage établi en tous lieux; soit de ces jurémens familiers, pour ainsi dire, qui ne sont que trop souvent dans la bouche de tous les hommes lorsqu'ils veulent assurer la vérité d'un fait, et exiger qu'on les croie sur leur parole; soit de ce serment solennel qu'ils regardent comme le plus ferme appui des engagemens humains, parce qu'ils y rendent Dieu même garant de leur

14*

bonne foi, et de la stabilité de leurs promesses. On diroit que la nature ait gravé dans leur cœur ces paroles de saint Paul (1) : *que les hommes jurent par celui qui est plus grand qu'eux*; et que toutes leurs querelles, tous leurs différends se terminent par le serment, qui est regardé comme la plus grande assurance qu'ils puissent se donner réciproquement.

Pourquoi donc ce respect, cette vénération pour le serment, ont-ils fait une impression si profonde sur le genre humain ? Ce n'est pas seulement parce que, suivant la remarque d'un ancien philosophe, l'homme y atteste et y prend à témoin la vérité de Dieu même, comme s'il disoit : le fait que j'assure, ou l'engagement que je contracte, est aussi certain ou aussi inviolable, qu'il est vrai qu'il y a un Dieu qui l'entend, un Dieu incapable de tromper ou d'être trompé. Mais une raison encore plus sensible, et plus à la portée de tous les esprits, a rendu la religion du serment encore plus redoutable à tous les peuples de la terre: c'est la persuasion intime où ils ont toujours été, et où ils sont encore, que Dieu est le juge sévère et inévitable de la violation du serment, comme d'un outrage fait à la divinité. Ils ont regardé, et ils regardent le parjure, comme un crime de lèze-majesté divine, dont Dieu se doit à lui-même le châtiment et la vengeance.

En effet, cette expression de saint Paul (2), *Deum testem invoco in animam meam*, j'invoque, j'appelle Dieu à témoin contre mon ame si je trahis la vérité, est renfermée au moins tacitement dans tout genre de serment. Quiconque le prête, prononce une imprécation, un anathème contre lui-même, en cas qu'il manque à sa parole ; c'est une vérité que toutes les anciennes formules, toutes les cérémonies religieuses des sermens prouvent également.

Ainsi, pour remonter à la plus haute et à la plus sainte antiquité, nous voyons que cette espèce de

(1) Hebr. 6, ℣. 16. (2) Ep. 2, Cor., ch. 1, ℣. 23.

traité qui fut fait entre Jacob et Laban sur les limites de leurs possessions, contient une menace
expresse des jugemens de Dieu (1) : *que Dieu*, dit
Laban, *que le Dieu d'Abraham et de Nachor*,
le Dieu de leurs pères, voie et juge entre nous;
et Jacob jure de son côté par le Dieu que son père
avoit révéré avec une sainte frayeur.

Si l'on croit que les preuves tirées des auteurs profanes soient encore plus propres, en un sens, à montrer
l'opinion commune et le sentiment naturel de tous
les peuples, écoutons celui que la Grèce a appelé
le divin Homère, et qu'elle a respecté, non-seulement comme le plus grand des poètes, mais comme
renfermant tous les mystères ou tous les symboles de
sa théologie.

Dans ce serment solennel qui précéda le combat
singulier de Ménélas et de Pâris, on voit d'un côté
que l'on apporte deux agneaux, dont le sang répandu
devoit être l'image de la peine des parjures, et dont
les *poils*, pour le figurer encore mieux, furent dis-
tribués de part et d'autre aux deux armées. On remarque d'un autre côté qu'avant que d'égorger les
deux victimes, Agamemnon, en présence du roi Priam,
lève les mains au ciel, et prononce ainsi son serment
en forme de prière, dont il suffit ici de rapporter la
substance.

« Père des dieux, Jupiter, soleil qui vois tout et
» qui entends tout, fleuves et terre, et vous qui pu-
» nissez les mortels lorsqu'ils descendent dans les
» enfers, si quelqu'un se parjure aujourd'hui, soyez-
» en les témoins, et les conservateurs de la sainteté
» des sermens ».

En achevant ces mots, il porte le fer dans la gorge
des agneaux ; et, après les libations ordinaires, les
troyens se réunissent avec les grecs pour prendre
encore les dieux à témoins.

« Grand Jupiter, disent-ils, et vous tous, dieux
» immortels, si quelqu'un des deux peuples viole ce

____

(1) Gen., ch. 3i, ỳ. 53.

» serment, que sa cervelle et celle de ses enfans soient
» répandues sur la terre comme le sang qu'on vient
» de verser ».

Le récit de ces cérémonies fera-t-il encore plus
d'impression dans la bouche des historiens, que
dans celle des poètes ? On les trouvera renfermées
dans la formule du serment, qui, selon Tite-Live,
précéda le célèbre combat des Horaces et des Cu-
riaces.

Ecoutez, Jupiter (1), (dit le hérault du peuple
romain), *et vous albains, prêtez l'oreille : si le
peuple romain manque à l'observation du traité qui
vient d'être récité publiquement, frappez-le alors,
comme je vais frapper aujourd'hui ce porc, et d'autant plus durement, que vous avez plus de force et de
puissance.* Et en achevant ces paroles, il frappa le porc
avec un caillou.

Si le christianisme a fait abolir cette ancienne
cérémonie, on y avoit substitué pendant plusieurs
siècles des menaces de la vengeance divine, des imprécations et des anathèmes beaucoup plus capables
de faire impression sur des esprits raisonnables, que
le spectacle allégorique d'une victime immolée à
des dieux imaginaires. C'est même ce qui avoit fait
établir, pendant quelque temps, l'usage d'avoir recours aux ministres de l'église, et surtout au souverain pontife, pour assurer l'observation des traités
passés entre des princes chrétiens, par le respect
de la religion, et par la crainte des peines spirituelles, plus redoutables en effet que les peines temporelles.

L'abus que les flatteurs de la cour de Rome ont
voulu faire de ces anathèmes, pour en conclure que
le pape avoit un pouvoir, au moins indirect, sur le
temporel des rois, a fait cesser cet usage; mais le fond
de l'obligation qui se contracte par le serment, et
cette imprécation tacite, mais réelle, qu'il renferme
essentiellement, n'en subsiste pas moins. La crainte

(1) *Tit. Liv., lib.* 1, *n.* 24.

d'un Dieu vengeur, y demeure toujours inséparable-
ment attachée ; et, dans tous les temps comme dans
tous les pays, il sera vrai de dire, que cette crainte
commune à tout le genre humain, est regardée
comme le plus puissant motif de la soumission qui
est due à l'autorité des lois, et surtout de la loi
naturelle.

De là, vient cette horreur avec laquelle on regarde
les parjures. Détestés partout comme coupables d'une
infidélité, qui peut être appelée sacrilége, ils portent,
dès cette vie, une partie de la peine que mérite
leur crime, et ils deviennent une preuve vivante de
l'impression que la religion du serment, et par conséquent la crainte de la justice divine font sur tous
les cœurs.

XII. A tant de preuves qui me convainquent que,
du côté du législateur, il ne manque rien aux lois
naturelles, pour avoir cette force coactive qui dépend de la crainte des peines, je dois ajouter
encore deux réflexions importantes, que je réunis à
cause de la grande liaison qu'elles ont entr'elles.

PREMIÈRE RÉFLEXION.

Je vois que Dieu, auteur de toute-puissance,
comme je le dirai bientôt, a permis à toutes celles
qui règnent sur la terre, de donner des lois aux
peuples qui leur sont soumis. Mais, comme dans ce
monde elles n'ont point de supérieur visible, qui
puisse leur en donner à elles-mêmes, il n'y a
que Dieu qui règne sur les puissances souveraines ;
et le seul frein capable de les contenir, est la
crainte du maître commun, de l'arbitre suprême de
tous les êtres, qui par cette raison est appelé *le roi
des rois.*

C'est ce que Horace exprimoit par ces deux vers :

> *Regum timendorum in proprios greges,*
> *Reges in ipsos imperium est Jovis* (1).

(1) *Horat.*, *lib.* 3, *od.* 1.

Mais, dans ce haut degré de puissance, qui les rend supérieurs à tous leurs sujets, et inférieurs à Dieu seul, ils sentent qu'ils sont hommes, et la ridicule ambition des princes, qui ont voulu passer pour des Dieux, a été regardée comme une folie. Envain aspiroient-ils à partager les honneurs de la divinité : on n'en disoit pas moins d'eux, que celui qui prétendoit se faire adorer, par les peuples, comme un Dieu, n'étoit certainement qu'un homme à ses propres yeux.

Forcés de reconnoître qu'ils sont hommes, ils sentent, par conséquent, qu'ils sont mortels ; que le moment de la mort les égalera au moindre de leurs sujets ; et qu'ils retomberont alors entre les mains d'un juge redoutable, au tribunal duquel il n'y a point d'acception de personnes ; et par qui, comme il le déclare lui-même dans ses écritures, les puissans, qui auront abusé de leur pouvoir, seront aussi le plus puissamment tourmentés (1).

Telle est donc l'impression de cette crainte, sur l'esprit de ceux mêmes qui ne craignent personne, qu'elle suffit seule pour les assujettir à l'empire des lois naturelles. Ils font gloire d'en respecter, d'en suivre les règles : ils souffrent impatiemment le reproche de les avoir violées. On n'en a presque point vu dans quelque pays que ce fût, et de quelque religion qu'il fît profession, même pendant le règne de l'idolatrie, qui n'ait recommandé le culte d'un Être suprême, à qui il devoit lui-même rendre compte de ses actions ; enfin, qui ne se soit reconnu soumis à ce droit naturel, qui avoit sa source dans la divinité même. C'est, en effet, aux lois naturelles que l'on doit principalement appliquer ces belles paroles d'un empereur romain (2).

« La majesté du souverain ne s'explique jamais » plus dignement, que lorsqu'il reconnoît haute- » ment que son pouvoir est borné par les lois. Se

---

(1) Sagess., ch. 6, ý. 7. — (2) Théodose le jeune et Valentinien, 3 cod., lib. 1, tit. 14, *de legibus*, leg. 4.

» soumettre à leur empire, c'est quelque chose de
» plus grand que l'empire même ».

DEUXIÈME RÉFLEXION.

Si les lois naturelles ont assez de force pour régner sur les rois mêmes, par la crainte de l'auteur
de ces lois, elles ne règnent pas moins entre les
rois ou entre les différentes nations, comparées les
unes avec les autres. Elles sont le seul appui ordinaire de ce droit, qui mérite proprement le nom de
droit des gens, c'est-à-dire, de celui qui a lieu de
royaume à royaume, ou d'état à état.

Aucun supérieur commun, aucune autorité humaine, n'a le pouvoir de commander ou de donner
des lois à l'un et à l'autre : également et réciproquement indépendans, ils n'ont pour règle que leur
seule volonté. Quel est donc le motif qui les contient mutuellement dans de justes bornes, qui suffit
communément, et hors des temps de guerre, pour
empêcher, des deux côtés, l'infraction du droit naturel ; qui, pendant la guerre même, leur fait conserver, jusqu'à un certain point, le respect dû aux
droits de l'humanité ? Il est évident qu'on ne peut en
imaginer aucune autre raison, que cette crainte de la
divinité, qui est commune à tous les hommes. Ceux
qui gouvernent, sentent, comme ceux qui sont gouvernés, que toutes les nations, comme tous les hommes,
considérés séparément, ont un Maître suprême, dont
un de nos plus grands poètes a dit :

> Des plus fermes états, la chute épouvantable,
> Quand il veut, n'est qu'un jeu de sa main redoutable (1).

C'est la crainte, et la seule crainte de ce bras
tout-puissant, qui met un frein à la fureur des peuples ; et c'est ce qui les oblige à se renfermer dans les
justes bornes de leurs droits réciproques. Heureux,
quand ils suivent ces règles de la loi naturelle, qui

(1) Esther, acte 3, scène 4.

sont la source du droit des nations : malheureux, quand ils s'en écartent ; ils sont toujours instruits, par leurs malheurs mêmes, de l'obligation de se conformer à cette loi salutaire, qui décide de leur félicité ou de leur infortune !

Ne suis-je donc pas en droit de conclure également de ces deux réflexions, que, comme il y a des lois primitives que la nature dicte à tous les hommes, il y a aussi une crainte générale qu'elle leur inspire pour l'Auteur suprême de ces lois ; crainte dont la force et l'efficacité n'éclatent jamais davantage, que lorsqu'on voit, d'un côté, qu'elle règne sur les rois mêmes, et, de l'autre, qu'elle se suffit à elle-même, pour devenir comme une digue et une barrière puissante, à laquelle viennent se briser les flots, ou les mouvemens impétueux des nations les plus indépendantes les unes des autres ?

XIII. Je peux à présent réduire à une seule proposition, tout ce que je viens de dire sur cette espèce de coaction ou de contrainte, qu'une utile frayeur attache aux lois naturelles ; et la vérité de cette proposition est si évidente, qu'elle n'a pas besoin de démonstration.

Les peines dont les puissances de la terre nous menacent, pour nous faire obéir à leurs lois positives et temporelles, sont aux peines que Dieu prépare aux violateurs des lois naturelles et éternelles, comme le législateur est au législateur, ou comme l'homme est à Dieu, c'est-à-dire, comme le fini à l'infini ; et il semble que cette espèce de proportion soit clairement renfermée dans les derniers termes de la formule de serment que Tite-Live (1) nous a conservée : *tantò magis ferito, quantò magis potes, pollesque.* Comme si le héraut, qui prononçoit cette formule, avoit dit : *Dieu, autant que votre force et votre puissance, l'emporte sur celle de l'homme, frappez le parjure infiniment plus que je ne peux frapper cette victime.*

_____

(1) *Tit.-Liv.*, lib. 1, n. 24.

Il n'y a donc aucune comparaison à faire entre
les divers genres de crainte que le pouvoir du Législateur divin et l'autorité des législateurs humains
nous inspirent, ni, par conséquent, entre les différens degrés de coaction, que des craintes si dispro-
portionnées attachent aux lois naturelles et aux lois
civiles.

C'est ce qui a fait dire aux jurisconsultes romains,
qu'une loi positive peut être détruite ou abrogée par
une autre loi positive ; mais qu'une pareille loi ne
peut jamais donner aucune atteinte à la loi naturelle (1), *civilis ratio civilia quidem jura corrumpere
potest; naturalia verò non utique.* Et c'est aussi ce
qui peut servir à fixer le véritable sens de ces paroles remarquables d'un empereur romain (2) : *juris-
jurandi contempta religio satis Deum ultorem habet;*
c'est-à-dire, que, pour assurer la religion du serment, et l'engagement redoutable qui en est l'effet,
il suffit de savoir que c'est Dieu même qui est le
juge et le vengeur du parjure : paroles qu'on peut
appliquer également à toute infraction des lois naturelles. La justice de l'auteur de ces lois n'est pas
moins armée contre ceux qui les transgressent, que
contre les violateurs du serment qui n'ajoute rien à
l'obligation de les observer, ni à la force de nos engagemens, et qui ne sert qu'à nous rappeler le souvenir de cette justice inexorable.

XIV. Je n'ai employé jusqu'ici, que des preuves
de sentiment et de raisonnement, pour faire voir que
les règles du *droit naturel*, ouvrage du divin législateur, ne méritent pas moins le nom de lois coactives, que les lois civiles ou positives qui sont émanées des législateurs humains. Mais, s'il étoit nécessaire d'y joindre des preuves d'un autre genre, je
pourrois accumuler ici une foule d'autorités, pour
faire voir que cette vérité a été reconnue et attestée

(1) *Inst. de legitimâ adgnat. tutelâ, l.* 3. — (2) Alexandre Sévère, liv. 4. tit. 1. leg. 11. cod. *de reb. cred. et de jure jurando.*

par les hommes de tous les pays, de tous les temps, de toutes les conditions. Mais c'est un détail qui me meneroit trop loin; et j'ai peut-être à me reprocher de m'être trop étendu sur ce premier point. Il est temps de passer au second, et d'envisager la même matière sous une autre face; je veux dire, qu'après avoir considéré combien la loi naturelle est obliga-toire et coactive, à n'envisager que l'autorité du lé-gislateur, je dois me convaincre à présent qu'elle ne l'est pas moins, lorsque j'en juge par les sentimens et la disposition de celui à qui elle est imposée, c'est-à-dire, de l'homme.

ARTICLE DEUXIÈME.

Deuxième genre de Coaction, ou de Contrainte, attachée à la loi naturelle; la crainte que l'homme a de lui-même.

I. Tout ce que j'ai observé, dans le premier ar-ticle, sur les effets de la terreur, que la puissance du suprême Législateur imprime dans le cœur de l'homme, pour le soumettre à la loi naturelle, con-vient aussi à l'article présent, parce que le jugement intérieur que je porte de moi-même, et la crainte que j'ai des reproches ou des remords de ma con-science, se mêlent et se confondent tellement avec l'opinion que j'ai de la justice divine, et la frayeur qui en est l'effet, qu'on peut dire que je ne me crains moi-même, que parce que je crains Dieu. Mais, sans m'arrêter à rechercher ici trop subtilement la différence, ou à mesurer la distance de deux senti-mens qui ont une liaison si intime, je ne saurois douter que je ne les aie l'un et l'autre. *Je crains Dieu*, c'est ce qui a fait la matière de l'article premier: *je me crains moi-même*, c'est l'objet de l'article présent.

II. Mais, comment peut-il se faire que je me crai-gne moi-même? C'est une question à laquelle je

pourrois me dispenser de répondre. La vérité, la
réalité de cette crainte me sont intimement connues,
et quand l'existence actuelle d'un fait est certaine,
la possibilité en est plus que démontrée. Mais il ne
sera peut-être pas inutile de m'arrêter ici un moment
à examiner quelles sont la cause et la nature d'une
crainte qui paroissent d'abord si singulières, parce
que cette recherche pourra répandre un plus grand
jour sur ce que je dirai dans la suite de cet article.

Je me demande donc, encore une fois, comment
il peut être vrai que je me crains véritablement ?
Par quel changement extraordinaire mon amour-
propre se changeroit-il en une espèce de colère ou
d'indignation contre moi-même ? N'est-ce pas cet
amour qui me fait regarder tous les mouvemens,
toutes les opérations de mon ame, avec une secrète
complaisance ? Il met un voile sur mes défauts : il
les transforme même quelquefois en vertus. Comment donc cet approbateur, ce flatteur perpétuel,
deviendroit-il pour moi un moniteur importun, et
un censeur sévère ? C'est un problème que Médée,
ou plutôt Ovide, semble avoir résolu, il y a long-
temps, lorsqu'il lui fait dire :

Video meliora, proboque ;
Deteriora sequor (1).

La théologie du paganisme, peu éloignée, sur
ce point, de celle du christianisme, distinguoit donc,
si l'on peut parler ainsi, deux hommes dans le même
homme, et comme deux ames dans une seule.

D'un côté, une ame éclairée, intelligente, raisonnable, qui connoît son devoir, qui sait en quoi consiste la perfection de son être, et qui sent que c'est
là qu'elle doit chercher son bonheur ;

De l'autre, une ame troublée, et obscurcie par
les nuages que les passions y répandent : aveugle sur
ses véritables intérêts ; entraînée par l'impression

(1) *Ovid.*, lib. 7, *Metamorphos.* 1.

séduisante des objets sensibles, plutôt que conduite
par les lumières de son intelligence; cherchant son
bonheur dans ses égaremens mêmes, et s'en éloignant
toujours de plus en plus, parce qu'elle veut le trouver dans ce qui fait son imperfection.

Voilà ce qui avoit porté l'ancienne philosophie à
donner deux ames à l'homme. L'une, raisonnable;
l'autre, qu'elle appeloit sensitive : la dernière, faite
pour obéir à la première, mais cherchant toujours
à en secouer le joug, et n'y réussissant que trop
souvent.

S'il a paru absurde de vouloir faire deux ames
d'une seule, et de partager un être indivisible; une
meilleure philosophie, et même la théologie la plus
sublime, en nous apprenant le changement arrivé
dans l'état de l'homme, a substitué aux anciennes
chimères la célèbre distinction de la nature primitive
de l'homme, où tout étoit sain et dans l'ordre; et
de la nature altérée et corrompue de l'homme spirituel, qui sait soumettre le sentiment à la raison, et
de l'homme terrestre et animal, en qui le sentiment
ou la passion usurpe souvent l'empire de la raison.

Une conscience intime et une expérience continuelle m'apprennent, comme à tous mes semblables, la réalité de cette distinction. Je sens, tous les
jours, mon cœur partagé et comme déchiré par deux
mouvemens contraires; l'un, qui le porte vers le
bien, que ma raison lui montre intérieurement;
l'autre, qui l'entraîne vers le mal, revêtu d'une apparence de bien, que les sens, ou son imagination lui
présente. Mais, dans le temps même de cette espèce
de sédition domestique, ou plutôt intestine, qui
s'élève entre moi et moi-même (état violent où il
m'arrive souvent de ne pas faire le bien que je veux,
et de faire le mal que je ne veux pas), je ne cesse
point d'apercevoir, et de craindre le jugement de
ce censeur rigoureux que je porte dans mon sein. Je
ne saurois m'empêcher de prévoir ce triste retour
que mon ame fera tôt ou tard sur elle-même, ou ce
reproche inévitable qu'elle se fera, un jour, d'avoir

sacrifié sa perfection , et, par conséquent, son véritable bonheur , à la douceur passagère et rapide
d'un plaisir criminel, dont il ne lui reste qu'un souvenir amer, et un repentir cruel ; en sorte que, par
la crainte même de cette espèce de tourment, je
rends, malgré moi, un témoignage certain à la justice et à la force de la loi naturelle , dans le temps
même que je m'en écarte le plus.

III. Veux-je me convaincre de la réalité, et, pour
ainsi dire , de l'universalité de ce sentiment que la
nature, ou plutôt son auteur, a gravé dans le cœur
humain ? Je reconnois d'abord que mes semblables
regardent tous comme un véritable supplice pour
l'homme , d'être mal avec lui-même. Envain cher-
chent-ils à l'éviter, en détournant leurs yeux d'un
objet qu'ils ne peuvent voir sans douleur , et en se
fuyant eux-mêmes. C'est ce qui a fait dire à un ancien poète :

Hoc se quisque modo semper fugit.

Mais Sénèque répond fort bien : *quid prodest, si
non effugit* (1)? Que sert à l'homme de se fuir, s'il
ne peut échapper et se dérober à lui-même; si l'idée
de son crime le poursuit en tous lieux, et, pour me
servir d'une expression de l'Écriture sainte, si *son
péché couche toujours à sa porte*, sans lui permettre
jamais de dormir en repos (2)? C'étoit la crainte de
cet état, qui dictoit à Horace le conseil qu'il donnoit à
son ami , de consulter les sages , pour apprendre
d'eux à diminuer ses inquiétudes, de se rendre ami
de lui-même , et s'affermir dans une parfaite tranquillité :

Quid minuat curas , quid te tibi reddat amicum ?
Quid purè tranquillet, etc. (3) ?

IV. La fable même, qui, dans son origine , n'a
souvent été qu'une espèce de morale , présentée aux

_____

(1) *De tranquil. animi, cap.* 2. — (2) Génès., ch. 4, ỳ. 7.
— (3) *Horat., lib.* 1, *ep.* 18, *ad lollium.*

yeux du peuple sous des images sensibles, devient pour moi une nouvelle preuve de cette vérité.

Personne n'ignore la fiction, célèbre dans l'antiquité profane, de cet anneau trouvé par le pasteur Gygès, qui le rendoit invisible quand il tournoit la pierre de son côté, et qui le mettoit par là en état de commettre impunément les plus grands crimes, parce qu'il ne craignoit pas d'en avoir des témoins.

Mais cet anneau, qui le cachoit à la vue des autres hommes, ne le déroboit point à la sienne; et c'est ce qui a donné lieu à Platon de traiter ce fameux problème de morale, où il examine si, supposé qu'un pareil anneau tombât entre les mains de l'homme de bien, il demeureroit fidèle à la justice, ou si l'assurance de l'impunité le rendroit injuste et coupable (1). Mais ce problème ne mérite pas même ce nom, si l'on en croit ce grand philosophe et ceux qui ont marché sur ses traces. Que serviroit, selon eux, à l'homme de bien cet anneau de Gygès? Il veut être juste pour lui-même, et non pour en avoir la réputation dans l'esprit des autres hommes. S'il craint la censure, il redoute encore plus celle de sa conscience; et il ne veut point se mettre dans un état, où, pour parler comme un de nos plus grands poètes, il ne pourroit *sans horreur se regarder lui-même.*

Cicéron (2), voulant enchérir sur Platon même à cet égard, semble avoir imaginé la méthode la plus ingénieuse pour arracher cet aveu à ceux qui, dans le fond de leur ame, voudroient que la justice ne fût qu'une chimère.

Je leur demande, dit cet orateur philosophe, ce qu'ils feroient de l'anneau de Gygès s'il tomboit entre leurs mains? Ils me répondent que l'histoire de ce berger n'est qu'une fable imaginée par Platon qui suppose une chose impossible. Mais, leur dis-je, elle ne l'est point absolument, elle peut même se réaliser dans plusieurs occasions où l'homme se trouve en état de pécher contre la loi naturelle, avec aussi

(1) *De repub.*, lib. 2. — (2) *Offic.*, lib. 3, cap. 9.

peu de crainte d'être découvert que s'il avoit à son
doigt ce fameux anneau. Je les presse donc de me
dire ce qu'ils feroient dans cette supposition ; et s'ils
se contentent toujours de nier la possibilité du fait,
je leur réponds que ce n'est point de la possibilité
qu'il s'agit entre nous, et que toute la question est
de savoir ce qu'ils feroient si ce qu'ils regardent
comme impossible devenoit en effet possible ; enfin,
s'ils refusent encore de s'expliquer clairement, j'ar-
gumente contr'eux de leur refus même. Il ne peut
être fondé que sur ce qu'ils sentent bien que s'ils
me faisoient une réponse précise, il arriveroit de
deux choses l'une, ou que, en avouant que s'ils pouvoient se rendre invisibles, ils se livreroient sans mesure aux passions les plus injustes, ils seroient forcés
d'avouer en même temps qu'ils sont des scélérats,
ou que, s'ils faisoient une meilleure réponse, ils ne
pourroient s'empêcher de reconnoître la vérité de
ce respect que l'homme a naturellement pour lui-
même, et de sentir que la crainte de devenir un
spectacle insupportable à [ses propres yeux suffit
pour lui faire observer la loi naturelle, quand même
il seroit sûr de pouvoir la violer impunément.

Je conclus donc avec Cicéron, que, puisque nul
homme ne veut avouer qu'il abuseroit de l'anneau de
Gygès, s'il en étoit le possesseur, il est donc vrai que
tout homme regarde cette disposition comme contraire
à la perfection de son être, instruit par la nature
même à craindre ce juge intérieur, dont elle a placé
le siége dans le cœur de toute créature intelligente.

V. En effet, ce ne sont pas seulement les philosophes qui ont pensé de cette manière pendant le règne
même de l'idolâtrie, les poètes les moins scrupuleux
ont attesté la vérité et l'efficacité de cette crainte.

J'entends un ancien poète me dire, que rien n'est
plus misérable qu'une ame à qui sa conscience reproche une action criminelle.

Nihil est miserius, quàm animus hominis conscius (1).

(1) *Plaut. Mostellaria*, act. 3, sc. 1, v. 13.

Un autre me dit dans des termes encore plus énergiques, que la première punition du crime est
qu'aucun coupable n'est absous, quand il n'auroit
pour juge que lui seul.

> *Prima hæc est ultio, quòd se*
> *Judice, nemo nocens absolvitur* (1).

Qu'en vain échappe-t-il à la rigueur des lois,
puisqu'il retombe entre les mains d'une conscience
redoutable qui l'effraie, qui le trouble continuellement par un souvenir vengeur, qui exerce sur lui
une espèce de torture intérieure :

> *Cur tamen hos tu*
> *Evasisse putes, quos diri conscia facti*
> *Mens habet attonitos, et surdo verbere cædit,*
> *Occultum quatiente animo tortore flagellum* (2)?

Tourment plus rigoureux, selon le même poète,
que ceux que Rhadamante fait souffrir dans les enfers. Et en quoi consiste ce tourment? A porter
nuit et jour dans son cœur un témoin qui en devient
le bourreau.

> *Pœna autem vehemens ac multò sævior illis,*
> *Quas aut Cœditius gravis invenit, aut Rhadamantus,*
> *Nocte dieque suum gestare in pectore testem* (3).

La morale même poétique a été portée jusqu'à dire,
que la seule volonté de commettre le crime éprouvoit
cette espèce de châtiment :

> *Has patitur pœnas peccandi sola voluntas* (4).

Et un autre poète saisi d'un enthousiasme vertueux,
ne croit pas pouvoir faire une imprécation plus forte
contre la cruauté des tyrans, que de leur désirer

(1) *Juven.*, sat. 13, v. 2 et 3. — (2) *Ibid.*, sat. 13, v. 192
et seq. — (3) *Ibid.*, sat. 13, v. 196 et seq. — (4) *Ibid.*, sat. 13,
v. 208.

pour supplice la peine d'avoir toujours devant les
yeux le spectacle de la vertu, et de sécher de frayeur
à l'aspect de celle qu'ils ont abandonnée.

> Magne pater divum, sœvos punire tyrannos
> Haud alia ratione velis, cum dira libido
> Moverit ingenium, ferventi tincta veneno :
> Virtutem videant, intabescantque relictâ (1).

La vérité que ces poètes attestent, fait naturellement une impression si forte sur tous les esprits,
que les peuples même en rendent témoignage.

Un acteur récite sur le théâtre d'Athènes ce vers,
où un poète tragique faisoit ainsi le portrait d'un
homme juste :

> Il ne veut pas sembler juste, mais l'être (1).

Tout le peuple applaudit à cette peinture, et en
fait sur-le-champ l'application à Aristides présent,
à qui il avoit donné en effet le surnom de juste.
Thémistocles annonce au même peuple, qu'il lui
est venu dans l'esprit une pensée souverainement
avantageuse à la république, mais qu'il seroit
dangereux de proposer en public. Le peuple lui
ordonna de la communiquer au seul Aristides.

Thémistocles lui confie son dessein, et Aristides
revient dire au peuple assemblé, que rien ne pouvoit
être ni plus utile à la république, ni en même temps
plus injuste que la pensée de Thémistocles. Sur
cette seule réponse, tout le peuple impose silence
à Thémistocles, tant, ajoute Plutarque, tout ce
peuple avoit de confiance dans la probité d'Aristides,
tant il étoit lui-même amateur de la justice (3).

Ce sont donc ici, non pas des philosophes, non
pas un seul homme de bien, c'est un peuple entier
qui atteste que la seule crainte, la seule horreur naturelle de l'injustice suffit pour détourner l'homme

(1) Pers., sat. 3, v. 35 et seq. — (2) Eschyle Sept. cont.
Thebas., v. 598. — (3) In Aristidi. p. 332.

de la commettre, sans aucun autre motif que celui de n'être pas forcé de se condamner lui-même.

VII. Serai-je donc surpris après cela, si je lis dans celui des historiens qui a le mieux connu la profondeur du cœur humain, que cette conscience vengeresse, dont la voix se fait entendre aux ames les plus perverses, y veille continuellement à rappeler et à faire respecter l'autorité des lois naturelles?

Qui croiroit que ce fut Tibère, ce prince si endurci dans le mal, si accoutumé à la cruauté, qui eut reconnu et confirmé la vérité de cette doctrine? Tacite nous en a conservé la preuve dans l'endroit de ses annales où il rapporte les termes d'une lettre que Tibère écrivit au sénat de la fameuse île de Caprée, où il s'étoit comme relégué lui-même pour se dérober à la vue des autres hommes, et où il auroit voulu pouvoir se cacher à ses propres yeux.

Que vous dirai-je (1), *pères conscrits? ou comment vous écrirai-je? ou prendrai-je plutôt le parti de ne vous point écrire dans le temps présent? Les dieux et les déesses me confondent et me perdent plus misérablement que je ne me sens périr tous les jours, si je le sais.* Paroles obscures et embarrassées, qui étoient comme la peinture naïve du trouble et de l'agitation de son ame.

C'est ainsi, conclut Tacite, que les crimes de cet empereur s'étoient changés pour lui en supplices. Ce n'est donc pas (ajoute-t-il) sans raison qu'un des plus grands maîtres de la sagesse avoit coutume de dire, que s'il étoit possible d'ouvrir le cœur, et, si l'on peut parler ainsi, les entrailles des méchans, nous y verrions les plaies et les tourmens qu'ils éprouvent. Car, de même que le corps souffre des atteintes sensibles par la violence des coups qu'il reçoit, ainsi, l'ame est comme déchirée par la cruauté, par la fureur de la passion, par les résolutions funestes qu'elle inspire. Ni la plus haute fortune, ni la plus profonde solitude ne pouvoient en garantir Tibère,

_____

(1) *Tacit.*, *lib.* 6, *Ann. n.* 6.

ni le rassurer assez pour l'empêcher d'avouer lui-même les peines et la torture qu'il ressentoit dans son cœur.

Telle est donc la force de cette utile frayeur que l'homme a de lui-même, second fondement de l'empire secret des lois naturelles. Il me reste à parler en peu de mots du troisième, je veux dire de la crainte des autres hommes.

ARTICLE TROISIÈME.

Dernier genre de Coaction, ou de Contrainte, attachée aux Lois naturelles.

CRAINTE DES AUTRES HOMMES.

I. Si l'homme pouvoit se suffire pleinement à lui-même, s'il se trouvoit plus heureux dans l'état d'une parfaite solitude que dans celui de la société, une grande partie des règles de la loi naturelle sur ses devoirs à l'égard de ses semblables deviendroit inutile par rapport à lui; ou, du moins, il n'auroit presque aucune occasion de les mettre en pratique, et, par conséquent, la crainte de ses semblables pourroit ne faire qu'une impression légère sur son esprit.

Mais une telle supposition est presque un cas métaphysique dans l'ordre naturel. Les besoins de l'homme, le soin de sa sûreté, le désir des commodités de la vie, l'amour du plaisir, le goût même et l'inclination naturelle qui lui font aimer la compagnie de ses semblables, tout concourt également à l'engager à vivre avec les autres hommes. Ainsi, la crainte des maux dont il est menacé de leur part, lorsqu'il viole à leur égard les règles de l'équité naturelle, est un des plus puissans motifs qui le contraignent à les observer, et peut-être même le plus puissant de tous, si l'on consulte la disposition commune de la plus grande partie du genre humain.

II. Mais, dans la crainte que les hommes ont les

uns des autres, je crois pouvoir en distinguer deux espèces différentes :

L'une, qui affecte plus mon esprit que mes sens, parce qu'elle ne me présente que des maux qui dépendent en quelque manière de l'opinion que j'en ai;

L'autre, qui affecte l'homme entier, c'est-à-dire, en tant qu'il est corps et esprit : maux indépendans de son opinion, parce que le dérangement qu'ils causent dans son corps, et l'impression qu'ils produisent dans son esprit, n'ont rien de volontaire de sa part, ou plutôt sont toujours réellement contraires à sa volonté.

III. A l'égard de la première espèce de crainte, l'homme considéré dans l'état de la société est environné d'autant de juges et de censeurs qu'il a de spectateurs de ses actions. Il sait que les règles du droit naturel leur sont connues comme à lui, que tous les hommes en jugent sainement, lorsque l'intérêt ou les passions n'obscurcissent point la lumière de leur raison. Leur jugement est donc d'autant plus à redouter pour lui, qu'il est plus juste ordinairement.

Un sentiment intérieur nous apprend que tout être raisonnable désire toujours d'être parfait; qu'il s'afflige lorsqu'il est obligé de sentir qu'il ne l'est pas; qu'il ne peut s'empêcher de se reprocher ses imperfections, ses foiblesses, ses égaremens; que s'il ne peut les cacher, ou aux autres, ou à lui-même; son amour-propre cherche au moins à les pallier, à les déguiser, ou à les diminuer, et à les excuser, pour adoucir l'amertume d'un sentiment aussi douloureux pour lui que le sentiment de son imperfection.

Mais, d'un autre côté, les témoignages de son amour-propre, lors même qu'ils lui sont le plus favorables, ne lui suffisent pas. Comme il ne peut s'empêcher de s'en défier jusqu'à un certain point, il cherche toujours à s'en assurer encore plus par le jugement de ses semblables; et lorsqu'il croit pouvoir compter sur leur estime et sur leurs louanges, c'est alors qu'il commence à jouir en paix du spectacle flatteur de sa perfection.

Ainsi, autant que l'approbation de ceux qui l'environnent augmente sa satisfaction lorsqu'il a fait une bonne action, autant le déplaisir qu'il trouve lorsqu'il est obligé de se condamner lui-même dans le mal qu'il fait, reçoit un accroissement sensible par l'improbation et par le blâme des témoins de sa conduite.

Il semble que leur jugement soit pour son amour-propre une espèce de portrait où il se contemple avec encore plus de complaisance que dans l'original, c'est-à-dire, dans lui-même ; et l'on diroit que tous les hommes ressemblent, sur ce point, à ces femmes jalouses de leur beauté, qui n'en sont jamais plus contentes que lorsqu'elles croient en reconnoître tous les traits dans l'image qu'un pinceau flatteur leur présente, pendant que celles dont la laideur ne peut être déguisée par tout l'art du peintre, évitent de se regarder dans un portrait qui semble leur reprocher la difformité de leur figure.

Le désir de la gloire et la crainte de la honte, peuvent donc être considérés comme deux grands mobiles du cœur humain.

L'illusion même de ces sentimens est souvent portée si loin, que, mettant l'opinion à la place de la vérité, et plus touchés du désir de la réputation que du soin de la mériter, nous nous laissons éblouir par le désir d'un faux honneur, ou effrayer encore plus par la crainte d'une fausse infamie.

Falsus honor juvat, et mendax infamia terret (1).

IV. S'il me restoit même encore quelque doute sur ce sujet, je n'aurois qu'à considérer qu'il n'est point d'homme sur la terre, quelque dépravé qu'il soit au-dedans, qui veuille paroître tel au-dehors, et se livrer effrontément au mépris, à l'indignation

(1) *Horat., lib.* 1, *epi.* 16, *v.* 39.

des autres hommes. Les cœurs les plus endurcis dans le mal, ne commettent aucune faute sur laquelle ils ne cherchent à répandre de fausses couleurs pour se justifier. Ils affectent de paroître justes, lors même qu'ils agissent le plus contre la justice, et ils confirment par leur conduite la vérité de ce que Cicéron a dit après Platon, que de toutes les fraudes, la plus criminelle, la plus capitale (pour suivre à la lettre ses expressions), est celle des hommes, qui, dans le temps qu'ils trompent les autres par leurs artifices, ne sont occupés que du désir de paroître gens de bien. C'est aussi ce qui a donné lieu de dire, il y a long-temps, que le mensonge même est obligé de prendre les apparences, ou, pour parler ainsi, le masque de la vérité, et que l'hypocrisie est un hommage forcé que le vice rend à la vertu.

V. Si telle est l'impression de cette première espèce de frayeur qui dépend de l'opinion, que sera-ce de celle que des maux réels et indépendans de notre manière de penser font sur notre esprit, par la crainte du tort effectif que les autres hommes peuvent nous faire dans notre corps, ou dans nos biens, et des sensations douloureuses qui en résultent dans notre ame ; et je ne puis éviter tous ces maux de la part de mes semblables, si je viole à leur égard les règles de la loi naturelle qui nous est commune, et que nous sommes obligés réciproquement d'observer.

VI. Concluons donc de cette espèce de digression que je viens de faire sur la nature de l'obligation, et même de la contrainte que les lois naturelles nous imposent, concluons, dis-je, qu'elles méritent en effet le nom de lois, pris dans toute sa rigueur, puisque l'homme est engagé et comme forcé à les suivre par trois genres de craintes qui en forment la disposition pénale, ou ce qu'on appelle la *Sanction* de la loi : crainte de Dieu, crainte de soi-même, crainte des autres hommes. Et quelle loi peut être, non-seulement plus respectable, mais plus redoutable, que celle qui est affermie par de

si grands et de si justes terreurs ? En sorte que,
si je la viole, je deviens l'ennemi de Dieu, de moi-
même, du genre humain, et je m'expose, par conséquent, ou plutôt je me livre à toutes les peines que
je dois attendre des trois vengeurs inexorables de
cette loi.

VII. Il n'est pas moins inutile d'observer ici que
ces trois espèces de terreur ne se trouvent pas toujours réunies en faveur des lois positives, qui ne
sont faites que sur des matières purement arbitraires.
Il y en a plusieurs dont la transgression n'attaque
pas en même temps mes trois grands devoirs, je
veux dire ce que je dois à Dieu, à moi-même, à
mes semblables. Je peux pécher contre une loi humaine, sans manquer directement à ce qui est de
droit divin : je peux me faire tort à moi-même, en
violant une loi positive, sans nuire en aucune manière à mes semblables : je peux manquer à ce qu'une
pareille loi me prescrit à leur égard, sans me faire
un tort réel à moi-même ; et il seroit aisé de trouver
des exemples de tous ces cas; mais il n'en est jamais
ainsi de la transgression des lois naturelles. Il y a
une liaison si étroite, si intime entre les trois devoirs qui en sont le fondement, que je ne peux con-
trevenir à ces lois, sans pécher en même temps
contre Dieu, contre moi, contre les autres hommes,
et sans m'exposer à être condamné par trois juges
également rigoureux et inflexibles, c'est-à-dire,
l'Être suprême, ma propre conscience et le genre
humain.

VIII. Serai-je donc surpris après tout ce que j'ai
remarqué jusqu'ici sur les fondemens, sur l'étendue,
sur l'autorité des lois naturelles, d'entendre le même
orateur philosophe que j'ai déjà cité, c'est-à-dire
Cicéron, faire une peinture qui exprime avec tant
d'éloquence, et avec encore plus de justesse, le
véritable caractère de ces lois.

« Il est, dit-il (1), il est une loi animée, une raison

_____

(1) *Cicer., de rep., lib.* 3.

» droite, convenable à notre nature, répandue dans
» tous les esprits : loi constante, éternelle, qui,
» par ses préceptes, nous dicte nos devoirs ; qui, par
» ses défenses, nous détourne de toute transgression ;
» qui, d'un autre côté, ne commande ou ne défend
» pas en vain, soit qu'elle parle aux gens de bien,
» ou qu'elle agisse sur l'ame des méchans : loi à
» laquelle on ne peut en opposer aucune autre,
» ou y déroger, et qui ne sauroit être abrogée.
» Ni le sénat, ni le peuple, n'ont le pouvoir de
» nous affranchir de ses liens ; elle n'a besoin ni
» d'explication, ni d'interprète autre qu'elle même :
» loi qui ne sera jamais différente à Rome, diffé-
» rente à Athènes, autre dans le temps présent,
» autre dans un temps postérieur : loi unique, tou-
» jours durable et immortelle, qui contiendra toutes
» les nations, et dans tous les temps. Par elle, il
» n'y aura jamais qu'un maître, ou un docteur
» commun, un roi, ou un empereur universel, c'est-
» à-dire, Dieu seul. C'est lui qui est l'inventeur de
» cette loi, l'arbitre, le véritable législateur. Qui-
» conque n'y obéira pas, se fuira lui-même, mépri-
» sant la nature de l'homme ; et, par cela seul, il
» sera livré aux plus grands tourmens, quand même
» il pourroit éviter tout ce qu'on appelle des sup-
» plices ».

Ainsi a parlé Cicéron : ainsi ont pensé avant lui
les plus fortes têtes, les plus grands philosophes,
les vrais sages de l'antiquité; et ceux qui les ont
suivis, n'ont pu y rien ajouter. L'esprit humain a
fait de grands progrès dans les autres sciences : il
a su s'y frayer des routes inconnues aux anciens, et
y découvrir, pour ainsi dire, de nouvelles terres.
Mais la connoissance du *droit naturel* a eu d'abord
toute sa perfection. Elle est aujourd'hui telle qu'elle
étoit dès le temps que les hommes ont commencé
à faire usage de leur raison. Ni les réflexions ni l'expérience n'ont pu y faire aucun changement. La
conduite de ceux qui ont suivi la loi naturelle, a été
dans tous les temps et dans tous les lieux, approu-

vée, honorée, respectée : la transgression de cette
loi a été au contraire, dans tous les temps et dans
tous les lieux, réprouvée, condamnée, détestée. Non-
seulement, comme on l'a déjà dit, les particuliers
ont toujours été dans l'usage de se l'opposer réciproquement, les méchans comme les bons ; mais
les nations même les plus puissantes, et qui étoient
le plus en état de vaincre et de régner sur leurs
voisins par la force des armes, se sont crues toujours
obligées de rendre hommage à l'empire universel de
cette loi suprême. Il est aisé de s'en convaincre en
lisant toutes les déclarations de guerre et les ma-
nifestes qui les accompagnent. Il n'y en a aucun où
l'on ne puisse remarquer avec combien de soins les
souverains les plus redoutables s'efforcent de montrer
la justice des causes qui les obligent à rompre,
par les armes, les liens de cette société naturelle
qui unit tous les membres du genre humain : comme
si toutes les puissances de la terre se faisoient honneur de reconnoître qu'elles ont, dans le droit naturel, un juge, et, pour ainsi dire, un maître élevé
au-dessus d'elles, à qui elles doivent rendre compte
de leurs actions, et, comme l'a dit un de nos
poètes (1), *qui du haut de son trône interroge
les rois.*

Qu'il me soit donc permis de demander ici d'où
a pu venir ce respect commun, cette crainte univer-
sellement répandue dans tous les pays et dans tous les
siècles, si ce n'est de ce que la loi naturelle est fondée,
pour ainsi dire, sur la conscience du genre humain. Dieu, qui en est l'auteur, semble avoir établi
cette conscience en sa place, pour être comme la
lumière ou le flambeau qui éclaire les ténèbres de
notre ame, et comme une voix qui parle de la même
manière à tous les cœurs. On peut dire que le *droit
naturel* s'est formé par le concours et la réunion des
suffrages de tous les hommes, à qui leur conscience
la plus intime tient toujours le même langage.

(1) Esther, acte 3, scène 4.

IX. Mais si cela est, pourquoi donc une loi qui imprime une vénération si générale, une frayeur si profonde, est-elle si mal observée ? Pourquoi cet âge d'or, où les poëtes nous disent qu'elle suffisoit seule au genre humain, a-t-il si peu duré ? Pourquoi a-t-il fallu que pour leur sûreté commune, les hommes se soient réunis en différens corps, ou en différentes sociétés, qui ont formé ce qu'on appelle les *nations* ? Pourquoi a-t-il été nécessaire que dans chaque nation il y eût un gouvernement, une puissance suprême qui dictât de nouvelles lois, pour expliquer ou pour affermir les règles du droit naturel, soit pour y ajouter une multitude de lois arbitraires et positives, soit pour contenir les hommes dans leur devoir par la terreur des supplices qu'une justice toujours armée contr'eux, et à laquelle ils ne peuvent résister, présente continuellement à leur esprit. C'est ainsi que l'on voudroit tirer des conséquences des lois mêmes, dont le droit naturel est la première source, pour lui contester le caractère de loi. Après tout ce qui a été déjà dit contre cette opinion, il suffira d'ajouter ici deux réflexions.

PREMIÈRE RÉFLEXION.

On se serviroit aussi mal à propos de l'obligation où les puissances de la terre se sont trouvées, d'établir des peines contre les violateurs de la loi naturelle, pour prétendre que cette loi n'étoit point capable de contenir les hommes par la crainte qu'elle peut imprimer ; que si l'on vouloit conclure de tous les crimes qui se commettent dans les nations même les plus policées, malgré la grandeur des châtimens dont les coupables y sont menacés par les lois civiles, que ces lois sont impuissantes pour réprimer ceux qui y contreviennent.

Le sort des lois civiles est presque semblable sur ce point à celui des lois naturelles, et la seule différence qu'il peut y avoir entr'elles à cet égard, est que les premières nous sont connues par la raison et la réflexion, et les dernières frappent nos sens. Nous ne voyons les unes que par l'esprit et par une expérience dont les leçons toujours lentes sont quelquefois trop tardives, au lieu que les autres sont devant nos yeux, et présentent un spectacle d'autant plus effrayant pour celui qui entreprendroit de les enfreindre, qu'il regarde les peines qui se prononcent par les dépositaires de l'autorité des lois civiles comme un objet présent ou peu éloigné ; et que l'objet des peines, dont la loi naturelle menace ceux qui osent la transgresser, ne se montre à lui que dans une distance qui en affoiblit beaucoup l'impression.

Ajoutons que la force et la nécessité des lois naturelles paroissoient d'une manière plus sensible dans l'état où le monde se trouvoit avant la distinction des nations, avant la formation de ces grands corps qu'on appelle *royaumes* ou *républiques*, avant le premier établissement de toutes les lois civiles ; mais nous ne sommes plus dans cette situation.

Et comme nos personnes et nos biens sont en sûreté sous la protection des puissances qui gouvernent chaque nation, des lois qu'elles ont faites, et de l'ordre qu'elles maintiennent dans la société dont nous sommes les membres, nous sentons beaucoup plus foiblement l'impression de la force dont les lois naturelles sont accompagnées : nous perdons de vue l'état où l'homme seroit, s'il sentoit, s'il éprouvoit continuellement que ces lois font son unique ressource. Nous nous laissons d'ailleurs éblouir par l'éclat de cet appareil extérieur qui annonce l'autorité des lois civiles dans l'état présent de l'humanité ; et, effrayés, comme je viens de l'observer, du péril pressant, et, pour ainsi dire, imminent que courent ceux qui les violent, nous nous accoutumons insensiblement à penser que ce sont les seules lois qui puissent dominer sur nous par la crainte. Notre erreur va même quelquefois si loin, que le souvenir du suprême législateur, du véritable original ou exemplaire de toutes les lois, est effacé en quelque

manière par son image, c'est-à-dire, par les législateurs humains.

On passe de cette disposition jusqu'à vouloir douter
s'il y a véritablement des lois naturelles qui obligent
l'homme, ou si tout ce que l'on dit sur ce sujet ne
doit pas être considéré comme une chimère ou une
espèce de songe philosophique ; et, c'est ainsi que
notre esprit se dégradant lui-même, et se réduisant à
la condition d'un esclave, parvient à regarder toutes
les lois comme l'ouvrage de la volonté seule de
l'homme, au lieu d'y reconnoître l'auguste caractère
de la volonté de Dieu.

En effet, toutes les ordonnances humaines qu'on
appelle les lois civiles, ne sont justes qu'autant
qu'elles sont fondées sur les principes de cette loi
naturelle dont Dieu même est l'auteur. Aucune puissance de la terre, comme le dit fort bien Cicéron, ne
peut ni l'anéantir, ni y déroger : les plus grands
rois ne doivent employer leur autorité que pour affermir cette loi, par la crainte qu'ils ajoutent à celle
qu'elle imprime par elle-même. Ils peuvent encore
l'expliquer, la développer, en tirer des conséquences
immédiates ou médiates, que tous les esprits ne sont
pas capables d'apercevoir, comme renfermées dans
la loi naturelle ; en sorte que les lois civiles ne sont,
à proprement parler, ou du moins elles ne doivent
être que la confirmation ou l'explication et le supplément de cette loi supérieure qui a précédé l'é-
tablissement de toute cité et de toute puissance
humaine.

Les princes, il est vrai, peuvent faire encore des
lois d'un autre genre, qui forment un droit purement positif, parce qu'il n'a pour objet que des
matières arbitraires qui peuvent être réglées d'une
manière ou d'une autre, sans donner aucune atteinte
aux règles du droit naturel. Mais ces lois mêmes, qui
sont l'ouvrage de la seule volonté libre du souverain,
ont toujours un rapport essentiel avec les principes
des lois naturelles, au moins par leur fin principale ;
parce qu'elles doivent tendre toujours au bon ordre,

à la tranquillité, à la félicité des peuples qui y sont soumis.

Ainsi, le prince qui les fait dans cet esprit, accomplit véritablement par là un des plus grands préceptes du droit naturel, c'est-à-dire, l'obligation imposée à tous les hommes, et à plus forte raison à ceux qui les gouvernent, de contribuer autant qu'il est en eux, à la perfection et au bonheur de ses semblables.

DEUXIÈME RÉFLEXION.

Dans l'état même où le genre humain se trouve aujourd'hui, et malgré l'impression des objets sensibles qui, comme on l'a remarqué, se portent à attacher une idée de contrainte à l'autorité des lois civiles, plutôt qu'à celle des lois naturelles, il est vrai cependant que ces lois immuables sont celles qui agissent le plus fortement sur le cœur du plus grand nombre des hommes, et les détournent de la transgression des règles qu'elles prescrivent toutes les fois que la passion ne met pas l'ame dans une espèce d'état violent, où elle perd, en quelque manière, l'usage de la raison : état où il arrive souvent que les lois civiles ne sont pas plus capables de la retenir que les lois naturelles.

Combien y a-t-il d'actions criminelles, dont le commun des hommes s'abstient par la seule crainte d'être regardé comme le violateur de ces lois ? Personne ne veut convenir qu'il les ait méprisées.

Les plus injustes, les plus violens mêmes, rougissent de le reconnoître ; et, sans répéter ici ce que l'on a déjà dit sur ce sujet, on se contentera d'y ajouter la grande différence que l'esprit humain met entre l'infraction de la loi naturelle et la contravention aux lois positives. Pendant qu'on se croiroit perdu d'honneur et de réputation, si l'on osoit s'élever publiquement contre les principes essentiels du droit naturel, on se fait un jeu d'avouer, quand on peut le faire impunément, qu'on a éludé l'observation d'une loi purement positive. Il n'y a point d'homme qui ne confesse, s'il veut être de bonne foi, que l'autorité de la loi naturelle lui fait impression : il naît, pour parler ainsi, intérieurement persuadé de l'obligation où il est d'en respecter les règles, comme un droit immuable qui ne dépend point du fait arbitraire de la volonté d'un souverain, ou de ceux qui sont chargés de l'administration : s'il viole ces règles, il sent dans le moment même, qu'il se livre à la colère du ciel, à la torture de sa conscience, à l'indignation et à la vengeance des autres hommes: motif sans comparaison plus fort et plus puissant que la crainte des peines établies par les lois civiles, qui ne font en effet que rendre ces motifs plus sensibles par le spectacle des supplices qu'elles y ajoutent.

Ce sont donc, pour parler toujours le langage de la raison, ce sont les lois naturelles qui forment la substance, et qui font la force réelle et essentielle des lois civiles : bien loin que ces dernières lois soient les seules qui méritent véritablement ce nom, comme si elles étoient les seules qui fussent soutenues par des motifs capables d'opérer une salutaire contrainte.

Mais en voilà assez, et peut-être trop, sur ce qui regarde le *droit naturel*, il est temps de passer à la seconde espèce de droit qu'on a distinguée d'abord, c'est-à-dire, au *droit public de chaque nation*.

DEUXIÈME PARTIE.

DROIT PUBLIC CONSIDÉRÉ EN GÉNÉRAL.

Observations préliminaires sur la nature de ce Droit.

I. On en a distingué deux parties principales :

L'une, qui ne regarde que le dedans ou l'intérieur de chaque nation ;

L'autre, qui a pour objet le dehors ou l'extérieur, c'est-à-dire, les autres nations ou états avec lesquels chaque état a des relations, soit par le voisinage ou par le commerce, soit par des intérêts communs ou particuliers qui l'obligent à observer avec elles des règles fondées sur l'équité naturelle, ou sur des besoins réciproques.

Le premier objet forme le droit public d'une nation considérée en elle-même, comme si elle étoit entièrement isolée ; et le nom qui convient proprement à ce droit, est celui de *jus gentis publicum.*

Le second objet donne lieu d'établir des règles communes à plusieurs peuples liés entr'eux par les lois générales de la nature, ou par des traités particuliers ; et cette seconde partie du droit public peut être justement appelée le *droit des nations*, ou le droit qui s'observe entre les nations, *jus gentium*, ou *jus inter gentes.*

II. L'ordre le plus naturel paroît demander que l'on s'attache d'abord au premier objet, en considérant chaque nation comme renfermée dans une île, sans aucune relation au dehors, et pouvant se suffire pleinement à elle-même sans le secours des autres peuples.

III. Il est évident, comme on l'a déjà remarqué ailleurs, que dans cette supposition, chaque nation peut être considérée comme un seul homme, dont tous les citoyens sont les membres. Telle est l'image que l'Ecriture sainte nous présente par ces termes, *egressi sunt, quasi vir unus* (1).

Mais chacune des différentes parties, dont le tout est composé, considérée en particulier, est elle-même un tout. Ainsi, dans ces grandes sociétés qui forment un état, une nation, il y a toujours deux sortes d'intérêts où de bonheur à distinguer :

L'une, est l'intérêt ou le bonheur de chaque citoyen, envisagé séparément ;

L'autre, est l'intérêt ou le bonheur de tous les citoyens considérés en commun, ou de l'état entier.

Pour bien démêler ces deux intérêts, et pour

____

(1) *Reg.* 1, c. 11, ⅴ. 7.

observer exactement, d'un côté ce qui les divise et ce qui fait qu'ils paroissent souvent se combattre réciproquement, de l'autre côté ce qui doit les unir et les concilier, il est nécessaire de supposer ici quelques vérités de fait ou de droit, que l'on peut regarder comme des axiomes évidens par eux-mêmes, ou comme des points fixes et immuables dans la matière présente.

PREMIÈRE VÉRITÉ DE FAIT.

IV. Il n'y a presque plus de nation Acéphale, c'est-à-dire, qui vive sans chef, sans aucune sorte de gouvernement. Tel a été, dit-on, le premier état du genre humain, lorsqu'il a commencé à peupler la terre ; et dans cet état, il ne pouvoit connoître d'autres lois que celles du droit naturel. Mais supposé que cet état ait jamais subsisté, il est certain du moins qu'il n'a pas duré long-temps. On a bientôt senti la nécessité et l'avantage de rassembler et de réunir, sous une même domination, des hommes épars et souvent ennemis les uns des autres, pour adoucir leurs mœurs, pour renfermer dans de justes bornes leur liberté naturelle, pour en prévenir l'abus ou les suites funestes ; et c'est une opinion fort probable que chaque famille ayant d'abord formé une espèce de corps naturel qui a été la première image de toutes les sociétés, l'assemblage des différentes familles a produit dans la suite ce qu'on a nommé une nation, un peuple, un état : ainsi, le plus ancien gouvernement a été celui des pères de famille, qui a servi apparemment de modèle à tous les autres. De là vient peut-être que chez les Romains la puissance paternelle renfermoit originairement le droit de vie et de mort sur les enfans : d'où l'on a pu conclure aussi qu'à plus forte raison, le même droit devoit appartenir aux maîtres sur les esclaves qu'ils avoient acquis par le droit de la guerre, et qui, leur étant redevables de la vie qu'ils leur avoient conservée à condition de

les servir, méritoient de la perdre lorsqu'ils tomboient dans l'ingratitude à l'égard de leurs bien-
faiteurs.

Vendere cùm possis captivum , occidere noli ;
Serviet utiliter.............. (1).

On trouve d'ailleurs des rois établis dès le temps
d'Abraham , et les dynasties d'Egypte paroissent
même remonter encore plus haut. Mais ce n'est pas
ici le lieu de rechercher l'origine, et de faire l'histoire de tous les gouvernemens qui sont sur la terre.
Il suffit de remarquer que, si l'on excepte un très-
petit nombre de peuples sauvages , qui vivent
peut-être encore sans roi et sans loi, toutes les nations du monde ont reconnu qu'il étoit nécessaire
que chaque corps eût une tête, ou que tout état eût
un chef: pour contenir tous les membres dans l'ordre,
et en diriger les différentes opérations au bien commun de la société.

SECONDE VÉRITÉ.

V. La nécessité d'un gouvernement étant ainsi reconnue de fait, il est évident, et l'on peut prouver
dans le droit que, comme je l'ai observé ailleurs,
l'objet essentiel de toute société civile, ou de toute
nation, c'est-à-dire, du chef et des membres, est la
félicité du corps entier ; et, puisque je me suis convaincu en posant les fondemens du droit naturel, que
je ne puis trouver mon bonheur particulier qu'en
tendant à la perfection de mon être, je dois reconnoître aussi que le bonheur d'un état entier ne peut
se trouver que dans sa perfection. Ceux qui gouvernent doivent donc avoir pour objet et pour fin du
gouvernement, la perfection et la félicité de ceux qui
sont gouvernés , dans lesquelles leur propre perfection et leur félicité personnelle sont nécessairement
renfermées.

(1) *Horat., lib. 1, epist.* 16.

16*

VI. Je dois à présent, comme je l'ai annoncé dans l'article III, comparer les deux espèces d'intérêts qui se trouvent dans toute nation, je veux dire, l'intérêt de chacun des membres envisagés séparément, et l'intérêt de tout le corps considéré en général, et cette comparaison me découvre sans peine les vérités suivantes, que je crois pouvoir supposer comme évidentes par elles-mêmes.

TROISIÈME VÉRITÉ.

Le bonheur particulier de tous les membres d'une même société, fait le bonheur commun de la société entière; de même que l'intégrité et la santé de chacun des membres du corps humain forment le bon état, ou, si l'on peut parler ainsi, le bien-être de tout le corps. Un état ne peut être qu'heureux, lorsque tous ses sujets le sont.

QUATRIÈME VÉRITÉ.

VII. Réciproquement, le bonheur total d'une nation considérée en général, renferme le bonheur particulier de chaque citoyen, et la même comparaison me rend cette vérité aussi sensible que la précédente.

Quoiqu'un des membres de mon corps n'éprouve aucune altération qui lui soit propre, si cependant l'habitude entière de la machine que j'anime est dérangée, si les fonctions de la vie animale ne s'exercent pas avec cette facilité et cette égalité qui constituent l'état de la santé, il n'y a aucune partie de mon corps qui ne s'en ressente bientôt, quand ce ne seroit que par une espèce d'abattement ou de mal-aise, de diminution au moins d'une partie de sa vigueur ordinaire. Il en est sur ce point du corps politique comme du corps naturel : la saine disposition du tout, et le bonheur commun qui en résulte, dépendent du bon état de ses parties ; c'est ce que la troisième vérité m'apprend : et la félicité de chaque partie est aussi renfermée dans celle du tout; c'est ce que la quatrième vérité me fait connoître.

VIII. Deux conséquences aussi évidentes, naissent de l'une et de l'autre; et elles ne peuvent être contestées que par de mauvais politiques, ou par de très-mauvais citoyens;

L'une, que dans tout genre de gouvernement ceux qui en tiennent les rênes, sont obligés, même pour leur véritable intérêt et leur propre bonheur, de tendre continuellement à faire celui de leurs sujets. Personne ne jouit plus qu'eux de la grandeur, de la gloire, de la félicité dont ils sont les dispensateurs : le bonheur de leur état, qui se partage entre leurs sujets, se réunit dans leur personne; heureux quand leurs sujets le sont, et plus heureux alors que chacun d'eux; malheureux, et dans un sens plus malheureux que ceux qu'ils gouvernent, lorsqu'ils ne règnent que sur des misérables;

L'autre conséquence est que réciproquement chacun des citoyens doit aussi pour son propre bonheur et son intérêt véritable, concourir de toutes ses forces au bien commun de l'état entier. Il y a une liaison si étroite, si intime entre ces deux intérêts, qu'ils doivent être regardés comme unis par un lien indissoluble. Malheur à celui qui veut les séparer. Nul souverain, quelque nom qu'on lui donne, quelque grand que soit son pouvoir, ne sauroit jouir d'une véritable félicité, si ses sujets ne la partagent avec lui; et nul sujet ne peut à son tour parvenir au bonheur qui peut convenir à sa situation particulière, si le souverain, ou l'état qu'il représente, est malheureux.

Il n'est donc pas vrai, comme une fausse politique, ou une adulation qui présente une vaine idée de la grandeur, voudroit le faire croire, que l'intérêt d'un roi soit opposé à celui de son peuple. Il n'est pas plus véritable, quoiqu'on le dise souvent, que l'intérêt public n'ait point de plus grand ennemi que l'intérêt particulier. On dit vrai si l'on ne veut parler que du fait, et n'exprimer que ce qui n'arrive en effet que trop fréquemment ; mais ce n'est pas par ce qui est, qu'il faut juger de ce qui doit être : rien n'est plus commun que de voir les hommes s'aveugler, se tromper sur ce qu'ils devroient entendre le mieux, je veux dire, sur leur véritable intérêt. Ils le cherchent où il n'est pas, ils ne le cherchent pas où il est ; et l'on peut leur dire souvent comme saint Augustin : *Quærite quod quæritis, sed non quærite ubi quæritis.* C'est donc par une méprise si ordinaire que les princes et les peuples ne travaillent pas toujours réciproquement à se rendre heureux. Dans la spéculation, ils n'osent nier qu'ils ne le doivent ; et s'ils font le contraire dans la pratique, c'est par l'illusion de leur esprit, ou par la corruption de leur cœur, qu'ils abandonnent la route d'une félicité qui ne peut être complète ni d'un côté ni d'un autre si elle n'est commune aux princes et aux sujets. Soutenir le contraire, et prétendre combattre ici le droit par le fait, c'est tomber dans la même contradiction que si l'on osoit avancer qu'un être raisonnable n'est pas obligé de se conduire par la raison, parce qu'il est rare que l'homme la suive dans sa conduite ; ou qu'il ne doit pas être vertueux, parce que le vice règne beaucoup plus dans le monde que la vertu.

IX. Mais, si toutes les vérités précédentes sont également certaines, ne suis-je pas en droit d'en conclure que la proposition suivante doit encore être mise au nombre de ces notions préliminaires dont je suis tout occupé dans le moment présent.

CINQUIÈME VÉRITÉ.

Ce que j'ai supposé d'abord comme une vérité de fait, attestée également par le sentiment unanime de toutes les nations, peut donc être regardé à présent comme une vérité démontrée dans le droit par des principes incontestables ; et cette vérité est qu'aucune multitude, aucune société de plusieurs hommes ou de plusieurs familles, ne peut être heureuse ni en

général ni en particulier, si elle n'a un chef, une
puissance supérieure qui président sagement à toutes
les opérations de ses membres. La nécessite d'un tel
gouvernement est si conforme à la nature de l'homme,
et tellement indiqué par le déréglement même de
cette nature, qu'on peut la regarder comme une suite
de la loi naturelle, ou comme révélée, pour ainsi
dire, aux hommes par la raison, et à laquelle l'expérience n'a fait que rendre un témoignage plus sensible et plus à la portée du commun des esprits.

X. Veut-on s'en assurer encore plus ? Il n'y a
qu'à reprendre la suite de ces propositions également
évidentes.

1.° L'homme ne peut être heureux que par la
perfection qui lui convient, et il est plus ou moins
malheureux à proportion de ce qu'il est plus ou
moins éloigné de cette perfection.

2.° L'homme considéré dans la solitude ne peut se
suffire à lui-même, soit pour se procurer les biens
qu'il désire, soit pour se mettre à couvert des maux
qui l'effraient.

3.° Il en est de même des hommes envisagés non
dans une entière solitude, mais comme vivans séparés les uns des autres, sans aucun lien qui les
unisse. Chacun d'eux s'apercevra bientôt qu'il lui
manque plusieurs choses utiles ou agréables qui sont
entre les mains des autres ; et ceux-ci, éprouvant à
leur tour le même sentiment, ils reconnoîtront tous
le besoin réciproque qu'ils ont de suppléer à leur
disette, à leur indigence particulière, par l'abondance, ou par le superflu des autres.

On peut faire un raisonnement à peu près semblable sur les maux dont l'infirmité humaine est
continuellement menacée. Dès hommes épars, indépendans les uns des autres, et vivans sans roi et
sans loi, se craindront nécessairement, toujours exposés à se voir enlever leurs biens et la vie même
sans pouvoir s'assurer d'un moment de repos et de
tranquillité.

Chercheront-ils à se procurer ce qui leur manque

par la voie de la force et de la violence, ou à se rendre redoutables par la même voie pour empêcher leurs semblables de les troubler dans la jouissance de leurs biens? Mais, comme chacun d'eux est en état d'en faire autant de son côté, tous les hommes deviendront donc bientôt les ennemis les uns des autres, semblables à ces guerriers sortis des dents de Dragon semées par Cadmus, que la fable avoit fait naître les armes à la main pour se détruire mutuellement, comme si elle avoit voulu exprimer cet état qu'un mauvais philosophe a appelé la guerre de tous contre tous, *bellum omnium contrà omnes*, et qu'il a voulu par une supposition contraire à l'humanité même, faire passer pour le premier état du genre humain.

4.° Indépendamment du besoin que les hommes ont les uns des autres pour obtenir les biens qu'ils désirent, et pour éviter les maux qu'ils craignent, le plaisir que la vue et la conversation de leurs semblables leur font sentir, auroit été suffisant pour les engager à préférer la douceur et les agrémens de la société à l'ennui et à la tristesse de la solitude, ou de cet état de séparation et de dispersion dont je viens de parler.

5.° Mais, comment cette société pourra-t-elle les faire jouir du bonheur qu'ils y recherchent, si elle n'est réglée de telle manière qu'ils y trouvent en effet cette sûreté, cette tranquillité, cette communication facile de leurs avantages réciproques qui doit former, non-seulement le lien, mais la félicité du corps entier, comme celle de ses membres? Il est évident qu'on ne peut parvenir à un si grand bien que par deux voies, c'est-à-dire, ou par l'empire de la raison, ou par celui de l'autorité.

6.° La première, il est vrai, seroit la plus parfaite et la plus honorable à l'humanité.

Chaque homme, sans doute, chaque citoyen devroit tendre de lui-même à cette fin, parce que, suivant ce qui a été déjà dit, son véritable intérêt se trouve toujours renfermé dans l'intérêt commun de la société.

Mais il est clair, d'un côté, que dans l'état présent
où nous voyons le genre humain, et où il a été réduit
par la chute du premier homme, on ne sauroit espérer que les intelligences et les volontés de tous les
membres du même corps soient tellement conduites
par la raison naturelle, qu'elles conspirent également
à ne faire aucun mal à leurs concitoyens, à leur procurer, au contraire, tous les biens qui dépendent
d'eux : et, puisque la concorde est rare entre ceux
qui sont issus du même sang, entre les frères mêmes,
comment pourroit-on se flatter de la voir régner entre
ceux qui n'ont entr'eux aucun lien semblable, et
cela par le seul pouvoir de la raison ?

D'un autre côté, il n'est pas moins évident, que
comme les hommes naissent égaux par leur essence,
ils manquent aussi également du pouvoir nécessaire
pour se contenir réciproquement dans l'ordre convenable, ou dans cette espèce d'harmonie qui doit être
toujours entretenue entre l'intérêt public et l'intérêt
particulier. Ils peuvent bien se donner mutuellement
des conseils utiles : ils peuvent faire parler la raison,
qui leur est commune ; mais il ne dépend pas d'eux
d'obliger les autres à en suivre la lumière, et de faire
en sorte que leurs conseils deviennent des préceptes
ou des lois dont la transgression soit punie.

Qu'arrivera-t-il même, si les membres de la société
ne s'accordent pas entr'eux sur ce qui est vraiment
raisonnable ? L'expérience fait voir que dans plusieurs
hommes l'esprit forme souvent plus de problèmes
qu'il n'en résout ; la règle que l'un croit être la plus
sûre et la plus utile à la société, est regardée par
l'autre comme douteuse ou même comme nuisible.
Il arriveroit, par rapport aux maximes d'état, ce
qui est arrivé dans les objets de la philosophie. Tous
les hommes conviennent qu'il faut obéir à la raison ;
mais, chacun prétend l'avoir de son côté : de là sont
nées les disputes éternelles des sectes philosophiques,
et de là naîtroient aussi des querelles sans fin dans un
état qui voudroit se donner la gloire de ne reconnoître
que l'empire de la raison. Elle devroit en réunir tous

les sujets, et elle ne serviroit très-souvent qu'à les diviser, chacun voulant s'attribuer le privilége exclusif d'une raison supérieure, à laquelle tous les autres membres de la société seroient obligés de se soumettre.

Que l'on regarde donc, si l'on veut, l'empire de la raison comme le plus naturel et le plus légitime de tous : qu'on la représente comme la reine de toutes les créatures raisonnables qui devroient n'avoir besoin d'aucun autre maître; on dira vrai, si l'on ne considère l'homme que dans l'état de perfection auquel il est destiné par sa nature, et dans lequel il avoit été créé. Mais, si l'on passe de ce qu'il devoit être à ce qu'il est, une triste expérience nous apprend que cette raison qui devroit gouverner toutes les nations, est cependant bien foible quand elle veut régner seule et par elle-même sur les hommes. Il faut, si elle aspire à y réussir, qu'elle appelle à son secours des récompenses ou des châtimens qui agissent sur leur cœur plutôt que sur leur esprit; et qu'elle mette ainsi en mouvement tout ce qui peut exciter leurs désirs ou leurs craintes.

Réduite donc malgré elle à emprunter les armes de ses plus grandes ennemies, je veux dire des passions, il faut que la raison en fasse, si elle le peut, comme des troupes auxiliaires, pour vaincre par elles ceux qui résistent à la force naturelle de la vérité qu'elle leur présente.

Par conséquent il a été nécessaire que la disposition des objets qui remuent le plus fortement le cœur humain, et qui en sont comme les maîtres ressorts par l'espérance ou par la crainte, fût remise entre les mains d'un chef, ou d'une autorité suprême, qui, devenant ainsi l'arbitre souverain des biens et des maux de la vie présente, pût régner par les passions sur les passions mêmes.

Tel a été le véritable objet de toutes les espèces de gouvernemens qui sont sur la terre. Ce n'est pas encore le lieu de les distinguer, et d'en faire la comparaison : il suffit à présent de remarquer que, de quelque genre qu'elles soient, c'est-à-dire, soit que la puissance suprême réside dans un seul, soit qu'elle soit confiée à un certain nombre plus ou moins grand de citoyens, les différentes formes de gouvernement conviennent toutes en ce point, qu'il y a toujours dans chaque nation un pouvoir souverain, une autorité à laquelle tous les membres du corps politique sont assujettis; sans quoi il n'y auroit point de gouvernement. Il n'y a personne qui ne sente qu'une entière anarchie, c'est-à-dire, l'état d'une indépendance entière, où les hommes n'auroient aucun frein, aucun maître commun, seroit de tous les états le plus contraire au bien de la société, ou plutôt, le plus funeste à tous ceux qui vivroient dans cette situation.

XI. Que me reste-t-il donc à conclure de cette suite de propositions dont la liaison et l'enchaînement seul font la preuve, si ce n'est:

1.º Que la nécessité d'un gouvernement tel qu'il soit, est une vérité également démontrée par la raison et par l'expérience;

2.º Qu'un gouvernement, quoique imparfait et mal réglé, vaut encore mieux, ou plutôt est moins mauvais que l'anarchie entière, ou l'état d'une indépendance absolue;

3º. Qu'un bon gouvernement est de tous les états, celui qui est le plus favorable à l'humanité; et que cet heureux état consiste principalement dans l'accord et dans le concert, aussi parfait qu'il peut l'être, entre l'intérêt public et l'intérêt particulier;

4.º Que la raison seule étant impuissante pour établir et pour conserver un pareil état, on ne peut y parvenir que par la voie de l'autorité.

XII. Mais ce n'est peut-être pas encore assez pour moi d'avoir appris de la raison même le besoin qu'elle a, pour conduire les hommes, d'emprunter le secours de l'autorité. Je peux et je dois même aller encore plus loin, en me convainquant, comme je crois pouvoir le faire, que c'est Dieu même qui doit être regardé comme le véritable fondateur de cette autorité suprême dont j'ai reconnu la nécessité.

XIII. Non-seulement il me l'annonce lui-même, lorsqu'il dit, dans les saintes écritures : c'est par moi que les rois règnent, *per me reges regnant* (1) ; ou, lorsque saint Paul, inspiré par l'esprit divin, nous déclare que toute puissance vient de Dieu : *non est potestas nisi à Deo* (2). Mais la raison est parfaitement d'accord sur ce point avec la révélation ; et je n'ai besoin, pour le bien comprendre, que de faire les deux réflexions suivantes :

PREMIÈRE RÉFLEXION.

XIV. Dieu, en créant l'homme, lui a donné, par un effet de sa bonté, ou, si l'on peut s'exprimer ainsi, de la *bénéficence* essentielle à l'Être souverainement parfait, l'usage des biens que la terre produit. Il a voulu qu'elle fût habitée par ses descendans qui, tous sortis d'une même tige, doivent se regarder comme composant une grande famille dont les différentes branches sont répandues dans toutes les parties du monde. Ils seroient privés des secours nécessaires à leur conservation, s'ils ne s'aidoient mutuellement ; et d'ailleurs ils se plaisent à vivre avec leurs semblables ; et ils y sont portés par un mouvement naturel qui subsiste tant qu'il n'est pas altéré par quelque passion qui les divise. Donc Dieu a destiné l'homme à vivre en société. Les preuves de cette vérité pourroient se multiplier à l'infini, si elle étoit susceptible d'un doute raisonnable ; et il suffiroit même de renvoyer ceux qui ne voudroient pas en convenir, à leur sentiment intérieur, et à leur expérience continuelle.

C'est ce que Dieu a expliqué lui-même aux hommes ; et le même oracle qui a dit : *vous aimerez le Seigneur votre Dieu de toute votre ame*, a dit aussi, *vous aimerez votre prochain comme vous-même*. Second précepte semblable au premier, qui suppose nécessairement des liens par lesquels les hommes se rap-

(1) *Proverb.* 8, 15. — (2) *Ad Rom.*, 13, 1.

prochent naturellement et s'unissent les uns avec les autres.

Mais, si l'homme, par sa nature, par l'institution divine, est appelé à l'état de la société, il n'est pas moins évident que c'est à l'état d'une société bien réglée et vraiment utile à tous ses membres. Or, il est impossible, comme on vient de le dire, qu'une société soit bien ordonnée, si elle n'a un chef, ou un supérieur commun, qui en éloigne, ou qui y diminue tout ce qui peut être nuisible au corps et aux membres, qui affermisse et qui augmente tout ce qui peut leur être avantageux ; en un mot, qui, suivant l'expression d'un jurisconsulte romain, rende les hommes bons ou bienfaisans par l'attrait de la récompense, et les empêche de devenir mauvais ou malfaisans par la crainte des peines.

Donc, Dieu a voulu aussi que chaque société, chaque nation eût un chef suprême, qui fût comme le premier moteur de ces deux grands ressorts du cœur humain, c'est-à-dire, de l'espérance et de la crainte.

DEUXIÈME RÉFLEXION.

L'homme a été créé à l'image de Dieu, de cet être tout-puissant, qui règle, qui dirige, qui gouverne tous les êtres inférieurs, selon le conseil d'une volonté toujours juste, toujours avantageuse à ceux qui la suivent. C'est une vérité que la théologie même du paganisme a attestée ; et un des poètes les plus profanes de l'antiquité, en a conservé la tradition, lorsqu'il dit, en parlant de cette terre dont le corps du premier homme fut formé :

Quam satus Iapeto mixtam fluvialibus undis
Finxit in effigiem moderantum cuncta Deorum (1).

Il faut, par conséquent, que l'homme trouve en lui

(1) *Ovid. metamorph., lib.* 1.

quelques traits au moins d'une si auguste ressemblance; et il la reconnoît même par voie de sentiment, pour peu qu'il réfléchisse sur ce qui se passe dans son ame.

Il ne peut douter que Dieu ne lui ait donné une intelligence, une raison qui président à tous les mouvemens volontaires de son corps, à toutes les opérations libres de son esprit; c'est de cette partie supérieure de son être qu'un autre poète profane a dit :

> ..... *Hanc altà capitis fundavit in arce ;*
> *Mandatricem operum ; prospecturamque labori* (1).

L'homme n'est pas seulement l'image de la divinité; il a été aussi appelé souvent le petit monde, ou le monde en abrégé, et comme en racourci. De là vient que le plus sublime des anciens philosophes a cru ne pouvoir mieux tracer le plan d'une république accomplie, ou d'un gouvernement parfait, qu'en le comparant avec cet empire naturel que l'homme exerce sur lui-même.

Il compare d'abord les passions et les appétits naturels avec ceux qui exercent la profession des armes, qui cultivent la terre, qui font le commerce, ou s'occupent des arts qui, tous, doivent être contenus dans une exacte discipline pour le maintien et le bon ordre du corps politique. L'intelligence ou la raison, à laquelle il appartient de commander aux passions, de régler l'usage des appétits naturels, et de conduire l'homme entier, lui paroît être l'image la plus naturelle de cette autorité suprême qui est l'ame de tout gouvernement, et comme le premier mobile de toutes les opérations qui tendent à la perfection et à la félicité du corps et des membres de la société.

Ainsi l'avoit conçu celui que l'antiquité a nommé le *divin Platon*, dans cette république dont on peut dire qu'il avoit été l'architecte ou le constructeur sur le plan de Socrate, son maître; et, quoiqu'on lui re-

_____
(1) *Claudian. Paneg. in 4. consulat. Honor. August.*

proche d'avoir formé un modèle si parfait qu'il ne
sauroit être imité, et dont, par cette raison, la perfection même fait le défaut, il n'en est pas moins
permis d'adopter la comparaison que ce philosophe
a faite du gouvernement intérieur de la raison dans
chaque homme considéré séparément, avec le gouvernement extérieur de la puissance suprême qui est
établie dans chaque nation; et la conséquence évidente de cette comparaison, est qu'il faut, dans le
corps politique, comme dans le corps naturel, qu'il
y ait toujours une ame, une intelligence, une raison
dominante, qui exerce son empire sur toutes les parties inférieures, et qui les rapporte toutes à la fin
commune, c'est-à-dire, au bien du corps entier.

Platon n'a donc fait que développer une image naturelle que chaque homme capable de réflexion trouve
en lui-même. L'auteur de la nature nous en a donné
l'idée par la connoissance que nous avons de ce qui
se passe au dedans de nous : et nous ne faisons qu'a-
percevoir cette idée plus en grand, lorsque nous
l'appliquons au corps entier de chaque nation.

C'est là, en effet, que Dieu fait éclater dans tout
son jour le caractère le plus éminent de cette divine
ressemblance qu'il a imprimée sur le front de la plus
parfaite des créatures qui sont sur la terre. Sa conformité avec l'Être divin ne se manifeste jamais d'une
manière plus sensible que lorsque nous jetons les
yeux sur ceux qui tiennent les rênes du gouvernement.
Les prophètes mêmes leur ont dit : *vous êtes des
Dieux, vous êtes tous les enfans du Très-Haut* (1).
Ils n'en sont pas moins caducs et mortels; le même
prophète les en avertit : mais, si l'on n'envisage en
eux que l'autorité dont ils jouissent, ils n'en représentent pas moins celle de Dieu même.

De là vient encore que, comme le plus grand ouvrage de la puissance suprême est la loi qui devient
la règle commune de toutes nos actions extérieures
dans l'ordre de la société, elle a été appelée par les

(1) *Ego dixi, Dii estis, et filii excelsi omnes.* Ps. 81.

philosophes, par les jurisconsultes, par les orateurs mêmes, un bienfait et un présent de Dieu, qui l'a rendue la maîtresse et comme la reine des choses divines et humaines, afin qu'elle suppléât au défaut d'intelligence ou de réflexion que l'on remarque dans la plupart des hommes, et qu'elle devînt, si l'on peut parler ainsi, la raison de ceux qui n'en ont point.

De là naît l'obligation essentielle d'obéir aux lois des princes, tant qu'ils ne prescrivent rien de contraire aux lois de celui par qui ils règnent et pour qui ils doivent régner, exprimant sa perfection dans leur conduite, comme ils représentent son autorité dans le pouvoir qu'il leur a confié.

De là, par une conséquence nécessaire, naît encore cette vérité si fortement annoncée à tous les hommes par saint Pierre, par saint Paul, par tous les premiers prédicateurs de l'évangile, que *quiconque résiste aux puissances, résiste à l'ordre de Dieu même;* et que l'obéissance qu'on leur doit, est fondée, non-seulement sur la crainte des châtimens dont les réfractaires sont menacés, mais sur un sentiment de conscience, sur un devoir de religion : *Non solùm propter iram, sed propter conscientiam* (1). En sorte qu'on ne peut pécher contre la loi du souverain, sans pécher contre la volonté de Dieu même : doctrine que les apôtres avoient reçue immédiatement de leur divin maître, lorsqu'il imposa silence aux pharisiens par ces paroles adorables qui ont été tant de fois répétées d'âge en âge, et qui le seront toujours jusqu'à la fin des siècles : *rendez à César ce qui est dû à César, et à Dieu ce qui est dû à Dieu* (2). Non que l'empire de César puisse être égalé, ni même comparé à l'empire de Dieu, mais parce que c'est Dieu qui règne par César, et qu'en obéissant à César on obéit à Dieu.

XV. Toute puissance suprême, de quelque genre

_____

(1) *Ad Rom.*, 13, 5. — (2) Math., 22, 21; Marc, 12, 17; Luc, 20, 25.

qu'elle soit, vient donc de Dieu : la raison me l'apprend, et la révélation m'en assure. Mais, si cela est, que dois-je répondre à ceux qui voudroient appliquer à la royauté ce qu'un poète a osé dire de la divinité même :

Primus in orbe Deos fecit timor (1) ;

et qui prétendent que ce qui a fait les rois est aussi la crainte des dangers et des maux dont les hommes étoient menacés dans ce qu'ils appellent le premier état de la nature ?

C'est ce qui a fait, me dit-on, qu'ils ont pris le parti de se donner un maître commun à tous pour n'en avoir pas autant qu'il y auroit d'hommes plus forts que chacun d'eux; d'où ils concluent encore, sur la foi d'un autre poète, que l'utilité a été la seule mère des lois,

Atque ipsa utilitas justi propè mater et œqui (2) ;

en sorte que la justice n'est sortie que du sein de l'injustice même.

Je veux bien cependant admettre pour un moment leur supposition, en me servant contr'eux de la méthode que les mathématiciens appellent, la *règle de fausse position*, et par laquelle ils démontrent que la surface de la mer est ronde ou sphérique, en commençant par supposer qu'elle ne l'est pas.

Je dirai donc à ceux dont je viens de rapporter l'opinion : vous voulez que ce soit la crainte d'un mal inévitable qui ait engagé les hommes à sacrifier une partie de leur liberté au plaisir de jouir plus tranquillement de ce qui leur restoit en se soumettant à un maître commun, je le veux comme vous; mais penser et agir ainsi, n'est-ce pas faire un acte de

(1) *Petron. Satyr. Stat. Thebaïd.*, lib. 3. — (2) *Horat.*, *Sat.* 3, lib. 1.

raison, et la prendre pour règle de sa conduite ? Donc, en bannissant d'abord la raison pour y substituer le motif d'une crainte fondée sur la seule expérience, vous êtes forcés de revenir vous-mêmes à reconnoître que c'est par la réflexion, et par conséquent par la raison, que les hommes ont senti la nécessité d'un gouvernement, d'où il suit évidemment que l'établissement de toute puissance suprême a sa source et son origine dans la raison.

Donc, la supposition même qui exclut les conseils de la raison, pour chercher ailleurs l'origine de tout gouvernement, fait voir au contraire que c'est à elle qu'il faut en rapporter l'établissement.

Qu'on dise, si l'on veut, que, comme il est rare de trouver dans les hommes cette étendue de génie et cette attention profonde qui sait aller au-devant des maux par une prévoyance salutaire, c'est par une triste expérience, et, pour ainsi dire, à leurs dépens, qu'ils ont commencé à reconnoître la nécessité de s'unir les uns avec les autres, et d'affermir leur union par l'autorité d'un bon gouvernement : que resultera-t-il de cette réflexion ? Loin d'ébranler les principes que j'ai établis, elle ne servira qu'à les affermir. En effet, que les hommes se soient portés d'abord à suivre les conseils de la raison, ou que l'expérience les y ait ramenés, il n'en sera pas moins certain qu'une raison éclairée, et les sentimens naturels à l'homme, sont les véritables fondemens de toute société et de toutes les espèces de gouvernement.

XVI. J'entends enfin des philosophes qui raisonnent d'une autre manière sur un point si important.

Ils ne disconviennent pas que la nécessité d'un pouvoir suprême n'ait été dictée aux hommes par la raison, ou par une expérience qui leur en a tenu lieu; mais, en reconnoissant cette vérité, ils attribuent uniquement l'origine de tout gouvernement à une espèce de pacte ou de convention volontaire par laquelle un peuple, ou une nation entière, a jugé à propos de se donner un maître; en sorte que, selon eux, l'autorité suprême qui est établie dans chaque état, doit sa naissance à la seule volonté de ceux qui s'y sont soumis, comme si Dieu n'en étoit pas le véritable auteur.

XVII. Quoiqu'en puissent dire les partisans de ce sentiment, il n'y a jamais eu et il n'y aura jamais de puissance qui ne soit sortie du sein de Dieu même. C'est lui qui, ayant formé les hommes pour la société, a voulu que les membres dont elle seroit composée, fussent soumis à un pouvoir supérieur, sans lequel elle ne pouvoit être ni parfaite ni heureuse. C'est lui, par conséquent, qui est le véritable auteur de ce pouvoir; c'est de lui que le chef de chaque nation le tient comme une portion de cette puissance suprême dont la plénitude ne peut résider que dans la divinité. C'est ainsi, pour exprimer cette vérité, par une image sensible, que le soleil peut être regardé comme le père de toute lumière, et que les corps qui la réfléchissent, ou qui la renvoient sur d'autres corps, les éclairent à la vérité, mais par des rayons qu'ils reçoivent du soleil, dont ils empruntent tout leur éclat; et il est aisé de sentir que dans cette comparaison, c'est le soleil qui est l'image de Dieu, pendant que les corps qui ne brillent que par le soleil dont ils ne font que réfléchir et répandre la lumière, représentent les rois ou ceux qui président au gouvernement.

XVIII. Celui ou ceux en qui réside la suprême puissance, sont donc les images et les ministres de Dieu. Elle peut être entre les mains d'un seul ou de plusieurs hommes suivant la constitution de chaque état. Dieu qui est la source et l'unique auteur de toute puissance, Dieu qui la renferme seul dans une plénitude aussi immense que la perfection de son être, a bien voulu cependant que des êtres intelligens et raisonnables, que des hommes qu'il a créés à son image, et qu'il a mis, comme parle l'écriture, *dans la main de leur conseil*, eussent part jusqu'à un certain point au choix de ceux qui seroient appelés à un gouvernement que l'état présent de l'homme dans cette vie rend absolument nécessaire. Dieu a même trouvé bon

17*

que la manière de faire ce choix dépendît aussi jusqu'à un certain point de la volonté, du génie, ou de l'inclination de chacun des peuples qui forment ces grandes sociétés, qu'on appelle une nation ou un état.

XIX. Mais, après tout, à quoi se réduit tout ce que les peuples peuvent faire pour se donner un maître? C'est de servir d'instrument à celui qui est naturellement le maître de tous les hommes, je veux dire, à Dieu, de qui seul celui qui monte sur le trône reçoit toute son autorité.

Ainsi, dans une république, à chaque changement des personnes chargées du gouvernement, le peuple nomme et présente à Dieu, si l'on peut se servir de cette expression, ceux par qui il doit être gouverné;

Ainsi, dans les monarchies électives, sur les suffrages de la nation ou de ceux qui la représentent, Dieu accorde son institution, si l'on peut parler ainsi, ou donne l'investiture de la couronne à celui qui est élu dans les formes prescrites par les lois d'une monarchie élective;

Ainsi, dans les royaumes héréditaires, Dieu fait sur le choix de la famille à laquelle le sceptre est attaché, ce qu'il fait dans les monarchies électives sur le choix de la personne à qui la couronne est déférée; c'est-à-dire, pour suivre la comparaison de quelques jurisconsultes, que, par une espèce d'inféodation faite en faveur de la famille dominante, Dieu veut bien transmettre la puissance royale de génération en génération à l'aîné de cette famille, en sorte que, comme dans l'ordre féodal, le seigneur est censé renouveler la première investiture en faveur de chaque nouveau successeur; ainsi, dans les monarchies héréditaires, chacun de ceux qui y sont appelés successivement, est revêtu par Dieu, en montant sur le trône, du même pouvoir que son prédécesseur.

C'est ce qu'il semble que Charlemagne voulut exprimer, lorsque pour prendre possession de l'empire, il mit son épée sur l'autel, d'où il la reprit ensuite, comme pour protester par cette auguste cérémonie, qu'il reconnoissoit tenir de Dieu le pouvoir qu'il alloit exercer sur les hommes.

C'est aussi sur le même fondement, que l'ancien usage d'élever les nouveaux rois de France sur un pavois ou sur un bouclier, étant tombé en désuétude, on y a substitué dans la suite, et en France et ailleurs, la cérémonie religieuse du sacre et du couronnement; afin que, d'un côté, les rois protestassent publiquement à la face des autels, que c'est par Dieu qu'ils règnent, et que, de l'autre, les peuples, recevant ainsi leur roi en quelque manière des mains de Dieu même, fussent beaucoup plus disposés, par là, à le révérer et à lui obéir, non-seulement par des motifs de crainte ou d'espérance, mais par un sentiment et un principe de religion.

C'est ainsi que les monarques, ou les autres chefs du gouvernement, dans chaque état et de quelque manière que la suprême puissance y soit déférée, ne peuvent se dispenser de reconnoître, comme ils le font publiquement, que toute leur puissance n'est qu'une émanation ou un foible écoulement de cette immensité de pouvoir qui ne réside que dans la divinité.

Par là, tout se ramène à l'unité; tous les ruisseaux remontent, pour ainsi dire, jusqu'à leur source. Tous ceux qui participent au gouvernement d'un état rapportent leur pouvoir au prince ou à la puissance suprême de qui ils le reçoivent, et le prince lui-même, ou ceux qui exercent la puissance souveraine, en rend hommage à Dieu qui la lui donne, comme au roi des rois et au seigneur des seigneurs : *Regi regum, et Domino dominantium* (1). C'est ce qui forme ce que l'on peut appeler la hiérarchie séculière ou temporelle, non moins dépendante de la divinité comme de son origine ou de son principe, que la hiérarchie ecclésiastique ou spirituelle.

XX. Mais il ne suffit pas d'avoir tâché de bien connoître l'auteur de toute puissance établie dans l'ordre

_____
(1) I. Thimoth., ch. 6, ⍎. 15.

du gouvernement temporel ou politique, je dois aller plus loin, et examiner à présent quelle est l'étendue de ce pouvoir, et quel en est l'objet?

XXI. Pour me préparer à approfondir une matière si importante, je me rappelle d'abord un petit nombre de notions générales dont j'ai déjà parlé ailleurs, et qui peuvent me servir de guide dans la recherche présente.

PREMIÈRE NOTION GÉNÉRALE.

Le grand et en un sens l'unique objet de toute société civile, comme de chaque être raisonnable considéré séparément, est la perfection et la félicité, qui en sont l'effet et comme la récompense.

DEUXIÈME NOTION GÉNÉRALE.

Tout corps politique, comme tout corps naturel, a une tête et un chef qui préside à tous les membres. Ce chef et ces membres sont obligés mutuellement de travailler à leur perfection et leur félicité commune; car le bonheur du tout dépend de celui de ses parties, et le bonheur des parties dépend de celui du tout.

TROISIÈME NOTION GÉNÉRALE.

J'ajoute même ici que cette obligation mutuelle de se rendre parfaits et heureux, est d'autant plus grande dans la personne du chef, que son pouvoir est plus grand en le comparant à celui des membres qui sont ses sujets. Ils ne peuvent contribuer au bien de l'état et de celui qui en est le chef, que par les moyens qui sont propres à chacun d'eux; au lieu que le chef ou ceux qui le représentent dans une république, ont entre leurs mains la puissance suprême, et la force de tout le corps qui s'exerce par eux, et qui les met en état d'assurer solidement et la perfection et le bonheur du peuple soumis à leurs lois.

Ainsi, pour s'exprimer ici d'une manière géométrique, on peut dire que l'obligation imposée à chaque
citoyen de travailler autant qu'il est en lui à la perfection et à la félicité commune, est à la même obligation considérée dans la personne de ceux qui
exercent l'autorité suprême, comme le pouvoir de
chaque citoyen est au pouvoir de ceux à qui cette
autorité est confiée.

QUATRIÈME NOTION GÉNÉRALE.

Je conclus des observations précédentes, que la perfection et la félicité d'un état bien gouverné, doivent
consister dans cet ordre, ce rapport, cette correspondance, cette harmonie et cette espèce de concert qui
font que chaque citoyen, en travaillant à sa perfection
et à sa félicité particulière, travaille en même temps
à la perfection et à la félicité du corps entier, pendant que de son côté le souverain, ou celui qui gouverne, ne cherche à se rendre heureux et parfait,
que par son attention, et, pour parler ainsi, par sa
tendance continuelle à la perfection et au bonheur
de ceux qui lui sont soumis.

C'est par là, comme on l'a dit ailleurs, que toute
une nation parvient à n'être plus regardée que comme
un seul homme dans lequel le bonheur des membres
fait celui du chef, comme le bonheur du chef fait
celui des membres; vérité qui ne sauroit être trop
répétée, et qu'il seroit à désirer que les princes et
leurs sujets eussent tous également dans le cœur.

CINQUIÈME NOTION GÉNÉRALE.

Après avoir parlé en général de perfection et de
félicité, il est temps d'en distinguer deux genres ou
deux espèces différentes.

La première se renferme dans les bornes de la vie
présente, et l'on peut dire que la perfection et la félicité humaine, considérées dans l'espace si court du
temps que l'homme passe sur la terre, dépendent du

bon usage qu'il fait des biens et des maux de cette vie dans la société et dans l'état où la providence l'a placé.

La deuxième espèce de perfection et de félicité ne connoît aucunes bornes; elle franchit celles de la vie présente, et, plus forte que la mort même, elle a pour objet les biens ou les maux d'une vie qui ne finira jamais.

J'ai déjà observé ailleurs que nous en trouvons une espèce de présage ou de pressentiment au dedans de nous-mêmes; les pensées et les désirs de notre ame nous annoncent qu'elle porte en son sein comme un germe d'immortalité : la raison nous confirme dans ce sentiment, par les conséquences qu'elle tire des idées que nous avons de la science divine; et enfin la révélation surnaturelle achève de nous convaincre de la réalité des biens et des maux de la vie future.

SIXIÈME NOTION GÉNÉRALE.

Ces deux genres de perfection et de félicité sont distingués par des différences essentielles qui se présentent naturellement à mon esprit; et je ne ferai pas mal de m'arrêter ici un moment à les considérer.

PREMIÈRE DIFFÉRENCE.

A quelque degré que le bien qui résulte de ma perfection et de ma félicité temporelle puisse être porté, il ne remplit jamais toute l'étendue de mon intelligence, et il rassasie encore moins la vaste capacité de ma volonté. Non-seulement, tout bien fini et limité, demeure toujours au-dessous de l'immensité de mes désirs, mais je sens que ce qui me manque est infiniment au-dessus de ce que je possède.

Il en est de même du mal que nous éprouvons, ou que nous craignons, dans l'état de la vie présente. Nous en sommes souvent encore plus frappés

que du bien; mais nous n'en reconnoissons pas moins
que le mal de cette vie demeure toujours fini et borné
comme le bien, toujours par conséquent susceptible
d'accroissement ou d'augmentation, sans arriver jamais au malheur infini.

DEUXIÈME DIFFÉRENCE.

Quand même ma perfection et ma félicité présente pourroient être portées au plus haut degré,
remplir toutes les vues de mon esprit, épuiser tous
les désirs de mon cœur, il leur manqueroit toujours
un caractère essentiel pour me satisfaire pleinement;
c'est la stabilité, la durée constante et indétermi-
nable : sans cela, dans le comble même de la prospérité, je serai toujours obligé de dire avec Sénèque :
combien durera mon bonheur? Subit sollicita cogi-
tatio : et hæc quamdiu (1)? Cette pensée importune,
ma félicité va peut-être m'échapper et s'évanouir
en ce moment, viendra toujours troubler mon repos, et empoisonner mes plaisirs. En vain, serois-
je sûr d'en jouir pendant un temps considérable; ce
qui est fini peut-il jamais être long? Ce que je dis
de la perfection et du bonheur de mon état, ou
plutôt de mon pélerinage sur la terre, je peux le
dire aussi de mon imperfection passagère et de mon
malheur temporel; avec cette différence, que ce
qui m'afflige dans le bien, est ce qui me console
en quelque manière, dans les maux de cette vie, à
quelque degré qu'ils soient portés, ils peuvent finir;
et tôt ou tard ils finiront en effet. Si je jouis des biens
présens, je suis effrayé par la crainte de les perdre :
si j'éprouve au contraire les maux présens, je suis
consolé par l'espérance de les voir finir. Il n'y a que
les biens et les maux de la vie future, qui puissent
bannir dans ceux qui en seront rassasiés, toute frayeur
ou tout espoir, parce qu'ils sont marqués, pour parler

(1) *Senec., de brev. vit., n.º* 16.

ainsi, au coin de l'éternité de Dieu même : *égo Do-*
minus, et non mutor (1).

DERNIÈRE DIFFÉRENCE.

Il me semble que si je faisois toujours un bon usage
de ma raison, je pourrois trouver les moyens de me
rendre aussi heureux, ou aussi peu malheureux, qu'il
est possible dans la vie présente.

Mais, quelque désir que j'aie de parvenir à cette
perfection et à cette béatitude, qui a le double caractère d'être en même temps complète et immuable, je ne saurois me dissimuler que j'ignore la véritable route qui peut m'y conduire sûrement, ou,
du moins, que je ne l'entrevois par moi-même que
très-confusément : j'en ai, à la vérité, quelques notions, mais elles sont obscures, et la révélation naturelle qui ne consiste que dans les lumières sombres
et imparfaites de ma foible raison, m'abandonne presque entièrement sur ce point : son plus grand effort
se termine à me montrer ce qui me manque, et à me
le faire désirer.

Je sens en effet que, soit pour tendre véritablement et utilement aux biens éternels, soit pour
me garantir des maux qui ont le même caractère,
j'aurois besoin des deux secours dont j'ai déjà parlé
ailleurs; je veux dire d'un secours de lumières ou
de connoissances, qui me montre le chemin par-le-
quel seul je peux arriver au dernier terme de ma
perfection et de mon bonheur, et d'un secours de
sentiment qui me donne la force de marcher dans
ce chemin; en sorte que l'attrait de ce sentiment dirige les mouvemens de mon cœur, pendant que l'évidence des lumières qui me sont données, dirige les
opérations de mon esprit.

C'est en vain que je cherche en moi ces deux puissans secours; la lumière et la force me manquent éga-

_____

(1) Malach., ch. 3, ÿ. 6.

lement dans le triste état où je suis réduit : mes semblables, aussi foibles, aussi indigens que moi, ne
peuvent me donner ce qu'ils n'ont pas; et dans cette
espèce d'impuissance qui m'est commune avec eux, je
suis souvent prêt à m'écrier comme Médée :

Video meliora, proboque :
Deteriora sequor (1).

J'entrevois le vrai bien et le vrai mal, jusqu'à
un certain point; mais ce vrai bien que j'aperçois
et que j'aime naturellement, que je désire même
de suivre, je ne le suis pas : ce mal que je découvre
aussi, que je déteste même, que je veux fuir véritablement, je ne le fuis pas; presque toujours contraire à moi-même, approuvant ce que je ne fais
point, et condamnant ce que je fais, je trouve dans
mon cœur et le coupable et le juge, qui y entre-
tiennent une guerre continuelle, et malheureusement pour moi, c'est ordinairement le coupable qui
est le plus fort, à la honte du juge, réduit à déplorer
le mal qu'il ne peut empêcher.

Serai-je donc surpris, d'après cela, d'entendre saint
Paul même s'écrier (2) : *malheureux que je suis, qui
me délivrera de ce corps mort ?* Et ma raison si elle
suit fidèlement ce qui résulte de la connoissance que
j'ai de moi-même, ne me dictera-t-elle pas la réponse
que le même apôtre se fait en cet endroit ? *Ce sera
Dieu seul* qui sera mon libérateur; sa grâce seule
peut, et me montrer la route des véritables biens, et
me donner les forces de la suivre, en me délivrant des
chaînes qui m'environnent dans ce corps de mort où
je fais ma triste demeure (3).

(1) *Ovid. Metamorph., lib.* 7.

(2) *Epist. ad Rom.*, c. 7, y. 24.

(3) Le manuscrit de cet ouvrage finit ici; ainsi, il paroît
que cette seconde partie n'a pas été achevée.

On trouvera, dans le Fragment suivant, une idée de ce qui
devoit être traité dans la troisième partie.

SUITE D'IDÉES OU DE PRINCIPES

Sur le Droit des Gens *proprement dit, c'est-à-dire, celui qui a lieu de nation à nation, et qui auroit dû être appelé* jus inter gentes, *plutôt que* jus gentium.

I. Chaque nation entière pouvant être considérée comme un seul homme, par cette unité de lois, d'intérêts, et de gouvernement qui n'en fait qu'un seul tout et un seul corps politique, il est évident que toutes les règles du droit naturel qui ont lieu entre les hommes considérés séparément, ou entre un homme et un autre homme, doivent aussi être observées entre une nation et une autre nation.

II. On doit même remarquer que, comme la discorde ou l'union, les querelles ou la paix sont d'une conséquence infiniment plus grande entre les états ou les souverains, qu'entre les particuliers ; l'observation des lois naturelles, est sans comparaison plus importante et plus nécessaire entre les différens états comparés les uns avec les autres, qu'entre les sujets de la même domination.

III. Il n'est pas vrai, comme Hobbes et ses sectateurs l'ont prétendu, que le premier état du genre humain ait été ou dû être un état de guerre, et que ce soit la seule crainte de la violence qui ait fait naître dans l'homme le désir et l'amour de la paix, et qui ait formé le premier lien de la société.

Il en est de la paix comme de la santé : c'est la santé qui a précédé la maladie : l'une est l'état naturel ; l'autre un accident qui dérange la nature. Le bien est plus ancien dans le monde que le mal.

L'amour du repos et de la tranquillité est né avec l'homme. Il ne faut point de motifs particuliers pour vivre en paix : il en faut au contraire pour sortir de cet état naturel, et pour passer dans celui de l'agitation et de la guerre. Donc, l'union a précédé la discorde : donc, la paix est plus ancienne dans le monde que la guerre.

Nous sentons dans notre cœur une inclination naturelle pour nos semblables. Nous sommes touchés si nous les voyons souffrir : s'il leur arrive quelque accident, le premier mouvement nous porte à les secourir : nous aimons à leur communiquer nos pensées, et à apprendre ce qu'ils pensent ; la solitude nous déplaît et nous attriste, la société nous soutient et nous inspire un sentiment de joie.

On peut en juger par les premières sociétés qui se sont formées entre les hommes.

La première de toutes a été le mariage : c'est un amour naturel qui en a formé les liens. Dira-t-on que le premier mari et la première femme aient commencé par se haïr, et par se faire la guerre ?

Il en est de même de la seconde espèce de société, qui est celle du père et de la mère avec leurs enfans; et de la troisième, qui se forme entre ces enfans mêmes, c'est-à-dire, entre les frères. Supposera-t-on que, quoique dans l'enfance ils paroissent s'aimer mutuellement, tant que rien ne s'y oppose, cependant ils naissent ennemis ?

La quatrième espèce de société est celle d'une famille composée de plusieurs branches. Il est encore évident que le sang qui unit ceux qui sortent d'une tige commune, les rendra naturellement amis les uns des autres, tant que les passions n'y feront point naître de sujets de discorde.

La cinquième société est celle de plusieurs familles qui se réunissent dans une même ville, pour se procurer la douceur de vivre avec leurs semblables, et les autres avantages qu'ils ne trouvent point dans la solitude. Tel est le premier motif qui les rassemble, dans la vue de suppléer à ce qui leur manque lorsqu'ils sont séparés, par les secours mutuels et les services réciproques qu'ils se rendent les uns aux autres lorsqu'ils sont réunis.

Si la crainte des dangers qui pourroient les me-
nacer dans la solitude, le soin de leur sûreté, peut
être encore un nouveau motif de leur association,
c'est aussi une nouvelle raison pour engager ces familles à conserver entr'elles une parfaite intelligence.

Pourquoi donc le premier mouvement de ces familles rassemblées, seroit-il de se haïr et de se nuire
mutuellement ?

Enfin, la sixième et la plus grande de toutes les sociétés, est celle de plusieurs villes, ou de plusieurs
habitations qui forment un corps entier de nation ;
et cette dernière espèce de société est susceptible des
mêmes réflexions que les précédentes.

Pourquoi ces grandes sociétés commenceroient-
elles, sans cause et sans provocation, à haïr celles du
même genre? On n'en aperçoit encore aucune raison. On voit, au contraire, qu'elles ont un intérêt
naturel à bien vivre avec leurs voisins. Il faut qu'il sur-
vienne des sujets de querelles et de divisions pour en
venir enfin à des guerres. Mais l'établissement de chacune de ces sociétés a précédé ces causes ; donc, elle a
commencé par être en paix avec les autres sociétés
semblables.

IV. Ainsi, considérant toutes ces différentes espèces de société, dans leur naissance, on trouvera
par tout que c'est le désir du bien qui les a formées,
plutôt que la crainte du mal. Une affection mutuelle,
des besoins réciproques, en ont été les premiers liens.
Donc, encore une fois, toute société a commencé par
l'inclination qui nous porte tous à vivre en paix avec
nos semblables.

En vain, des philosophes plus subtils que solides,
et souvent amateurs des paradoxes, ont voulu imaginer que la scène du monde naissant s'étoit ouverte
par la guerre.

Les poètes, plus croyables qu'eux sur ce point,
parce qu'ils ont parlé beaucoup plus d'après la nature, ont fait une supposition plus vraisemblable,

lorsqu'ils ont dit que le premier âge du monde avoit été l'age d'or :

Aurea prima sata est œtas quæ, vindice nullo,
Sponte sua, sine lege, fidem rectumque colebat (1).

Si cet âge a peu duré, selon les mêmes poètes, c'est parce que les passions ont bientôt fait taire la raison. Mais la raison parloit quand on l'a fait taire : elle existoit avant que la passion l'obscurcît et la troublât, et elle n'inspiroit à l'homme que des sentimens de paix.

Donc, l'état de la paix est le premier état, l'état naturel de l'homme : et si la guerre est survenue dans le monde, c'est une maladie, comme on l'a déjà dit, qui avoit été précédée par la sánté, dont elle n'a été que le dérangement ; et tout dérangement suppose un ordre préexistant.

V. La paix entre les nations est un si grand bien, qu'il est évident qu'elles ne sauroient prendre trop de précautions pour la conserver, ni par conséquent être trop attentives à éviter ou à détourner tout ce qui peut être une cause ou un prétexte de rupture et de guerre.

VI. Toutes les mesures qu'elles doivent prendre pour cela, et toutes les règles qu'elles sont naturellement obligées de se prescrire réciproquement pour y parvenir, sont renfermées dans ces deux maximes générales qui n'ont pas moins lieu entre les états, que entre les particuliers : *ne faites point contre les autres ce que vous ne voudriez pas que les autres fissent contre vous ; faites pour les autres tout ce que vous voudriez que les autres fissent pour vous.*

VII. Suivant ces règles, chaque particulier doit jouir sans trouble de ce qui lui appartient ; et les états ont droit de conserver ce qu'ils possèdent légitimement.

_____

(1) *Ovid. Metamorph.*, *lib.* I.

La possession en cette matière a pour objet, ou les personnes ou les choses.

Les personnes, en tant qu'elles font partie d'un état, et qu'elles sont soumises à la puissance qui le gouverne.

Les choses, en tant qu'elles sont soumises, *dominio aut imperio*, à la puissance souveraine, et situées dans l'étendue des limites de chaque domination.

VIII. Il ne s'agit après cela, pour se former une juste idée de ce qu'on appelle le *droit des gens*, que de tirer de justes conséquences de ces deux principes fondamentaux ; et, pour le faire avec ordre, on peut réduire l'explication de ces conséquences aux points suivans :

1.° Quels sont les véritables moyens de conserver et d'entretenir une paix durable entre les nations différentes ?

2.° Peut-il y avoir de justes causes de rompre la paix, et de sortir d'un état si heureux, pour s'exposer à tous les malheurs de la guerre ?

3.° Quelles sont ces causes légitimes ?

4.° Y a-t-il des règles du droit des gens que les puissances qui ont pris les armes l'une contre l'autre soient obligées d'observer entr'elles pendant la guerre même ? Et quelles sont ces règles ?

5.° Que doivent-elles faire pour terminer la guerre le plus promptement qu'il est possible, et revenir à l'heureux état de la paix ?

6.° Quel est l'esprit dans lequel elles doivent travailler à la perpétuer, en se liant par des traités qui préviennent, autant qu'il est possible, de nouvelles occasions de rupture ?

7.° Quelles sont les peines qui assurent l'exécution des règles du droit des gens, et qui peuvent les faire regarder comme de véritables lois.

DISCOURS

SUR

LA VIE ET LA MORT DE M. D'AGUESSEAU,

CONSEILLER D'ÉTAT;

Par M. D'AGUESSEAU, Chancelier de France, son fils.

Je regarde, mes chers enfans, comme la plus douce et la plus solide consolation de ma disgrâce présente, le plaisir de vous parler de mon père, et de profiter du loisir qu'elle me donne pour le faire revivre en quelque manière à vos yeux, et vous offrir dans sa personne, l'exemple le plus accompli que je puisse jamais vous proposer en tout genre de mérite et de vertu.

Je vous avouerai cependant, mes chers enfans, que vous n'êtes pas mon seul objet dans cet ouvrage : je l'entreprends pour moi autant que pour vous; et je cherche bien moins à vous donner ici des leçons, qu'à en recevoir de celui que je regarde comme votre maître et le mien. Je veux me remplir avec vous, me nourrir, et, si j'ose parler ainsi, me rassasier pleinement des vertus de mon père; l'étudier dès son enfance, le suivre pas à pas dans les progrès de son mérite comme dans ceux de ses années, le conduire avec vous jusqu'au moment douloureux de sa mort : et plût à Dieu qu'il me fût possible de ne laisser échapper à votre instruction commune aucun jour d'une vie dont les moindres traits sont des modèles!

Vous n'y trouverez point ces faits singuliers, ces événemens extraordinaires qui attachent l'attention d'un lecteur curieux, dont le cœur voudroit être

ému par une histoire, comme il l'est par un spectacle;
mais, en récompense, vous y verrez ce qui est peut-
être encore plus rare, et sans doute plus intéressant
pour vous et pour moi, un caractère suivi, toujours
semblable à lui-même, et constamment soutenu depuis la première jeunesse jusqu'à la plus extrême
vieillesse; un esprit vaste, fécond, lumineux, aussi
aimable par ses grâces naturelles, qu'admirable par
sa grande élévation, assez facile pour pouvoir dédaigner le secours du travail, et si laborieux qu'il
sembloit ignorer son heureuse facilité; un cœur
tendre, noble, généreux, toujours occupé des intérêts
d'autrui, et jamais des siens, sachant se rendre tout
à tous par une charité qui ne connoissoit de bornes
que celles des besoins de l'humanité; un homme
simple, vrai, ennemi de toute ostentation, humble
même jusqu'à l'excès si l'homme pouvoit jamais être
trop humble, respectable par sa sagesse, vénérable
par sa sainteté; en un mot, un homme orné de toutes
les vertus, à qui il n'est presque échappé durant
le cours d'une longue vie, ni action ni parole qui
n'aient été inspirées par la raison et consacrées par la
religion.

Tel a été votre aïeul, mes chers enfans; et telle est
l'idée générale qu'il falloit d'abord vous donner de
son caractère.

Il est temps de lever le voile dont sa modestie
prenoit un si grand soin de couvrir son mérite. Le
public qui révéroit sa vertu, n'a connu que la moindre
partie d'un si grand homme. Mon père auroit voulu
pouvoir se dérober aux yeux mêmes de ses enfans; et
c'étoit presque malgré lui qu'une longue habitude
les mettoit en état de pénétrer jusque dans le sanctuaire de cette ame vertueuse qui n'avoit rien à cacher aux hommes, mais qui ne vouloit se montrer
qu'à Dieu. Je remplirai donc un devoir de justice,
en lui rendant, après sa mort, une partie de la gloire
qu'il a méprisée pendant sa vie; je la lui rendrois
bien plus entière, sans cette même modestie que je
loue ici presque à regret, et dont je me plaindrois

bien plus volontiers en ce moment. De combien
d'actions mémorables nous a-t-elle enlevé la connoissance! Dieu, qui les a vues, en sera la récompense
éternelle; mais nous les ignorons, et elles manqueront toujours à notre instruction. Mon père parloit si
peu de lui-même, et il le faisoit si sobrement, quand
il ne pouvoit l'éviter, que nous ne savons presque de
ses actions, que celles qu'il n'a pu nous cacher. Encore falloit-il le surprendre en quelque manière pour
les savoir, et ce n'a été que par une espèce de larcin,
ou, si l'on veut, par une industrie louable, que nous
avons pu lui dérober, au moins, quelques traits de
sa vie.

Mais, c'est ce qui m'excite encore plus à en recueillir les restes précieux, pour immortaliser sa
mémoire dans ma famille avec ma juste reconnoissance; heureux, si je pouvois employer pour lui tout
ce que j'ai reçu de lui! Je lui dois le peu que je suis,
je lui dois même ce que je ne suis pas, puisqu'il n'a
pas tenu à lui que je ne le fusse; et si je n'ai pas eu le
mérite de répondre pleinement à ses soins, j'aurai au
moins celui de le mettre à ma place, et de vous dire,
mes chers enfans, remontez directement à votre aïeul,
oubliez le degré qui vous en sépare, et, vous rappro-
chant ainsi de ce grand exemple, rendez-vous dignes
d'en profiter beaucoup mieux que celui qui n'est
propre qu'à vous le montrer.

Je m'arrête peut-être trop long-temps à vous expliquer les motifs du discours que je vous adresse.
La vie d'un tel père, écrite à de tels enfans, ne demande point de préface; mais, c'est ici bien moins
une production de mon esprit qu'une effusion de
mon cœur. Vous vous en apercevrez souvent dans la
suite, mes chers enfans. Le sentiment me conduira
dans ce récit, beaucoup plus que l'ordre des temps;
et vous ne devez le regarder que comme une espèce
de conversation libre et indépendante des règles du
style historique, que j'ai avec vous sur le caractère,
sur les mœurs et sur les vertus de mon père.

18*

Il pouvoit dire de lui, ce qu'il nous a mis en état de dire de nous-mêmes. *Nous sommes les enfans des saints.*

Il étoit fils d'un père (1) et d'une mère dont il avoit reçu la sainteté, comme par une espèce de succession; mais il ne put jouir des exemples du premier. Il avoit à peine sept ans, lorsqu'une mort prématurée le lui enleva, et le laissa entre les mains d'une mère vraiment chrétienne, qui ne resta dans le monde, que pour l'élever dans la vertu : contente de son ouvrage, elle eut la force de renoncer à en jouir; et, se détachant d'un objet si digne de sa tendresse, elle se consacra entièrement à Dieu dans le monastère des Carmélites du faubourg Saint-Jacques, où elle n'eut plus qu'à lever les mains au ciel pour un fils qui venoit d'entrer dans le tourbillon des affaires; et ce fut là que, malgré la délicatesse de son tempérament, et les grandes infirmités dont elle étoit affligée, elle soutint, pendant près de vingt-cinq ans, l'austérité d'une vie sainte, que Dieu couronna par une plus sainte mort.

Un frère aîné (2), qui étoit beaucoup plus âgé et d'un autre lit que mon père, eut aussi pour lui des soins presque paternels; mais par des vues plus humaines que celles de ma grand'mère. Né avec beaucoup plus de génie, et capable de s'élever par son mérite, il n'étoit pas aussi exempt d'ambition que mon père l'a toujours été, et il pensoit peut-être encore plus à avancer son frère qu'à le former.

Mais Dieu sembloit prendre soin de l'instruire et de le former lui-même; il suppléoit à ce qui manquoit aux connoissances de la mère, et il prévenoit même les souhaits ambitieux du frère, par l'heureux naturel et les inclinations vertueuses qu'il avoit données à

_____

(1) Antoine d'Aguesseau, premier président du parlement de Bordeaux.

(2) François d'Aguesseau, maître des requêtes et président du grand-conseil.

mon père, dont l'esprit, né pour ainsi dire raisonnable, le conduisoit dès l'enfance et lui tenoit lieu du
père le plus sage et le plus vigilant.

On le mit au collége de Navarre, qui étoit alors le
plus célèbre de l'université, et on lui donna un précepteur qui eut plus besoin de le retenir, que de
l'exciter à s'instruire.

Il marchoit d'un pas si rapide, qu'il fut en état
d'entrer en rhétorique à l'âge de douze ans. Toutes
les années du cours de ses études, le virent sortir victorieux de la carrière, c'est-à-dire, après y avoir rem-
porté les quatre premiers prix qu'on distribue à la fin
des classes. Toutes les heures que les exercices ordinaires du collége lui laissoient libres, et une grande
partie même des jours de repos, il les donnoit à la
lecture suivie des plus grands modèles de l'antiquité
grecque et latine. Les poètes embellissoient son imagination, sans y laisser la moindre impression, dont
sa timide vertu pût être alarmée. Il en savoit cueillir
toutes les fleurs, sans en prendre le poison qu'elles
cachent souvent sous une surface agréable. Les beautés
de la poésie et de la prose frappoient tellement son
goût, et il avoit reçu de la nature une mémoire si
heureuse, que, quoique ses occupations eussent
rompu de bonne heure ce commerce étroit qu'il avoit
d'abord lié avec les muses, on eût dit, même à l'extrémité de sa vie, qu'il ne l'avoit employée qu'à étudier les belles-lettres. Des passages entiers de poètes,
d'historiens, d'orateurs, venoient s'offrir à lui comme
d'eux-mêmes; et il en répétoit les propres paroles
avec une facilité et une exactitude dont lui seul n'é-
toit pas surpris, parce qu'il croyoit que tous les
hommes étoient nés aussi heureusement que lui. Sa
vertu se déclara aussi promptement que son amour
pour la science, et il en donna une marque si rare dès
son enfance, qu'elle mérite bien que j'en conserve ici
la mémoire. Il n'est rien d'indifférent dans la vie des
grands hommes, et ce sont quelquefois les traits les
plus foibles en apparence, qui découvrent le mieux
leur caractère.

Les camarades de mon père, qui connoissoient la
bonté et la facilité de ses mœurs autant que celles de
son esprit, le venoient souvent prier de faire leur
ouvrage pour eux. Il se prêtoit d'abord, de tout son
cœur, à leurs désirs; et la facilité de son génie étoit
si grande, qu'il lui en coûtoit peu pour les satisfaire:
mais il s'aperçut bientôt de lui-même qu'il les servoit
trop bien pour leur paresse, et fort mal pour leur
instruction. Il se reprocha de contribuer, par son
travail, à les mettre en état de tromper leurs maîtres,
ou plutôt de se tromper eux-mêmes, en prenant une
habitude d'ignorance et de dissipation dont ils se
repentiroient un jour. Il les pria donc de trouver bon
qu'il ne leur rendît plus un service si dangereux; et,
après leur avoir fait aimer sa complaisance, il commença, dès-lors, à leur faire honorer sa vertu. J'ai
su ce fait d'un de ceux mêmes qui avoient reçu de
lui d'abord ce secours et ensuite cette instruction.
Aussi, m'a-t-il assuré, plus d'une fois, que les enfans,
du même âge que mon père, le regardoient moins
comme le compagnon de leurs études, que comme
un modèle qui excitoit plus d'admiration que d'envie,
parce que sa modestie, égale à ses talens, ne leur
inspiroit pour lui qu'une tendresse mêlée de respect,
et déjà même d'une espèce de vénération.

Il sortit fort jeune du collége, où je ne sais si on
lui laissa le temps d'achever sa philosophie: c'étoit
peut-être celle de toutes les sciences qu'il avoit le
moins cultivée. On l'enseignoit assez mal de son
temps; mais il n'avoit presque pas eu besoin de l'apprendre. La science du raisonnement et la connoissance de la morale, en quoi consiste la plus solide
philosophie, étoient pour lui comme des sciences
infuses. A voir l'ordre simple et naturel qui régnoit
dans tous ses écrits, il sembloit qu'il eût passé sa
jeunesse à étudier la logique et les mathématiques.
La connoissance du cœur lui avoit encore moins coûté
que celle de l'esprit humain. Il n'avoit eu qu'à étudier
le sien pour y trouver les règles de tous les devoirs,
et jamais il n'y a eu d'homme dont on ait pu dire,

avec plus de vérité, qu'il avoit appris à connoître
Dieu en l'aimant, et la vertu en la pratiquant.

Ce fut avec de si heureuses dispositions que mon
père entra dans l'étude du droit; et, comme il aimoit
la science par devoir, encore plus que par inclination,
il s'appliqua entièrement à cette étude, parce que
c'étoit celle de son état. Peu content de savoir la
jurisprudence en disciple, il voulut la posséder en
maître, remontant jusqu'aux premiers principes,
pour en descendre par degrés jusqu'aux dernières
conséquences; et toujours plus attentif à la raison de
la loi qu'à la loi même, il la dégageoit de ce mélange
de subtilités dont la science du droit est comme sur-
chargée, pour la ramener à la pureté de sa source,
je veux dire à ce que l'idée de la justice naturelle
présente sur chaque matière à des esprits raisonnables
qui savent la méditer attentivement. C'est ainsi que se
formoient en lui cette étendue et cette supériorité de
lumières qui étonnoient, dans la suite, les plus célèbres
avocats, lorsqu'ils travailloient avec lui; ce qui leur
faisoit dire, qu'ils avoient appris le droit en jurisconsultes, mais que mon père le savoit en législateur.

Il entra dans la carrière de la magistrature par
une charge de conseiller au parlement de Metz,
qui lui laissoit le temps de mettre ordre à ses affaires, dont l'état demandoit qu'il s'y livrât d'abord
entièrement; mais un événement singulier lui donna
bientôt beaucoup plus de richesses qu'il n'en désiroit, et il s'en fallut peu que son désintéressement
ne le mît hors d'état d'en profiter.

Son frère, marié depuis peu de temps, et dont
la femme étoit grosse, tomba dans une maladie de
langueur qui parut enfin incurable. Il voulut faire son
testament et donner tout son bien à mon père, en cas
que l'enfant dont sa femme étoit sur le point d'accou-
cher, vînt à mourir. Il confia ses intentions à mon
père, et il le pria plusieurs fois de lui amener M. Au-
zanet, avocat d'une grande capacité, avec lequel il
vouloit faire le projet de sa dernière disposition. Mon

père éludoit toujours ses instances, en le remettant d'un jour à un autre, jusqu'à ce qu'enfin le malade voyant bien qu'il ne seroit jamais obéi, précisément parce que mon père avoit intérêt de le faire, envoya lui-même chercher cet avocat, et fit peut-être plus de plaisir à mon père, en ménageant ainsi sa pudeur, que par le don de tout son bien : il mourut peu de temps après avoir fait son testament, sa femme le suivit le même jour, elle perdit la vie en accouchant, et son fils ne vécut que pour recevoir le baptême. La mort qui les avoit joints, fit aussi qu'on réunit leurs funérailles ; et le public vit passer la lugubre cérémonie du père, de la mère et du fils unique, portés tous trois en terre dans le même convoi ; spectacle touchant, même à l'égard d'une famille particulière, mais qui de nos jours a excité bien plus justement les larmes de toute la France sur les pertes redoublées de la maison royale.

Plus affligé de la mort de son frère que content d'en avoir recueilli la succession, mon père y trouva une charge de maître des requêtes, dont il demanda l'agrément, et dans laquelle il fut reçu à l'âge de vingt-trois ou vingt-quatre ans. Son goût y eut peu de part, encore moins les conseils de l'ambition. Il y entra par l'avis de sa famille, qui crut que cet établissement convenoit à l'état de sa fortune ; et je lui ai entendu dire plusieurs fois, que s'il avoit pu suivre son inclination naturelle, il se seroit borné à passer ses jours dans une charge de conseiller au parlement de Paris. C'étoit ce qu'il appeloit la pure et véritable magistrature : rien ne lui paroissoit plus heureux que de vivre dans l'indépendance de la cour, au milieu d'une compagnie qui, faisant gloire de ne connoître que les règles de la justice, trouve sa route toujours tracée par des lois immuables, ou par des maximes qui ne sont pas sujettes aux variations du gouvernement ou du ministère. L'homme de bien ne craint point ces reproches secrets de la conscience, dont il est souvent menacé dans les

emplois où il faut trouver ce tempérament si difficile, ce milieu si rare, entre la soumission qui est
due au prince, et la fidélité qu'exige le devoir. Si
le conseiller au parlement s'élève moins haut qu'un
petit nombre de ceux qui réussissent au conseil, il
n'est point en danger de tomber aussi bas que le plus
grand nombre.

Les maîtres des requêtes ressemblent aux désirs
du cœur humain, ils aspirent à n'être plus; c'est un
état qu'on n'embrasse que pour le quitter; un corps
où l'on n'entre que pour en sortir; et quiconque y
vieillit se sent tous les jours dépérir et tomber dans
l'oubli; pendant que le magistrat, qui s'est fixé au
parlement, vit content dans son état, parce qu'il
ne veut être que ce qu'il est, toujours sûr, s'il a du
mérite, de voir croître sa considération avec le nombre de ses années, et de recevoir des mains de la
vieillesse, suivant l'expression de l'écriture, cette couronne de dignité, qui ne se trouve que dans les voies
de la justice.

Ainsi parloit cet homme vertueux, dans un temps
où il n'avoit pas sujet de se repentir du parti qu'il
avoit pris, et où l'opinion publique lui promettoit ce
qu'il avoit beaucoup mieux mérité que son fils.

Mais je tombe déjà dans les digressions que je
vous ai annoncées, mes chers enfans, et les sentimens de mon père me font perdre le fil de son histoire. Il entra donc dans la charge de maître des
requêtes, mais avec les dispositions du plus sage
sénateur. On ne le vit point, comme la plupart de
ceux qui font ce premier pas dans la route de la
fortune, s'empresser de faire sa cour, se ménager des
protecteurs, s'insinuer par toutes sortes de voies auprès des ministres qui sont les maîtres ou le canal
des grâces, et ne donner à la justice que les restes
d'une attention usée par les soins et les mouvemens
de l'ambition; il ne parut à la cour que par nécessité; et il ne connut dès-lors, comme dans toute
la suite de sa vie, d'autre protecteur que son mérite,
d'autre degré pour s'élever que sa seule réputation,

d'autre vue que celle de remplir son devoir. Il fallut
en effet, comme vous le verrez bientôt, que la providence prit soin de sa fortune; mais, sans en désirer
le progrès, il ne pensoit qu'à le mériter; et je pré-
sume que ce fut dans les premières années de son
service au conseil, qu'étant moins chargé d'occupations, il trouva le loisir d'étudier à fond les ordonnances de nos rois, et les principales règles de l'ordre
public, dont il étoit plus instruit qu'aucun magistrat
du royaume.

Tranquille dans le pays même de l'inquiétude et
des désirs, la seule chose qui manquoit à son bonheur étoit d'en jouir avec une femme de son caractère. Il la chercha, et il la trouva, ou plutôt le ciel
lui fit ce présent si rare, et qu'il n'accorde pas toujours, même à l'homme de bien.

M. de la Houssaye, maître des requêtes, qui se
distinguoit au conseil par sa vertu autant que par
ses talens, et qui avoit connu mon père dès le collége, étoit lié étroitement avec lui, par la conformité
des inclinations, et par cette espèce de sympathie
naturelle qui unit les hommes vertueux. Il voulut
en resserrer les nœuds, en y joignant ceux de l'alliance; et comme M.c de Perigny, dont il avoit
épousé la fille aînée, en avoit une seconde, dont il
connoissoit tout le mérite, il crut qu'elle étoit née
pour mon père, comme mon père étoit né pour elle.
La providence venoit même de rompre un mariage
presque conclu pour mon père, et qui, selon toutes
les apparences, n'auroit pas été aussi heureux. M. de
la Houssaye profita de l'occasion, et, le ciel secondant
ses soins, il parvint heureusement à faire son beau-
frère de celui qui étoit son meilleur ami.

Le mariage n'a peut-être jamais uni tant de raison
et de vertu de part et d'autre, dans cette espèce de
société, où les biens de l'esprit doivent entrer encore
plus que ceux du corps. J'ose dire néanmoins que
mon père et ma mère y apportèrent des caractères
fort différens, et des genres de mérite dont on pouvoit dire qu'ils étoient plutôt égaux que semblables :

égaux par l'esprit et par la manière de penser, égaux
par le cœur et par la noblesse des sentimens, égaux
par la raison qui étoit la règle commune de leurs
actions, égaux enfin par la religion, qui les rendoit
encore plus grands aux yeux de Dieu, que la raison
à ceux des hommes ; mais cette égalité de mérite
étoit variée en eux, dans tous les degrés, par la différence de leurs caractères.

L'esprit de mon père avoit naturellement, je ne
sais quoi de plus doux et de plus également aimable ;
c'étoit, pour ainsi dire, une raison vivante et animée, qui agissoit si simplement et si uniment en
lui, que, comme elle étoit toujours la même au
dedans, elle paroissoit toujours la même au dehors,
sans qu'il eût jamais besoin de détendre ou de remonter l'harmonie de son ame, qui se soutenoit sans
peine et sans efforts sur un ton toujours uniforme.

Ma mère étoit née avec un esprit plus vif, plus
rapide, plus impétueux ; et si elle s'étoit livrée à son
caractère, on auroit pu l'admirer d'abord par estime,
plutôt que l'aimer par cet attrait sensible que la
douceur de mon père répandoit naturellement : sa
raison avoit quelque chose de plus haut et de plus
dominant ; elle auroit pu même devenir impérieuse,
si ma mère n'eût été toujours attentive à la tem-
pérer par sa sagesse. L'un, du côté de l'esprit, donnoit plus qu'il ne promettoit dans le premier abord ;
l'autre, promettoit davantage, et ne donnoit pas
moins. Le génie de mon père étoit plus fécond et
plus facile. Capable d'acquérir toutes les sciences,
et surtout celles qui dépendent de la beauté de
l'esprit, également propre à plaire aux hommes par
des charmes naturels, et à les conduire par la force
de sa raison. L'esprit de ma mère, quoique très-aima-
ble, paroissoit plus déterminé à ce dernier genre
de mérite ; esprit véritablement mâle dans un corps
de femme, on eût dit qu'elle étoit née pour gouverner ; et elle l'auroit pu faire par goût, au lieu
que mon père s'y portoit par devoir plutôt que par
inclination.

Le cœur, qui a tant de part aux opérations de l'esprit, étoit aussi distingué en eux par des caractères différens : ils l'avoient tous deux également tendre, également capable d'amitié et de charité ; mais la tendresse de mon père étoit plus douce, et celle de ma mère étoit plus vive.

Les malheurs ou les défauts de ceux qu'elle aimoit la touchoient beaucoup plus que mon père, et elle sentoit peut-être aussi plus fortement leur bonheur et leurs vertus. L'imagination est toujours bien plus proche du cœur ; mon père n'en avoit qu'autant qu'il est nécessaire pour le secours et pour l'ornement de la raison, dont elle ne faisoit chez lui que suivre et animer les mouvemens. Ma mère en avoit assez pour dominer par son imagination même, si elle n'eût trouvé qu'il étoit plus digne d'elle de ne régner que par la raison ; et comme la raison peut bien réprimer, mais non pas prévenir les premiers mouvemens, la sensibilité et la délicatesse de son cœur étoient si grandes que sa santé en souffroit quelquefois. Il sembloit que son corps se fût chargé de toutes les foiblesses de la nature, pour n'en laisser aucunes à son ame.

Sa religion même étoit égale à celle de mon père, sans lui être entièrement semblable. La piété paroissoit avoir eu plus à combattre dans l'un que dans l'autre. Ma mère étoit née avec plus de goût pour le monde, et son caractère même avoit beaucoup plus besoin d'une espèce de dissipation. Une conversation vive et animée auroit eu de grands charmes pour elle, et personne n'y étoit plus propre quand elle vouloit bien s'y prêter. Peut-être même, si la religion n'avoit étouffé en elle tous les sentimens humains, n'auroit-elle pas été entièrement insensible à l'ambition et à cette espèce de politique dont les femmes, d'un génie supérieur, sont encore plus touchées que les hommes. Elle avoit un air de dignité et un talent naturel pour la représentation, qui auroit pu faire le mérite d'une autre femme, mais qui ne servoit en elle que de matière aux efforts

de sa vertu et d'exercice à son humilité. Véritablement digne du nom de la femme forte, tout ce
qu'elle avoit de plus grand et de plus aimable, selon
le monde, elle eut le courage de le sacrifier, sans
réserve à la religion. Dieu seul peut savoir combien
ce sacrifice constant et universel a coûté chez elle à la
nature; et pour finir ici ce parallèle des différentes
vertus de mon père et de ma mère, on peut dire
que si l'un a joui du bonheur de n'avoir presque
point d'obstacles à surmonter dans la voie du salut,
la gloire de l'autre a été de les avoir tous surmon-
tés; en sorte que si Dieu mesuroit le mérite, comme
les hommes le font souvent, par la difficulté de l'entreprise, la vertu qui a combattu avec tant de
succès, l'emporteroit sur celle qui semble n'avoir rien
en à combattre. Mais, qui seroit assez téméraire
pour vouloir décider de la préférence entre deux
ames, dont l'une fut, pour ainsi dire, assez sainte
pour n'avoir pas besoin de se vaincre, et l'autre
assez vertueuse pour se vaincre toujours? Je dirai
donc seulement, que le ciel en les unissant, les avoit
associés par la diversité même de leurs caractères.
Le mélange de leurs grandes qualités, plutôt différentes que contraires, ne formoit du mari et de la
femme qu'une seule ame parfaite, dont les vertus
toujours tempérées l'une par l'autre, se devoient
réciproquement le mérite accompli, d'être toutes deux
également éloignées du défaut et de l'excès.

La douceur de leur union fut sur le point d'être
rompue presque dans sa naissance, par la petite vé-
role dont ma mère fut attaquée si dangereusement,
qu'on désespéra plus d'une fois de sa vie. Mon père,
qui n'avoit jamais eu cette maladie, s'enferma avec
elle; et ses prières, beaucoup plus que les soins des
médecins, la retirèrent des portes de la mort. Il
la reçut donc une seconde fois des mains de Dieu;
et il ne crut pas acheter trop chèrement cette faveur, par le même mal qu'il n'avoit que trop mérité
par son assiduité auprès de ma mère. Il en sortit
avec beaucoup moins de danger; et la joie de se

voir rendus l'un à l'autre succéda heureusement à leurs alarmes réciproques.

Il entra donc dans l'exercice de ses fonctions, et il y joignit celles de la charge de président au grand-conseil, qu'il avoit achetée, pour y trouver une occupation qui, dans un âge plus avancé, pût remplir le vide et presque le néant d'un ancien maître des requêtes ; son mérite étoit tellement reconnu que, sans ambition même, il auroit pu se croire à portée d'obtenir une intendance. Mais le décri dans lequel la plupart des intendans étoient tombés pendant la mauvaise administration des finances, la réputation de dureté que M. Colbert s'étoit acquise, en voulant y établir un meilleur ordre, et, plus que tout cela, une délicatesse de conscience effrayée des dangers inséparables de la fonction d'intendant, faisoient que mon père la redoutoit, bien loin de la désirer. Ma mère n'y avoit pas moins d'éloignement, non par le goût des plaisirs qui attachent les autres femmes à la vie de Paris, mais par la liberté et la tranquillité dont on y jouit, lorsqu'on est assez heureux pour ne pas connoître l'ambition, ou assez sage pour la vaincre.

Une occasion imprévue, qu'on peut bien regarder comme un coup de la providence, changea, en un moment, le plan qu'ils s'étoient formés pour toute la suite de leur vie.

Mon père fut chargé d'une affaire qui regardoit la finance, et à laquelle on savoit que M. Colbert donnoit une grande attention. Ce ministre la regardoit en Contrôleur-général ; et mon père, qui ne la voyoit qu'avec les yeux d'un magistrat, y trouva, ce qui n'est que trop ordinaire, la finance directement opposée à la justice. Il la rapporta avec l'ordre, la justesse et la solidité qui lui étoient naturels. Il appuya son avis de toutes les raisons que ses lumières et son amour pour la justice, pouvoient lui inspirer. M. Colbert opina fortement pour le parti contraire. La modeste et judicieuse résistance de mon père balança quelque temps les suffrages ; mais enfin la raison fut

vaincue par l'autorité, c'est son sort le plus ordinaire,
et l'on crut que sa défaite seroit fatale à son défenseur. Ceux qui aspiroient aux intendances regardèrent
mon père comme un homme dont la fortune étoit
perdue; peut-être même s'applaudirent-ils en secret,
d'avoir un concurrent de moins, et un concurrent
si dangereux par son mérite.

Leur attente fut trompée; et M. Colbert, qui avoit
opiné sur le procès en ministre de la finance, jugea
du rapporteur en homme juste et d'un génie supérieur. Il conçut une idée avantageuse, et de la droiture d'un jeune maître des requêtes qui avoit eu le
courage de lui résister, et de la capacité avec laquelle il l'avoit fait. Il renferma pour lors ces sentimens au dedans de lui-même : mais l'intendance
du Limousin ayant vaqué peu de temps après, il
fit nommer mon père pour la remplir, sans lui en
avoir parlé. La commission en fut expédiée avec le
même secret, et portée au sceau par l'ordre de
M. Colbert. Elle y seroit demeurée long-temps, si
un secrétaire de M. le chancelier Seguier, ayant
rencontré, par hasard, M. de la Houssaye, ne lui
eût demandé pourquoi mon père faisoit si peu de
cas de sa commission d'intendant, qu'il sembloit
attendre qu'on allât la porter chez lui. Surpris et
embarrasé d'un pareil discours, M. de la Houssaye
lui répondit, que la raison en étoit bien simple,
quoique difficile à croire, que c'étoit parce que
mon père n'en savoit rien, qu'il n'avoit même jamais
demandé d'intendance, et qu'il étoit bien éloigné de
croire que M. Colbert pensât à lui, sans lui en rien
dire. Il fut, en effet, encore plus étonné que M. de la
Houssaye ne l'avoit été, d'apprendre cette nouvelle.
Son premier mouvement le portoit à refuser ce que
ses égaux briguoient avec tant d'ardeur, et qu'on ne
lui laissoit pas seulement la peine de demander; mais
enfin, le conseil de ses amis qui prévoyoient déjà
tout le bien qu'il devoit faire dans la fonction d'intendant, le détermina à suivre l'ordre de Dieu, si
clairement marqué par la singularité d'un tel choix.

Il fit donc retirer sa commission du sceau, et il alla remercier M. Colbert d'une grâce qui avoit prévenu jusqu'à ses désirs. Il entra chez ce ministre en tremblant, soit par un effet ordinaire de sa pudeur et de sa modestie, soit par la répugnance même qu'il sentoit toujours au dedans de lui pour le service auquel il alloit s'engager; mais il en sortit content et plein de confiance, moins par les témoignages d'estime qu'il reçut de M. Colbert, que par les bonnes intentions qu'il reconnut en lui pour le soulagement des peuples, pour le rétablissement du commerce, et pour tout ce qui pouvoit contribuer au bien public.

Telle fut, mes chers enfans, la vocation de mon père aux fonctions d'intendant; et il seroit à souhaiter que celle de tous les hommes appelés à des places importantes fût aussi légitime. Je ne sais cependant ce qu'on doit admirer le plus dans cet événement, ou de la fermeté d'un jeune magistrat qui ose résister non-seulement avec sagesse, mais avec force, à un ministre tout-puissant, ou de la modération et de la justice du ministre qui le choisit de lui-même, et qui le préfère à tous autres maîtres des requêtes, précisément parce qu'il lui avoit résisté.

Malgré l'esprit de servitude qui augmente tous les jours, il est encore des magistrats capables de s'exposer, en faisant leur devoir, à la haine du ministre le plus accrédité; mais il est glorieux de mériter la faveur des hommes par la seule contradiction qu'on oppose à leurs sentimens. Une telle action ne fait donc pas moins d'honneur à M. Colbert qu'à mon père : et si la rareté décidoit de la préférence, la vertu du ministre pourroit avoir ici l'avantage sur celle du magistrat.

Après avoir reçu les instructions de M. Colbert, mon père n'eut plus qu'à partir pour son intendance; et ce fut vers la fin de l'année 1665, qu'il en alla prendre possession. Il y répondit d'abord à l'attente du ministre; et je ne craindrai point de paroître suspect, si je dis qu'il la surpassa. Le Limousin le diroit beaucoup mieux que moi, si je pouvois faire parler ici cette province. La mémoire de l'homme juste qui l'a gourvernée y est encore en bénédiction ; les pères y ont transmis à leurs enfans le souvenir de ses vertus ; et tous les peuples y regardent le temps de son administration, comme une heureuse époque qu'ils célébreront toujours par leurs regrets.

Les habitans de ce pays pouvoient dire en effet, comme ceux de l'Espagne, lorsque le jeune Scipion y arriva : *Venisse diis simillimum juvenem omnia vincentem benignitate ac beneficiis.* Mon père comprit d'abord qu'un intendant placé entre le roi et le peuple, doit se regarder comme l'homme de l'un et de l'autre, tellement destiné à être l'organe des volontés du maître, qu'il le soit peut-être encore plus des vœux et des prières des sujets, qui ne peuvent presque s'adresser qu'à lui pour faire entendre jusqu'aux pieds du trône la voix de leurs misères. Deux devoirs, si peu compatibles en apparence, se réunirent toujours dans la conduite de mon père ; il trouva sans peine ce tempérament, si rare et si difficile à garder, entre les intérêts du roi et ceux de ses peuples. Il prit entre ces deux grands objets de ses fonctions, le caractère d'un arbitre équitable rendant à César tout ce qui est dû à César, et au peuple tout ce qui convient au peuple, parce qu'il commençoit toujours par rendre à Dieu ce qui est dû à Dieu.

J'ai entendu dire, à ceux qui en avoient été les témoins, que c'étoit une chose admirable de lui voir faire le département des tailles. Ce n'étoit point en traversant toute sa généralité d'une marche rapide et plus convenable à un voyageur, ou même à un courrier, qu'à un intendant, il s'arrêtoit long-temps dans le même lieu, attentif à écouter toutes les plaintes, encore plus à connoître et à réformer tous les abus. Aucun besoin, aucune affliction des peuples n'échappoit à sa vigilance. Il entroit dans les moindres détails, non-seulement sur ce qui regardoit les impositions et la levée des droits du roi, mais sur tout ce

D'Aguesseau. Tome XV. 19

qui pouvoit contribuer à rétablir l'agriculture, à faire
fleurir l'industrie, à faciliter et à perfectionner le commerce. La justice, sa première inclination, qui do-
-minoit toujours dans son cœur, comme s'il n'eut été
chargé que de la rendre, se mêloit aux fonctions de
la finance sans les retarder. Il veilloit, autant qu'il
est permis à un intendant de le faire, sur la conduite
des juges; il s'informoit de leur caractère et de leur
réputation; il les avertissoit de leur faute, et souvent
par le seul poids de ses paroles, il les obligeoit à les
réparer. Cette espèce de visite qu'il faisoit tous les
ans, et souvent même plus d'une fois, dans sa province, étoit moins la visite d'un intendant que celle
d'un magistrat. Elle imitoit même en quelque manière
celle d'un évêque, par l'attention de mon père à s'informer des besoins de chaque paroisse, des réparations qu'on faisoit, ou qu'on devoit faire aux églises,
des écoles destinées à l'intruction des enfans, de l'état
des hôpitaux et des maisons qui servent d'asile aux
misérables. Toutes les propositions qu'on lui faisoit,
ou pour soutenir, ou pour augmenter ces sortes d'établissemens, trouvoient auprès de lui un accès favorable. Il prévenoit même souvent les désirs et les
vues de ceux à qui l'administration en étoit confiée.
Chaque genre de misère trouvoit en lui le remède
qui lui étoit propre, et sa charité étoit ingénieuse à
lui inspirer les moyens d'exécuter tout ce qu'elle lui
avoit fait désirer.

On ne craignoit donc point son arrivée, on l'attendoit au contraire avec impatience; et les peuples
regardoient le temps de son département comme la
saison la plus heureuse de l'année, où leurs maux
alloient être soulagés, autant qu'il étoit possible, ou
du moins adoucis par l'espérance d'un avenir plus
favorable; et les malheureux, dont il avoit reçu efficacement les plaintes dans une élection, annonçoient,
par leurs bénédictions, le même bonheur à celle qu'il
alloit visiter.

Ce fut cette attention suivie et continuelle, qui lui
fit connoître si parfaitement, en peu de temps, toutes

les parties et tous les biens, comme tous les maux de sa généralité, qu'on eût dit qu'elle étoit devenue sa patrie; et d'un autre côté, il en avoit tellement gagné tous les cœurs, qu'il sembloit que les habitans du Limousin ne fussent à son égard que comme une seule famille dont il étoit le père.

De toutes les connoissances particulières qu'il acquéroit, soit dans le département des tailles, soit dans ses autres occupations, il en tiroit, comme des conséquences générales sur lesquelles il formoit le plan de tout ce qui se pouvoit faire de plus utile, soit pour le service du roi, ou pour le bien de ses sujets, dans la partie de l'administration publique qui étoit commise à ses soins. La supériorité de son esprit le portoit naturellement à ne pas estimer beaucoup ces remèdes particuliers qui ne font, pour ainsi dire, que fermer une seule plaie, et qui, n'agissant point sur toute l'habitude du tempérament, n'empêchent pas qu'il ne s'en forme de nouvelles peut-être encore plus dangereuses. Il estimoit infiniment plus dans l'ordre de la police extérieure, ce que l'on peut appeler la médecine de précaution, qui s'attache à prévenir les maladies, encore plus qu'à les guérir; et si une ame aussi sincèrement humble que la sienne eût pu être susceptible d'un secret retour de complaisance sur elle-même, c'auroit été uniquement lorsqu'il pouvoit se flatter d'avoir découvert, non pas un moyen de punir les fautes, mais l'art d'empêcher qu'on n'en pût commettre, et de faire en sorte qu'il y eût moins de crimes à condamner, parce qu'il y auroit moins de criminels.

Si la bonté de son cœur lui faisoit souhaiter de ne trouver que des innocens, elle ne l'empêchoit point de punir les coupables, quand il avoit bien connu leurs crimes; et s'il étoit indulgent par inclination, il savoit devenir sévère par nécessité. Il trouva dans le Limousin des gentilshommes dont la naissance ne servoit qu'à rendre les attentats plus dangereux, parce qu'ils étoient plus impunis, et qui, par des faussaires

19 *

qu'ils avoient à leurs gages, ou par les ministres et les instrumens de leurs violences, exerçoient sur les peuples une espèce de tyrannie.

La justice ordinaire étoit trop foible pour les attaquer avec succès. Mon père, qui avoit informé la cour de leur conduite, en reçut l'ordre et le pouvoir de leur faire leur procès, dont la fin donna au public la satisfaction de voir de grands exemples qu'il désiroit depuis long-temps, mais qu'il n'attendoit presque plus. A la vérité, il en coûtoit beaucoup à l'humanité de mon père, lorsqu'il présidoit à ces sortes de jugemens : il souffroit intérieurement, et son ame étoit dans une espèce d'angoisse, quand il falloit décider souverainement de la vie des hommes. Les indices, les présomptions, les preuves étoient pesées dans la balance de la plus exacte justice ; s'il ne manquoit plus rien à la parfaite conviction, son cœur affligé ne suivoit encore qu'à regret le jugement de son esprit; et il auroit dit volontiers en ces occasions, comme un empereur romain : *Quam vellem nescire litteras !*

Il conserva, non-seulement dans ses autres intendances, mais jusqu'à la fin de sa vie, cette précieuse timidité d'une conscience tendre et vertueuse. Long-temps après son retour de Languedoc, il fut un des commissaires que le feu roi nomma pour faire le procès à un chanoine de Beauvais, qui avoit voulu faire périr plusieurs de ses confrères par la calomnie la plus atroce. On fut surpris de voir ce magistrat si respectable, si ennemi de la fraude et de l'imposture, si supérieur en lumières et en expérience à tous les autres juges, n'opiner, sur ce procès, qu'avec une espèce de tremblement qui trahissoit l'agitation intérieure de son ame. Plusieurs même de ses confrères regardèrent cet excès de délicatesse comme peu convenable à l'élévation de son génie; mais qu'il est heureux, mes chers enfans, d'être le fils et le petit-fils d'un homme à qui on ne peut reprocher qu'une foiblesse si semblable à la vertu.

Je reviens à l'idée générale que j'ai voulu vous tracer par rapport à sa première intendance, de l'esprit avec lequel il les a toutes remplies.

Dieu y répandoit une bénédiction visible sur ses travaux. M. Colbert, charmé d'un mérite qui, dès qu'il parut, se montra parfait, sembloit avoir une déférence aveugle pour ses avis. Cette ame, si ferme et si inflexible dans ses sentimens, se rendoit sans peine à ceux d'un jeune homme sans expérience, mais qui ne lui présentoit jamais que la raison et le bien public. Un tel intendant étoit vraiment fait pour un tel ministre. M. Colbert, c'est d'après mon père que que je le dis, joignoit à un esprit droit, capable de saisir et d'aimer le vrai, un cœur noble et généreux, qui se portoit naturellement au bien de l'état ; aussi laborieux que pénétrant, il savoit soutenir, par une application infatigable, les grandes vues qu'il avoit pour la gloire du prince et pour la félicité des peuples. Tant qu'il en fut le maître, il ne sépara jamais ces deux objets, qui sont en effet inséparables ; il sentoit ce qui est bien rare dans le ministère de la finance, qu'un roi de France n'est jamais plus riche que lorsque ses sujets le sont, et qu'au contraire les richesses du roi portées à un trop grand excès, en appauvrissant les peuples, appauvrissent enfin le prince même.

Mon père le servoit véritablement selon son goût : ou il suivoit exactement, ou il prévenoit même les meilleures pensées de M. Colbert ; et comme son caractère, tel que je viens de vous le représenter, le portoit toujours à simplifier ses idées et à les rendre plus générales par leur simplicité même ; ce qu'il proposoit pour le bien de son intendance, se trouvoit presque toujours également convenable à celui des provinces mêmes qui n'étoient pas confiées à son administration ; en sorte qu'en travaillant pour la sienne, il servoit également toutes les autres, méritant ainsi par la supériorité de ses lumières et par l'étendue de son zèle, d'être regardé, en quelque manière, comme l'intendant de tout le royaume.

Aussi, rien n'étoit égal à la satisfaction que M. Colbert témoignoit avoir des services de mon père. Il le proposoit pour modèle à tous les intendans, il en parloit souvent à ses enfans mêmes. Tous ceux qui travailloient sous lui étoient témoins du plaisir qu'il avoit à lire les lettres de mon père, et les mémoires qui les accompagnoient souvent. « C'est ainsi, disoit-il, qu'il » faut écrire; il n'y a que M. d'Aguesseau qui sache » donner ce tour et cet arrangement aux affaires ». Il portoit ses lettres au conseil sans en faire d'extrait, il les lisait au roi, et il ne manquoit presque jamais d'en faire valoir l'ordre, la netteté, l'exactitude, la solidité.

Mon père, de son côté, l'honoroit véritablement, non par un amour-propre trop ordinaire, comme un homme dont il étoit si estimé, mais par les sentimens d'une exacte justice, comme un des plus grands ministres que la France ait jamais eus. Il répétoit souvent, que les années les plus heureuses de sa vie étoient celles qu'il avoit passées en intendance, dans les premiers temps du ministère de M. Colbert. C'étoit alors, disoit-il, qu'il étoit non-seulement facile, mais délicieux, de servir sous un contrôleur-général qui entroit si pleinement dans tout ce qui tendoit au bien public, qu'on étoit sûr de lui faire sa cour en ne faisant que son devoir. Si les suites de ce ministère n'ont pas été aussi heureuses pour les peuples que les commencemens; si M. Colbert s'est souvent vu forcé de s'écarter de ses premiers principes; s'il s'est même repenti, comme on le prétend, à la fin de ses jours, d'avoir trop montré au roi, jusqu'où il pouvoit porter sa grandeur, il en a subi la peine par les jugemens peut-être trop rigoureux du public. Mon père, qui étoit un juge plus équitable, l'excusoit par la conjoncture des temps, qui avoit été plus forte que les bonnes intentions de M. Colbert, et surtout par la concurrence d'un ministre ambitieux et peu sensible à la ruine de l'état, pourvu qu'il vînt à bout de détruire son rival; ainsi, plaignant plutôt M. Colbert qu'il ne le condamnoit, mon père, sans juger de la personne,

se contentoit de déplorer les malheureux engagemens
d'une place où, selon lui, *il étoit rare d'entrer juste,
et encore plus rare de demeurer, sans y devenir
injuste.* Un ministre si éclairé trouva bientôt que l'intendance de Limoges étoit trop bornée pour un mérite aussi étendu que celui de mon père, et à peine
l'y eût-il laissé pendant trois ans, qu'il le fit passer à
celle de Bordeaux, qui étoit une des plus grandes
intendances du royaume, parce qu'on n'en avoit pas
encore retranché, ce qui a servi depuis à former presque entièrement la nouvelle intendance d'Auch.

Mon père sortit donc du Limousin avec les regrets
des peuples qui y avoient vu croître avec plaisir sa
famille, et non pas sa fortune. Il n'avoit que deux
filles lorsqu'il y alla, il en sortit avec trois filles et un
fils. C'est celui qui est votre père, mes chers enfans,
et qui n'en fut que mieux reçu pour s'être fait attendre
plus long-temps; il est incroyable à quel point toute
la province, et surtout la ville de Limoges, partagea
la joie de mon père dans cet événement; on eût dit
qu'il étoit né un fils à chacun de ses habitans. Aussi
mon père ne fut guère moins affligé de les quitter,
qu'ils le furent de le perdre; mais il falloit aller où
l'ordre de la providence l'appeloit.

Il trouva un plus grand théâtre à Bordeaux; mais il
n'eut pas besoin d'y porter de plus grandes vertus; il
n'avoit plus à vivre avec des Limousins, peuple simple
et docile, mais avec des gascons déliés et remuans,
qui conservoient une espèce de liberté par l'exemption de certains impôts, et qui sembloient ne pouvoir être bien conduits que par un intendant du caractère de M. Pellot, prédécesseur de mon père, qui
avoit gouverné cette province avec une hauteur et
une sévérité sans lesquelles il avoit cru, sans doute,
qu'il étoit impossible de la contenir.

Outre le génie de la nation, mon père trouvoit dans
cette intendance des difficultés qu'il n'avoit pas éprou-
vées dans la première; la nécessité de se ménager
avec un parlement vif et délicat sur son autorité, et

l'obligation de vivre avec un gouverneur résidant à Bordeaux. C'étoit alors le maréchal d'Albret, qui, avec beaucoup d'esprit, étoit susceptible de cette jalousie ordinaire aux gouverneurs contre les intendans, dont la politique de M. Colbert soutenait le pouvoir pour balancer celui que les gouverneurs de province, et les grands seigneurs, s'étoient attribué pendant la minorité du roi.

Mon père n'eut besoin que de sa sagesse et de sa douceur naturelle pour se mettre bientôt au-dessus de tous les obstacles. Son prédécesseur avoit voulu se faire craindre, il ne pensa qu'à se faire aimer ; et il fut encore plus le maître par l'amour, que M. Pellot ne l'avoit été par la crainte. Le gouverneur fut bientôt son meilleur ami, et le parlement comprit d'abord qu'il n'avoit rien à craindre d'un intendant qui, bien loin de vouloir entreprendre sur ses fonctions ne cherchoit quà adoucir les coups que cette compagnie, contre laquelle la cour étoit assez mal prévenue, s'attiroit quelquefois, par l'imprudence d'une partie de ses officiers. Elle étoit d'ailleurs naturellement bien disposée en faveur de mon père. Les habitans de Bordeaux le regardoient, avec raison comme leur compatriote, puisqu'il étoit né dans cette ville ; et la mémoire des vertus de son père, qui avoit rempli pendant long-temps la place de premier président, y étoit encore vivante : mais, quand la naissance ne lui auroit pas donné ces avantages, il les auroit bientôt acquis par la manière dont il vivoit avec les officiers de ce parlement. Plus occupé qu'eux-mêmes de leurs véritables intérêts, prévenant tous les sujets de plaintes, ou les étouffant dans leur naissance, devenu le canal de toutes les grâces qui se répandoient sur cette compagnie, il se l'attachoit en général, par sa justice, et en détail par les services qu'il rendoit à chacun de ses membres.

Je n'entrerai point ici dans ce qui regarde l'exercice des fonctions ordinaires d'un intendant ; je ne pourrois que vous répéter ce que j'en ai dit dans le

tableau général que j'ai essayé de vous tracer de sa
conduite, il méritoit qu'on dît véritablement de lui
que,

> ...... Ses vertus, l'une à l'autre enchaînées,
>   Ramenoient, tous les ans, ses premières anuées.

Il fut donc le même dans la Guyenne qu'il avoit été
dans le Limousin, si ce n'est que son mérite sembloit croître avec l'étendue et la difficulté de ses
emplois; uniquement attentif à celui qu'il remplissoit, sans penser jamais à ceux qu'il pouvoit remplir,
et regardant toujours le degré qu'il occupoit, comme
s'il eût été le dernier dans l'ordre de sa fortune.

Il passa environ trois ans dans cette province,
comme il avoit fait dans celle du Limousin, et il
auroit dû naturellement y demeurer plus long-temps:
mais, soit que l'air de Bordeaux, fût contraire à son
tempérament, soit que la multiplicité des affaires, et
les fréquens voyages qu'il étoit obligé de faire pour se
porter partout où le besoin des peuples et son devoir
l'appeloient, eussent altéré sa santé, il fut attaqué
d'un mal de poitrine et d'un crachement de sang, qui
donnèrent de l'inquiétude pour sa vie. Les médecins
de Paris, que sa famille consulta, crurent que le séjour de Bordeaux pourroit lui être funeste : lui seul
n'étoit point alarmé de son mal. Il commençoit, en
effet, à être mieux, et ma mère même, plus aisée à
effrayer que lui sur ce qui regardoit sa santé, étoit
pleine d'espérance, lorsqu'il apprit que sa famille,
par un excès d'affection pour lui, avoit eu l'imprudence pardonnable de précipiter son retour, dans le
temps même qu'il venoit d'écrire à M. Colbert, qu'il
espéroit d'être bientôt en état de reprendre la suite
des affaires. Il en reçut une lettre par laquelle ce
ministre lui mandoit, que le roi lui accordoit à regret
la permission de revenir à Paris, et que Sa Majesté
n'avoit pu la refuser aux instances de sa famille, qui
croyoit son retour absolument nécessaire pour sauver
sa vie. Tout autre que mon père auroit pris le parti

de désavouer sa famille auprès d'un ministre qui auroit été ravi de révoquer une permission qu'on avoit arrachée plutôt qu'obtenue de lui ; mais, soit que ma mère crût qu'il falloit prévenir le retour du mal que l'air de Bordeaux pouvoit renouveler, soit que le dégoût naturel pour les fonctions d'intendant, et le désir de mener une vie plus conforme à son inclination, eussent repris le dessus dans son cœur, ou qu'il craignit enfin que sa conduite n'eût un air de variation et d'inconstance, s'il ne profitoit pas de la permission qu'on lui envoyoit, il se détermina à partir, et il arriva à Paris, si parfaitement rétabli, qu'il étoit comme honteux de se porter si bien, et qu'il fut obligé de s'en justifier auprès de M. Colbert, par l'inquiétude louable mais excessive de sa famille.

On s'aperçut bientôt à Bordeaux de son départ ; et à peine fut-il sorti de la province, qu'il s'alluma dans cette ville une sédition qui pensa coûter la vie au gouverneur ; ce qui fit sentir ce que c'est que la présence d'un homme de bien, qui tient en sa main les cœurs de tout un peuple, et dont la vertu se fait respecter des factieux mêmes. Ce fut peut-être la seule chose qui fit regretter à mon père le séjour de Bordeaux ; au surplus, il se repentit si peu du parti qu'il avoit pris, que, sans être sensible à la perte des services qu'il avoit rendus dans deux intendances, il reprit les fonctions de ses charges, avec autant de tranquillité que si des emplois plus brillans, et remplis avec une si grande distinction, ne lui eussent pas donné lieu d'espérer une plus haute fortune.

Il passa une année entière dans cet état, croyant que la cour ne pensoit plus à lui, parce qu'il ne pensoit plus à elle ; mais M. Colbert ne l'oublioit pas, quoiqu'il dût être assez peu content de la manière dont on avoit exigé de lui le retour de mon père. M. de Bezons, conseiller d'état, qui étoit depuis vingt ans intendant en Languedoc, ayant demandé à en revenir, M. Colbert n'hésita pas sur le choix du successeur, et il apprit à mon père que le roi l'avoit nommé pour remplir une place si importante. Presque aussi surpris de ce choix, qu'il l'avoit été du premier, mon père suivit la règle ordinaire, qui étoit de ne rien désirer, mais de se prêter aux ordres de la providence. Ce ne fut pourtant pas sans efforts qu'il prit la résolution de s'arracher à une vie tranquille pour rentrer dans le mouvement des affaires, et se charger de conduire non-seulement une des plus grandes provinces du royaume, mais une des plus difficiles à gouverner.

Il en prit l'administration dans les derniers mois de l'année 1673, ayant laissé à Paris tous ses enfans, dont le nombre étoit augmenté d'un second fils qu'il avoit eu pendant son séjour à Bordeaux, et qui est mon frère l'abbé.

On put bien lui dire, lorsqu'il arriva en Languedoc, ce que Galba disoit à Pison : *vous allez gouverner des hommes qui ne peuvent supporter ni une entière servitude, ni une entière liberté.* Tel est à peu près le caractère des peuples de cette province. Le roi veut bien y demander, ce qu'il commande ailleurs, et y recevoir comme un don, ce qu'il exige des autres provinces comme une dette. Si les prières des rois ne sont que des ordres adoucis, les états de Languedoc conservent au moins une apparence de liberté, par le pouvoir qu'ils ont de délibérer sur les secours que le roi leur demande, et sur la manière de les donner. La délibération étoit plus sérieuse lorsque le gouvernement étoit plus foible ; mais, quoiqu'à présent ils ne sachent plus qu'obéir, la province tire au moins cet avantage de son obéissance, que c'est elle qui impose, et qui fait faire les recouvremens, non avec l'avidité d'un financier qui ne craint point de ruiner les peuples pourvu qu'il s'enrichisse promptement, mais avec la modération d'un bon père de famille qui ménage ses débiteurs, de peur de les rendre insolvables ; et c'est ainsi que prenant toujours les moyens les plus doux pour s'exécuter elle-même, elle fait sentir aux peuples combien l'ombre même d'une liberté sage et mesurée leur est avantageuse.

Les états de Languedoc étoient sur le point de s'assembler lorsque mon père y arriva; et le premier, comme le plus important devoir qu'il eût à remplir, fut de s'instruire à fond de la nouvelle forme de gouvernement que cette province lui présentoit. Personne n'eût dit néanmoins qu'elle lui fût nouvelle, tant il sembloit être né dans tous les pays où il alloit, tant il avoit de facilité à en prendre l'esprit, et à y proportionner sa conduite.

Le seul talent qui parut nouveau en lui, parce qu'il n'avoit pas encore eu occasion de le montrer, fut celui de l'éloquence. Il charma d'abord les états par la beauté des discours qu'il y fit, et qui sembloient n'avoir pas besoin du secours de l'autorité pour persuader ceux qui les écoutoient; mais, plus attentif à bien faire qu'à bien dire, il fit voir, dès ces premiers états, et encore plus dans ceux qui les suivirent, qu'un homme sage et désintéressé, qui n'est occupé que des intérêts de ceux qu'il gouverne, est toujours sûr de réussir auprès d'eux, en leur faisant faire un meilleur usage de leur liberté qu'ils ne le feroient eux-mêmes.

Il comprit d'abord que le bonheur de la province dépendoit principalement d'un concert parfait entre les trois principaux personnages, qui sont comme l'ame et le premier mobile des états, le gouverneur, l'intendant, et le président des trois ordres de la province.

Tous les honneurs appartiennent au premier, et l'intendant ne sauroit trop le rassasier de cette espèce de représentation, dont il est ordinairement à souhaiter qu'il se contente pour le bien de la province; un intendant qui est pleinement au fait des affaires du Languedoc et qui a toute la confiance du ministre, n'a besoin que d'une déférence extérieure pour tenir le gouverneur dans une dépendance effective, et pour conserver toute l'autorité réelle et décisive qui réside véritablement dans sa personne. Le président des états y a aussi un grand crédit, et quoique l'intendant soit toujours le plus

fort, comme l'homme du roi, il domine néanmoins
d'une manière désagréable pour lui, et souvent nuisible au service, s'il n'agit de concert avec le président, et s'il ne le ménage de telle manière, qu'il
commencé par le persuader, pour le mettre en état
de persuader les autres.

Mon père n'avoit rien à souhaiter du côté du gouverneur; M. le duc de Verneuil, qui l'étoit alors du
Languedoc, vraiment fils d'Henri IV, au moins par
la douceur, la simplicité et la facilité de ses mœurs,
ne pensoit qu'à se faire aimer encore plus que respecter; il ne venoit dans la province que pour y
tenir les états; et, plus occupé de la chasse et de
la représentation extérieure que du soin des affaires,
il s'estimoit heureux de pouvoir s'en reposer sur
un intendant si capable de les conduire, et si attentif à lui rendre tout ce qui lui étoit dû.

Le cardinal de Bonzy, archevêque de Narbonne,
et en cette qualité président né des états, étoit d'un
caractère aussi doux en apparence, mais non pas si
facile à manièr. Né avec tout l'esprit d'un italien
et toutes les grâces d'un français, il s'étoit acquis
un tel ascendant dans les états, que bien loin de
lui résister ou de le contredire en rien, ils ne paroissoient occupés que du soin de lui faire leur cour,
aussi bien qu'au marquis de Castries, son beau-frère,
un des lieutenans-généraux de la province, dont la
femme étoit plus habile encore et plus profonde en
politique que le cardinal, son frère.

Le roi avoit d'ailleurs de grands égards pour ce
cardinal, qui, soit par la protection du grand duc
dont sa maison étoit née sujette, soit par les services
qui l'avoient élevé à la dignité de cardinal, étoit
très-bien à la cour où il remplissoit la charge de
grand aumônier de la reine. Le roi, qui vouloit être
bien servi par un intendant, vouloit aussi qu'il mé-
nageât extrêmement le cardinal de Bonzy; et M. de
Bezons, homme d'esprit et de talens, mais plus vif
et moins égal que mon père, avoit éprouvé qu'il
n'étoit pas sûr de se commettre avec un homme si

accrédité. J'ai ouï dire en Languedoc qu'ils se faisoient souffrir alternativement l'un l'autre, et que
dans les temps même où ils agissoient de concert,
leur union, plus apparente que réelle, n'éteignoit pas
des soupçons qui n'étoient qu'endormis, et prêts à se
réveiller à la première occasion.

Mon père, plus heureux, parce qu'il étoit plus
sage et plus maître de lui-même, se soutint toujours
dans une parfaite égalité avec le cardinal de Bonzy.
Sa prévoyance alloit au-devant de toutes les difficultés et ne leur laissoit pas le temps de se former;
et s'il s'élevoit quelques nuages imprévus, il savoit
les dissiper aisément par l'exposition simple et naïve
des motifs de sa conduite; attentif à ne donner jamais
de fausses espérances par une facilité sujette au repentir, et lent à s'engager, parce qu'il ne varioit
jamais dans ses engagemens; il donnoit lieu au
cardinal et à ses amis, de dire souvent, qu'il promettoit moins que les autres, mais qu'il tenoit davantage, et que sa retenue se trouvoit à la fin plus
utile que leurs avances.

Mais, quoique plein d'attention et de ménagement
pour le cardinal, il évitoit cependant avec soin de
faire passer une liaison nécessaire, jusqu'à une familiarité superflue et souvent dangereuse; il en étoit
même heureusement dispensé par le fond de son
caractère. Autant que le cardinal de Bonzy le trouvoit
aimable dans les affaires et dans les devoirs communs
de la vie, autant sa présence l'auroit-elle contraint
dans une société de plaisirs et dans un cercle d'a-
musemens; mon père s'y seroit encore plus contraint
lui-même; le jeu et les autres divertissemens qu'on
cherche dans le monde, étoient encore plus ennuyeux
pour sa raison, qu'ils ne lui paroissoient dangereux
pour sa vertu. Il se souvenoit toujours qu'il étoit
né magistrat, et il en préféroit la qualité à celle
d'intendant. Assujetti sans effort aux bienséances les
plus exactes de son état, il en conservoit même
l'habit ordinaire dans les lieux où il faisoit sa principale résidence. Bien éloigné de prendre les airs

militaires que les intendans se donnent aujourd'hui,
on le voyoit toujours vêtu comme s'il eût été à Paris;
et il étoit passé en proverbe de dire, en parlant d'une
chose perdue, *qu'elle étoit avec l'épée de M. l'intendant*. Sa maison ouverte à tout le monde, mais
plus pour les affaires que pour les plaisirs, présentoit,
à ceux qui en approchoient, l'image de la plus respectable magistrature. Aucun luxe, aucun faste n'y
blessoit les yeux les plus modestes; honorable sans
être magnifique, elle étoit grande pour celui qui
l'habitoit. On croyoit, en y arrivant, entrer dans
le domicile de la sagesse, et sa simplicité même
en faisoit la véritable dignité. Sa table bien servie,
et suffisante sans être somptueuse, exprimoit, comme
tout le reste, le caractère de sa modération naturelle;
une liberté honnête, un visage toujours serein et
gracieux, en faisoient le plus doux assaisonnement.
Ma mère, qui avoit su vaincre le penchant qu'elle
avoit pour le jeu, ne jouoit jamais en Languedoc,
et elle y donnoit très-rarement à jouer; mais sa conversation étoit si amusante, et tellement proportionnée à tous les esprits, qu'elle ne laissoit presque
pas le loisir de désirer un autre divertissement. La
vertu de l'un et de l'autre, austère au dedans,
aimable au dehors, leur donnoit pour amis tous
ceux qui les voyoient assez pour les connoître. Mon
père n'avoit donc pas à craindre qu'on prît pour
une marque de hauteur ou de singularité, le soin
qu'il avoit d'éviter ce commerce trop libre, et ces
sociétés dont le plaisir fait en même temps le mérite
et le danger. La douceur, la bonté, l'humanité et
la complaisance étoient tellement peintes sur son
front, qu'on ne pouvoit le voir sans être persuadé
que s'il ne se livroit pas plus à ce qu'on appelle le
monde, l'humeur n'y avoit aucune part, et que
c'étoit la raison seule qui lui faisoit garder cette
réserve, comme plus convenable à la dignité de
sa vie, dont il se croyoit aussi responsable au public
que de sa vertu même.

Tel se montra-t-il d'abord aux yeux des états de

Languedoc; tel parut-il toujours à ceux de toute la province pendant un séjour de douze années. Il n'eut pas de peine à s'y rendre maître de tous les cœurs, et l'on peut dire que les Languedociens gagnèrent aussi le sien, non qu'il ne connût leurs défauts; il savoit qu'ils étoient légers, flatteurs, courtisans, et par conséquent intéressés. Personne n'avoit plus que lui le don de discerner les esprits, et il n'avoit pas besoin de l'avis que Cicéron donne à son frère Quintus, *de se défier de ceux qu'une longue habitude de dépendance rend toujours amis de quiconque vient les gouverner;* mais il aimoit les bonnes qualités des habitans de sa province, et il n'en craignoit point les mauvaises : ils lui plaisoient par un caractère d'esprit vif et ingénieux, mais encore plus souple et plus docile; assez patient pour les laisser d'abord jeter un premier feu dont souvent ils ne sont pas les maîtres, il savoit après cela en faire tout ce qu'il vouloit, et il disoit quelquefois qu'il n'avoit point connu de pays où il fut si aisé à un intendant de faire le bien : il devoit ajouter à un intendant tel que lui. L'opinion de son zèle et de son affection pour les avantages de la province, étoit tellement enracinée dans les esprits, que, quoiqu'il eût le déplaisir d'en voir augmenter les charges presque tous les ans, par l'immensité des dépenses du feu roi, il ne lui en coûtoit que quelques paroles de plus pour trouver toujours dans les cœurs la même déférence pour la sagesse des tempéramens par lesquels il essayoit d'adoucir la dureté des propositions qu'il étoit obligé de leur porter : on lui savoit gré, non-seulement de ce qu'il faisoit, mais de ce qu'il auroit voulu faire, et on lui tenoit compte de ses efforts pour le soulagement de la province, dans les temps même où il ne pouvoit lui offrir que des désirs. Je ferois une espèce d'injure à sa mémoire, si je parlois ici de son désintéressement, et il me reprocheroit de louer en lui ce qu'il n'a jamais regardé comme une vertu; mais je ne dois pas aussi vous laisser ignorer, mes chers enfans,

jusqu'où il l'a porté. Les états du Languedoc voulurent lui donner une marque publique de leur
reconnoissance, en le priant de recevoir une augmentation assez considérable du présent que la province fait tous les ans aux intendans, ce qui fait
partie de leurs appointemens. Mon père, dont la
fortune avoit souffert de grandes brèches, n'eut point
à combattre contre lui-même pour résister à une
proposition qu'il lui auroit été d'autant plus facile
de faire approuver à la cour, qu'il n'en eût rien
coûté au roi, et qu'en effet les appointemens de
l'intendance du Languedoc n'étoient alors nullement
proportionnés à la dépense qu'un intendant est
obligé d'y soutenir. Il remercia donc les états de
leur bonne volonté, et il les assura qu'il se tenoit
plus que récompensé de ses services par l'affection
qu'ils lui témoignoient : ils ne se rebutèrent pas
néanmoins, et comme c'étoit le cœur qui agissoit
en eux, ils voulurent tenter ma mère, espérant
qu'une femme seroit peut-être moins inflexible sur
l'intérêt; ils essayèrent de la toucher en lui représentant le grand nombre de ses enfans, dont
il y en avoit trois qui étoient nés en Languedoc,
et ils n'oublièrent rien pour vaincre sa délicatesse
en paroissant la ménager; mais une telle femme
étoit au-dessus des foiblesses d'un homme même;
leurs efforts furent inutiles auprès d'elle, comme ils
l'avoient été auprès de mon père; et les états, contens
d'avoir fait au moins tout ce qui dépendoit d'eux
pour témoigner leur gratitude, s'estimèrent heureux
d'être gouvernés par un homme qui augmentoit tous
les jours leur estime, sans vouloir souffrir qu'ils
augmentassent pour lui leur dépense.

Aussi attentif à enrichir la province, qu'il étoit
ferme à refuser de s'enrichir lui-même, il ne perdoit
jamais de vue tout ce qui pouvoit y faire refleurir le
commerce, unique ressource d'une grande partie du
Languedoc, dont les habitans sont du nombre de
ceux à qui la nature semble avoir refusé la fécondité

de la terre, pour les rendre plus riches par l'activité de leur industrie.

Ce fut dans cette vue qu'il y fit les premiers établissemens de ces manufactures qui leur tiennent lieu de l'abondance des denrées, et qui ont été d'une si grande utilité à cette province, tant que les temps ont permis de les soutenir avec l'affection que mon père avoit pour une partie si importante du commerce. Tous ceux qui étoient capables d'y réussir, animés par ses soins et encouragés par les secours ou les récompenses qu'il leur procuroit, le regardoient non-seulement comme leur protecteur, mais comme leur guide et leur conseil dans des entreprises dont les commencemens sont souvent si difficiles. Il entroit avec eux dans les moindres détails; et c'est là qu'il puisoit dès-lors ces lumières que les plus célèbres négocians ont depuis admirées en lui, lorsqu'il fut mis à la tête du conseil du commerce.

Le plus grand et le plus mémorable de ses travaux pour le bien du Languedoc, fut la continuation et la perfection du canal destiné à la communication des deux mers qui étoit à peine commencé, lorsque mon père arriva dans cette province.

M. Riquet étoit un de ces hommes en qui le génie tient la place de l'art. Élevé pour la finance, sans avoir jamais eu la moindre teinture des mathématiques, il n'avoit pour tout instrument, comme je l'ai entendu dire plusieurs fois à mon père, qu'un méchant compas de fer; et ce fut avec si peu d'instruction et de secours, que, conduit seulement par un instinct naturel qui réussit souvent mieux que la science, il osa former le vaste projet d'unir l'Océan à la Méditerrannée par un canal de plus de quarante lieues, qui en valent au moins quatre-vingt de ce pays-ci; projet dont l'exécution étoit encore plus difficile par la sécheresse et l'inégalité du terrein par lequel il falloit faire passer ce canal, que par la longueur. Tout autre qu'un génie de ce caractère auroit été effrayé d'une entreprise si hasardeuse; tout autre

ministre que M. Colbert en auroit été rebuté ; mais
rien ne put vaincre ni la hardiesse de l'entrepreneur
ni la constance du ministre ; et ils avoient besoin l'un
et l'autre d'un intendant tel que mon père pour cou-
ronner enfin leur persévérance.

La justesse et la pénétration de son esprit, le
mettoient à portée d'entendre ce qu'il n'avoit jamais
appris ; d'abord disciple de bonne foi, il devenoit
bientôt maître, et capable de diriger, par la supériorité de son génie, ceux mêmes qui en savoient plus
que lui dans ces sortes d'ouvrages : souvent ils ne
s'accordoient pas entr'eux, et il y avoit une espèce
de guerre déclarée entre les ingénieurs que M. Colbert lui envoyoit. J'ai été plusieurs fois témoin de
leurs combats, et j'en ai connu deux surtout qui
étoient bien plus occupés à se décrier réciproquement qu'à avancer le succès de l'entreprise ; mais la
raison de mon père étoit si puissante, qu'il savoit en
donner à tous ceux qui l'approchoient. Leur contradiction réciproque ne servoit qu'à l'éclaircir et à lui
montrer plus sûrement le meilleur parti. Il se trans-
portoit souvent dans les lieux où sa personne devoit
être nécessaire pour terminer leurs querelles ou pour
animer leurs travaux ; et, n'épargnant ainsi ni sa peine
ni ses soins, il en fut bien recompensé par l'entière
perfection de l'ouvrage, dont il eut le plaisir de jouir
lui-même en faisant deux fois la navigation du canal
depuis le port de Cette jusqu'à Toulouse ; j'eus le
bonheur de la faire toutes les deux fois avec lui, et
ce fut en effet un temps véritablement heureux pour
moi, parce qu'il y étoit encore plus attentif à me former qu'à perfectionner les ouvrages du canal.

Le roi en profita bientôt après, par la facilité qu'il
trouva à faire passer de l'Océan dans la Méditerranée
les armes destinées au bombardement de Gênes : et
toute la province, dont ce canal est devenu comme
l'ame et la vie, par l'abondance d'une partie du Languedoc qu'il verse dans l'autre, et par l'argent qu'il
rapporte réciproquement de la dernière dans la
première, le regardera toujours comme un monu-

ment immortel du courage et de l'application de mon père à surmonter tous les obstacles qui s'opposoient à l'exécution d'une si utile, mais si laborieuse entreprise.

En travaillant ainsi à enrichir le Languedoc par le commerce, il étoit toujours également occupé du dessein de le soulager au moins par l'ordre et la règle qu'il vouloit rétablir dans la levée des impositions. Cette province est un pays de taille réelle. Mon père en avoit également approfondi les avantages et les inconvéniens : mais, comme après les avoir bien balancés, il croyoit que ce genre d'imposition est plus exempt d'injustice que la taille personnelle, plus propre à nourrir l'industrie, à faire augmenter la culture des terres et à diminuer les frais de l'exaction, il vouloit en retrancher les abus, et porter la taille réelle au plus haut degré de simplicité et de perfection dont elle put être susceptible. Mais, comme je l'ai dit ailleurs, son zèle pour le bien public ne se renfermoit pas dans les bornes de sa province, et il auroit pu dire avec plus de vérité que le vieillard de Térence : *je suis homme, et rien de tout ce qui est utile aux hommes n'est étranger pour moi.* Il voulut donc que les provinces voisines du Languedoc, où les tailles sont aussi réelles, pussent profiter, comme le Languedoc même, du travail qu'il avoit entrepris pour en corriger les défauts ; et sur les mémoires qu'il envoya à M. Colbert, ce ministre ordonna aux intendans des généralités de Bordeaux, de Montauban, du Dauphiné et de la Provence, de s'assembler à Montpellier chez mon père, pour travailler à un réglement qui intéressoit également tous les peuples confiés à leurs soins. Il n'évita par là que la peine du voyage, mais toute celle de l'ouvrage tomboit sur lui : c'étoit son sort ordinaire lorsqu'il travailloit en compagnie. Les autres intendans n'eurent presque qu'à louer toutes ses vues ; et ce fut pour eux un voyage de plaisir où ils recueillirent les fruits du repos laborieux de mon père. Ils s'en retournèrent tous aussi charmés de la

douceur de son commerce, que remplis d'admiration
pour l'étendue de ses lumières; et le résultat de leur
assemblée fut un projet de réglement sur les tailles
réelles, que le roi revêtit de la forme d'une loi, et
dont les peuples de quatre grandes provinces sentiront toujours l'utilité.

 Des affaires domestiques obligèrent mon père à
faire la même année le voyage de Paris, où depuis
huit ans il n'avoit pu aller qu'une seule fois pour
fort peu de temps. Je ne parle ici de ce voyage,
que pour dire, en passant, qu'il étoit si peu avide
d'un honneur que les intendans regardent comme
le prix de leurs travaux et le terme de leur course,
qu'on eut beaucoup de peine à lui faire prendre la
résolution de demander au roi, avant son retour en
Languedoc, qu'il voulût bien se souvenir de ses
services lorsqu'il vaqueroit une place de conseiller
d'état.

 Il revint dans cette province au mois d'octobre
de l'année 1681; et, reprenant ses fonctions ordinaires avec le même esprit, il s'attacha plus fortement que jamais au grand objet de la religion prétendue réformée, dont j'ai différé de parler jusqu'ici,
pour ne pas séparer ce qui regarde une matière si
importante.

 C'étoit véritablement sur ce point qu'on pouvoit
dire que mon père avoit les sentimens et la conduite
du plus saint évêque; et les prélats de Languedoc
ne se trompoient pas lorsqu'ils l'accusoient quelquefois, en riant, d'avoir manqué sa vocation qui l'appeloit à l'épiscopat, encore plus qu'à la fonction
d'intendant. Ennemi de l'erreur, et plaignant ceux
que le malheur de leur naissance y tenoit engagé,
non-seulement il les aimoit, mais il savoit s'en faire
aimer. Ils trouvoient toujours en lui la même justice,
la même attention, la même charité que s'ils étoient
catholiques; désirant avec ardeur l'extinction d'une
hérésie qui avoit été si funeste à la France, il ne connoissoit point d'autre voie pour y parvenir que l'instruction et la persuasion; aussi excitoit-il tous les

ministres de l'église à y travailler sans relâche. On lui rendoit un compte exact de tous les réligionnaires qui étoient ébranlés et qui paroissoient disposés à entendre la voix de la vérité : peu content de les adresser à des docteurs pour achever de lever leurs doutes, il y joignoit des exhortations, et des services souvent plus efficaces, pour rendre les hommes capables de se prêter à la lumière. Il s'attachoit principalement aux ministres, et à ceux dont l'exemple pouvoit être d'un plus grand poids pour encourager les foibles, pour vaincre l'obstacle du faux honneur, et pour les affranchir de la servitude du respect humain qui les retenoit encore dans les liens de l'erreur.

C'étoit dans le même esprit qu'il approuvoit l'usage de ces lois temporelles, dont je ne doute pas même qu'il n'ait inspiré plusieurs, par lesquelles le roi excluoit les protestans des fonctions publiques, ou de la participation de certains priviléges. Il disoit souvent que le prince étant le maître de ces grâces, il pouvoit très-justement ne les pas faire tomber sur ceux qui étoient suspects à l'état, soit par la différence même de leur religion, soit par une pente secrète à la révolte qu'elle leur avoit inspirée autrefois, soit enfin, par un esprit de parti qui se conserve toujours dans toutes les sectes, ce qui en forme comme un corps séparé du reste de citoyens, ou comme une espèce de république dans le sein d'une monarchie ; mais cette voie légitime en soi, lui plaisoit principalement, parce qu'elle excitoit les réligionnaires à rentrer en eux-mêmes, à mieux approfondir les causes de leur séparation, et à se convaincre par un examen qu'ils n'avoient peut-être jamais fait, de l'injustice des prétextes qui avoient porté les premiers réformateurs à quitter la route de leurs pères.

Il ne s'appliquoit pas avec moins de zèle à faire observer exactement toutes les conditions inséparables de la liberté d'exercice, dont les réligionnaires jouissoient en vertu des édits de pacification. Au-

ames lois ne lui paroissoient devoir être plus rigoureusement interprêtées que celles où des sujets
rébelles avoient forcé leur roi, les armes à la main,
de leur accorder le pouvoir d'élever dans son
royaume autel contre autel. On vit, en effet, tomber par ses jugemens, un grand nombre de leurs
temples pour punir le crime de ceux qui osoient
violer les lois mêmes, à la faveur desquelles ils
jouissoient d'un privilége si odieux.

Ses maximes sur la conversion des huguenots
étoient donc bien simples, et encore plus conformes au véritable esprit de l'église; prêcher, instruire, exhorter, détacher principalement les chefs
et les appuis du parti protestant, employer même
le secours des privations, et non pas des peines
temporelles, pour engager des esprits prévenus à
faire des réflexions salutaires; restreindre et diminuer, autant que la justice le permettoit, la liberté
de l'exercice public; favoriser les nouveaux convertis, et leur rendre, avec usure, les avantages
dont on ne les avoit privés que pour leur bien,
considérer enfin la religion protestante comme une
place forte qu'il falloit bien se garder de vouloir
prendre d'assaut, mais qu'on devoit attaquer à la
sape, pour ainsi dire, en gagnant tous les jours
du terrein sur elle, jusqu'à ce qu'on l'eût réduite
insensiblement à être si peu de chose, qu'elle tombât enfin comme d'elle-même.

La cour s'accommoda long-temps de ces maximes
de mon père; et sans troubler son ouvrage par une
précipitation dangereuse, j'ose dire qu'elle étoit
assez sage pour le laisser faire; elle désapprouva
même la conduite d'un ou deux intendans qui, pour
signaler leur zèle ou leur ambition, s'étoient donnés
à eux-mêmes la mission peu canonique de convertir
les huguenots, en les fatiguant par des logemens
arbitraires de troupes, où l'on faisoit au soldat un
mérite des vexations que l'on punissoit partout ailleurs; l'un de ces intendans fut réprimé, et l'autre
essuya une révocation dont la honte ne put être

entièrement effacée par l'honneur qu'on fit à son nom, et aux bonnes qualités qu'il avoit d'ailleurs, de le placer au conseil.

L'assemblée du clergé, qui se tint extraordinairement en l'année 1682, fit même, peu de temps après, une démarche que ceux qui ne voient que la surface des affaires, prirent d'abord pour un signe certain de la douceur avec laquelle on vouloit encore travailler à la réunion des protestans.

Cette assemblée, qui venoit de se déclarer hautement contre la doctrine des ultramontains sur la toute-puissance qu'ils attribuent au pape, ne fut peut-être pas fâchée de faire paroître en même-temps un monument public de son zèle vraiment catholique, pour la conversion d'une secte ennemie de l'église; elle adressa donc une exhortation tendre et pathétique à tous les religionnaires du royaume, pour leur représenter l'injustice des reproches qu'ils faisoient à la communion romaine, et les inviter paternellement à rentrer dans le sein de leur mère. On donna à cet écrit, qui fut imprimé en latin et en français, le nom d'avertissement; quelques-uns même l'appelèrent le commonitoire, à l'exemple du fameux ouvrage de Vincent de Lerins qui porte ce titre. Le roi, toujours prêt à protéger et à favoriser le zèle du clergé, envoya cette exhortation, non-seulement à tous les prélats, mais à tous les intendans de son royaume, avec ordre de la faire lire dans chaque consistoire, en présence d'un commissaire ecclésiastique, qui seroit nommé par l'évêque diocésain, de dresser un procès-verbal de cette lecture, et d'y insérer la réponse que le consistoire y auroit faite.

Mon père, en recevant cet ordre de la cour, n'eut pas de peine à prévoir qu'une telle démarche ne feroit qu'un éclat inutile et peut-être dangereux. Ce n'est pas qu'il désapprouvât absolument la chose en elle-même, mais il ne la trouvoit ni assez méditée, ni amenée avec l'ordre et le concert nécessaires, pour la conduire à une heureuse et utile maturité.

Il auroit voulu qu'on eût tellement arrangé l'exécution de ce dessein, que le commonitoire eût pu
être porté presque dans le même jour à chacun des
consistoires, afin que la variété, ou même la contradiction qu'on ne manqueroit pas de trouver dans des
réponses qu'ils n'auroient pas eu le temps de concerter, pût devenir un témoignage authentique de
leur ignorance, ou de leur division ; mais la précaution qu'il regardoit comme la plus essentielle, et
sans laquelle tout le reste ne lui paroissoit qu'une
vaine représentation, auroit été de s'assurer par
avance d'une partie considérable des ministres, ce
qu'il ne croyoit pas impossible, et il n'étoit pas accoutumé à se flatter dans ses conjectures ; alors, disoit-
il, ce commonitoire auroit pu être placé avantageusement, surtout si l'on y avoit joint *l'exposition de
la foi*, qui a fait un honneur immortel à M. Bossuet,
son auteur ; et si l'on avoit pressé les ministres de
déclarer s'ils croyoient qu'il fût impossible de se
sauver dans l'église catholique, en suivant la doctrine si clairement expliquée dans cet ouvrage. La
plupart des ministres n'auroient osé le nier ; ceux
mêmes qui étoient les mieux intentionnés auroient
pu prendre cette occasion ou ce prétexte, pour se
déclarer et pour amener avec eux une partie de leur
troupeau, entraînée par l'exemple du pasteur.

Mais si mon père jugeoit intérieurement que, faute
d'avoir pris toutes ces précautions, la démarche du
clergé seroit plus propre à flatter la piété du roi,
qu'à la satisfaire véritablement, il n'en témoigna
rien au dehors, et il s'y prêta d'aussi bonne foi
que s'il en avoit espéré le succès. Il alla lui-même
porter le commonitoire dans les consistoires les plus
célèbres, et je me souviens de l'y avoir suivi une
fois ; mais, comme ils avoient tous eu le temps de
se concerter, et qu'on n'avoit prévenu aucun des ministres, toute cette cérémonie se passa, de leur part,
en protestations de zèle et de fidélité pour le service
du roi. Ils gardèrent le silence sur le fond de la
doctrine, où ils se contentèrent de dire, qu'elle étoit

assez expliquée dans leur profession de foi et dans leurs livres de controverse. On n'en exigea pas davantage, et bientôt il ne fut non plus question du commonitoire que si l'on n'en avoit jamais parlé, tant l'impatience française est prompte à entreprendre ce qu'elle néglige ensuite d'achever, et ce qu'il lui est même impossible de bien finir, parce qu'elle l'a mal commencé.

Mais, si les catholiques perdirent aisément le souvenir de cette démarche du clergé, les calvinistes ne l'oublièrent pas. Les politiques, de leur parti, la regardèrent comme le présage certain de leur ruine prochaine, et comme une espèce de manifeste qu'on affectoit de faire paroître, avant la déclaration de la guerre. La difficulté de délibérer dans leurs synodes, en présence d'un commissaire du roi, qui éclairoit toujours leur conduite, et l'embarras encore plus grand de pourvoir aux événemens imprévus qui arrivoient dans l'intervalle d'un synode à l'autre, avoient porté les religionnaires à mettre leurs intérêts communs entre les mains de six directeurs, dans chaque province, et ces directeurs crurent qu'il étoit temps de lever le masque, en s'exposant, s'il le falloit, aux dernières extrémités, pour maintenir la liberté de conscience et l'exercice public de leur religion. Cette résolution devoit éclater par des assemblées qui se tiendroient dans les lieux mêmes dont les temples avoient été détruits ou interdits, et par le concert unanime avec lequel les ministres refuseroient d'obéir plus long-temps aux lois rigoureuses qu'on leur avoit imposées par rapport à la police extérieure de leurs églises. On prétend que ces mesures, qui devoient être appuyées par une requête présentée au roi, furent prises dans une assemblée clandestine, de seize directeurs, de différentes provinces, qui se rendirent secrètement à Toulouse, dans l'année 1683. On en eut d'abord quelque soupçon; mais, comme le secret est souvent mieux gardé, par l'esprit de parti, dans une fausse religion, qu'il ne l'est dans la véritable, par le seul

amour du bien public, on ne put pénétrer dans le
fond de leurs desseins, quelques efforts qu'on eut
fait, par le ministère du procureur général au parlement de Toulouse, pour tâcher de le découvrir.

Mon père alla, cette même année, à Toulouse,
dans le carême, et il eut la douleur, presque en y
arrivant, d'y voir mourir une de ses filles, qui étoit
née dans le Limousin comme moi, et qui méritoit
une vie plus longue, moins par tous les agrémens
de son sexe, dont la nature l'avoit favorisée, que
par les talens de son esprit, dont un homme auroit
pu se faire honneur, mais surtout par une raison et
une douceur qui la rendoient encore plus estimable.
Mon père la pleura, comme s'il ne lui fut pas resté
sept enfans, et, pour moi, je la regretterai toujours,
par la tendre amitié qui nous unissoit, et qui m'oblige
à rendre ici ce dernier devoir à sa mémoire.

Je n'avois alors que quatorze ans, et je n'étois pas
en âge d'être le confident des secrets de mon père;
mais, comme, deux mois après, il traversa tout le
Languedoc pour aller de Toulouse au Puy par le
Vivarais, il me fut aisé de juger, surtout après l'événement dont je vais parler, que les religionnaires
avoient été le motif d'un si long voyage, ou, sous
d'autres prétextes, mon père vouloit approfondir les
soupçons qu'il avoit contr'eux, tâcher de les contenir par sa présence, ou se mettre, du moins, plus
à portée de remédier au mal qu'il craignoit.

Cette espèce de conspiration éclata enfin, au mois
de juillet, pendant qu'il étoit au Puy. Les assemblées des religionnaires commencèrent à Saint-Hipolyte, dont mon père avoit fait démolir le temple.
On en tint de semblables dans les lieux du Vivarais
qui avoient eu le même sort; et peu de jours après,
ce qui fit voir combien le complot étoit général, les
prétendus réformés du Dauphiné suivirent l'exemple du Languedoc. Les catholiques effrayés crurent
que cette entreprise étoit le signal d'une nouvelle
guerre civile : on prit les armes des deux côtés, et le
mal croissoit chaque jour, par les précautions mêmes

que l'on prenoit, avec trop de précipitation, pour s'en garantir.

Mon père, après avoir donné d'abord les ordres nécessaires pour prévenir les suites de ces premiers mouvemens, jugea à propos d'aller s'établir dans le Vivarais même, pour être en état de les réprimer encore plus efficacement. Il partit donc du Puy, avec sa femme et ses trois fils, sans prendre aucune précaution pour sa sûreté ; je me souviens même, que, comme il sortoit du Velay, pour entrer dans le Vivarais, nous vîmes arriver, autour de sa litière, une troupe assez nombreuse de gentilshommes, bien montés et bien armés, qui venoient lui offrir de l'escorter jusqu'à Tournon où il alloit. Ils lui représentèrent vivement toutes les raisons qui pouvoient le toucher, dans une pareille conjoncture, quel danger pour sa personne en passant près des lieux où le feu paroissoit le plus allumé, quelle indignité pour l'autorité dont il étoit le dépositaire, et quel contretemps pour le service du roi, s'il avoit le malheur d'être enlevé, avec sa famille, par des furieux qui ne gardoient plus aucunes mesures. Quel triomphe pour eux, s'ils s'étoient mis en état de capituler, en quelque manière, avec le roi, en s'assurant d'abord de tels otages ! Mon père, qui étoit né aussi intrépide que modeste, leur répondit qu'il ne craignoit rien, ni pour sa personne, ni pour sa famille ; qu'il savoit bien que ce n'étoit pas à lui que les religionnaires en vouloient ; que d'ailleurs, le mal n'étoit pas encore aussi grand qu'on se l'imaginoit ; qu'il se garderoit bien de l'aigrir par des marques d'une inquiétude prématurée, et de rendre une foible troupe de mutins véritablement terrible en paroissant la craindre. Ainsi, après les avoir remerciés de leur zèle, il les pria de retourner chacun dans leurs terres, où ils seroient plus utiles, pour contenir les esprits émus, que s'ils marchoient à sa suite : et il continua sa route avec autant de bonheur que de sécurité.

Il ne trouva pas la ville de Tournon moins alarmée que la noblesse des Sévennes et du Vivarais.

On lui proposa d'en faire garder les portes, pour
prévenir au moins un coup de surprise; mais tout ce
qui pouvoit présenter une image ou un soupçon de
guerre, n'étoit pas de son goût; et, sans se laisser
émouvoir par tous les bruits qui couroient, il crut
n'y devoir opposer au dehors que sa seule tranquillité. Il avoit avec lui un trésorier de France, de
Montpellier, compagnon ordinaire de ses voyages,
homme d'esprit et même de sens, qui avoit long-
temps couru le monde pendant sa jeunesse; mais,
après avoir essuyé plusieurs dangers avec la reine de
Suède, à laquelle il s'étoit attaché, il avoit bien résolu de ne s'y plus exposer, et, l'âge augmentant
encore sa prudence, il ne cessoit point de blâmer le
sang-froid et ce qu'il appeloit l'indolence de mon
père. Il auroit fallu presque mettre tout à feu et à
sang, pour le rassurer; et, comme mon père lui
paroissoit toujours médiocrement touché de ses remontrances, il lui déclara enfin, qu'il ne pouvoit
plus soutenir une confiance si téméraire, et qu'il lui
demandoit la permission de se retirer à Montpellier;
mon père y consentit d'autant plus volontiers, qu'il
regardoit sa peur comme un mal contagieux, qui
pouvoit gagner ceux qui étoient auprès de lui. Le
trésorier de France ne se le fit pas dire deux fois;
mais il pensa éprouver ce que dit Horace :

Mors et fugacem prosequitur virum.

Il s'embarqua sur le Rhône, et, à quelques lieues
au-dessous de Tournon, deux troupes de fanatiques,
qui étoient sur les deux bords de cette rivière, ti-
rèrent sur son bateau : les balles passèrent si prés de
ses oreilles, qu'il eût bien voulu, dans ce moment,
être encore à Tournon. Son aventure fut bientôt ra-
contée à mon père, et elle ne laissa pas de le divertir,
quand il sut que le trésorier de France en avoit été
quitte pour la peur.

Sa tranquillité apparente n'étoit nullement oisive,
et elle méritoit encore moins le nom d'indolence;

elle étoit, au contraire, plus active et plus efficace
que son inquiétude ne l'auroit pu être. Pendant qu'elle
rassuroit tous ceux qui l'approchoient, sa prudence
mettoit en œuvre tous les moyens possibles pour
apaiser, sans le secours des armes, l'émotion des religionnaires. Il détachoit, tous les jours, quelqu'un
des sujets le plus accrédité de leur parti, et ceux
qu'il avoit gagnés lui servoient ensuite à en gagner
d'autres. Il savoit mêler habilement les menaces aux
caresses, et la crainte du châtiment à l'espoir de la
récompense; sa bonté, reconnue et souvent éprouvée
par les séditieux mêmes, le servoit plus utilement que
la force et la violence. Toute son ambition étoit de
ramener, par la douceur, ceux qui s'étoient laissé
entraîner dans cette révolte; et le jour qu'il auroit regardé comme le plus heureux de sa vie, eût été celui
où, pour finir un si grand mouvement, il n'auroit
plus eu qu'à demander grâce pour des coupables
soumis et désarmés. Le comte du Roure, lieutenant
de la province, quittant, fort à propos, en cette occasion, la lecture d'Horace et de Virgile, qui étoit
son occupation ordinaire, se joignit à mon père, et,
étant venu le trouver à Tournon, entra dans les mêmes
sentimens. Ils agirent tous deux avec un tel concert
et un si grand succès, que, se servant habilement
des religionnaires mêmes du bas Languedoc, qui
étoient assez sages, pour ramener les esprits beaucoup plus échauffés des Sévennes et du Vivarais,
ils parvinrent à leur faire quitter les armes, abandonner tout exercice de religion dans les lieux interdits, et signer un acte de soumission absolue aux
volontés du roi, en se remettant entre les mains de
sa clémence. Ceux qui, abusant de la crédulité d'une
secte naturellement prévenue contre le gouvernement,
n'ont pas craint de dire que cet acte avoit été surpris
sous des conditions qu'on avoit mal tenues dans la
suite; auroient été démentis par les réformés mêmes
qui avoient eu le plus de part à l'accommodement,
s'ils avoient osé publier ce mensonge, lorsque le
fait étoit encore récent. Ils devoient dire que les

rebelles ayant manqué les premiers à leur engagement, en reprenant les armes contre la foi de
l'acte qu'ils avoient signé, le roi auroit été pleinement dispensé, même dans une guerre légitime,
de tenir la parole que ses ministres leur avoient fait
espérer de sa bonté ; mais, comme cette vérité n'auroit pas été avantageuse au parti protestant, son historien a jugé à propos de faire tomber le reproche
du manquement de parole sur l'intendant, que sa
réputation seule en auroit justifié dans toute la province, et qui d'ailleurs auroit souhaité de pouvoir
effacer de son sang ces écrits, peu dignes d'une
plume catholique, où une fausse science a voulu
prouver autrefois, qu'on n'étoit pas obligé de tenir
les paroles données aux hérétiques.

Dans le temps même où l'on veut le rendre suspect d'avoir tendu des piéges aux religionnaires, il
n'étoit occupé qu'à intercéder pour eux, à fléchir
la cour en leur faveur, et l'on connoissoit assez, par
ses discours, que si quelque chose troubloit alors la
paix de son ame, c'étoit seulement la crainte de n'y
pas réussir ; il redoutoit presque plus les conseils
violens de ceux qui étoient auprès du roi, que la fureur des factieux. Toute son industrie s'exerçoit continuellement à retarder l'arrivée des troupes qu'on
avoit résolu d'envoyer en Languedoc ; il écrivoit lettres sur lettres, pour obtenir qu'on lui donnât le
temps d'apaiser les troubles par des moyens plus
doux. Malgré sa grande prudence, et sa modestie,
encore plus grande, il osoit prendre l'événement sur
lui, et répondre à la cour d'un succès qui auroit
été infaillible, en effet, sans des contre-temps qui
firent voir que la providence vouloit punir les attentats des religionnaires, avant que de leur faire goûter
le fruit des conseils modérés de mon père. Soit que
le mal parût plus grand en Dauphiné, soit qu'on
n'y eût pas la même attention à ménager la vie des
sujets du roi, les troupes y entrèrent plus tôt, et
quelques escadrons de dragons ayant attaqué un
corps de rebelles, qui alloient tenir une assemblée,

passèrent environ deux cents hommes au fil de l'é-
pée, qui firent même acheter assez chèrement leur
mort.

Au bruit de cette action, les séditieux du Vivarais, que leurs chefs ranimoient tous les jours, par
de faux avis de l'arrivée des troupes en Languedoc,
et des exécutions sanglantes qu'elles y alloient faire,
n'écoutèrent plus que leur fureur ou leur désespoir,
et, reprenant les armes qu'ils avoient déposées, ils
mirent mon père hors d'état d'empêcher plus long-
temps les troupes du roi d'entrer dans leur pays.

Cependant, mon père ne perdit pas encore toute
espérance de les y rendre inutiles par sa sagesse ;
heureusement pour lui, l'amnistie générale qu'il
avoit demandée à la cour, et dont un petit nombre
de coupables avoient été exceptés, arriva presque
dans le même temps ; mon père la fit publier aussitôt, avec quelques adoucissemens qu'il étoit bien sûr
d'obtenir de la bonté du roi, et dont l'historien des
protestans veut encore faire un crime à sa prudence
et à son humanité. Son unique objet étoit d'engager
les rebelles à quitter, une seconde fois, des armes
qui alloient leur être si funestes, pour se mettre en
état de dire à ceux qui commandoient les troupes,
qu'ils n'avoient plus d'ennemis à combattre ; mais
l'aveuglement que la révolte inspire, surtout en matière de religion, fut plus fort que ses bonnes intentions. La publication de l'amnistie ne put faire rentrer tous les factieux dans leur devoir. Mon père vouloit que l'on différât encore de les attaquer ; mais
l'ardeur guerrière, et peut-être encore plus celle
d'avancer sa fortune, la crainte d'avoir fait un voyage
inutile ; l'exemple du prompt succès que la voie des
armes avoit eu en Dauphiné, enfin, des ordres rigoureux de M. de Louvois, qui reprocha, même assez durement à mon père, d'avoir arrêté les troupes,
l'emportèrent sur la sagesse de ses remontrances.
Peut-être cependant auroient-elles été plus efficaces,
s'il n'avoit eu affaire qu'au comte de Tessé, à présent maréchal de France, qui commandoit alors les

dragons; mais il avoit avec lui le marquis de Saint-
Ruhe, plus brave soldat que grand capitaine, qui ne
respiroit que le carnage, et qui ne pouvoit souffrir
que la prudence d'un intendant lui fît manquer ce
qu'il regardoit presque comme une partie de chasse,
propre à le délasser de l'ennui de la paix. Il n'eut
pourtant pas l'honneur de l'expédition; le duc de
Noailles, commandant en Languedoc depuis la mort
du duc de Verneuil et pendant la jeunesse du duc
du Maine, nouveau gouverneur de la province, étoit
en chemin pour aller tenir les états, et, ayant préci-
pité sa marche sur le bruit de ce qui alloit se passer en Vivarais, il arriva assez promptement pour
ôter au marquis de Saint-Ruhe et le commandement
et la gloire du combat, si l'on peut donner ce nom
à ce qui ne fut qu'une déroute et une espèce de
boucherie. Nous avions quitté alors mon père, qui
avoit voulu que nous prissions les devans, avec ma
mère, pour arriver à Montpellier, où les états le
rappeloient; mais j'ai entendu dire à ceux qui demeurèrent auprès de lui, que, quoiqu'il pleurât, par
avance, le sang qu'on alloit verser, il fit néanmoins
si bonne contenance avec les officiers militaires, qu'il
les suivit jusqu'au lieu du combat, et leur donna
tous les secours nécessaires, avec tant de liberté et
de présence d'esprit, que, changeant en éloges les
plaisanteries qu'ils avoient d'abord faites sur la tendresse de son cœur, ils se dirent, l'un à l'autre,
que cet homme, qui paroissoit d'un naturel si doux
et si humain, n'auroit pas été moins ferme qu'eux
s'il avoit pris le parti des armes.

Il restoit encore six ou sept cents hommes armés,
qui s'étoient cantonnés dans les montagnes, auprès
de Saint-Hipolyte; mais le duc de Noailles, qui
avoit une entière déférence pour les sentimens de mon
père, trouva, de concert avec lui, le moyen de les
ramener par la douceur; et, si ce commandant ne
put prévenir tellement la licence des troupes, qu'il
n'arrivât aucun désordre, il n'y eut au moins aucunes violences ordonnées ni approuvées, ni même

tolérées , et celles qu'on ne put empêcher , servirent à faire voir avec combien de raison mon père craignoit l'arrivée des gens de guerre , qu'il est bien plus aisé de ne point appeler à son secours , que de contenir lorsqu'on les y a une fois appelés.

Ce fut au moins une grande consolation pour mon père , dans ce qui le regardoit personnellement, d'avoir pu finir cette grande affaire, sans qu'il en coûtât plus d'un seul supplice à son humanité. Le ministre Homel, qui avoit été pris , les armes à la main , fut l'unique coupable dont le sang répara le crime de tous les autres : il fut condamné à la roue, après qu'on lui eut fait son procès dans les formes ordinaires. Mon père obtint la grâce d'un autre ministre , qui avoit été pris en même temps qu'Homel, mais qui parut se convertir sincèrement dans la prison. Le reste des ministres séditieux , aussi coupables que ceux qui avoient été arrêtés , mais plus heureux par leur fuite , lui laissèrent la satisfaction de n'avoir à les juger que par contumace. Un exemple lui suffit pour achever de rétablir la tranquillité dans sa province, et il ne lui resta plus d'autre combat qu'avec les gens de guerre , dont il falloit réprimer toujours la vivacité, souvent excitée par l'imprudence de quelques religionnaires, mais qui n'eut cependant aucunes suites considérables.

Je joins ici tous ces faits, quoiqu'ils ne soient pas tous arrivés en même temps. En effet, mon père fut obligé d'interrompre la suite de ces procédures pour assister aux états. La harangue qu'il y prononça cette année, étoit d'un caractère si parfait, qu'il sembloit que mon père n'eût eu que ce seul ouvrage à faire; mais qu'auroit-on dit, si l'on avoit su comme nous que cette pièce , qui étoit un chef-d'œuvre d'éloquence et de sentimens , ne lui avoit coûté qu'une matinée qu'il alla passer dans une cellule des Carmes de Tournon. Il y entra à sept heures , il en sortit à midi; et, malgré tous les soins dont sa tête étoit remplie, il en rapporta un des ouvrages les plus accomplis

que l'esprit humain ait peut-être jamais produit en
ce genre.

Cette année, si agitée pour mon père, ne fut pas
moins douloureuse pour lui par la mort de M. Colbert.
Il la sentit vivement pour sa personne, et encore plus
pour l'état, qui auroit fait une perte presque irréparable
si M. Colbert avoit toujours pu suivre ses intentions,
sans être obligé de seconder, souvent malgré lui, celle
de son concurrent dans la faveur du roi et dans l'autorité du ministère.

La mort, ni les déchaînemens injustes du peuple
qui la suivirent, n'affoiblirent point la fidélité de l'attachement que mon père avoit pour lui. Il apprit
quelque temps après qu'on vouloit attaquer sa mémoire sur un fait dont il savoit le véritable dénoûment qui n'étoit bien connu de personne; il fit de lui-
même l'apologie de M. Colbert sur ce fait, qu'il
autorisa par des pièces, et par des raisons qui justifioient pleinement la conduite de ce ministre. Il l'envoya à M. de Seignelai qui fut aussi surpris que charmé
de recevoir des armes victorieuses auxquelles il ne
s'attendoit pas. Il s'en servit avantageusement pour
couvrir de confusion les ennemis de son père; et il n'a
jamais oublié pendant sa vie, qui méritoit d'être plus
longue, un service rendu si à propos, et avec une
reconnoissance que les ministres n'éprouvent guère
après leur mort.

M. Colbert avoit cependant fini ses jours sans faire
mon père conseiller d'état; et si M. Pelletier, son successeur, le surpassa en quelque chose, ce fut dans
l'empressement qu'il eut d'acquitter cette espèce de
dette du ministre précédent. M. le Tellier, alors chancelier de France, se joignit à lui pour dire au roi qu'il
étoit honteux de ne pas voir dans son conseil un homme
du mérite de M. d'Aguesseau, auquel on ne pouvoit
reprocher que de ne pas demander avec assez d'ardeur
une place dont il étoit depuis long-temps le plus digne. Elle lui fut plutôt donnée qu'accordée vers la fin
de l'année 1683. Je vis la belle lettre qu'il écrivit au
roi pour lui rendre ses actions de grâces. Il y jetoit

de loin les premières semences de son retour, qu'il
avoit déjà résolu de demander bientôt. Ce n'étoit
point qu'il fût fatigué ou dégoûté du travail : son génie le portoit tellement à l'occupation, qu'il ne lui avoit
pas été possible de vivre dans l'oisiveté, et le désir de
servir sa patrie se fortifioit tous les jours, et rajeunis-
soit, pour ainsi dire, dans son cœur, bien loin de
s'user et de vieillir avec les années ; il n'avoit même
alors que quarante-huit ans ; mais, d'un côté, la santé
de ma mère, qui ne pouvoit soutenir l'air du Languedoc et qui avoit pensé trois fois y perdre la vie,
de l'autre le soin de sa famille qui lui sembloit exiger
son séjour à Paris, plus pour l'éducation de ses enfans que pour leur fortune, étoient pour mon père des
motifs si pressans, que celui qui n'avoit jamais fait la
moindre démarche pour aller en intendance, ne cessa
bientôt plus d'importuner la cour pour avoir la liberté
d'en revenir : elle y résista pendant près de deux ans ;
mais plus il y trouvoit d'opposition, plus il redoubloit
ses instances ; et la conjoncture des temps lui fournit
une nouvelle raison, peut-être encore plus forte que
toutes les autres, pour demander son retour de telle
manière qu'on ne pût plus le lui refuser.

Le royaume jouissoit alors d'une profonde paix qui
n'avoit été troublée que par l'expédition, tant de fois
reprochée à la France, du siége de Luxembourg. Les
affaires de la religion prétendue réformée, qui étoient
presque les seules dont le roi parut véritablement
occupé, devinrent un objet très-important pour le
laisser tout entier à M. de Châteauneuf, qui jusqu'à-
lors en avoit eu presque seul la direction. M. de Louvois voulut aussi y prendre part ; et il n'est pas surprenant qu'un homme qui régnoit depuis long-temps
dans le ministère de la guerre, ne pût voir sans une
extrême impatience que des sujets eussent l'opiniâtreté
de résister si long-temps, dans le cœur de la France,
à un roi toujours victorieux au dehors, devant qui
toute l'Europe avoit été obligée de fléchir le genou.
Le public a donc cru que c'étoit M. de Louvois qui
avoit le plus conseillé au roi d'exterminer les restes

d'un parti odieux, et d'ajouter au titre de conquérant, celui de destructeur de l'hérésie; saisissant ainsi cette occasion de soutenir son crédit dans la paix comme dans la guerre, en faisant servir les troupes mêmes d'instrument à la religion dont le roi étoit rempli; mais si ce ne fut pas ce ministre qui lui fit prendre cette résolution, s'il y résista même d'abord comme d'autres l'ont dit, et s'il est vrai qu'elle fut inspirée par l'archevêque de Paris et par le père de la Chaise, il eut au moins la principale part à l'exécution; et il faut l'excuser s'il n'a pas cru devoir être plus scrupuleux sur ce point, qu'un archevêque et un confesseur.

Ce ne fut donc plus, comme en l'année 1681, par l'entreprise téméraire d'un intendant sujet au désaveu, et désavoué en effet; ce fut par l'autorité du roi même, que ses troupes marchèrent, précédées de la crainte et de la terreur qu'elles répandoient partout, pour abolir la religion protestante dans le royaume.

Je ne nommerai point ici l'intendant qui, par une distinction peu honorable pour lui, fut chargé de faire le premier essai d'une méthode si nouvelle pour la conversion des hérétiques. Il étoit des amis de mon père et des miens, homme d'un esprit doux, aimable dans la société, orné de plusieurs connoissances, et ayant du goût pour les lettres, comme pour ceux qui les cultivent; mais soit par un dévoûment trop ordinaire aux intendans pour les ordres de la cour, soit parce qu'il croyoit, comme bien d'autres, qu'il ne restoit plus dans le parti protestant qu'une opiniâtreté qu'il falloit vaincre, ou plutôt écraser par le poids de l'autorité, il eut le malheur de donner au reste du royaume un exemple qui n'y fut que trop suivi, et dont le succès surpassa d'abord les espérances même de ceux qui le faisoient agir; il n'eut besoin que de montrer les troupes, en déclarant que le roi ne vouloit plus souffrir qu'une seule religion dans ses états, et l'hérésie parut tomber à ses pieds. Les abjurations ne se faisoient plus une à une, des corps et des com-

munautés entières se convertissoient par délibération
et par des résultats de leurs assemblées, tant la crainte
avoit fait d'impression sur les esprits, ou plutôt,
comme l'événement l'a bien fait voir, tant ils comptoient peu tenir ce qu'ils promettoient avec tant de
facilité.

C'étoit dans une province voisine du Languedoc
que se passoit un événement si extraordinaire. Mon
père, qui en sentoit toutes les conséquences, en fut
aussi effrayé par des vues de politique que par un sentiment de religion. Il n'en gémit pas moins comme bon
citoyen, que comme bon catholique. Il prévoyoit dès-
lors, ce que la cour n'a voulu croire que lorsque le
mal a été sans remède ; la fuite et la désertion d'une
grande partie des religionnaires, surtout de ceux qui
faisoient fleurir les arts et les manufactures ; les avantages de l'industrie et du commerce, transportés dans
les pays étrangers, la double perte que le royaume en
souffriroit, soit parce qu'il manqueroit de gagner,
soit parce que les états voisins gagneroient au lieu
de la France ; la haine que cette conduite allumeroit
dans le cœur des puissances protestantes, l'imprudence de les fortifier contre nous, soit pour la paix,
soit pour la guerre, en leur envoyant un si grand
nombre de sujets du roi dont ils feroient bientôt ses
plus grands ennemis ; l'abus et l'illusion de ces conversions imaginaires, inutiles, et même nuisibles à la
véritable religion, encore plus contraires à la tranquillité intérieure de l'état, où elles se termineroient
à produire un genre de citoyens qui, vivant sans culte,
sans pasteurs, sans aucun exercice de piété, feroient
connoître tôt ou tard combien il est plus dangereux
de n'avoir point de religion que d'en avoir une mauvaise, formant comme un peuple de mécontens nourris dans le sein de l'état, toujours prêts à se rallumer,
comme un feu caché sous la cendre, à la première
étincelle qui viendroit d'un dérangement intérieur,
ou d'une jalousie étrangère.

Telles étoient les tristes réflexions que j'ai souvent
entendu faire à mon père sur ces conversions préci-

pitées. Il étoit véritablement affligé, de ce qu'on ne suivoit pas les projets qu'il avoit tant de fois proposés, et dont le succès paroissoit si assuré à l'homme du monde le moins présomptueux, qu'il espéroit qu'on parviendroit, en les suivant constamment, à consommer dans un petit nombre d'années et sans aucune contrainte, le grand ouvrage de la réunion des protestans; mais, comme il vit qu'une témérité, d'abord trop heureuse, l'emportoit sur la prudence, et que le mal étoit non-seulement inévitable, mais prêt à s'étendre dans la province de Languedoc, il comprit qu'il n'avoit point d'autre parti à prendre à la vue de l'orage prêt à fondre sur lui, que de finir promptement une navigation glorieuse jusqu'alors, mais qui alloit devenir fatale pour lui, s'il ne faisoit force de voiles pour rentrer dans le port. Il profita donc de cette conjoncture même pour hâter son retour. Sa santé qui étoit alors assez altérée, lui fournit une raison apparente pour y insister fortement; mais il ne craignoit point que l'on devinât la véritable, et je crois en effet que ce fut celle qui servit le plus à avancer le succès de ses désirs.

Ceux qui conduisoient de loin ces conversions militaires, le connoissoient assez pour savoir qu'elles ne seroient pas de son goût; et il ne leur avoit pas même laissé ignorer ses sentimens sur ce sujet. Ils sentoient qu'il aimoit trop la province de Languedoc, et qu'il y étoit trop aimé, pour vouloir y devenir l'instrument d'une violence qui l'auroit rendu odieux à la fin de sa course, et qui lui auroit fait perdre tout le fruit d'une longue et honorable carrière. Il leur falloit un homme nouveau qui pût se charger de faire par la crainte, ce que mon père n'auroit jamais voulu faire que par la douceur. Tout conspira donc à seconder les vœux qu'il faisoit depuis long-temps pour la retraite. Le roi lui fit écrire, au mois d'août de l'année 1685, qu'il accordoit à ses prières réitérées la permission de venir le servir dans son conseil, et que Sa Majesté vouloit seulement qu'il attendît à Montpellier l'arrivée de son successeur, pour le mettre au fait des affaires du

Languedoc. Ce successeur étoit M. de Basville, homme d'un très-grand mérite, et peut-être le seul digne de succéder à mon père, mais qui n'avoit pas la même répugnance pour les voies d'autorité, comme il venoit de le montrer en Poitou, par les conversions qu'il y avoit faites, et comme il l'a encore plus fait voir en Languedoc.

Mon père, content d'avoir si heureusement placé le moment de sa retraite, et seulement affligé pour la province qu'il alloit quitter, attendoit avec impatience l'arrivée de M. de Basville. Les troupes commençoient déjà à filer dans le haut Languedoc, et y redoubloient par leur vue la douleur qu'on y avoit, comme dans le reste du pays, de perdre un intendant dont le départ n'avoit pas besoin de cette circonstance pour y faire répandre des larmes non suspectes.

M. de Basville arriva au mois de septembre, précédé ou accompagné d'un grand nombre de troupes, comme s'il fût venu pour faire la conquête du Languedoc. L'homme pacifique, je veux dire mon père, vit tout cet appareil avec douleur, et, ne pensant plus qu'à s'épargner promptement un si triste objet, il se hâta d'instruire son successeur de la situation où il laissoit les affaires de la province. Je lui servis même souvent d'interprète en cette occasion, parce que la délicatesse naturelle de sa poitrine et un rhume qui s'y étoit joint, faisoient qu'il avoit de la peine à se faire entendre de M. de Basville qui étoit déjà fort sourd.

Il ne lui restoit plus qu'à partir; mais la santé de ma mère, qui revenoit lentement d'une fort grande maladie, l'obligeant à différer son départ de quelques jours, le rendit spectateur, malgré lui, d'une partie des maux qu'il vouloit au moins éviter de voir en précipitant sa retraite. Il n'eut pas plutôt remis l'autorité du roi entre les mains de M. de Basville, qu'à la faveur des dragons qui remplissoient toute la ville de Montpellier, les prêtres ne pouvoient plus suffire à recevoir la foule des calvinistes, qui se hâtoient de venir faire leur abjuration. La manière dont ce mi-

racle s'opéroit, n'a été que trop connue. Mon sujet
ne m'oblige point à l'expliquer, et plût à Dieu qu'il
me fût aussi possible d'en effacer à jamais le souvenir
de la mémoire des hommes, qu'il m'est aisé de n'en
point parler ! Les faits singuliers qu'on venoit tous les
jours nous raconter sur ce sujet, auroient pu percer
un cœur moins tendre et moins religieux que celui de
mon père ; il en souffroit d'autant plus au-dedans de
lui-même, qu'il ne vouloit ni les approuver ni les
condamner au dehors ; ma mère qui n'en étoit pas
moins touchée, prit enfin sur elle de se mettre en chemin malgré sa grande foiblesse : ils partirent donc en
litière vers le milieu du mois d'octobre, accompagnés
des vœux et des regrets de tous les gens de bien de
l'une et l'autre religion. Nous les suivions, mon frère
et moi, dans leurs carrosses, et nous arrivâmes en
même temps qu'eux à Nîmes, où nous apprîmes qu'en
moins de trois jours plus de soixante mille ames, soit
de la ville ou du diocèse, avoient changé de religion.
Il en étoit de même dans tous les lieux du Languedoc
où nous passions, et mon père ne commença à respirer
un peu plus librement que lorsqu'il eut traversé le
Rhône, au Pont-Saint-Esprit, pour entrer dans le
Dauphiné qui éprouvoit la même révolution, mais
qui ne le touchoit pas aussi sensiblement qu'une province pour laquelle il avoit une si grande affection,
qu'il se reprochoit jusqu'aux malheurs qu'il n'avoit
pu en détourner. La santé de ma mère devint meilleure en chemin, et elle acheva de se rétablir en Bour-
gogne, dans les terres de M. de Tavannes, son gendre,
qui l'y attendoit avec ma sœur qu'il avoit épousée deux
ans auparavant. Ce fut en passant par Dijon que nous
apprîmes la mort de M. le chancelier le Tellier, et le
choix que le roi avoit fait de M. Boucherat pour lui
succéder plutôt que pour le remplacer. Le reste du
voyage se passa avec moins de tristesse que le commencement, et nous arrivâmes enfin heureusement à
Paris à la Saint-Martin de l'année 1685.

Mon père alla d'abord saluer le roi, qui le reçut
comme un homme dont il n'avoit jamais entendu dire

que du bien. Il prit ensuite sa place au conseil, et peu occupé du monde et de la cour, il se réduisit à une vie simple, frugale et modeste, avec autant de facilité que s'il n'eût pas été accoutumé à représenter depuis vingt ans dans les provinces. Ses fonctions, sa famille, la religion, la lecture, un petit nombre d'amis vertueux, remplissoient toute sa vie; et vraiment exempt de toute ambition, il comptoit passer aussi tranquillement le reste de ses jours dans ce loisir accompagné de dignité, que donne la place de conseiller d'état.

Son repos fut cependant troublé en l'année 1687, par de nouvelles idées que M. le Pelletier, alors contrôleur-général, avoit conçues pour la réformation de la finance. Il fit nommer par le roi un certain nombre de conseillers d'état pour aller visiter les provinces qu'on appelle pays d'Élection, ou de taille personnelle, recevoir toutes les plaintes qu'on vouloit leur faire des malversations commises par ceux qui étoient chargés de la perception des revenus du roi, et s'informer exactement de tout ce qu'on pourroit faire pour la rendre plus utile à l'état, et moins onéreuse au peuple, afin de travailler ensuite, sur leur rapport et leur avis, à une réformation générale.

Mon père fut un des commissaires choisis par le roi. Les généralités de Tours et d'Orléans lui tombèrent en partage; et, comme on donnoit un maître des requêtes pour adjoint à chaque conseiller d'état, la providence qui lui associa feu M. d'Ormesson, fit de ce voyage une époque fort heureuse, au moins pour moi; puisque ce fut à cette occasion que se formèrent les premières idées d'un mariage qui a fait et qui fait encore tout le bonheur de ma vie.

Après le retour de tous les commissaires, le roi voulut leur donner la satisfaction de lui rendre un compte exact de leur voyage. Il eut la patience d'en entendre le récit, pendant une après dînée entière; et, comme je ne dois pas être modeste pour mon père, je ne craindrai point de dire que le roi n'en fut bien dédommagé que par l'ordre, la netteté et

la précision avec laquelle mon père lui donna une
idée générale et des maux et des remèdes. Le roi leur
ordonna de renfermer toutes leurs vues dans un avis
qu'ils donneroient par écrit. Ils le firent en effet,
et ceux qui étoient plus capables d'en juger que moi,
me dirent alors que mon père avoit eu encore plus
d'avantage par la plume que par la parole.

On s'attendoit que le public en recueilleroit bientôt
le fruit ; mais les décisions étoient plus rares chez le
ministre, que les projets. Peut-être même, le désir
de faire trop de bien, le conduisit à ne rien faire
du tout, ou du moins à entreprendre un nouveau
travail sur les droits des cinq grosses fermes, dont
le poids tomba principalement sur mon père, en
l'année 1688. Le roi le chargea de la visite des provinces de Bourbonnais, d'Auvergne, du Lyonnais,
du Dauphiné et de la Provence, pendant que d'autres conseillers d'état parcouroient d'autres provinces,
dans la même vue. On ne leur donna point de second, comme la première fois, pour les soulager
dans cette commission ; et M. de la Houssaie qui se
destinoit à être maître des requêtes, en profita pour
accompagner mon père, et se former de bonne
heure sous un si grand maître. Il eut en effet le bonheur que mon âge me refusa d'être le témoin de
l'application surprenante avec laquelle mon père
passa environ six mois à aller de province en province, et de ville en ville, jusqu'à l'extrémité du
royaume ; travaillant partout avec les intendans, ou
plutôt leur apprenant à travailler, écoutant les plus
habiles financiers, interrogeant les négocians de la
plus grande réputation ; entrant, avec tous, dans
les moindres détails sur l'origine, sur l'étendue, sur
la régie des droits du roi, mais encore plus sur ce
qui regardoit le fond du commerce des manufactures et des arts, pour y découvrir toutes les sources
de l'abondance, et tous les moyens qui peuvent servir d'aiguillon à l'industrie. Les mémoires qu'il se
donna la peine de faire lui-même, sur les matières les plus importantes, et que je conserve pré-

cieusement, suffiroient pour montrer l'élévation de son génie, et l'ardeur de son zèle pour le bien public.

Il revint à Paris vers le mois d'octobre, après avoir eu la satisfaction de revoir en passant une partie des amis qu'il avoit laissés en Languedoc, qui accouroient, au bruit de sa marche, pour voir encore, de leurs yeux, un intendant qu'ils avoient toujours présent dans le cœur.

Mon père profita plus de ce voyage, par les instructions qu'il y prit, que les peuples n'en reçurent de soulagement effectif. La face des affaires étoit changée pendant son absence : la guerre étoit sur le point de se rallumer plus fortement que jamais, soit par la révolution qui arriva en Angleterre, soit par la jalousie de toutes les puissances de l'Europe, qui se liguèrent de nouveau contre la France, premier fruit des conversions militaires. A peine mon père fut-il arrivé, que le siége de Philisbourg ouvrit la scène d'une guerre qui a coûté tant de sang et tant d'argent à ce royaume; ainsi, les projets de réforme s'évanouirent au premier bruit des armes, et mon père n'étoit guère en état d'y travailler.

La chaleur extraordinaire de l'été qu'il avoit passé en Provence, et un travail encore plus excessif, avoient allumé un si grand feu dans son sang, qu'il s'en est toujours senti pendant plus de vingt-huit ans qu'il a survécu à ce voyage. Il s'y joignit, au mois de janvier 1689, un rhumatisme si violent sur les muscles de la poitrine, que les douleurs, qui redoubloient de temps en temps, comme par accès, lui causoient des convulsions fréquentes dans les bras et dans les mains, et elles ne finissoient guère que par un crachement de sang, qui obligea les médecins à le faire saigner six ou sept fois. Aucun des remèdes ordinaires ne le soulageoit, dans cet état qui dura plus de six semaines; et il n'avoit de ressource que dans sa patience, aussi extrême que son mal. L'usage d'un opium bien préparé adoucit enfin ses douleurs; mais ce ne fut qu'au bout de six mois

qu'il se trouva en état de travailler, conservant toujours néanmoins une insomnie habituelle, et des inquiétudes douloureuses, qui l'obligeoient à marcher
pendant une grande partie de la nuit, et qui ne
s'apaisoient que très-rarement, sans le secours de
l'opium, qui lui devint presque aussi nécessaire que
le boire et le manger; il essayoit d'abord de s'en
passer, par la crainte de s'y trop accoutumer; mais
comme il payoit chèrement cette précaution, par de
mauvaises nuits, qui altéroient son tempérament, il
fut réduit à en prendre presque tous les soirs, ce
qu'il a fait pendant vingt-huit ans, sans avoir jamais été obligé d'en augmenter la dose, qui étoit
très-médiocre, et sans qu'il en ait ressenti aucune
incommodité.

Je ne sais par quel motif M. de Louvois eu la
pensée de faire rentrer mon père dans le triste métier
d'intendance, en lui écrivant, sans préparation, dans
le temps de la maladie dont je viens de parler, que
le roi l'avoit nommé à l'intendance de Dauphiné, qui,
à la vérité, devenoit alors très-importante, par les
desseins qu'on avoit sur la Savoie.

Mon père ne se consola pas seulement de son rhumatisme, en cette occasion, mais il remercia même
Dieu de lui avoir donné une excuse si légitime, que
M. de Louvois reçut plus humainement qu'il ne lui
appartenoit, et avec plus d'honnêteté qu'il n'en avoit
eu, en faisant à mon père une proposition si peu
convenable.

Ce fut dans cette même année qu'il arriva un changement considérable dans le ministère. M. le Pelletier, destiné dès-lors à donner l'exemple de la retraite, se démit plus glorieusement de la place de
contrôleur-général, qu'il ne l'avoit exercée, et ne
demeura plus dans le conseil qu'en qualité de ministre. Ce n'est pas ici le lieu d'examiner si ce fut
lui-même qui donna M. de Pontchartrain pour successeur, ou s'il eut seulement l'habileté de se faire
honneur du choix du roi. Un homme qui pouvoit
le savoir, m'a assuré que M. le Pelletier, ayant

formé de loin la résolution de demander un successeur, avoit d'abord jeté les yeux sur mon père, et
qu'il n'avoit rien négligé pour l'engager à s'attacher à
lui; mais que, comme mon père avoit paru recevoir
assez froidement les avances qu'on lui faisoit de la
part de ce ministre; il s'étoit tourné du côté de
M. de Pontchartrain; si ce fait est véritable, la pensée
même de M. le Pelletier auroit suffi pour empêcher
mon père de cultiver son amitié, et comment se seroit-il assujetti à lui faire sa cour, pour obtenir une
place qu'il auroit refusée, si on la lui avoit offerte,
puisqu'il m'a dit plus d'une fois........

M. de Pontchartrain entra donc dans ce difficile
ministère, et il parut d'abord supérieur à son emploi.
Il arrive souvent, surtout en France, où l'on se lasse
volontiers de l'état présent, qu'on cherche, dans le
choix d'un successeur, des qualités directement op-
posées à celles du prédécesseur; et ce contraste n'a
jamais été mieux marqué que dans les différens caractères de M. le Pelletier et de M. Pontchartrain.
La lenteur et l'indécision de l'un furent mises dans
tout leur jour, par la comparaison qu'on en fit,
avec la vivacité et la prompte décision de l'autre;
mais, quelque surprenantes que fussent la pénétration et la rapidité de génie dont la nature avoit favorisé M. de Pontchartrain, il aimoit à consulter
ceux dont il connoissoit les lumières, et, possédant
l'art de s'approprier, en un instant, leurs plus longues réflexions, il en recueilloit toute la substance
avec une si heureuse précision, qu'il sembloit que,
dans son esprit, comme dans le fond de son œil,
tous les objets vinssent se réunir, sans confusion, en
un seul point.

Avec de telles dispositions, un ministre si clair-
voyant, ne pouvoit pas manquer de sentir tout le
mérite de mon père, et d'y avoir souvent recours,
quand même il n'auroit pas été le cousin germain de
ma mère; mais comme il vouloit ménager une délicatesse de conscience, qui n'étoit pas moins reconnue
dans mon père que l'étendue de ses lumières, il

n'avoit garde de le consulter sur des affaires de cette finance arbitraire, qui étoit alors confiée au pouvoir absolu du contrôleur-général. Il se reposoit donc sur des esprits moins scrupuleux, du soin d'examiner et de discuter les propositions qu'on lui faisoit, pour procurer au roi des sommes immenses. Mais, s'agissoit-il d'établir un meilleur ordre dans la perception des revenus du roi, de soutenir ou favoriser le commerce, de maintenir la police générale du royaume, à laquelle le contrôleur-général avoit la principale part? C'étoit alors que mon père étoit consulté, et il se livroit tout entier à un travail où sa religion et sa modestie goûtoient le plaisir de servir si gratuitement le public, qu'il n'en avoit que la peine, pendant qu'un autre en avoit tout l'honneur.

L'objet qui lui plaisoit le plus, et qui forma pour lui, dans la suite, une espèce de département particulier, étoit la direction générale du commerce et des manufactures du royaume. M. de Pontchartrain la confia, pendant long-temps, à mon père seul, qui l'auroit toujours conservée de cette manière, s'il n'avoit jugé lui-même à propos d'y faire donner une autre forme, par l'établissement nouveau d'un conseil de commerce, dont il fut, en quelque manière, le fondateur.

Non-seulement il y fut porté par la défiance qu'il avoit naturellement de lui-même, et par le désir d'être aidé ou assuré par les lumières d'autrui; mais il sentit que la promptitude des décisions d'un ministre, chargé de bien d'autres affaires, avoit souvent besoin d'être retardée par l'utile lenteur des délibérations d'un conseil. Il connoissoit assez le caractère de ceux qui sont dans les premières places, pour comprendre que les remontrances de plusieurs personnes graves et expérimentées, imposent plus que celles d'un seul homme, quelque mérite qu'il puisse avoir, et que le ministre le plus autorisé se trouve souvent comme forcé de suivre un avis bien médité dans un conseil, soutenu par le poids comme par le

nombre des suffrages, dont il ne sauroit contredire
les raisons devant le roi sans commettre sa réputation et son crédit. Mon père étoit d'ailleurs persuadé
que ce qui regarde le commerce devoit être conduit
avec un esprit économique, et presque semblable à
celui des républiques, autant qu'il est possible dans
une monarchie. Ce fut dans cette vue qu'il voulut
qu'on appelât de célèbres négocians au nouveau conseil dont il formoit le plan, non pour y avoir voix
délibérative, mais pour y être entendus, et pour
donner même leur avis, par écrit, sur les matières
d'une plus grande importance. Il croyoit par là faire
deux grands biens en même temps, l'un d'honorer
et d'accréditer le commerce, soit par l'entrée qu'il
donnoit à un certain nombre de négocians dans un
conseil, soit par le privilége dont ils jouiroient,
d'être consultés sur toutes les résolutions qui pouvoient intéresser la fortune des négocians du royaume,
et d'avoir une voie toujours ouverte pour faire au
roi toutes les représentations qu'ils jugeroient convenables au bien du commerce; l'autre, d'instruire
le conseil d'une matière si importante, et d'y former
comme une suite et une succession de conseillers
d'état, qui en sauroient les maximes, et qui seroient
capables de les soutenir, dans ce royaume, contre
les entreprises continuelles de la finance, qu'on y
accuse souvent de sacrifier, à un intérêt présent et
passager, la source constante et perpétuelle des véritables richesses de l'état.

Telles furent les principales raisons qui engagèrent
mon père à partager, avec d'autres conseillers d'état
et quelques maîtres des requêtes bien choisis, une
fonction qu'il exerçoit seul auparavant, et qu'un autre se seroit réservée comme une espèce de mystère,
dont il auroit perdu tout le mérite, en le révélant.

Si un conseil établi avec tant de sagesse n'a pas
toujours été aussi utile à l'état qu'on l'auroit pu
désirer, le malheur des temps et des conjonctures
ne doit point diminuer l'honneur de celui qui le
fit instituer. Il ne seroit pas difficile de montrer le

bien que cet établissement a fait au royaume, même
au milieu des plus grandes guerres ; mais quand ou
ne lui tiendroit compte que des maux qu'il a empê-
chés, il y en auroit encore assez pour faire honorer
la mémoire de son auteur.

Aux occupations que les affaires du commerce
donnoient à mon père, le roi en joignit deux de
confiance, dont la première fut même regardée comme
le présage d'une plus grande fortune ; c'étoit l'ins-
pection des affaires de M. le duc du Maine, qui étoit
auparavant entre les mains de M. de Fieubet, et qui
fut remise à mon père, après la vertueuse résolution
que ce magistrat prit d'instruire et d'édifier le monde
par sa retraite, autant qu'il l'avoit long-temps
charmé par ses talens, et par les grâces naturelles
de son esprit. L'autre fonction fut la direction des
économats et de la régie des biens confisqués sur les
religionnaires fugitifs ; direction que le roi donna encore à mon père, sans qu'il eût jamais pensé à la
demander.

L'honneur de travailler seul avec le roi, et d'en
recevoir directement les ordres, ne fut point ce qui
le flatta davantage dans cette seconde commission. Sa
charité ne lui fit presque sentir que la satisfaction
de ménager avec soin, les fonds dont l'administration
lui étoit confiée, soit pour soutenir les nouveaux
convertis, qui étoient encore foibles dans la foi,
soit pour ramener entièrement ceux qui étoient
ébranlés, soit pour dédommager, en quelque manière, par des secours donnés à propos, ceux qui
avoient eu le courage de ne pas suivre leur fortune
avec leurs parens, hors de la France. C'est ainsi
qu'après l'avoir empêché d'être l'instrument des conversions forcées, Dieu lui donnoit la consolation d'en
affermir de volontaires, et de réparer, autant qu'il
étoit en lui, la faute de ceux qui, pour multiplier
les premières, avoient désolé une si grande partie
du royaume.

Son zèle, ses lumières, son expérience sur tout ce
qui regardoit les religionnaires bien ou mal convertis,

étoient si connus, qu'on ne faisoit rien, à leur égard, sans le consulter. C'est lui qui a dressé une partie des déclarations qui ont été faites depuis son retour, sur cette matière, ou qui a eu la principale part à celles que d'autres ont rédigées. Il étoit du conseil que le roi tint, pendant plusieurs années, sur les affaires de la religion prétendue réformée; et j'ai même tout lieu de croire que ce fut lui qui donna l'idée de ce conseil, soit afin que la conduite uniforme de la cour, et de ceux qu'elle chargeoit de ses ordres, fît voir aux religionnaires, par la stabilité même, qu'ils n'avoient aucun changement à espérer, soit pour prévenir tous les inconvéniens qui naissoient auparavant de la diversité des décisions, aussi différentes que les caractères de ceux qui n'en auroient dû être que les organes et qui en devenoient souvent les maîtres.

Outre ces différens genres d'occupations, tous les événemens extraordinaires qui devenoient le sujet d'une délibération importante, toutes les calamités générales ou particulières, tous les abus nouveaux, qui demandoient aussi de nouveaux remèdes, retomboient presque toujours sur mon père, qui, dans le secret de son cabinet, et, encore plus, dans celui de sa modestie, étoit le conseil du ministère, et comme l'oracle de la cour. Le seul chancelier Boucherat lui donnoit moins d'occupations que les autres, non-seulement par l'inutilité dans laquelle il vivoit lui-même, mais parce que les liaisons de mon père, avec M. de Pontchartrain lui avoient donné de l'ombrage, ou plutôt parce qu'il sembloit haïr, dans mon père, le successeur que la voix publique lui destinoit.

Je ne finirois donc point, si je voulois entrer dans le détail de tous les services que le travail continuel de mon père rendoit au public; et je ne pourrois d'ailleurs que vous y représenter toujours le même caractère d'une ame vertueuse et d'un génie supérieur, qui savoit se prêter également à tous les besoins, se plier à toutes les conjonctures, se proportionner à tous lès caractères, et se rendre toujours utile, sans faire jamais sentir qu'il étoit nécessaire.

Je ne puis cependant, mes chers enfans, me refuser le plaisir de vous rapporter un trait de sa sagesse, que je choisis entre plusieurs autres, parce qu'il donna lieu à un nouvel établissement qui, suivant toutes les apparences, durera autant que la monarchie.

L'ordre de Saint-Lazare, autrefois utile à ce royaume dans le temps que la lèpre y étoit une maladie commune, avoit tellement dégénéré de sa première institution, que les maladreries, fondées pour les pauvres, par la piété et la libéralité de nos pères, n'étoient plus regardées que comme des bénéfices simples, dont on disposoit sans faire aucune attention à la volonté des fondateurs. M. de Louvois, habile à profiter de tout ce qui pouvoit étendre ou affermir son crédit, en se rendant le distributeur, ou plutôt le maître des grâces, avoit comme forcé M. de Nérestang à abdiquer la place de grand-maître de l'ordre, pour se revêtir de sa dépouille, et gouverner les affaires de cet ordre aussi militairement que celles de la guerre même. On avoit donc entièrement perdu de vue le véritable objet de cet établissement; et il n'y avoit que les pauvres qui ne profitassent en aucune manière d'un bien qui n'avoit été donné que pour eux, à un ordre purement hospitalier dans son origine.

L'autorité de M. de Louvois, qui soutenoit cet abus, ayant cessé avec sa vie, le roi, dont la conscience étoit naturellement fort délicate, commença à sentir plus vivement un scrupule que la domination de son ministre avoit long-temps étouffé; et l'on prétend qu'il crut avoir besoin de demander au pape un bref d'absolution, sur ce qu'il avoit autorisé une espèce de simonie, dans la vente qui avoit été faite par force, à M. de Louvois, de la charge de grand-maître.

Peu content d'avoir effacé sa faute, le roi voulut la réparer. Il choisit ce qu'il y avoit de plus sage

22 *

et de plus éclairé dans le conseil, pour examiner rigoureusement le passé, et pourvoir encore plus utilement à l'avenir, en réglant la forme qu'on donneroit à un ordre qui n'en avoit presque plus que le
nom, et surtout l'usage qu'on feroit des biens dont
il étoit en possession. Mon père fut un des commissaires nommés par le roi dans cette affaire importante, et il en devint bientôt le maître par les dé-
férences que ses confrères eurent tous pour lui.

Il n'y eut entr'eux aucune diversité de sentimens
sur le vice, l'abus et la violence de tout ce qui
s'étoit passé du temps de M. de Louvois; mais il
n'en fut pas de même de la manière de réparer un
mal si évident, et particulièrement sur l'application
qu'on feroit des biens de l'ordre de saint Lazare,
ordre devenu si peu utile à la religion et à l'état,
que plusieurs des commissaires étoient d'avis de le
supprimer et d'en unir les maladreries à l'hôtel royal
des invalides.

Mon père convenoit sans peine de l'entière inutilité
d'un ordre dont la cause avoit cessé; mais, comme
la suppression ne se pouvoit faire que par le concours de deux puissances, peut-être difficiles à concilier, il la regardoit comme l'objet des vœux, plutôt
que de la délibération de commissaires.

Il réduisoit donc cette délibération, à déterminer
l'emploi le plus utile des richesses de cet ordre,
soit qu'il subsistât encore, soit qu'on prît le parti
de le détruire; et quoiqu'il n'y eût plus de lépreux
en France, il ne croyoit pas que le roi dût se croire
absolument le maître de changer entièrement la destination des biens qui appartenoient à l'ordre de saint
Lazare, ni de les appliquer à un usage entièrement
éloigné de l'intention des fondateurs. Il distinguoit
deux objets dans leur charité: l'un général, qui étoit
le soulagement des pauvres; l'autre particulier, qui
étoit de procurer ce soulagement à une espèce singulière de pauvres malades; si ce second objet de
leur libéralité avoit cessé avec la maladie qui l'avoit
excitée, le premier subsistoit toujours; et cette es-

pèce de religion avec laquelle on doit toujours respecter les volontes de ceux qui ne sont plus en état
de les expliquer eux-mêmes, exigeoit de la piété du
roi, qu'il approchât, autant qu'il étoit possible, de
leur intention, en se conformant, du moins, à l'objet général de leur charité, qui étoit le soulagement
des pauvres sains, mais invalides, au défaut des
malades.

Son sentiment fut donc qu'il falloit réunir les maladreries de l'ordre de saint Lazare aux hôtels-dieu
les plus proches, ou aux hôpitaux des lieux où il n'y
avoit point d'hôtels-dieu sur les avis des évêques
diocésains et des intendans, sur lesquels le roi fe-
soit expédier des lettres-patentes pour consommer
chaque union en particulier.

Il restoit à vaincre l'obstacle des politiques, qui
avoient de la peine à priver les officiers militaires
du secours des commanderies de l'ordre de saint
Lazare. Mon père étoit bien éloigné d'envier aux
gens de guerre des récompenses qu'ils achètent aux
dépens de leur sang; mais il lui paroissoit injuste
de les prendre sur le patrimoine des pauvres; et
entre deux objets qui méritoient également la protection du roi, le seul parti qu'il trouvoit convenable à la majesté royale, étoit de concilier ces deux
vues, au lieu de les faire combattre l'une contre
l'autre. Ainsi, pendant qu'il étoit occupé de faire
rendre aux pauvres la justice qui leur étoit due,
suivant l'esprit de la fondation, il vouloit, d'un autre
côté, faire éclater la magnificence du roi à l'égard
de ceux qui le servent dans ses troupes, par l'institution d'un ordre militaire qu'il seroit aisé d'établir
par un retranchement insensible sur les dépenses
de la guerre, et dont la croix seroit une distinction
honorable, et les commanderies une récompense
utile pour les officiers que le roi voudroit en favoriser.

Tous les commissaires entrèrent enfin dans des vues
dont la noblesse égaloit la justice. Mon père fut chargé, lorsque le roi eut approuvé son avis, de dresser

les édits et les arrêts qu'il falloit donner pour consommer ce projet. Il eut l'honneur de les présenter au roi, qui se les fit lire avec plaisir, trouvant sa conscience aussi soulagée par l'usage auquel on destinoit les biens de l'ordre de saint Lazare, que sa gloire flattée par l'institution d'un ordre militaire, dont il seroit le maître et le chef comme le fondateur.

Ainsi fut établi l'ordre de saint Louis, qui doit sa naissance, sa forme, ses réglemens à mon père, et qui auroit été encore plus utile à l'état, si l'on avoit toujours été aussi attentif que le feu roi l'étoit à en faire valoir la distinction. Je me souviens, à ce sujet, d'avoir entendu raconter à M. le duc d'Orléans, qu'un officier subalterne, à qui le roi avoit fait donner le choix d'une pension de 800 livres ou de la croix de saint Louis, vint lui dire en sa présence, qu'il préféroit la croix, si sa majesté vouloit bien l'en honorer. *Je le crois bien, Monsieur*, lui dit le roi, d'un ton grave et propre à lui faire sentir le prix de sa grâce. M. le duc d'Orléans ne put s'empêcher de rire de la préférence; mais le roi lui dit qu'il se gardât bien de le faire, et de lui ôter le plaisir de rendre un homme heureux avec une demi-aune de ruban rouge. Heureux encore le prince qui peut contenter ses sujets par de telles faveurs, et à qui il en coûte si peu pour payer le sang qu'ils répandent à son service.

La suite des occupations de mon père, m'a fait passer le temps de vous parler, mes chers enfans, d'un événement qui me regarde personnellement; mais je vous ai averti d'abord, que je renonçois à l'ordre chronologique. Mon père avoit désiré dès mon enfance, que je pusse exercer un jour la charge d'avocat-général, soit qu'il n'en connût point de plus propre à former un magistrat, ou qu'il eût envie de m'éviter la servitude des intendances, et de me faire naviguer sur une mer moins orageuse que celle du conseil. L'occasion s'en présenta au mois de novembre de l'année 1690, par la création d'une troi-

sième charge d'avocat-général. Mon père s'adressa
d'abord à M. de Pontchartrain qui en étoit le créateur,
et à M. le chancelier qui auroit dû en être le dispensateur, pour en demander l'agrément en faveur
de son fils; mais il trouva l'un déjà engagé avec M. le
Pelletier, à présent doyen du conseil, pour M. Thur-
got, son gendre, et l'autre médiocrement bien in-
tentionné, comme je l'ai déjà dit, pour tout ce qui
le regardoit. Cependant comme M. de Pontchartrain,
qui se repentoit de s'être engagé si promptement,
lui avoit dit que ses vœux seroient pour moi, et qu'il
lui conseilloit d'agir directement par lui-même auprès du roi, mon père, qui craignoit que sa modestie ne l'empêchât de parler aussi bien qu'il savoit
écrire, prit le parti de s'expliquer au roi par une
lettre qui étoit un chef-d'œuvre dans son genre. Il
y amenoit si naturellement l'histoire du long séjour
de la charge d'avocat-général dans la famille de
MM. Talon, dont le premier qui l'eût remplie étoit
mon bisaïeul maternel, qu'il sembloit qu'il y eût une
espèce de justice à donner une charge semblable à
son arrière-petit-fils. Il y parloit ensuite de moi, avec
une confiance persuasive par sa modestie même, et
il finissoit sa lettre en disant qu'il étoit né sujet avant
d'être père, qu'il devoit infiniment plus au roi qu'à
son propre fils, et qu'il seroit bien fâché de le proposer à sa majesté, s'il ne le croyoit capable de répondre dans la suite à une si grande grâce. Ce n'est
pas sans beaucoup de pudeur que je vous rapporte
ici des paroles qui me faisoient trop d'honneur, mes
chers enfans; peut-être la seule chose qui ait besoin d'excuse, dans la vie d'un homme si respectable,
est d'avoir été beaucoup plus père, en cette occasion,
qu'il ne se l'imaginoit. Sa lettre fut rendue au roi
comme sa majesté entroit au conseil, où l'on devoit
lui parler des différens sujets qui se présentoient pour
remplir la nouvelle charge d'avocat-général; le roi
se la fit lire toute entière et il parut qu'elle faisoit
impression sur lui. M. le Chancelier discourut assez
longuement sur le mérite des concurrens, mais d'une

manière si confuse et si embarrassée, que tout ce qu'on y put démêler, fut qu'il penchoit du côté de M. Turgot. M. de Pontchartrain, comme mon père l'a toujours cru, se contenta de dire au roi, qu'il ne pouvoit que bien choisir entre M. Turgot et moi; le roi saisit cette parole, et dit que, puisque cela étoit, il vouloit faire plaisir à mon père qui étoit incapable de le tromper, même sur son propre fils. C'est ainsi que la chose fut décidée en ma faveur par le seul suffrage de mon père. M. de Pontchartrain le lui fit assez entendre, en lui écrivant sur-le-champ de venir remercier le roi, d'une grâce qui devoit lui faire d'autant plus de plaisir, qu'il n'en avoit l'obligation qu'à lui-même. Il fit le lendemain son remercîment au roi, en me présentant à sa majesté, qui ajouta encore la grâce de la parole au mérite de celle qu'il m'avoit faite, ou plutôt à mon père.

Je serois donc bien ingrat si je ne reconnoissois ici que c'est à lui seul que je fus redevable, non-seulement de la place d'avocat-général, mais du peu de succès que je puis y avoir eu. Il m'y avoit préparé par une éducation à laquelle tout autre que moi auroit peut-être mieux répondu : il m'y a soutenu par ses lumières, par ses conseils, par ses exemples. Que ne puis-je rendre à mon fils aîné qui remplit à présent le même ministère, tout ce que j'ai reçu d'un père si accompli ! Je m'en acquitte, au moins autant que je le puis, en lui présentant un si grand modèle, dont j'espère qu'il profitera encore mieux que je n'ai tâché de le faire.

J'éprouvai, quelques années après, la même bonté de mon père, lorsqu'il fut question d'un autre établissement pour moi, je veux dire de mon mariage; il voulut bien se conformer à mon goût, parce que je ne crains pas de dire que la raison y avoit encore plus de part que l'inclination, ou plutôt son goût même étoit aussi décidé que le mien en faveur d'une personne dont le nom sembloit être devenu celui de la vertu même, et qui m'apportoit,

avec un bien suffisant à mes désirs, des richesses
de pudeur, de sagesse, de modestie, préférables à
toutes celles qu'on offroit à mon père, avec des partis
d'ailleurs très-convenables. Il en a remercié Dieu,
comme moi, dans tout le reste de sa vie, attaché à
une belle-fille que le ciel sembloit avoir formée pour
lui, avec des sentimens de tendresse et de confiance, dont ses propres enfans auroient pu être jaloux,
s'ils n'avoient tous été pour elle dans les mêmes dispositions.

Environ un an après mon mariage, mon père
fit un pas dans le conseil, qui donna lieu au public de croire qu'il en feroit bientôt un plus considérable. M. d'Argouges, conseiller-d'état, mourut
presque subitement à Versailles, au mois d'août de
l'année 1695, et fit vaquer par sa mort, une des
deux places de conseiller au conseil royal des finances, qui excitoient alors l'ambition de tous les
conseillers-d'état. Elles les tiroient de pair, pour ainsi
dire, et les approchoient fort près du ministre, par
l'honneur d'assister deux fois la semaine, à un conseil où le roi étoit présent, avec le chancelier, le
chef du conseil et le contrôleur-général. M. de Bre-
teuil, grand-père de celui qui est aujourd'hui se-
crétaire-d'état, disoit que ceux qui remplissoient ces
deux places, étoient comme de petits Dieux placés
entre le conseil ordinaire, qu'il comparoit à la nature humaine, et les ministres qu'il regardoit comme
les dieux de la terre.

Mon père, quoique le plus digne, étoit peut-être
celui de tout le conseil qui pensoit le moins à demander la place vacante par la mort de M. d'Argouges; il croyoit même qu'elle étoit destinée à un
autre, auquel il l'auroit si peu enviée, qu'il auroit
voulu la lui procurer. Il étoit donc fort tranquille
sur cet événement comme sur tout autre, lorsque le
lendemain de la mort de M. d'Argouges, il vit arriver chez lui, sur les trois heures après midi, un
courrier chargé d'une lettre de M. de Pontchartrain, qui lui apprenoit que le roi l'avoit choisi

pour remplir la place qui vaquoit dans son conseil royal.

J'étois avec lui lorsqu'il reçut cette lettre, et je
fus témoin des premiers mouvemens qu'elle excita
dans son ame ; au lieu de recevoir agréablement
cette nouvelle, je le vis non-seulement surpris, mais
affligé d'un tel choix, et je sentis bien qu'il se représentoit en ce moment, toute la délicatesse d'une
place qui l'obligeoit à donner son avis sur les propositions les plus hasardeuses de la finance ; il ne put
même entièrement contenir l'émotion intérieure de
sa conscience. Les larmes lui vinrent aux yeux, et
il fallut presque le consoler de ce qui auroit donné
une si grande satisfaction à tout autre conseiller d'état;
cependant il se remit après quelques momens de réflexion, et, espérant que Dieu soutiendroit sa vertu
dans une place qu'il sembloit que Dieu même lui
envoyât, il résolut d'aller le lendemain à Versailles
pour remercier le roi d'une grâce moins désirée encore qu'espérée.

Il paroissoit, en effet, assez extraordinaire que
M. de Pontchartrain, naturellement fort attentif à
l'avancement de ses proches, et qui avoit dans le
conseil un frère et un beau-frère, dont le dernier
fut même très-mortifié de n'avoir pas la place de
M. d'Argouges, leur eût préféré mon père qui n'étoit
que son cousin-germain par alliance. M. de Pontchartrain a toujours dit que c'étoit le roi seul qui
avoit agi dans ce choix, soit que la chose fût véritable, soit qu'il eût intention de ménager une famille dont il vouloit étouffer le murmure et les reproches. Plus il parloit ainsi, plus on vouloit que
ce fut madame de Maintenon qui eût inspiré au roi
un si digne choix; elle étoit alors, en effet, comme
la déesse de la fortune, à laquelle on attribuoit,
dans le paganisme, tous les effets dont on ne voyoit
point de cause apparente, je n'ai cependant jamais entendu rien dire à mon père qui pût appuyer cette con-
jecture; je sais seulement que madame de Maintenon
paroissoit avoir beaucoup d'estime pour lui, quoiqu'il

ne lui eût jamais parlé que par rapport aux affaires de
M. le duc du Maine; elle lui écrivit même une lettre
de compliment sur son entrée au conseil royal, qui
étoit tournée avec cet air naturel et délicat qu'elle
savoit donner à toutes ses lettres, mais qui ne pouvoit faire entendre qu'elle eût eu la moindre part
à la nouvelle dignité de mon père; cependant le public en jugeoit autrement, et, tirant de là des conséquences pour un avenir qui ne paroissoit pas fort
éloigné, avec un chancelier de quatre-vingts ans, il
regardoit la place qu'on venoit de donner à mon père,
comme le degré d'où il devoit monter à celle de chancelier de France.

Mais mon père ne s'y conduisit pas comme un
homme qui auroit eu des espérances, il ne pensa qu'à
y soutenir le caractère d'une vertu toujours égale, et
qui, si j'ose parler ainsi, avoit encore toute la fleur
de sa première innocence.

Il n'imita donc point ceux qui, dans la même place,
s'étoient accoutumés à regarder la volonté du contrôleur-général, comme une loi suprême à laquelle ils
pouvoient conformer leurs suffrages sans blesser leur
réputation ni même leur conscience. Il sut toujours
être juste, dans le règne même de la finance, et pendant plus de vingt ans qu'il y a passé, il se conserva
toujours la vertueuse liberté de ne pas suivre, et même
de combattre sagement les avis du contrôleur-général,
qui lui sembloient contraires à la justice ou au bien
public. Quoique la politique ordinaire des contrôleurs-
généraux les portât à éviter souvent le conseil, et à
faire prendre au roi les plus grandes résolutions sur la
finance, lorsqu'ils travailloient seuls avec lui, il y eut
cependant plusieurs occasions importantes, comme,
par exemple, lorsqu'il fut question du retranchement ou de la réduction des rentes sur la ville,
dans lesquelles mon père fit paroître cette judicieuse
fermeté qui consistoit à montrer la raison avec autant de lumière que de simplicité, et à convaincre au
moins la conscience de ceux qui pensoient autrement
que lui.

Le roi, et ce qui est encore plus surprenant, les contrôleurs-généraux mêmes qu'il contredisoit, ne lui en ont jamais su mauvais gré; il savoit accompagner sa résistance de tant de douceur et de modestie, qu'on ne pouvoit s'empêcher de l'estimer et de l'aimer, lors même qu'on ne suivoit pas ses sentimens; et la seule vengeance que l'on se permit quelquefois d'exercer contre lui, étoit de lui reprocher qu'il étoit trop vertueux, et qu'il portoit la délicatesse sur le devoir jusqu'au scrupule.

Le feu roi, je ne craindrai point de le dire, sembloit lui-même révérer une si grande vertu. Il écoutoit souvent mon père avec une attention marquée; et on eût dit quelquefois, qu'il auroit bien voulu ne s'être pas fait une règle de suivre toujours l'avis du contrôleur-général en matière de finance, lorsque ce ministre avoit pour lui la pluralité des suffrages, qu'il ne manquoit guère d'entraîner.

M. le duc de Beauvilliers, qui faisoit profession de vivre en chrétien au milieu de la cour, prévenu dès sa jeunesse d'une grande estime pour mon père par ce qu'il en avoit entendu dire à M. Colbert, honora encore plus sa vertu lorsqu'il le vit de plus près au conseil royal. Mon père étoit d'ailleurs lié d'une ancienne amitié avec M. l'abbé de Fénelon, depuis archêque de Cambray, qui étoit précepteur des enfans de France, et dont le génie, fort supérieur à celui du duc de Beauvilliers, avoit un entier ascendant sur les sentimens de ce duc. Ils conservoient encore tous deux un crédit, qu'ils perdirent depuis, sur l'esprit de madame de Maintenon plus puissante que jamais auprès du roi, à qui son âge, et encore plus le dégoût ou la lassitude de tous les plaisirs, ne faisoient plus trouver de charmes que dans la douceur de sa société. Mon père, qu'elle estimoit fort, comme je l'ai déjà dit, étoit donc alors véritablement dans la route de la fortune. La cour et la ville le croyoient ainsi : lui seul paroissoit ou l'ignorer, ou le craindre; mais la révolution que le quiétisme causa bientôt après, ne fut que trop favorable à la modestie de mon père,

quoique personne ne dût y avoir moins de part que
lui. Le livre des maximes des saints, qui échappa à
l'archevêque de Cambray, par l'imprudence et le zèle
peu éclairé de ses amis, excita d'abord un soulèvement
presque universel, et auroit pu avoir des suites plus
funestes pour l'église, si ce chef du parti qu'on appeloit *quiétiste*, n'eût eu encore plus de modération,
qu'il n'avoit de beauté d'esprit.

Personne cependant n'osoit en parler au roi; on
craignoit le crédit de l'archevêque de Cambray, du
duc de Beauvilliers et de tout ce qui les environnoit.
On craignoit même celui de madame de Maintenon,
que l'on croyoit encore gouvernée par eux. M. de
Pontchartrain fut le seul qui osa rompre ce silence
trop politique, quoiqu'il eût toujours été intimement
lié avec madame de Maintenon; et il y a lieu d'espérer
pour lui, qu'il en recevra la récompense dans le ciel,
puisqu'il en a porté la peine sur la terre par la perte
de son crédit, qui commença dès-lors à éprouver une
décadence dont il ne s'est jamais relevé. Le roi, dont
la droiture ne pouvoit être trop louée, reçut M. de
Pontchartrain, lorsqu'il l'avertit du bruit que faisoit
le livre de l'archevêque de Cambray, comme David
auroit écouté un prophète envoyé de Dieu pour lui
donner un avis salutaire. Aussi surpris qu'affligé de
cette nouvelle, il alla d'abord chez madame de Maintenon, et lui dit, d'un ton qui faisoit sentir sa douleur
et sa religion: *eh quoi, madame, que deviendront
donc mes petits enfans? En quelles mains les ai-je
mis?* L'émotion du roi passa aisément jusqu'à madame de Maintenon, qui donnoit alors sa véritable
confiance à l'évêque de Chartres, et qui conservoit
encore une très-grande considération pour M. de
Noailles, archevêque de Paris, tous deux fort opposés
au quiétisme. Le sort de l'archevêque de Cambray fut
bientôt décidé. Banni de la cour avec les abbés de
Langeron et de Beaumont, on crut que la disgrâce du
précepteur et de ceux qui lui étoient le plus attachés,
entraîneroit celle du gouverneur. La délicatesse infinie du roi sur la religion le faisoit pencher vers le parti

le plus rigoureux; et, après avoir frappé le chef du
parti, il lui paroissoit dangereux d'en épargner le
principal appui. On lui inspira néanmoins, où il résolut de lui-même, par cet esprit d'équité qui lui étoit
naturel, de consulter l'archevêque de Paris, dont il
estimoit alors sincèrement la vertu, avant que de
prendre cette grande résolution.

Le sort du duc de Beauvilliers fut donc remis, par
là, entre les mains d'un des plus grands ennemis du
quiétisme; et si l'archevêque de Paris avoit été élevé
dans les principes de Machiavel, il n'auroit pas hésité
à saisir une occasion si favorable de perdre un homme
qu'il ne pouvoit jamais espérer de gagner véritablement. Mais il fut plus chrétien que politique; et, se
défiant de lui-même, il ne voulut se déterminer que
par l'avis de mon père, capable, par son esprit, de
sentir toutes les vues de la plus profonde politique,
incapable par son cœur de suivre jamais d'autres mouvemens que ceux de la conscience la plus éclairée.

Mon père honoroit sincèrement dans M. de Beauvilliers un esprit de religion, de modération et de
justice qui éclatoit dans toute sa conduite. Il ne rè-
gardoit sa prévention pour les mystiques modernes,
que comme une illusion passagère et comme un
éblouissement de piété, que l'exemple et l'autorité de
l'archevêque de Cambray avoient causés, mais que la
condamnation et la rétractation de ce prélat, dissipe-
roit entièrement. La qualité d'homme de bien qu'il
respectoit dans la personne de ce ministre, étoit pour
lui un si grand titre, qu'il ne croyoit pas qu'on dût le
sacrifier sur de simples soupçons, ni punir sans retour
la foiblesse excusable d'avoir trop déféré aux sentimens d'un génie aussi supérieur et aussi séduisant que
celui de l'archevêque de Cambray. Il se faisoit même
un véritable scrupule de contribuer à bannir de la
cour l'homme qui y donnoit le plus grand exemple
de religion, et à ôter d'auprès du roi le plus vertueux
de tous ceux que ce prince honoroit de sa confiance.
Il jugea donc mieux du duc de Beauvilliers, que le
duc de Beauvilliers n'auroit peut-être jugé de mon

père même; et il fit voir, en cette occasion, qu'on n'a
pas eu tort de dire, que plus un homme est vertueux,
moins il est porté à se défier de la vertu des autres.
L'archevêque de Paris, fixé par un avis d'un si grand
poids, conseilla au roi de conserver M. de Beauvilliers
dans tous ses emplois; et il le fit d'autant plus volontiers qu'il avoit reçu une espèce d'abjuration so-
lennelle de ce duc, accompagné de sa femme, du duc
et de la duchesse de Chevreuse, qui vinrent tous lui
déclarer qu'ils renonçoient sincèrement à tout ce qui
avoit pu les éblouir d'abord dans le langage spécieux
des mystiques.

Soit que M. de Beauvilliers ait su, où qu'il ait ignoré
la part que mon père avoit eue au conseil de l'archevêque de Paris, il est au moins certain que depuis
l'affaire du quiétisme, il affecta plus de paroître ami
de mon père qu'il ne le fut en effet. Je ne veux pas
croire, quoique des gens dignes de foi me l'aient assuré,
qu'il ait eu la malignité de vouloir le faire passer pour
un homme qui avoit une pente secrète, sinon pour
le jansénisme, au moins pour les jansénistes, soupçon
qu'il suffisoit alors de répandre pour perdre les meilleurs sujets dans l'esprit du roi. Je sais qu'on n'aime
guère dans le monde, et qu'on hait même à la cour,
ceux à qui l'on croit devoir trop, et dont la présence
semble nous dire toujours qu'ils ont été les maîtres
de notre sort; mais je ne règle point mon jugement
par de telles conjectures; je suis au moins bien assuré
que mon père, qui voyoit fort clair dans le cœur des
autres quoiqu'il ne parlât presque jamais de ce qu'il
y voyoit, a toujours cru que celui de M. Beauvilliers
s'étoit fort refroidi pour lui, depuis la disgrâce de
l'archevêque de Cambray. Peut-être, après tout, ce
changement ne doit-il être attribué qu'à des impressions reçues trop facilement, par ce duc, de quelques
Sulpiciens, dont le génie borné convenoit assez à la
mesure du sien, ou des liaisons que mon père avoit
avec la maison de Noailles, et que le Languedoc avoit
formées; maison qui étoit l'objet de l'envie des courtisans, et que le parti quiétiste regardoit comme son

ennemie : mais il faut laisser à Dieu le jugement du cœur humain, et tâcher d'imiter, au moins sur ce sujet le silence et la modération de mon père.

Le refroidissement du duc de Beauvilliers à son égard, ne pouvoit lui nuire dans l'esprit de madame de Maintenon, qui ne parut avoir aucune peine à se détacher de ce duc et de l'archevêque de Cambray, soit par son inconstance naturelle, soit par les conseils de l'évêque de Chartres, qui la dominoit comme ont toujours fait ses directeurs, ou, ce qui lui feroit plus d'honneur, par une délicatesse de religion ; mais ce prélat avoit si bien réussi à lui faire voir le jansénisme où il n'étoit pas, et d'ailleurs mon père étoit un courtisan si peu assidu, que tout ce qu'il pouvoit espérer de mieux, étoit qu'elle ne lui fût pas contraire, comme je croirois volontiers qu'elle n'en a jamais mérité le reproche.

Ainsi s'évanouirent toutes les espérances que les amis de mon père avoient conçues de l'élévation de sa fortune, et l'on reconnut bientôt que sa destinée étoit de mériter les premières places, sans jamais y parvenir. Mais, avant que de parler du changement qui arriva par la mort du chancelier, il me reste à vous expliquer, mes chers enfans, la dernière part que mon père eut à l'affaire du quiétisme.

Le bref du pape Innocent XII, contre le livre de l'archevêque de Cambray, étant enfin arrivé, et tous les évêques du royaume l'ayant reçu dans les assemblées de chaque province qui furent tenues par l'ordre du roi, M. de Pontchartrain fut chargé de dresser les lettres-patentes nécessaires pour faire enregistrer ce bref dans les parlemens. Ce ministre eut recours, pour faire cet ouvrage, aux lumières et à l'expérience de M. de Harlay, premier président au parlement, son ancien ami, et alors son concurrent déclaré pour la place de chancelier. Comme il avoit pour mon père une confiance beaucoup plus sincère, il lui envoya le projet de ces lettres-patentes telles que M. de Harlay les avoit dressées, pour l'examiner avec moi, à cause de la place d'ancien avocat-général, que j'avois alors l'honneur de remplir. Mon père fut surpris aussi bien que moi en lisant ce projet, non pas tant du style diffus et embarrassé qui caractérisoit ordinairement les ouvrages de M. de Harlay, que de n'y point voir la clause dont on se sert quand on veut laisser au parlement l'examen de la forme extérieure d'une bulle, et la liberté d'y mettre les modifications nécessaires pour la conservation des maximes du royaume. Au lieu d'employer cette clause dans son projet, M. de Harlay n'avoit fait que copier trop fidèlement le style des lettres-patentes données sur les bulles des papes dans l'affaire du jansénisme, où l'on faisoit toujours dire au roi qu'il avoit fait examiner ces bulles dans son conseil, et qu'il n'y avoit rien trouvé de contraire à nos libertés, en sorte qu'après un examen fait par le roi même, il ne restoit plus au parlement que la gloire de l'obéissance.

M. de Harlay avoit donc agi en cette occasion, comme l'auroit pu faire un conseiller d'état jaloux de l'autorité du conseil, et mon père fit, au contraire, le personnage d'un premier président attentif à l'honneur de son corps et encore plus au bien de l'état. Il croyoit en général, qu'il étoit avantageux au roi de mettre toujours son parlement entre lui et la cour de Rome, pour le charger de la haine d'un examen, ou de ces modifications que cette cour supporte si impatiemment ; et il sentit d'autant plus la nécessité de suivre cet ancien usage, à l'égard du bref d'Innocent XII en particulier, que nos évêques même ne l'avoient reçu qu'avec plusieurs modifications par rapport aux libertés de l'église gallicane, qu'on y avoit assez mal ménagées.

Mon père envoya à M. de Pontchartrain un mémoire qu'il avoit fait avec moi sur ce sujet, où il relevoit aussi quelques termes obscurs du projet dressé par M. de Harlay ; et ce ministre en fut tellement frappé, qu'il détermina le roi à suivre le style le plus favorable au parlement, ou plutôt aux véritables intérêts du roi même. M. de Harlay n'a jamais su à qui il étoit redevable d'avoir obtenu en cette occasion

plus qu'il ne demandoit ; il affecta d'abord d'en
parler avec assez d'indifférence ; mais dans la suite,
ayant eu le temps de se pardonner à lui-même de
n'y avoir pas pensé, il fit arrêter au parlement que
le parquet en iroit rendre grâces au roi au nom de la
compagnie.

Le chancelier Boucherat ne survécut qu'environ
quinze jours à la fin de cette grande affaire. Son successeur n'auroit pas été douteux, si le public en eût
eu la nomination. Ce mot de Tacite sembloit être fait
pour mon père ; *la voix du peuple choisit souvent
pour le prince ; et s'il veut chercher le plus digne, un
consentement unanime le lui présente.* Mais le roi
étoit alors plus occupé du désir d'avoir un nouveau
contrôleur-général, que du soin de bien choisir un
chancelier. Il commençoit à se lasser de M. de Pontchartrain, qui avoit soutenu, pendant plusieurs années,
une faveur plus marquée que celle d'aucun de ses prédécesseurs. Madame de Maintenon à qui il avoit résisté quelquefois trop librement, le haissoit autant
qu'elle l'avoit autrefois aimé. Un goût nouveau pour
M. Chamillart ne s'étoit pas moins déclaré dans elle
que dans le roi, qui, charmé du respect et de la modestie que celui-ci avoit su conserver dans la familiarité
intime où il avoit été admis, le regardoit comme un
homme qu'il formeroit à son gré, et en qui il pourroit
se complaire comme dans son ouvrage ; mais on ne
pouvoit le placer sans déplacer M. de Pontchartrain,
à qui il paroissoit impossible d'ôter le titre de contrôleur-général, sans le faire chancelier. Ainsi, ce fut
par une espèce de disgrâce qu'il parvint à la première
dignité de l'état, et le roi l'en revêtit moins pour lui
donner la place de chancelier, que pour lui ôter celle
de contrôleur-général.

Je ne parlerois point ici de la manière dont ce choix
fut consommé, si l'on n'avoit cru que le roi avoit eu
mon père en vue dans ce qu'il dit à M. de Pontchartrain, en le faisant chancelier. Savant, comme tous les
princes, dans l'art de parer et d'embellir leurs bien-
faits, il lui demanda s'il seroit content de quitter sa

place pour celle de chancelier. Ce ministre, toujours libre et décidé dans ses réponses, lui dit : moi, Sire, *eh comment ne serois-je pas content de quitter la finance pour devenir chef de la justice , puisque j'aurois été charmé de la quitter pour n'étre rien?* Le roi se mit à rire, et lui dit, *puisque cela est , il faut penser à disposer de votre place. Il y a des gens qui en voudroient bien , et dont je ne voudrai pas; il y en a que je voudrois bien y mettre , et qui ne voudroient pas y entrer; il y en a enfin qui la voudront bien prendre, et que je voudrai bien aussi y placer.* On crut que le roi avoit voulu caractériser M. de Caumartin par le premier trait, mon père par le second, et M. Chamillart par le troisième. On devinoit juste au moins pour le dernier, puisque le roi l'envoya chercher sur-le-champ, pour lui apprendre qu'il le faisoit contrôleur-général.

Mon père, qui savoit depuis long-temps, quelles étoient les vues du roi sur ce changement, et qui craignoit la place de contrôleur-général , sans désirer celle de chancelier, dont il disoit quelquefois de la meilleure foi du monde qu'il ne se croyoit pas digne, étoit plus content et plus heureux que ceux qu'on élevoit aux plus grandes places; et je suis sûr qu'il remercioit Dieu en secret d'avoir tellement arrangé la suite des conjonctures, qu'il ne courut pas même le risque de monter plus haut.

Il goûtoit encore plus la tranquillité dont il jouissoit dans le second rang, lorsqu'il voyoit de près les divisions qui agitoient presque toujours ceux que la faveur avoit élevés au premier. Elles lui donnèrent bientôt une occupation peu agréable et encore moins facile, pour concilier, s'il se pouvoit, le nouveau contrôleur-général avec le secrétaire d'état de la marine, dont la fonction étoit exercée en chef par M. de Pontchartrain, fils du chancelier, depuis que son père avoit été élevé à cette dignité. Le sujet ordinaire de leurs différends étoit le commerce, qui avoit un rapport presque égal à leurs ministères. La terre et la mer sembloient en faire le partage naturel : mais

23 *

comme ce que la mer apporte est destiné à l'usage
de la terre, et que les richesses de la terre sont aussi
confiées à la mer, les limites du pouvoir de ces deux
ministres étoient souvent confondues, et les objets
en paroissoient tellement mêlés, qu'il étoit assez difficile d'en faire une juste séparation. Mon père y réussit
néanmoins : il dressa comme les articles d'un traité de
paix entre deux puissances, encore plus jalouses qu'op-
posées. Le ministre de la finance comme celui de la
marine, convinrent de se renfermer, de part et d'autre,
dans les bornes que sa sagesse leur avoit marquées;
et ils auroient vécu tous deux plus tranquilles, s'ils
ne les avoient jamais passées.

Mon père, qui aimoit beaucoup mieux servir de
médiateur ou de conseil aux ministres, que d'être
ministre lui-même, vit croître ses occupations plus
laborieuses qu'éclatantes, par l'élévation de M. de
Pontchartrain, à la dignité de chancelier de France.
Il y avoit conservé la même confiance pour mon père,
et il le consultoit encore avec plus de plaisir sur
les voies de la justice, qu'il ne l'avoit fait sur celles
de la finance ; comme mon père, de son côté, lui
répondoit avec bien plus de goût, sur une matière
qui étoit si conforme à son inclination, il croyoit être
rentré dans sa patrie avec le nouveau chancelier,
et n'avoir plus qu'à y respirer son air natal ; au lieu
que la finance étoit pour lui comme une terre étrangère. Toutes les difficultés qui naissoient dans l'ordre
de la justice, toutes les consultations importantes
des parlemens, tous les réglemens dont ils avoient
besoin, et toutes les lois nouvelles qu'ils demandoient,
étoient confiés à l'examen de mon père, qui, travaillant véritablement en chancelier de France, sans
en avoir le titre, envoyoit à M. de Pontchartrain, non-
seulement des matériaux excellens, mais des ouvrages
parfaits, auxquels il ne manquoit plus que le nom
du chancelier, ou le caractère de l'autorité royale.

Il auroit bien souhaité que M. de Pontchartrain ne
se fût pas contenté de suffire pleinement au courant
des affaires, et qu'il eût été plus susceptible des idées

aussi sages qu'étendues, dont mon père étoit rempli,
pour réformer ou pour perfectionner l'administration
de la justice dans ce royaume ; mais, soit que la rapidité de génie, qui étoit le caractère singulier de M. de
Pontchartrain, ne lui permît pas d'arrêter long-temps
sa vue sur le même objet; soit qu'il crût que la subtilité de l'esprit humain étant plus ingénieuse à éluder la loi, que le législateur ne l'est à en assurer
l'exécution, la multitude des remèdes ne servoit souvent qu'à multiplier les maux; soit enfin qu'il eût
trop appris dans la place de contrôleur-général, que
la finance se joue des plus saintes lois, mettant la
justice au nombre de ses revenus, et ne regardant la
règle que comme une occasion d'en vendre la dispense, il est toujours certain que les projets de législation n'étoient nullement de son goût : et c'est
en partie ce qui a privé le public des grands avantages qu'un chancelier, plus législateur, auroit tirés des
lumières et du travail de mon père. Je dois néanmoins
dire ici à sa décharge, que la conjoncture des temps
n'étoit que trop propre à fortifier en lui cette disposition. Il fut fait chancelier, à la veille de la plus grande
guerre que la France ait jamais soutenue, et il cessa
de l'être un an après la paix. C'étoit beaucoup faire,
dans des temps si difficiles, de remédier aux maux
les plus pressans; et il falloit avoir, comme mon père,
un excès de zèle, si je puis parler ainsi, pour oser
entreprendre de travailler au milieu de la guerre
même, à un ouvrage qui paroît réservé pour un
temps de paix.

Mon père ne laissoit pas de gémir souvent avec
moi, du peu d'attention qu'on donnoit à la justice;
et il se reprochoit presque de ne lui être pas plus
utile, surtout lorsqu'il me vit encore plus à portée
de seconder ses vues dans la charge de procureur-
général, où j'entrai un an après que M. de Pontchartrain eût été fait chancelier.

Mon père n'eut pas la peine de demander pour moi
une place qui convenoit naturellement au plus ancien
officier du parquet. M. de Harlay, qui étoit alors

dans un accès de tendresse pour moi par le contre-
coup de la haine qu'il avoit pour mon prédécesseur,
en avoit parlé le premier au roi, et M. le chancelier
de Pontchartrain m'auroit volontiers tenu lieu de père
en cette occasion. Le roi partoit pour Fontainebleau,
quand M. de la Briffe mourut ; et à peine mon père
y fut-il arrivé, qu'il eut le plaisir d'apprendre que
je sortois de la place d'avocat-général, qui commençoit à l'inquiéter pour ma santé, et que j'entrois dans
celle de procureur-général, où j'ai eu le bonheur
d'être assisté de ses conseils pendant seize années entières, c'est-à-dire, pendant presque tout le temps
que je l'ai remplie.

Ce fut dans la même année, et environ un mois
auparavant, qu'il fit le mariage de ma troisième sœur
avec M. le Guerchois, alors maître des requêtes et à
présent conseiller d'état, digne par sa droiture, par
sa justice, et par son désintéressement, d'être le gendre de mon père.

La joie qu'il eut de ces deux événemens fut bientôt troublée par la perte qu'il fit l'année suivante de
ma sœur aînée, qui auroit pu porter la sainteté dans
sa maison, si elle ne l'y avoit pas reçue.

Peu de temps avant que mon père revînt du Languedoc, le goût naturel qu'elle avoit pour la retraite,
lui avoit inspiré la résolution de se consacrer à Dieu
dans la maison des filles de l'enfance, établie à Toulouse, par madame de Mondonville. Elle y trouvoit
une grande régularité, sans aucune des austérités cor-
porelles, que la délicatesse de son tempérament ne
lui auroit pas permis de soutenir dans une autre
maison religieuse. Mon père et ma mère suspendirent
long-temps l'exécution de son dessein, soit par la
peine qu'ils avoient à se séparer d'elle pour toujours,
ou plutôt pour mieux éprouver sa vocation, mais sa
fermeté l'emporta enfin sur leur résistance ; et, quoique je fusse encore bien jeune, je la vis entrer avec
douleur dans une communauté qui étoit dès-lors en
butte à des ennemis si puissans, que je craignois comme
bien d'autres, qu'elle ne pût y résister. L'événement

ne justifia que trop mes pressentimens. A peine, mon
père fut-il sorti du Languedoc, que, malgré le concours des deux puissances, qui avoient également
conspiré en faveur de ce nouvel établissement, il fut
renversé par un coup d'autorité; et ma sœur obligée
de venir se réfugier dans l'asile de la maison paternelle, avec madame le Guerchois, que ma mère avoit
laissée auprès d'elle, et qui n'avoit alors que six ou
sept ans. Arrachée ainsi, malgré elle, du lieu de sa
retraite, elle avoit su s'en faire une nouvelle au milieu
de sa famille. Elle trouvoit, à la vérité, dans mon
père et dans ma mère, des exemples de vertus dignes
d'être proposés aux plus saints religieux; mais fidelle
jusqu'au scrupule à ses premiers engagemens, elle
avoit obtenu d'eux la liberté de vivre séparée d'eux-
mêmes dans leur maison, ne mangeant jamais à leur
table, venant les voir seulement après leurs repas,
disparoissant à la première visite qu'on annonçoit,
renfermée tout le reste du jour dans son appartement,
dont elle ne sortoit que pour aller à l'église, et où
elle passoit saintement sa vie, sans aucune autre société que celle d'une fille de l'enfance qui la servoit, et de
madame le Guerchois, dont la vertu fait l'éloge de
l'éducation qu'elle en a reçue. Au milieu d'une vie si
retirée, elle conservoit une douceur, une gaîté et des
grâces mêmes dont le monde auroit pu faire cas.
Mais son caractère dominant étoit la raison; et il
sembloit qu'elle l'eût reçue singulièrement de mon
père, comme par une espèce de droit d'aînesse. Amie
tendre et solide, il n'y avoit point de secret qu'on ne
pût confier sûrement à sa discrétion, comme il n'y
avoit point d'affaire sur laquelle elle ne fût en état de
donner un bon conseil; mais elle étoit bien éloignée
de s'y présenter d'elle-même et de succomber à la
tentation de faire sentir son mérite. Insensible à tout
ce qui flatte la nature, et entièrement morte au monde,
on eût dit qu'elle ne cherchoit qu'à se rendre toujours plus invisible, et à cacher sa vie dans le sein
de Dieu. Vraiment digne du nom de sainte que nous

lui avions donné, mais sainte aussi aimable que respectable, qui étoit non-seulement l'exemple, mais
les délices de sa famille. Les plus douces heures de
ma vie, sont celles que j'ai passées avec elle : fatigué
du travail et de l'ennui des affaires, je n'avois qu'à
monter dans sa chambre pour respirer un air pur et
serein, qui me délassoit en un moment de l'application la plus pénible, et les charmes de sa société me
tenoient presque lieu de tous les plaisirs. Un médecin,
qui eut le malheur de réussir à la délivrer d'un asthme
habituel, la fit tomber dans une maladie de langueur,
où, après avoir joint le mérite de la pénitence à celui
de la plus parfaite innocence, elle expira entre mes
bras et ceux de madame le Guerchois, qui eut comme
moi la triste consolation de recevoir ses derniers
soupirs.

La foi soutint mon père dans cette affliction. Soumis sans réserve à la volonté de Dieu, malgré la tendresse naturelle de son cœur, il s'occupoit saintement
du bonheur de celle qui n'avoit fait que le précéder
dans le ciel, où il vivoit déjà par son espérance : il
fut même obligé de prendre beaucoup sur lui en cette
occasion, pour ne pas augmenter la douleur de ma
mère qui étoit fort incommodée, et à qui par cette
raison, l'on fut obligé de cacher d'abord la mort de
ma sœur.

Il reprit bientôt ses occupations ordinaires, persuadé qu'un homme public doit trouver sa principale
consolation dans l'accomplissement de ses devoirs. La
grande uniformité de sa vie, qui n'en faisoit que
comme un seul jour, m'engageroit dans une répétition
continuelle, si je voulois entrer dans un détail suivi
de ses travaux : il me suffit de vous en avoir donné
une idée générale, comme je l'ai déjà fait, et d'y
ajouter que, toujours le même au dedans, et méritant toujours les mêmes égards au dehors, il avoit
une égale part à la confiance des ministres qui étoient
le plus opposés l'un à l'autre, tels que M. de Chamil-
lard et M. de Pontchartrain le secétaire d'état, honoré

de tous comme un homme qui n'étoit véritablement
ami que de la raison, et qui ne tenoit qu'à son
devoir.

M. Desmarets, qui fut fait contrôleur-général des
finances, en l'année 1708, à la place de M. de Cha-
millard, avoit succédé à la haute estime de M. Colbert
pour mon père, comme à presque toutes ses grandes
qualités; j'ai été plusieurs fois à portée d'en voir des
preuves, mais surtout dans une espèce de commission à la tête de laquelle il mit mon père, pour diriger
et pour animer toute la police du royaume, par rapport à l'incroyable disette de bleds, dont la France
fut affligée en 1709, ce qu'il fit encore à l'égard de
la maladie des bestiaux qui survint quelque temps
après. Mon père étoit non-seulement le chef, mais
l'ame de ces commissions, où M. Desmarets avoit
souhaité que j'entrasse aussi pour être comme le lien
des opérations du conseil et de celles du parlement
en cette matière. Il suivoit avec une entière déférence
tous les avis de mon père, et il ne faisoit presque que
signer les ordres et les instructions qu'il en recevoit
toutes dressées pour les envoyer dans les provinces,
assuré qu'il avoit rempli tout ce qu'il devoit à l'état,
dans des conjonctures si importantes, en remettant les
intérêts publics entre les mains du meilleur citoyen,
de l'homme le plus sage, et du conseil le plus éclairé
qu'il y eût dans le royaume.

La finance suffisoit d'ailleurs pour l'occuper entièrement dans ces tristes années, où nous avions à combattre en même temps des ennemis victorieux au dehors, et la famine encore plus à craindre au dedans;
où les revenus du roi diminuoient chaque jour,
pendant que les dépenses croissoient sans mesure et
où cependant M. Desmarets eut la gloire de soutenir
l'état par un crédit inespéré, et de lui donner le temps
de finir une guerre, presque fatale à la France, par
une paix non-seulement tolérable, mais glorieuse.

L'époque de cette paix, si heureuse pour le royaume,
fut marquée d'une manière bien triste pour mon
père, par la perte qu'il fit, en l'année 1713, de ce qu'il

aimoit le plus dans le monde, et qu'il devoit le plus aimer.

Le roi étoit parti pour Fontainebleau, les derniers jours du mois d'août; mon père devoit s'y rendre le 4 septembre, et toutes ses mesures étoient prises pour le voyage que ma mère devoit faire avec lui.

Le samedi au soir, qui étoit le 2 septembre, ma mère fut attaquée vers minuit d'une fièvre si violente qu'elle parût presque frappée à mort dès le premier moment de sa maladie. Le mal porta d'abord à sa tête, qui demeura presque toujours si embarrassée, qu'il parut que c'étoit comme par une espèce de pressentiment qu'elle s'étoit confessée le samedi matin avec autant d'attention, suivant le témoignage de son confesseur, que si elle eût cru faire la dernière confession de sa vie. Les saignées redoublées, et d'autres remèdes qu'on y joignit, donnèrent néanmoins, deux jours après, une legère espérance de guérison; mais à la fin du quatrième jour elle tomba dans un état si fâcheux, qu'on crut devoir profiter de quelque intervalle de connoissance pour lui faire recevoir les sacremens de l'église. Elle en profita elle-même pour prier mon père de faire distribuer aux pauvres environ mille écus, qui étoient dans son cabinet. Mon père, qui avoit déjà prévenu ses désirs par une aumône à peu près égale, les suivit en y ajoutant encore cette somme; en sorte que dans l'espace de sept jours, ils déposèrent entre les mains des pauvres, un trésor que ma mère retrouva le septième dans le ciel. Depuis ce temps-là, sa raison, toujours obscurcie, ne laissoit entrevoir quelques rayons de lumière que lorsqu'on lui parloit de Dieu. Il sembloit alors qu'elle se ranimât pour devenir capable d'attention, et son amour pour la religion, lui faisoit recouvrer une connoissance qui lui manquoit sur tout le reste. Elle retomboit aussitôt après, dans une espèce de rêverie, où son cœur, nourri dans une longue habitude de ferveur et d'oraison, mettoit dans sa bouche les prières qui lui étoient les plus familières, qu'elle ne cessoit de répéter avec tant d'ardeur et de contention, qu'on étoit obligé de la prier de renfermer dans son sein ce que sa voix ne pouvoit prononcer sans faire un effort qui avançoit sa fin. Elle le promettoit inutilement : son cœur, plus vivant que son esprit, pouvoit bien produire encore les sentimens dont il étoit pénétré; mais il n'avoit plus la force de les contenir. Ce fut dans cet état qu'elle s'endormit du sommeil des justes, pour aller jouir dans le ciel de celui qu'elle avoit si ardemment aimé sur la terre, et dont son ame accablée et sa voix mourante ne pouvoient se lasser de répéter le nom.

Nous perdions la meilleure mère qui fût jamais, et nous croyions presque pleurer avec elle le meilleur de tous les pères. Nous n'espérions pas, dans ce triste moment, qu'à l'âge de soixante-dix-huit ans, avec une santé toujours très-délicate, il pût survivre à une mort qui rompoit les nœuds d'une union de plus de cinquante ans, mais encore aussi tendre que si elle eût été dans sa naissance, ni soutenir le vide affreux que cette séparation alloit mettre dans sa vie, dont ma mère remplissoit tout le temps que les affaires lui laissoient.

Dieu nous consola au moins par rapport à cette crainte, en nous faisant trouver dans mon père, une raison et une religion supérieure à la plus juste et à la plus vive douleur. Il se jeta à genoux lorsqu'on vint lui apprendre que ma mère avoit rendu le dernier soupir, et demeura environ un quart d'heure en prière, offrant à Dieu, dans toute l'amertume de son ame, le sacrifice le plus douloureux qu'il pût jamais lui faire, et méritant de recevoir toutes les consolations du ciel, par le prompt effort d'une foi vive et soumise sans réserve à la volonté de Dieu. Il nous renvoya tous ensuite, et coucha seul dans une chambre de la maison que j'occupois alors à côté de la sienne. A peine l'heure de se lever fut-elle venue, qu'il alla se confesser et entendre la messe dans la chapelle du collége qui est auprès de Saint-André-des-Arts; nous l'y suivîmes, et nous l'y vîmes communier avec la ferveur d'un saint qui ne paroissoit plus occupé qu'à se réunir en Dieu à celle qu'il venoit de perdre. Il se releva de sa prière, et il revint chez moi avec un courage dont il me donna dans le moment des preuves si touchantes pour moi, que je ne puis y penser sans verser encore des larmes mêlées de tendresse et d'admiration. Il nous dit qu'il alloit dans l'appartement de ma mère, pour y chercher le testament qu'elle avoit fait, et il prit avec lui M. l'abbé Couet, pour l'y accompagner. Il falloit nécessairement traverser la chambre où ma mère étoit morte, pour entrer dans un petit cabinet où étoient ses papiers, et même passer aux pieds de son lit. M. l'abbé Couet, frappé d'une circonstance si douloureuse, offrit à mon père de lui apporter l'un après l'autre tous les papiers qui se trouveroient dans le cabinet, afin qu'il pût les examiner dans une autre chambre, sans s'exposer à une si triste vue ; mais mon père lui répondit que Dieu lui avoit fait la grâce de n'avoir point l'imagination trop aisée à émouvoir, et que ces sortes de circonstances extérieures ne faisoient pas assez d'impression sur lui, pour rien ajouter à sa douleur ; qu'il étoit dans l'ordre que ce fût lui-même, qui fît la recherche de ce testament, et qu'il falloit s'y conformer. Il entra donc dans le cabinet par un passage si étroit aux pieds du lit où étoit le corps de ma mère, qu'à peine une personne seule pouvoit y passer. Il trouva bientôt le testament olographe qu'il cherchoit, où, après avoir fait des legs particuliers à ses autres enfans, ma mère m'instituoit son légataire universel ; mais il fut aussi affligé que surpris de voir que, quoique ce testament fût entièrement fini dans toutes ses dispositions générales, il y manquoit encore quelques lignes, en sorte que, signé au bas de toutes les pages, il ne l'étoit point à la fin de la dernière, parce qu'elle n'étoit pas entièrement achevée. Il espéra d'abord d'en trouver un autre original entièrement parfait, mais ce fut inutilement qu'il remua plus d'une fois tous les papiers de ma mère ; et, après avoir passé une heure et demie dans une recherche si triste en elle-même, et encore plus triste par ses circonstances, il revint chez moi fort touché de n'ap-

porter qu'un testament imparfait. Il cherchoit néanmoins à s'en consoler en remarquant que la signature
qui étoit au bas de chaque page, sembloit pouvoir
suffire pour autoriser les dispositions qui y étoient
contenues, et qui marquoient assez le partage que ma
mère faisoit de sa succession; mais cette consolation
auroit été peu solide s'il avoit eu des enfans d'un
autre caractère, et Dieu lui en préparoit une autre
plus heureuse pour moi, et plus digne d'un tel père.
Mes frères et madame de Tavannes (car madame
le Guerchois, étoit à Besançon) entendirent la lecture du testament imparfait, avec le récit que mon
père leur fit de ses recherches inutiles; et dans le
même instant, sans s'être consulté l'un l'autre, sans
hésitation, sans partage, et par un vœu commun qui
partoit librement de la bonté et de la noblesse de
leur cœur, ils déclarèrent tous à mon père que les
formalités des testamens n'étoient pas faites pour une
famille comme la sienne, qu'il leur suffisoit de savoir
la volonté de ma mère, et qu'ils la regardoient comme
une loi inviolable, dont ils exécuteroient les dispositions avec autant de soumission et plus de plaisir, que
s'il ne lui manquoit rien du côté de la forme. Mon
père sentit vivement la consolation que lui donnoit
une résolution si prompte, si généreuse, si unanime,
et il mêla des larmes de joie à celles que lui faisoit
verser sa douleur. Je ne fus pas moins touché que
lui d'un procédé si noble et si vertueux; mais s'il
m'est permis de parler ici de moi, formé du même
sang que ma sœur et mes frères, je sentis au dedans
de moi autant de répugnance à profiter de leur désintéressement, qu'ils avoient d'ardeur à me le témoigner. Je résistai donc fortement à leur générosité; je
leur dis, que j'en avois le cœur pénétré, et que je
l'aurois toute ma vie, mais que j'étois né aussi avec
trop de délicatesse de sentiment, pour vouloir leur
céder sur ce point; et qu'entr'eux et moi, ce qui devoit décider n'étoit ni leur amitié ni mon scrupule,
mais l'ordre de la providence, qui avoit permis que
ma mère mourût sans avoir achevé son testament.

Mon père jouit pendant quelque temps du spectacle d'un combat si peu ordinaire dans les familles, ce qu'il méritoit presque seul de voir dans la sienne; mais enfin, il le termina en me disant que je ne devois me faire aucune peine d'accepter l'offre de ma sœur et de mes frères, parce que, connoissant les intentions de ma mère, dont les dispositions concertées avec lui ne devoient faire, suivant leurs vues, qu'un seul acte avec le sien, il se croiroit obligé de me dédommager sur son bien, de ce qu'un oubli involontaire m'avoit fait perdre dans la succession de ma mère, et qu'ainsi la condition des uns et des autres seroit toujours la même dans l'événement. Je fus donc obligé de céder, non sans effort et sans regret, à l'honnêteté de mes sœurs et de mes frères; la manière dont ils ont toujours vécu avec moi depuis ce temps-là, a fait voir encore mieux que les actes par lesquels leur générosité fut consommée, combien elle étoit sincère et effective. Je saisis avec joie l'occasion de leur témoigner ici ma constante sensibilité; mais il me restera toujours un secret déplaisir de n'avoir pu être à portée de faire véritablement pour eux ce qu'ils ont fait pour moi.

Mon père étoit bien sûr que Madame le Guerchois, qui étoit absente, ne manqueroit pas de suivre un exemple qu'elle auroit donné, si elle eût été en état de le faire; mais, comme M. le Guerchois n'étoit pas obligé de penser aussi noblement sur ce sujet que ses propres enfans, il crut que le parti le plus honnête et le plus convenable, étoit de lui envoyer un homme de confiance qui, en l'instruisant de la disposition où étoit le reste de la famille, pût lui faire sentir qu'on espéroit qu'il n'en troubleroit point l'union et le concert. M. de Valjouan, qui se compte toujours pour rien, quand il s'agit de rendre service à ceux qu'il aime, s'offrit à faire ce voyage, et fit par là un grand plaisir à mon père. Je n'ai rien vu de si touchant et de si chrétien, par rapport à la mort de ma mère; rien de si sage et de si raisonnable, par rapport à son testament, que la lettre et le mé-

moire que mon père donna à M. de Valjouan, pour
M. le Guerchois. Il ne se contenta pas même de
cette démarche, et, craignant les surprises de la mort,
il écrivit, dès le lendemain, un codicile, par lequel il me donnoit de plus sur son bien, tout ce
que j'aurois perdu sur celui de ma mère, s'il arrivoit que son testament imparfait ne fut pas exécuté;
il différa seulement de signer cet acte, jusqu'à ce
qu'on eût reçu des nouvelles de M. le Guerchois,
et ce fut seulement la veille de sa mort que j'appris
qu'il avoit pris une précaution aussi excessive, mais,
par là même, si touchante pour moi; elle étoit
bien superflue en effet. M. le Guerchois agit, en
cette occasion, comme s'il n'eut pas été le gendre,
mais le fils de mon père. M. de Valjouan n'eut aucune peine à lui inspirer des sentimens aussi nobles
que les siens. A l'égard de Madame le Guerchois,
ce n'étoit pas elle qu'il falloit persuader, son cœur
prévenoit les offices de l'ambassadeur. Uniquement
occupée du désir de joindre ses larmes à celles de
mon père, et du reste de la famille, elle partit de
Besançon aussitôt après l'arrivée de M. de Valjouan,
avec une procuration de M. le Guerchois, pour ac-
quiescer entièrement aux volontés de ma mère,
comme si elles eussent été révêtues de la forme qui
leur manquoit.

C'est ainsi que ce qui auroit pu devenir une source
de division dans la famille de mon père, ne servit
qu'à en augmenter l'union. Dieu ne vouloit point que
rien pût troubler la tranquillité d'une vieillesse si
vénérable; il nous le conserva encore trois ans et
quelques mois après la mort de ma mère, pour nous
faire voir que la vertu de mon père se suffisoit pleinement à elle-même, et que les privations les plus
sensibles pouvoient bien émouvoir sa grande tendresse, mais non pas ébranler sa chrétienne fermeté.

Nous le reconnûmes, en effet, par la tranquillité
avec laquelle il reprit ses fonctions ordinaires. Après
que le roi fut revenu de Fontainebleau, sa majesté,
qu'il eut l'honneur de saluer, lui renouvela les

mêmes témoignages de bonté, sur la mort de ma
mère, qu'elle m'avoit chargé de lui porter de sa
part, dans un voyage que je fus obligé de faire à
Fontainebleau : mon père parut après cela dans les
affaires, tel qu'on l'avoit toujours connu, renfermant
dans son sein sa profonde douleur, et se livrant à
son devoir avec la même présence, la même liberté
d'esprit que s'il n'eût pas perdu la consolation ordinaire, et l'adoucissement continuel de tous ses travaux.

Jamais ame, en effet, ne fut plus tranquille que
la sienne, et plus maîtresse de tous ses mouvemens.
Un accident, aussi effrayant qu'imprévu, qui arriva
dans sa maison, l'année d'après la mort de ma mère,
nous en donna une nouvelle preuve.

Nous l'avions quitté sur les onze heures du soir ;
il s'étoit couché à son ordinaire, et nous aussi : à
peine étions-nous endormis, que, sur le minuit,
nous fûmes réveillés par un grand bruit qui paroissoit venir du côté de la maison de mon père ;
nous nous levâmes promptement, pour voir ce que
c'étoit, et en ouvrant une fenêtre, qui donnoit du
côté où étoit le jardin de mon père, nous vîmes
un grand feu qui paroissoit sortir de sa maison,
immédiatement au-dessus de sa chambre. Nous cou-
rûmes chez lui, Madame la chancelière et moi, avec
une inquiétude et un tremblement qui ne se peut
exprimer, sans rencontrer aucun domestique qui pût
nous rassurer. Ce fut lui-même qui le fit ; nous le
trouvâmes, en robe de chambre, qui se promenoit
dans la salle de son appartement, et qui donnoit
ses ordres, avec autant de sang-froid que s'il n'eût
fait que dicter une lettre au malheureux secrétaire
dont l'imprudence avoit causé cet accident. C'étoit
un très-bon homme, et d'un esprit même assez cul-
tivé, mais qui avoit la tête si foible, qu'un verre de
vin suffisoit pour offusquer sa raison, soit qu'il en
eût trop pris ce jour-là, et qu'il eût mis lui-même
le feu à ses papiers, soit qu'il eût oublié, en se couchant, d'éteindre sa lumière, il porta lui-même le
premier la peine de son ivresse ou de sa négligence ;

et il fut étouffé, avant qu'on s'aperçût que le feu
étoit à sa chambre ; mais la flamme ayant gagné les
fenêtres, et s'étant fait un passage au dehors, des
gens qui étoient dans la rue vinrent en donner avis
chez mon père ; il couchoit précisément sous la chambre qui étoit en feu, et on venoit de le réveiller
brusquement, dans son premier sommeil, lorsque
nous le trouvâmes dans sa salle sans aucun air de
trouble ni d'agitation. Il n'en pensoit que plus utilement aux secours nécessaires qui vinrent chez lui de
tous côtés ; du Perrier y amena ses pompes. Tous les
officiers de police, soit du châtelet ou de la ville, y
accoururent promptement : M. d'Argenson s'y dis-
tingua surtout, soit par une fermeté et une présence
d'esprit aussi rares qu'utiles dans ces sortes d'occasions, soit par un talent singulier pour inspirer aux
autres des mouvemens vifs, réglés et efficaces. Le
zèle des autres officiers n'éclata pas moins en faveur
de mon père, dont la tranquillité ne fut pas même
altérée, lorsqu'on lui vint dire que le feu s'étoit
communiqué au garde-meuble, et à une chambre
où presque tout ce qu'il avoit de mémoires et de papiers de ses intendances étoit renfermé. On crut,
pendant quelque temps, que toute la maison seroit
brûlée, et nous commencions même à craindre pour
celle que nous habitions. Heureusement l'affection du
peuple vint au secours de mon père. Il étoit tellement aimé et révéré dans son quartier, qu'on n'étoit
embarrassé que de la multitude de ceux qui venoient
s'exposer pour son service. La nombreuse communauté des Augustins, qui s'y employa plus utilement
que tous les autres, étoit comme une troupe disci-
plinée qui agissoit avec autant de règle que d'ardeur,
sous les ordres des officiers de police. Enfin, le feu fut
éteint sur les deux heures du matin, et ce qu'il
y eut de plus singulier, dans cette triste aventure,
c'est que, dans une maison toute ouverte depuis minuit jusqu'à dix heures, et dans un jardin où on
avoit jeté, au hasard, tous les meubles qu'on put dérober à la violence du feu, il n'y eut rien de perdu

ni même d'égaré : tant il est vrai que l'affection du peuple est de toutes les gardes la plus fidelle, et que l'homme de bien trouve des ressources inespérées dans l'admiration qu'excite sa vertu.

La seule chose qui toucha mon père, dans cet événement, fut la fin tragique de son secrétaire, qu'on trouva le soir presque réduit en cendres. Il parut insensible à la perte de tout le reste, même à celle des minutes de presque toutes les lettres importantes qu'il avoit écrites dans ses intendances, et d'un grand nombre de mémoires précieux, dont je regretterai toujours que le feu nous ait enlevé le secours et le modèle.

Je craignis, comme le reste de la famille, que l'agitation et le mouvement, au moins extérieur, d'une telle nuit, n'altérât la santé d'un homme qui étoit dans sa quatre-vingtième année ; mais on ne s'en aperçut en aucune manière. Mon père travailla dès l'après-diner, à son ordinaire, dans une maison à moitié brûlée, et ses occupations continuelles n'en souffrirent aucune interruption.

Ce fut à peu près dans le temps de cet incendie, que M. le chancelier de Pontchartrain exécuta la grande résolution de renoncer à sa charge et à la cour, pour passer le reste de ses jours dans cette retraite aussi sainte qu'honorable, qu'il soutient encore si dignement. M. Voisin, choisi par le roi pour lui succéder, donna, pour la première fois, l'exemple du ministère de la justice réuni dans la même personne à celui de la guerre. Il y avoit assez peu de sympathie entre son caractère et celui de mon père, qui étoit bien éloigné de chercher à faire de nouvelles liaisons, même avec un chancelier qu'on regardoit comme le ministre favori, et qui l'étoit en effet.

La mort du feu roi, qui arriva l'année suivante, sépara encore plus mon père du tourbillon des affaires ; elles prirent une face nouvelle, au commencement de la régence de M. le duc d'Orléans. L'établissement d'un grand nombre de conseils, et la forme qu'on donna à celui du commerce, diminuèrent

beaucoup les occupations de mon père. Il conserva,
à la vérité, sa place de conseiller au conseil royal,
sous un autre titre, qui fut celui de *conseiller au conseil de la régence pour les affaires de finance*, mais
il y assistoit assez rarement, soit parce que sa santé
ne le lui permettoit pas, soit parce qu'il étoit bien
aise de donner à Dieu tout le temps qu'il ne pouvoit
presque plus employer utilement pour le bien de
l'état ; et ce fut dans une si sainte occupation qu'il
passa la dernière de ses années.

Je l'ai donc conduit insensiblement jusqu'à la fin
de sa carrière ; j'ai épuisé le récit des actions extérieures et des principaux événemens de sa vie, dont
j'ai pu avoir quelque connoissance : mais si j'en ai
achevé l'histoire, il me semble que je n'ai fait qu'é-
baucher assez légèrement la peinture de son caractère, de ses mœurs, de sa religion. Goutez donc
avec moi, mes chers enfans, le plaisir utile et consolant de nous en former une image fidelle, d'en rechercher jusqu'aux moindres traits, et de pénétrer
dans cet intérieur presque inaccessible à d'autres
yeux, où nous avons eu le bonheur de le voir encore plus grand, sans comparaison, au dedans de lui-
même, qu'il ne le paroissoit au dehors.

Les talens de l'esprit auroient suffi pour le faire
paroître supérieur aux autres hommes ; il les possédoit tous, soit par un don de la nature, soit par un
effet de son application. La fécondité et la justesse,
l'étendue et la profondeur, les grâces et la délicatesse, se faisoient admirer si également dans son
caractère, qu'on auroit pu lui dire, sans flatterie :

> ..... *Et quæ divisa beatos*
> *Efficiunt, collecta tenes.*

Arrêtons-nous un moment à chacun de ces traits,
mes chers enfans, et ne perdons rien d'un spectacle
si agréable, mais encore plus propre à nous instruire qu'à nous plaire.

La facilité de son génie étoit si grande, que l'étude

24 *

lui étoit presque inutile. On eût dit, non qu'il avoit appris toutes les sciences, mais qu'il les avoit inventées. Il lui suffisoit de méditer une matière pour s'en rendre le maître. Ses idées se développoient si naturellement qu'elles sembloient naître l'une de l'autre, sans qu'il eût besoin de chercher ailleurs ce que son propre fonds produisoit de lui-même.

Esprit aussi juste que fécond, la disposition ne lui coûtoit pas plus que l'invention. Sans jamais avoir eu le temps de faire une étude particulière de la méthode, dans ces sciences, dont le principal fruit est d'en faire prendre l'habitude et comme le pli à notre raison, il y avoit dans sa manière de penser une espèce d'analyse cachée, par laquelle il savoit donner à toutes ses idées, cette suite, cet enchaînement, ce progrès simple et naturel, qui conduit l'esprit à la vérité, comme par degrés imperceptibles, et qui fait que la seule exposition suffit quelquefois pour produire la conviction.

Une clarté qui alloit jusqu'à la plus parfaite évidence, étoit le fruit de la justesse de ses pensées; et il avoit le sentiment si vif et si délicat sur ce point, que rien n'échappoit à l'exactitude plutôt qu'à la sévérité de sa critique. Je l'ai vu souvent s'arrêter sur des expressions qui paroissoient d'abord claires et correctes, dire modestement qu'elles avoient je ne sais quoi qui lui faisoit encore de la peine, y réfléchir un instant, et en développer ensuite si sensiblement le défaut caché, qu'on étoit obligé d'avouer qu'il n'appartenoit qu'à lui de dire pleinement ce qu'il pensoit.

L'étendue de son esprit en égaloit la justesse, sans que l'une fît jamais aucun tort à l'autre. Au-dessus des sujets les plus médiocres, sans les négliger et croissant, pour ainsi dire, avec les plus vastes, sans demeurer jamais au-dessous de sa matière, la mesure de son esprit se proportionnoit toujours à celle de son objet. Il ne sortoit aucun ouvrage de sa plume, qui ne fût comme un traité parfait sur le point qu'il étoit obligé d'examiner; rien de trop ni de

trop peu ; un choix et une sage sobriété dans l'abondance même en faisoient le caractère , et comme on
ne trouvoit rien à y ajouter , on ne pouvoit en retrancher la moindre partie sans en diminuer la perfection et l'intégrité. Aussi l'application avec laquelle
il travailloit étoit-elle presque incroyable ; occupé de
chaque objet , comme s'il n'en eût point connu
d'autre , il s'étoit tellement rendu maître de son
esprit, qu'il en avoit fait un esprit de toutes les
heures et de toutes les situations où il pouvoit se
trouver. Je l'ai vu plusieurs fois dans ses voyages,
écrire tranquillement sur la première table qu'il
trouvoit dans une hôtellerie , au milieu du bruit
que ses domestiques faisoient dans sa chambre par
nécessité, et ce qu'il écrivoit alors avoit le même
tour, la même exactitude, la même élégance que
s'il y eût travaillé avec toutes ses commodités dans
un lieu éloigné de tous les sujets de distraction.
Renfermé dans le secret de son ame, il s'en faisoit
comme une retraite paisible, où rien ne pouvoit
interrompre son attention. Un autre auroit pu s'ap-
plaudir de ce talent, mais il s'en humilioit, au lieu
de s'en glorifier ; il se reprochoit de travailler avec
trop de contention, et il m'avertissoit souvent de
ne pas suivre un exemple qu'il ne m'appartenoit
pas d'imiter.

Il falloit l'avoir vu , pour comprendre jusqu'où
alloit la pénétration et la profondeur d'un esprit si
étendu et si appliqué ; c'étoit une chose surprenante
de lui voir dresser un édit, une déclaration , un
arrêt important : aucun cas , aucune exception,
aucune difficulté ne se déroboient à ses lumières ; et
il portoit si loin la prévoyance , qu'il méritoit vraiment d'être appelé la raison du législateur et l'esprit
même de la loi. Cette sagacité lui étoit si naturelle,
qu'elle le suivoit jusque dans les actes les plus ordinaires de la société civile. Des notaires consommés
dans leur art paroissoient des novices auprès de lui :
il apercevoit des défauts dans leur style dont ils
étoient obligés de convenir ; il prenoit la plume

pour les corriger, et l'on eût dit que la lumière en
sortoit. Je l'ai vu se donner cette peine, non-seulement pour les actes qui le regardoient, mais pour
ceux de ses amis, et il y a bien des familles qui lui
devront un jour leur repos et leur sûreté, par l'application scrupuleuse avec laquelle il réformoit ou
éclaircissoit les clauses d'un contrat de mariage,
d'un testament, d'une substitution, ou d'un autre
acte important, sur lequel on venoit le consulter.

Je ne vous dissimulerai pas même, mes chers
enfans, qu'il m'est arrivé plus d'une fois dans ma
jeunesse, de murmurer d'abord en secret contre sa
trop grande exactitude. Je lui apportois des projets
qu'il m'avoit chargé de dresser, pour mon instruction,
plutôt que pour son soulagement. Il me disoit d'abord
avec sa bonté ordinaire, qu'il en étoit assez content;
mais lorsqu'il les repassoit en détail, la pénétration
et la solidité de son jugement l'arrêtoient tout d'un
coup sur les endroits mêmes qui ne m'avoient paru
susceptibles d'aucune difficulté. Il les décharnoit, si
j'ose le dire, de telle manière, et il en faisoit une
anatomie si exacte, que j'étois surpris et presque
affligé de voir qu'il ne me restoit plus rien de mon
travail : mais, après avoir entendu ses raisons, je ne
pouvois plus qu'admirer la profondeur de son génie,
et me plaindre de la trop courte mesure du mien,
qui n'avoit pu découvrir le premier ce qui me paroissoit si facile à trouver, lorsque mon père me
l'avoit montré.

J'ai connu des esprits vifs et ardens qui regardoient cette attention surprenante de mon père,
comme une espèce de défaut; ils l'accusoient de
pécher par le désir même de la perfection, et de
tomber par là dans une lenteur qui faisoit trop
attendre les fruits de ses travaux. D'autres attribuoient
cette lenteur apparente à la perplexité d'un esprit
indécis, qui, par un excès de lumières ou de scrupule, hésitoit long-temps avant que de se déterminer, et rendoit sa marche trop longue, pour
vouloir la rendre trop assurée. Ainsi parloient quel-

quefois des ministres d'un génie plus prompt que solide, qui ne trouvoient pas que mon père les servît toujours au gré de leur impatience.

À la vérité, il ne se livroit pas volontiers à cette vivacité vraiment française, qui avoit fait de si grands progrès en son absence; et au lieu que ces nouveaux ministres mesuroient souvent le mérite de l'ouvrage par la diligence de l'ouvrier, il étoit encore dans la vieille erreur, si c'en est une, qu'on travaille toujours assez vîte, lorsque l'on travaille assez bien. Il aimoit à passer par le doute, pour arriver plus sûrement à la décision; mais ce n'étoit pas un doute oisif qui vient de l'embarras ou de l'obscurité de son esprit; c'étoit au contraire, un doute agissant, un doute d'examen, de recherches, de méditations, qui le conduisoit à une plénitude de lumières, et à une sûreté presque infaillible de jugement. Si elle étoit quelquefois différée, on y gagnoit même du côté du temps. Les projets des autres paroissoient finis plutôt que les siens; mais ils ne l'étoient pas, il falloit y revenir plusieurs fois, y changer, y suppléer, en retrancher, et, souvent par des difficultés qu'ils n'avoient pas prévues, recommencer l'ouvrage dans le temps qu'on le croyoit fini. Ceux de mon père lui coûtoient plus de peine, mais ils n'en coûtoient qu'à lui : ils étoient si bien digérés et si solidement construits, qu'on eût dit qu'il travailloit pour l'éternité, et lorsque l'on comparoit le temps qu'il falloit perdre à redresser les vues des autres, avec celui que mon père employoit utilement à porter d'abord les siennes à la perfection, on trouvoit que sa lenteur avoit été beaucoup plus diligente que leur promptitude, et l'on étoit forcé de reconnoître avec lui, que le seul moyen de finir promptement un ouvrage est de le bien finir.

Qui n'auroit cru qu'un esprit d'une application si laborieuse devoit produire plus d'épines que de fleurs, et contracter, au milieu des affaires qu'il manioit continuellement, une espèce de sécheresse dans le style et une triste austérité? c'étoit cependant tout le contraire : à cette attention sévère, même rigide sur le fond des choses, succédoient des grâces simples et naturelles, qui étoient comme le coloris qu'il savoit ajouter sans effort, à l'exactitude et à la précision du dessin. On pouvoit dire de lui comme de Periclès, que la déesse de la persuasion étoit assise sur ses lèvres. Aussi l'a-t-on dit plusieurs fois en Languedoc, lorsqu'on écoutoit ses harangues qui lui coûtoient si peu, et qui étoient presque autant de chefs-d'œuvre.

Je voudrois, en ce moment, avoir au moins une partie de son éloquence pour vous en exprimer dignement le caractère. Il n'y en eut jamais où l'art se fît moins sentir. Tout ce qui avoit un air de déclamation lui étoit naturellement insupportable. La délicatesse de son goût ne s'accommodoit pas même du style que nos plus grands orateurs modernes ont introduit dans l'éloquence sacrée et profane ; de ces pensées, où l'on cherche plutôt le merveilleux que le vrai ; de ces surprises que l'on prépare à l'auditeur par des traits plus éblouissans que solides ; de ces antithèses perpétuelles, et de cette cadence trop marquée, qui plaît d'abord par sa justesse, et qui ennuie bientôt par son uniformité. Il n'y trouvoit point ce naturel riche, cette heureuse abondance, cette noble liberté d'un génie supérieur, qui, loin de marcher toujours à pas mesurés, court rapidement à son but, et entraîne d'autant plus sûrement les suffrages qu'elle ne paroît point occupée à les briguer. Ainsi jugeoit-il des ouvrages d'autrui, et c'est dans cet esprit qu'il composoit les siens. Ses discours n'étoient point un amas de faux brillans, et, comme ceux qui se font dans le goût présent, un tissu d'épigrammes en prose. Son éloquence étoit aussi simple que sa vie ; aucun ornement ambitieux, aucune expression affectée, aucun tour recherché avec art n'en altéroient la pureté. Il plaisoit sans effort, sans paroître même avoir pour but de plaire ; il ne vouloit régner, et ne régnoit en effet, que par les seuls charmes de la raison. Si votre frère aîné, qui vient d'en montrer l'empire avec tant de succès, avoit entendu les discours de mon père, il auroit été encore plus persuadé, que la raison est vraiment l'ame de l'éloquence. Elle animoit en effet toutes ses paroles; et si son cœur y joignoit quelquefois des mouvemens aussi naturels que les pensées de son esprit, il ne les excitoit dans les autres que parce qu'il les sentoit encore plus vivement au dedans de lui-même; il se peignoit, sans y penser, dans tous ses discours. On y voyoit le caractère d'un homme de bien, qui suivoit librement l'impression, et, si j'ose le dire, l'inspiration de sa vertu. Il suffisoit de l'entendre parler, pour être convaincu que ce caractère est essentiel au parfait orateur, et je lui appliquerois volontiers ces vers dont Quintilien se sert pour faire sentir combien une vertu reconnue ajoute de poids à l'éloquence :

> *Tum pietate gravem ac meritis, si forte virum quem*
> *Compexere, silent; arrectisque auribus adstant :*
> *Ille regit dictis animos, et pectora mulcet.*

Mon père ne se contentoit pas, en effet, de gouverner les esprits par l'opinion même qu'on avoit de sa vertu; il savoit les adoucir, les gagner par une douceur secrète, par une insinuation pénétrante, par une espèce d'enchantement attaché à ses paroles, et jusqu'au son de sa voix. La nature avoit encore ajouté ce présent à tous ceux qu'elle lui avoit faits. Sa voix, sans être forte, avoit je ne sais quoi de touchant et d'harmonieux, qui frappoit agréablement les oreilles les plus délicates. Je ne crois pas qu'il se fût jamais exercé dans l'art de la prononciation; mais il avoit l'oreille si juste, qu'il savoit lui-même conduire, ménager, diversifier sa voix et faire sentir, sans aucune affectation, à ses auditeurs, toute la force et toutes les grâces qui éclatoient dans ses discours. On y admiroit surtout l'usage qu'il savoit faire des belles-lettres, quelquefois par des applications aussi justes qu'ingénieuses, et toujours par un goût général qui dominoit dans toute la suite de ses discours, et qui sembloit y faire revivre les grâces attiques et l'urbanité romaine.

Voulez-vous, mes chers enfans, en concevoir encore une plus haute idée, lisez et relisez ses harangues précieuses, qu'il a prononcées aux états de Languedoc, et vous me reprocherez peut-être de n'en avoir pas dit assez, surtout quand vous lirez celle où il applique à la liberté des états l'idée et les règles de la liberté humaine, ou celle qu'il fit après les troubles du Vivarais, et qui, comme je vous l'ai déja dit, fut l'ouvrage d'une seule matinée. Je vous renvoie ici à ces deux discours; parce qu'il me semble s'y être élevé au-dessus de lui-même; mais ils sont tous d'une perfection d'autant plus inimitable, qu'elle paroît plus naturelle.

Ce n'étoit pas seulement en public qu'il avoit cette éloquence vraie, simple, naïve et aussi délicieuse que raisonnable. Il portoit ce caractère dans ses mémoires, dans ses lettres mêmes. Tous les genres du style épistolaire lui étoient également familiers, et il y savoit parler toute sorte de langage. Celui du sens et de la raison dominoit dans les lettres sérieuses, où il discutoit si exactement et si méthodiquement les affaires qui en étoient l'objet, qu'il n'y laissoit rien ni à suppléer; ni à expliquer. La morale ou la religion ne parloit pas moins solidement ni moins agréablement dans celles qu'il écrivoit à ses enfans pour les instruire, ou à ses amis, pour leur donner le conseil ou la consolation dont ils avoient besoin. Falloit-il prendre un style plus léger et plus fleuri, il y réussissoit avec la même facilité. Le sel le plus fin et le plus délicat venoit s'offrir à son esprit, et l'on voyoit quelquefois cet homme si grave et si vertueux ne pas dédaigner d'écrire à ses petits-enfans, qui savoient à peine signer leur nom, des lettres d'un badinage si gracieux et si aimable, que Voiture même auroit pu le lui envier. Mais de quelque manière qu'il voulût diversifier son style, on le reconnoissoit toujours par une douceur, ou même, si je l'ose dire, par une onction qui lui étoit propre, et qui alloit jusqu'au cœur, pendant qu'il charmoit l'esprit par son agrément, mais surtout par une bienséance si naturelle et si parfaite, qu'il sembloit prendre le caractère de tous ceux à qui il écrivoit, sans perdre jamais le sien, pour les rendre tous aussi raisonnables que lui.

Je m'arrête peut-être trop long-temps à vous peindre l'homme d'esprit dans mon père. C'étoit en effet la moindre partie de son caractère; et je dois m'attacher encore plus, mes chers enfans, à vous représenter en lui le sage et le chrétien.

Exempt de toute passion, on ne savoit pas même s'il en avoit jamais eu à combattre : tant la vertu régnoit doucement et tranquillement dans son ame.

Je ne crois pas que l'amour du plaisir lui ait jamais fait perdre un seul moment de sa vie. Il sembloit même qu'il n'eût pas besoin de délassement pour réparer les forces de son esprit, ou s'il s'en permettoit quelquefois, la lecture d'un historien ou d'un livre de belles-lettres, la conversation d'un ami, ou celle de ma mère, lui suffisoient pour renouveler son attention, encore ces délassemens étoient-ils si rares, qu'on eût dit qu'il se les reprochoit.

L'ambition ne troubloit pas plus la tranquillité de son cœur. Il n'en avoit jamais senti pour lui-même, et dans l'établissement de ses enfans, il n'avoit eu en vue que de les mettre à portée de servir le public et d'éviter le danger d'une vie douce et oisive, qu'il regardoit comme l'état d'une tentation continuelle et universelle.

Comment la soif des richesses auroit-elle pu s'allumer dans une ame si généreuse, qu'elle auroit cru s'avilir en demandant les récompenses les plus justement méritées, dans le temps même où la cour sembloit en être devenue plus prodigue ? Vingt ans passés laborieusement dans les plus grandes intendances, trente et une années de service au conseil dans les emplois les plus pénibles et les plus utiles

à l'état, ne lui ont pas fait naître la pensée de
rien demander; et je dois dire à sa gloire, ou peut-
être encore plus à la honte des ministres, qu'on ne
lui a jamais rien donné. Il est mort à quatre-vingt-un
ans, sans avoir reçu aucune pension, aucune gra-
tification extraordinaire; et l'on pourroit mettre sur
son épitaphe, ce que je crois avoir lu dans celle de
M. de Harlay Sancy : *nullâ laborum mercede, aut
petitâ aut acceptâ.* Ses appointemens mêmes, malgré
la part qu'il avoit à l'administration des finances,
et les occasions continuelles de travailler avec le
contrôleur-général, étoient presque toujours les derniers payés. Je me souviens à cette occasion, que
M. Desmarets me dit un jour, comme je me pro-
menois avec lui dans son jardin : « il faut avouer
» que M. votre père est un homme bien extraor-
» dinaire. J'ai appris par hasard, qu'il n'est pas
» payé de ses appointemens, quoiqu'il en ait besoin;
» pourquoi ne me le dit-il pas à moi qu'il voit tous
» les jours? Il sait bien qu'il n'y a personne à qui
» je fusse plus aise de faire plaisir ». Je lui répondis
en riant, que ses appointemens pourroient bien
n'être pas sitôt payés, s'il attendoit que mon père
lui en parlât, et qu'il savoit bien que c'étoit l'homme
du monde à qui le mot de *demander* coûtoit le plus
à prononcer. « Il est vrai, me dit M. Desmarets, qu'il
» est d'une réserve, et même d'une timidité sur ses
» intérêts, qui est trop parfaite pour le temps présent;
» et le malheur de mon état est de se voir si souvent
» importuné par des gens qui demandent ce qui ne
» leur appartient pas, qu'à la fin on ne sauroit croire
» qu'il puisse y avoir un homme qui ne demande
» pas même ce qui lui est dû le plus justement.
» Mais, puisqu'il y en a au moins un dans le monde,
» il s'apercevra bientôt que je pense plus à lui,
» que lui-même ». Il y pensa en effet, et mon père
sentit son attention comme s'il en avoit reçu une
grâce.

Quels défauts pouvoit avoir un homme si insensible au plaisir, à l'ambition, à l'intérêt même

le plus légitime? Toutes les foiblesses humaines sont
presque des suites de ces trois grandes passions;
et il seroit inutile d'en faire ici le triste dénombrement, pour vous dire seulement, mes chers enfans, que votre aïeul n'en avoit aucunes. Despréaux
le peignoit donc d'après nature, lorsqu'il disoit de
lui, avec le chagrin d'un poète satyrique : *c'est
un homme qui désespère l'humanité : il me paroît
si estimable qu'il en est haïssable. Et comment
pourrois-je aimer un mortel sans défauts, et sur
qui la satyre ne peut trouver aucune prise?*

Mais, après tout, quoique l'écriture loue celui qui
a pu faire le mal, et qui ne l'a pas fait; l'exemption
de défauts n'est encore que le premier degré de la
vertu, et je parle ici d'un père qui l'a portée jusqu'au dernier.

Il ne connoissoit pas seulement la justice par la
pénétration de son esprit, il la sentoit, pour ainsi
dire, comme par l'instinct et le mouvement naturel
de son cœur au-dessus des préjugés ou des préventions. S'il en avoit quelqu'une, ce n'étoit que contre
lui-même; plein de défiance pour ses propres lumières, il craignoit surtout l'illusion des premières
pensées, et le danger des jugemens précipités. Chaque affaire étoit pesée au poids du sanctuaire, comme
s'il n'en eut eu qu'une seule à juger. Sagement prodigue de son temps pour entendre les plaideurs,
pour travailler avec leur conseil, pour lire exactement leurs mémoires, sans avoir jamais l'esprit en
repos jusqu'à ce qu'il fût entièrement fixé par l'éclat
de la vérité; c'étoit la seule agitation qu'il éprouvoit
en qualité de juge. Les passions qui troublent les
autres magistrats n'osoient aller jusqu'à lui. Également éloigné et de cette foiblesse qui tremble devant
la faveur, et de cette force trompeuse qui, la prenant
pour un caractère certain de l'injustice, se fait un
vain mérite d'y résister : le désir d'un faux honneur
n'avoit pas plus de pouvoir sur lui que la crainte
d'une fausse infamie. Uniquement attentif à considérer les choses en elles-mêmes, il oublioit entiè-

rement les noms et les personnes ; ou si son cœur
étoit quelquefois ému dans les fonctions de la justice,
c'étoit lorsque le bon droit lui paroissoit en péril ; ou
qu'il s'affligeoit de l'avoir vu succomber. L'entêtement
pour ses opinions, ou l'envie de dominer sur celles
des autres, n'y avoit aucune part : le pur zèle de la
justice, un amour sincère de la vérité lui inspiroient
alors des réflexions profondes, qu'il ne pouvoit contenir au dedans de lui-même, sur le danger de donner
trop à l'esprit et à ce qu'on appelle le sens commun
que chacun croit avoir et qui est si rare en effet, sur
la nécessité de s'instruire à fond des principes du
droit, et de former sa raison en méditant à loisir
sur celles des hommes les plus raisonnables. Le conseil, et surtout les jeunes M. D. R. ne fournissoient
que trop de matières à de si utiles instructions.

Que ne puis-je vous les rendre comme je les ai
reçues ! Mais il y a suppléé par ses prières, et j'ai la
consolation de voir, que ceux de mes enfans qui se
sont consacrés à la magistrature travaillent comme
s'ils avoient eu le bonheur de les entendre.

Sa justice, respectable au-dedans, avoit au-dehors
l'extérieur le plus aimable : sa douceur, son affabilité
et sa patience étoient la consolation des plaideurs ;
ils croyoient voir en lui une espèce de divinité bienfaisante qui se plaisoit à essuyer les larmes des malheureux, qui ne cherchoit qu'à adoucir leurs peines,
à guérir leurs maux, et qui les soulageoit, dès le
premier abord, par la bonté même avec laquelle
elle les écoutoit. A toute heure, à tous momens sa
porte s'ouvroit à tous ceux qui avoient besoin de
son secours. Le riche n'avoit pas plus de droit sur
son temps que le pauvre ; et si mon père avoit quelque distinction à faire, le dernier auroit eu la préférence dans la promptitude de l'expédition.

Toujours juste à l'égard des autres, il ne cessoit
quelquefois de l'être que pour lui. Prêt à se condamner sur ses propres intérêts, la délicatesse de
sa conscience le faisoit alors douter contre la certitude même ; et il étoit ingénieux à trouver des pré-

textes, pour rendre la condition de ceux avec qui il traitoit plus avantageuse, que souvent ils n'auroient osé le demander.

A une justice si pure se joignoit la prudence la plus consommée: nul esprit n'étoit plus pénétrant pour prévoir de loin tous les inconvéniens, plus attentif à les prévenir, plus fécond en ressources pour les réparer. Il n'y avoit guère de mal dont il n'aperçut bientôt le remède : les expédiens les plus convénables sembloient se présenter à lui, sans qu'il eût presque la peine de les chercher ; et le nœud le plus embarrassé trouvoit aisément entre ses mains un dénoûment aussi simple qu'imprévu.

Quoiqu'il fréquentât peu ce qu'on appelle le monde, il n'en connoissoit pas moins les différens caractères ; ce qui est encore une grande partie de la prudence. Sa bonté ne nuisoit point à la justesse de son discernement. Il s'abstenoit volontiers de juger des autres, lorsqu'il n'étoit pas question d'agir ; et, toujours en garde contre les jugemens téméraires, il évitoit même les jugemens superflus; mais lorsqu'ils devenoient nécessaires pour se bien conduire dans une action importante, on s'apercevoit qu'aucun défaut, aucune foiblesse, aucune singularité de ceux avec qui il traitoit, ne lui avoit échappé. Trop éclairé pour estimer beaucoup de gens, trop sage et trop humain pour laisser éclater aucun signe de mépris, personne n'a mieux connu les hommes, et personne n'en a moins parlé.

Une discrétion si parfaite rendoit inutile auprès de lui cette industrie si commune dans les provinces, et surtout en Languedoc, pour pénétrer dans l'ame d'un intendant, et pour découvrir les secrets de son cœur. Sa candeur naturelle lui donnoit pour amis tous ceux qui l'approchoient, sans que ses paroles lui aient jamais fait un seul ennemi; sincère dans tout ce qu'il pouvoit dire, mais impénétrable dans ce qu'il falloit taire nécessairement.

Ne croyez pas, mes chers enfans, que sa prudence et sa discrétion fussent en lui, comme elles le sont

souvent dans les autres, des vertus foibles et pusil-
lanimes. On ne comprenoit pas comment une ame
si douce pouvoit être en même temps si intrépide.
Sous un extérieur modeste et qui paroissoit timide
par sa modestie même, il cachoit la plus véritable
fermeté. Je n'ai reconnu dans ses voyages, ni dans
le reste de sa vie, aucune espèce de dangers qui
fissent la moindre impression sur lui, lorsqu'ils
étoient inévitables. Mais, comme il y a deux sortes
de courages, l'un de cœur, l'autre de l'esprit, on
peut distinguer aussi deux genres de craintes, l'une
qui affecte le sentiment par l'émotion de la machine,
l'autre qui agite la raison même par un effet de sa
prévoyance et de ses réflexions. Mon père ne connoissoit point l'une, et s'il éprouvoit quelquefois
l'autre, à laquelle les hommes les plus sages sont
ordinairement les plus exposés, elle n'inspiroit à son
esprit que des mouvemens utiles qui, en lui faisant
prévoir le mal, lui en découvroient presque en même-
temps le remède.

De ce mélange de justice, de prudence et de courage naissoit en lui cette égalité d'une ame parfaite,
qui se possédoit toujours en paix, et qui ne connoissoit pas plus les variations de l'humeur que le dérangement des passions. La partie sensible de son
ame ne servoit qu'à lui inspirer une affection tendre
pour ses devoirs, comme la beauté de son imagination ne travailloit jamais que pour la vérité, pour
la justice, pour la raison; des incommodités fréquentes, une insomnie habituelle, une agitation souvent douloureuse dans son sang, ne pouvoient
déconcerter l'heureuse harmonie des mouvemens de
son cœur. Jamais corps ne fut plus agité que le
sien, et jamais ame ne fut plus tranquille. On le
retrouvoit tel qu'on l'avoit laissé, toujours égal,
toujours semblable à lui-même, toujours maître de
son cœur et de son esprit.

De là ce fond de modération qui le tenoit dans
un si juste milieu, que jamais on ne le voyoit ni
s'élever par orgueil, ni se dégrader par foiblesse,

ni se laisser emporter par une joie immodérée, ni s'abandonner à une tristesse excessive. La règle et le devoir, toujours présens à son esprit, le contenoient sans peine dans les bornes de la plus exacte sagesse; et, pour définir son véritable caractère, il auroit suffi de dire que c'étoit une raison vivante, qui animoit un corps docile à ses leçons, et accoutumé de bonne heure à porter sans effort le joug de la vertu.

De là cette complaisance judicieuse et cette docilité éclairée qui charmoient tous ceux que ses emplois et ses différentes occupations associoient à ses travaux. On eût dit qu'il s'instruisoit lui-même, dans le temps que c'étoit lui qui les instruisoit; toujours supérieur sans faire jamais sentir sa supériorité et paroissant même l'ignorer, son premier mouvement le portoit à croire que les autres avoient plus d'esprit que lui. Comme il ne cherchoit que le vrai, il l'auroit reçu avec joie de la bouche d'un enfant même; et on le voyoit quitter un bon avis pour en prendre un meilleur, avec une simplicité dont ceux qui travailloient avec lui étoient encore plus étonnés que de l'étendue de ses lumières.

De ce même fond de modération et de sagesse venoit cette tempérance et cette frugalité, cette vie sobre et réglée qui auroient pu servir de modèle, non pas seulement à des philosophes, mais aux religieux les plus parfaits. La simplicité et l'égalité de son ame se faisoient sentir jusque dans celle de son goût et de son appétit; les alimens les plus communs étoient les seuls qu'il connût, toujours les mêmes et toujours dans la même quantité, en sorte que je ne crois pas qu'il ait jamais plus mangé un jour de sa vie que l'autre. Il mêloit si peu de vin avec son eau, qu'il ne pouvoit presque s'en apercevoir que par les yeux; les tables les plus délicates ne dérangeoient point l'uniformité de ses repas; il craignoit même de s'y trouver, non par la peine de résister à une tentation dont il n'étoit pas susceptible, mais par la perte du temps qui en est inséparable, et parce que l'attention

que l'on y donne souvent à la bonne chère lui étoit
à charge. Toujours dur à lui-même, et ignorant
presque tout ce qu'on appelle les commodités de la
vie, il disoit qu'il n'avoit aucun mérite à s'en passer,
parce que ne les ayant jamais ni désirées, ni éprou-
vées, il n'en sentoit point la privation.

Faut-il s'étonner après cela, qu'un homme si solidement vertueux ait soutenu, avec la même perfection,
les différens caractères d'où naissent tous les devoirs
de la société, et qu'il ait été non-seulement le plus
digne magistrat, mais le citoyen, le mari, le père, le
maître, l'ami le plus parfait et en même temps le plus
aimable.

Dans un corps foible et délicat, il portoit une ame
robuste et digne d'un véritable romain, aimant sa
patrie avec cette affection qui, selon Cicéron, renferme tous les autres amours. Dévoré continuellement
par le zèle du bien public, ce n'est point une exagé-
ration de dire qu'il en étoit aussi occupé la nuit que
le jour. Comme il dormoit fort peu, l'objet ordinaire de ses soins ne lui échappoit pas, même dans
le temps le plus destiné au repos; vivement sensible
aux biens et aux maux de l'état, plus affligé des
malheurs publics que de ses pertes domestiques, il
étoit encore plus citoyen que mari et que père : mais
ennemi de toute ostentation dans les services qu'il
rendoit à l'état, il cherchoit la satisfaction plutôt
que la gloire de l'avoir servi; et il n'étoit jamais
plus content que lorsqu'il pouvoit goûter le plaisir,
si peu connu de ceux mêmes qui passent pour bons
citoyens, d'être l'auteur inconnu de la félicité publique.

C'est peut-être la moindre partie de son éloge
d'avoir été aussi bon mari que bon citoyen, il étoit
né pour rendre heureux toute femme qu'il auroit
épousée. Il étoit né même pour la rendre parfaite;
et qui auroit pu ne pas devenir raisonnable en passant
sa vie avec la raison même, mais le ciel ne lui avoit
rien laissé à faire, ni même à désirer sur ce sujet.
Il en avoit reçu une femme si accomplie, qu'on

pouvoit dire que lui seul étoit digne d'elle, comme elle seule étoit digne de lui. Ils s'estimoient et s'aimoient réciproquement par la même estime et le même amour qu'ils avoient pour la vertu. Que si le caractère d'esprit de ma mère, supérieur à celui de beaucoup d'hommes, si la juste confiance de mon père, si même sa douceur et sa bonté naturelle ont donné lieu, à ceux dont une vertu trop parfaite blesse les yeux, de dire de lui, que le seul défaut d'un homme qui n'en avoit point étoit de se laisser gouverner par sa femme ; cette espèce de foiblesse, qu'on vouloit lui reprocher, auroit pu faire honneur à ma mère, et mon père n'auroit pas dû en rougir, puisqu'on n'a jamais pu montrer une seule action de sa vie qu'il n'eût pas dû faire, et qu'il n'eût faite que par déférence pour les sentimens de ma mère. Aussi ne faisoit-il que rire de ces sortes de discours ; et que pouvoit-il faire de mieux ? Auroit-il fallu, pour se justifier, qu'il se fût brouillé avec la raison qui seule les gouvernoit tous deux également ?

Ici, mes chers enfans, je suis obligé de rouvrir entièrement une plaie qui sera toujours mal fermée, pour vous faire en lui le portrait du meilleur père qui fût jamais. Quel père en effet ! Quel fond de tendresse, d'attention, de vigilance, de sollicitude pour ses enfans ! je ne crains point de dire, avec un cœur pénétré de reconnoissance, qu'il nous aimoit, sans comparaison, plus que lui-même, mais son amitié n'étoit point une affection aveugle, ou ambitieuse, souvent plus nuisible à des enfans, que l'indifférence ou l'aversion même de leur père. La raison conduisoit sa bonté paternelle, comme le reste de ses sentimens. Désirant la perfection de ses enfans beaucoup plus que leur fortune, à peine leur esprit commençoit-il à se développer, qu'il commençoit aussi à jeter dans leur ame encore tendre les premières semences de la vertu, non de cette vertu qui ne fait tout au plus que l'honnête homme, mais de celle qui forme le chrétien par les grandes idées de la religion, sans laquelle mon père nous disoit souvent, qu'il ne peut

25 *

y avoir de vertu sincère, solide et durable; une précaution infinie pour éloigner de nous toute apparence de vice ou d'irréligion; des lectures proportionnées à la mesure de notre raison; des instructions courtes, mais pleines de sens et d'onction; des exemples, encore plus utiles que les paroles, étoient les moyens qu'il employoit continuellement, pour nous inspirer la piété et l'amour du devoir. Il suffisoit presque de le regarder, pour sentir naître en soi ces sentimens, et pour éprouver cette espèce de passion, dont Platon a dit, que la présence de la vertu seroit suivie, si elle se rendoit visible à nos yeux sous une forme corporelle.

Heureux de pouvoir croître à l'ombre d'un père si parfait; nous trouvions en lui le plus excellent maître de la science comme de la vertu. Il savoit rendre l'une aussi aimable que l'autre; et la méthode qu'il possédoit au souverain degré, en aplanissoit les principales difficultés.

Il forma pour mon éducation un plan d'étude si naturel, si simple et en même temps si utile, que plusieurs de ses amis l'ont emprunté de lui, pour élever leurs enfans de la même manière; mais peu content de m'avoir ainsi tracé le chemin, il se déroboit souvent à ses plus importantes occupations, pour juger par lui-même de la fidélité avec laquelle je le suivois. C'étoit alors que par la justesse de son discernement, par la délicatesse de son goût, et encore plus par la vivacité de son sentiment pour le vrai, pour le juste, pour tout ce qui peut former le cœur autant que l'esprit, il m'inspiroit une louable ardeur de suivre, au moins de loin, un père qui vouloit bien marcher avec moi et redevenir enfant avec son fils, non pour ramasser des coquilles sur le bord de la mer, comme Scipion et Lélius, mais pour m'apprendre à devenir un homme savant et raisonnable.

Le temps de ses fréquens voyages étoit le plus favorable pour nous. Il nous menoit presque toujours avec lui, et son carrosse devenoit une espèce de classe, où

nous avions le bonheur de travailler sous les yeux d'un
si grand maître. On y observoit une règle presque aussi
uniforme que si nous eussions été dans le lieu de son
séjour ordinaire.

Après la prière des voyageurs, par laquelle ma mère
commençoit toujours sa marche, nous expliquions les
auteurs grecs et latins, qui étoient l'objet actuel de
notre étude. Mon père se plaisoit à nous faire bien
pénétrer le sens des passages les plus difficiles; et ses
réflexions nous étoient plus utiles que cette lecture
même. Nous apprenions par cœur un certain nombre
de vers qui excitoient en lui, lorsque nous les récitions,
cette espèce d'enthousiasme qu'il avoit naturellement
pour la poésie : souvent même il nous obligeoit à traduire du français en latin, pour suppléer aux thèmes
que le voyage ne nous permettoit pas de faire. Une
lecture commune de quelque livre d'histoire ou de
morale succédoit à ces exercices, ou bien chacun suivoit son goût dans une lecture particulière : car une
des choses qu'il nous inspiroit le plus, sans l'exiger
absolument, étoit que nous eussions quelque livre de
choix pour le lire après nos études ordinaires, afin de
nous accoutumer par là à nous passer du secours d'un
maître, et à contracter, non-seulement l'habitude,
mais l'amour du travail.

La raison, qui dirige également la vertu et la science,
étoit si puissante chez lui, qu'elle lui suffisoit pour
régner, sans peine, sur ses enfans. Il n'avoit pas même
besoin d'y joindre le secours des peines ou des récompenses; un visage plus sérieux qu'à l'ordinaire, un
regard un peu plus sévère, nous paroissoit un véritable châtiment; un air de satisfaction, une parole de
louange, le moindre signe d'approbation, nous tenoit
lieu de la plus grande récompense. Aussi nous faisoit-
il sentir, dès la première jeunesse, qu'une raison
toujours égale, une vertu qui ne se dément jamais,
exerce une autorité qui se suffit pleinement à elle-
même, parce qu'on lui obéit par amour, par admiration, et que c'est presque toujours la faute de ceux qui

gouvernent, s'ils ont besoin de multiplier les châtimens et les récompenses.

L'attention de mon père suivoit le progrès de notre
âge, nous la voyions croître avec nous. Les études
d'un ordre supérieur trouvoient en lui une supériorité
proportionnée. Sans avoir toutes les lumières d'un
philosophe de profession, il connoissoit mieux que
personne le véritable usage de la philosophie. J'eus
d'abord de la peine à lui pardonner l'ennui que me
causa l'étude de la mienne; mais je compris ensuite
qu'il avoit raison de croire que rien n'est plus utile
pour étendre notre esprit, que d'étudier les différentes manières de penser dont les hommes sont capables,
et que le contraste d'une mauvaise méthode, nous
affermit encore plus dans le goût et dans l'usage de la
bonne. Mais sa principale attention dans la philosophie
étoit de nous faire observer exactement les justes limites de la raison humaine, jusqu'où elle peut aller
sans témérité, en quel endroit elle est obligée de s'arrêter et de se remettre entre les mains de la religion,
qui seule peut la conduire à son véritable objet, et qui
commence précisément où la raison finit.

C'étoit avec ces précautions qu'il me permettoit de
me livrer à l'étude de la philosophie; et j'y trouvois
tant de charmes, que j'eus de la peine ensuite à goûter
l'étude du droit romain. Mon père sut m'y ramener
doucement et avec plaisir, en m'élevant au-dessus du
droit positif, pour chercher dans les lois ces premiers
principes, tirés de la nature de l'homme et du bien
général de la société, qui rendent la science du droit
aussi noble qu'utile. J'ai encore un écrit qu'il se donna la peine de faire pour m'initier dans la lecture du
digeste, où il me découvroit le véritable esprit dans
lequel elle doit être faite, soit pour démêler dans le
cahos des lois la pure lumière de la justice naturelle,
soit pour bien sentir, d'un côté, la nécessité et l'utilité,
de l'autre, les défauts et les inconvéniens du droit positif, dont il tiroit ensuite des conséquences importantes, non-seulement pour un magistrat, mais pour
tout homme raisonnable, remontant comme par degrés,

jusqu'à la justice suprême et immuable, considérée dans sa source et dans le sein de Dieu même, qui seule peut nous consoler de l'imperfection des lois humaines par l'attente de cette lumière dont nous serons pénétrés, lorsque, suivant ces paroles de saint Pierre, par lesquelles mon père finissoit son ouvrage; *novos cælos, novam terram expectamus, in quibus justitia habitat.* C'est ainsi que, toujours attentif à nous faire prendre le véritable esprit de chaque genre de science, il ne pensoit qu'à perfectionner l'ouvrage de notre éducation, sans aucune ardeur de le finir; ou plutôt il savoit le hâter lentement par une culture continuelle, persuadé que l'esprit humain, comme les autres productions de la nature, a besoin d'un long travail, et même de l'opération secrète du temps, pour parvenir à une heureuse maturité. Aussi condamnoit-il souvent cette ambition mal entendue, qui porte la plupart des pères à vouloir prévenir l'âge marqué par les lois, pour procurer à leurs enfans des dignités prématurées, qui leur ôtent presque toujours l'envie, et souvent même le loisir de travailler à les mériter. C'étoit, selon lui, une des plus grandes causes de cette décadence sensible de la science et de la vertu, qu'il déploroit dans les états, mais surtout dans celui de la magistrature; et ce fut par cette raison, qu'après que j'eus achevé l'étude de la philosophie, il me fit employer une année entière à me fortifier dans l'étude des belles-lettres, par la lecture, par la traduction, et souvent par une imitation libre des plus grands originaux, exercice qu'il croyoit plus propre qu'aucun autre, à former le goût d'un jeune homme, en lui faisant prendre le caractère et comme le ton des maîtres de l'éloquence.

J'avois donc près de dix-neuf ans lorsque je commençai l'étude de la jurisprudence, et plus de vingt-un quand je fus reçu dans la charge d'avocat du roi au châtelet, qu'il regardoit comme le noviciat le plus utile pour la jeunesse; mais le plus avantageux de tous étoit celui que je faisois sous ses yeux.

Je ne finirois point, mes chers enfans, si je voulois

vous expliquer ici en détail les secours infinis que j'ai
reçus de lui dans l'exercice de toutes les charges que
j'ai remplies successivement. Il me sembloit, tant qu'il
a vécu, que nulle difficulté, nul événement, nulle
conjoncture ne pouvoit m'embarrasser. Je recourois à
lui comme à la source de la sagesse, de la prudence
et du discernement exquis. Cet homme, qu'on accusoit
quelquefois de trop douter, ne me laissoit plus aucun
doute dans l'esprit; et, dégagé de toute inquiétude,
je sortois d'auprès de lui avec une satisfaction et un
repos intérieur, qui me mettoient en état d'employer
librement le peu que j'avois de talens, pour faire
usage des pensées que je tenois de mon père, ou qu'il
avoit affermies et fortifiées par la solidité de son jugement.

Je m'arrête depuis long-temps, mes chers enfans,
à vous peindre en lui le caractère d'un véritable père,
et vous vous apercevez, sans doute, de la peine que
j'ai à finir une image si intéressante pour moi. Cependant, pour remplir toute l'idée que présente le nom
de père de famille, il me resteroit à vous le représenter
tel qu'il étoit dans ses affaires domestiques; mais j'ai
presque honte de m'arrêter à un si petit objet dans la
vie d'un si grand homme.

Je vous dirai donc seulement, mes chers enfans,
que dans la conduite de sa fortune particulière, il
portoit, par raison, le même esprit d'ordre et d'arrangement, qu'il avoit par inclination dans le soin de la
fortune publique. Ainsi, le père de famille le plus désintéressé étoit, en même temps, le père de famille le
plus attentif, soit dans ce qui regardoit l'établissement de ses enfans, soit dans la dispensation sage et
réglée de ses revenus. Il les gouvernoit, en effet, plutôt
avec l'application d'un dispensateur, qu'avec l'affection d'un propriétaire. S'il se reposoit sur ma mère du
détail de la dépense, il veilloit avec elle à l'administration générale de son bien: tous les ans il s'en rendoit
un compte fidèle à lui-même, et par le soin qu'il prenoit de tenir un registre exact des changemens qui
arrivoient dans son patrimoine, il se formoit chaque

année un tableau successif de sa situation actuelle,
sans aucun amour pour les richesses, sans trouble pour
son état présent, sans sollicitude pour l'avenir : la
raison seule exigeoit de lui cette attention, et c'étoit à la
raison seule qu'il l'accordoit. Il la regardoit comme
un devoir pénible, mais nécessaire; et il nous disoit
souvent, que tout homme sage étoit obligé de prendre
un soin raisonnable de son bien, soit pour se mettre
en état de pourvoir à l'établissement de ses enfans, de
soutenir même les accidens imprévus, et surtout
d'assister les pauvres dans leurs besoins, qui étoit un
des principaux objets de sa noble et vertueuse économie.

Je souhaite, mes chers enfans, que vous profitiez
mieux que moi de ces sages leçons. J'ai eu le bonheur
de trouver une femme qui m'a épargné l'embarras de
les suivre, et dont la conduite a justifié ma confiance,
encore plus que ma paresse. Mais, comme vous ne devez pas compter absolument sur un pareil bonheur,
j'ai cru vous devoir rapporter cette instruction de mon
père, au hasard que vous vous en serviez pour me
faire mon procès sur le peu d'attention que je donne à
mes affaires.

Un tel père de famille étoit né pour rendre ses domestiques presque aussi heureux que ses enfans. Il les
traitoit, en effet, moins en maître qu'en père; d'autant
plus commode à servir que, comme je l'ai déjà dit,
il ignoroit presque l'usage des commodités de la vie.
Un homme qui se réduisoit en tout au nécessaire, ne
pouvoit jamais être difficile à contenter. Ceux qui le
servoient n'avoient pas plus à craindre son humeur
que sa délicatesse : il lui en coûtoit pour prendre sur
lui la résolution de les gronder quand ils manquoient
à leurs devoirs; et il souffroit plus en les reprenant, que
ceux mêmes qu'il reprenoit. Sa principale attention,
comme celle de ma mère, étoit de veiller sur leurs
mœurs, de les faire instruire de la religion, de leur
apprendre à connoître et servir le seul maître véritable. Mais le soin qu'il prenoit du spirituel ne lui faisoit point négliger ce qui regardoit leur établissement

temporel. Ils le trouvoient toujours prêt à entrer dans
leurs besoins, et à leur donner tous les secours de libéralité ou de protection que de bons domestiques
peuvent attendre d'un bon maître. Sa charité pour
eux s'étendoit bien au-delà des bornes de leur service :
il cessoit d'être leur maître, et il demeuroit toujours
leur conseil, leur appui, leur bienfaiteur.

Je voudrois à présent pouvoir faire parler ici ses
amis, pour vous dire, mes chers enfans, combien ils
ont trouvé de ressources et de charmes dans son amitié.
La justesse de son discernement et la connoissance du
monde lui avoient appris combien il est difficile d'avoir
un grand nombre de véritables amis : mais, après les
avoir bien choisis, il se livroit à eux avec la plus aimable simplicité, et il ne méritoit pas moins leur confiance par la sûreté que par la tendresse de son amitié.
Le secret de fidélité, et le secret de prudence ou de
discrétion ne lui coûtoient pas plus l'un que l'autre.
Personne ne savoit mieux parler que lui, quand il le
falloit, parce que personne ne savoit mieux se taire,
et faire servir son silence autant que ses paroles, à
l'avantage de ses amis. Il ne leur arrivoit rien dont il
ne fût plus occupé qu'ils ne pouvoient l'être : non-
seulement il agissoit, mais il pensoit pour eux ; il prévoyoit de loin les embarras dans lesquels ils pouvoient
se trouver ; il prévenoit jusqu'à leur désir, et rien ne
le flattoit davantage que le plaisir de pouvoir les surprendre agréablement, en leur apprenant qu'il avoit
fait pour eux, ce qu'eux-mêmes n'avoient pas encore
pensé à demander. Libéral de son temps en leur faveur, quoique ce fût le seul bien dont il fût naturellement avare, il sembloit n'avoir jamais rien à faire,
lorsqu'ils venoient le consulter, et il se prêtoit à eux
de si bonne foi, qu'on eût dit qu'il n'étoit au monde
que pour eux.

Une amitié si effective n'avoit rien d'épineux, ni
de difficile dans le commerce ; régulier et délicat jusqu'au scrupule dans ses procédés, par rapport à ses
amis, il n'exigeoit point d'eux rigoureusement le retour
d'une semblable délicatesse. Au-dessus des démons-

trations extérieures, il ne s'attachoit qu'au fond des
sentimens, et l'attention plus ou moins grande de ses
amis, ne régloit point l'ordre ou la mesure de son
affection. Comme il se suffisoit pleinement à lui-
même, il savoit se passer de leur assiduité, et il n'en
goûtoit pas moins ensuite le plaisir de leur présence.
Ami aussi délicieux que solide, il l'étoit d'autant
plus qu'il savoit l'être sans art, et qu'on étoit charmé
de voir que le mérite le plus parfait n'avoit point
d'autre ornement chez lui que la simplicité de la
nature.

Mais la douceur de son commerce n'étoit pas un
bien réservé à un petit nombre d'amis particuliers;
tous ceux qui l'approchoient en jouissoient presque
également. Si quelquefois, par l'attention continuelle
qu'il donnoit aux objets de ses travaux, il paroissoit
prendre peu de part à une conversation frivole ou indifférente, ce n'étoit point en lui l'effet d'une humeur triste et sauvage; la paix et la douceur étoient
toujours répandues sur son visage, dans le temps même
qu'il paroissoit le plus enfoncé dans une méditation
profonde : il en sortoit aisément aussitôt qu'on disoit
des choses qui pouvoient plaire à un homme raisonnable; et il revenoit de cette espèce de distraction avec
autant de facilité et d'agrément, que s'il n'eût pas
perdu la suite de la conversation.

Il auroit eu même naturellement une pente secrète
pour la plaisanterie, et il y auroit réussi comme dans
tout le reste, s'il n'avoit méprisé, ou plutôt étouffé
en lui ce talent. On s'en apercevoit quelquefois par
des traits d'une raillerie si fine, et en même temps
si douce, qu'elle charmoit ceux mêmes sur qui elle
tomboit. Mais il se permettoit rarement ces sortes de
traits, qui, cependant, ne portoient presque jamais
que sur ses enfans, ou ses meilleurs amis, et pour
l'ordinaire on ne remarquoit la délicatesse de sa critique, que par un sourire presque insensible, qui
laissoit entrevoir une réflexion ironique, renfermée
avec soin dans le fond de son ame, tant il craignoit
de donner trop de liberté à son imagination, et de

faire la moindre blessure à la réputation du prochain.

Il est surprenant qu'un homme, si sérieusement
occupé de ses devoirs et si attentif à être toujours en
garde contre lui-même, ait pu conserver, jusqu'à la
fin de sa vie, un fond de joie et même de gaîté, que
de longues infirmités ne pouvoient altérer. Personne
ne rioit de meilleur cœur que lui, et il le faisoit avec
toute la simplicité d'un enfant, ou plutôt avec cette
paix et cette sérénité que la bonne conscience inspire
à une ame innocente. Aussi avoit-il encore, dans la
plus extrême vieillesse, une fleur et une délicatesse
d'esprit qui se seroit fait admirer dans la plus vive
jeunesse. Il n'avoit pas même perdu le talent de faire
des vers qui lui étoit naturel, quoiqu'il se fût guère
permis de le cultiver; et vous n'avez peut-être pas
oublié, mes chers enfans, que peu de temps avant sa
mort, quelqu'un de nous ayant fait, en badinant, un
couplet de chanson sur madame le Guerchois, mon
père y répondit pour elle, par un autre qu'il confia en
secret à madame la Chancelière, à condition qu'elle
n'en nommeroit pas l'auteur : mais le couplet étoit si
bien tourné, qu'on n'eut pas de peine à le deviner.
Des esprits plus austères que le mien regarderoient
peut-être ce récit comme peu digne d'entrer dans la vie
d'un si grave magistrat; mais lorsque ces sortes de
traits ne servent qu'à donner des grâces à la plus solide vertu, ils embellissent le portrait bien loin de le
défigurer; et je ne doute pas que vous ne soyiez charmés comme moi, mes chers enfans, de vous rappeler
dans ce moment la bonté et la simplicité de ce vieillard vénérable, qui vouloit bien entrer dans les jeux
innocens de ses enfans, et leur montrer un esprit encore jeune dans un corps abattu par le poids des
années.

Mais il est temps de reprendre un ton plus sérieux, pour achever ici la dernière partie de son caractère. Nous avons d'abord admiré l'homme d'esprit
dans mon père, nous venons d'y respecter le sage,
il ne nous reste plus que d'y révérer le chrétien,

qui étoit chez lui autant au-dessus de l'honnête homme, selon le monde, que la religion est au-dessus de l'humanité.

La piété n'étoit presque pas un bien acquis pour mon père, elle étoit née, pour ainsi dire, avec lui. Dieu l'avoit prévenu de ses bénédictions dès sa plus tendre enfance. Ceux qui l'avoient connu dès le collége, ou dans sa première jeunesse, n'ont pas moins respecté la pureté de ses mœurs, que ceux qui n'ont pu voir que les dernières années de sa vie ; et tous l'ont regardé comme étant du petit nombre de ces ames privilégiées, qui ont le bonheur de porter aux pieds du trône de l'agneau sans tache, cette robe d'innocence qu'ils en ont reçue dans le baptême.

On ne le vit donc point se livrer plus au monde dans un âge que dans un autre. Toujours également éloigné d'une vie de plaisirs et d'amusemens, toujours également occupé de ses devoirs, toujours effrayé de la moindre apparence du vice, toujours fidèle aux mêmes exercices de vertu, il n'eut point à déplorer, dans sa vieillesse, les égaremens ou les ignorances de sa jeunesse, ni à réparer des heures vainement perdues dans une dissipation qui lui auroit été plus à charge que l'occupation la plus pénible. La retraite, la frugalité, la dureté même de sa vie, la privation volontaire de tout ce qui pouvoit la rendre plus douce, la continuité d'une application laborieuse qu'il n'interrompoit presque jamais, auroient paru à des pécheurs convertis une assez rude pénitence ; et en effet, il n'y en a guère de plus difficile à soutenir, qu'une vie de raison et de foi, qui ne se permet aucun des adoucissemens de la nature. C'étoit cependant la vie d'un juste qui n'avoit aucune faute considérable à expier, mais qui par cette raison même, se reprochoit les plus légères avec une si rigoureuse sévérité, que la timide délicatesse de sa conscience en étoit souvent troublée.

L'écriture sainte, qu'il méditoit le jour et la nuit, (surtout le nouveau testament) lui étoit devenue si familière, qu'on ne pouvoit presque en commencer un passage devant lui, que son cœur n'achevât encore plus que sa mémoire. Il la lisoit, non avec la curiosité souvent téméraire et malheureuse d'un savant ou d'un philosophe, ni même avec l'attention sèche et subtile d'un théologien, mais avec la foi, la ferveur, la docilité d'un humble chrétien : il ne cherchoit à y connoître que la grandeur de Dieu et la bassesse de l'homme. Dieu, qui cache ses mystères aux superbes et qui les révèle aux humbles, sembloit l'instruire lui-même et lui découvrir, dans la lecture des livres saints, toute la profondeur des vérités nécessaires au salut. Il en lisoit peu, mais long-temps. Un verset de l'écriture étoit pour lui véritablement le pain des forts, où il trouvoit une nourriture abondante, par l'attention qu'il avoit à en pénétrer toute la substance, à se l'approprier, et, pour ainsi dire, à se l'incorporer toute entière, pour ne plus vivre que de la vie de Jésus-Christ.

Ceux qui l'ont accusé d'avoir du penchant pour le jansénisme et de favoriser un parti plus que l'autre dans l'église, connoissoient donc bien mal son caractère. Il n'y en eut jamais, ni de plus éloigné de toute extrémité, ni de plus opposé à l'esprit de dispute et de contention. Il disoit, comme l'auteur de l'imitation, qu'il aimoit bien mieux sentir la grâce, que de chercher à la définir. Loin de vouloir sonder l'obscurité d'un mystère impénétrable à l'esprit humain, il ne se permettoit pas même la lecture des ouvrages polémiques, dont notre siècle a été inondé, sur cette matière. Rempli de la charité qui édifie, et non de la science qui enfle, il se contentoit de gémir en secret des divisions dont l'église étoit affligée, et se tenant toujours dans le dernier rang de ses enfans les plus soumis, il ne prenoit part aux disputes qui la troublent que par des prières ferventes qu'il offroit sans cesse à Dieu, pour lui demander d'affermir toujours la vérité par la charité. Je lui dois même la justice de vous dire ici, mes chers enfans, que dans toutes ces occasions délicates, où le ministère que j'exerçois, m'obligeoit à faire quelque démarche importante sur les affaires qui avoient rapport au jansénisme, c'étoit toujours lui qui me donnoit les conseils les plus sages, et en même temps les plus modérés. Esprit véritablement pacifique, si tous ceux qu'on a malignement enveloppés dans le nom général de jansénistes, eussent été de son caractère, il y a long-temps que l'église jouiroit d'une heureuse paix. Ennemi de toute prévention, et surtout de ce qu'on appelle partialité, il ne voyoit dans ceux qui avoient besoin de lui, que l'homme et le chrétien, sans y apercevoir ce qu'on appeloit le janséniste, le moliniste, le sulpicien. Les jésuites à qui il avoit plu, je ne sais par quel motif, de le rendre suspect sur cette matière, étoient obligés d'avouer qu'ils avoient toujours reçu des marques de sa justice, et même de sa bonté. Mais il étoit destiné, peut-être comme son fils, à justifier la définition que le maréchal d'Harcourt donnoit du jansénisme, lorsqu'il disoit, *qu'un janséniste n'étoit souvent autre chose qu'un homme qu'on vouloit perdre à la cour.*

La grandeur de la foi dont mon père étoit animé en égaloit la soumission et la simplicité, il n'étoit pas du nombre de ceux qui ne pensent à Dieu que dans le moment de la prière ou d'un autre acte de religion. Il pouvoit dire comme David : *j'avois toujours le Seigneur devant les yeux, il est à ma droite, afin que je ne sois jamais ébranlé.* La loi de Dieu continuellement présente à son esprit étoit la lumière qui éclairoit ses pas, la règle de ses discours, l'ame de toutes ses actions. Il en étoit si fortement occupé, qu'il y rapportoit tous les événemens, et qu'il n'y en avoit point de si éloigné qu'il ne ramenât d'abord à la religion. Il parloit peu sur tout le reste, si ce n'est lorsque la justice, la charité ou l'amitié l'exigeoient de lui ; mais dès le moment que la conversation tomboit sur quelque vérité chrétienne, on eût dit que son cœur se dilatoit, et que ses expressions ne pouvoient suffire à ses sentimens. C'étoit en effet le fond de son ame qui se répandoit au dehors, avec une lumière si pure et une attention si pénétrante, qu'il auroit fallu avoir le cœur bien dur pour l'entendre sans être touché du désir de devenir homme de bien.

Le recueillement et l'ardeur qu'on remarquoit en lui, lorsqu'il prioit Dieu, surtout au saint sacrifice de la messe, sont au-dessus de toute expression. Confondu souvent dans la foule du peuple, ou caché dans le coin obscur d'une chapelle, il paroissoit comme anéanti devant la majeste du Dieu vivant. On eût dit que sa foi le faisoit jouir par avance des biens que nous espérons, et que, semblable à Moïse, il étoit aussi pénétré de la présence de Dieu que s'il eût *vu l'invisible*; il ne pouvoit même contenir au-dedans de lui les mouvemens tendres et fervens de sa piété, on voyoit ses yeux rougir et se mouiller de larmes; on entendoit sortir de sa bouche des paroles enflammées du feu de l'amour divin; et c'étoit un spectacle si édifiant, qu'on ne pouvoit s'empêcher de dire en le voyant, ce n'est pas un homme, c'est un ange qui vit avec nous sur la terre.

Que vous dirai-je après cela, mes chers enfans, des effets d'une foi si vive et si animée, de sa soumission profonde et de son abandon sans réserve à la volonté de Dieu, de son détachement entier de tous les biens périssables, et, ce qui est peut-être encore plus rare, de cette attention constante et uniforme sur lui-même, qui prévenoit, ou qui réprimoit dans le premier instant tous les mouvemens de l'humanité. Il avoit reçu de la nature un cœur délicat et sensible, avec un sang vif qui s'allumoit aisément; et comme la promptitude n'est pas incompatible avec la plus grande bonté, il auroit pu être fort prompt, s'il se fût laissé aller à son tempérament; mais ce n'étoit que son visage qui trahissoit, malgré lui, une émotion entièrement involontaire. On le voyoit rougir et se taire dans le même moment, la partie supérieure de son ame laissant passer ce premier feu sans rien dire, pour rétablir aussitôt le calme et la tranquillité dans la partie sensible, qu'une longue habitude rendoit toujours également docile aux lois de la raison et de la religion.

Ce n'étoit donc pas seulement à la facilité de son naturel qu'il devoit cette douceur et cette mansuétude qu'on admiroit en lui : il lui en coûtoit peutêtre moins qu'à un autre pour la conserver dans un âge avancé; mais il falloit qu'il eût fait sur lui un grand effort dans sa jeunesse, pour s'affermir dans cette tranquillité qui ne se soutenoit que par une attention si persévérante à éluder toujours le premier mouvement.

Les surprises de la douleur même le trouvoient toujours prêt à leur résister. Il eut une fois deux doigts de la main droite presque entièrement écrasés dans une porte cochère qu'on ferma brusquement sur lui. On lui fit d'abord tremper ses doigts, qui en avoient à peine la figure, dans une tasse pleine d'eau-de-vie. Je le trouvai dans cet état ; il ne lui échappoit pas seulement un soupir, il racontoit son aventure avec le même sang-froid que s'il n'eût senti aucune douleur. On le traita d'abord fort mal, un baume qu'on lui avoit indiqué comme un remède spécifique, renfermant le sang corrompu qu'il falloit faire sortir, lui fit enfler non-seulement la main, mais le bras, de telle manière qu'on commença à craindre les suites de cet accident. Il fallut rouvrir la plaie et y faire même des incisions ; mais sa patience étoit à l'épreuve de tout. Il auroit été plus ému, s'il avoit vu faire cette opération sur un autre. Une sensibilité et une compassion infinie pour les maux d'autrui, étoient jointes en lui à une fermeté qui alloit presque jusqu'à l'indifférence pour les siens. Si quelquefois dans les accès d'un rhumatisme violent, ou des autres maux de douleur qu'il a éprouvés, il lui échappoit de se plaindre légèrement, il sortoit de sa plainte même une prière fervente, pour demander à Dieu la grâce de souffrir avec foi et avec une résignation parfaite à ses ordres. Sa patience n'étoit donc point une disposition purement philosophique. Loin de toute ostentation, il ne cherchoit ni à cacher des

défauts, ni à montrer des vertus; il ne défioit point
la douleur, comme un philosophe stoïcien, de lui
faire avouer qu'elle est un mal ; mais connoissant
toute l'impuissance de la sagesse humaine, pour y
résister par elle-même, il levoit les yeux vers le ciel,
d'où il attendoit tout son secours; et Dieu, qui vouloit le purifier de plus en plus, par des infirmités
douloureuses, faisoit croître sa patience et son amour
par ses douleurs mêmes.

Un saint disoit que la mesure d'aimer Dieu est de
l'aimer sans mesure, et je puis dire ici, avec vérité,
que mon père n'en connoissoit point d'autre. Il avoit
mérité, par son innocence, de sentir combien le
seigneur est doux à ceux qui mettent en lui toute
leur espérance; mais plus il aimoit Dieu et le trouvoit digne d'être aimé, plus il se reprochoit de ne
l'aimer pas encore assez; et il se plaignoit de sa
tiédeur, pendant que les ames les plus parfaites
portoient envie à la ferveur de son amour.

Un cœur si pénétré de ces sentimens pour Dieu
ne devoit pas avoir un amour moins tendre ni moins
sévère pour le prochain. Il l'aimoit, en effet, non-
seulement comme lui-même, mais plus que lui-
même; il me sembloit, en le voyant, que je con-
cevois aisément tous les caractères que saint Paul
attribue à la charité, et qui distinguoit les premiers
chrétiens, dont feu M. de Pomponne disoit que la
vue de mon père lui rappeloit toujours l'idée. J'y
voyois, en effet, une charité douce, patiente, équitable, qui croyoit tout, qui espéroit tout, qui sup-
portoit tout ; charité véritablement indulgente, qui
ne connoissoit ni la malignité de l'envie, ni la te-
mérité des jugemens ; aussi prompte à s'accuser
elle-même, qu'ingénieuse à excuser les autres ; charité éclairée, qui, toujours attentive à suspendre la
censure, ne l'étoit pas moins à ne se point laisser
éblouir par les dehors d'une fausse vertu; enfin, charité desintéressée et universelle, qui n'oublioit que
ses propres avantages, qui s'étendoit à tous les besoins, qui sembloit se multiplier avec les différens

genres de misère, et qui le portoit continuellement
à faire l'aumône, pour ainsi dire, de son temps, de
ses lumières, de son crédit, autant que de ses biens
mêmes. Plus content et plus satisfait, lorsqu'il avoit
consolé une famille affligée, ou qu'il l'avoit aidée,
soutenue, relevée par ses conseils, que s'il avoit pro-
curé à la sienne la fortune la plus digne d'envie.
Heureux l'homme de bien qui a eu cette intelligence
pour secourir les malheureux, et qui semblable au
saint homme Job a pu dire véritablement : *j'ai déli-*
vré le pauvre qui crioit en vain, et le pupille qui
n'avoit point de défenseur ; j'ai goûté le plaisir de
recevoir les bénédictions de celui qui alloit périr
sans mon secours et de consoler le cœur de la veuve ;
j'ai été l'œil de l'aveugle, le pied du boiteux, le
père de tous les misérables.

Il étoit si vivement touché de compassion pour
eux, que son cœur ne pouvoit avoir aucun repos,
jusqu'à ce qu'il eût eu la consolation de les assister.
J'ai ouï dire à ma mère, qu'elle l'avoit vu plusieurs
fois revenir triste chez lui, parce qu'il avoit entendu
faire le récit de la triste situation où se trouvoit une
personne ou une famille, qui souvent lui étoit inconnue, et qu'il ne savoit s'il auroit de quoi la secourir. Les larmes lui en venoient aux yeux, et il
n'a peut-être jamais souhaité d'être riche, que lorsqu'il auroit voulu pouvoir verser libéralement une
fortune abondante dans le sein du pauvre et de l'in-
digent. Il tournoit son esprit de tous côtés, pour
trouver, par une pieuse industrie, de quoi leur
fournir un secours suffisant, et ma mère qui avoit
le cœur aussi grand que lui, sembloit rendre le
calme à son ame agitée, lorsqu'elle avoit pu lui
découvrir une source inconnue à sa charité.

Sa fortune avoit été pendant long-temps plus que
médiocre, et elle sembloit diminuer, à mesure que
le nombre de ses enfans augmentoit. Son bien avoit
souffert de grands retranchemens ; et sur ses charges
seules, mon père avoit perdu plus de 250,000 livres.
Les pauvres ne s'en aperçurent jamais, et il n'en

répandit pas moins libéralement ses aumônes ; content de laisser à ses enfans un patrimoine de vertus, d'honneur, de capacité, qui pût les dédommager un jour avec usure des injustices de la fortune ; mais personne n'a plus éprouvé la vérité de cette parole : *cherchez premièrement le royaume de Dieu et sa justice, et le reste vous sera donné comme par surcroît.*

Deux successions considérables, qui tombèrent dans sa famille, réparèrent ses pertes passées ; et les revenus dont il jouissoit, comme conseiller au conseil royal, le mettant en état de faire tous les ans quelque épargne modérée, il mourut beaucoup plus riche qu'il ne l'étoit lorsqu'il se maria, Dieu se plaisant ainsi à verser ses bénédictions temporelles sur celui qui ne pensoit qu'à mériter les éternelles, et qui portoit si loin le désintéressement, qu'il s'exposa à perdre une des deux successions dont je viens de parler, pour avoir eu la délicatesse de ne pas vouloir accepter le dépôt du testament de M. de Piseux, son cousin germain, où mon frère de Valjouan étoit institué légataire universel, délicatesse qui fut cause que le testament pensa être supprimé.

C'étoit aussi une chose admirable que la confiance de mon père et de ma mère, dans les secours inespérés de la providence. Ils m'ont dit souvent, qu'ils en avoient reçu des marques si sensibles, et en tant d'occasions différentes, qu'ils ne pouvoient pas hésiter un moment à se priver même du nécessaire en certaines conjonctures pour le donner aux pauvres.

Leur règle ordinaire étoit de réserver pour l'exercice continuel de leur charité, la dîme de tout ce qu'ils recevoient ; et, à la fin de l'année, après avoir vu ce qui leur restoit de leur revenu, et ce qu'ils pouvoient employer en fonds pour augmenter le patrimoine de leur famille, ils comptoient les pauvres pour un de leurs enfans ; en sorte que s'ils avoient 10,000 livres à placer, ils n'en plaçoient que huit et en donnoient deux aux pauvres, qu'ils regardoient comme leur propre sang, par une adoption sainte et

glorieuse pour eux, qui mettoit Jésus-Christ même
au nombre de leurs enfans. Mais les calamités publiques et particulières augmentoient presque toujours la part des pauvres bien au-delà de cette proportion ; et nous avons vu par les registres de mon
père, qu'il y avoit eu des années où leurs aumônes
avoient passé 22,000 livres, c'est-à-dire, le tiers
du revenu dont ils pouvoient jouir.

Ils regardoient l'aumône comme une dette si privi-
légiée, que les besoins des pauvres l'emportoient souvent sur leurs propres besoins, et sur ceux mêmes qui
étoient les plus pressans. Ma mère avoit un carrosse
qui ne pouvoit plus lui servir, non-seulement avec
bienséance, mais avec sûreté. Une province désolée
par la grêle, ou par un autre fléau du ciel, reçut tout
l'argent qu'elle avoit destiné à acheter un autre carrosse, et elle se réduisit à faire réparer le sien, autant
qu'il fut possible, pour attendre que la misère des
pauvres lui permît de faire cette dépense. Une autre
fois elle s'étoit réservé une somme pour acheter un
meuble qui lui étoit nécessaire, mais une famine dont
le Limousin fut affligé, lui fit oublier le besoin qu'elle
avoit de ce meuble ; et comme de pareils malheurs se
succédèrent les années suivantes, elle est morte sans
avoir pu se le donner.

Autant que mon père et ma mère étoient sagement
prodigues de leur bien pour en faire de si grandes
libéralités, autant étoient-ils attentifs à les cacher aux
yeux des hommes. Ils n'en montroient qu'autant qu'il
le falloit pour l'exemple ; le reste n'étoit connu que
de Dieu ou d'un petit nombre de confidens nécessaires de leur charité. A cela près, leur main gauche,
suivant le précepte de l'évangile, ne savoit pas ce que
faisoit leur main droite. Ma mère observoit si exactement cette règle, qu'elle sortoit souvent seule le matin,
sans aucun domestique, et vêtue comme la plus simple bourgeoise, pour aller visiter les pauvres, et juger
par ses yeux de leur nécessité. Assez courageuse, malgré son extrême délicatesse, pour monter jusque
dans des galetas obscurs où la plus grande misère

cache ses souffrances, et avoir le plaisir de mettre son aumône, elle-même, dans la main du pauvre, de retirer un malade des portes de la mort, de dérober une fille bien née à la tentation de la pauvreté, et de consoler toute une famille malheureuse autant par sa présence et par ses avis charitables, que par l'abondance d'une libéralité inespérée.

Tant de qualités si rares et si éclatantes qui étoient propres à mon père, ou qu'il partageoit avec ma mère, auroient pu lui être dangereuses, si l'orgueil, qui tire son poison de la vertu même, avoit trouvé quelque entrée dans son cœur: mais il n'avoit rien à craindre des illusions de l'amour-propre. Dieu avoit confié tous les dons de la nature et de la grâce dont il l'avoit enrichi, à la garde de la plus sincère et de la plus profonde humilité. Elle lui cachoit presque la vue de son mérite, et elle auroit voulu pouvoir le cacher aux autres. Peu content de se réduire dans son opinion à ce qu'il étoit, non aux yeux des hommes, mais à ceux de Dieu même, en quoi consiste la véritable humilité, il se rabaissoit encore au-dessous; et le sentiment de sa foiblesse dominoit tellement en lui, qu'il ignoroit cette force d'esprit dont les autres profitoient, mais dont il ne se permettoit jamais de jouir. Les lumières de son génie étoient comme les yeux de notre corps, qui voient tout sans se voir eux-mêmes: on eût dit qu'il n'avoit pas même besoin d'attention pour éviter la vanité. Il paroissoit humble parce qu'il l'étoit; il lui en auroit coûté pour paroître vain, et il auroit fallu pour cela, qu'il eût autant combattu contre son naturel, que presque tous les hommes ont à combattre pour paroître humbles.

Lorsqu'il revint de ses intendances, la grande réputation qu'il y avoit acquise, et l'opinion qu'on avoit de son mérite, donnèrent lieu à bien des gens de l'observer d'abord attentivement, pour voir s'il ne chercheroit point à s'élever au-dessus des autres, et à profiter de ses avantages naturels ou acquis: mais on fut bien surpris de voir que cet homme, d'un génie si supérieur en effet, étoit en même temps l'homme

le plus modeste et le plus humble. Loin de prêter à
la raison. cet air impérieux qui révolte souvent ceux
qu'elle veut assujettir, il proposoit ses avis avec tant
de pudeur et même de timidité, qu'ils perdirent quelquefois une partie de leur poids auprès des esprits
superficiels qui en jugent par l'air et par le ton, plutôt
que par la solidité du raisonnement. Aussi les courtisans qui ne mesurent la grandeur du mérite que par les
efforts de l'ambition ou du désir de la gloire, ont-ils
quelquefois méconnu le sien. Peu d'esprits avoient assez
de pénétration pour percer en un moment ce fond
d'humilité dont il couvroit les talens de son esprit, et
l'élévation de son cœur. Plusieurs sembloient en douter à son premier aspect, et chercher sa réputation en
le voyant : mais ce que sa modestie lui faisoit perdre
d'abord, elle le lui rendoit dans la suite avec avantage ; et il acquéroit, en se faisant connoître, tout ce
que les autres perdent souvent à mesure qu'on les
connoît.

Une modestie si parfaite le rendoit naturellement
ennemi du faste, et de tout ce qui ne sert qu'à une
vaine représentation. Il sut conserver, au milieu d'un
siècle où chacun sembloit oublier les bornes de son
état, toute la simplicité qui convient à la magistrature, et opposer au moins son exemple à l'excès d'un
luxe indécent, par lequel elle s'est avilie au lieu de
s'ennoblir. Sa maison, ses meubles, sa table, ses équi-
pages, en un mot, tout l'extérieur de sa vie étoit,
pour me servir ici d'un mot de Cicéron, comme une
espèce de philosophie, qui sembloit reprocher à ses
égaux la folie d'une magnificence, encore plus contraire à leur profession qu'onéreuse à leur fortune.
Il pesoit dans la balance la plus exacte ce qu'il devoit
à la dignité de son état, sans blesser les lois d'une
modestie chrétienne ; mais comme il est souvent difficile d'y observer un juste milieu, il avoit pour principe d'être plutôt en-deçà qu'au-delà des bornes, et
il aimoit mieux qu'on eût à lui reprocher la modération que l'excès. Ainsi, lorsqu'il fut admis au conseil
royal, il conserva son ancien usage de n'aller à Ver-

sailles qu'à deux chevaux, contre l'exemple de ceux
qui ont été ses collégues ou ses prédécesseurs. Je me
souviens que cette modestie lui fit honneur dans l'esprit du roi, et ce qu'on auroit plus de peine à croire,
ce fut au père le Tellier qu'il en eut l'obligation. Ce
jésuite, à qui le roi demanda pourquoi il ne se servoit
pas d'un carrosse à six chevaux, comme le père de la
Chaise, lui répondit que cela ne convenoit pas à son
état, et qu'il auroit été encore plus honteux de le faire
depuis qu'il avoit rencontré plusieurs fois sur le chemin de Versailles, dans une chaise à deux chevaux,
un homme de l'âge, des services et de la dignité de
M. d'Aguesseau. Le roi approuva la réponse et la comparaison du père le Tellier, et je crois qu'il le dit lui-
même quelques jours après à mon père, qui apprit
par là, que, sans y penser, il lui avoit mieux fait sa
cour par sa modestie, qu'il ne l'auroit faite par le faste
de son équipage.

Ce n'est pas que mon père n'eût l'ame assez grande
pour être magnifique; mais il ne plaçoit pas la magnificence dans ces dépenses frivoles qui ne servent
qu'à flatter le goût, la molesse ou la vanité. Il gémis-
soit de voir les magistrats même entrer sur ce point,
dans un combat inégal avec les enfans de la fortune,
je veux dire avec les financiers, dont il regardoit le
luxe comme un des plus grands maux qu'ils eussent
fait à l'état; et il disoit souvent, avec ce grand sens
qui régnoit dans toutes ses paroles, que *c'étoit un*
genre d'hommes qui avoit ruiné les pauvres par leur
recette, et les riches par leur dépense; mais se priver
d'un superflu dangereux, pour satisfaire plus dignement sa générosité par des libéralités bien placées,
être pauvre pour soi et riche pour les autres; répandre ses dons avec une sage profusion sur ses enfans,
sur ses amis, sur les pauvres, et mettre toute sa grandeur à faire des heureux, voilà ce qu'il appeloit la
véritable magnificence; et quand il pouvoit goûter ce
plaisir, il sembloit craindre seulement que la religion
n'y eût pas assez de part, et que son amour-propre
n'en fût trop flatté.

Un homme qui sentoit si bien en quoi consiste la vraie gloire, savoit encore mieux mépriser celle qui n'en a que l'apparence. Les louanges, dont le désir est la dernière passion qui s'éteigne dans le cœur des plus sages, étoient véritablement onéreuses à sa modestie. On le voyoit rougir de bonne foi, et paroître embarrassé des éloges les mieux mérités. Ils ne faisoient qu'exciter dans son ame un nouvel acte d'humilité ; et ce qui pouvoit l'honorer devant les hommes, ne servoit qu'à le rendre plus vil et plus abject à ses propres yeux.

Telles ont été les mœurs et les vertus de votre aïeul, mes chers enfans. L'âge augmentoit en lui ces saintes dispositions, dans le temps même qu'il sembloit qu'elles ne pussent plus croître. Chaque année, chaque jour le trouvoit plus détaché de la terre, plus élevé vers le ciel ; et à mesure qu'il avançoit dans sa carrière, il redoubloit son ardeur pour arriver au terme unique de ses désirs.

J'ai vu des gens de bien, étonnés de ce qu'un homme d'une si grande vertu, n'avoit pas pris, à la fin de ses jours, le parti de se retirer entièrement du monde, pour n'être plus occupé que des années éternelles ; mais, sans vouloir diminuer le prix de ces retraites éclatantes, dont je respecte la sainteté et dont j'envie le bonheur, je ne craindrai point de mettre ici au-dessus du mérite de la retraite une vertu qui n'a pas même eu besoin de ce secours, pour achever de se purifier. Il est grand de s'arracher au monde pour s'ensevelir tout vivant dans une profonde solitude ; mais il est plus difficile, et, par cette raison même, il est peut-être encore plus grand, de savoir se faire une solitude aussi sainte au milieu du monde, et d'y éviter tout ce que les autres ne peuvent fuir, qu'en le quittant. Je ne doute point que mon père n'ait eu plus d'une fois la pensée de la retraite : et il lui est échappé des discours qui le faisoient assez entendre ; mais Dieu, qui avoit pris M. de Fieubet, pour le mettre en sûreté dans le désert des Camaldules, sembloit retenir visiblement mon père dans le monde, parce qu'il vouloit en faire l'exemple singulier et presque unique, d'une vie sainte et uniforme, toujours animée du même esprit de religion, et soutenue jusqu'à la fin, avec autant de pureté et de ferveur, que s'il eût vécu dans le fond de la Thébaïde. Ce fut sans doute par cette raison que Dieu conserva à mon père, dans l'âge le plus avancé, toute la force d'esprit que mon père avoit eue dès sa jeunesse, afin que, continuant toujours de servir le public sans se nuire jamais à lui-même, il arrivât tranquillement à son dernier terme, dans le sein d'une famille qu'il consoloit, qu'il édifioit, qu'il unissoit par sa présence, et qu'il devoit instruire par la sainteté de sa mort, comme il l'avoit instruite par celle de toute sa vie.

Me voici donc enfin parvenu à ce moment, où je désire depuis si long-temps d'arriver, et où je dois me rappeler avec vous, les circonstances d'une mort si précieuse aux yeux de Dieu, mais si triste et si douloureuse pour nous.

Il étoit attaqué presque tous les hivers, dans les dernières années de sa vie, d'un rhume violent et opiniâtre, qui ne se dissipoit entièrement qu'au retour du printemps. Il en fut plus accablé que jamais au commencement de l'année 1716; et vers le mois de mars il tomba dans un si grand abattement, que nous commençâmes à en craindre les suites. Nous eûmes cependant bien de la peine à obtenir de lui qu'il voulût voir un médecin. Naturellement, il espéroit bien de sa santé; et il ne croyoit pas que la médecine pût rien ajouter au régime exact qu'il observoit, et qu'il regardoit comme le seul remède d'un homme de son âge. Il se détermina enfin à appeler un médecin qui avoit des remèdes singuliers, et heureusement éprouvés pour les maladies de la poitrine. Ce médecin n'eut pas plutôt vu mon père, qu'il nous confirma dans le triste soupçon où nous étions déjà, que la véritable nature du mal étoit un ulcère au poumon; mais comme les médecins sont toujours riches en espérances, il nous assura, et il

disoit assez vrai, qu'il en avoit guéri plusieurs malades d'un âge aussi avancé que mon père. Il nous fit
espérer du moins qu'il le feroit vivre long-temps en
cet état. Le succès parut d'abord répondre à ses promesses : mon père se trouva considérablement soulagé;
ses forces revinrent, sa toux s'apaisa, il dormit mieux
qu'il n'avoit fait depuis plusieurs années, il fut même
en état de travailler; mais le fond du mal subsistoit
toujours, et tout l'effet du remède se réduisoit à lui
faire passer assez doucement les six derniers mois qui
précédèrent sa mort.

On se flattoit néanmoins, comme cela arrive toujours dans les longues infirmités, et nous croyions
n'avoir rien à craindre jusqu'au temps du grand froid.
J'étois allé à Fresnes dans cette confiance; je vins à
Paris le jour de la saint Martin : je trouvai mon père
dans le même état où je l'avois laissé; je n'y aperçus
encore aucun changement, le lendemain en dînant
avec lui, si ce n'est qu'il me parut plus pâle qu'à son
ordinaire; mais le soir, en rentrant chez moi, je fus
surpris d'apprendre qu'un moment après que je l'avois
eu quitté, il s'étoit plaint d'une douleur dans les entrailles, que l'on prit d'abord pour une colique ordinaire. Le frisson s'y étoit joint, et la fièvre s'étoit
déclarée si violemment, que son médecin l'avoit déjà
fait saigner lorsque j'y arrivai. Je montai aussitôt
dans sa chambre, et je le trouvai assez peu inquiet de
son mal, disant seulement qu'il sentoit toujours de la
douleur dans le ventre. Je jugeai cependant, à la contenance du médecin, qu'il trouvoit mon père plus mal,
qu'il ne vouloit le faire paroître; et je commençai
de ce moment à trembler pour une tête si chère.
Le mal n'augmenta pas le reste de la soirée. Mon père
ayant été obligé de se lever pour l'effet d'un remède
qu'il avoit pris, ne parut point affoibli. La bande
qu'on avoit mise à son bras après la saignée se délia,
et il vit couler de nouveau son sang avec joie; il aimoit naturellement la saignée, et il la soutenoit à
l'âge de quatre-vingts ans, comme s'il n'en avoit eu
que vingt-cinq. Je ne fus pas fâché non plus de cet

accident, qui fut comme une seconde saignée, par la peine qu'on eut à arrêter son sang ; je me flattois que cela pourroit servir à détourner l'inflammation d'entrailles qu'on craignoit pour mon père. La nuit se passa assez tranquillement; mais le lendemain, qui étoit un vendredi, la fièvre continua toujours avec les mêmes douleurs qui se renouveloient de temps en temps, et un embarras qui commençoit à se former dans la poitrine. Madame la Chancelière, qui étoit restée à Fresnes, et que j'y avois envoyé chercher de grand matin, arriva sur les quatre heures après midi avec quatre de ses enfans. Mon père se plaignit, avec sa bonté ordinaire, de ce qu'on lui avoit fait quitter sa campagne pour le venir voir, disant qu'il espéroit que son mal ne seroit rien, et qu'il avoit regret à un reste de beaux jours qu'elle alloit perdre. Vous vous souvenez aussi, mes chers enfans, qu'il vous fit le même accueil qu'à son ordinaire, et qu'il vous reçut avec autant de tendresse que dans sa meilleure santé. Le samedi presque entier ne fut pas plus orageux que le vendredi; mais sur les neuf heures du soir nous crûmes apercevoir un commencement de rêveries et des mouvemens involontaires dans les bras, avec un pouls intermittent, qui nous obligèrent de faire venir promptement le médecin pour en juger plus sûrement que nous. Il trouva le mal considérablement augmenté; et je crus, comme le reste de la famille, qu'il ne falloit pas perdre de temps à lui proposer de recevoir les sacremens de l'église, qu'il auroit demandés lui-même avec ardeur, s'il s'étoit senti aussi mal qu'il nous le paroissoit. J'envoyai donc chercher son confesseur qui étoit le sous-vicaire de saint André, homme d'une grande vertu, et d'une aussi grande simplicité. C'étoit tout ce qu'il cherchoit dans ses confesseurs; et en quelque lieu qu'il eût été, il n'en avoit jamais eu d'autres que son curé, son vicaire, ou un prêtre habitué de sa paroisse. M. Guyart, (c'étoit le nom du sous-vicaire,) vint sur les onze heures; il s'approcha du lit de mon père, dont le pouls l'ayant affrayé, il lui dit, avec une franchise qui n'avoit rien

de dangereux auprès d'un tel malade, que l'état où il
le trouvoit lui donnoit de l'inquiétude, et qu'il lui
conseilloit de se confesser, parce que si son mal augmentoit, il ne pourroit s'y préparer avec son exactitude ordinaire, sans s'incommoder considérablement.
Mon père, qui étoit alors entièrement revenu de cette
agitation dont nous avions été alarmés, entra sans
hésiter, dans la pensée de son confesseur, et il n'eut
pas besoin d'une longue préparation pour la suivre;
outre qu'il étoit toujours prêt, et que ses défauts lui
étoient bien plus présens que ses vertus, il y avoit à
peine douze jours qu'il avoit fait ses dévotions. A
peine se fut-il confessé, que son médecin lui annonça
qu'il avoit des remèdes à lui faire, dont il n'osoit hasarder l'essai, jusqu'à ce qu'on lui eût fait recevoir le
saint viatique. Mon père, qui jugeoit plus favorable-
ment de son état, y consentit, plutôt par un effet de
sa foi et de son amour pour Dieu, que par la crainte
d'une mort qu'il ne croyoit pas si proche; mais accoutumé à soumettre sans peine son jugement aux
lumières de ceux qui le conduisoient, il crut ne
pouvoir faire trop tôt le sacrifice de sa vie, à celui de
qui il l'avoit reçue, et dont il en attendoit une meilleure.

Il témoigna donc seulement à son confesseur, qu'il
auroit bien souhaité qu'on lui eût donné le temps
de faire une confession générale de toute sa vie, pour
se préparer à la dernière communion qu'il auroit
peut-être le bonheur de faire. M. Guyart l'assura
que, connoissant pleinement ses dispositions, il ne
croyoit point que cette préparation lui fût nécessaire,
et qu'il lui suffisoit de persévérer dans les sentimens
de pénitence et de contrition où il venoit d'entrer
en se confessant.

Ce saint prêtre, qui admiroit son pénitent et qui
a fait une relation exacte de la mort de mon père,
pour sa propre édification, a cru devoir y attester,
et lui seul pouvoit le savoir, que mon père, qui
ne se satisfaisoit jamais lui-même, sur ce qu'il devoit
à Dieu, avoit fait dans ses dernières confessions la
revue la plus exacte de tout ce qui pouvoit lui donner

la moindre inquiétude dans sa vie passée, et dont cependant il s'étoit déjà accusé plus d'une fois dans ses confessions particulières ou générales, mais surtout, dans celle qu'il avoit faite au dernier jubilé. L'extrême délicatesse de sa conscience, la haute idée qu'il avoit de Dieu, la crainte des mouvemens humains qui se mêlent dans le bien même que nous faisons, cette humilité qu'il possédoit dans un degré si éminent; ce fond de simplicité, et cette modestie vraiment chrétienne, qui ne voyoit en lui que l'imperfection inséparable de l'humanité, le tenoient dans une défiance si continuelle de lui-même, qu'il pouvoit dire comme le saint homme Job : *verebar omnia opera mea, sciens quod non parceres delinquenti*, et qu'il devenoit une preuve vivante de la sincérité avec laquelle les plus grands saints disoient souvent, qu'ils n'étoient que des pécheurs. C'est son confesseur qui nous parle ici, mes chers enfans; je ne fais qu'abréger ses expressions, et je ne suis pas fâché d'avoir interrompu un moment la suite de mon récit, par un témoignage non suspect, pour vous montrer que ma tendresse ne m'a point séduit dans le portrait que je vous ai fait de la religion et de la sainteté de mon père.

C'est lui-même qui nous dit aussi, que pendant que nous étions allés à l'église pour chercher le saint-sacrement, mon père consomma son sacrifice par des actes de foi, de charité, de soumission à la volonté de Dieu, dont l'exercice lui étoit si familier, qu'il n'avoit qu'à laisser agir son cœur, pour produire au-dehors tous les sentimens dont il étoit pénétré.

On lui administra l'extrême-onction, qu'il voulut recevoir avant le viatique, suivant l'esprit de l'église; et pendant qu'on appliquoit les saintes huiles sur les organes des sens, il appela son confesseur, qui nous a appris depuis sa mort, que la profonde humilité de mon père, avoit presque troublé son ame en ce moment, par le souvenir du grand nombre de fautes qu'il se reprochoit seul d'avoir commises, par ses yeux, par ses oreilles, par sa langue. Écoutons encore ici le confesseur, il parlera beaucoup mieux que moi: *je crus*, dit-il dans sa narration, *entendre saint-Ephrem, lorsqu'il disoit en se recommandant aux prières des fidèles, qu'il avoit fort aimé le monde, et qu'il s'étoit trop attaché à la vanité; je fus effrayé en même temps de l'insensibilité de tant de pécheurs que nous voyons mourir en paix, pendant que les justes se troublent après une vie pleine de bonnes œuvres; je priai donc notre saint malade, de ne point s'inquiéter, et de faire réflexion que l'onction sainte qu'il venoit de recevoir lui étoit donnée pour effacer les restes du péché, et pour achever de préparer l'entrée de son ame à Jesus-Christ.*

Il le reçut un moment après, avec autant de ferveur que s'il l'eût déjà vu, sans ombre et sans nuages, dans le séjour de la gloire. Nous nous approchâmes tous de son lit, enfans et petis-enfans, fondant en larmes, pour lui demander sa bénédiction. Ce fut alors que, vraiment semblable au patriarche Jacob, et rempli de l'esprit du Dieu qu'il portoit dans son sein, il rappela ses forces abattues, pour nous souhaiter, non les bénédictions de la terre, mais celles du ciel, dans ces termes mêmes, que madame le Guerchois, eût le courage d'écrire, un moment après.

Je prie Dieu, mes chers enfans, de vous conserver, de vous donner à chacun ce qui vous convient, suivant la condition où vous êtes, de vous faire à tous la grâce de vous attacher à vos devoirs, de les remplir selon son esprit et de vivre suivant les règles de l'évangile. Lisez-en tous les jours quelque chose; méditez ce que vous en lirez, et n'entreprenez jamais rien par ambition, ni par vanité. Ne vous attachez point à la vie présente, mais pensez qu'il y en a une après celle-ci qui est éternelle; que la vie dont vous jouissez est courte, qu'elle passe promptement, et qu'elle nous conduit à une vie heureuse ou malheureuse, qui ne finira jamais. Je ne saurois vous en dire davantage, et jai même eu bien de la peine à achever ces paroles.

Il fit néanmoins encore un nouvel effort, et, étendant ses mains hors de son lit, il nous dit : *je vais vous donner ma bénédiction : je vous la donne comme votre père, mais vous en avez un autre dans le ciel à qui il faut la demander ; je le prie de tout mon cœur de vous la donner ;* et, levant les yeux au ciel, il bénit toute sa famille, en faisant sur elle le signe de la croix. Nous ne pûmes lui répondre, qu'en baisant tendrement ses mains vénérables, avec un sentiment mêlé de douleur, de respect et d'admiration, qui nous mettoit comme hors de nous-mêmes.

Mon frère de Valjouan fut le seul de ses enfans, qui ne put d'abord avoir la consolation de recevoir une bénédiction si touchante. Des affaires, qui demandoient sa présence, l'avoient obligé d'aller faire un voyage de quelques jours dans l'Orléanois. Madame le Guerchois lui avoit écrit dès le second jour de la maladie de mon père ; mais il ne reçut point la lettre par le contre-temps de sa marche, qu'on ne pouvoit prévoir ; heureusement un courrier que nous fîmes partir cette nuit même, le trouva à Orléans, le dimanche matin, et il arriva la nuit suivante pour partager avec nous les bénédictions de mon père et notre douleur.

Mon père se trouva un peu mieux pendant tout le jour, par l'effet d'un remède qui sembla le dégager, ou plutôt parce que la providence voulut qu'il mourût au milieu de tous ses enfans, et qu'il eût le temps de leur donner encore plus de marques de tendresse, et plus d'exemples de vertu.

Mais, comme l'ardeur de la fièvre continuoit toujours, il crut qu'une saignée pourroit la modérer ; son médecin n'osa risquer ce remède, à cause de la mauvaise disposition du pouls, dont il tiroit toujours un triste présage ; et mon père n'y insista pas, paroissant n'avoir plus de volonté, si ce n'est pour le bien de sa famille, comme il le fit voir dans cette même journée.

Nous fûmes surpris, de lui entendre dire, sur les trois heures après midi, qu'il vouloit se lever pour mettre un dernier ordre à des papiers, que lui seul pouvoit arranger; et nous comprîmes bien par là qu'il ne pensoit plus à la vie. Nous ne pouvions néanmoins attribuer cette résolution à l'inquiétude d'un malade qui n'en témoignoit aucune, et qui d'ailleurs ne se conduisoit jamais que par raison; mais, comme son état y resistoit absolument, M. Guyart lui représenta que, dans la foiblesse où il étoit, ce mouvement pouvoit lui être fatal; qu'il n'avoit qu'à se faire apporter ses papiers et qu'il les arrangeroit lui-même sur son lit. Le père de la Tour (1), qui étoit alors dans sa chambre, se joignit au confesseur, comme nous l'en avions prié, pour déterminer mon père à cette pensée; mais leurs représentations furent inutiles. Il leur répondit d'un ton assuré, qu'il étoit absolument nécessaire qu'il se levât, et qu'il espéroit que Dieu lui donneroit la force dont il avoit besoin, dans une action que son devoir exigeoit de lui; il fallut donc le laisser faire et nous ne crûmes pas devoir nous opposer davantage à la volonté d'un père, que Dieu conduisoit si visiblement dans toutes ses démarches.

Il se leva et il alla à son bureau d'un pas ferme et assuré, qui nous causa autant de joie que d'étonnement. Nous nous retirâmes tous par respect; mais il retint madame la chancelière avec lui, qui lui témoigna le plaisir qu'elle avoit de lui trouver encore tant de force, après la manière dont il avoit passé la nuit. Il lui répondit, qu'en effet, il se sentoit plus fort qu'on ne pensoit : *Vous vous êtes tous, lui dit-il, bien alarmés cette nuit, et je n'en suis point faché ; je suis ravi, au contraire, d'avoir des enfans si touchés du soin de mon salut; mais, puisque Dieu me laisse le temps de mettre ordre à mes affaires, il faut que j'en profite, pour vous expliquer toutes mes intentions, afin que rien ne puisse troubler, après ma mort, la paix et l'union que je laisse dans ma famille. J'étois bien sûr cette nuit, que Dieu ne*

(1) Général de la congrégation de l'Oratoire.

me retireroit pas de ce monde, avant que j'eusse fait ce que je veux faire avec vous. Il prit ensuite son testament olographe, avec quelques autres mémoires écrits de sa main. Il exigea de madame la chancelière qu'elle le lût d'abord tout entier, et il la chargea de m'en expliquer les dispositions, dont apparemment il n'avoit pas voulu me faire part lui-même, pour ménager ma tendresse et la sienne. Il y ajouta, ce que je ne saurois répéter sans verser de nouvelles larmes de reconnoissance, qu'il vouloit sur toutes choses que je fusse content; que s'il y avoit dans son testament quelque article qui me fît la moindre peine, il le changeroit; et qu'il étoit persuadé que Dieu lui donneroit le temps de le faire. Madame la chancelière, qui pouvoit répondre de mes sentimens comme des siens, l'assura que je serois encore plus touché de cette marque infinie de sa bonté, que de tout le bien qu'il me faisoit. Il lui en donna encore une nouvelle preuve, presque aussi sensible que la première, en lui faisant voir ce codicile dont j'ai déjà parlé, et qu'il avoit pris la précaution de faire dans le temps qu'il étoit encore dans l'incertitude sur le parti que M. le Guerchois prendroit par rapport au testament imparfait de ma mère; et, quoique le prompt et généreux acquiescement de son gendre eût rendu cette précaution inutile, mon père avoit toujours conservé le codicile qu'il fit alors, pour me faire voir combien il avoit eu d'attention à ménager ma délicatesse encore plus que mes intérêts. Mais il étoit si éloigné de se vanter du bien qu'il faisoit, que la mort seule pût arracher de lui ce secret, parce qu'en effet il ne pouvoit m'être utile qu'après sa mort, pour montrer que je n'aurois rien perdu quand même ses autres enfans n'auroient pas respecté, autant qu'ils l'avoient fait, les volontés imparfaites de ma mère.

Le même esprit d'équité pour ses enfans, et d'une attention toujours favorable pour moi sur un point d'honneur auquel il m'avoit vu si sensible, lui avoit inspiré un autre mémoire, dont il expliqua les motifs à madame la chancelière.

L'objet principal de son testament, comme de celui de ma mère, avoit été qu'en comparant les legs particuliers de ses autres enfans, avec le legs universel qu'ils faisoient en ma faveur, il se trouvât que j'eusse, au moins, une double part dans leur succession, comme s'ils eussent voulu imiter, en ce point même, les mœurs des anciens patriarches, qu'ils avoient si bien retracées dans toute leur vie ; mais depuis que mon père avoit fait son testament, il avoit reçu le paiement de plusieurs dettes sur lesquelles il ne comptoit pas trop et qui avoient augmenté sa succession d'environ 100,000 livres. Sa justice naturelle, et la proportion qu'il vouloit établir entre ses enfans, demandoient que cette augmentation, qui auroit tourné au profit du légataire universel s'il n'en avoit pas disposé autrement, fût partagée entre tous ses enfans, sur le même pied que le reste de sa succession. Il le vouloit ainsi par équité, mais en même temps par bonté pour nous; il ne vouloit pas l'écrire dans la forme ordinaire d'un testament : il s'étoit contenté d'en faire un simple mémoire, où il ajoutoit 40,000 livres, au legs de mon frère l'abbé, pour le dédommager de la diminution des rentes sur l'hôtel-de-ville; et il dit à madame la chancelière, qu'il laissoit exprès cette espèce de disposition imparfaite, afin qu'après sa mort, je pusse avoir la satisfaction de faire, pour mes frères et mes sœurs, ce qu'ils avoient fait pour moi après la mort de ma mère, en exécutant à leur avantage une volonté informe de mon père, comme ils avoient exécuté en ma faveur le testament informe de ma mère, et en effet l'objet de cette compensation réciproque d'honnêteté étoit à peu près égal des deux côtés.

Madame la chancelière lui témoigna combien elle sentoit tout le mérite d'une attention si singulière à ménager la pudeur d'un fils ainé, qui avoit eu le déplaisir de se voir vaincu en générosité par ses cadets; j'en fus pénétré lorsqu'elle m'en fit part, et je n'oublierai jamais cette bonté d'un père mourant, qui ne pense qu'à augmenter, s'il étoit possible, l'union de sa famille, en y conservant une juste proportion, non-seulement dans les biens, mais dans les procédés mêmes. Je lui en témoignai, aussitôt que je le pus, ma vive reconnoissance; et je l'assurai, ce qu'il n'eut pas de peine à croire, que je respecterois encore plus ce mémoire que son testament même.

Mon père ne se contenta pas d'avoir ainsi expliqué ses intentions et ses motifs à madame la chancelière, il voulut entrer avec elle dans le détail du bien qu'il laissoit à ses enfans, et elle vit que, par une exactitude sans exemple, il avoit pris la peine de faire lui-même un état fidèle de ce que produiroit le legs universel qu'il me faisoit par son testament.

Son attention, soutenue par la force extraordinaire que Dieu lui donnoit, alla encore plus loin : il l'instruisit de plusieurs faits particuliers, dont la connoissance pouvoit être nécessaire, et dont il rappela toutes les circonstances, avec une liberté et une présence d'esprit presque incroyables. Mais surtout, il lui expliqua l'usage qu'il vouloit que nous fissions des appointemens qui lui étoient dus, et de quelques autres arrérages qui seroient payés après sa mort. Comme il n'en avoit pas eu besoin pour soutenir sa dépense courante, son intention auroit été de les employer en fonds à mesure qu'il les auroit reçus, en prenant toujours une part pour les pauvres qu'il ajoutoit, comme je vous l'ai déjà dit, au nombre de ses enfans. Il dit donc à madame la chancelière, qu'il comptoit que j'en userois de la même manière, lorsque ces sommes rentreroient, voulant que les pauvres ne perdissent rien à sa mort, et qu'ils le retrouvassent dans la personne de son fils. Vous ne doutez point, mes chers enfans, que nous n'ayons accompli religieusement cette pieuse destination; et plût à Dieu qu'il nous fût possible de nous conformer aussi fidèlement à son exemple dans tout le reste !

Telles furent les principales choses que mon père dit à madame la chancelière, dans cette conversation, qui dura très-long-temps, sans qu'il en parût fatigué;

Il les accompagna de tant de témoignage d'estime, de confiance, de tendresse pour elle, qu'elle eut besoin de toute la force de son esprit, pour ne pas succomber à l'excès de sa douleur, en voyant un si bon père lui parler, presque pour la dernière fois, avec une cordialité si intime et si touchante.

Il voulut qu'elle emportât avec elle son testament et les mémoires qu'il y avoit joints, pour me les faire voir et en être dépositaire jusqu'à sa mort, lui répétant encore qu'il étoit bien assuré, que s'il avoit quelque autre chose à faire pour sa famille, Dieu permettroit qu'il eût le temps de l'achever.

Quelle alarme n'auroit-on pas prise dans une autre famille, d'une conversation secrète qui dura plus de deux heures, et dont on vit sortir madame la chancelière, avec un porte-feuille à la main ? Mais mon père avoit inspiré son esprit à tous ses enfans. Aucun d'eux n'en conçut la moindre inquiétude, ils ne demandèrent pas même à madame la chancelière, ce que mon père lui avoit dit, ni si c'étoit son testament qu'il lui avoit confié. Tout occupés de leur douleur, sans penser à leur intérêt, ils se livroient simplement, sans aucune défiance, à la justice, à la sagesse, à la bonté d'un tel père, et j'ose dire aussi, aux sentimens de celle qu'il avoit honorée du dépôt de ses dernières volontés.

Mon père, content d'avoir fini tout ce qui lui restoit à faire dans ce monde, se remit au lit, dont il ne devoit plus se relever, sans qu'on remarquât en lui la moindre agitation, et paroissant même plus tranquille que lorsqu'il s'étoit levé.

Le soir, il eut un redoublement comme les autres jours de sa maladie ; et sa respiration, qu'il avoit eue toujours fort haute dans l'ardeur de sa fièvre, faisant entendre une espèce de siflement considérable dans sa poitrine, son confesseur, qui le crut très-mal, voulut commencer à réciter auprès de lui les prières de l'agonie ; il prenoit même quelques paroles peu suivies qui échappoient à mon père pour l'effet d'un transport au cerveau ; mais le médecin l'avertit

que le mal n'étoit pas aussi pressant qu'il le paroissoit,
et que l'accablement de la tête et de la poitrine ne
demandoit, en ce moment, que du repos. Mon père
s'endormit en effet bientôt après : son sommeil dura
peu, mais il se réveilla avec une si grande liberté
d'esprit, qu'il demanda qu'on lui lût quelques psaumes. M. Guyart choisit les deux premiers de la
pénitence. Mon père n'entra pas seulement dans les
réflexions que son confesseur mêloit de temps en
temps à cette lecture, il y joignoit les siennes sur les
versets qui lui paroissoient les plus touchans, et dont
on voyoit que son ame étoit toute pénétrée.

Il passa le reste de la nuit assez tranquillement,
sans vouloir souffrir qu'aucun de ses enfans veillât
auprès de lui. Nous le désirions tous également, soit
pour être à portée de le servir nous-mêmes, soit pour
notre consolation, et par l'inquiétude naturelle qu'on
sent lorsqu'on est éloigné d'un tel malade ; mais il
voulut être obéi sur ce point, craignant dans ces
momens même, comme il l'avoit fait toute sa vie,
que les autres ne s'incommodassent pour lui ; et,
moins occupé de son mal que de la santé de ses
enfans, il fallut donc exécuter ses ordres en nous
retirant, ou du moins en ne paroissant plus devant lui.

Nous n'étions guère en état de prendre du repos,
non-seulement par la triste situation où étoit mon
père, mais par l'impatience où nous, étions de voir
arriver mon frère de Valjouan, dont nous craignions
toujours que notre courrier n'eût pu retrouver la
trace ; enfin, entre minuit et une heure le bruit que
fit sa chaise en entrant dans la cour, nous fit éprouver
un mouvement de joie au milieu de la plus profonde
tristesse. Il monta d'abord chez mon père qui, en
l'embrassant, lui marqua, avec sa bonté vraiment
paternelle, toute la consolation qu'il avoit de le voir
avant de mourir. Mon frère put à peine lui répondre
par le saisissement où il étoit dans ce premier moment, quoique cependant l'air naturel avec lequel
mon père le reçut le lui fit paroître un peu moins

mal que nous ne le croyions. Il essuya bientôt comme
nous un ordre rigoureux de s'aller reposer et de ne
reparoître que le lendemain matin.

Son confesseur, qu'il avoit obligé de s'aller cou-
cher, revint de bonne heure, et le trouva toujours
dans la même application à l'objet continuel de ses
pensées, c'est-à-dire, à l'éternité; mais son mal ne
faisoit qu'augmenter, quoiqu'il y eût quelquefois des
momens de relâche. La poitrine s'engageoit de plus
en plus, et tout l'art du médecin paroissoit inutile.
Je crus donc devoir supplier mon père de trouver
bon qu'on en fît venir d'autres; et je me sentis
d'autant plus obligé à lui faire cette prière, que bien
des gens blâmoient le choix qu'il avoit fait du médecin qui le traitoit. Il me répondit, que la pluralité
des médecins lui avoit toujours paru embarrassante
et dangereuse; qu'il étoit content de son médecin
qui connoissoit son tempérament, et qui l'avoit
bien conduit depuis qu'il étoit entre ses mains;
et que quand on avoit pris un soin raisonnable de
sa santé, il falloit abandonner les événemens à la
providence. Je n'osai pas insister après cette réponse; et le reste de la famille crut comme moi,
qu'il n'y avoit point d'autre parti à prendre que
de se conformer à son sentiment.

L'après midi du même jour, qui étoit le lundi,
madame la chancelière lui présenta mon fils de Pli-
mont qu'elle avoit fait venir de Fresnes, et qui avoit
alors un peu plus de trois ans. Elle le fit mettre à
genoux auprès du lit de mon père, pour lui demander sa bénédiction. *Je vous la donne, lui dit-il,
mon cher enfant, et de tout mon cœur. Je prie Dieu
qu'il vous remplisse de son esprit et de sa sagesse,
qu'il vous fasse la grâce de vivre en bon chrétien.
Travaillez-y dès à présent; appliquez-vous à vous
corriger de vos défauts, et de ces petites humeurs
auxquelles vous êtes sujet, afin de devenir un honnête homme.* En disant ces paroles, il embrassa cet
enfant, qui se mit à pleurer, comme s'il avoit déjà
senti la perte qu'il alloit faire.

C'étoit une chose surprenante que son attention, sa fermeté, son égalité dans tout le cours de sa maladie; et je n'approchois jamais de son lit que je n'eusse presque dans la bouche, et au moins dans le cœur, ces paroles de l'écriture : *moriatur anima mea morte justorum, et fiant novissima mea horum similia.* Je ne crois pas, en effet, que l'humanité ait jamais rien fait voir de plus grand, et en même temps de plus simple. Il mouroit véritablement comme il avoit vécu. On eût dit qu'il n'avoit fait qu'apprendre à mourir dans tous les momens de sa vie, et qu'il s'étoit tellement familiarisé avec la mort, par la longue habitude d'y penser, qu'il n'en étoit pas plus ému que de toute autre action ordinaire. Mais toujours également homme de bien, sans être touché du désir de le paroître, sa fermeté n'avoit rien de philosophique. La religion seule la soutenoit, et quoiqu'elle fût devenue en lui comme une seconde nature, on ne le voyoit point chercher une espèce de soulagement et de consolation à produire au dehors les grands sentimens dont son cœur étoit pénétré, et à faire ce qu'on appelle une belle mort. Pour bien mourir, il continuoit seulement de bien vivre. Toujours également occupé de ces trois grands objets qui avoient animé toute sa conduite, Dieu, sa famille, le prochain, il pensoit, il parloit, il agissoit sur ces trois points, comme dans sa plus parfaite santé. Dieu tenoit toujours le premier rang, et le plus grand plaisir qu'on lui pût faire étoit de lui en parler.

Sa famille tenoit le second, mais sans le détourner du premier, parce qu'il n'y pensoit que dans la vue de Dieu, à qui il s'offroit continuellement, avec toute sa nombreuse postérité. Madame la chancelière lui parlant une fois de la grâce que Dieu lui faisoit de ne point craindre la mort, et le priant de se souvenir d'elle et de ses enfans, lorsqu'il seroit en possession du bonheur éternel : *ma fille,* lui dit-il, *j'avoue que je ne suis pas assez parfait pour désirer la mort; mais, en même temps, j'ai une si grande confiance dans la bonté de Dieu, et dans les mé-*

rites de Jésus-Christ, que je ne saurois la craindre ;
et vous pouvez être assurée, que si Dieu me fait
la grâce de jouir de lui dans le ciel, et vous et
toute ma famille y aurez un intercesseur, qui ne
cessera jamais de demander pour vous les grâces et
les secours dont vous aurez besoin. Le même fond
de charité lui faisoit aimer Dieu dans son prochain ;
et il mourut en le servant, comme il avoit fait pendant tous les jours de sa vie. La veille de sa mort,
il dicta à madame la chancelière un mémoire assez
long, dans la seule vue d'instruire des gens qu'il connoissoit à peine, mais qu'il craignoit qu'on n'inquiétât
dans la suite, sur une vieille affaire dont lui seul
avoit la clef. Il en rappela toutes les circonstances
les plus éloignées, avec la même exactitude, la même
netteté d'esprit que si elles eussent été récentes, voulant que ce mémoire fût une ressource pour ceux que
cette affaire regardoit, qui les mît en état de trouver
entre mes mains de quoi se défendre, si on les atta-
quoit. Il porta encore plus loin son attention chari-
table ; et, dans le temps même que son mal auroit
pu l'occuper entièrement, il donna ordre que l'on
mît à part tous les placets et tous les mémoires qui
étoient entre ses mains, afin que ceux qui pourroient
en avoir besoin, ne fussent pas obligés d'attendre,
pour les retirer, que son inventaire fût achevé.

Il est aisé de juger que de telles distractions
n'étoient pas capables de le détourner un moment de
la vue de Dieu. Aussi, les gens de bien qui le venoient voir pendant sa maladie, et entr'autres le
père de la Tour et M. l'abbé Couet, qui y passoient
presque toute la journée, étoient dans l'admiration
de voir, par les réponses qu'il leur faisoit, combien
son cœur demeuroit toujours intimement uni à Dieu
et à Jésus-Christ.

Le lundi au soir, malgré l'accablement d'une fièvre
violente, qui ne lui laissoit qu'une foible liberté de
respirer, il demanda qu'on lui lût des psaumes, et
il dit que M. Guyard lui avoit déjà lu les deux premiers de la pénitence. M. l'abbé Couet lui lut donc

le troisième et le quatrième ; mon père l'interrompoit souvent , pour lui faire expliquer les versets qui étoient ou plus difficiles, ou plus dignes d'attention ; et il y ajoutoit de lui - même les réflexions les plus touchantes. Son médecin ne put s'empêcher de lui représenter , combien cette application pouvoit lui être dangereuse. *Que voulez-vous donc que je fasse,* lui répondit mon père , *si vous ne voulez pas que je réfléchisse et que je pense à Dieu ?* C'est ainsi que saint Martin disoit à ses disciples, lorsqu'ils le pressoient , un peu avant sa mort , de se mettre dans une posture plus commode : *laissez-moi regarder le ciel plutôt que la terre , afin que mon ame commence à prendre la route qu'elle doit suivre, en sortant de mon corps.* Cette comparaison n'est pas de moi , mes chers enfans , c'est le confesseur de mon père qui s'en sert dans sa relation , et qui lui applique aussi ces paroles, que Sulpice Sévère a dites du même saint Martin. *Elevé toujours vers le ciel , son esprit invincible aux attaques de la maladie , ne se relâchoit jamais de cette attention continuelle.*

Après la lecture de plusieurs psaumes , mon père voulut que M. l'abbé Couet lui fît la prière du soir. Il marqua lui-même les oraisons qu'il désiroit qu'on y joignît ; il se fit réciter surtout celle qu'il ne manquoit point de dire tous les jours pour ma mère. Il en demanda encore une autre pour la paix de l'église , dont il étoit toujours si sagement et si chrétiennement occupé.

Vers le minuit, il souhaita que tout le monde sortît de sa chambre , comme il avoit fait la nuit précédente. J'étois si accablé , comme madame la chancelière , que nous allâmes prendre un moment de repos ; madame de Tavannes et madame le Guerchois eurent plus de force , et elles demeurèrent assez près de lui , sans qu'il s'en aperçut. Les douleurs qu'il souffrit pendant le reste de la nuit , par l'oppression de sa poitrine , et par un râlement qui augmentoit toujours , ne se firent remarquer qu'à son pouls. Le médecin , voyant qu'il lui restoit encore un esprit de

vie, malgré l'accablement de la nature, ne perdoit
point absolument courage, et lui faisoit toujours des
remèdes bien plus propres à le fatiguer qu'à le
guérir, mais incapables de troubler sa paix et de
lasser sa patience.

Le mardi matin nous le trouvâmes beaucoup plus
mal; et comme M. de Valjouan n'avoit pu recevoir
avec nous sa bénédiction, il le supplia de vouloir
bien lui accorder la même grâce qu'il avoit faite à
ses autres enfans. Mon père lui répondit en ces termes, qui furent recueillis avec la même fidélité que
tout le reste : *vous me demandez ma bénédiction,
mon cher fils, je vous la donne, non pour le temporel, non pour les biens de cette vie, qui passent,
mais pour les biens éternels, qui doivent seuls vous
occuper. Je prie Dieu qu'il vous comble de ses
grâces, qu'il vous donne la foi, l'espérance, la
charité, l'humilité, la soumission à ses ordres, dans
l'accomplissement de sa volonté et de ses desseins
sur vous. Je vous recommande la lecture de l'écriture sainte, non par un esprit de curiosité, mais
pour y apprendre vos devoirs. Lisez-en tous les
jours quelque chose, et faites-vous-en une étude,
pour y chercher uniquement la justice et le
royaume du ciel.* Il ajouta quelques mots à ces paroles, pour recommander à mon frère de n'être pas
trop philosophe; mais, comme il faisoit un grand
effort pour parler, nous le priâmes de se reposer un
moment. Je l'assurai que nous tâcherions de profiter
tous de ce qu'il venoit de dire à mon frère, et je lui
dis que nous le suppliions de nous bénir tous ensemble encore une fois. Il le fit, et nous recom-
manda en même temps, de vivre toujours dans
l'union, dans la paix et dans la charité.

Son confesseur ne put s'empêcher de lui dire,
qu'il venoit de renfermer toute la religion dans le
peu de paroles qu'il avoit dites à M. son fils. Mon
père laissa tomber cette réflexion, dont sa modestie
fut peut-être blessée; et, tout occupé, dans ce moment, de ce même fils, si digne de son estime et de

sa tendresse, il le retint auprès de lui, pour tâcher
de vaincre, par un dernier effort, l'éloignement que
mon frère a toujours eu pour les fonctions publiques,
et de l'engager à consentir que mon père prît des
mesures pour lui faire avoir sa place de conseiller
d'état. Ce n'est pas qu'il eût oublié ce qu'il venoit
de lui dire, qu'il lui souhaitoit, non les biens temporels, mais les biens éternels. L'ambition auroit attendu bien tard pour s'insinuer dans une ame si
sainte, à l'extrémité de sa vie : c'étoit au contraire la
religion même qui lui inspiroit cette pensée. Il avoit
toujours été persuadé, comme je l'ai déjà dit, de la
nécessité du travail et de l'occupation du danger
d'une vie douce et oisive, de l'obligation imposée à
tout homme raisonnable d'employer ses talens pour
le bien commun de la société. Il connoissoit ceux que
Dieu avoit donnés à mon frère, capable de tout par
le caractère de son esprit, et digne de tout par la
disposition de son cœur. Il avoit cherché plusieurs
fois, pendant sa vie, à l'engager dans des emplois
où mon frère fut obligé de se consacrer entièrement
au service du public. Il mouroit donc encore en ce
point comme il avoit vécu ; et, toujours libre de
toute ambition, ce n'étoit pas la dignité de conseiller
d'état qu'il désiroit pour mon frère, c'étoit la nécessité de devenir aussi utile aux autres, que mon frère
l'étoit à lui-même. Mais l'inclination naturelle, fortifiée par de longues réflexions sur le danger et la
difficulté des fonctions publiques, fut plus puissante
que les conseils de mon père. Mon frère ne put se résoudre à lui promettre ce qu'il ne croyoit pas pouvoir
lui tenir ; et ce fut, en un sens, par un effet de sa
vertu même, et de sa tendresse pour mon père,
qu'il eut la force de résister à des exhortations aussi
tendres que vertueuses.

Mon père, n'ayant pu surmonter une répugnance
si invincible, tourna ses vues du côté de M. le Guerchois, en faveur duquel il fit écrire à M. le duc
d'Orléans, la lettre qu'il avoit d'abord résolu d'écrire
pour mon frère, et qui eut son effet aussitôt après sa

mort. Il étoit environ huit heures du matin, quand
tout cela fut fini. Je voyois, avec une extrême douleur, les derniers momens s'approcher. Le râlement
augmentoit; le pouls devenoit beaucoup plus mauvais; la force manquoit à mon père; mais son attention constante pour sa famille ne lui manquoit pas.
Il eut la pensée d'ajouter, en ma faveur, une explication à son testament, sur des cas qu'il regardoit
lui-même comme presque impossibles, mais qu'il
croyoit plus sûr de prévoir, pour l'union et la tranquillité de ses enfans. J'eus beau le supplier, en
l'embrassant, de se souvenir seulement, devant Dieu,
d'un fils pour qui il avoit toujours eu tant d'affection,
sans se fatiguer par un excès de bonté pour lui. Il
exigea absolument que je fisse un projet de cette explication; je ne pus l'ébaucher que très-imparfaitement, dans le trouble où me jetoit une si vive douleur. Il me marqua les changemens et les corrections
qu'il désiroit qu'on y fît, avec une lumière et une
précision qui alloient jusqu'au prodige, dans l'état
où il étoit. Je n'en parle que pour conserver ici le
souvenir de cette dernière marque de sa tendresse.
Dieu, qui lui avoit donné tout le temps dont il
avoit besoin, pour les dispositions nécessaires dans
sa famille, le retira de ce monde, avant qu'il pût
consommer celle qu'il ne regardoit lui-même que
comme une précaution surabondante, et peut-être
excessive.

Quelques momens après ce que je viens de raconter, on vit qu'il tournoit entièrement à la mort,
conservant néanmoins assez de présence d'esprit, et
assez de force de corps, pour vouloir signer et
pour signer en effet une lettre de recommandation
qu'il avoit fait écrire en faveur d'un homme qui
avoit travaillé long-temps sous lui.

Il ne survécut pas une heure à cette signature,
et son confesseur jugea à propos de faire auprès de
lui les prières des agonisans, pendant que mon
père conservoit toujours toute sa connoissance. Il lui
demanda en les faisant, s'il ne s'unissoit pas à lui,

et s'il n'entroit pas dans tous les sentimens que ces prières inspirent? Mon père lui répondit qu'il le faisoit de tout son cœur. Il parut le suivre avec la même attention, pendant que M. Guyart récitoit les trois derniers pseaumes de la pénitence. On s'aperçut un moment après, que mon père n'entendoit plus que difficilement, et il rendit le dernier soupir sur le midi, pendant que l'on récitoit le pseaume *confitemini Domino quoniam bonus*, commençant ainsi, en mourant, le cantique des miséricordes éternelles, pour aller le continuer à jamais dans le ciel.

On nous arracha malgré nous de sa chambre, mais nous n'en sortîmes qu'après avoir eu la triste consolation d'aller lui baiser les mains pour la dernière fois. Son visage n'étoit point changé. La mort respecta ses traits, non-seulement dans ce premier moment, mais tant qu'il fut visible à nos yeux. La même douceur, la même sérénité, la même bonté éclatoient sur son front. La vivacité même de ses couleurs naturelles, n'étoit pas encore éteinte; et, quand nous allions prier Dieu auprès de lui, nous eussions dit qu'il n'étoit pas mort, et qu'il dormoit seulement d'un sommeil tranquille, image de la paix éternelle dont il jouissoit dans le sein de Dieu.

La douleur de sa mort ne se renferma pas dans les bornes de sa famille, ou d'un petit nombre d'amis; personne ne l'apprit sans en être touché; et tous les gens de bien crurent pleurer en lui, non-seulement un homme vertueux, mais en quelque manière la vertu même. Chacun faisoit à l'envi son éloge. On louoit également en lui l'homme, le citoyen, le magistrat, le chrétien; et il recevoit avec usure, après sa mort, un encens non suspect que sa modestie avoit toujours refusé si constamment pendant sa vie. Les pauvres surtout, et les malheureux, faisoient encore mieux son panégyrique, par l'amertume de leur douleur. On voyoit couler de leurs yeux de véritables larmes; ils perdoient un père comme nous, et ils le pleuroient comme nous.

Ses funérailles, sans pompes et sans éclat, plus
simples et plus modestes que celles du moindre bour-
geois, parce qu'elles étoient telles qu'il les avoit ordonnées, en furent d'autant plus célèbres par la mémoire et par les louanges de sa vertu.

Tout le peuple accouroit avec empressement, et
par un sentiment de religion, pour voir passer un
corps qu'il regardoit avec raison comme les reli-
ques d'un véritable saint. Il fut porté à l'église de
Saint-André, sa paroisse, au milieu des regrets et des
bénédictions de ceux mêmes qui ne connoissoient
que sa réputation. Le public fut encore plus touché
quand on vit que son humilité, plus durable que sa
vie, l'avoit porté à vouloir être enterré dans le cimetière avec ceux qu'il avoit toujours regardés comme
ses enfans ou comme ses frères; en sorte que, semblable encore en ce point, aux anciens patriarches,
on peut dire *qu'il se rejoignit à son peuple, appo-
situs est ad populum suum.* C'est là que sa dépouille
mortelle repose saintement, auprès de celle de plusieurs de sa famille, de ma mère et de ma sœur.
La mort a réuni ce qu'elle avoit séparé, et leurs
ossemens vraiment humiliés, à en juger selon le
monde, se réjouissent en paix dans l'attente de ce
moment où la voix de Dieu ranimant une cendre
si précieuse pour la revêtir de l'immortalité, on verra
leur corps passer de l'obscurité d'un cimetière, à
cette gloire ineffable qu'ils partageront avec leurs
ames dans le ciel, après en avoir partagé l'humilité
sur la terre.

Les provinces ne furent pas moins sensibles à la
mort de ce magistrat, que la ville capitale; elle excita, surtout dans celles qu'il avoit gouvernées autrefois en qualité d'intendant, des regrets aussi vifs,
après trente ou quarante ans, que s'il n'eût fait qu'en
sortir. Les peuples, dans plusieurs endroits, lui rendirent d'eux-mêmes des honneurs funèbres d'autant
plus sincères, qu'ils n'étoient ni demandés ni atten-
dus, et que, sans songer à lui plaire ni à sa famille,
la reconnoissance de ces peuples ne pensoit qu'à

offrir volontairement un sacrifice de prières pour le bonheur éternel de celui qui avoit fait autrefois leur félicité temporelle : tant il est vrai que la mémoire du juste est aussi immortelle que sa vertu, et que la vénération des hommes lui élève dans leur cœur des monumens plus glorieux et plus durables que ceux qui ne servent qu'à immortaliser la vanité des grands, et souvent leur iniquité. Ainsi vivra toujours, par sa réputation, cet homme admirable que son fils même peut louer sans être suspect, ce nouvel Abraham, à qui il sembloit que Dieu eût dit comme à ce saint patriarche : *je suis le Tout-Puissant, marchez devant moi, et soyez parfait ; ne craignez rien, je suis votre protecteur, et je serai votre récompense infinie.* Il avoit toujours marché devant Dieu ; et, pendant qu'il ne pensoit qu'à devenir parfait, Dieu prenoit soin de le rendre heureux, accomplissant pour lui les promesses de l'ancien et du nouveau testament, comme pour nous montrer en sa personne, que la piété également utile pour la vie présente et pour la vie future, reçoit souvent, dans les récompenses mêmes de ce monde, un gage des récompenses plus solides que Dieu lui prépare dans l'autre.

Toute sa vie, en effet, ne fut presque qu'une longue suite de cette espèce de prospérité qu'on peut appeler félicités temporelles des prédestinés, parce que sans éblouir l'esprit, sans corrompre le cœur, elle les remplit de cette joie pure et raisonnable qui fait le bonheur du sage et du chrétien.

Heureux dans sa famille, soit par le mérite d'une femme qui, comme vous l'avez vu dans le caractère que j'en ai tracé, étoit au-dessus de son sexe par son esprit, au-dessus de son esprit par sa vertu, au-dessus même de sa vertu par son humilité, soit par l'attachement tendre et constant de ses enfans, tous également empressés à mériter son estime, et entre lesquels il ne vit jamais régner d'autre émulation que celle de lui plaire davantage.

Heureux du côté des honneurs, soit parce qu'ils

vinrent le chercher comme d'eux-mêmes, sans qu'il
en eût jamais coûté aucune avance à sa vertu, soit par
la juste mesure avec laquelle ils lui furent dispensés,
plutôt selon son inclination que selon ses talens ; aussi
grand aux yeux du public que s'il fût parvenu au
premier rang de son état, mais plus content et plus
tranquille dans le second, que sa modestie même trouvoit encore trop élevé.

Heureux du côté des richesses suffisantes, sans
être excessives, que la providence sembloit dans les
derniers temps avoir répandues d'une manière visible sur celui qui, dans une situation moins favorable, avoit tant de fois partagé son nécessaire même
avec le pauvre.

Heureux dans sa vieillesse, où il conserva toute
la vigueur et toutes les grâces de son esprit, où Dieu
tempéroit tellement ses infirmités, qu'elles servoient
à exercer sa patience sans interrompre la continuité
de son travail, et où il recueilloit les fruits précieux
d'une vie longue et vertueuse, honoré et encore plus
aimé de tous, respecté comme l'oracle du conseil,
révéré comme le modèle, comme le dernier terme
de la vertu humaine, et jouissant pendant sa vie de
cette espèce de vénération que les plus grands hommes
n'achètent souvent que par la mort.

Heureux enfin, dans le genre même de la maladie qui le conduisit insensiblement au tombeau,
et qui, diminuant peu à peu les forces de son corps,
respecta toujours celles de son ame, afin qu'environné d'une nombreuse famille, voyant les enfans
de ses petits-enfans, et n'ayant plus rien à désirer
en ce monde, il eût la consolation d'expirer entre
leurs bras, dans cette plénitude de jours et encore
plus de raison, qui, sans avoir éprouvé les horreurs,
ni même les ténèbres de la mort, ne souffrit qu'une
éclipse d'un moment pour passer du bonheur de la
terre à la félicité du ciel.

Glorifions Dieu, mes chers enfans, de toutes ces
bénédictions temporelles dont il a comblé mon père;
mais louons-le infiniment plus de l'avoir élevé au-

dessus de ces bénédictions mêmes, pour ne désirer
que celles qui ne finiront jamais; et rendons grâces
à sa miséricorde qui nous donne la grande, la solide consolation de pouvoir invoquer un saint dans
la personne de mon père. Ce n'est point par de vains
gémissemens et par une douleur stérile que nous
devons honorer sa mémoire. Je me reproche même
les larmes que la triste image de sa mort m'a fait
répandre si souvent en voulant la retracer. Il y a
de la foiblesse à s'attendrir d'une manière trop humaine, sur des vertus plus dignes d'être admirées
que d'être pleurées, et qui sont à présent consacrées à l'immortalité. La vraie piété et la marque
essentielle d'une tendresse religieuse, sont de regarder
un père si saint, comme s'il vivoit au milieu de
nous, de l'avoir toujours présent à notre esprit, et
de nous dire souvent à nous-mêmes, mais surtout
dans les conjonctures les plus difficiles, qu'auroit dit,
qu'auroit fait un tel père, quels auroient été ses sentimens ou sa conduite, s'il s'étoit trouvé dans les
mêmes circonstances? La mort n'a fait que le dérober à nos yeux, elle n'a exercé son empire que
sur la moindre partie de son être; tout ce que nous
avons aimé et admiré dans mon père, vit encore
aujourd'hui, et vivra éternellement, non dans la
mémoire fragile des hommes, mais dans la vérité
immuable de Dieu même. Adressons-nous donc continuellement à lui: il nous voit, il nous entend, il
connoît mieux que nous nos véritables intérêts; sa
charité purifiée par le feu de l'amour divin dont
il est à présent pénétré, n'en est pas moins tendre
ni moins agissante pour nous. Oui, j'ose l'espérer
ainsi, ame sainte et bienheureuse qui pouvez à présent nous obtenir de Dieu tous les biens que vous
nous avez souhaités à la fin de votre vie mortelle,
vous ne cesserez jamais de conduire vos enfans dont
vous sentez toujours que vous êtes le père. Nous vous
donnons de justes louanges, et vous nous obtiendrez
des vertus. C'est à vous que nous devons la vie naturelle, c'est par vous-même que nous avons reçu

les prémices de la vie spirituelle ; vous avez commencé de la former en nous par une éducation sainte,
par une longue suite d'instructions, par des exemples
encore plus efficaces ; achevez votre ouvrage, ou plutôt priez Dieu d'affermir, d'augmenter, de perfectionner en nous ce qu'il y a commencé par vous. Vous
êtes dans le séjour de la paix, et nous vivons encore
au milieu des troubles et des agitations de ce monde.
Souvenez - vous surtout, de ce fils que vous avez
toujours si tendrement aimé, et qui est encore plus
exposé que vos autres enfans aux orages de cette vie ;
il y a déjà fait naufrage plus d'une fois aux yeux des
hommes : faites que le naufrage même le conduise
dans le port. C'est sans doute par un effet de vos
prières que Dieu a voulu le désabuser des grandeurs
humaines, en faisant servir ces grandeurs mêmes ;
de matière à son humiliation et à sa pénitence ; ap-
prenez-lui à mettre son sort sans hésitation, et sans
réserve entre les mains de celui qui peut faire plus
que nous ne pouvons demander ni même comprendre ; et soit que Dieu continue de lui faire expier
ses fautes par une disgrâce salutaire, soit qu'il l'expose encore au danger d'un retour de fortune, sou-
tenez - le par vos prières dans l'une et dans l'autre
épreuve : soyez avec lui dans la tribulation, et soyez-y
encore plus, s'il est possible, dans la prospérité. Continuez de bénir ses enfans ; qu'aucun de ceux que
Dieu vous a donnés ne périsse. Puissions-nous avoir
le bonheur de nous voir tous réunis avec vous dans
la céleste patrie, et, sanctifiés par vos prières, vous
regarder pendant toute l'éternité, comme le digne instrument dont la bonté de Dieu se sera servi pour
opérer notre salut.

Que vous dirai-je de plus, mes chers enfans, après
ces vœux que je viens de former pour vous et pour
moi ; ils vous montrent tout le fruit que nous devons tirer également de la vie et de la mort de mon
père. J'ai tâché de remplir, dans ce récit, le dessein que je m'étois proposé, de vous instruire, de
vous édifier, de vous animer comme moi à la vertu

par un exemple qui nous est si propre, et que nous
devons nous approprier encore plus s'il est possible.
Consolons-nous donc de n'avoir pas le portrait de
mon père, que sa modestie, peut-être excessive en
ce point, nous a toujours refusé, et que nous avons
tenté presque inutilement de lui dérober. Le peintre
le plus fidèle ne nous auroit conservé que l'image
périssable d'un corps qui n'est plus que cendre et
que poussière; nous aurions à la vérité, la consolation d'y reconnoître les traits passagers de cette
douce et aimable physionomie qui promettoit beaucoup et qui tenoit davantage; mais nous en serons
bien dédommagés si nous sommes attentifs à étudier
ces traits invisibles qui formoient le caractère durable et immortel de son esprit et de son cœur. Ce
seroit même trop peu pour nous de les connoître,
si nous ne travaillons à les faire revivre dans notre
conduite: non, il n'appartient pas à la peinture de
nous représenter un homme si accompli, c'est à nous
d'être ces portraits vivans, où le public puisse le
reconnoître et le retrouver tout entier. Je serai bien-
heureux, mes chers enfans, si j'ai pu exciter en
vous, par ce discours, une si noble et si vertueuse
émulation; je l'espère de la grâce de Dieu et des
bonnes inclinations que vous en avez reçues, vous
surtout, mon cher fils, qui, plus avancé en âge
que vos frères et sœurs, étiez le plus tendre objet
de l'affection de mon père; vous, dont il avoit prédit tout ce que vous avez si bien tenu dans la suite,
et qui, ayant reçu comme lui les premières bénédictions du ciel dès votre enfance, me donnez tant de
sujets d'espérer que vous serez aussi comblé comme
lui des dernières bénédictions que Dieu réserve à
celui qui aura combattu jusqu'à la fin. Je n'attends
pas moins de mes autres enfans, et j'ai cette confiance
dans les prières de mon père, que Dieu les faisant
toujours croître en lumière et en religion, ils sentiront
de plus en plus ce que je leur ai déjà fait dire par mon
père; qu'il n'est point de vertu solide et durable, que
celle qui est fondée sur le plus pur christianisme.

C'est pour vous en inspirer le goût et le désir, mes chers enfans, que je suis entré dans un si grand détail sur le caractère, sur les mœurs et sur la mort de mon père. J'en retrancherois beaucoup si j'écrivois pour le public. Peu de personnes sont capables de sentir le prix de tous les traits que j'ai tâché de recueillir ; et je pourrois dire même que le monde n'en est pas digne : mais je n'ai écrit que pour vous et pour moi, comme un fils pénétré d'amour et d'admiration pour un père dont il croit n'avoir jamais assez parlé, pour graver profondément une image si utile dans l'ame de ses enfans. Le cœur ne connoît point de bornes, et le mien m'a mené plus loin que je ne le croyois, lorsque j'ai commencé ce discours. Je ne me reproche pourtant point cet excès ; j'ai dit beaucoup de choses de mon père ; mais il s'en faut beaucoup que j'aie tout dit. Non-seulement je vous permets, mais je vous prie, mes chers enfans, d'en penser encore plus. Imaginez quelque chose de plus grand que ce portrait de mon père ; plus vous éléverez vos idées, plus vous approcherez de la vérité, au-dessous de laquelle j'avoue que je suis souvent demeuré, par l'impuissance où je suis d'exprimer tout ce que je sens sur ce sujet. S'il faut néanmoins essayer de le renfermer comme dans un seul trait, je finirai ce discours en vous recommandant, mes chers enfans, comme je me le recommande à moi-même, d'aimer, de respecter, de révérer à jamais, et encore plus d'imiter un aïeul qui, dans toute sa vie, n'a rien fait, n'a rien dit, n'a rien pensé même que de louable : au-dessus de presque tous les hommes, par l'élévation de son génie, et encore plus au-dessus de lui-même par l'égalité de sa raison, et par la sainteté de sa religion.

RÉFLEXIONS DIVERSES

SUR JÉSUS-CHRIST,

ou

CARACTÈRES DIVINS DE JÉSUS-CHRIST DANS SA DOCTRINE ET DANS SES OEUVRES.

§. I. *Prodiges qui précèdent la naissance de Jésus-Christ.*

L'APPARITION de l'ange Grabriel à Zacharie, et la prédiction qu'il lui fait; la plaie dont Zacharie est frappé pour avoir hésité à le croire; Elisabeth, stérile et avancée en âge, conçoit un fils.

Le même ange envoyé à Marie, et ce qu'il lui annonce; une vierge devient mère sans cesser d'être vierge; Joseph aussi averti par un ange, du mystère qui s'opère en elle.

Elisabeth remplie du saint-esprit à la vue de la sainte vierge, qu'elle reconnoît pour la mère *de son seigneur*; l'exaltation ou le tressaillement de saint Jean dans les entrailles d'Elisabeth.

Marie, en rendant grâces à Dieu par son cantique, prophétise en même temps le salut que Jésus-Christ va apporter, et la gloire qui suivra sa maternité dans tous les siècles.

Naissance de saint Jean, la prédiction de l'ange accomplie; le nom de Jean donné; la parole rendue à Zacharie. Son cantique qui, comme celui de Marie, est une prophétie aussi bien qu'une action de grâces.

Première apparition de l'étoile aux mages dès le temps de la conception de saint Jean.

§. II. *Prodiges qui accompagnent sa naissance.*

L'ange qui apparoît aux pasteurs; la lumière miraculeuse qui les éclaire au milieu de la nuit; un

sauveur leur est annoncé , avec le signe auquel ils
pourront le reconnoître; cette troupe nombreuse de
l'armée céleste qu'ils voient de leurs yeux , et qui
chante le divin cantique, (1) *gloria in altissimis,* etc.
La foi des bergers qui adorent le christ naissant.

§. III. *Prodiges qui suivent sa naissance.*

L'étoile qui apparoît de nouveau aux mages; leur
fidélité à aller chercher celui qu'elle annonce; la réponse des prêtres et des scribes à Hérodes sur le lieu
où le christ devoit naître; la nouvelle et dernière apparition de l'étoile, lorsqu'il fallut montrer aux mages
la maison où étoit Jésus-Christ; le culte qu'ils lui
rendent comme les prémices de la gentilité ; l'ange
qui les avertit d'éviter Jérusalem , et de retourner
dans leur pays par un autre chemin.

Siméon , instruit par le saint-esprit de la naissance
de Jésus-Christ et de sa présentation au temple; sa
joie et son cantique d'actions de grâces, et en même
temps prophétique , à la vue de celui qu'il appelle
le sauveur envoyé de Dieu, *la gloire du peuple élu,*
et *la lumière des nations*; la prédiction qu'il fait sur
l'enfant qu'il tient entre ses bras , et sur la mère; le
témoignage et la joie d'Anne la prophétesse.

L'ange envoyé du ciel pour avertir Joseph de porter l'enfant jésus en Égypte; le carnage des innocens,
dont il est sauvé par cet avertissement.

Enfin, le même ange envoyé de nouveau à Joseph,
pour lui annoncer la mort d'Hérodes, et lui dire
qu'il peut retourner dans la terre d'Israël.

§. IV. *Les prédictions de ces différens prodiges reçoivent, chez
les Juifs, la même explication que chez les Chrétiens.*

Tous ces prodiges, qui ont précédé, ou accompagné, ou suivi la naissance de Jésus-Christ, avoient
été prédits par les prophètes, au moins pour la plus
grande partie; et la tradition des Juifs appliquoit au

(1) Luc, ch. 2, y. 14.

messie., les passages de l'ancien.testament, où ces prodiges sont annoncés, comme on le peut prouver par le témoignage même des docteurs modernes des Juifs.

§. V. *Double caractère qui se réunit en Jésus-Christ. Grandeur suprême, profonde bassesse, qui, comparée avec sa grandeur, est un anéantissement.*

Jésus-Christ naît dans une famille illustre, à la vérité, par son origine, mais obscure et confondue dans la foule des autres familles juives, lors de sa naissance. Celui qui passe pour son père est un charpentier; il naît dans une étable, parce que Joseph et Marie ne peuvent trouver un logement dans l'hôtellerie. Pendant que des anges descendent du ciel pour annoncer sa naissance, et que des hommes et des femmes inspirés de Dieu, prédisent qu'il sera le salut et le sauveur du monde, pendant que des prodiges éclatans confirment déjà la vérité de leurs paroles, il vient au monde dans l'état de la plus grande pauvreté, obscur et inconnu à tous autres qu'à des bergers, à qui Dieu fait voir en ce moment, comme un rayon de sa gloire : rien de plus grand du côté du ciel; rien de plus petit du côté de la terre; rien de plus capable de satisfaire ceux qui considèrent attentivement le progrès et la suite de la révélation; rien de moins propre à imposer à ceux qui jugent des choses humainement ; (1) *neque viæ vestræ, viæ meæ, dicit Dominus.* Dieu n'agit point en homme, il agit en Dieu, pour la manifestation de la gloire de son fils.

§. VI. *Jésus-Christ, docteur et maître dès son enfance.*

Jésus-Christ, dès l'âge de douze ans, fait dans le temple la fonction de docteur du monde, et montre, comme il le dit dans la suite, qu'il en est la lumière. Les prêtres et les docteurs de la loi sont dans l'admiration de la sagesse de ses réponses.

(1) Isa., ch. 55, ℣. 8.

§. VII. *Jésus-Christ, fils de Dieu, assis à côté de Dieu, se mettant au-dessous des hommes.*

Il déclare, dès le même âge et dans le même temps, que Dieu est son père. D'un autre côté, il obéit à la voix de sa mère qui le rappelle, et vit soumis, non-seulement à elle, mais à Joseph, qui passoit pour son père.

§. VIII. *Obscurité de la première et plus grande partie de la vie de Jésus-Christ.*

Après avoir laissé échapper ce premier rayon de lumière, il rentre dans l'obscurité et dans le silence; il y demeure pendant vingt ans et plus; vivant dans la maison et dans la boutique d'un charpentier, dont on le prend pour le fils, inconnu aux hommes, et ne cherchant point à s'en faire connoître.

§. IX. *Caractère du Précurseur destiné à faire connoître Jésus-Christ.*

Sa prédication, qu'il ne commence que dans sa trente-troisième année, est précédée par celle de Jean son précurseur, dont le caractère est si remarquable, et a un si grand rapport avec celui de Jésus-Christ, qu'il mérite d'être considéré attentivement.

Jean est prédit et annoncé par les prophètes dans sa qualité de précurseur, et comme un nouvel Élie.

On a déjà remarqué les prodiges qui ont précédé et accompagné sa naissance miraculeuse.

Il rend témoignage à Jésus-Christ dès le ventre de sa mère.

Il passe sa vie dans le désert jusqu'à l'âge de trente-deux ans, revêtu d'un habit de poil de chameau, ceint d'une ceinture de cuir, ne connoissant point d'autre nourriture que des sauterelles et du miel sauvage, séparé de tout commerce, et ne voyant pas même celui qu'il avoit reconnu dans le sein de sa mère, et dont il devoit annoncer la venue.

Il paroît sur les bords du Jourdain, et tout son

ministère se réduit à exhorter les juifs à la pénitence; à les baptiser dans l'eau, ce qui avoit été aussi prédit, et à les renvoyer à Jésus-Christ qu'il leur montre, après leur avoir donné des leçons de vertu convenables à chaque état.

Tous les peuples de la Judée accourent pour l'entendre; ils profitent de ses instructions; ils confessent leurs péchés; ils sont lavés dans les eaux du Jourdain.

Il ne ménage point son peuple, ni même ceux qui y tenoient le premier rang; il traite, au contraire, avec dureté les Pharisiens, qu'il appelle *race de vipères*.

Plusieurs sont tentés de le prendre pour le messie, il leur déclare qu'il ne l'est pas; on le presse de dire s'il est Élie, ou le prophète prédit par Moïse; il répond encore qu'il ne l'est pas. Il proteste qu'il n'est qu'*une voix qui crie dans le désert, préparez la voie du Seigneur*; et il ajoute que ce Seigneur, qui est le Christ, vient sur ses pas.

§. X. *Caractère de Jésus-Christ, tracé par saint Jean.*

Qualités de Jésus-Christ marquées par saint Jean: existant avant lui, plus fort que lui, fils de Dieu, juge des hommes, qui les baptisera dans le saint-esprit, et qui en fera le discernement pour exercer sur eux sa justice; qui a cette plénitude, dont tous les autres reçoivent ce qu'ils possédent; qui donne la grâce et la vérité, au lieu que Moïse n'a donné que la loi; le seul qui ait vu Dieu, comme son fils unique, et par lequel seul nous apprenons à le connoître; au-dessus de tout, parce qu'il nous vient du ciel, au lieu que les autres naissent de la terre; fils unique, et en même temps agneau de Dieu, destiné à lui être offert comme une victime de propitiation pour les péchés du monde; celui qui croira en lui aura la vie éternelle, etc.

Saint Jean joint enfin à ce témoignage qu'il rend au sauveur du monde, l'aveu de son néant par rapport à la grandeur de Jésus-Christ, en disant qu'*il n'est pas digne de délier les cordons de ses souliers.*

De là vient que, lorsque Jésus-Christ vient à lui pour en recevoir le baptême, saint Jean lui résiste d'abord en disant : *c'est moi qui ai besoin d'être baptisé par vous*, et n'obéit que lorsque Jésus-Christ lui répond, *que c'est ainsi qu'ils doivent accomplir toute justice.*

Que gagne saint Jean à mener une vie si austère, à prêcher la pénitence, à baptiser tout le peuple, à s'abaisser lui-même pour rendre gloire à Jésus-Christ? Toute la Judée court à lui, il continue de manger des sauterelles et du miel sauvage. Appelé à la cour d'un prince, il n'y gagne que la prison et la mort pour lui avoir dit librement la vérité.

Tel est le caractère du premier témoin de Jésus-Christ, et tel a été dans la suite celui de tous les autres (1).

§. XI. *Prédication de Jésus-Christ ; prodiges qui en caractérisent le commencement.*

Prodiges arrivés immédiatement avant la prédication de Jésus-Christ, lorsqu'il sort des eaux du Jourdain, où Jean l'avoit baptisé, les cieux s'ouvrent, le saint-esprit descend sur lui en forme de colombe, et on entend une voix du ciel qui dit : *c'est ici mon fils bien aimé, en qui j'ai mis toute ma complaisance* (2).

Jean atteste la vérité de ce fait, et ajoute que Dieu l'avoit averti, que ce seroit à ce signe qu'il reconnoîtroit celui qui devoit baptiser dans le saint-esprit, et qui étoit le fils de Dieu.

Ici comme ailleurs, toute la grandeur de Jésus-Christ vient du ciel, rien du côté de la terre.

(1) L'auteur avertit, dans une note marginale du manuscrit, que c'étoit après ce paragraphe qu'il devoit tracer les caractères de Marie, de Joseph, de Zacharie, d'Élisabeth, les premiers, et d'abord les seuls confidens de la venue de Jésus-Christ ; ce qui prouve que ce n'est ici que le canevas d'un ouvrage qu'il se proposoit de faire sur l'objet le plus important de la religion.

(2) Math., ch. 3, ℣. 17.

§. XII. *Caractères de Jésus-Christ, qui font voir qu'il est Dieu, tracés par saint Jean.*

Le verbe, qui est avant qu'il y eût rien de créé; le verbe qui est en Dieu, et qui est Dieu, le verbe par qui tout a été fait; le verbe qui est la lumière des hommes, et qui les éclaire en venant au monde; le verbe qui est la vie; le verbe s'est fait chair, et nous avons vu sa gloire, gloire telle que le fils unique devoit la recevoir du père; il a habité parmi nous plein de grâce et de vérité. Voilà ce que saint Jean l'évangéliste dit de Jésus-Christ.

De quel homme a-t-on dit la même chose depuis le commencement du monde? C'étoit peu de le dire, Jésus-Christ l'a fait croire, non par une seule nation, ou par une secte de philosophes, mais par des peuples innombrables de tout l'univers.

§. XIII. *Jésus-Christ, vainqueur du démon, à qui il permet de le tenter. La même parole qui a créé le monde confond le diable et le met en fuite.*

Le ciel a déjà rendu témoignage à Jésus-Christ. La terre le lui rend bientôt; mais il faut dès à présent que l'enfer le reconnoisse, et commence à trembler devant lui. C'est pour cela qu'il permet au démon de le tenter; mais le démon tente en vain celui qui étoit descendu du ciel pour le vaincre.

Discours du démon, qui montre qu'il conjecturoit que Jésus-Christ étoit le fils de Dieu, et qui fait voir l'idée qu'il attachoit à cette qualité, dans laquelle il reconnoissoit que la toute-puissance étoit renfermée. On voit aussi par là que le nom de *messie* et celui de *fils de Dieu*, devoient se réunir dans la même personne; manière dont Jésus-Christ se conduit à l'égard du tentateur; il souffre qu'il ose exercer encore sa puissance, parce que le temps de triompher de lui et de lui faire sentir son autorité n'étoit pas encore venu; il ne le repousse que par les paroles de l'écriture sainte. Celui qui chassa, dans la suite, tant de démons

par une seule de ses paroles, veut bien s'abaisser jusqu'à ne faire que répondre à l'abus que le démon
faisoit des passages du texte sacré, et le renvoyer enfin
en maître absolu, après avoir montré, en lui résistant,
qu'il venoit pour rendre les hommes supérieurs aux
tentations des sens, comme à celles de l'ambition, de
l'avarice, de l'orgueil, etc.

En comparant aussi les discours de saint Jean, on
voit que les termes de *messie*, de *fils de Dieu*, d'*a-
gneau de Dieu*, ou de *victime* qui doit être offerte
à Dieu sont synonymes, ou du moins qu'ils conviennent à la même personne.

§. XIV. *Jésus-Christ prophétise; il connoît ce qui est invisible
aux yeux du corps. Le messie devoit être le fils de Dieu.
Jésus-Christ est souvent reconnu en cette qualité.*

Jésus-Christ connoît l'avenir comme le présent, et
fait des prédictions qui sont déjà presque toutes accomplies.

Jésus-Christ voit en esprit ce qu'il ne pouvoit
voir des yeux du corps; c'est ainsi qu'il dit à Nathanaël, *je vous ai vu sous le figuier*; Nathanaël s'écrie
à cette seule parole, *vous êtes le fils de Dieu, le roi
d'Israël.* Un autre que Jésus-Christ n'avoit pu le voir
corporellement.

Philippe avoit amené Nathanaël à Jésus-Christ
comme au messie; ainsi ce passage fait encore voir
que les Juifs croyoient que le messie devoit être non-
seulement le roi d'Israël, *mais le fils de Dieu.*

§. XV. *Accomplissement des prophéties de Jésus-Christ.*

Jésus-Christ prophétise et ses prédictions sont accomplies; il dit à Nathanaël: *vous verrez les cieux
ouverts, et les anges du ciel descendre sur le fils de
l'homme.* Les apôtres l'ont vu en effet dans la suite.

§. XVI. *Miracles de Jésus-Christ.*

Jésus-Christ prouve ce qu'il est par un nombre
infini de miracles.

§. XVII. *Jésus-Christ veut se conformer à la loi.*

Jésus-Christ observe la loi, il va tous les ans à Jérusalem pour y célébrer la fête de Pâques.

§. XVIII. *Jésus-Christ agit en maître de la maison de Dieu, et prédit des événemens contraires à l'ordre de la nature.*

Jésus-Christ agit en maître dans le temple, et il en chasse les marchands et les changeurs. Si on lui demande par quelle autorité il agit, il répond d'une manière obscure pour les Juifs, mais claire pour les fidèles, en déclarant qu'il a une puissance infinie, puisqu'il se ressuscitera lui-même trois jours après sa mort.

Jésus-Christ, prophète, prédit sa résurrection future, et la prédit comme devant l'opérer lui-même.

Jésus-Christ a fait un très-grand nombre de miracles, outre ceux qui sont expliqués dans les évangiles.

§. XIX. *Miracles de Jésus-Christ sans nombre ; qui prouvent sa puissance infinie.*

Saint Jean parlant de la première pâque que Jésus-Christ célèbre à Jérusalem depuis le commencement de sa prédication, dit que beaucoup de Juifs crurent en lui, voyant les signes ou les miracles qu'il faisoit. Aucun de ces miracles n'est expliqué en détail par aucun des quatre évangélistes ; et il falloit bien qu'il y en eût un grand nombre, puisque peu de temps après, Nicodême dit à Jésus-Christ : *Personne ne peut faire ces signes que vous faites, si Dieu n'est avec lui.*

§. XX. *Doctrine de Jésus-Christ.*

Jésus-Christ enseigne une doctrine que toute la raison humaine n'avoit pu faire découvrir aux philosophes les plus pénétrans, comme la nécessité d'une nouvelle naissance par la régénération qui se fait dans le baptême, où le saint-esprit nous reproduisant, pour

ainsi dire, nous imprime le caractère d'enfans de
Dieu.

Doctrine fondée sur ce grand principe inconnu à
la philosophie payenne, qu'il n'appartient qu'à Dieu
de réformer son ouvrage, comme lui seul a pu le former, et par conséquent, que c'est à Dieu seul que
l'homme doit s'adresser pour recouvrer son innocence,
et acquérir la véritable vertu; la chair, c'est-à-dire,
l'homme par lui-même, ne pouvant produire que la
chair, et l'esprit ne pouvant être l'ouvrage que de
l'esprit, c'est-à-dire, du saint-esprit.

Cette vérité est telle que la raison y acquiesce aisément, quoiqu'elle n'ait pu la découvrir avant la
révélation. L'on trouve le même caractère dans une
grande partie des vérités enseignées par Jésus-Christ,
et qui conviennent tellement à l'idée de Dieu et à
celle de l'homme, qu'on est surpris de ce qu'elles
n'ont pas été plutôt aperçues.

§. XXI. *Caractère de Jésus-Christ; suprême grandeur, extrême*
bassesse.

Jésus-Christ s'appelle lui-même *le fils de l'homme,*
c'est-à-dire, un homme vil et abject, suivant le sens
que les Hébreux attachoient à cette expression, ou
comme Isaïe l'avoit prédit, *despectum et novissimum*
virorum, virum dolorum et scientem infirmitatem :
non est species ei, neque decor (1).

Dans le même temps il se nomme *le fils unique*
de Dieu.

La dernière bassesse et la suprême grandeur réunies dans la même personne; caractère unique de
Jésus-Christ.

§. XXII. *Jésus-Christ connoît seul ce qui est dans le Ciel,*
et prouve qu'il réunit les deux plus grands attributs de la
Divinité.

Jésus-Christ déclare nettement que lui seul a vu ce
qui est dans le ciel d'où il est descendu, et où il est

_____
(1) Isaï., ch. 53, ℣. 2.

encore. Quel est l'homme qui ait dit cela de lui-même,
et qui l'ait prouvé par les deux plus grands attributs
de la divinité, qu'il a fait voir en sa personne? La
connoissance de toutes choses, même de celles qui ne
sont pas encore, et la toute-puissance par laquelle il
a fait tout ce qu'il a voulu.

§. XXIII. *Jésus-Christ annonce sa mort, et prouve la vérité*
des prophéties de la loi par d'autres Prophètes.

Jésus-Christ fait voir qu'il a été promis et figuré
dans la loi, et cela à l'égard des choses qui n'existoient
pas encore lorsqu'il parloit, comme de son crucifiement prédit et annoncé par le serpent d'airain que
Moïse éleva dans le désert ; en sorte que c'est par une
prophétie qu'il apprend à Nicodême qu'en lui doivent
s'accomplir les anciennes prophéties.

Jésus-Christ prédit sa mort sur la croix pour le
salut du monde.

§. XXIV. *Caractères divins de la doctrine de Jésus-Christ.*

Jésus-Christ seul a fait voir que Dieu aime véritablement les hommes, et jusqu'où va son amour pour
eux, puisqu'il a donné son fils unique pour les sauver.

Jésus-Christ annonce que quiconque croira en lui
ne périra point. C'est ce qu'aucun philosophe n'avoit
jamais promis à ses disciples.

Jésus-Christ promet la vie éternelle à ceux qui
croiront en lui ; il décide, par une seule parole, la
question de l'immortalité des ames et de leur béatitude future, qui avoit exercé si long-temps et partagé les esprits des anciens philosophes, et des Juifs
mêmes.

§. XXV. *Jésus-Christ, la lumière du monde dans un sens*
incommunicable à l'homme.

Jésus-Christ assure qu'il est la lumière du monde,
qualité qui, selon saint Jean, ne convenoit pas même
à Jean-Baptiste, et qui, par conséquent, doit être

regardée dans le style de l'évangile, comme une propriété qui est au-dessus de l'homme, ou qui n'appartient qu'à Dieu.

§. XXVI. *Vie de Jésus-Christ, simple, pauvre; il veut qu'elle soit uniquement dépendante de la Providence.*

Simplicité de la vie de Jésus-Christ. Il étoit né pauvre, et il vit pauvre; il fait tous ses voyages à pied, et il subsiste de ce que ses disciples vont acheter pour lui, de ville en ville, ou de village en village; fatigué du chemin, il se repose sur le bord d'un puits ou d'une fontaine.

§. XXVII. *Grâce promise par Jésus-Christ. Jamais philosophe n'a fait une pareille promesse.*

Il annonce aux hommes qu'il leur donnera une eau vive, c'est-à-dire, une grâce agissante et salutaire, qui éteindra en eux la soif de tous les biens périssables, qui les élèvera jusqu'à la vie éternelle, où ils seront à jamais désaltérés, et qu'il ne faut que lui demander pour l'obtenir.

§. XXVIII. *Rien n'est caché à Jésus-Christ.*

Jésus-Christ connoît les choses les plus cachées, et ce qu'il n'a jamais vu, comme ce qu'il a vu. A ce seul caractère la Samaritaine s'écrie d'abord qu'il est un prophète, et, mieux instruite, elle annonce encore qu'il est le messie ou le christ.

§. XXIX. *Jésus-Christ annonce des évenemens que Dieu seul pouvoit produire, comme seul il pouvoit les prévoir.*

Jésus-Christ fait des prophéties qui sont toutes accomplies. Il prédit que ce ne sera plus ni sur la montagne de Samarie, ni à Jérusalem qu'on adorera le père, c'est-à-dire, Dieu, qui sera adoré en esprit et en vérité, c'est-à-dire, par un culte spirituel qui ne sera attaché à aucun lieu en particulier; et, fixant par là le sens des anciennes prophéties, il fait voir que ce que Malachie avoit prédit d'une *hostie pure qui seroit offerte à Dieu en tous lieux*, et chez les gentils mêmes, va s'accomplir par le messie, c'est-à-dire, par lui. Tout cela est si exactement accompli, que personne ne peut le nier.

§. XXX. *Excellence de la doctrine de Jésus-Christ; il explique en quoi consiste le vrai culte; sa qualité de Messie, la sainteté de ses mœurs, sa puissance.*

Jésus-Christ est le seul qui parle dignement de Dieu et de la religion. *Dieu est esprit, et il faut que ceux qui l'adorent, l'adorent en esprit et en vérité* (1). C'est donc le culte et le sacrifice de l'esprit qu'il exige, en quoi consiste toute l'essence de la religion, etc.

Jésus-Christ déclare formellement qu'il est le messie attendu des juifs et des samaritains.

Ses disciples sont étonnés de voir qu'il parloit avec une femme.

Tout instrument devient bon et salutaire entre les mains de Jésus-Christ. Une samaritaine, une femme dans le schisme, dans le désordre, quand il lui plaît, devient un apôtre qui publie qu'il est le christ, et qui le fait croire.

§. XXXI. *Véritable nourriture de l'Homme.*

Jésus-Christ méprise la nourriture corporelle. La sienne est de faire la volonté de son père, et d'acomplir l'œuvre pour laquelle il est envoyé.

§. XXXII. *Caractère remarquable des prophéties de Jésus-Christ.*

Jésus-Christ prophétise que les apôtres vont faire une grande moisson, et recueillir ce que les prophètes avoient semé. Ils le font en effet.

On doit remarquer que tous les événemens prédits par Jésus - Christ, ne sont point arrivés par aucun

_____

(1) Joan., ch. 4, ꝟ. 24.

enchaînement de causes secondes, ou de moyens humains; au contraire, tout y paroissoit opposé; non-seulement il prédit l'avenir, mais un avenir impénétrable, un avenir incroyable, un avenir qui devoit paroître impossible.

Les samaritains de Sichar paroissent avoir été convertis par ce seul caractère de Jésus-Christ, sans qu'il ait eu besoin d'y joindre le concours des miracles.

Jésus-Christ déclare qu'il est le messie, et que les prophéties d'Isaïe sont accomplies en lui (1).

§. XXXIII. *Caractère des miracles de Jésus-Christ.*

Jésus-Christ fait des miracles, et guérit ceux qui sont éloignés de lui comme ceux qui en sont proches (2).

Jésus-Christ reproche à l'officier de Capharnaüm, dont il guérit le fils, et en sa personne aux juifs, qu'ils ne croiroient point en lui s'ils ne voyoient *des signes et des prodiges* (3). Il y avoit donc d'autres marques dans Jésus-Christ, auxquelles on pouvoit le reconnoître, indépendamment de ses miracles, et ces marques étoient l'accomplissement des prophéties qu'il montroit en sa personne, sa doctrine toute céleste, la sainteté de sa vie, et tout ce qui formoit en lui un caractère unique, qui n'a jamais paru dans aucun homme, ni avant ni après lui.

§. XXXIV. *Choix des instrumens destinés à la conversion du Monde ; prophétie qui les regarde.*

Jésus-Christ choisit de pauvres pêcheurs pour en faire ses disciples, et ensuite ses apôtres, par lesquels il a converti le monde (4).

Jésus-Christ prophétise en les appelant, qu'il *en fera des pêcheurs d'hommes*, et la prédiction est accomplie (5).

(1) Luc, ch. 4, ỳ. 18, 19, 20, 21. — (2) Joan., ch. 4, ỳ. 47, etc. — (3) Joan., ch. 4, ỳ. 48. — (4) Math, ch. 4, ỳ. 18, etc.; Marc, ch. 1, ỳ. 16, *et seq.* 4. — (5) Math., ch. 4, ỳ. 19; Marc, ch. 1, ỳ. 17; Luc, ch. 5, ỳ. 10.

§. XXXV. *Autorité avec laquelle Jésus-Christ annonce sa doctrine ; témoignage qui lui est rendu par les démons mêmes ; empire sur les démons.*

Jésus-Christ enseigne avec un caractère de puissance et d'autorité, dont les peuples sont dans l'admiration, ne voyant rien de semblable dans les docteurs de la loi (1).

Les démons mêmes lui rendent hommage ; ils l'appellent le saint de Dieu, le fils de Dieu, et ils reconnoissent qu'il est venu pour les perdre (2).

Jesus-Christ leur commande avec un pouvoir absolu, et ils lui obéissent en sortant des corps qu'ils possédoient (3). Les peuples étonnés, s'écrioient : quelle est cette nouvelle doctrine, ou cette prédication qui est accompagnée d'un si grand prodige ?

§. XXXVI. *Éclat et publicité des miracles de Jésus-Christ.*

Les miracles et la plupart de ceux que Jésus-Christ fait, ne se passent point en secret ou en présence d'un petit nombre de témoins ; c'est dans la synagogue, c'est dans les places publiques, c'est devant une foule de spectateurs qu'il les opère.

Quand on n'auroit entendu que ceux mêmes qu'il avoit guéris, on en auroit formé une nuée de témoins.

Jésus-Christ fait taire les démons lorsqu'ils veulent publier qu'il est le Christ. Le père du mensonge n'étoit pas digne de rendre hommage à cette vérité (4).

§. XXXVII. *Vie de Jésus-Christ ; sa doctrine ; nul intérêt personnel dans toutes ses actions.*

Jésus-Christ passe souvent les nuits en prières dans la solitude (5).

(1) Marc, ch. 1, ỳ. 32 ; Luc, ch. 4, ỳ. 32. — (2) Marc, ch. 1, ỳ. 24 ; Luc, ch. 4, ỳ. 34 et 41. — (3) Marc, ch. 1, ỳ. 25 ; Luc, ch. 4, ỳ. 35 *et seq.* — (4) Marc, ch. 1, ỳ. 25, 34. — (5) Marc, ch. 1, ỳ. 35.

Jésus-Christ n'affecte point de ne prêcher sa doctrine que dans les grandes villes, il va la répandre de lieu en lieu et de village en village (1).

Tout se rapporte à Dieu dans ce qu'il dit et dans ce qu'il fait. Rien pour lui personnellement. Il est envoyé pour annoncer le royaume de Dieu, et toute sa vie se passe à l'annoncer (2).

§. XXXVIII. *Miracles de Jésus-Christ; manière dont il accomplit la loi; sa conduite à l'égard des Hommes.*

Jésus-Christ fait des miracles avec une pleine autorité. *Tanquam in semetipso potestatem habens*, et agissant par sa seule volonté. Le lépreux lui dit : *Seigneur, si vous voulez, vous pouvez me guérir;* et, loin de blâmer ou de restreindre l'étendue de cette expression, il l'approuve en lui répondant : *je le veux, soyez guéri*, et il l'est en effet (3).

Jésus-Christ accomplit la loi loin de la détruire, et oblige le lépreux qu'il a guéri, à le suivre en allant se présenter au prêtre, etc (4).

Jésus-Christ fuit l'éclat, la lumière, le concours des peuples, bien loin de les rechercher (5).

§. XXXIX. *Pouvoir de remettre les péchés; connoissance du secret des cœurs; principaux caractères de Jésus-Christ.*

Jésus-Christ remet les péchés, déclare qu'il en a le pouvoir, et le prouve par un miracle éclatant (6).

Jésus-Christ pénètre le fond des pensées, et lit ce qui est encore caché dans le cœur (7).

Jésus-Christ traite les pécheurs avec bonté, et déclare que c'est pour eux et pour les inviter à la pénitence qu'il a été envoyé, encore plus que pour le salut des justes (8).

(1) Marc, ch. 1, ỳ. 38; Luc, ch. 4, ỳ. 43. — (2) Marc, ch. 1, ỳ. ch. 38; Luc, 1, ỳ. 43. — (3) Marc, ch. 40, ỳ. 41, 42; Luc, ch. 5, ỳ. 12, 13. — (4) Marc, ch. 1, ỳ. 44; Luc, ch. 5, ỳ. 14. — (5) Marc, ch. 1, ỳ. 45, 46; Luc, ch. 5, ỳ. 16. — (6) Math., ch. 9, ỳ. 9, 3, 4, 5, 6, 7; Marc, ch. 2, ỳ. 5, 6, 7, 8, 9, 10, 11, 12; Luc, ch. 5, ỳ. 20, 21, 22, 23, 24, 25. — (7) *Ibid.* — (8) Math., ch. 9, ỳ. 11, 12, 13; Marc, ch. 2, ỳ. 16, 17; Luc, ch. 5, ỳ. 30, 31, 32.

§. XL. *Jésus-Christ se dit fils de Dieu, et prouve qu'il l'est.*

Jésus-Christ déclare qu'il est le fils de Dieu, et qu'il agit comme son père, ne cessant jamais d'exercer son pouvoir et son action; comme son père n'est jamais oisif, qu'il ne peut rien faire que ce qu'il voit faire au père, et qu'il fait tout ce que fait le père, ressuscitant les morts et donnant la vie comme lui : ayant même reçu le pouvoir de juger pour lui, afin que tous honorent le fils comme ils honorent le père, parce que celui qui n'honore pas le fils, n'honore pas le père. Il ajoute enfin, que quiconque croît en lui et en son père qui l'a envoyé, a la vie éternelle.

Les juifs comprennent tellement toute la force et le véritable sens de ces paroles, qu'ils accusent Jésus-Christ de dire que Dieu est son père, et de s'égaler à Dieu (1).

§. XLI. *Jésus-Christ prophétise; il se déclare Dieu; il annonce la résurrection des morts.*

Jésus-Christ prédit que l'heure va venir où les morts sortiront de leurs tombeaux et recouvreront la vie. Cette prédiction est accomplie.

Jésus-Christ dit de lui-même des choses qui ne peuvent convenir qu'à Dieu. Il déclare que comme le père a la vie en lui-même, il a donné au fils de l'avoir aussi en lui-même (2).

Jésus-Christ annonce la résurrection générale des morts, et il en prouve la possibilité par les résurrections particulières qu'il opère (3).

§. XLII. *Doctrine de la Trinité; preuves victorieuses de la vérité de la mission de Jésus-Christ.*

Jésus-Christ en faisant entendre qu'il est Dieu comme son père, marque en même temps la relation des personnes divines, et la dépendance où l'huma-

_____

(1) Joan., ch. 5, y. 17, 18, 19, 20, etc. — (2) *Ibid.*, y. 26 — (3) *Ibid.*, ch. 28, y. 29.

nité est de la divinité, en disant qu'il ne peut rien faire de lui-même; qu'il juge selon ce qu'il entend de la bouche de son père, et que c'est son père qui lui rend témoignage, aucun homme n'étant capable de le lui rendre (1).

Jésus-Christ joint au témoignage que son père lui rend, la preuve incontestable qui résulte des miracles qu'il opère pour établir la vérité de sa mission (2).

A ces deux témoignages, il ajoute encore celui des saintes écritures qui l'ont prédit, et surtout celui de Moïse, qui doit s'élever contre les juifs et confondre leur incrédulité (3).

§. XLIII. *Grandeurs de Jésus-Christ; son humilité profonde; caractères des Apôtres.*

Jésus-Christ déclare aux juifs qu'il est plus grand que le temple (4).

Jésus-Christ assure qu'il est le maître du sabbat, c'est-à-dire, qu'il peut dispenser de l'article le plus sacré de la loi (5).

Jésus-Christ ne marque aucun empressement de se faire connoître; il défend souvent à ceux qu'il guérit de publier ses miracles; et il fait taire les démons, lorsqu'ils s'écrient qu'il est le fils de Dieu.

Il choisit des pêcheurs, des hommes vils, obscurs, ignorans, pour en faire ses apôtres; et il leur donne le pouvoir de prêcher l'évangile, de guérir toutes les maladies, de chasser les démons, etc., et ils exercent pleinement ce pouvoir (6):

§. XLIV. *Vérités principales de la doctrine de Jésus-Christ; ses divers caractères, également divins.*

Jésus-Christ annonce publiquement sa doctrine à tous, non en secret, ou sous des signes mystérieux, ni à un petit nombre de disciples. Elle commence

(1) Joan., ch. 5, ꝟ. 30, 31, 34. — (2) *Ibid.*, ꝟ. 36. — (3) *Ibid.*, 45, ꝟ. 46, 47. — (4) Math., ch. 12, ꝟ. 6. — (5) *Ibid.*, ch. 12, ꝟ. 8; Marc, ch. 2, ꝟ. 28; Luc, ch. 6, ꝟ. 5. — (6) Math., ch. 12, ꝟ. 16; Marc, ch. 3, ꝟ. 11, 12.

par le point capital de toute morale, c'est-à-dire, par l'idée du souverain bien ou du véritable bonheur; et, tranchant en peu de paroles toutes les questions sans nombre que la subtilité des philosophes avoit fait naître sur ce point, il enseigne deux vérités qui renferment toutes les autres :

L'une, que c'est en Dieu seul qu'il faut chercher le vrai bonheur;

L'autre, que l'homme ne le possédera pleinement que dans le ciel, lorsqu'il verra Dieu et qu'il sera rassasié de la justice éternelle.

Par là se changent et se réforment ou se perfectionnent toutes les idées des biens ou des maux, en sorte que ceux que le monde regarde comme heureux, sont malheureux, et que ceux qu'il regarde comme malheureux, sont les seuls qui soient vraiment heureux.

Jésus-Christ propose sa doctrine d'une manière simple; il l'explique par des images familières qui la mettent à portée de tous les esprits. La seule force de la vérité en fait le prix, non les vains ornemens de l'éloquence humaine. Il parle, non en philosophe, mais en Dieu qui règne sur les esprits par la seule évidence des idées qu'il leur donne.

Il est le seul qui ait appris aux hommes qu'il falloit qu'il y ait une lumière toujours subsistante, toujours visible dans le monde, pour éclairer les ténèbres de l'esprit humain; et, pour en fixer tous les doutes, c'est pour cela qu'il établit ses apôtres et par conséquent leurs successeurs, la lumière du monde, lumière par leur doctrine, lumière par leurs œuvres, joignant toujours les exemples aux préceptes.

Il apprend aussi le premier, que le véritable bien de tous ceux qui instruisent les autres, n'est pas de s'en faire honorer; mais de faire glorifier le père céleste, l'auteur ou la source de toute vérité.

Tout Dieu qu'il est, Jésus-Christ ne vient point pour annoncer une doctrine nouvelle, il ne détruit pas la loi, il l'accomplit, ou plutôt il lui donne toute sa plénitude, et la conduit au plus haut degré de sa perfection. Il n'y a donc qu'une doctrine toujours la même, depuis le commencement du monde jusqu'à la fin des siècles, comme il n'y a qu'un Dieu, et qu'une vérité qui est Dieu même.

Les béatitudes qui sont comme le fondement de toute sa morale, font voir qu'il réduit tout à deux points qui renferment en effet tous les devoirs de l'homme : *l'amour de Dieu, l'amour du prochain*, et il le répète encore plus clairement dans la suite de ses discours.

La doctrine de Jésus-Christ est plus parfaite et plus excellente que celle des pharisiens, comme on le voit par la comparaison qu'il en fait lui-même. Elle est au-dessus de celle des philosophes; au-dessus de celle des interprètes de la loi de Moïse, au-dessus de cette loi même.

Ses divins préceptes ne se bornent pas à régler les actions extérieures, ils s'étendent aux sentimens du cœur, ils retranchent et condamnent jusqu'aux simples désirs, sur quoi aucun législateur n'avoit exercé ni cru pouvoir exercer sa puissance.

Rien n'est plus aisé que de prouver que la doctrine de Jésus-Christ est au-dessus de toute autre morale. Il défend non-seulement le parjure, mais l'usage du serment lorsqu'il n'est pas nécessaire. Raison sublime de cette défense, etc.

Ce divin législateur est le premier qui ait fait un précepte de souffrir les injures; de présenter l'autre joue à celui qui nous donne un soufflet; d'aimer nos ennemis; de faire du bien à ceux qui nous haïssent; de prier pour ceux qui nous persécutent. La raison humaine n'avoit pas été jusque-là; mais aussitôt que cette vérité lui est présentée, elle comprend combien cette conduite est raisonnable et digne de la grandeur de l'homme. Les fondemens de cette vérité, sont la qualité d'enfans de Dieu, l'obligation où ils sont de suivre son exemple, et d'être parfaits comme il est parfait, etc.

Jésus-Christ propose sa doctrine sans flatterie, sans ménagement. Il ne fait nul usage des anciennes traditions qui avoient énervé la vigueur de la loi primitive, ni de l'autorité des maîtres et des docteurs du peuple.

Ce divin législateur exclut tout désir des louanges et de l'approbation des hommes, dans le bien que l'on fait; il enseigne à n'avoir que Dieu seul en vue, et à ne désirer d'autre récompense que celle de lui être agréable. Maximes que les plus grands philosophes n'ont point connues dans toute leur pureté. Il enseigne qu'on doit mettre uniquement sa confiance dans la providence, et retrancher toute inquiétude sur les besoins temporels.

Le peuple même sent la différence de la doctrine de Jésus-Christ, en la comparant avec celle des docteurs de la loi. Elle est accompagnée d'une autorité qui la distingue; il enseigne comme étant le maître, et exerçant une souveraine puissance.

§. XLV. *Manière dont Jésus-Christ opère ses miracles, ses prédictions.*

Jésus-Christ opère les plus grands miracles, comme Dieu même, par sa seule volonté. Le lépreux lui dit, *Seigneur, si vous le voulez, vous pouvez me purifier*; et Jésus répond, *je le veux, soyez purifié* (1).

A sa parole les aveugles voient; les perclus marchent; les lépreux sont guéris; les sourds entendent; les morts ressuscitent. Isaïe avoit prédit que le Christ opéreroit ces prodiges, et Jésus-Christ les opère (2).

Jésus-Christ prophétise, et toutes ses prédictions sont accomplies. Il prédit que les gentils viendront dans son royaume des quatre parties du monde, et qu'ils y seront assis avec Abraham, Isaac et Jacob. L'événement a justifié la vérité de ses paroles presque aussitôt après sa mort (3).

(1) Math., ch. 8, ỳ. 2, 3. — (2) *Ibid.*, ch. 11, ỳ. 5, 6; Luc, ch. 7, ỳ. 21, 22. — (3) Math., ch. 8, ỳ. 12.

Jésus-Christ ressuscite les morts, il avoit été prédit qu'il les ressusciteroit (1).

§. XLVI. *La Pauvreté honorable ; grand caractère de l'Évangile.*

L'évangile où la bonne nouvelle est annoncée aux pauvres. Ils sont déclarés heureux ; la béatitude leur est promise.

Avant que Jésus-Christ eût publié sa doctrine, la félicité sembloit être le partage des riches ; on vantoit, on publioit leur bonheur. Le pauvre, regardé par tous les hommes comme condamné à la misère, étoit méprisé par le plus grand nombre, et plaint tout au plus par quelques-uns ; mais la compassion, comme le mépris, prouvoit que dans l'opinion publique, il passoit également pour malheureux.

Jésus-Christ est le premier qui ait, je ne dis pas canonisé, mais béatifié la pauvreté. Sa morale, aussi sainte que nouvelle sur ce point, a réformé les idées des hommes, et leur a fait voir que le pauvre ayant plus de disposition, par son état, à acquérir la félicité éternelle, qui est le terme de l'évangile, qui est la véritable fin de l'homme, devoit aussi être estimé plus heureux que le riche, qui ne pouvoit devenir heureux, qu'en se rendant pauvre d'esprit et de cœur.

§. XLVII. *Pouvoir de remettre les péchés ; preuve de la Divinité.*

Jésus-Christ remet les péchés : les pharisiens, en sont étonnés et se récrient, *qui est celui-ci qui remet jusqu'aux péchés* (2)? Comme s'ils avoient dit : il n'y a que Dieu, qui soit en droit d'exercer ce pouvoir. Quel est donc cet homme qui s'attribue une telle autorité ? Il n'y avoit d'autre réponse à leur faire, si ce n'est celle-ci, c'est que cet homme est Dieu même. Donc, Jésus-Christ s'est donné pour un Dieu, dont il faisoit en effet les actions.

(1) Luc, ch. 7, ℣. 11 *et seq.* — (2) *Ibid.*, ch. 7, ℣. 47, 50.

§. XLVIII. *Divers jugemens qu'on porte de Jésus-Christ.*

Les parens de Jésus-Christ s'imaginent qu'il a perdu l'esprit, et qu'il est hors de lui (1).

Les Juifs veulent dans la suite le faire passer pour un imposteur.

Les apôtres disent qu'il est le fils de Dieu et Dieu même.

C'est à ces trois jugemens, que se réduit tout ce qu'on a dit de lui, et on n'en peut pas supposer un quatrième.

Les deux premiers sont évidemment faux : donc le troisième est le seul véritable.

On peut faire un semblable raisonnement sur ce qu'il a dit de lui-même, etc.

§. XLIX. *La raison approuve la doctrine de Jésus-Christ, lorsqu'elle lui est montrée.*

Quoique la raison ne l'ait pas pleinement découverte par elle-même, cependant, lorsqu'elle nous est révélée, elle se trouve merveilleusement conforme aux plus pures lumières de la raison, de laquelle on peut dire que si elle ne connoît pas toujours cette doctrine, au moins la reconnoît-elle toujours.

§. L. *La doctrine de Jésus-Christ nous enseigne la distinction des péchés rémissibles et non rémissibles. Les meilleurs philosophes n'ont fait qu'entrevoir cette doctrine.*

Le blasphème, un des plus grands crimes que l'homme puisse commettre, n'est pas impardonnable, quand il peut avoir l'ignorance, ou le défaut de connoissance ou d'attention pour excuse : tels étoient ceux qui tomboient sur Jésus-Christ, non encore clairement manifesté.

Mais le blasphème contre le Saint-Esprit, c'est-à-dire, celui qui s'élève contre une opération claire, évidente, palpable, pour ainsi dire, du Saint-Esprit, qui se profère de mauvaise foi, contre la persuasion

_____

(1) Marc, ch. 3, ɣ. 21.

intérieure de l'ame, par un excès d'envie, de malignité, de noirceur volontaire, pourroit être ce crime de sa nature irrémissible, parce qu'il attaque l'essence de Dieu même, et qu'il veut faire passer pour menteur, celui qui est essentiellement la vérité.

Platon et d'autres philosophes, après lui, avoient bien distingué deux sortes de plaies de l'ame, les unes curables et les autres incurables ; mais aucun n'avoit marqué si clairement le caractère des unes et des autres, ni rendu raison de leur différence.

§. LI. *Sainteté de la doctrine de Jésus-Christ. Ce divin législateur ne fait acception de personne.*

Toute parole oisive, c'est-à-dire, vaine, frivole, inutile à tout bien, quoiqu'elle ne fasse aucun mal, sera la matière du jugement de Dieu, auquel les hommes seront obligés d'en rendre compte (1).

Jésus-Christ ne ménage point ceux à qui il parle, quelque crédit qu'ils aient, lorsqu'ils les trouve répréhensibles.

Il appelle les docteurs et les pharisiens, *race perverse, adultère*, etc. Le plus doux, le plus patient, le plus humain de tous les mortels, est en même temps le plus dur et le plus sévère dans ses expressions contre les pécheurs de mauvaise foi (2).

§. LII. *Jésus-Christ prophétisé, prophète, et plus que prophète.*

Jésus-Christ, prophétisé et prophète en même temps, et sur le même fait. Il montre que Jonas, avoit été sa figure ; il prédit que lui-même en sera la vérité, et l'événement justifie qu'il l'est en effet.

Admirable prophétie ! Il falloit être Dieu, pour l'entendre ; Dieu, pour annoncer qu'elle seroit accomplie ; et Dieu, pour l'accomplir effectivement (3).

Jésus-Christ est plus que Jonas, plus que Salomon, et c'est aux Juifs qu'il parle ainsi. Qu'est-il donc ?

(1) Math., ch. 10, ỳ. 36. — (2) *Ibid.*, 12, ỳ. 39. — (3) *Ibid.*, 12, ỳ. 40.

plus que prophète; ce n'est pas encore assez, il l'a dit de saint Jean; et saint Jean a dit de lui-même, qu'il n'étoit pas digne de délier les souliers de Jésus-Christ, au-dessus de l'homme, Dieu par conséquent (1).

§. LIII. *Jésus-Christ propose souvent sa doctrine, par des paraboles.*

Ce divin législateur a souvent recours aux paraboles.

1.º Pour s'accommoder au génie de la nation juive, qui, comme tous les orientaux, aimoit les figures, les comparaisons, les similitudes.

2.º Pour ne révéler sa doctrine qu'à ceux qui, par leur droiture, leur amour pour la vérité, leur application à l'étudier et à la méditer, pouvoient se rendre dignes d'entendre le sens caché de ses paraboles, et d'en recevoir l'explication de Jésus-Christ même; pendant que les autres demeureroient justement privés d'une intelligence qui n'auroit servi qu'à aggraver leur condamnation.

3.º Par ce que plusieurs de ses paraboles, presque toutes étant prophétiques, et renfermant des images tantôt de l'établissement de la religion chrétienne, qui, dans l'évangile, est appelé le royaume des cieux, tantôt de la punition des Juifs et de la destruction de leur état, tantôt du jugement dernier, et des peines ou des récompenses qui le doivent suivre, il convenoit que ces vérités fussent annoncées d'une manière capable d'exercer la foi des chrétiens, et d'exciter en eux une sainte curiosité de pénétrer toujours de plus en plus les mystères cachés sous le voile des paraboles.

De là, trois caractères de la doctrine de Jésus-Christ, ou de la manière dont il l'enseigne:

1.º Bonté et indulgence d'un maître, qui se proportionne au goût et au génie de ses disciples;

2.º Justice suprême dans la dispensation, ou dans

(1) Math., ch. 12, ỷ. 41, 42.

l'économie d'une doctrine, ou d'une manière d'instruire, qui est telle que tous y peuvent trouver, non-seulement un fonds inépuisable de lumières, mais une source continuelle de mérites, pendant que ceux qui n'en profitent pas, y trouvent par leur faute, et des ténèbres criminelles, et le juste sujet de leur condamnation;

3.° Une doctrine qui prouve sa divinité, non-seulement par son excellence, mais par des prophéties ou des prédictions de l'avenir, qui la garantissent, pour ainsi dire, et qui montrent par un caractère si inimitable qu'elle vient du ciel et qu'elle y conduit (1).

§. LIV. *Preuve de la divinité de Jésus-Christ.*

Celui qui s'abaisse jusqu'au point de ne s'appeler lui-même que le fils de l'homme, c'est-à-dire, l'homme de la condition la plus vile et la plus abjecte, parle néanmoins comme le maître des anges, et comme un roi parle des courriers qu'il dépêche. *A la fin des siècles*, dit-il, *le fils de l'homme enverra ses anges*, etc. Donc, les anges sont à lui; donc, il est plus qu'un ange; et si les créatures les plus excellentes obéissent à sa voix, peut-il être autre chose que Dieu (2)?

§. LV. *Comment l'Homme participe à la divinité de Jésus-Christ.*

Les alliances humaines se forment par la chair et le sang. Mais ce n'est point par là, que l'homme s'approche de Dieu, et qu'il contracte avec lui comme une parenté spirituelle. La docilité à entendre sa voix, la fidélité à la pratiquer, voilà ce qui unit l'homme à Dieu, ce qui le met au même degré avec Jésus-Christ que sa mère et ses frères. Union plus étroite et plus intime que toutes les liaisons charnelles, il devient semblable à Dieu, un avec Dieu, et comme

(1) Math., ch. 13; Marc, ch. 4; Luc, ch. 8. — (2) Math., ch. 13, ℣. 41.

Dieu lui-même : *consummati in unum, sicut pater et filius unum sunt* (1).

§. LVI. *Jésus-Christ exerce un empire souverain sur la nature ; multitude de témoins qui l'attestent.*

Jésus-Christ dort au milieu de la tempête, parce qu'il sait qu'il ne lui en coûtera qu'un mot pour l'apaiser : il commande au vent, et le vent s'arrête : il dit à la mer, tais-toi, et elle se tait. Pouvoit-il mieux montrer qu'il étoit celui à qui il n'avoit fallu qu'une parole pour créer l'univers ?

Les spectateurs étonnés s'écrient donc avec raison, qui est celui-ci ? Il commande au vent et à la mer, et ils lui obéissent ; comme s'ils disoient, qui est celui-ci, si ce n'est Dieu même, dont il est dit dans un pseaume : *tu dominaris potestati maris, motum autem fluctuum ejus, tu mitigas.* (2).

Multitude de miracles de Jésus-Christ, tous les malades sans nombre que le peuple lui amène sont guéris.

Multitude des témoins de ces miracles, par les flots qui se succèdent les uns aux autres, de tous ceux qui accourent en foule, soit pour l'entendre, soit pour recevoir la guérison de leurs maux.

Le premier miracle de la multiplication des pains, a cinq mille témoins (3).

Par tout où Jésus-Christ passe, on lui apporte des malades, et il les guérit par sa seule parole ou par l'attouchement de la frange de son vêtement (4).

§. LVII. *Les Démons reconnoissent la divinité de Jésus-Christ.*

Jésus-Christ guérit les possédés ; commande aux démons avec un empire absolu et ils lui obéissent (5).

(1) Luc, ch. 8, ỳ. 21. — (2) Ps. 78, ỳ. 10 ; Math., ch. 8, ỳ. 24, 25, 26, 27 ; Marc, ch. 4, ỳ. 37, 38, 4 ; Luc, ch. 8, ỳ. 23, 24, 25. — (3) Math., ch. 14, ỳ. 19, 20, etc. — (4) *Ibid.*, ch. 14, ỳ. 35, 36. — (5) *Ibid.*, ch. 8, ỳ. 29, 30, 31 ; Marc, ch. 5, ỳ. 8, 9, 10, 11 ; Luc, ch. 8, ỳ. 29, 30, 31, 32.

Les démons mêmes rendent témoignage à Jésus-Christ, reconnoissent son pouvoir, l'appellent le fils du Dieu très-haut (1).

§. LVIII. *Jésus-Christ possède la toute-science et la toute-puissance.*

Le miracle sur l'hémorroïsse, dont Jésus-Christ exauce les désirs secrets, montre qu'il connoît ce qui est inaccessible à la vue et même à l'esprit, et qu'il peut tout ce qu'il veut (2).

La fille de Jaïre, ressuscitée à la seule parole de Jésus-Christ. Il promet ce miracle et il l'accomplit.

Il rend la vue aux aveugles, et, avant que de les guérir, il les oblige à déclarer s'ils croient qu'il a le pouvoir de le faire. Ils le déclarent ainsi, et il les guérit.

Rien de plus sage que le raisonnement de l'aveugle-né ! Dieu exauceroit-il, non-seulement un pécheur, mais un imposteur qui porterait la témérité jusqu'à exiger que l'on croie qu'il a le pouvoir de faire des miracles (3).

§. LIX. *Jésus-Christ communique à ses Apôtres le pouvoir de faire des miracles.*

Jésus-Christ est non-seulement le premier, mais le seul qui ait dit à ceux qu'il envoyoit prêcher sa doctrine : guérissez les malades, purifiez les lépreux, ressuscitez les morts, chassez les démons. Qui a jamais commandé à un autre de faire des miracles ? Il n'y a que le maître de la nature, le Dieu de tous les êtres spirituels ou corporels, qui puisse donner un tel ordre, parce qu'il peut seul le rendre efficace; et cet ordre donné par Jésus-Christ, a été exécuté (4).

(1) Math., ch. 8, ỳ. 29; Marc, ch. 5, ỳ. 7; Luc, ch. 8, ỳ. 28. — (2) Math., ch. 8, ỳ. 20, etc.; Marc, ch. 5, ỳ. 25, etc.; Luc, ch. 8, ỳ. 43, etc. — (3) Math., ch. 9, ỳ. 27, 28. 29. — (4) *Ibid.*, 10, ỳ. 1, 8; Marc, ch. 6, ỳ. 7; Luc, 9, 1.

§. LX. *Les Apôtres annoncent, par l'ordre de Jésus-Christ, un royaume invisible.*

Jésus-Christ charge ses apôtres d'annoncer, non des grandeurs, des fortunes ou des récompenses temporelles, mais le royaume des cieux, ou le règne de Dieu, c'est-à-dire, une couronne, et une gloire spirituelle, invisible, qui n'aura lieu qu'après la mort; et ceux qu'il charge de la promettre, sont crus sur leur parole, par les grands mêmes de la terre, qui renoncent à une grandeur présente et sensible, pour acquérir celle qu'ils ne sauroient encore ni voir, ni sentir (1).

§. LXI. *La Pauvreté est le caractère principal de l'Évangile et des Apôtres qui l'ont annoncé.*

Nul secours humain, je ne dis pas accordé, ni du moins promis, mais qu'il soit permis aux prédicateurs de l'évangile de rechercher. Jésus-Christ veut que ses apôtres négligent toutes les précautions les plus nécessaires à ceux qui voyagent, et que dans une pauvreté parfaite ils prêchent une doctrine, dont un des principaux caractères est d'être annoncée aux pauvres, et de béatifier la pauvreté volontaire : *beati pauperes spiritu* (2).

§. LXII. *Caractère de divinité dans les instructions que Jésus-Christ donne à ses Apôtres en les envoyant prêcher l'Évangile.*

Rien de si excellent que les préceptes ou les instructions qui accompagnent la mission que Jésus-Christ donne à ses apôtres.

Soyez prudens comme les serpens, simples et innocens comme les colombes.

Rien de secret, ni qui doive être caché dans la doctrine de Jésus-Christ : *ce que je vous dis à l'oreille, publiez-le sur les toits* (3).

(1) Math., ch. 10, ℣. 7; Luc, ch. 9, ℣. 1. — (2) Math., ch. 10, ℣. 9; Marc, ch. 6, ℣. 8, 9; Luc, ch. 9, ℣. 3. — (3) Math., ch. 10, ℣. 16, 27.

Ne point craindre ceux qui n'ont de pouvoir que sur les corps, et qui ne peuvent rien sur l'ame : craindre uniquement celui qui peut précipiter le corps et l'ame dans l'enfer.

S'abandonner sans réserve à la providence, plus attentive sur nos moindres besoins que sur ce qui regarde les animaux, auxquels cependant rien ne manque par la bonté du père céleste.

N'être point en peine sur la manière de répondre aux juges ou aux puissances de la terre, compter sur l'assistance du Saint-Esprit qui parlera dans les apôtres.

Mépriser les injures ; si le maître même, si le père de famille ont été appelés belzébut, les domestiques doivent-ils s'effrayer d'être traités de la même manière ?

Ne point tenter Dieu en lui demandant des miracles, où les voies ordinaires de la providence peuvent suffire, et ne pas rougir de fuir la persécution d'une ville dans une autre.

Confesser le nom de Jésus-Christ, à la face de tous les hommes.

Aimer Jésus-Christ plus que père, mère, enfans, et tout ce qu'il y a de plus cher.

Perdre sa vie pour la sauver ; et croire que vouloir la sauver, c'est le moyen de la perdre (1).

§. LXIII. *Caractère de divinité dans ce que Jésus-Christ annonce à ses Apôtres pour le temps présent et pour l'avenir.*

Par quel attrait, ou par l'espoir de quelle récompense Jésus-Christ excite-t-il ses apôtres à se charger du pénible et presque toujours funeste ministère de la prédication de l'évangile ?

D'un côté il leur dit : je ne suis pas venu pour établir la paix sur la terre, c'est le glaive que je vais jeter parmi les hommes. L'homme sera divisé d'avec son père, la fille combattra contre sa mère......

(1) Math., ch. 10, ℣. 16 au ℣. 39 inclus.

30 *

et les plus grands ennemis de l'homme seront ceux même de sa maison ; le frère livrera son frère à la mort ; les enfans s'élèveront contre les pères, et les pères contre les enfans, jusqu'à leur donner la mort.

Vous-mêmes, vous serez livrés aux tribunaux, vous serez condamnés au fouet par les synagogues. Tous les gouverneurs et les rois vous détesteront à cause de moi, et vous serez haïs de tous les hommes pour l'amour de mon nom.

Quiconque ne portera pas ma croix est indigne de moi.

D'un autre côté, il leur promet seulement qu'il reconnoîtra et avouera en présence de son père céleste, ceux qui l'auront avoué et reconnu devant les hommes, et que celui qui persévèrera jusqu'à la fin sera sauvé.

Ceux qui recevront les apôtres ne pourront espérer d'autres récompenses.

Ainsi, il ne leur annonce que des maux présens et sensibles, des peines, des tourmens, des croix.

Et tout ce qu'il leur promet pour récompense n'est qu'un bien futur, invisible, hors de la vie présente, inaccessible aux sens, et réalisé seulement par la foi.

C'est ainsi qu'il les appelle à leur ministère, et cependant il les persuade par tout ce qui pouvoit les dégoûter. La doctrine des souffrances a des charmes dans sa bouche ; il commande le genre de vie le plus dur à l'humanité, et il est obéi.

Jamais prince, jamais législateur, jamais philosophe a-t-il tenu ce langage, et s'est-il fait suivre en le tenant ? Jésus-Christ parloit au cœur dont ceux-là ne connoissoient pas la route (1).

§. LXIV. *La vie et la mort de Jean-Baptiste apprennent aux Apôtres ce qu'ils doivent désirer et attendre en suivant Jésus-Christ.*

Jean-Baptiste, premier disciple, premier martyr de

(1) Math., ch. 10, ỳ. 17 au ỳ. 42.

Jésus-Christ, puisqu'il l'a été de la vérité et de la justice, montre aux apôtres et aux autres disciples de Jésus-Christ, et la vie qu'ils méneront, et la mort qui les attend. Qui auroit cru qu'un tel modèle pût avoir tant d'imitateurs? (1)

§. LXV. *Caractère de la doctrine de Jésus-Christ, cachée aux sages et révélée aux simples. Elle est émanée directement de Dieu même.*

Doctrine de Jésus-Christ cachée aux sages et aux esprits pénétrans, révélée aux simples et aux ignorans, ou, pour mieux dire, aux enfans (2).

Tout ce que Jésus-Christ sait, il l'a reçu de son père. La première tradition, la source de toutes les autres, est celle du père au fils. Le père seul connoît le fils, le fils seul connoît le père; de cette connoissance réciproque naît toute véritable science qu'il plaît au fils de communiquer, de dévoiler à ceux qui l'écoutent (3).

La raison ne pouvoit atteindre seule à une telle hauteur de doctrine, elle s'y soumet sans peine, et si elle ne la connoît pas d'elle-même, elle la reconnoît lorsqu'elle lui est montrée par l'auteur de toute vérité.

§. LXVI. *La doctrine de Jésus-Christ prescrit la douceur et l'humilité, source de la paix parmi les hommes; simplicité et fécondité des principes de cette doctrine.*

Douceur et humilité, source de la véritable paix entre les hommes, ou de l'homme avec soi-même; doctrine que la raison goûte d'autant plus qu'elle la médite davantage. Un des caractères de la doctrine de Jésus-Christ, est de présenter des principes simples, mais féconds, dont une infinité de vérités ou de devoirs ne sont que comme des corolaires ou des conséquences évidentes (4).

(1) Math., ch. 14, ⅄. 3 au ⅄. 12; Marc, ch. 6, ⅄. 17 au ⅄. 29. — (2) Math., ch. 11, ⅄. 25. — (3) *Ibid.*, ch. 11, ⅄. 27. — (4) *Ibid.*, ch. 11, ⅄. 29.

§. LXVII. *Désintéressement et détachement parfait de toute grandeur temporelle dans Jésus-Christ.*

Exemption de toute ambition et de tout projet de grandeur, ou d'élévation temporelle dans Jésus-Christ. Le peuple veut le faire roi après le miracle des cinq pains ; il s'enfuit seul sur la montagne (1).

§. LXVIII. *Jésus-Christ manifeste sa toute-puissance divine.*

Jésus-Christ marche sur la mer, et par sa seule parole il y fait marcher les autres. La foi du disciple chancelle ; il est prêt à être submergé ; le maître lui tend la main et le raffermit. Est-il surprenant, après cela, que tous ceux qui en sont témoins se prosternent pour l'adorer, et qu'ils s'écrient : *vous êtes vraiment fils de Dieu* (2).

§. LXIX. *Jésus-Christ agit sur les absens, et par sa seule parole ; autre caractère de sa toute-puissance.*

Multitude des guérisons miraculeuses, et de ceux qui en étoient les témoins. Preuve complète et de leur certitude et de la divinité de Jésus-Christ (3).

Manières différentes avec lesquelles Jésus-Christ les opère : la plupart en un instant, pour marquer la toute-puissance de Dieu qui ne consiste que dans l'efficacité qui est essentielle à sa volonté absolue. Quelques-uns par degrés et successivement, comme pour faire voir la résistance que l'homme a le malheureux pouvoir d'opposer à l'action de Dieu, lorsque Dieu le meut suivant la nature des êtres libres ; peut-être aussi la foiblesse et l'incertitude de la foi, dans ceux qui ont été guéris de cette manière, étoient-elles la raison de la différence ; l'opération de Dieu suivoit le progrès de leur foi.

Il semble qu'il y ait des miracles opérés d'une manière plus déprécatoire, et d'autres d'une manière plus impérative. Est-ce que Jésus-Christ a voulu montrer, qu'il demandoit les uns comme homme, et qu'il commandoit les autres comme Dieu ! conclusion que je soumets à des lumières supérieures (1).

§. LXX. *Excellence de la doctrine de Jésus-Christ, non-seulement au-dessus de celle des Philosophes, mais au-dessus de la loi judaïque.*

Travailler pour la nourriture céleste, qui subsiste dans la vie éternelle, non pour cette nourriture terrestre et passagère, qui se consume et qui périt.

Cette nourriture céleste, c'est le seul fils de l'homme qui la donne. Principe bien opposé à celui de quelques anciens philosophes, qu'Horace exprime par ces vers :

Det vitam, det opes, æquum mi animum ipse parabo (2).

D'autres philosophes avoient mieux pensé, quand ils disoient qu'il falloit demander la vertu aux dieux.

Fortem posce animum ; et mortis terrore carentem :
Nesciat irasci : cupiat nihil, etc. (3).

Mais aucun n'avoit dit si clairement, que c'est Dieu seul qui donne à l'homme cet aliment de l'esprit, qui n'est autre chose que la connoissance du vrai et du souverain bien, le goût et l'amour constant de l'un et de l'autre, en quoi consiste la nourriture solide, et pour ainsi dire, toute la vie de notre ame, qui n'est que connoissance et amour ; connoissance qui ne peut être fixée que par le vrai; amour qui ne peut être rempli et rassasié, que par l'unique bien suprême, qui est Dieu.

De là cette conséquence certaine :

Que le vrai pain de l'homme est celui qui est descendu du ciel, c'est-à-dire, le fils unique du père,

(1) Marc, ch. 7, ỳ. 32, 33, 34, 35. — (2) Epist. L. 1, ỳ. 18. — (3) Juvenal., satyr. 10.

qui, par son union avec nous, ou par la participation
de sa connoissance et de son amour, devient la nourriture, le soutien et la force de notre ame en la
convertissant, si l'on peut parler ainsi, dans sa propre substance.

Donc, encore celui qui mangera ce pain n'aura
jamais ni faim ni soif, c'est-à-dire, qu'il n'aura plus
de désirs, parce qu'il n'aura plus de besoins.

Donc, il ne mourra point, car sa vie sera aussi éternelle que sa nourriture.

La manne qui tomboit du ciel n'étoit que la figure
de cet aliment véritable de l'ame. Ainsi, Moïse même
n'avoit point donné le pain du ciel, il n'en avoit
donné que l'ombre qui en renfermoit tacitement la
promesse.

C'est par la foi que cette nourriture spirituelle se
communique au fond de notre ame. Nouvelle vérité
que la raison seule n'apercevoit point, mais qu'elle
conçoit sans peine dès qu'elle lui est montrée.

La foi comprend deux choses, la créance ferme et
certaine de ce que Dieu nous annonce, la confiance
pleine et entière dans sa parole et dans son secours,
avec cette persuasion intime que ceux qui s'abandonnent à Dieu ne seront jamais confondus. *Qui credi-
derit et baptisatus fuerit, salvus erit* (1).

Rien de plus excellent que cette doctrine, mais en
même temps rien de plus conforme à la raison. Elle
s'accorde parfaitement avec les idées les plus pures
de la puissance et de la bonté de l'Être souverainement
parfait; elle ne s'accorde pas moins avec celle de la
foiblesse et de la misère des êtres bornés : en un mot,
elle réunit ces deux caractères d'être digne de Dieu
et convenable à l'homme.

Secours et motifs, pour porter l'homme à embrasser
cette doctrine.

Résurrection assurée à ceux qui la suivront; vie
éternelle promise à ceux qui y seront fidèles.

Quel est l'homme qui a jamais osé dire : non pas les

_____

(1) Marc, ch. 16, ✝. 16.

hommes ressusciteront un jour, mais je les ressusciterai moi-même. Jésus-Christ l'a dit et il l'a fait.

Personne ne viendra au fils si le père ne l'attire : grâce promise à tous ceux qui le suivront.

Le besoin et la promesse de la grâce n'ont été clairement annoncés que par Jésus-Christ.

Il est le seul qui ait vu le père. Qui a jamais parlé ainsi, et qui l'a prouvé par des miracles, par des prophéties, par sa doctrine même ?

Sa chair même est pain, et son sang est breuvage. Celui qui s'en nourrira demeurera en Jésus-Christ, et Jésus-Christ demeurera en lui ; et il vivra de la vie du fils, comme le fils vit de la vie du père. Union intime avec Dieu, source de la vraie félicité, selon les philosophes eux-mêmes ; union commencée dès cette vie ; gage présent et continuel de sa consommation dans la vie future. *Ego in eis, et tu in me, ut sint consummati in unum* (1) : et l'évangile s'étoit déjà servi de ces paroles énergiques, *sicut et nos unum sumus.* Qui est le philosophe qui ait jamais donné à l'homme une si haute idée de la fin à laquelle il est destiné ?

C'est l'esprit qui vivifie, la chair ne sert de rien. Grand principe entrevu par quelques philosophes, manifesté par Jésus-Christ.

Le disciple charnel se révolta contre une doctrine si sublime, et abandonna celui qui l'enseignoit. Mais les apôtres en sentirent tout le prix, quand ils se récrièrent : *domine ad quem ibimus ? verba vitæ æternæ habes. Et nos credidimus et cognovimus, quia tu es christus filius dei. Et nos credidimus et cognovimus.* Foi, source des connoissances les plus sublimes (2).

§. LXXI. *Preuves incontestables de la divinité de Jésus-Christ.*

Jésus-Christ annonce qu'il montera au ciel d'où il est descendu (3).

(1) Joann., ch. 17, ✝. 22, 23. — (2) *Ibid,* ch. 6, ✝. 69. — (3) *Ibid.,* ch. 6, ✝. 3.

Autre prédiction, qu'il faut être Dieu pour la faire, et Dieu pour l'accomplir.

Jésus-Christ connoît les pensées les plus cachées, il voit qu'un de ses apôtres est un traitre et un démon (1).

§. LXXII. *Caractère de la doctrine de Jésus-Christ.*

Ce qui rend le cœur pur ou impur, c'est ce qui naît dans le cœur même et ce qui en sort comme les paroles et les actions. L'impureté ou la pureté extérieure n'est que le signe ou l'image de l'impureté ou de la pureté intérieure ; en ce point comme dans beaucoup d'autres, la lettre se trouvoit dans la loi ; l'évangile seul en a montré l'esprit. Différence de l'ancienne et de la nouvelle alliance (2).

§. LXXIII. *Effets admirables de la foi confiance.*

La foi obtient tout de Dieu ; sa puissance opère selon sa mesure de la foi. *O femme, votre foi est grande, qu'il vous soit fait comme vous le voulez* (3).

§. LXXIV. *La bonté de Jésus-Christ se manifeste dans le miracle de la multiplication des cinq pains, comme dans la création.*

Jésus-Christ, dans toutes ses actions, ne consulte que sa bonté pour les hommes. Les entrailles de Jésus-Christ sont émues sur les besoins de quatre mille ames, et il les nourrit. Charité bienfaisante avec laquelle Dieu prépare des alimens à tout ce qu'il a créé. *Qui dat escam omni carni. Omnia à te spectant ut des illis escam in tempore. Dante te illis, colligent : experiente te manum tuam, omnia implebuntur bonitate.* A de tels caractères, qui peut méconnoître la divinité (4)?

(1) Joann., ch. 6, ⅴ. 70, 71. — (2) Math., ch. 15, ⅴ. 11 au ⅴ. 20 ; Marc, ch. 7, ⅴ. 5 au ⅴ. 23. — (3) Math., ch. 15, ⅴ. 21, 28 ; Marc, ch. 7, ⅴ. 29. — (4) Psal. 135 et 103.

§. LXXV. *Conduite de Jésus-Christ dans la manière dont il accorde et refuse certains miracles. Il renvoie les incrédules aux Prophètes.*

Les pharisiens et les saducéens ne pouvoient s'empêcher de regarder Jésus-Christ comme étant au-dessus de l'homme, puisqu'ils lui demandent un signe ou un prodige du côté du ciel. Jésus-Christ le leur refuse pendant qu'il accorde la nourriture par miracle, à quatre mille hommes qui ne lui demandent rien (1). Nulle politique, nul respect humain dans sa conduite; il ouvre ou il ferme sa main selon les lois de sa justice suprême. Il s'attendrit à la vue d'un peuple docile, il s'endurcit à la vue des superbes incrédules. *Cum sancto sanctus eris et cum perverso perverteris* (2).

Les docteurs de la loi avoient-ils besoin de demander un signe du ciel pour reconnoître le messie! La terre leur offroit tous ceux que les prophètes avoient prédits, et qu'ils voyoient s'accomplir en Jésus-Christ, plus aisé à reconnoître par ses miracles, par ses discours, par toute sa vie, qu'il ne l'est de juger du temps par les apparences du ciel (3).

Aussi les renvoie-t-il aux prophètes, et ne fait-il que leur indiquer le fait de Jonas, image et signe de Jésus-Christ.

§. LXXVI. *Tout respire la vertu dans la conduite de Jésus-Christ.*

Jésus-Christ n'a jamais été attendri que sur la misère des hommes; il n'a gémi que sur leur endurcissement et leur incrédulité. Au-dessus de toute passion et de toute foiblesse humaine, il ne s'est permis que les sentimens qui naissent de la vertu (4).

(1) Math., ch. 16, ў. 1; Marc, ch. 8, ў. 2. — (2) Psal. 71. — (3) Math., ch. 16, ў. 2, 3, 4. — (4) Marc, ch. 8, ў. 12.

§. LXXVII. *Imperfections des Apôtres. C'est cependant avec de tels instrumens que s'est opérée la conversion de l'Univers.*

Patience de Jésus-Christ, vivant au milieu de disciples si grossiers et si lents à croire, que les plus grands miracles ne faisoient sur eux qu'une impression légère, presque aussitôt effacée que formée. Ils voient que Jésus-Christ vient de nourrir quatre mille hommes avec cinq pains, et ils s'imaginent qu'il leur reproche de n'avoir pas pris de pain pour sa nourriture. (1) Avec de tels instrumens il a cependant converti l'univers.

§. LXXVIII. *Le Messie, attendu de tous les Juifs lorsque Jésus-Christ a paru ; la secte des Hérodiens le prouve.*

La secte des hérodiens montre que tous les juifs attendoient la venue du messie, dans le temps qu'il a paru en effet (2). Hérodes n'auroit jamais été regardé par une secte entière, comme le messie, si l'opinion commune sur le temps de sa mission, n'avoit favorisé leur erreur ou leur flatterie. Cette opinion étoit-elle fondée ou sur la prophétie de Jacob, ou sur le calcul des semaines de Daniel, ou sur l'un et sur l'autre ; c'est ce qui demanderoit de grandes dissertations. Mais il est toujours certain que toute la Judée étoit dans l'attente du messie, quand Dieu l'a envoyé sur la terre, et que cette attente ne pouvoit être fondée que sur les prophéties.

C'est après la demande d'un signe du ciel faite par les pharisiens et les saducéens, que Jésus-Christ recommande à ses disciples d'être en garde contre le levain d'Hérodes, c'est-à-dire, contre les hérodiens, qui vouloient appliquer à ce prince les prophéties du messie.

(1) Math., ch. 16, ỳ. 6, 7, 8, 9, etc.; Marc, ch. 8, ỳ. 9, 10, 11, etc. — (2) Marc, ch. 8, ỳ. 15.

§. LXXIX. *Jugement qu'on porte sur Jésus-Christ.*

Les jugemens divers qu'on portoit de Jésus-Christ, regardé par les uns comme Jean-Baptiste, par d'autres comme Élie, par d'autres comme Jérémie, ou quelqu'un des anciens prophètes, s'accordoient tous à le considérer comme un homme extraordinaire et inspiré de Dieu.

Mais il étoit plus que tout cela; et saint Pierre lui en rend témoignage, lorsqu'il lui dit : *vous êtes le christ, le fils de Dieu vivant* (1).

Jésus-Christ l'avoue, et l'établit la pierre fondamentale de son église, en faveur d'une confession si glorieuse.

Jésus-Christ lui-même est avoué de Dieu, qui lui rend témoignage par les miracles, par le don de prophétie, par la doctrine.

Donc saint Pierre a dit vrai, quand il a appelé Jésus-Christ *le fils de Dieu vivant,* c'est-à-dire, *Dieu lui-même* (2). Il n'y a qu'un Dieu qui puisse être vraiment le fils du Dieu vivant. Tous les êtres bornés sont les ouvrages de Dieu. Jésus-Christ seul, ou le verbe seul, en est le fils.

§. LXXX. *Prophéties de Jésus-Christ sur la perpétuité de l'Église, et le pouvoir qui lui a été confié.*

Il y a près de dix-sept cent trente ans que Jésus-Christ a prédit que les portes de l'enfer ne prévaudroient pas contre l'église; elles n'y ont pas encore prévalu, et nous sommes assurés qu'elles n'y prévaudront jamais (3).

« Je vous donnerai les clefs du royaume des cieux: » ce que vous lierez sur la terre sera lié dans le ciel; » ce que vous délierez, sera délié dans les cieux ». Quel mortel a jamais osé parler ainsi, et prouver par des prophéties et par des miracles qu'il avoit droit de le faire.

(1) Math., ch. 16, ẏ. 16. — (2) *Ibid.*, ch. 16, ẏ. 16 au ẏ. 19; Marc, ch. 8, ẏ. 29. — (3) Math., ch. 16, ẏ. 18, 19.

§. LXXXI. *Jésus-Christ fuit l'éclat ; toute sa conduite ne respire que l'humilité.*

Ce n'est point pour se vanter, ou pour se faire suivre par un grand nombre d'adorateurs, qu'il parle ainsi de son pouvoir ; il défend à ses disciples de le redire (1). Les vérités ont leur temps pour être découvertes. Ce secret devoit durer pendant toute sa vie, et n'être révélé qu'après sa résurrection. Jésus-Christ étoit donc sûr de ressusciter ?

§. LXXXII. *Plus les prophéties de Jésus-Christ sembloient incroyables, plus elles prouvent sa divinité.*

Celui que ses disciples reconnoissent être Dieu, celui qui vient de parler en Dieu, annonce dans le même instant qu'il souffrira la mort comme homme, et qu'il ressuscitera le troisième jour (2). Donc il est homme et Dieu tout à la fois, réunissant en lui la mort et la vie. Comment se fait-il croire, en publiant des vérités qui paroissent si contraires, si incompatibles ? Autre preuve de sa divinité ; l'homme peut convaincre quelquefois par des raisonnemens proportionnés à la raison humaine ; Dieu seul peut faire croire ce qui est au-dessus de la raison, ce qui paroît même d'abord contre la raison.

§. LXXXIII. *La justice dans Dieu est infiniment supérieure à tout ce que notre raison conçoit sous le nom de juste.*

« Il falloit que le Christ souffrît la mort (3) ». *Il falloit*, c'est-à-dire, il étoit juste, il étoit conforme à l'ordre. Quelle idée d'une justice supérieure à nos pensées, qui s'offre ici à notre esprit ! La justice n'est que ce qui convient à la nature de chaque être. Il convenoit à celle de Dieu que le crime de l'homme fût puni ; il convenoit à celle de l'homme d'être sauvé par un pur effet de la bonté d'un Dieu devenu la victime de propitiation pour lui.

(1) Math., ch. 16, ỳ. 20. — (2) *Ibid.*, ỳ. 21. — (3) *Ibid.*

§. LXXXIV. *Celui qui s'oppose à l'amour et à la doctrine évangélique de la Croix est un Satan.*

C'est être satan que de vouloir détourner Jésus-Christ de la mort, de souhaiter même qu'il ne mourût pas (1). Quel homme a jamais pensé d'une manière si héroïque ? Mais qu'est-ce que le héros auprès d'un Dieu ?

§. LXXXV. *Précis de la doctrine de Jésus-Christ, supérieure à toute philosophie.*

Ce qui distingue essentiellement la doctrine de Jésus-Christ est renfermé dans ces deux mots qu'il dit à saint Pierre : *vous n'avez point de sentiment pour ce qui est de Dieu : vous n'en avez que pour ce qui est de l'homme :* connoître, juger, agir comme Dieu, et non comme homme, c'est l'essence de la doctrine ou de la morale de Jésus-Christ. C'est ce qui l'élève au-dessus de toute la philosophie humaine (2).

Jésus-Christ ne se contente pas d'annoncer à ses disciples qu'ils auront des persécutions à souffrir en le suivant (3), il les leur propose comme la seule condition sous laquelle il puisse les recevoir pour disciples ; l'abnégation de soi-même, l'amour de la croix, sont le seul caractère auquel il les reconnoîtra. Pour sauver sa vie, il faut la perdre ; c'est le seul moyen de la recouvrer (4). Le monde entier n'est pas un prix digne de notre ame. Que nous serviroit-il de le gagner, si nous nous perdons nous-mêmes ? Et que risquons-nous à nous perdre, si nous gagnons Dieu en nous perdant ? Sentimens aussi vrais que sublimes, dont Jésus-Christ a été le seul prédicateur.

Ce n'est pas pour ses seuls disciples qu'il tient ce langage. Il appelle tout le peuple pour l'entendre, ce

(1) Math., ch. 16, ỳ. 23. — (2) *Ibid.*, ỳ. 22, 23, 24 ; Marc, ch. 8, ỳ. 33. — (3) Math., ch. 16, ỳ. 24, 25, 26. — (4) Marc., ch. 8, ỳ. 34, 35, 36, 37 ; Luc, ch. 9, ỳ. 23, 24, 25.

qui prouve que c'est ici un précepte, et non un conseil ; chacun est obligé de le suivre.

§. LXXXVI. *Pouvoir de juger un jour tous les hommes ; caractère de divinité.*

Jésus-Christ annonce qu'il doit un jour juger tous les hommes dans la gloire de son père, au milieu de ses anges. Jamais homme a-t-il dit pareille chose de lui-même ? Le ciel auroit-il fait des prodiges inouis pour autoriser une bouche téméraire qui auroit tenu de pareils discours par folie ou par imposture ?

Cette prédiction ne sera accomplie qu'à la fin des siècles ; mais les hommes en auront une preuve et comme un garant assuré dans la révélation de la gloire de Jésus-Christ par la prédication de l'évangile, et dans l'établissement de son royaume spirituel (1). Il ne faudra pas même attendre long-temps cette preuve. Plusieurs de ceux à qui Jésus-Christ tient ce discours seront témoins de l'établissement de son règne et de la gloire de l'évangile. Ils l'ont été en effet, soit dans le temps de la descente du Saint-Esprit, et des miracles qui ont été opérés par les apôtres, soit par la prédication de la religion de Jésus-Christ dans toutes les parties du monde connu ; ce qui est arrivé dès le temps de saint Paul. Saint Jean a contemplé la gloire de son maître presque face à face dans l'Apocalypse. Il a vécu assez long-temps pour voir l'établissement de l'église, des troupeaux tout formés, des pasteurs à la tête de ces troupeaux, etc. Ainsi la prédiction a été accomplie à la lettre, et Jésus-Christ, régnant spirituellement sur la terre, a annoncé Jésus-Christ régnant et jugeant dans les cieux.

§. LXXXVII. *Jésus-Christ découvre, sur le Thabor, à ses Apôtres, un échantillon de sa gloire ; ils oublient les biens de la vie présente, et ne s'occupent plus que de ceux de l'éternité.*

Le nuage qui couvroit l'éclat de la gloire de Jésus-

(1) Math., ch. 16, y. 28; Marc, ch. 8, y. 39; Luc, ch. 9, y. 27.

Christ s'entr'ouvre pour un moment dans le temps
de la transfiguration (1). Il veut bien dissiper les
ombres de l'humanité pour affermir la foi de ses disciples, et leur donner un avant-goût de la béatitude éternelle. Une goutte de ce torrent de volupté
leur fait désirer qu'un si heureux instant devienne
pour eux l'éternité : quel autre que Dieu peut opérer
de tels prodiges en agissant immédiatement sur les
cœurs sans le secours des objets sensibles ? Tout cela
se fait par celui qui s'est dit Dieu ; donc il l'est.

§. LXXXVIII. *Jésus-Christ ne paroît qu'un moment dans la
gloire, et ne parle que de ses souffrances et de sa mort.*

Dans ce degré suprême de gloire, où Jésus-Christ
montre qu'il est le maître des vivans et des morts,
qu'il fait comparoître devant lui en la personne de
Moïse et d'Elie ; de quoi parle-t-il ? De sa mort.
Tous les justes de l'ancienne loi attendoient ce grand
événement, qui seul pouvoit réparer l'injure faite à
Dieu par le péché, opérer le salut de l'homme, être
le gage de sa grandeur future, par son union avec
Jésus-Christ crucifié et glorifié ?

§. LXXXIX. *Jésus-Christ est l'unique maître de la science du
salut qui nous est donné de la main de son père.*

Jésus-Christ est établi seul maître, seul docteur,
seul législateur, par la voix de Dieu même qui le
déclare en même temps *son fils bien-aimé* (2). Il
n'aime que lui, à proprement parler, et toutes ses
créatures en lui.

A quel homme le ciel a-t-il jamais rendu un pareil
témoignage ?

§. XC. *Il y a temps de taire les grandes vérités, et temps
de les faire connoître.*

Jésus-Christ ne fait point oublier le miracle de sa

---

(1) Math., ch. 17, ꝟ. 1 au ꝟ. 9; Marc., ch. 9, ꝟ. 1 au ꝟ. 9;
Luc, ch. 9, ꝟ. 28 au ꝟ. 36. — (2) *Ibid.*

transfiguration; il n'en laisse pas au moins répandre
la nouvelle (1). Il prend soin au contraire d'empêcher
qu'on n'annonce une si grande nouvelle. Insensible
à toute autre gloire qu'à celle qui est conforme à l'ordre
et à la volonté de son père, il défend à ses disciples
d'en parler jusqu'à ce qu'il soit ressuscité d'entre les
morts. Suspendre le récit d'un tel événement, et en
renvoyer la publication au temps de sa résurrection,
annoncée par là comme certaine, c'est quelque chose
de plus grand et en un sens plus divin que la transfiguration même.

§. XCI. *Ceux qui sont destinés à annoncer l'avénement de
Jésus-Christ, doivent s'attendre, comme Jean-Baptiste, aux
souffrances et à la mort.*

Saint Jean-Baptiste, nouvel Élie, précurseur et
image de Jésus-Christ qui devoit mettre toutes choses
dans leur véritable état, en montrant le Christ répa-
rateur du genre humain, étoit destiné à souffrir
comme son maître, dont les souffrances avoient été
prédites par les prophètes (2). C'est à ce prix qu'on
annonce ou qu'on suit Jésus-Christ. Ce divin maître
accoutume ses disciples à regarder les peines comme
des récompenses.

§. XCII. *La foi et la prière revélent l'homme de la toute-
puissance de Dieu; vérité sublime et consolante qu'il étoit
réservé à l'Évangile de nous manifester.*

« Tout est possible à celui qui croit (3) ». Vérité sublime qui fait voir que Dieu transporte, pour
ainsi dire, tout son pouvoir dans celui qui croit,
et qu'il rend sa foi toute-puissante. Vérité inconnue
à tous les philosophes, et qui ne pouvoit être révélée
que par un Dieu; vérité cependant qui, une fois manifestée par la révélation, se trouve parfaitement
conforme à la raison. Le plus grand hommage que la

(1) Math., ch. 17, ⁎. 1 au ⁎. 9; Marc, *ibid.*, ⁎. 9; Luc,
ibid., ⁎. 36. — (2) Math., ch. 17, ⁎. 10, 11, 12; Marc, ch. 9,
⁎. 11, 12, 13. — (3) Marc, ch. 9, ⁎. 22.

créature puisse rendre au créateur étant de se livrer, de s'abandonner, sans hésitation, sans réserve, à sa puissance et à sa bonté, il paroît digne de Dieu d'accorder les plus grands miracles à ceux qui sont dans cette heureuse disposition.

§. XCIII. *Jésus-Christ prédit également sa mort et sa résurrection. L'accomplissement de cette prédiction prouve qu'il étoit Dieu et Homme tout ensemble.*

Pendant que les hommes sont dans l'étonnement et dans l'admiration des prodiges de Jésus-Christ, il annonce sa mort à ses disciples (1). Insensible à sa propre gloire, tout occupé de celle de son père, il opère des miracles en Dieu, et il se sacrifie comme homme; réunissant toujours en lui les deux extrémités, pour faire voir qu'il étoit Dieu-homme ou l'homme-Dieu. La prédiction même de sa mort, prouve qu'il étoit plus qu'homme; la prédiction de sa résurrection prouve qu'il étoit Dieu. Dieu auroit-il accompli la prédiction et opéré la résurrection d'un homme qui s'étoit dit Dieu sans l'être en effet?

§. XCIV. *Les desseins de Dieu, sur la mort de son fils, étoient incompréhensibles à l'esprit humain.*

L'étonnement même de ses disciples, qui ne pouvoient concilier l'idée de sa toute-puissance manifestée par tant de prodiges, avec celle de sa mort future, montre qu'on ne pouvoit trouver le dénoûment de la difficulté, qu'en supposant que l'homme-Dieu s'offriroit volontairement lui-même pour la réparation du péché et le salut de l'homme; mais ce dénoûment ne leur étoit pas encore connu; il n'est pas surprenant que le discours de Jésus-Christ, leur annonçant sa mort, leur parut incompréhensible (2).

(1) Math., ch. 17, ỳ. 21, 22; Marc, ch. 9, ỳ. 31, 32; Luc, ch. 9, ỳ. 44, 45. — (2) Math., Marc, Luc, *ibid.*

31 *

§. XCV. *Ce que Jésus-Christ dit, sur le paiement des tributs,*
est une preuve de sa filiation divine.

Les deux dragmes qu'on demanda à saint Pierre
pour Jésus-Christ, étoient une espèce d'imposition
qui se levoit pour l'entretien du temple, et comme
un tribut qui se payoit à Dieu ; c'est ce qui fait sentir
la force de cette expression de Jésus-Christ : *les*
rois de la terre exigent-ils le tribut de leurs enfans
ou des étrangers (1)? De cette question et de ce qui la
suivit, il résulte que Jésus-Christ, comme fils, étoit
exempt de payer le tribut à Dieu, son père ; donc, il en
étoit le seul véritable fils ; donc, les juifs mêmes à qui
Dieu avoit donné si souvent le nom de ses enfans,
étoient des étrangers en les comparant à Jésus-Christ ;
donc, à plus forte raison le reste des hommes devoit
être regardé comme étranger ; donc, Jésus-Christ est
fils unique de Dieu ; donc, il est véritablement Dieu,
n'y ayant qu'un Dieu qui puisse être véritablement
fils de Dieu.

§. XCVI. *La doctrine de Jésus-Christ ne respire qu'humilité*
et charité.

« Si quelqu'un veut être le premier de tous dans
» le royaume de Jésus-Christ, qu'il devienne le der-
» nier, qu'il s'appetisse pour ainsi dire, qu'il s'a-
» baisse, qu'il soit comme un enfant, s'il veut être
» grand, élevé, un homme parfait (2) ». Un enfant
est celui que Jésus-Christ place auprès de lui, et par
là au-dessus de tous ses apôtres. *Humilité,* fondement
de toute grandeur auprès de Dieu et même auprès
des hommes qui se plaisent à humilier les superbes et
à élever les humbles. *Simplicité,* fondement de toute
vertu, et par rapport à Dieu qu'elle cherche de
bonne foi, et par rapport aux hommes qu'elle sert
véritablement.

(1) Math, ch. 17, ÿ. 24, 25, 26, 27. — (2) Math., ch. 18,
ÿ. 1, 2, 3, 4, 5 ; Marc, ch. 9, ÿ. 3, 4, 5, 6 ; Luc, ch. 9,
ÿ. 46, 47, 48.

« Qui reçoit un enfant en mon nom me reçoit; et
» celui qui me reçoit, reçoit non-seulement moi,
» mais celui qui m'a envoyé »; gradation admirable,
Jésus-Christ est dans le pauvre ou le foible que nous
recevons, et Dieu dans Jésus-Christ (1). La charité
envers le prochain même réunit tout au premier
principe, et fait que Dieu est vraiment tout dans
tous : *et omnia in omnibus Christus.* Il y a un Dieu
caché dans le pauvre et l'opprimé. C'est une vérité
que les payens ont entrevue, *res est sacra miser.*
Il n'appartenoit qu'à Jésus-Christ de la manifester
pleinement, et d'en montrer la raison.

§. XCVII. *Le vrai miracle ne s'opère que par l'invocation
du nom de Jésus-Christ.*

Jalousie ou émulation mal entendue des apôtres :
ils veulent empêcher un homme de faire des miracles,
parce qu'il n'étoit pas lié avec eux; mais il l'étoit avec
Jésus-Christ, puisqu'il faisoit des miracles en son nom,
et par là il étoit véritablement lié avec eux dans Jésus-Christ, seul véritable lien de l'union qui doit être
entre ses disciples; union d'autant plus pure et plus
parfaite, que les liaisons humaines y ont moins de
part (2).

§. XCVIII. *L'Évangile seul a fait connoître toute l'énormité
du crime de scandale.*

« Celui qui scandalisera un de ces petits qui croient
» en moi, seroit moins malheureux, si on lui atta-
» choit une meule autour du cou pour le précipiter
» dans le fond de la mer (3) ».
Le scandale est une occasion de chute, et de chute
spirituelle, présentée volontairement, ou par l'imprudence de celui qui le donne. C'est, sans doute,

(1) Math., ch. 18, ỳ. 5; Marc, ch. 9, ỳ. 37; Luc, ch. 9, ỳ.
48. — (2) Marc, ch. 9, ỳ. 37. — (3) Math., ch. 18, ỳ. 6, 7, 8,
9, etc.; Marc, ch. 9, ỳ. 42, etc.

une grande faute, puisqu'il vaudroit mieux être en-
glouti par la mer, que de la commettre jamais. La
morale païenne n'a pas connu l'énormité de ce crime,
parce qu'elle ignoroit la véritable nature et la perfection de la charité ou de l'amour du prochain, qui
consiste à lui procurer les plus grands biens, et à détourner de lui les plus grands maux; ce qui doit
s'entendre des biens et des maux spirituels. Quiconque, non-seulement néglige de procurer les uns à
son prochain, mais lui prépare une occasion de tomber dans les autres, est regardé au jugement de Dieu,
comme un homicide et un assassin.

A plus forte raison tout ce qui nous scandalise,
c'est-à-dire, tout ce qui nous est une occasion de
chute spirituelle, fût-il une partie de nous-mêmes,
doit être retranché.

§. XCIX. *Les anciens philosophes n'ont eu qu'une connoissance*
imparfaite de la charité de Dieu pour les hommes, et surtout
pour ceux qui se sont égarés.

La charité de Dieu pour les moindres d'entre les
hommes, est comparée à la sollicitude du père de famille, qui, ayant un troupeau de cent brebis, court
après une seule brebis égarée, comme s'il n'avoit que
celle-là, et qu'il eût oublié les quatre-vingt-dix-neuf
autres (1).

La volonté du père céleste n'est point qu'aucun
des plus petits périsse.

Les païens semblent avoir entrevu cette vérité,
quand ils ont dit des dieux et de l'homme :

Carior est illis homo, quam sibi.

Mais quelle différence entre ces lueurs de vérité
qui se faisoient jour comme à travers d'une nuit obscure; et cette doctrine claire, lumineuse, suivie et

(1) Math., ch. 18, ỳ. 12, 13.

prise dans les premiers principes que Jésus-Christ nous a révélés dans son évangile.

§. C. *Pouvoir donné par Jésus-Christ à ses disciples ; pouvoir dont Dieu même sera garant.*

« Tout ce que vous lierez sur la terre, sera lié dans le ciel , etc. (1) ».

Quel homme a jamais parlé ainsi , et a osé assurer d'autres hommes, que tout ce qu'ils auroient fait sur la terre, sera ratifié par Dieu dans le ciel ? Celui qui parle ainsi, garantit la foi de ses paroles par des prophéties , par des miracles , par sa doctrine, par sa vie, par sa mort, par sa résurrection , par l'établissement de son église.

§. CI. *Rien qui se démente , ni qui se contredise dans la doctrine évangélique.*

Jésus-Christ dit dans un endroit, *qui n'est pas avec moi est contre moi ;* et il dit dans un autre, *qui n'est pas contre nous est pour nous* (2). La conciliation n'est pas difficile dans le premier passage ; il parle de lui-même, et il est bien certain que celui qui est séparé de Jésus-Christ est contre lui. Dans le second passage, il s'agit d'un homme qui faisoit des miracles en son nom, et qui, par conséquent, étoit intérieurement uni avec lui ; ainsi, quand il ajoute, qui n'est pas contre nous est pour nous : le nous ne peut tomber que sur les *liaisons extérieures ;* et comme il comprend ses disciples dans ce nous, cette expression signifie seulement, qu'un homme attaché de cœur à Jésus-Christ, et qui, par conséquent, *n'est pas contre lui , est pour lui ,* quoiqu'il ne fasse pas encore partie de ceux qui le suivent au dehors, et cela dans un temps où la société visible de l'église n'étoit pas encore formée.

(1) Math., ch. 18, ℣. 15, 16, 17. — (2) *Ibid.,* 18, ℣. 18.

§. CII. *L'impunité étant le plus doux attrait du crime, la crainte des peines en est aussi le frein le plus puissant. Ainsi, rien de plus utile à l'homme que la révélation que Dieu lui a faite du dogme de l'éternité des peines.*

L'éternité des peines de l'autre vie a été connue de l'antiquité païenne (1). Les poètes, qui ont été les premiers philosophes, en ont conservé la tradition : elle n'a donc rien d'incroyable à la raison humaine ; mais est-il surprenant que les hommes ne l'aient pas crue, ou ne l'aient crue que foiblement, sur la foi d'un poète ou d'un philosophe contredit par beaucoup d'autres ? Il falloit qu'un docteur ou un maître d'un ordre supérieur, un homme divin, et qui prouvoit, par ses actions, par sa doctrine, qu'il étoit Dieu, annonçât une vérité si dure à la nature humaine, pour en faire un des plus puissans motifs de la conversion du monde.

§. CIII. *Dieu fait servir, au salut des hommes et surtout de ceux qui nous paroissent les plus vils, les plus excellentes de ses créatures et les ministres de son sanctuaire céleste. N'est-ce donc pas s'élever contre Dieu même, que d'oser mépriser ceux qu'il aime et qu'il protège avec tant de soin.*

La doctrine des *anges gardiens* n'a pas été non plus ignorée des païens (2). Mais une tradition obscure, qui en conservoit le souvenir, ne suffisoit pas pour y rendre les hommes attentifs. Quel est d'ailleurs le philosophe qui en ait tiré cette conséquence? Qu'il ne falloit mépriser personne, non pas même les plus vils et les plus abjects, et qu'il falloit y respecter l'ange qui veilloit sur eux, ou plutôt Dieu même, devant lequel toutes les ames sont également précieuses, puisqu'il n'y en a aucune qu'il ne confie à la garde d'un de ces esprits purs, qui voit continuellement sa face dans le ciel.

(1) Math., ch. 18, ϒ. 8 ; Marc, ch. 9, ϒ. 43, 44, 45, 48.
(2) *Ibid.*, ϒ. 20.

§. CIV. *Jésus-Christ n'est venu dans le monde que pour sauver les pécheurs et les guérir de leurs maux spirituels. C'est parce qu'il y avoit sur la terre un grand malade qui étoit l'homme* (1), *qu'il est descendu du ciel un grand médecin pour le guérir.*

« Le fils de l'homme est venu chercher ce qui étoit perdu » (2). Vérité consolante, que Jésus-Christ semble prendre plaisir à rendre encore plus sensible, par la comparaison de la brebis égarée, et par tant d'autres. Les anciens philosophes, en instruisant les hommes, ont cherché ou leur intérêt, ou leur gloire. Jésus-Christ seul est venu pour sauver les hommes, sans autre motif que leur salut même, et aux dépens non-seulement de sa gloire, mais de sa vie.

C'est toujours dans le temps des plus grandes prévarications que Dieu a promis aux hommes de leur envoyer un sauveur. L'homme trouve donc, dans l'état misérable où le péché l'a plongé, un droit de s'approprier le trésor immense des miséricordes que Jésus-Christ est venu apporter sur la terre. C'est la vérité la plus consolante que Dieu ait révélée à l'homme, et que l'évangile nous enseigne en tant de manières. Mais le même évangile, qui nous donne une si haute idée de la bonté de Dieu, nous dénonce aussi les peines réservées aux pécheurs impénitens.

§. CV. *Rien ne rend la prière plus efficace que l'esprit d'union et de charité.*

Effets merveilleux de la prière faite en commun. « Si deux d'entre vous s'accordent à demander une » grâce, le Père céleste la leur accordera (3) ». Qui a jamais osé le promettre ? Qui a pu le faire croire et le prouver par les effets ?

Pourquoi Jésus-Christ donne-t-il cette assurance à ses apôtres ? il en rend lui-même la raison. C'est que partout où il se trouvera deux ou trois personnes

(1) D. Augustin. — (2) Math., ch. 18, ⁒. 12, 13, 14. — 3) *Ibid.*, 18, ⁒. 20.

assemblées en son nom, il sera lui‑même au‑milieu d'elles. C'est lui‑même qui prie, et qui, comme il le dit ailleurs, est toujours sûr d'être exaucé ; il est celui qui prie et celui qui exauce : *gemit ipse; auditque gementem.* Donc, il est Dieu et homme : donc, il a voulu faire consister, dans la charité et dans l'unité, tout le mérite des prières et toute la force de l'église.

§. CVI. *L'Évangile seul nous a fait connoître l'excellence du précepte du pardon des ennemis.*

Les philosophes du paganisme ont enseigné, sur le pardon des ennemis, une morale semblable à celle de l'évangile, pour les effets extérieurs, mais bien différente, pour l'étendue et pour les motifs (1). Le repos ou la paix de l'homme, que la haine ou la vengeance trouble, ou qu'elle menace d'un retour funeste ; sa vanité et une apparence de grandeur d'ame, dont le pardon des injures le flatte, ont été les seules raisons de leur doctrine.

Jésus‑Christ remonte plus haut, c'est‑à‑dire, jusqu'à l'exemple de Dieu même, dont l'indulgence à notre égard est le modèle ou le prix de celle que nous avons pour nos pareils. Qui est‑ce qui peut résister à ces deux raisons ? Dieu me remet gratuitement des dettes immenses, comment n'en remettrois‑je pas, qui ne peuvent jamais être que très‑légères ? Dieu ne me pardonnera qu'autant que je pardonnerai ; il est donc non‑seulement de la grandeur de mon être, mais de ma reconnoissance, mais de mon intérêt, d'imiter Dieu en pardonnant.

L'étendue de cette obligation est proportionnée à de tels motifs. Ce ne sera pas seulement sept fois que je pardonnerai, ce sera soixante‑dix‑sept fois sept fois ; ce sera toujours, parce que Dieu me pardonne toujours, et que sa miséricorde n'ayant point de bornes, je serois ingrat et injuste si j'en donnois à la mienne.

(1) Math., ch. 18, ♈. 21 au ♈. 35.

Le véritable esprit de Jésus-Christ, et par conséquent de la religion, est un esprit de douceur, de compassion, de charité. Le fils de Dieu, en prenant la qualité de fils de l'homme, est venu, non pour perdre, mais pour sauver les ames des hommes, aux dépens de sa propre vie (1).

§. CVII. *Pauvreté entière, et détachement des choses mêmes les plus nécessaires à la vie ; caractère de Jésus-Christ et de sa doctrine.*

« Les renards ont des tanières ; les oiseaux ont
» leurs nids, mais le fils de l'homme n'a pas où re-
» poser sa tête (2) ».

§. CVIII. *Idées justes et véritables de l'homme et de la vie de son ame ; importance des devoirs que l'Évangile lui prescrit.*

« Laissez aux morts le soin d'ensevelir leurs morts ;
» mais vous, allez annoncer le royaume de Dieu (3) ».

Jésus-Christ regarde comme morts ceux qui ne vivent pas devant Dieu, parce qu'ils n'ont que l'esprit du monde, et non pas celui de Dieu, véritable vie de l'homme, et, pour ainsi dire, l'ame de notre ame.

Les devoirs de la vie humaine, ou de la société naturelle ou civile, ne sont rien, en comparaison de ceux que la loi ou la mission de Dieu nous impose.

§. CIX. *Dieu seul peut se former des ministres dignes de lui : les Philosophes anciens n'ont pas connu cette vérité.*

« Priez le maître de la moisson, c'est-à-dire, le
» propriétaire du fond, d'envoyer des moissonneurs
» dans son champ (4) ».

La moisson de Dieu, la seule que Jésus-Christ considère, est la foi, la charité, les bonnes œuvres,

(1) Luc, ch. 9, ỳ. 55, 56. — (2) *Ibid.*, ch. 9, ỳ. 58. — (3) *Ibid.*, ch. 9, ỳ. 60. — (4) Math., ch. 9, ỳ. 38.

le salut des hommes : ce sont là les richesses qu'il veut amasser.

Les philosophes se croient capables de se former seuls des élèves, des disciples, des sectateurs. Aucun d'eux n'a pensé à dire, qu'il falloit prier Dieu de lui en envoyer, pour répandre sa doctrine dans le monde. Jésus-Christ, infiniment supérieur à tous les philosophes, même comme homme, par l'excellence et l'élévation de sa doctrine, renvoie ceux qui l'écoutent à Dieu, pour en obtenir des prédicateurs dignes de publier ses préceptes ; c'est ainsi qu'il enseigne qu'il n'appartient qu'à Dieu de former des ouvriers capables de travailler à son ouvrage.

§. CX. *Mission des Disciples de Jésus-Christ. Ce divin législateur leur annonce en même temps des dons spirituels et des contradictions. On ne voit rien de semblable dans les autres fondateurs de Religion.*

« Je vous envoie comme des agneaux au milieu des
» loups. Ne portez ni bourse, ni sac, ni souliers,
» pour en changer, etc. En quelques maisons que
» vous entriez, dites d'abord : *la paix soit dans cette*
» *maison*, ou *paix et tranquillité à cette maison, etc.*
» Guérissez les malades que vous y trouverez, et
» dites à ceux qui l'habitent : *le royaume de Dieu*
» *est près de vous*. Si l'on ne vous reçoit pas dans
» une ville, dites en sortant : *nous secouons contre*
» *vous jusqu'à la poussière de nos pieds*. Je vous le
» dis, Sodôme, au jour du *jugement*, sera traitée
» avec moins de rigueur que cette ville.... Celui qui
» vous écoute, m'écoute ; et celui qui m'écoute, écoute
» celui qui m'a envoyé....... Réjouissez-vous, non
» de ce que les démons mêmes vous sont assujettis,
» mais de ce que vos noms sont écrits dans les
» cieux (1) ».

Quel homme a jamais engagé d'autres hommes à le suivre, ou à travailler sous ses ordres, en leur disant, qu'ils seront comme des agneaux au milieu

(1) Luc, ch. 10, ỹ. 3 au ỹ. 20 inclusivement.

des loups, en ne leur annonçant d'autres richesses, ni même d'autres ressources que le fond de la Providence.

Mais aussi quel homme a jamais osé dire à ses disciples, vous porterez la paix avec vous; elle reposera sur toute maison où vous serez reçu; ou elle reviendra habiter en vous, si l'on ne vous reçoit pas. Celui qui vous méprisera, deviendra aussi vil que la poussière que vous secouerez de vos pieds, et sera traité plus durement dans le grand jour du seigneur, que les villes les plus infâmes : celui qui vous écoute, m'écoute moi-même ; et en m'écoutant, il écoute Dieu : vous guérirez les malades, vous régnerez sur les démons, et ils disparoîtront devant vous comme un éclair. Je vous ai donné toute puissance sur les serpens et sur les scorpions, sur toutes les forces de l'ennemi ; mais réjouissez-vous encore plus de ce que vos noms sont écrits dans le ciel.

On est surpris d'abord que Jésus-Christ ait trouvé des disciples, en ne leur annonçant que des tribulations et des croix; on cesse de l'être, quand on envisage ce qu'il promet, et ce qu'il tient dans le moment même qu'il le promet. Pour le promettre, il falloit être prophète ; pour le tenir, il falloit être Dieu.

§. CXI. *Les vérités de l'Évangile cachées aux sages du siècle, et révélées aux humbles.*

« Je vous rends gloire, ô mon père, de ce que
» vous avez caché ces vérités aux sages, aux intelli-
» gens, et de ce que vous les avez dévoilées aux
» simples, aux enfans. Oui, mon père, c'est ainsi
» que vous vous êtes plu à l'ordonner (1). »

L'ordre le vouloit ainsi. En effet, l'orgueil, par lequel l'homme veut s'élever jusqu'à Dieu, est précisément ce qui doit le lui cacher. Plus il croit pouvoir tout comprendre par ses propres forces, moins

(1) Luc, ch. 10, ỷ. 21.

il mérite de comprendre. L'humilité et la défiance de ses lumières, ne font que le remettre dans l'ordre dont il n'auroit jamais dû sortir. En avouant qu'il ne sait rien de lui-même, il reconnoît que Dieu seul est son maître, sa lumière, son intelligence, sa raison; et Dieu, qui aime souverainement l'ordre, se plaît à instruire un cœur simple qui s'y renferme, et qui dit, comme saint Augustin, *noverim te, noverim me* ; prière qui est le fondement de toute science, parce qu'elle l'est aussi de la véritable humilité. C'étoit celle que faisoit David, quand il disoit à Dieu, *illumina tenebras meas* (1) : il reconnoissoit que les ténèbres étoient son partage, la seule chose qui fût à lui, et il prioit Dieu d'être sa lumière, parce que la véritable lumière n'est qu'en Dieu, ou que Dieu même. *Pater luminum, in lumine tuo videbimus lumen* (2).

Les philosophes n'ont point connu cette doctrine de Jésus-Christ, qu'il nous a rendue si évidente, qu'elle est du nombre de celles que notre raison n'avoit point découvertes par elle-même, mais auxquelles elle se rend sans peine, aussitôt qu'elles lui sont montrées.

§. CXII. *La vraie Religion ne peut être fondée que sur une révélation qui apprenne à l'homme la manière dont Dieu veut être servi et honoré.*

« Personne ne connoît le fils, si ce n'est le père; » ni ce qu'est le père, si ce n'est le fils, et celui à » qui le fils veut le révéler (3) ».

La révélation est nécessaire pour connoître véritablement Dieu ; cette nécessité a été entrevue dans presque toutes les religions où l'on a supposé une espèce d'inspiration dans ceux qui en ont été les fondateurs ; où les premiers docteurs, les philosophes mêmes ont répandu ou laissé répandre, qu'ils avoient une communication intime avec la divinité.

(2) *Psalm.* 17, ỳ. 29. — (2) *Psalm.* 35, ỳ. 10. — (3) Luc, ch. 10, ỳ. 22.

Jésus-Christ seul a établi clairement cette nécessité de la révélation ; il y a joint cette révélation même, et des preuves invincibles par les prophéties, par les miracles, et par l'établissement de sa religion, qui est le plus grand de tous les miracles.

§. CXIII. *L'Évangile seul nous fait connoître toute l'étendue du devoir d'aimer le prochain. La doctrine des philosophes païens, sur cet objet important, est bien imparfaite.*

Jésus-Christ répond à cette question, *et qui est mon prochain* (1) ? Par une parabole qui montre que tout homme, de quelque pays ou de quelque religion qu'il soit, est notre prochain, et, par conséquent, que nous devons l'aimer autant que nous-mêmes. Trois caractères relèvent infiniment la doctrine de Jésus-Christ au-dessus de ce que les philosophes et les jurisconsultes païens ont dit sur ce point.

1.° Les préceptes que ceux-ci nous ont donnés, ne regardent que les actions extérieures plutôt que les dispositions ou les sentimens intimes. Tout ce qu'ils disent sur la société, ou sur la liaison qui doit être entre les hommes, se réduit à ces deux points :

« Ne faire aucun mal à ceux qui ne nous en font » point ; faire du bien à ceux de qui nous en pou- » vons attendre » : loi de commerce plutôt que d'une véritable affection.

Au contraire, la doctrine de Jésus-Christ tombe sur le fond même du sentiment, et sur ce qu'il a de plus intime ; c'est l'amour même du prochain qui nous est commandé, beaucoup plus que les effets de cet amour, qui ne sont exigés que comme les conséquences qui se tirent nécessairement du principe.

2.° Le degré de cet amour n'étoit point marqué par l'ancienne philosophie ; et il ne pouvoit l'être, puisque les philosophes se bornoient à en marquer les effets extérieurs.

(1) Luc., ch. 10, ỳ. 29.

Jésus-Christ en a seul établi la juste mesure, lorsqu'il a voulu qu'elle n'en ait point d'autre que celle de l'amour que nous avons pour nous-mêmes.

3.º La perfection de cet amour a été inconnue avant lui au genre humain. On croyoit qu'il se réduisoit à aimer ceux qui nous aimoient, ou du moins ceux qui ne nous haïssoient pas. Jésus-Christ a fait voir qu'il s'étendoit jusqu'à ceux qui nous haïssent, qui nous persécutent, qui ont juré notre perte. Et cela est clairement renfermé dans l'obligation d'aimer le prochain autant que nous-mêmes. Je ne cesse point de m'aimer, quelques fautes que j'aie commises contre moi-même, et quelque mal que je me sois fait, par passion, par dépit, par imprudence : donc, je ne dois point haïr le prochain, quelque tort qu'il ait à mon égard, etc.

Vérités qui sont encore du nombre de celles que notre raison n'avoit point connues par elle-même, mais qu'elle reconnoît pour ainsi dire, aussitôt qu'on les lui présente, parce qu'elles sont renfermées dans la véritable idée de Dieu et de l'homme, etc.

§. CXIV. *La doctrine de Jésus-Christ est également simple et sublime.*

« Il n'y a qu'une chose nécessaire : *porro unum est necessarium* (1). » Et cet unique nécessaire, comme l'occasion à laquelle cela est dit, le fait voir, c'est de servir Dieu, de l'imiter, de lui être uni. Cette vérité si féconde, ce principe qui renferme tous les devoirs de l'homme, et qui seul peut le conduire à sa perfection et à sa béatitude, n'a été que foiblement aperçue avant Jésus-Christ. Le propre de sa doctrine est d'être aussi sublime, et en même temps aussi simple, aussi une, pour ainsi dire, que Dieu même, que quelques anciens philosophes ont appelé *unum et omnia.*

(1) Luc, ch. 10, ꝟ. 42.

§. CXV. *Jésus-Christ, en nous apprenant la nécessité et l'efficacité de la prière, a rétabli le commerce entre Dieu et les hommes.*

« Demandez, et il vous sera donné ; cherchez, et
» vous trouverez ; heurtez, et l'on vous ouvrira (1) ».

Cette certitude de confiance et cette espèce d'infaillibilité du succès de la prière, faite vraiment au nom de Jésus-Christ, n'a été annoncée et promise que par ce divin libérateur.

Par là ce commerce ou cette communication intime de la créature intelligente, avec le créateur, qui est si conforme à l'idée de l'une et de l'autre, se trouve heureusement rétabli. Il convient à l'être borné et défectueux, de demander ce qu'il lui manque ; il convient à l'Être infini et souverainement parfait, d'accorder ce que lui seul peut donner sans s'appauvrir.

§. CXVI. *La doctrine de Jésus-Christ ne nous fait craindre que ce qui est vraiment redoutable.*

« Ne craignez point ceux qui tuent le corps, et qui
» après cela ne peuvent rien faire de plus. Craignez
» celui qui, après avoir donné la mort, a la puissance
» de précipiter dans le lieu des tourmens, etc. (2) ».

Juste idée de ce qui est vraiment redoutable ; c'est une des clefs de toute la morale. Tous les peuples en ont eu une notion confuse. Jésus-Christ l'annonce clairement, et publie en même temps l'immortalité de l'ame, le jugement dernier, etc., comme des corollaires de cette vérité importante.

§. CXVII. *Jésus-Christ annonce à ses Disciples, les persécutions et les secours qui leur seront accordés ; et cette prédiction s'accomplit.*

« Lorsqu'ils vous traduiront dans les synagogues
» ou devant les puissances et les tribunaux, ne soyez
» point en peine de ce que vous répondrez pour

_____

(1) Luc, ch. 11, $\overset{.}{y}$. 9, etc. — (2) *Ibid.*, ch. 12, $\overset{.}{y}$. 4, 5, 6.

» votre défense ; l'Esprit-Saint vous enseignera dans
» ce moment ce que vous devez dire (1).

1°. Donc, Jésus-Christ annonce des persécutions
et des supplices à ceux qui le suivront, et cependant
on le suit.

2.° Il leur prédit un secours d'en haut, qui leur
sera toujours présent.

Et les deux événemens répondent aux deux prédictions.

§. CXVIII. *Jésus-Christ nous a seul fait connoître le bon usage*
des richesses.

« Cette nuit on va te redemander ton ame, et
» pour qui sera ce que tu as amassé ?
» Tel sera celui qui thésaurise pour lui, et qui
» n'est pas riche pour Dieu (2) ».

Les philosophes ont assez discouru contre l'avarice ; mais aucun n'a eu cette idée, qu'il faut être
riche pour Dieu, c'est-à-dire, être riche en rapportant toutes ses richesses à Dieu, comme à leur source
et leur auteur, en les consacrant à lui comme fin
dernière, et en les faisant servir à l'usage auquel sa
providence les destine, c'est-à-dire, aux pauvres, au
prochain, à l'utilité commune de la société, dont
Dieu est le chef et le père.

§. CXIX. *L'Évangile nous a fait connoître l'excellence de la*
confiance chrétienne.

La confiance entière dans la bonté de Dieu qui
nourrit les oiseaux, qui prend soin de vêtir les lys (3),
est un de ces préceptes propres à la loi évangélique,
et qui sont d'abord reconnus par la raison aussitôt
qu'on les lui présente.

Dieu sait que nous avons besoin de nourriture et
de vêtemens ; c'en est assez pour nous rendre tranquilles. Cherchez le royaume du ciel, et tout le reste

(1) Luc, ch 12, ⍑. 11, 12. — (2) *Ibid.*, ch. 12, ⍑. 21. — (3) *Ibid.*,
ch. 12, ⍑. 22, 27.

y sera ajouté comme par surcroît, c'est là ce qui distingue le païen du chrétien, la morale évangélique de la morale philosophique (1).

§. CXX. *Le royaume que Jésus-Christ annonce est un don de Dieu ; et toutefois c'est par l'aumône qu'il le faut acheter.*

« Ne craignez point, petit troupeau, dit Jésus-
» Christ à ses disciples, car le père s'est plu à vous
» donner le royaume dont il est le roi.

» Vendez tout ce qui vous appartient et donnez
» l'aumône ; faites-vous un trésor éternel dans les
» cieux, dont le voleur n'approche point, et où le
» ver ne porte point la corruption (2) ».

§. CXXI. *Jésus-Christ nous apprend à veiller et à nous tenir prêts en tout temps.*

La vigilance et la préparation nous sont recommandées dans l'attente d'un maître qui tient entre ses mains nos destinées éternelles, etc.
Rien n'égale la grandeur des motifs ou des espérances attachées à l'observation de ce précepte. Le maître même, le seigneur de toutes les créatures, se ceindra, les fera asseoir autour de sa table, et les servira.
Les motifs de crainte sont joints aux motifs d'espérance. « Si le père de famille savoit à quelle heure le
» voleur doit venir, il se tiendroit éveillé, et ne
» laisseroit point forcer sa maison (3) ».
Cette morale et les motifs dont elle est appuyée, ont été inconnus aux sages du paganisme.

§. CXXII. *Plus on a reçu de grâces, plus on est obligé de travailler pour Dieu.*

Le serviteur négligent et dissipateur est mis au nombre des incrédules (4). Ne pas servir un Dieu

(1) Luc, ch. 12, ỳ. 28, 29, 30, 31. — (2) *Ibid.* ch. 12, ỳ. 32, 33, 34. — (3) *Ibid.*, ch. 12, ỳ. 39. — (4) *Ibid.*, ch. 12, ỳ. 46.

connu, c'est être, en un sens, plus coupable que de ne le pas connoître : ne pas accomplir sa loi, lorsqu'on a le bonheur de la connoître, c'est un péché que rien ne peut excuser.

§. CXXIII. *L'ardeur de la charité et le zèle du salut des ames éclatent dans toute la conduite de Jésus-Christ, et surtout dans son amour des souffrances.*

« Je suis venu répandre le feu sur la terre, et
» qu'ai-je à désirer s'il est déjà allumé. Il y a un bap-
» tême qui m'est réservé; et combien mon cœur
» est-il dans l'angoisse, jusqu'à ce qu'il soit con-
» sommé (1) ».

Jamais l'ancienne philosophie a-t-elle pu imaginer qu'un tel amour, qu'une charité si tendre, si ardente, se trouvât en Dieu pour des hommes qui ne peuvent rien ajouter à son bonheur.

§. CXXIV. *La paix avec Dieu et la paix avec le monde sont incompatibles.*

« Croyez-vous que je sois venu pour donner la
» paix à la terre? Non, je vous le dis, j'y viens
» mettre la division, etc. (2) ».

L'auteur de la véritable paix, peut-il donc être une source de division? Les deux contraires ne naissent, à l'occasion de Jésus-Christ, que parce qu'ils se trouvent dans l'homme.

Ceux qui apprennent de lui à connoître le chemin de la paix qu'il annonce au monde, seront en effet rassasiés, comme parle David, d'une abondance de paix.

Ceux qui fermeront les oreilles à sa parole, et qui chercheront leur paix ailleurs, ne trouveront que la guerre, guerre audedans d'eux-mêmes, guerre au dehors; de là, cette division qui séparera les pères et les enfans, les frères et les sœurs, etc. Les amis de Jésus-Christ deviennent les ennemis du monde et

(1) Luc, ch. 12, ℣. 49, 50. — (2) *Ibid.*, ch. 12, ℣. 51, 52, 53.

des amateurs de la fausse paix , dans la possession ou
dans l'opinion de laquelle l'évangile de Jésus-Christ
vient les troubler.

§. CXXV. *Nécessité de la révélation et de la grâce pour discerner parfaitement le juste et l'injuste, et en faire une sage
et juste application dans toutes les circonstances de la vie.*

Rien de plus proche de l'homme, rien qui lui soit
plus intime que le juste ou l'injuste. Cependant il en
fait plus rarement le discernement qu'il ne distingue
les signes du beau et du mauvais temps.
Grande preuve de la nécessité de la révélation
pour éclairer l'homme sur ce qu'il devroit le mieux
savoir.

§. CXXVI. *Ce ne sont pas les plus grands pécheurs qui sont
le plus punis en cette vie. Cette vérité est manifestée dans
l'Évangile ; l'unique règle de nos jugemens sur les divers
événemens de la vie.*

Ce n'est point précisément par les accidens ou par
les fléaux extérieurs et sensibles, que Dieu manifeste
ses jugemens en ce monde , et le discernement qu'il
fait entre le juste et l'injuste, entre le plus et le moins
coupable (1). L'innocent périt quelquefois où le pécheur conserve sa vie, et ceux qui sont accablés sous
une ruine imprévue, n'étoient souvent pas aussi coupables, que ceux qui ont échappé à un pareil malheur. Le principe du véritable et juste discernement
est le fond de notre cœur, c'est par là que Dieu nous
juge, et que nous devons nous juger nous-mêmes.
Quiconque se sent coupable, doit rendre grâces à la
bonté de Dieu qui l'épargne encore, pendant qu'il
frappe ceux qui sont peut-être moins coupables. Ado-
rons les jugemens divins, sans en vouloir sonder la
profondeur, et redoutons-les d'autant plus que leur
lenteur même doit faire craindre qu'ils ne deviennent encore plus rigoureux.

(1) Luc, ch. 13, ꝟ. 1, 2, 3, 4.

§. CXXVII. *C'est aux œuvres à répondre de la foi. L'amour n'est point oisif.*

C'est un mal de ne point faire de bien (1). L'arbre stérile et qui ne produit point de bons fruits, est arraché comme celui qui en donne de mauvais ; c'est être vicieux, ou du moins n'être pas dans l'ordre, que de n'avoir point de vertus. Rien ne nous peut dispenser du devoir d'aimer Dieu. Or, l'amour n'est jamais oisif. *Sola dilectio vacare non potest.* Il étoit ordonné dans l'ancienne loi, que le feu brûleroit toujours sur l'autel des holocaustes, et que le prêtre auroit soin de l'entretenir en y mettant du bois tous les matins. C'est l'image du feu spirituel de la charité que le fils de Dieu est venu allumer sur la terre. Notre cœur est l'autel sur lequel ce feu céleste doit brûler sans interruption.

Saint Paul, en nous invitant à nous regarder comme élus, nous exhorte en même temps à nous revêtir des vertus sans lesquelles la confiance n'est qu'illusoire.

§. CXXVIII. *Les progrès de l'Évangile sont dignes d'admiration.*

Deux caractères du royaume de Dieu ou de l'établissement de la religion chrétienne ; les plus méprisables commencemens et les plus incroyables progrès : rien dans son origine, tout dans sa perfection. La plus petite de toutes les semences produit une plante semblable à un arbre, un peu de levain anime, pénètre et fait fermenter toute la pâte (2). Cette prophétie s'est accomplie contre toute attente.

§. CXXIX. *C'est en enseignant des vérités terribles que Jésus-Christ s'est formé des Disciples.*

L'évangile nous apprend, et l'expérience de tous les siècles nous le prouve, que la porte du ciel est

(1) Luc, ch. 13, ɣ. 6, 7, 8, 9. — (2) *Ibid.*, ch. 13, ɣ. 18, 19, 20, 21.

étroite; et que rien n'est plus petit que le nombre
de ceux qui y passeront (1). Cette doctrine annonce
à ses disciples la difficulté du salut, et nous fait connoître le triste état de ceux qui seront exclus du
ciel, et réduits aux pleurs et grincemens de dents. Est-
ce ainsi que parleroit un homme qui ne chercheroit
qu'à se faire un grand nombre de sectateurs? C'est avec
des vérités si redoutables que Jésus-Christ s'est fait
suivre, et que sa doctrine s'est répandue en moins
de rien dans l'univers.

§. CXXX. *Jésus-Christ annonce et accomplit en même temps
la conversion des nations; preuve manifeste de sa divinité.*

Jésus-Christ prédit que du levant et du couchant,
du septentrion et du midi, il viendra des hommes, ou
plutôt des peuples appelés à posséder le royaume de
Dieu; que les premiers deviendront les derniers (2);
prophéties également accomplies et à l'égard des juifs
et à l'égard des gentils; et, en attachant cet événement à la prédication de son évangile, Jésus-Christ
fait voir que c'est en lui et par lui, que doit arriver
ce grand événement, tant de fois prédit par les prophètes de l'ancienne loi.

§. CXXXI. *Diverses prophéties de Jésus-Christ sur sa mort,
et sur la ruine de Jérusalem.*

Jésus-Christ prédit sa mort comme prochaine,
et annonce qu'il fera jusque-là les prodiges ou les
miracles qui devoient la précéder (3). Il prédit également la ruine de Jérusalem, et cette prophétie s'accomplit quarante ans après sa mort. Quel homme a
jamais parlé ainsi, et prouvé par les actions qu'il
étoit en droit de le faire?

§. CXXXII. *Bonté prévenante de Jésus-Christ pour les plus
grands pécheurs.*

On ne peut se lasser d'admirer ce caractère de

(1) Luc, ch. 13, ỳ. 23, 24, 25, 26, 27, 28. — (2) *Ibid.*,
ch. 13, ỳ. 28, 29, 3o. — (3) *Ibid.*, ch. 13, ỳ. 35.

bonté et même de tendresse que Jésus-Christ témoigne aux pécheurs les plus rébelles, à l'infidèle
et ingrate Jérusalem. « Combien ai-je voulu rassem-
» bler ses enfans, comme une poule couvre ses pous-
» sins de ses ailes, etc. (1) ».

§. CXXXIII. *La conduite de Dieu, sur les humbles et les
superbes, est dirigée par l'amour de l'ordre immuable.*

« Tout homme qui s'élève lui-même sera abaissé,
» et tout homme qui s'abaisse lui-même sera
» élevé (2) ».

La parabole dont Jésus-Christ tire cette conséquence suppose, avec raison, que cela est vrai parmi
les hommes mêmes. Pourquoi ? parce que l'orgueil des
autres, blessant naturellement notre amour-propre,
impatient de toute préférence, nous cherchons à humilier ceux qui marquent extérieurement cet orgueil,
et nous les faisons descendre autant et quelquefois plus
qu'ils n'ont voulu monter. Ce n'est pas seulement
notre amour-propre qui agit dans ces occasions, il
s'y joint un sentiment de justice fondé sur ce que
tous les hommes sont nés égaux, et que ceux qui
veulent sortir de cette égalité par leur propre jugement, méritent d'y être ramenés, en les réduisant,
d'abord par l'humiliation, à une autre espèce d'inégalité, afin qu'après avoir passé par les deux extrémités contraires ils reviennent au juste milieu.

Mais ce qui arrive ainsi entre les hommes par un
mélange de vanité et de justice, est l'effet d'un juste
jugement de Dieu, fondé sur le seul amour de l'ordre.
Les choses ne paroissent à ses yeux, que ce qu'elles
sont en elles-mêmes ; et quand l'homme, qui n'a
qu'une mesure d'être très-borné, veut s'enfler, pour
ainsi dire, et paroître plus grand qu'il ne l'est en
effet, la justice de Dieu, qui n'est autre chose que
l'exacte conservation de la vérité, réduit l'homme à
ce qu'il est véritablement, et le rabaisse même au-

(1) Luc, ch. 31, ỳ. 34. — (2) *Ibid.*, ch. 14, ỳ. 35.

dessous de ce qu'il est, parce qu'il a perdu une partie
de sa véritable valeur ou de la perfection qui lui convient, en ajoutant un vice réel et positif à ce qui
n'étoit en lui qu'une imperfection et un défaut, ou la
privation d'une plus grande perfection.

Toute cette métaphysique est renfermée dans les
paroles de Jésus-Christ, qui, sous une simplicité
apparente, cachent toujours la plus riche fécondité.

§. CXXXIV. *Jésus - Christ seul nous a fait comprendre le
bonheur qu'il y a de donner sans espérance de retour en ce
monde. Un trop grand attachement aux choses les plus légitimes est un crime ; et la privation des biens de ce monde
nous fait obtenir ceux du Ciel.*

« Quand vous voudrez donner un festin, n'y in-
» vitez point vos parens, vos amis ou vos voisins
» riches qui sont en état de vous le rendre ; appelez
» les pauvres, les boiteux, les aveugles à votre table ;
» heureux de ce qu'ils ne pourront vous rendre la
» pareille ; vous la recevrez de Dieu même dans la
» résurrection des justes (1) ».

C'est ce que Jésus-Christ appelle ailleurs *être riche
envers Dieu ou pour Dieu.*

Morale bien contraire à celle des hommes, qui ne
donnent que pour recevoir, et dont la libéralité apparente n'est qu'un commerce. Le bonheur de donner,
sans espérance d'aucun retour en ce monde, n'a été
annoncé que par Jésus-Christ, qui pouvoit seul promettre ce retour infini, assuré à celui qui donne à
Dieu même en donnant aux pauvres. Jésus-Christ ne
détruit donc point, à proprement parler, cet intérêt
propre, qui est le plus grand mobile du cœur humain ; il le purifie seulement, il l'élève, il le sanctifie,
en le rapportant aux biens réels que Dieu seul peut
donner, et qui sont Dieu même. Ainsi, au lieu de ce
commerce, que l'homme entretient avec l'homme, il
lui apprend à l'exercer avec Dieu.

Lisez la parabole des conviés qui s'excusent par

(1) Luc, ch. 14, ỳ. 12, 13, 14.

différentes raisons d'aller au festin du père de famille (1). Aucune de ces raisons n'est illégitime en elle-même; ceux qui les allèguent sont cependant regardés comme indignes d'approcher de la table du père de famille. Et qui sont ceux qu'il leur substitue? Des pauvres, des estropiés, des boîteux, des aveugles, tout au plus des passans et des voyageurs.

Donc, le seul attachement de préférence aux biens ou aux occupations les plus légitimes, est un crime dans la loi évangélique; donc, pour être digne d'approcher de la table du seigneur, image de la félicité éternelle, il faut être, dans le cœur, semblable à des pauvres, et à tous ceux qui nous représentent ici le détachement des biens sensibles; sentir le besoin réel où nous sommes des vrais biens, et chercher celui qui peut seul y suppléer; donc, enfin, la privation, quoique forcée, des biens de ce monde, est une disposition prochaine à profiter de l'invitation du père de famille pour être admis à son festin. *Beati pauperes spiritu quoniam ipsorum est regnum cœlorum* (2).

Toute la substance de la parabole précédente et la grande vérité qui en est l'objet, sont renfermées dans ces paroles, qui suivent :

Si quelqu'un vient à moi et ne hait pas (3), c'est-à-dire, n'aime point en comparaison de son amour pour moi, *son père, sa mère, sa femme, ses enfans, ses frères et ses sœurs, en un mot, son ame* (sa propre vie), *il ne peut être mon disciple.*

Le mot grec ψυχη, comme le mot latin *anima*, se prend proprement pour l'ame, considérée en tant qu'elle est unie au corps, qu'elle l'anime, qu'elle y est attachée, et comme liée; c'est ce que l'ancienne philosophie appeloit *l'ame sensitive*, à la différence du sens qu'a le terme νους ou *mens*, qui signifie l'esprit pur, ou l'ame considérée en elle-même, indépendamment du corps.

Ainsi, l'attachement aux objets sensibles, même à

(1) Luc, ch. 14, ℣. 15. — (2) Math., ch. 5, ℣. 3. — (3) Luc, ch. 14, ℣. 26.

ceux qu'il est permis et ordonné d'aimer, quand il
ne cède pas absolument à celui que nous avons pour
Dieu, exclut du royaume du ciel.

§. CXXXV. *L'Évangile nous offre diverses images de la bonté
de Dieu envers les pécheurs.*

Est-il rien de plus touchant que les paraboles du
bon pasteur qui cherche la brebis égarée, qui la
porte sur ses épaules, et qui en est dans la joie; de la
femme qui retrouve la dragme qu'elle avoit perdue,
et de l'enfant prodigue (1)?

La conséquence que Jésus-Christ en tire, est que
Dieu est un père qui paroît presque oublier ceux de
ses enfans qui lui sont fidèles, pour courir après un
fils ingrat et rebelle; en sorte qu'il semble que la
pénitence de l'un lui cause plus de joie que l'innocence des autres.

Quel philosophe a jamais donné de telles idées et
des images si touchantes de la bonté de Dieu, ou
des motifs si puissans d'amour et de fidélité! Dieu
seul peut expliquer ce qui se passe, pour ainsi dire,
dans son cœur; mais, ce secret nous étant une fois
révélé, nous le rapprochons sans peine de l'idée que
nous avons d'un Être souverainement bon.

Toutes les circonstances de la parabole de l'enfant
prodigue développent et font encore mieux sentir
cette réflexion.

§. CXXXVI. *Jésus-Christ n'a fait que du bien aux hommes
dans toutes les circonstances de sa vie. Cette bonté constante et non interrompue, est un caractère de la Divinité.*

Que fait Jésus-Christ pendant tout le cours de sa
vie, depuis qu'il a commencé de se manifester aux
hommes? Il *instruit* et il *guérit* (2). Ces deux mots
renferment toute sa vie. Unique et seule occupation, digne d'un Homme-Dieu : éclairer l'esprit de
l'homme et guérir son cœur, lui donner l'intelligence

(1) Luc, ch. 15. — (2) Luc, ch. 17; Math., ch. 19.

de la vérité et redresser ses sentimens, voilà sa mission. C'est ainsi que la bonté de Dieu doit se faire
sentir à ses créatures, en les rendant parfaites et heureuses. La guérison des corps étoit l'image de la
guérison de ames, dont elle étoit souvent suivie, et
dont elle l'auroit été toujours, si les malades guéris
avoient répondu aux intentions et aux instructions
de Jésus-Christ.

Ainsi, Jésus-Christ est le seul homme qui n'ait pas
vécu un seul moment pour lui : toute sa vie étoit
pour les autres. Image, en cela même, de Dieu, qui
ne peut faire du bien qu'aux autres. *Deus meus es
tu, quoniam bonorum eorum non ages* (1). Il falloit
être Dieu même pour soutenir continuellement, uni-
versellement, durablement et perpétuellement ce
caractère de la divinité.

§. CXXXVII. *Les hommes ne sont que les économes de Dieu,
pour faire servir à leur salut les richesses qu'ils ont reçues
de lui en dépôt ; c'est dissiper le bien dont il est le seul
propriétaire, que de ne lui en pas rapporter la gloire et
l'usage.*

C'est dans les livres saints qu'il faut puiser la véritable idée de ce qu'on appelle richesses, possession,
propriété parmi les hommes (2).

Dieu seul est le véritable propriétaire de tout ce
qu'il a créé, biens extérieurs et intérieurs. Tout vient
de lui, tout est à lui, tout est pour lui. Que sont donc
les hommes qui jouissent des biens de ce monde ?
Les simples dispensateurs, les économes, les intendans du souverain et unique père de famille. Ils lui
doivent rendre compte de l'usage qu'ils font, de ce
qu'ils ont reçu de lui ; et cet usage doit être toujours
rapporté à sa gloire, ou à la fin à laquelle il a destiné les biens qu'il nous donne. Les autres hommes,
qui ne sont pas aussi riches que nous, ne sont pas
moins que nous les créanciers du père de famille.
Sa bonté l'a rendu leur débiteur dès le moment qu'il

_____

(1) *Psalm.* 15, ℣. 2. — (2) Luc, ch. 16.

les a créés. Il veut bien nous tenir compte de ce que nous leur payons, ou de ce que nous leur remettons, parce que nous le faisons, pour ainsi dire, à sa décharge. Nous faisons un vol, pour parler ainsi, quand nous nous approprions ses biens au-delà de la juste mesure ; et nous lui faisons une restitution, quand nous le partageons avec ses autres créanciers, qui sont nos égaux et nos frères ; et la juste providence d'un Dieu toujours bienfaisant nous fait trouver, dans les autres, la même ressource qu'ils ont trouvée en nous, lorsque nous commençons à avoir besoin de leur secours.

Toutes ces réflexions ne sont autre chose que la parabole de l'économie infidèle développée.

§. CXXXVIII. *L'usage que les enfans du siècle font de leur prudence, pour les biens de la vie présente, doit servir à nous faire connoître combien les enfans de lumière sont coupables, en négligeant tant de moyens de sanctification.*

« Les enfans de ce siècle ont plus de prudence dans » leur conduite que les enfans de la lumière (1) ».

Pourquoi cela ? c'est parce qu'ils agissent plus conséquemment, et que la fin qu'ils se proposent est ce qui dirige toutes leurs démarches. Ils veulent être heureux dans ce monde par la possession des biens ou des avantages présens ; et ils prennent les plus justes mesures pour y parvenir, parce qu'ils sont toujours occupés de leur objet, et qu'ils y rapportent toutes leurs actions.

Au contraire, les enfans de la lumière, c'est-à-dire, ceux qui aspirent à jouir de la lumière et de la félicité éternelle, ne sont pas toujours aussi frappés de ce grand objet que les enfans du siècle le sont de celui qui leur est propre. Ils donnent, à la vérité, la préférence aux vrais biens ; mais ils ne laissent pas d'en désirer d'autres qu'ils ne croient pas incompatibles avec les premiers. Ainsi, soit parce qu'ils n'ont pas autant d'ardeur que les enfans du siècle, pour

(1) Luc, ch. 16, ⍏. 8.

tendre à leur but, soit parce que leur cœur et leur esprit sont plus partagés, et qu'il se mêle toujours des pensées et des désirs terrestres aux vœux qu'ils forment pour les biens du ciel, leur prudence n'agit pas aussi conséquemment, aussi pleinement, aussi constamment que celle des enfans du siècle; qui se bornent au bonheur de la vie présente.

§. CXXXIX. *L'Évangile nous enseigne que les richesses les plus légitimes sont souvent injustes, et qu'elles peuvent devenir, par l'aumône, le fruit de la charité et la semence de la gloire; c'est l'unique moyen de les sanctifier.*

« *Facite vobis amicos de mammona iniquitatis:* » *ut, cum defeceritis, recipiant vos in æterna ta-* » *bernacula* (1) ».

Qu'est-ce que *mammona iniquitatis?* Ce ne sont point, sans doute, des biens injustement acquis par violence, par fraude, par usure, etc., autrement Jésus-Christ auroit ordonné de les restituer, et non pas d'en faire l'aumône aux pauvres.

Il y a donc des trésors injustes, dont cependant on n'est pas obligé de faire la restitution.

Distinguons deux sortes d'injustices : les unes regardent les hommes ; les autres ont Dieu même pour objet.

Je puis m'être enrichi en faisant tort à mon prochain, et je suis obligé de lui rendre ce que j'en ai reçu ou exigé injustement.

Mais, sans faire tort à personne, je puis avoir manqué à la loi de Dieu, et à la perfection de la morale évangélique, soit par un trop grand attachement aux biens de la terre, soit en amassant des trésors que j'aurois dû partager avec les pauvres. J'ai été, par conséquent, injuste envers Dieu, qui me défend la cupidité ou l'avarice, et qui m'ordonne de répandre mon superflu sur les pauvres. Ce qui se possède ainsi est vraiment ce que Jésus-Christ appelle *mammona iniquitatis*, dont je dois me servir à me faire des amis

(1) Luc, ch. 16, ỳ. 9.

pour la vie éternelle, en le distribuant aux pauvres ;
c'est que je rentre, par là, dans l'ordre et dans la
règle. Je cesse de posséder des richesses iniques à
l'égard de Dieu, qui ne m'a donné ces biens que pour
en faire un meilleur usage, en les remettant entre les
mains des pauvres. Je répare l'injustice que j'avois
faite en les leur refusant ; et l'on voit, par là, que
l'aumône est un précepte de justice envers Dieu autant que de charité envers les hommes.

Excellence et perfection de cette morale, toute
renfermée dans un seul verset de l'évangile.

L'infidélité, à l'égard des faux biens, est punie
par la privation des véritables richesses.

Si nous n'administrons pas dignement, dans cette
vie, ce qui est autant le bien d'autrui que le nôtre ;
comment Dieu nous donnera-t-il ce qui est notre
véritable bien, c'est-à-dire, sa grâce et sa gloire ?
Ce sont les conséquences naturelles de la première
vérité.

§. CXL. *On n'aime point Dieu comme il doit être aimé, si on
aime quelque chose avec lui qu'on n'aime point pour lui.*

Nul ne peut servir deux maîtres : Dieu et la cupidité (1). Il faut opter, et le choix devroit-il être
difficile ? Autre grand principe de morale, qui est
propre à la doctrine de Jésus-Christ, et dont il est
aussi aisé, lorsqu'on l'a une fois aperçu, de sentir la
vérité, que d'en tirer les conséquences.

§. CXLI. *C'est le cœur qui sera jugé par celui qui voit le
cœur ; c'est par là qu'il faut chercher à lui plaire.*

Vouloir paroître juste devant les hommes, comme
si Dieu ne connoissoit pas le fond du cœur, et fonder
son élévation ou sa gloire sur la fausseté, c'est une
abomination devant Dieu (2).

Les philosophes païens ont entrevu cette vérité.
Totius autem injustitiæ nulla capitalior fraus est,

(1) Luc ch., 16, ỳ. 13. — (2) *Ibid.*, 16, ỳ. 15.

quam eorum, qui cum maxime fallunt, id agunt ut viri boni esse videantur (1). ·

Mais Cicéron ne jugeoit de cette injustice que par rapport aux hommes, ou à la société, au lieu que Jésus-Christ la considère d'une manière bien supérieure, en l'envisageant par rapport à Dieu.

§. CXLII. *On n'arrive au Ciel que par la violence qu'on fait à ses inclinations.*

La loi et les prophètes ont duré jusqu'à Jean; Depuis lui, le royaume de Dieu est annoncé, et quiconque y aspire se fait violence pour y entrer.

Donc, avant Jésus-Christ, Dieu régnoit, en quelque manière, par la loi et par les prophètes. Depuis Jésus-Christ, il règne par lui-même, et ceux qui veulent être admis dans son royaume ne peuvent y entrer que par un effort continuel et universel sur eux-mêmes; effort qui approche de la violence.

Caractère de distinction entre la loi judaïque ou l'état des juifs, et la loi évangélique ou l'état des chrétiens.

Il ne tombera pas cependant un seul point de la loi ; elle sera perfectionnée sans être détruite, et elle subsistera toujours.

§. CXLIII. *L'Évangile seul nous fait connoître l'excellence de la virginité. Cette vertu n'est que de conseil et de perfection.*

La chasteté perpétuelle forme un caractère de perfection qui ne se trouve que dans la loi évangélique, par forme de conseil (2). On n'en trouve qu'une foible image dans les vestales, encore avoit-on besoin de la crainte de la mort pour leur faire conserver une virginité passagère.

§. CXLIV. *Jésus-Christ n'a eu besoin que d'exposer simplement la doctrine de l'immortalité de l'ame pour la faire embrasser.*

Jésus-Christ n'a point fait de raisonnement pour

(1) *Cic. de Offic.* — (2) Math., ch. 19, ỳ. 12.

prouver aux hommes que l'ame étoit immortelle ; qu'il y avoit une autre vie où les méchans seroient punis et les bons récompensés ; qu'une distance immense sépare ces deux états, et qu'il n'y a point de passage de l'un à l'autre. Il a annoncé simplement ces grandes vérités, qui n'étoient pas même reconnues par tous les juifs ; et une multitude innombrable l'a cru, et le croit encore sur sa parole, pendant que tous les discours des philosophes ont à peine persuadé un très-petit nombre de disciples.

§. CXLV. *La doctrine évangélique nous a fait connoître qu'une vie de mollesse et le seul mépris des pauvres peuvent nous exclure du Ciel.*

Tout le crime du mauvais riche est une vie de luxe et de mollesse, avec une grande indifférence pour les pauvres (1).

Il est assez surprenant qu'il y ait eu des païens qui aient senti la grandeur de ce crime, et qui l'aient jugé digne de l'enfer. Virgile l'a supposé ainsi, lorsqu'il a dit :

> *Aut qui divitiis soli incubuere repertis,*
> *Nec partem posuere suis, quæ maxima turba est ;*
> *Quique ob adulterium cæsi, quique arma secuti*
> *Impia, nec veriti dominorum fallere dextras :*
> *Inclusi pœnam expectant, etc. (2).*

§. CXLVI. *Jésus-Christ seul nous a fait connoître toute l'énormité du crime de scandale.*

L'obligation de ne donner aucun scandale au prochain, paroît être un des préceptes propres à la loi évangélique (3). La morale philosophique n'alloit pas si loin, notre esprit en aperçoit néanmoins la raison, aussitôt que le précepte lui est montré. C'est ainsi que la raison reconnoît souvent, qu'elle avoit besoin

_____

(1) Luc, ch. 16, ꝟ. 19. — (2) Æneid., l. 6, v. 610. — (3) Luc, ch. 17, ꝟ. 1, 2, 3.

du secours de la révélation, pour les choses mêmes qui sont de son ressort et à sa portée.

§. CXLVII. *Personne n'est exempt de l'obligation de pardonner; c'est un précepte de l'Évangile qu'on n'accomplit qu'autant que l'on a de la foi.*

Les païens ont connu qu'il étoit grand de pardonner à ses ennemis, et plus grand que de se venger (1). Mais ils ne paroissent guère en avoir fait un devoir nécessaire. Jésus-Christ a fait un précepte de ce qui étoit regardé chez les païens, comme une espèce d'héroïsme qu'on louoit, mais qu'on ne pouvoit exiger.

Il semble que ce soit ce précepte qui serve d'occasion aux apôtres, pour demander à Jésus-Christ d'augmenter leur foi. Est-ce parce qu'on ne pardonne bien à ses ennemis, qu'autant qu'on a de la foi dans le Dieu qui s'est réservé la vengeance, qui est souverainement miséricordieux envers nous, qui veut que nous pardonnions comme il nous pardonne, et afin qu'il nous pardonne.

§. CXLVIII. *Il n'y a point de serviteur plus inutile que celui qui ne peut rien faire de bien si son maître ne le fait avec lui. Tel est l'homme laissé à lui-même.*

« Nous ne sommes que des serviteurs inutiles; ce » que nous devions faire, nous l'avons fait, et nous » n'avons fait que notre devoir (2) ».

L'homme doit tout à Dieu; et quand il le sert bien, c'est une dette qu'il paie. Dieu ne doit rien à l'homme, et tout ce qu'il fait pour lui est une grâce. Morale sublime qui n'a été qu'entrevue comme de loin par les philosophes, et que Jésus-Christ a clairement révélée. En sommes-nous moins assurés, parce que Dieu ne nous doit rien? Au contraire, parce que ce qu'il fait pour nous, il se le doit à lui-même et à la stabilité de ses promesses. C'est pour cela que

(1) Luc, ch. 17, ȳ. 3. — (2) *Ibid.*, ch. 17, ȳ. 7, 8, 9, 10.

Dieu est si souvent appelé dans l'écriture : *Deus fidelis et verax*, etc.

§. CXLIX. *Jésus-Christ s'est couvert du voile de l'ignorance et de la bassesse; mais sa Doctrine, qui est celle de son père, n'est pas moins pleine de sagesse et de lumière.*

« Comment sait-il les lettres, lui qui n'a rien appris » ? Il étoit donc constant parmi les juifs, que Jésus-Christ n'avoit point étudié. Il passoit pour le fils d'un charpentier (1). On le voyoit toujours avec des pêcheurs de poissons; Jésus-Christ lui-même convient du fait, et il déclare qu'il ne sait rien de lui-même. Ma doctrine n'est pas la mienne, c'est celle de celui qui m'a envoyé. Caractère singulier. Un homme enseigne tout un peuple, et ce qu'il enseigne est infiniment au-dessus de ce que les plus grands hommes avoient enseigné. Le simple étonné demande où il peut avoir puisé tant de science, puisqu'il n'a point de lettres. Il répond, sans vouloir faire honneur, ni à son étude, ni à son génie, qu'il tient toute sa doctrine de celui qui l'a envoyé; et il prouve ce qu'il dit par l'excellence même de sa doctrine.

§. CL. *On ne connoît bien l'excellence de la doctrine de l'Évangile qu'autant qu'on la pratique.*

« Si quelqu'un fait la volonté de Dieu, il jugera si » ma doctrine vient de Dieu, ou si je parle de moi-» même (2) ».

Premier caractère de distinction entre la doctrine divine et la doctrine humaine. Pour comprendre la doctrine d'un philosophe, il n'est pas nécessaire de faire ce qu'il ordonne; pour comprendre pleinement celle de Dieu, il faut faire sa volonté. La pratique fait découvrir ce que la spéculation n'avoit pas pleinement montré.

Second caractère. Celui qui parle de lui-même, cherche sa propre gloire. Celui qui enseigne la doc-

____

(1) Joann., ch. 7, Ỷ. 15. — (2) *Ibid.*, ch. 7, Ỷ. 17.

33 *

trine de Dieu, cherche la gloire de celui qui l'a envoyé. Il est véritable, et il n'y a point en lui d'injustice, parce qu'il ne veut point s'approprier la gloire qui appartient à Dieu.

§. CLI. *On devoit ignorer de qui Jésus-Christ seroit fils ; c'est ainsi que la prophétie d'Isaïe devoit s'accomplir.*

Tradition constante parmi les juifs, qu'un des caractères du christ ou du messie, seroit qu'on ignoroit de qui il seroit fils, car c'est le seul sens véritable de ces mots : *Nemo scit unde sit* (1). En effet, le terme *unde sit*, ne peut s'appliquer qu'à l'une de ces trois choses, ou au lieu de la naissance du messie, ou à la famille dont il tireroit son origine, ou enfin au père dont il seroit issu. Les deux premiers étoient connus de tous les juifs : ils savoient tous que le christ devoit naître à Bethléem et les docteurs de la loi le répondirent ainsi à Hérodes, sans hésiter. Ils ne savoient pas moins, que le Christ devoit être de la famille ou de la race de David. Donc, l'ignorance ne pouvoit tomber que sur la personne du père du messie, et la célèbre prophétie d'Isaïe, *ecce virgo concipiet*, étoit l'origine de cette tradition, que le père du messie seroit inconnu ; mais, puisqu'il devoit naître d'une vierge, il étoit aisé d'en conclure, non pas que le père du messie seroit inconnu, mais que le messie n'auroit point de père, ou plutôt qu'il n'en auroit point d'autre que Dieu.

§. CLII. *On découvre, dans un seul verset de saint Jean, trois mystères de Jésus-Christ : sa naissance éternelle, la voie de sa naissance qui est une voie de connoissance, et sa naissance et mission temporelle.*

« *Ego scio eum, quia ab ipso sum ; et ipse misit me* (2) ».

Jésus-Christ dit ici, que les juifs ne connoissoient

(1) Joann., ch. 7, ꝟ. 27. — (2) Ibid., ch. 27, ꝟ. 29.

point Dieu, mais qu'il le connoît, *parce qu'il est de lui*, et qu'il l'a envoyé.

Il répond donc par là à cette question dont on vient de parler; *undè est*; c'est-à-dire, de quel père est-il né; et sa réponse est qu'*il est né de Dieu*, ce qui fait qu'il le connoît tout autrement que les juifs et tous les hommes ne le connoissent.

Jésus-Christ affirme donc que Dieu est son père, non comme créateur, mais d'une manière qui lui est propre. Quel homme a jamais dit cela de lui-même, et en a donné des preuves, que Dieu seul pouvoit le mettre en état de donner, par ses miracles, par ses prédictions, par sa connoissance des plus secrètes pensées, par sa doctrine, par sa vie, par sa mort, par sa résurrection, par l'établissement de sa religion.

§. CLIII. *Les miracles que les Messie devoit faire ont été la grande preuve de la divinité de Jésus-Christ.*

« Quand le christ viendra, pourra-t-il faire plus » de prodiges que n'en fait celui-ci (1) » ?

Le discours des juifs montre que, suivant leur tradition, il étoit constant que le messie feroit un grand nombre de prodiges, et que ce seroit là une des preuves de sa mission. On voit des monumens de cette tradition dans plusieurs endroits des prophéties.

§. CLIV. *L'accomplissement des prophéties faites par Jésus-Christ même, est une nouvelle preuve de sa divinité.*

« Je n'ai plus guère de temps à être avec vous. » Je me retire vers celui qui m'a envoyé. Vous me » chercherez, et vous ne me trouverez pas; et où » je vais, vous ne pouvez y venir (2) ».

Ces paroles renferment en même temps la prédiction de la mort, de la résurrection et de l'ascension de Jésus-Christ; ce qu'il dit ici ne peut se trouver

_____

(1) Joann., ch. 7, ỳ. 31. — (2) *Ibid.*, ch. 7, ỳ. 33, 34.

exactement vrai, que dépendamment de ces trois grands événemens.

C'est beaucoup de prévoir l'avenir; mais annoncer ce qui ne se peut faire que par une volonté libre et toute-puissante de Dieu, c'est ce qui n'appartient qu'à Dieu même.

Les événemens ont justifié cette étonnante prédiction, et il n'y avoit que les événemens qui puissent la justifier. Ainsi, il n'est pas surprenant que les juifs n'y aient pu rien comprendre.

§. CLV. *Jésus-Christ annonce une multitude de merveilles, et ses prophéties s'accomplissent.*

Rien ne manifeste plus la toute-puissance et la toute science de Jésus - Christ que cette effusion abondante des dons du Saint-Esprit, qu'il avoit prédite par Jésus-Christ, en disant, que « si quelqu'un » croit en lui, il sortira de son sein des fleuves d'eau » vive (1) ».

L'événement a répondu à la prophétie, par le don des langues, par les miracles, par la conversion des gentils, aussi bien et encore plus que des juifs, et surtout par l'effusion du Saint-Esprit et le baptême, d'où l'on a vu sortir des hommes nouveaux. Dieu seul pouvoit opérer de semblables merveilles, comme il pouvoit seul savoir qu'il vouloit les faire.

§. CLVI. *Toutes les paroles de Jésus - Christ portent l'empreinte de la divinité.*

« Nul homme n'a jamais parlé comme cet » homme (2) ».

C'est ce que répondent aux pharisiens ceux qu'ils avoient envoyés pour se saisir de la personne de Jésus - Christ; plus on médite ses paroles, plus on sent la vérité de ce témoignage, dont ceux mêmes

(1) Joann, ch. 7, ỳ. 38. — (2) *Ibid.*, ch. 7, ỳ. 46.

qui le rendoient avec tant de simplicité, ne sentoient peut-être pas la force et toute l'étendue.

§. CLVII. *L'orgueil, et l'incrédulité qui en est la suite,
trouvent les ténèbres dans la lumière même.*

Tout ce que les incrédules ou les critiques disent
contre Jésus-Christ se tourne en sa faveur, et les
argumens dont on se sert pour prouver qu'il n'est
pas le christ, prouvent qu'il l'est en effet.

Est-ce que le *christ doit sortir de la Galilée?*
Jésus-Christ n'en sort pas (1). Ne doit-il pas être
de la race de David? Jésus-Christ en est. Ne sortira-
t-il pas de la petite ville de Bethléem, d'où étoit
David? Jésus-Christ y est né, et y est né parce qu'il
étoit de la race de David. C'est ainsi que l'erreur
même sert à la vérité, quand il plaît à Dieu.

§. CLVIII. *Jésus-Christ se cache aux grands et aux savans,
tandis qu'il se manifeste aux petits et aux ignorans.*

« Quelqu'un des princes ou des pharisiens a-t-il
» cru en lui (2) ». Terrible jugement contre les grands
de la terre et contre les savans du siècle; mais en
même temps caractère de vérité dans Jésus-Christ.
Tous ceux qui ont voulu se faire un grand nom,
établir une secte, former un parti, en un mot, tous
les imposteurs ou tous les ambitieux ont toujours
cherché à gagner les personnes accréditées, ou par
leur pouvoir, ou par leurs richesses, ou par leur
science; Jésus-Christ, au contraire, ne travaille qu'à
humilier ceux qui dominoient alors dans le peuple
juif. Il découvre, il reprend leurs vices, et surtout
leur orgueil; au contraire, il se livre aux petits, aux
foibles, aux derniers du peuple, à ceux que les pharisiens appellent *une race maudite.* Il prend le con-
tre-pied des voies humaines, et cependant il réussit
par tout ce qui pouvoit lui nuire; les obstacles se
changent en moyens.

(1) Joann., ch. 7, ⊽. 41, 42. — (2) *Ibid.*, ch. 7, ⊽. 48.

§. CLIX. *Jésus-Christ agit en scrutateur des cœurs, en juge des juges, en sauveur des pécheurs contrits, et en vengeur des impénitens, c'est-à-dire, en Dieu.*

Il en est des piéges qu'on tend à Jésus-Christ comme des critiques qu'on fait sur sa naissance, ils tournent tous à sa gloire (1). Les pharisiens le tentent en lui amenant une femme adultère; ils lui citent la loi de Moïse, et ils lui demandent ce qu'il pense sur la punition de cette femme; ils veulent le forcer à la condamner, ou le rendre suspect s'il épargne celle que la loi condamne. Jésus-Christ les oblige au contraire à ne la point punir : il les juge eux-mêmes, et il ne la juge point; et il montre qu'il est venu pour être le sauveur des hommes, avant que d'être leur juge. Il ne viole donc point la loi, puisqu'il ne reste plus aucun de ceux qui, en pareil cas, étoient les témoins, les accusateurs et les juges, mais il agit en Dieu qui connoît les faux innocens comme les vrais coupables, et qui fait grâce aux derniers, quand il les voit humbles et contrits. C'est ainsi qu'il confond l'artifice des méchans, sans violer ni la vérité ni la justice.

§. CLX. *Jésus-Christ prouve, par sa doctrine, qu'il est Dieu et homme tout ensemble.*

Jésus dit : « Je suis la lumière du monde; qui-
» conque me suit ne marchera point dans les téné-
» bres, mais il aura la lumière de la vie, ou la lu-
» mière vivifiante (2) ».

Donc, Jésus-Christ assure qu'il est la lumière universelle, et la lumière qui est en même temps la source de la vie. Or, comme il ne peut pas y avoir deux lumières universelles et deux sources de vie, donc, Jésus-Christ est l'unique être illuminateur, l'unique être vivifiant, donc, il est Dieu. Il resteroit de prouver qu'il est en effet la lumière et la source

<hr/>

(1) Joann., ch. 8, ỳ. 1, etc. — (2) *Ibid.*, ch. 8, ỳ. 12.

de la vie; mais pour en être convaincu, il n'y a qu'à l'entendre et le voir agir; sa doctrine et les actes de sa puissance prouvent également l'un et l'autre.

Il conclut de là, et avec raison, que, quand lui seul se rendroit témoignage à lui-même, son témoignage n'en devroit pas moins être reconnu pour véritable et suffisant, parce qu'il sait d'où il vient et où il va; c'est-à-dire, parce qu'il est sorti de Dieu, et qu'il doit se retirer dans le sein de Dieu, c'est-à-dire encore, parce qu'il est Dieu.

Il ajoute que son jugement est véritable, parce que, d'ailleurs il n'est pas le seul qui juge en sa faveur; il a pour lui et son propre témoignage, qui est véritable puisqu'il est sorti de Dieu, et le témoignage de son père qui l'a envoyé et qui ne le laisse jamais seul.....

Les juifs lui demandent où est son père; il répond que s'ils le connoissoient, ils connoîtroient aussi son père.

Qui pèsera bien toutes ces paroles, y reconnoîtra clairement que Jésus-Christ a enseigné qu'il étoit sorti de Dieu, qu'il étoit un avec Dieu, et cependant distingué de Dieu; ce qui renferme le dogme de la trinité et de l'incarnation, la distinction et l'union des qualités de Dieu et d'homme, dans Jésus-Christ, etc.

§. CLXI. *La sublimité et la fécondité sont les principaux caractères de la doctrine de Jésus-Christ.*

Jésus-Christ dit aux juifs : « Pour vous, vous » êtes d'ici-bas, mais moi je suis d'en haut (1). Vous » êtes de ce monde, et moi je ne suis pas de ce » monde; voilà pourquoi vous ne pouvez venir où » je vais ».

Il n'y a qu'à méditer ces paroles; elles renferment non-seulement une nouvelle preuve de la divinité de

(1) Joann., ch. 8, ⱴ. 23.

Jésus-Christ, mais la plus sublime et la plus féconde
doctrine que les hommes puissent apprendre d'un
Dieu.

Les juifs lui disent, *qui êtes-vous?* Jésus-Christ répond : *je suis dès le commencement*, c'est-à-dire,
fils de Dieu, venu de Dieu, un avec Dieu, la lumière
du monde, la source de la vie, sans lequel le père
ne fait rien , et avec lequel il fait tout , à qui il
donne le pouvoir de faire tout ce qu'il fait, etc. (1).

§. CLXII. *Prophéties faites par Jésus-Christ; leur accomplissement prouve sa divinité.*

« Quand vous aurez élevé en haut le fils de
» l'homme, vous, alors, connoîtrez ce que je suis, et
» que je ne fais rien de moi-même , mais que je
» parle selon ce que mon père m'a enseigné (2) ».
Prédiction de la mort de Jésus-Christ élevé sur la
croix. Ce n'est pas tout, Jésus-Christ prédit que
c'est en ce moment que l'on connoîtra ce qu'il est;
en sorte que ce sera sa mort même qui fera connoître
sa divinité et celle de sa religion.

Deux prophéties également accomplies, et dont
la dernière devoit paroître incroyable avant l'événement.

§. CLXIII. *Discours de Jésus-Christ; par lequel il prouve sa
divinité et son humanité dans une seule personne.*

« Celui qui m'a envoyé ne m'a pas laissé seul, il
» est toujours avec moi; car je fais toujours ce qui lui
» plaît (3) ».

Jésus-Christ a beau avoir droit à la gloire par son
union hypostatique, il ne veut cependant l'obtenir
que par ses vertus, et surtout son obéissance. Un
homme ne peut envoyer un autre homme sans se séparer de lui. Dieu envoie son fils en unissant la nature
humaine avec la nature divine dans la personne du

(1) Joann., ch. 8, ỷ. 25. — (2) *Ibid.*, ch. 8, ỷ. 28. —
(3) *Ibid.*, ch. 8, ỷ. 29.

verbe, par la plus intime et la plus inséparable de toutes les unions.

§. CLXIV. *La foi chrétienne peut seule donner à l'homme la vraie liberté.*

« Si vous demeurez fermes dans mes paroles, vous » serez véritablement mes disciples, et vous connoî- » trez la vérité, et la vérité vous délivrera ou vous » rendra libres (1) ».

Admirable et profonde doctrine. La foi de l'homme peut seule lui faire acquérir la science de Dieu et de Jésus-Christ ; on ne l'acquiert qu'autant qu'on croit ce qu'il nous enseigne. Croire ce qu'il connoît, c'est toute la perfection de l'homme ici-bas.

On connoît par là la vérité autant qu'il est en l'homme de la connoître dans cette vie, et l'on acquiert le droit de la connoître pleinement dans l'autre. Cette connoissance, anticipée par la foi, nous délivre de nos erreurs, de nos passions, de toute domination étrangère ; en sorte que nous ne demeurons plus assujettis qu'à un seul maître, c'est-à-dire, à Dieu qui veut bien que nous régnions un jour avec lui.

§. CLXV. *La vérité et Jésus-Christ sont deux expressions synonymes.*

Jésus-Christ avoit dit dans le verset 32 du huitième chapitre de saint Jean : *si vous demeurez en moi vous connoîtrez la vérité, et la vérité vous rendra libres.* Il dit dans le verset 36 : *si le fils vous rend libres, vous serez véritablement libres* (2).

Donc, la vérité et Jésus-Christ, c'est la même chose: donc, Jésus-Christ est Dieu.

§. CLXVI. *La source dans laquelle Jésus-Christ puise sa doctrine, montre son excellence.*

Jésus-Christ ne dit que « ce qu'il a vu dans son

(1) Joann., ch. 8, ℣. 31, 32. — (2) *Ibid.*, ch. 8, ℣. 36.

» père, et ce qu'il en a entendu (1) ». Caractère
unique qui doit se trouver dans celui qui vient établir la véritable religion, et qui ne se trouve que,
dans Jésus-Christ, la révélation, fondement nécessaire de la religion. Dieu n'est bien connu que
de Dieu, et la perfection de la loi ne peut être bien
enseignée que par le souverain législateur.

§. CLXVII. *L'amour de la vérité caractérise les enfans de
Dieu, et la haine de la vérité, les enfans du Diable.*

« Le diable ne s'est point soutenu dans la vérité,
» parce qu'il n'y a point de vérité en lui (2) ». Quand
il dit un mensonge, il parle de son propre fond,
parce qu'il est menteur et le père du mensonge.
Ainsi, le caractère qui distingue le plus les enfans
de Dieu et les enfans du diable, ce sont l'amour de la
vérité dans les uns, et la haine de la vérité dans les
autres.

§. CLXVIII. *La vérité de la Religion est ce qui la fait
rejeter.*

« Et parce que je vous dis la vérité, vous ne me
» croyez pas (3) ». Qui devroit-on croire plus que ceux
qui disent la vérité ? Ce sont cependant ceux que l'on
croit le moins dans le monde ; et cela est même vrai
en toutes sortes de matières. L'homme semble se plaire
à être trompé, et ne chercher que des mensonges
agréables.

§. CLXIX. *Jésus-Christ se déclare exempt de péché. Nul
homme ne peut tenir un tel langage.*

« Qui d'entre vous me convaincra de péché (4) » ?
Quel homme a jamais osé faire un tel défi sans que
personne ait osé le démentir ? Et celui qui le fait est
en même temps le plus humble de tous les hommes,

(1) Joann., ch. 8, ꝟ. 46. — (2) *Ibid.*, ch. 8, ꝟ. 44. — (3) *Ibid.*,
ch. 8, ꝟ. 45. — (4) *Ibid.*, ch. 8, ꝟ. 46.

qui ne s'attribue rien à lui-même, et qui rapporte à
Dieu tout ce qu'il est, tout ce qu'il fait, tout ce
qu'il dit.

§. CLXX. *Il faut être enfant de Dieu pour aimer à entendre
sa parole.*

« Celui qui est de Dieu (1) », c'est-à-dire, qui ne
tient qu'à Dieu, qui n'est attaché qu'à Dieu, qui lui
appartient, qui vit dans une entière dépendance de
Dieu, *entend et reçoit les paroles de Dieu.* C'est la
langue du cœur; il faut aimer pour l'entendre.
Disposition qu'aucun philosophe ne s'est avisé
d'exiger de ses auditeurs.

§. CLXXI. *Toute la conduite de Jésus-Christ ne respire que
la douceur et la patience.*

Peut-on lire l'évangile et ne pas admirer la patience, la modération, la douceur que Jésus-Christ
manifeste dans tous ses discours (2). Les juifs lui
disent qu'il est possédé du démon; il répond sans
s'émouvoir, qu'il n'en n'est point possédé, et qu'il
rend gloire à son père, c'est-à-dire, à Dieu.

§. CLXXII. *Jésus-Christ a laissé à Dieu, son père, le soin
de sa propre gloire.*

Jésus-Christ dit aux juifs: « je ne cherche point
» ma gloire; un autre la recherchera et me fera
» justice (3) ».
Deux grandes vérités retracées, non-seulement par
ces paroles, mais par toute la vie de Jésus-Christ:
ne point chercher sa gloire; attendre en paix le jugement de Dieu, qui élève les humbles et qui humilie
les superbes.
Que cela est différent de tous les philosophes de
l'antiquité, qui, dans certaines occasions, sembloient
fouler aux pieds la grandeur et la gloire, mais qui

(1) Joann., ch. 8, ỳ. 47.—(2) *Ibid.*, ch. 8, ỳ. 49.—(3) *Ibid.*,
ch. 8, ỳ. 50.

le faisoient, comme on prétend que Platon le dit à Diogène, *alio fastu*.

§. CLXXIII. *Les promesses de Jésus-Christ sont une preuve de sa divinité.*

« Celui qui gardera mes paroles ne mourra ja-
» mais (1) ».

Quel homme a jamais assuré ses disciples d'une vie éternelle, attachée à l'observation de ses paroles (2)?

Jésus-Christ a prouvé par tout ce qu'il a fait, qu'il avoit raison de parler ainsi: donc, il étoit plus qu'un homme: donc, il étoit Dieu.

L'étonnement des juifs montre qu'ils raisonnoient en effet de cette manière :

Abraham est mort, les prophètes sont morts; vous dites cependant que si quelqu'un garde vos paroles il ne mourra point. Qui êtes-vous donc (3)? Plus qu'Abraham, sans doute, plus que les prophètes; immortel par conséquent, et maître de la vie et de la mort, si vous dites vrai. Or, il a dit vrai ; donc, etc.

La réponse de Jésus-Christ confirme la même chose.

« Si je me glorifie moi-même, ma gloire n'est rien.
» C'est mon père qui me glorifie; celui que vous dites
» être votre Dieu. Je serois menteur comme vous, si
» je disois que je ne le connois pas, etc. ».

Donc, il est le fils de Dieu, qui seul, à propre-ment parler, connoît le père : donc, il est Dieu lui-même.

§. CLXXIV. *Jésus-Christ, par ses réponses, fournit des preuves victorieuses de sa divinité et de son éternité.*

« Abraham a été comme transporté hors de lui-
» même, dans l'ardeur de voir mon jour, dit Jésus-

(1) Joann., ch. 8, ỳ. 51, etc. — (2) *Ibid.*, ch. 8, ỳ. 52. — (3) *Idem, ibid.*

» Christ aux juifs; il l'a vu, et il en a été comblé
» de joie.... Je vous le dis en vérité, avant qu'Abra-
» ham fût *au monde*, je suis (1) ».

Jésus-Christ a été vraiment l'attente et le désir
des patriarches. Ils l'ont vu, ils l'ont salué de loin,
comme leur véritable sauveur.

Il ne manquoit après cela à Jésus-Christ, que de
dire qu'il étoit avant Abraham.

On pourroit dire comme quelques docteurs juifs
l'ont cru, et comme les ariens l'ont pensé, que,
pour expliquer ces paroles, sans reconnoître l'éternité de Jésus-Christ en tant que verbe, il suffiroit
de supposer que l'ame de Jésus-Christ étoit unie
au verbe, long-temps avant son incarnation, et
peut-être dès la création du monde. Mais le jugement des juifs, qui ont regardé ce que Jésus-Christ
disoit comme un blasphème, par lequel il vouloit
se faire passer pour Dieu, et montrer qu'il étoit
éternel, prouve que le vrai sens des paroles de Jésus-Christ étoit qu'il étoit Dieu. De là vient qu'ils
ne lui répondent qu'en prenant des pierres pour le
lapider. La force même des termes de Jésus-Christ
fait sentir qu'il a voulu parler ici de sa divinité. Il ne
dit pas : *j'étois avant qu'Abraham fût*; il dit : *avant
qu'Abraham fût je suis*. Expression énergique par
laquelle il s'élève au-dessus de la distinction du passé
et du présent, en montrant que son être est absolu
comme celui de Dieu, parce qu'il n'est qu'un avec
Dieu.

§. CLXXV. *La doctrine évangélique seule donne de justes
idées des maux et des infirmités de la vie présente.*

Les défauts du corps, les infirmités, les maladies,
sont des preuves équivoques. Souvent Dieu s'en sert
pour punir les hommes, souvent pour les éprouver, quelquefois pour faire éclater sa puissance et
sa bonté. D'un autre côté, Jésus-Christ avertit ceux

(1) Joann., ch. 8, ⱴ. 56.

qu'il guérit de ne plus pécher, et il ajoute même, de peur qu'il ne vous arrive quelque chose de plus fâcheux.

Donc, il y a des infirmités qui sont des peines du péché.

Jésus - Christ parle des souffrances de Lazare comme ayant été le germe de sa félicité éternelle (1).

Donc, il y a des maux qui ne sont que des épreuves.

Jésus-Christ dit enfin en parlant de l'aveugle-né : « ce ne sont ni ses péchés ni ceux de ses pères qui » ont été la cause de son aveuglement, il n'étoit dans » cet état qu'afin que Dieu fît éclater sa puissance en » lui (2) ».

§. CLXXVI. *Jésus-Christ est la seule lumière véritable des esprits.*

« Tant que je suis dans le monde, je suis la lu- » mière du monde (3) ».

Jésus-Christ répète plusieurs fois cette vérité, et il la prouve encore plus souvent par ses actions que par ses paroles.

A-t-il donc cessé de l'être en sortant du monde ? Non ; mais il a cessé de l'être aussi visiblement, et d'une manière aussi sensible qu'il l'étoit pendant sa vie mortelle. Si les hommes ont perdu par là cette lumière qui tomboit presque sous les sens, ils y ont gagné d'un autre côté, par la certitude que la résurrection de Jésus-Christ et l'établissement de la religion, ont ajouté à celle qui résultoit déjà, et des discours et de la conduite de Jésus-Christ ; en sorte qu'après le témoignage éclatant que Dieu lui a rendu, selon saint Paul, en le ressuscitant d'entre les morts, et en l'élevant au-dessus de toute puissance, etc. Jésus - Christ est encore plus indubitablement que jamais pour nous, la seule lumière véritable des esprits.

(1) Joann., ch. 11, ỳ. 1, etc. — (2) *Ibid.*, ch. 9, ỳ. 3. — (3) *Ibid.*, ch. 9, ỳ. 5.

§. CLXXVII. *Rapport des actions de Jésus-Christ avec les paroles des Prophètes.*

Jacob avoit prédit que la tribu de Juda ne seroit point détruite jusqu'à la venue de celui qu'il appelle *Schilo* ou *Silo*, ou celui qui sera envoyé, *qui mittendus est*, et toute l'ancienne tradition des Juifs a appliqué ces paroles au messie.

Lorsqu'il s'agit de guérir l'aveugle-né, Jésus-Christ, après lui avoir couvert les yeux de boue, l'envoie se laver à la piscine de *Siloë* (1). Et qu'est-ce que veut dire *Siloë?* Saint Jean l'explique lui-même par ces mots : *quod interpretatur missus.* C'étoit donc la fontaine surnommée *de l'envoyé*, terme qui signifioit *le messie*; c'étoit cette fontaine par le moyen de laquelle le messie devoit faire un si grand miracle; en sorte qu'on peut dire que son nom étoit un nom prophétique, comme il y en a plusieurs dans l'écriture.

§. CLXXVIII. *L'incrédulité même des Juifs, à la vue même des miracles de Jésus-Christ, est devenue une preuve de la vérité de la Religion.*

« Nous savons que Dieu a parlé à Moïse; mais, » pour celui-ci, nous ne savons d'où il est (2) ».

Comment savoient-ils que Dieu avoit parlé à Moïse? Sans doute par les prodiges et les merveilles que leurs pères avoient vu opérer par ce prophète. Mais ceux de Jésus-Christ étoient aussi éclatans et plus nombreux; et celui de l'aveugle-né excluoit jusqu'aux moindres prétextes de critique ou d'incrédulité. Pourquoi donc ne croient-ils pas au moins qu'il est envoyé de Dieu ? C'est que la prévention ne raisonne point. L'aveugle-né, qui n'en a point, trouve sur-le-champ des démonstrations pour confondre les pharisiens. « Il est bien étonnant, dit-il, que vous ignoriez d'où » vient celui qui m'a guéri. Dieu écoute-t-il les im-

(1) Joann., ch. 9, ÿ. 7. — (2) *Ibid.*, ch. 9, ÿ. 29.

D'Aguesseau. Tome XV. 34

» posteurs , et ouvre-t-il les yeux des aveugles pour
» les accréditer » ? Les pharisiens ne peuvent lui
rien répondre , mais ils peuvent le chasser, et ils le
chassent.

Une des plus grandes preuves de la divinité de
Jésus-Christ et de sa religion, est d'avoir été supérieure à des préventions si fortes , si enracinées, si
intraitables. Plusieurs de ceux qui résistoient à l'évidence d'un fait palpable, ont cru, dans la suite, des
vérités invisibles , et dont plusieurs mêmes sont incompréhensibles à l'esprit humain.

§. CLXXIX. *La lumière est donnée aux aveugles ignorans ,
et ceux qui sont enflés de leur science la rejettent ; c'est-
à-dire, que Dieu confond toujours l'orgueil de l'esprit humain , il éclaire la foi de l'humble , et il aveugle le savant
incrédule.*

Jésus-Christ déclare précisément à l'aveugle-né ,
qu'il est le *fils de Dieu ;* il en exige la foi, et il
souffre que l'aveugle-né l'adore. La foi si prompte de
l'aveugle est la condamnation de ceux qui ne cherchent qu'à multiplier les objections et les difficultés
pour pouvoir se justifier à eux-mêmes leur incrédulité (1). On ne peut élever aucun doute sur la
sincérité de cette foi, puisqu'elle a été suivie d'une
adoration que peu de personnes rendirent alors à
Jésus-Christ, comme au fils de Dieu. Rien ne doit
donc plus augmenter la confiance des pécheurs, que
de voir que Jésus-Christ se manifeste si clairement
à ce pauvre aveugle, comme il l'a fait à l'égard de la
samaritaine qui vivoit dans le désordre. On doit adorer avec frayeur ce terrible jugement que Jésus-Christ
dit qu'il exercera dans le monde. L'effet de sa venue
et de sa manifestation est de rendre la vue à ceux qui
étoient aveugles, et d'aveugler ceux qui voyoient.
L'aveugle-né recouvre la lumière du corps ; les pharisiens perdent celle de l'âme. Pourquoi cela ? Parce
que Dieu seul est la lumière de l'homme. Quiconque

(1) Joann., ch. 9, y. 30.

ne veut voir clair que par lui, voit en effet; quiconque veut voir par lui-même, et par ses seules forces, est justement aveuglé. Quel philosophe a jamais enseigné une doctrine si sublime, et cependant si conforme aux idées que nous avons de l'Être infini et de l'être borné?

§. CLXXX. *Rien n'est plus dangereux que de se croire éclairé, parce qu'on ne s'humilie pas des ténèbres que l'on a, qu'on s'élève de la lumière que l'on n'a pas, et qu'on ne se met point en peine d'obtenir de Dieu ce qu'on n'a point.*

Jésus leur répondit : « Si *vous étiez persuadés que* » *vous êtes aveugles, vous n'auriez point de péché;* » *mais vous dites : nous voyons clair,* c'est pour- » quoi votre péché demeure en vous (1) ».

La privation de la vue du corps est totale ou peut l'être; et aucun de ceux qui sont dans cet état, ne s'imagine voir pendant qu'il ne voit rien. Il n'en est pas ainsi de la privation des yeux de l'ame. Elle n'est jamais entière; et de là vient que ceux qu'on appelle aveugles dans la morale, ayant encore des lueurs ou de fausses lumières, les prennent pour les véritables, s'imaginant voir plus ou mieux qu'ils ne voient. En quoi consiste donc ce qu'on appelle aveuglement de l'esprit? *Ne pas voir ce que l'on doit voir,* et croire qu'on le voit : aveuglement, qui cache le vrai, qui laisse voir le faux, et qui le fait prendre pour le vrai. L'homme aveugle de cette manière est coupable négativement, en tant qu'il ne voit pas ce qu'il pouvoit voir; et positivement, en ce qu'il affirme qu'il voit bien dans le temps qu'il voit mal. Doublement criminel, et parce qu'il ferme les yeux à la vérité, et parce qu'il les ouvre au mensonge. Mais l'un et l'autre supposent qu'il peut voir et croire le contraire de ce qu'il voit; c'est donc en cela que Jésus-Christ fait consister le crime des pharisiens, qu'il appelle tantôt aveugles, parce qu'ils ne vouloient pas voir la vérité; et tantôt clairvoyans, parce-

(1) Joann., ch. 9, ⅴ. 40.

34*

qu'ils avoient en effet la faculté de la voir; faculté qui les rendoit coupables, parce qu'ils ne s'en servoient pas ou qu'ils s'en servoient mal.

On peut tirer de grandes conséquences de cette doctrine.

§. CLXXXI. *Marques et qualités d'un bon pasteur. Jésus-Christ les a réunies dans sa personne, et en a rempli parfaitement tous les devoirs.*

Jésus-Christ se compare à la porte par laquelle on entre dans la bergerie, et au bon pasteur (1).

Pourquoi tous ceux qui sont venus avant lui, et qui ont entrepris de conduire les hommes, ont-ils été des voleurs, ou tout au plus des mercenaires?

C'est parce qu'ils entroient dans le bercail, autrement que par la seule porte qui y conduit. C'est parce que leur intérêt seul étoit leur guide, et que, sans amour pour leur troupeau, ils n'aimoient qu'eux-mêmes; au lieu que le véritable pasteur doit aimer assez ses brebis, pour sacrifier sa vie en leur faveur; enfin, c'est parce que pour conduire les hommes à Dieu, il faut être envoyé de Dieu.

Jésus-Christ réunit les caractères contraires en sa personne, seul digne du nom de bon pasteur; et il ne dit pas seulement qu'il les réunit, il le prouve par ses actions, par sa vie et par sa mort.

Si l'on presse même ces caractères, et qu'on les prenne dans toute leur étendue, on reconnoîtra qu'ils ne conviennent qu'au fils de Dieu; et on y trouvera une nouvelle preuve de la divinité de Jésus-Christ: porte unique par laquelle seule on peut entrer dans la bergerie; pasteur unique qui connoît ses brebis, que ses brebis connoissent; qui les conduit dans des pâturages salutaires : qui donne sa vie pour elles, par un pur effet de sa libre volonté; qui doit réunir tous les troupeaux, et n'en faire qu'une seule bergerie soumise à un seul pasteur; qui leur donne non-seu-

(1) Joann., ch. 10, ⁑. 1.

lement la vie, mais une vie surabondante, un excès de vie, pour ainsi dire, ou la vie par excellence.

§. CLXXXII. *L'excellence du sacrifice de Jésus-Christ est une preuve de sa divinité.*

« C'est pour cela que mon père m'aime, parce » que je donne ma vie pour mes brebis (1) ».

Pourquoi le père l'aime-t-il par cette raison? On ne peut répondre à cette question qu'en disant, que c'est parce que Jésus-Christ en mourant apaise la justice de Dieu et lui reconcilie le genre humain, qui devient entre ses mains comme un troupeau pur et sans tache, qu'il lui offre pour être à jamais l'objet de sa miséricorde.

Ainsi, ce raisonnement bien approfondi prouve encore la divinité de Jésus-Christ, qui seul a pu offrir à Dieu ce sacrifice d'expiation et de reconciliation, qui satisfait exactement à sa justice, et qui ouvre de nouveau la porte à sa miséricorde.

§. CLXXXIII. *Jésus-Christ s'est livré à la mort, parce qu'il l'a voulu; et il l'a voulu par charité envers nous, et par obéissance envers son père.*

« Personne ne m'enlève ma vie, mais c'est de moi- » même que je la quitte; j'ai le pouvoir de la » quitter, et j'ai le pouvoir de la reprendre une » seconde fois. J'ai reçu cet ordre de mon père (2) ».

Qui peut parler ainsi sans être Dieu?

Le ciel devroit s'armer de tous ses foudres contre un mortel qui oseroit parler de la sorte. Et cependant celui qui parle ainsi est celui même que Dieu ressuscite six mois, au plus, après qu'il a tenu ce langage.

§. CLXXXIV. *Les Juifs se livrent aux injures et à la calomnie plutôt que de confesser la divinité de Jésus-Christ; ils attribuent au Démon une puissance démesurée, afin de pouvoir éluder les conséquences des miracles vraiment divins.*

La réflexion de plusieurs juifs sur ces paroles, *il*

(1) Joann., ch. 10, ỳ. 17. — (2) *Ibid.*, ch. 10, ỳ. 18.

est possédé du démon et il extravague (1), fait encore sentir toute la force des paroles de Jésus-Christ. Ils supposent qu'il n'y a qu'un homme en délire qui puisse dire qu'il est le maître de quitter sa vie et de la reprendre. Leur raisonnement auroit été juste, s'ils avoient fait ce dilemme :

Ou il a perdu l'esprit, ou il est Dieu.

Or, il n'avoit pas perdu l'esprit. Au contraire, jamais homme, comme on le dit dans une autre occasion, n'a parlé comme lui ; donc, il est Dieu.

La réponse que d'autres juifs firent eux-mêmes au discours des premiers, détruit encore toute idée d'obsession attibuée au démon. Le diable peut-il *ouvrir les yeux d'un aveugle-né ?* Ils auroient pu ajouter : le diable peut-il donner à un homme le pouvoir de quitter son ame et de la reprendre ? Ainsi, toutes les autres suppositions étant absurdes et impossibles, ils devoient conclure : *donc le christ est Dieu.* Et c'est cette grande conséquence que l'univers converti a tiré des paroles de Jésus-Christ.

On peut aussi tirer de cet endroit, des règles pour discerner quels sont les miracles qui n'ont rien d'équivoque, et qui montrent clairement le doigt de Dieu.

§. CLXXXV. *Jésus-Christ loue la foi de l'homme, afin que l'homme loue la grâce de Dieu, qui en est le principe, et qu'il l'implore souvent.*

» Votre foi vous a sauvé (2) ». C'est ce que Jésus-Christ dit à celui des dix lépreux qu'il avoit guéris, qui vint lui rendre ses actions de grâces. Il semble que Dieu cède, pour ainsi dire, à la foi les droits de sa toute-puissance, se plaisant à lui attribuer les miracles qu'il opère. C'est une doctrine propre à Jésus-Christ et à son évangile, que l'excellence et le pouvoir de la foi ; mais combien cette doctrine, une fois connue par la révélation, paroît-elle conforme à la plus pure raison ! En effet qui croirons-nous, si nous ne croyons pas la vérité même ! A qui nous

_____

(1) Joann., ch. 10, ỳ. 20. — (2) Luc, ch. 17, ỳ. 19.

fierons-nous, si nous ne nous fions pas à une miséricorde infinie !

§. CLXXXVI. *Jésus-Christ prouve sa divinité par plusieurs*
prophéties qu'il a faites lui-même.

Rien de plus digne d'admiration que l'accomplissement des prédictions que Jésus-Christ a faites sur
le jour de sa manifestation et sur la manière dont
la lumière de la religion se répandra comme un éclair
imprévu sur toute la terre (1) ;

Sur ses souffrances, sa réprobation par son peuple
même, qui précéderont cet événement ;

Sur le trouble et l'agitation, les alarmes et les
désordres qui arriveront en Judée ;

Sur ceux qui perdront leur ame en voulant la
sauver, et sur ceux qui la vivifieront en la perdant
volontairement ;

Enfin, sur les aigles romaines assemblées autour
de Jérusalem.

Toutes prédictions que ceux mêmes devant qui
il parloit virent accomplies. Les prophéties, comme
les miracles, sont les preuves les plus claires de la
vraie religion.

§. CLXXXVII. *Dieu ne refuse jamais son secours, quand on*
le prie sans se lasser.

La persévérance dans la prière arrache tout, même
d'un mauvais juge, par importunité ; à plus forte
raison de Dieu, par la constance et la fermeté de
la foi et de l'amour, qui rendent la prière persévérante. Dieu manifeste sa bonne volonté à l'égard
des hommes, en leur faisant connoître le prix de la
confiance chrétienne et de la prière qui en est le
fruit. C'est une vérité bien consolante que Dieu ne
peut mépriser un cœur contrit et humilié. Si quelquefois il le met à l'épreuve par les retardemens, c'est
uniquement pour enflammer ses désirs, et lui faire

(1) Luc, ch. 17, ỳ. 20.

estimer davantage le don qu'il lui prépare. Heureux qui ne se rebute point et qui ne cesse de crier vers le seigneur jusqu'à se rendre importun, s'il est possible, comme la veuve de la parabole.

§. CLXXXVIII. *L'orgueil fait souvent perdre, devant Dieu, tout le prix des bonnes œuvres; l'humilité seule nous les rend utiles.*

S'occuper de sa propre justice, et se préférer aux autres, comme moins justes ou moins parfaits que nous, c'est devenir coupable, suivant la loi nouvelle; au contraire, reconnoître ses péchés, ses imperfections, ne rien attendre de soi-même, et n'espérer que dans la miséricorde de Dieu, c'est être juste, ou du moins être dans la voie pour le devenir. Véritable sens de cette parole, répétée plusieurs fois par Jésus-Christ: *quiconque s'élève lui-même, sera abaissé; et quiconque s'abaisse lui-même, sera élevé* (1).

Doctrine ignorée avant Jésus-Christ, quoiqu'elle résulte clairement de l'idée de Dieu et de l'idée de l'homme.

§. CLXXXIX. *La perfection de l'homme consiste à entendre la voix de Jésus-Christ et à la suivre.*

Pourquoi les juifs qui doutent si Jésus-Christ est le messie, ne sont-ils pas de ses brebis (2)? C'est parce qu'ils n'écoutent point sa voix. Caractère qui distingue les brebis de ceux que Jésus-Christ appelle ailleurs les boucs. Et quel est le privilége de ceux qu'il nomme ses brebis? Il leur donne la vie éternelle; elles ne périront jamais, et personne ne les ravira de sa main: c'est en se déclarant le christ ou le messie, qu'il parle de cette manière; c'est pour montrer qu'il l'est. Or, un Dieu seul peut parler ainsi. Donc, il se déclare Dieu aussi bien que messie, et fait voir en même temps que, suivant la tradition des juifs, le messie devoit être Dieu.

(1) Luc, ch. 18, ⍭. 14. — (2) *Ibid.*, ch. 10, ⍭. 29.

§. CXC. *Celui qui a entrepris de nous sauver et de nous con-*
duire à Dieu, est un même Dieu avec son père, quoiqu'il
soit une personne réellement distinguée de celle de son père.
Cette vérité, infiniment élevée au-dessus de la raison, est
le fondement inébranlable de toute la Religion chrétienne.

« Moi et mon père nous sommes un (1) ». C'est ce
qui suit immédiatement le passage précédent, et qui
achève d'en faire sentir toute la force. Les juifs veulent
lapider Jésus-Christ. Ce divin sauveur leur demande
pour laquelle des merveilles qu'il avoit faites, ils
vouloient le punir. Ils répondent que ce n'est pas
pour ses bonnes œuvres, qu'ils veulent le lapider,
mais à cause de son blasphème, et parce qu'étant
homme, il se faisoit Dieu. Nulle subtilité ne peut
éluder la force de cette impression que les paroles de
Jésus-Christ avoient faites sur le fond de leur ame.
Le sens naturel est mieux fixé par là, que par toutes
les interprétations qui ont pu être faites après coup,
pour détourner ou pour affoiblir ce premier sens,
qui étoit vraiment le *sensus obvius*. C'est donc bien
ici le cas de dire, *et si tacuerint hi lapides clama-*
bunt. Les pierres mêmes que les juifs prennent pour
le lapider rendent témoignage à la véritable signification de ses paroles.

Ce qui suit n'en diminue point la force.

« Quand je ne serois qu'un homme, dit Jésus-Christ,
» je ne mériterois point d'être lapidé pour avoir pris le
» nom de Dieu » (Il l'avoit donc pris, ou du moins son
discours signifioit ce que les juifs en avoient conclu).
L'écriture, qui ne sauroit être démentie, appelle
des Dieux, ceux à qui Dieu a confié sa parole toute-
puissante. Comment donc celui que le père a consacré et sanctifié, celui qu'il a envoyé dans le monde
blasphèmeroit-il, quand il dit : *je suis le fils de*
Dieu? Mais Jésus-Christ n'en demeure pas là; et pour
montrer combien il est au-dessus de ceux que l'écriture appelle des Dieux, comme représentant la divi-

(1) Joann., ch. 10, ỳ. 30.

nité, étant ses ambassadeurs, et parlant en son nom
aux hommes, il ajoute : « si je ne fais les œuvres de
» mon père, c'est-à-dire, si je ne fais pas tout ce que
» fait mon père, comme il le dit ailleurs, ne me croyez
» pas ; mais si je le fais, croyez au moins à mes œuvres,
» afin de reconnoître et de croire que *mon père est*
» *en moi, et que je suis en mon père* ». Expression
encore plus forte que celle de *fils de Dieu*, ou d'un
fils avec son père.

Les juifs en effet regardent si bien ce discours
comme une confirmation du premier, qu'ils veulent
se saisir de Jésus-Christ, qui ne leur échappe que
parce qu'il est tout ce qu'il vient de dire.

§. CXCI. *Les dispositions de la confiance chrétienne sont*
celles de tous les disciples de l'Évangile. Telles étoient
celles des Apôtres et de tous ceux qui marcheront sur leurs
traces.

Les apôtres veulent empêcher qu'on approche de
Jésus-Christ, des enfans pour les lui faire bénir (1) ;
il en est irrité ; et, en donnant une nouvelle preuve
de sa bonté, il donne en même temps une grande
instruction à ses disciples. *Tels sont ceux*, leur dit-
il, *pour qui le royaume de Dieu ou des cieux est*
destiné. Je vous le dis, en vérité : qui ne recevra
pas ce royaume comme un enfant, n'y entrera
point.

Simplicité, docilité, soumission, caractères des
enfans à l'égard de leurs pères ou de leurs maîtres.
Ce sont aussi les dispositions de ceux qui reçoivent
le royaume de Dieu. Obliger les hommes à devenir
semblables à un enfant, et exiger la foi sur la seule
autorité de celui qui parle : c'est ce que les philosophes n'ont pas entrepris, ou ils y ont échoué. On
a toujours voulu les juger avant que de les croire.
Dieu seul peut ordonner à l'homme le sacrifice de sa
propre raison et vouloir être obéi. Jésus-Christ se

(1) Math., ch. 19, ⅋. 13, 15 ; Marc, ch. 10, ⅋. 13, 15 ;
Luc, ch. 18, ⅋. 15, 17.

regardoit donc comme Dieu en l'ordonnant ; et l'événement a répondu à ses paroles.

§. CXCII. *Jésus-Christ, en ressuscitant Lazare, prouve*
évidemment qu'il est le Messie.

Jésus-Christ à la première nouvelle de la maladie
de Lazare, dit : « cette infirmité n'est point pour la
» mort, elle n'est destinée qu'à faire éclater la gloire
» de Dieu, et à donner lieu de glorifier le fils de
» Dieu par cette maladie même (1) ».

Il répète presque la même chose, quand deux jours
après il dit ouvertement à ses apôtres : « Lazare est
» mort, et je me réjouis pour l'amour de vous de ne
» m'être pas trouvé près de lui dans le temps de sa
» maladie, parce que ce sera pour moi une occasion
» d'affermir votre foi ».

Donc, il connoît l'avenir comme le présent, et ce
qu'il ne voit pas, comme ce qu'il voit. Non-seulement il fait des miracles, mais il prédit qu'il en
fera.

§. CXCIII. *Les richesses sont un grand obstacle au salut, parce*
qu'il est rare de les posséder sans les aimer.

« Combien difficilement les riches pourront entrer
» dans le royaume des cieux, etc. (2) ».

La réponse que Jésus-Christ fait aux apôtres effrayés
des conséquences de cette vérité, prouve que c'est
un chef-d'œuvre de la grâce et une espèce de miracle de la toute-puissance de Dieu, que le salut d'un
riche.

Donc, toute la morale du paganisme, et même
celle du judaïsme grossier qui faisoit consister une
grande partie de la félicité dans l'abondance des biens
de ce monde, sont condamnées par Jésus-Christ ;
et il confirme par là ce qu'il a dit ailleurs : *heureux les*
pauvres d'esprit ; c'est-à-dire, les pauvres volontaires ; ou ceux qui vivent dans le détachement des

(1) Joann., ch. 11, ỳ. 4. — (2) Math., ch. 19, ỳ. 23, etc.

540 RÉFLEXIONS DIVERSES

richesses, et qui par là, quoique riches, méritent d'entrer dans la classe de ces pauvres auxquels le le royaume du ciel est annoncé et destiné.

§. CXCIV. *Dieu promet les plus grandes récompenses à ceux qui, au milieu des richesses, auront conservé l'esprit de pauvreté.*

Il est propre à Jésus-Christ de joindre toujours les motifs aux préceptes, et de fournir les moyens d'accomplir la loi en même temps qu'il la donne (1). L'abnégation effective, ou le détachement sincère et réelle des richesses et des douceurs de la vie, a toujours été regardé, par le commun des hommes, comme le précepte le plus difficile de toute la morale évangélique; mais les plus grandes récompenses y sont attachées. Les apôtres ont tout quitté pour suivre Jésus-Christ; mais ils seront assis avec lui sur des trônes pour juger les tribus d'Israël. Les vrais chrétiens renonceront, au moins de cœur et d'affection humaine, à leurs familles, à leurs possessions pour l'évangile; mais il retrouveront une autre famille et une vie éternelle : en sorte qu'il s'agit moins d'un détachement entier de tous biens, que d'un échange des biens fragiles, insuffisans, périssables, contre les biens solides, parfaits, éternels. Il résulte donc de la doctrine de Jésus-Christ, que la prudence seule, ou l'amour-propre bien éclairé, suffiroit pour faire des saints.

§. CXCV. *Dieu ne règle sa libéralité ni sur l'ordre de la vocation ni sur la durée du travail. A quelque heure qu'il nous appelle, nous sommes obligés de confesser que sa miséricorde est également infinie et incompréhensible, qu'il ne couronne jamais en nous que ses propres dons, et que nous sommes toujours des serviteurs inutiles.*

Morale sublime et à tout prendre, plus consolante que terrible, qui résulte de la parabole des vignerons; dont ceux qui n'avoient travaillé qu'une

(1) Math., ch. 19, ⴱ. 27, 30; Marc, ch. 10, ⴱ. 28, 32; Luc, ch. 18, ⴱ. 28, 31.

heure, recevoient autant que ceux qui avoient travaillé tout le jour (1).

1.º La récompense que Dieu donne à l'homme
pour son travail, dépend entièrement de la bonne
volonté de Dieu; et elle est donnée, comme dit saint
Paul, *non secundum debitum, sed secundum gra-
tiam.* Pourquoi cela? parce qu'il n'y a nulle proportion entre tout travail humain, quel qu'il soit,
et la récompense éternelle, *ero merces tua magna
nimis.*

2.º Dieu, par conséquent, ne fait point d'injustice,
quand il égale ceux qui ont peu travaillé, à ceux qui
ont fait beaucoup plus d'ouvrage. C'est à l'égard de
tous, libéralité et munificence, non un paiement de
droit ou de rigueur.

3.º Ce n'est pas la quantité de l'ouvrage que Dieu
récompense, c'est la volonté avec laquelle on l'a
fait : et elle a pu être aussi grande dans celui qui
a travaillé seulement à la dernière heure, que dans
celui qui a travaillé tout le jour. Pourquoi celui-ci
a-t-il travaillé si tard ? c'est parce que l'on ne l'avoit
pas appelé plutôt à l'ouvrage. Mais, dès le moment qu'on l'y a appelé, il s'y est porté avec la
même volonté. Les juifs étoient donc injustes, quand
ils trouvoient étrange que Dieu favorisât les gentils
autant qu'eux, quoique les gentils eussent commencé
beaucoup plus tard à le servir, parce qu'ils y avoient
été appelés plus tard.

4.º Pourquoi les premiers deviennent-ils les derniers, et pourquoi les derniers deviennent-ils les
premiers ? Ils seroient tous égaux, s'ils acceptoient
avec la même humilité et la même reconnoissance
ce qui est une grâce commune à tous. Ce n'est donc
pas du côté de Dieu que vient la différence, elle
ne part que des hommes. Les derniers deviennent
les premiers, parce qu'ils sentent toute la grandeur
du bienfait commun; et les premiers deviennent les
derniers, parce que, trop flattés du mérite de leurs

(1) Math., ch. 20, ℣. 1, 16.

œuvres, ils veulent que Dieu leur donne à titre de justice, ce qu'il ne leur donne qu'à titre de grâce; et ils exigent des préférences sur ceux qui sont plus dignes qu'eux de récompenses, quoique avec moins de travail, parce qu'ils ne l'acceptent que de la bonté de Dieu, et qu'ils croient que nul travail ne peut en faire une dette.

§. CXCVI. *Attendre tout de Dieu et ne rien attendre de soi-même, telle est la foi chrétienne; ce don de Dieu, qui nous obtient tous les autres dons; la révélation seule pouvoit nous faire connoître cette vérité consolante.*

Le discours de Marthe à Jésus-Christ renferme une des vérités les plus utiles aux chrétiens (1): « Sei- » gneur, si vous aviez été ici : mon frère ne seroit » pas mort; mais, dans cet état même, je sais que » tout ce que vous demanderez à Dieu, Dieu vous » l'accordera ». Jésus-Christ lui répond : « votre » frère ressuscitera ». Prompt effet de la foi, quoique mêlé encore des foiblesses de l'humanité. Marthe croit que Jésus-Christ est le maître de la mort et de la vie; que Dieu ne lui refuse rien; et Jésus-Christ l'assure sur-le-champ que son frère ressuscitera. En nous donnant son fils, Dieu nous a tout donné. Il n'y a rien de salutaire que nous ne puissions espérer : il n'y a rien qui ne nous soit promis. Pour douter des heureux effets de la promesse, il faudroit ne pas croire à la toute-puissance du père et à la divinité du fils.

Dans quelle religion, dans quelle philosophie a-t-on seulement entrevu cet effet merveilleux de la foi ? Jésus-Christ l'a enseigné, et l'a prouvé par ses miracles.

§. CXCVII. *Jésus-Christ recommande à ses Disciples l'exercice de la foi plus que celui des autres vertus, parce qu'il en est le germe. C'est le fondement de l'édifice du salut.*

« Je suis la résurrection et la vie (2) ». La vie sans

(1) Joann., ch. 21. — (2) *Ibid.*, ch. 11, ȳ. 25.

doute par essence ; la vie dans sa source, qui peut la rendre à ceux qui l'ont perdue, parce que c'est lui qui la donne à ceux qui ne l'avoient pas encore. *Celui qui croit vivra, quand il seroit mort ; et quiconque vit et croit en moi, ne mourra point pour l'éternité. Croyez-vous cela ?* Telle est la profession de foi que Jésus-Christ exige de Marthe ; et elle renferme en effet toute la substance de la religion qui se réduit à croire en Jésus-Christ dans le temps, et à vivre avec lui dans l'éternité. Profession de foi qui renferme la créance parfaite de sa divinité. Qui est-ce qui peut dire, sans être Dieu, qu'il est la vie et la résurrection ? Il ne dit point qu'*il donne la vie*, il dit qu'*il l'est*. La résurrection, la vie éternelle, peuvent-elles être le prix de la foi en un simple homme, en un mortel qui n'auroit rien de plus que les êtres créés ? Aussi la conséquence que Marthe tire de ces paroles, est que Jésus-Christ est Dieu. Au lieu de répondre précisément à la lettre des paroles de Jésus-Christ, et de dire qu'elle croit qu'il est la résurrection et la vie ; que quiconque croit en lui, ou ne mourra point, ou ne mourra pas pour toujours, elle s'écrie : *oui, Seigneur, je crois que vous êtes le christ, le fils de Dieu, qui est venu dans le monde.* Donc, le christ, le fils de Dieu, celui qui est la résurrection et la vie, sont toutes expressions synonymes qui signifient également Dieu fait homme.

§. CXCVIII. *Jésus-Christ prend, par sa puissance, tous les mouvemens de l'infirmité humaine pour les sanctifier.*

Jésus-Christ n'est point troublé, mais il se trouble lui-même. La divinité agit sur l'humanité (1). Notre ame agite ainsi quelquefois notre corps, sans rien perdre de sa tranquillité intérieure : foible image de ce qui se passoit entre Dieu et l'homme, dans Jésus-Christ. Sa charité lui faisoit prendre part à l'affliction

(1) Joann., ch. 11, ỹ. 34.

de Marthe et de Marie. Mais l'obstination et l'incrédulité des juifs augmentoient encore plus sa douleur. Nous devons adorer en Jésus-Christ ses mouvemens divins de la nature humaine, qui n'ont rien en eux que de volontaire, rien qui n'honore Dieu, et qui ne serve à ses desseins.

§. CXCIX. *Jésus-Christ pleure le pécheur; et le pécheur ne se pleure pas lui-même.*

L'évangile rapporte que Jésus-Christ pleura (1) : ce fût sans doute pour donner, par l'émotion qui paroît en lui, une image de la bonté et de la miséricorde de Dieu. Comme on peut croire qu'il en avoit donné une, par son trouble, de son indignation contre le péché, cause de la mort, ou contre l'incrédulité des juifs, qui alloient être étonnés plutôt que convertis par la résurrection de Lazare.

§. CC. *Jésus-Christ est toujours exaucé, parce que, selon ses différentes natures, il est en même temps celui qui prie et celui qui exauce.*

La résurrection de Lazare ne se manifeste pas encore; Jésus-Christ sait qu'il l'a opérée, et il en rend grâces à son père avant que de dire : *Lazare, sors du tombeau.* Il sait que son père l'exauce toujours; et comment cela pourroit-il être vrai, si ce n'est parce que, comme il l'a dit ailleurs, lui et le père ne sont qu'un (2) ?

§. CCI. *Les Évangélistes, malgré leur ardent amour pour Jésus-Christ, parlent de ses grandes actions, non-seulement sans émotion, mais en des termes si simples, qu'on croiroit qu'ils écrivent une histoire étrangère qui leur est indifférente. Une si étonnante modération prouve qu'ils ont été conduits par une sagesse divine.*

La simplicité avec laquelle les évangélistes racontent les plus grands miracles de Jésus-Christ, sans

_____

(1) Joann., ch. 11, ⊁. 35. — (2) *Ibid.*, ch. 11, ⊁. 43.

aucun ordre, sans y ajouter ni réflexion, ni même aucune marque d'admiration, et en négligeant toutes les circonstances qui n'auroient servi qu'à satisfaire la curiosité humaine, est une preuve non-seulement d'une sincérité éloignée de toute affectation, mais de la grande conviction où ils étoient de la divinité de leur maître. Jésus-Christ dit à haute voix : *Lazare, sors au dehors*; et le mort sortit, ayant les pieds et les mains liés et le visage couvert ; Jésus-Christ dit : *déliez-le, et laissez-le aller*. Voilà tout ce qui est offert à notre esprit. Un événement si prodigieux est raconté, comme s'il s'agissoit d'une action ordinaire. C'est qu'il étoit naturel à Jésus-Christ de commander à la mort et d'être obéi. C'est là ce qu'il nous importoit de savoir. Mais, Lazare ne se jeta-t-il pas aux pieds de son libérateur? mais, ne raconta-t-il pas ce qui s'étoit passé en lui pendant qu'il étoit mort? Qu'un poète s'amuse à ces circonstances, comme il a plu en effet à l'évêque d'Albe (1) de s'y arrêter; c'est une marque de la foiblesse de l'esprit humain, qui cherche le petit dans le grand même; mais ce n'est pas ainsi que parlent ceux qui racontent les miracles de Jésus-Christ. Ils les racontent dans le même esprit dans lequel il les a faits; c'est-à-dire, pour fixer notre foi, non pour exciter ou pour flatter notre curiosité; et Dieu a permis qu'il nous en aient donné une plus haute idée par leur simplicité même, qu'ils ne l'auroient pu faire par tous les ornemens de l'éloquence.

§. CCII. *L'accomplissement des prophéties sur le temps de la venue de Jésus-Christ, surtout de celles de Jacob et de Daniel, forme une preuve complète de la mission et de la divinité de Jésus-Christ.*

Les deux plus célèbres prophéties sur Jésus-Christ

(1) Jérôme Vida, nommé à l'évêché d'Albe, composa, à la sollicitation de Léon X, son *Poème de la Christiade* en six livres, qui fut fort applaudi. On a cependant reproché à l'auteur d'avoir mêlé trop souvent le sacré avec le profane, et les fictions de la mythologie avec les oracles des prophètes.

étoient celle de Jacob et celle de Daniel qui se réu-
nissoient, puisque l'une marquoit que la nation juive
seroit détruite quand le messié seroit venu; et que,
l'autre annonçoit, en même temps, et la mort du
messie et la désolation entière du peuple, dans la dernière des soixante-dix semaines (1). Il y a apparence
que c'est ce qui fit dire aux prêtres assemblés, après la
résurrection de Lazare : que si on laissoit Jésus-Christ
en paix, tous croiroient en lui, et que les romains
viendroient et prendroient la ville et le temple. C'est
pour prévenir ce malheur que le pontife Caïphe, parlant mieux qu'il ne croyoit, dit : qu'il falloit qu'un
homme pérît pour tout le peuple; parole prophétique qui a été accomplie dans un sens différent du sien.
La nation juive n'a pas été sauvée, mais le genre
humain l'a été; et tous les efforts des juifs n'ont
abouti qu'à assurer, malgré eux, l'accomplissement
des prophéties, par les mesures mêmes qu'ils pre-
noient pour l'éviter.

§. CCIII. *Jésus-Christ prédit jusqu'aux moindres circonstances
de sa passion et de sa mort; et il les prédit si clairement,
que ses Apôtres, n'osant entendre ses paroles à la lettre, ne
sauroient les comprendre.*

En allant vers Jérusalem, où Jésus-Christ devoit consommer le sacrifice, il répète de nouveau
à ses apôtres la prédiction de tout ce qui alloit lui
arriver. « Il sera livré aux pontifes et aux scribes; ils
» le condamneront à mort; ils le livreront aux gen-
» tils, qui le couvriront d'opprobres, lui cracheront
» au visage, lui feront essuyer la flagellation, le cru-
» cifieront enfin, et lui ôteront la vie; mais il ressus-
» citera le troisième jour ».

Est-il surprenant que les apôtres n'aient rien compris à un tel discours, et que des paroles si claires
en elles-mêmes, leur aient paru obscures, parce qu'ils
ne pouvoient concevoir qu'elles fussent véritables ?
L'événement seul pouvoit lever le voile qui les

_____

(1) Joann., ch. 11, ɣ. 53.

couvroit. Quel homme a jamais prédit et sa mort et sa résurrection; ou, quand l'effet a-t-il répondu à de pareilles prédictions? Mais, après qu'il les a justifiées, il est aisé de reconnoître que Jésus-Christ n'a jamais plus paru Dieu, que quand il a prédit ainsi ses humiliations, ses souffrances, sa mort.

Prévoir sûrement l'avenir, et un avenir qui dépend de la volonté libre des hommes; prévoir l'avenir le plus humiliant, le plus douloureux, le plus funeste selon la nature, et en parler sans en être ému; le prédire pour affirmer la foi et la constance de ses disciples, en leur montrant qu'ils ne devoient pas être effrayés à l'excès, d'un événement qu'il annonce comme prédit par les prophètes, et par conséquent par Dieu même; enfin, promettre qu'il ressuscitera, ce qui ne pouvoit arriver que par le plus grand de tous les miracles, et, ce qui devoit être la consolation des apôtres comme le plus ferme appui de leur foi, et surpasser toutes les idées qu'ils avoient de la grandeur du messie. Il n'y a qu'à réunir toutes ces circonstances pour concevoir que si les apôtres n'avoient pas eu peur de prendre à la lettre ce que Jésus-Christ leur annonçoit, et si la trop grande clarté n'avoit pas eu sur eux l'effet de l'obscurité, ils auroient reconnu hautement la divinité de celui qui leur parloit ainsi, comme ils l'ont fait dans la suite lorsque les nuages furent dissipés par l'accomplissement de ses paroles.

§. CCIV. *Jésus-Christ a beau annoncer à ses Apôtres ses humiliations et sa croix, ils ne peuvent ni comprendre ni goûter cette vérité qui leur est si souvent répétée.*

Malgré les prédictions les plus évidentes que Jésus-Christ avoit faites de sa passion et de sa mort, ses apôtres ne le regardoient que comme un homme destiné à être bientôt le roi d'Israël. De là vient qu'immédiatement après que Jésus-Christ leur eut dit qu'il alloit être crucifié à Jérusalem, les enfans de Zébédée

35*

vinrent avec leur mère lui faire la demande ambitieuse des deux premières places dans son royaume.
C'est donc dans la même qualité *d'homme* que Jésus-
Christ leur répond, que « ce n'est pas à lui de leur
» donner les premières places dans son véritable
» royaume, c'est-à-dire, dans le ciel, et qu'elles
» seront pour ceux à qui elles sont préparées par son
» père ». Mais il ne faut pas oublier qu'il a dit ailleurs que *lui et son père étoient un.*

Il le fait bien sentir, en prédisant à ces deux
apôtres ambitieux, qu'ils boiront le même calice, et
qu'ils seront baptisés du même baptême que lui.

§. CCV. *La doctrine de Jésus-Christ est infiniment élevée
au-dessus de celle des meilleurs Philosophes. Ceux-ci n'ont
point connu toute l'étendue des devoirs des Rois. Il étoit donc
réservé à l'Évangile de nous fournir cette connoissance.*

Socrate avoit approché en quelque manière de la
doctrine de Jésus-Christ, dans l'idée que ce philosophe a laissée du véritable état de tous ceux qui
gouvernent les hommes (1). Mais il n'avoit pas été
jusqu'à dire comme Jésus-Christ, que quiconque
gouverne les hommes, doit se regarder comme leur
ministre, leur serviteur, leur esclave même. Et il
n'étoit pas possible que Socrate démontrât cette vérité,
comme Jésus-Christ l'a fait, par l'exemple d'un Dieu-
Homme. Mais ce qui surpassoit encore plus les forces
de l'esprit humain, est que le fils de Dieu devoit être
non-seulement le serviteur, mais la victime de la multitude, ou plutôt du genre humain, pour en expier
les iniquités. Mesurons par là la grandeur du crime
de la créature, qui se révolte contre le créateur, et
la grandeur de la divinité attaquée par cet attentat.
Voilà à quoi aucun philosophe n'a jamais pu atteindre,
et qui cependant, lorsque la révélation nous l'apprend,
n'a rien qui ne s'accorde avec les idées les plus pures
de la raison.

(1) Math., ch. 20, ỳ. 24; Marc, ch. 10, ỳ 41.

§. CCVI. *C'est toujours à la foi chrétienne que les miracles sont accordés. — Idée que les Évangélistes nous donnent de la puissance des Souverains.*

Jésus-Christ attribue encore à la foi, le miracle qu'il fit avant que d'entrer dans Jéricho, en rendant la vue à un aveugle (1) : *recouvre la vue, ta foi t'a sauvé.* Le grand miracle de Jésus-Christ, disent les interprètes des livres saints, c'est de nous faire de courageux et fidèles croyans, qui osent tout espérer de Dieu, quand il s'agit de sa gloire. Pourquoi cette confiance est-elle si souvent appelée foi, sinon parce qu'elle se fie pleinement à celui dont elle sait que la bonté n'est pas moins infinie que sa puissance ? Pourquoi obtient-elle tout ce qu'elle demande ? C'est qu'elle n'est accompagnée ni d'hésitation, ni de présomption. Telle est la confiance qui obtient les miracles, lorsqu'elle est parfaite. C'est un don extraordinaire que Dieu accorde à qui il veut.

Ceux que saint Mathieu nomme les dominateurs ou les maîtres, les chefs des nations, οι αρχοντες, saint Marc les nomme οι δοκουντες αρχειν, ceux qui *paroissent régner,* commander, dominer ; ne seroit-ce point pour nous faire entendre que les rois les plus puissans n'ont, dans l'exacte vérité, qu'une apparence, une ombre de pouvoir et d'autorité, et que la véritable puissance, l'autorité réelle et absolue, c'est-à-dire, celle qui produit toujours par elle-même son effet, quand et comment il lui plaît, ne réside qu'en Dieu ; il ne suffit donc pas de dire, Dieu seul est tout-puissant ; et il faut aller jusqu'à dire, Dieu seul est puissant (2). Au reste, la portion de puissance qu'il veut bien communiquer à ses ministres, quoique infiniment distante de la sienne, n'en mérite pas moins nos respects (3). Si Dieu est la première majesté, comme s'exprime Tertulien, celle des puissances de la terre en est une émanation : elle est en même temps un

_____

(1) Luc, ch. 18, ꝟ. 42. — (2) Math., ch. 20, ꝟ. 25 ; Marc, ch. 10, ꝟ. 42. — (3) *Omnibus major, solo Deo minor.*

bienfait de la providence, dont nous ne saurions trop admirer les heureux effets : et il n'y a que ceux qui veulent vivre au gré de leurs passions, qui la regardent comme un joug accablant.

§. CCVII. *L'humilité est le fondement de la véritable grandeur. Cette vérité n'a été bien développée que dans l'Évangile.*

« Qui voudra devenir grand parmi vous, qu'il soit » votre serviteur (1). Que celui qui voudra être le » premier parmi vous, soit votre esclave ».

On trouve dans Platon, quelque chose d'approchant de cette morale, par rapport à ceux qui remplissent les charges publiques.

Mais quelle différence dans l'étendue, dans les raisons, dans les motifs de ce peuple ?

Dans l'étendue, il ne regarde pas seulement ceux qui sont établis pour gouverner les autres. Quiconque aspire à la véritable grandeur, n'y peut parvenir que par le moyen d'une humilité qui le place au-dessous de tous, et d'une charité qui le rend tout à tous.

Dans les raisons, ce n'est pas seulement par des raisons tirées de l'institution des charges qui ne sont établies que pour rendre ceux qui les remplissent les serviteurs du public; c'est parce que l'on n'est grand, qu'autant qu'on se place au dernier rang, pour être plus utile aux autres, se mettant par là dans l'ordre où Dieu veut que nous soyons, pour devenir en quelque manière, les ministres de sa providence et de sa bonté à l'égard de nos semblables.

Dans les motifs, ce n'est ni par vanité ni même par le simple désir du succès, c'est pour mériter le souverain maître lui-même, qui s'est anéanti, comme dit saint Paul; en prenant la forme d'un esclave, et s'abaissant jusqu'à devenir semblable à nous pour nous rendre semblables à lui, c'est-à-dire, parfaits en notre genre et heureux comme lui, etc.

(1) Math., ch. 20, ỳ. 26.

§. CCVIII. *Toutes les circonstances du miracle qui ouvre les yeux de l'aveugle de Jéricho, et de celui qui est opéré par les Apôtres sur le boiteux de la porte du temple, sont autant de preuves de la divinité de Jésus-Christ.*

« Que voulez-vous que je vous fasse, dit Jésus-
» Christ à l'aveugle de Jéricho? Seigneur, *que je
» revoie, ou que je recouvre la vue,* et Jésus lui
» dit : *recouvre la vue, recommence à voir ou vois
» de nouveau,* et aussitôt il recouvre la vue et le
» suivit (1) ».

1.° C'est à Jésus-Christ que le miracle est demandé comme au tout-puissant

2.° C'est Jésus-Christ qui l'accorde comme tout-puissant.

3.° Le miracle s'opère en un instant. Il ne faut pas plus de temps pour le faire que pour le dire.

Les apôtres, saint Pierre et saint Jean, disent au boiteux de la porte du temple, *au nom de Jésus-Christ, lève-toi et marche.* Jésus-Christ n'est invoqué qu'en son nom (2).

Donc, il est reconnu Dieu; donc, il se déclare Dieu.

§. CCIX. *Toutes les circonstances de la Parabole du Roi, dont parle saint Luc, prouvent que Jésus-Christ est Dieu.*

La parabole du roi, qui, en partant pour aller prendre possession d'une autre monarchie, donne une dragme à chacun de six de ses serviteurs, pour la faire valoir, etc. ; montre clairement que les juifs étoient des sujets rébelles ; que les autres hommes ayant reçu également des talens du ciel, les uns les ont employés utilement, et les autres en ont abusé ou n'en ont fait aucun usage, et que tous seront punis ou récompensés, selon qu'ils le mériteront (3).

Donc, 1.° Jésus-Christ se déclare ici le roi des juifs

_____

(1) Luc, ch. 18, ỳ. 35, etc. — (2) Actes des Apôtres, 3,
ỳ. 6. — (3) *Ibid.*, ch. 19, ỳ. 12.

et des autres hommes, puisque c'est à lui que toute cette parabole se rapporte.

2.º Jésus-Christ se déclare souverain juge, qui se fera rendre compte un jour de l'usage qu'on aura fait des biens qu'il avoit confiés, et qui récompensera les serviteurs fidèles, punira les révoltés, les négligens et les dissipateurs.

3.º Jésus-Christ montre enfin, par là, qu'il est prophète, puisque la perte des juifs et la ruine de Jérusalem sont manifestement annoncées par ses paroles.

Donc, Jésus-Christ se déclare Dieu.

§. CCX. *Jésus-Christ accomplit les prophéties qu'il a faites de lui-même, et prouve ainsi sa divinité.*

Jésus dit à Judas, en parlant de Marie, qui avoit répandu du parfum à ses pieds : *laissez-la en repos, afin qu'elle conserve ce parfum pour le jour de ma sépulture* (1). Marie ne cherchoit qu'à faire éclater sa reconnoissance, et honorer l'humanité sainte du sauveur, comme la source de la vie de son ame et de la vie corporelle de son frère. Et l'intention du Saint-Esprit étoit de figurer et d'honorer sa mort et sa sépulture par anticipation.

C'est ainsi que Jésus-Christ prédit tout ce qui lui devoit arriver, sa mort, sa sépulture, sa résurrection.

Il ajoute que ce que Marie fait, en prévenant ainsi ses funérailles, ou en réservant son parfum pour embaumer le corps de Jésus-Christ, sera annoncé dans tout le monde où son évangile sera prêché (2).

Il y a plus de dix-sept cents ans, que les hommes voient cette prophétie s'accomplir.

§. CCXI. *L'entrée triomphante de Jésus-Christ dans Jérusalem est comme le prélude de la victoire qu'il doit remporter sur ses ennemis, et en même temps la figure de son règne dans son église et dans les ames.*

Jésus-Christ accomplit ce que les prophètes avoient

(1) Joann., ch. 12, ɣ. 7. — (2) Math., ch. 18, ɣ. 12, etc.

prédit de lui, par son entrée triomphante dans Jérusalem ; triomphe où la simplicité et la majesté éclatent également (1). Il se fait annoncer sous le nom de *maître* à ceux à qui l'ânesse et l'ânon appartenoient ; ils lui obéissent, et tout le peuple accourt pour lui rendre un hommage volontaire. Ils lui appliquent ce que David avoit dit dans le psaume 117 ; et Jésus-Christ est ainsi reconnu roi ; par l'acclamation publique, afin que rien ne manquât à l'accomplissement des prophéties, qui avoient si souvent désigné le messie sous le nom de roi.

§. CCXII. *Les larmes de Jésus-Christ sont en même temps prophétiques et sanctifiantes.*

Jésus-Christ accomplit les prophéties, et prophétise en même temps. Au milieu de son triomphe, il verse des larmes à la vue de Jérusalem, dont il prévoit et prédit la ruine et la désolation qui devoit être la suite et la punition de sa mort.

§. CCXIII. *Jésus-Christ cite les paroles de David (ps. 8 , 3), le jour de son entrée à Jérusalem, pour justifier le titre que les enfans lui donnoient de roi, de fils de David, et d'héritier de son trône ; pour confondre l'envie des Pharisiens, l'aveuglement des docteurs de la loi, et l'orgueil de la sagesse humaine ; enfin , pour prouver que les divers sens des livres saints se perfectionnent mutuellement.*

La fécondité infinie des livres saints, porte l'empreinte de la divinité. Jésus-Christ rend sensible cette vérité (2). David chante les merveilles du Très-Haut, et fait éclater son admiration et sa reconnoissance. *Vous avez tiré*, dit-il au Seigneur (ps. VIII, 3), *une louange parfaite de la bouche des enfans et de ceux qui sont à la mamelle pour confondre vos ennemis.*
Ces paroles, prises au sens moral, nous avoient appris que c'étoit le plus souvent aux petits et aux humbles , à ceux qui ont l'innocence et la simplicité des enfans , que le seigneur découvroit ses desseins

(1) Math., ch. 21, ⅴ. 1, etc. — (2) Joann., ch. 12, ⅴ. 23, 24.

et ses mystères. Et cependant Jésus-Christ nous apprend que les paroles de David étoient encore plus prophétiques que morales. Il nous dit lui-même dans l'évangile, qu'elles ont été littéralement accomplies par les louanges que les enfans lui donnèrent lors de de son entrée à Jérusalem. Ce qui arrive à Jésus-Christ, dans cette circonstance, nous prouve encore que Dieu se plaît à se manifester aux humbles et aux petits, tandis qu'il se cache toujours aux grands et aux superbes. En effet, Jésus-Christ fut méconnu et rejeté par ce qu'il y avoit de plus savant dans la loi ; et les enfans eurent le bonheur de chanter ses louanges. La conduite de Dieu, dans tous les temps et surtout dans les grandes révolutions, est de confondre la science et la sagesse humaine (1). *Exalta-bitur Dominus solus in die illâ.*

§. CCXIV. *L'espérance de participer à la gloire de Jésus-Christ nous détache de la vie présente.*

« Celui qui aime son âme dans ce monde, la
» perdra ; et celui qui la hait, la conservera pour
» la vie éternelle (2) ».
Cette morale sublime, entrevue de loin par quelques philosophes, a été pleinement dévoilée et portée au plus haut degré de perfection par Jésus-Christ ; ce divin législateur y a joint l'attrait et le motif de la récompense, que les philosophes ne pouvoient promettre (3). « Si quelqu'un me sert, *qu'il me suive*
» (jusqu'à la mort). Mais où je serai, *là sera aussi*
» *mon serviteur.* Et quiconque me servira, mon
» père l'honorera ou le comblera d'honneur ». Jésus-Christ nous a donné lui-même l'évangile, afin que nous suivions ses traces et la route qu'il nous a lui-même marquée. Ce ne sont pas les œuvres de sa toute-puissance qu'il nous propose d'imiter ; c'est sa conduite pleine de sagesse durant sa vie et à sa mort, qui doit être notre modèle, si nous voulons être honorés par le père.

(1) Isaïe, ch. 2, ⅴ. 11. — (2) Joann., ch. 12, ⅴ. 25. —
(3) *Ibid.*, 12, ⅴ. 26.

§. CCXV. *La conformité parfaite qui étoit entre la volonté humaine et la volonté divine de Jésus-Christ, ne le rendoit pas insensible à l'horreur naturelle de la mort.*

Jésus-Christ montre qu'il étoit homme quand il dit : *maintenant mon ame est troublée* (1). Mais il montre qu'il étoit plus qu'homme, quand il se raffermit lui-même en disant : *mon père, sauvez-moi de cette heure*, pour faire voir que s'il l'eût voulu, son père l'en auroit sauvé ; mais il ne le veut pas, et il répond lui-même à sa prière, mais c'est pour cela, c'est-à-dire, pour mourir volontairement et n'être point sauvé du trépas, que je suis venu à cette heure.

Ce mélange admirable de Dieu et de l'homme en Jésus-Christ, nous prouve que c'est par puissance et par sagesse qu'il a senti les foiblesses de notre nature.

§. CCXVI. *Jésus-Christ trouve sa gloire dans celle de son père, et le père trouve la sienne dans celle de son fils.*

Dieu rend témoignage à Jésus-Christ, en présence des juifs et des gentils, qui étoient venus à Jérusalem.

Jésus-Christ s'écrie, après s'être troublé et rassuré lui-même : *mon père, glorifiez votre nom;* et une voix lui répond du ciel : *je l'ai déjà glorifié, et je le glorifierai encore.*

§. CCXVII. *Les marques apparentes de foiblesse, mais comme absorbées par la divinité, prouvent que Jésus-Christ étoit en même temps Dieu et homme.*

Jésus-Christ se trouble, et l'humanité implore le secours de la *divinité*. Mais, après avoir bien voulu éprouver, ou plutôt produire en lui des mouvemens humains, il nous montre que la fin de tous nos troubles et de toutes nos agitations doit être de demander *à Dieu qu'il glorifie son nom,* sans avoir égard à notre foiblesse. C'est par la même raison que voyant les uns

(1) Joann., ch. 12, ℣. 28, 29, 30, 31.

étonnés de la voix qui se fit entendre du ciel, dire, *c'est un coup de tonnerre;* et les autres s'écrier : *c'est un ange qui lui a parlé;* il reprend la parole pour leur dire, ce n'est pas *pour moi* que cette voix a parlé, c'est pour vous ; elle vous annonce que le jugement du monde arrive, et que le prince du monde en va être chassé : montrant ainsi que c'étoit la gloire de Dieu et le salut du genre humain qui l'occupoit tout entier, sans aucun retour sur sa propre gloire.

Maintenant le monde va être votre juge; maintenant le prince du monde va être chassé dehors *; et, lorsque j'aurai été élevé au-dessus de la terre, j'attirerai tout à moi.*

Celui qui parle ainsi, n'a pu être troublé que parce qu'il l'a voulu.

Il ne permet qu'un soupir à la nature; la divinité reprend aussitôt le dessus; il falloit montrer qu'il souffroit volontairement et librement. Il n'avoit pris l'humanité qu'afin d'avoir à combattre et à vaincre pour la seule gloire de Dieu.

Le trouble fait voir qu'il étoit homme; le trouble volontaire, et arrêté comme il lui plaît, montre qu'il étoit Dieu. Joignez-y la voix du ciel, qui lui rend témoignage, la connoissance intime qu'il a des desseins de Dieu, la puissance contre le monde et contre le diable, la prophétie de sa mort et l'effet de sa mort ; qui peut ne pas reconnoître, dans cette apparence de foiblesse, toute la force et toute la grandeur d'un Dieu ?

§. CCXVIII. *Les divines écritures nous annoncent également le règne éternel du Messie et les circonstances de sa mort ignominieuse.*

« Nous avons entendu dire que le christ demeurera » éternellement, etc. (1) ». Le règne éternel du messie étoit une tradition constante chez les juifs, fondée d'ailleurs sur un grand nombre de prophéties; mais les docteurs, dépositaires de cette vérité, ne devoient

(1) Joann., ch. 12, †. 34.

pas laisser ignorer ce que les prophètes leur avoient
appris des humiliations du christ, qui précéderoient
sa grande élévation. L'orgueil pharisaïque leur ferme
les yeux; ils ne veulent pas voir que l'ignominie de
la croix est la seule route qui conduit à la gloire.

§. CCXIX. *Jésus-Christ seul est la lumière qui conduit à la
vie ; c'étoit une de ses principales fonctions de tirer les
hommes de leur aveuglement.*

Jésus-Christ s'appelle la lumière du monde : moi,
qui suis la lumière, *je suis venu dans le monde, afin
que celui qui croit en moi ne demeure point dans les
ténèbres* (1). *Croyez,* dit-il encore, *croyez-en la lumière pendant que vous avez la lumière, afin que
vous deveniez des enfans de lumière,* c'est-à-dire,
destinés à participer à la véritable lumière.

Jésus-Christ fait donc entendre par là qu'il est la
lumière dans sa source, dans sa plénitude, lumière
incréée, lumière par essence, non par emprunt ou par
réflexion ; posséder, ou plutôt être une telle lumière,
c'est être Dieu même.

§. CCXX. *Jésus-Christ n'est le Messie qu'autant qu'il est le
sauveur des hommes.*

L'objet de la mission de Jésus-Christ n'est point
de condamner le monde, c'est au contraire de le
sauver; image et effet de la bonté de Dieu, qui,
comme le dit saint Paul, veut que tous les hommes
soient sauvés et parviennent à la connoissance de la
vérité (2).

Le cantique de Zacharie nous apprend que Dieu
en promettant le messie, l'a annoncé comme le sauveur des hommes et comme un sauveur tout-puissant,
et erexit cornu salutis : ce prophète compte le salut
des hommes pour accompli, dès que le sauveur est
né, et que par sa naissance les desseins de Dieu commencent à s'exécuter : le salut est donc l'objet unique

(1) Joann., ch. 12, ỳ. 35. — (2) *Ibid.*, ch. 12, ỳ. 47.

des promesses, et l'on ne participe à ces promesses
que par la foi qui nous fait attendre le salut avec une
ferme confiance.

§. CCXXI. *La vérité jugera celui qu'elle ne justifiera pas.*

Par qui sera jugé celui qui n'aura pas reçu le témoignage de Jésus-Christ? Ce ne sera point par Jésus-
Christ même (1). « La parole, dit-il, que je lui ai
» annoncée, ce sera cette parole seule qui le jugera
» au dernier jour ».

Idée sublime du jugement dernier. La vérité, pleinement manifestée aux hommes, les pénétrera jusqu'au fond de l'ame, et les forcera à se condamner
eux-mêmes. Voir Dieu et se voir soi-même, c'est en
quoi consistera la pleine conviction du coupable; et
la douleur éternelle qui en résultera sera son plus
grand supplice.

§. CCXXII. *Tout étoit prescrit à Jésus-Christ par son père;*
jusqu'à la manière même dont il devoit parler.

« Je n'ai point parlé de moi-même; mais le père
» qui m'a envoyé, m'a prescrit ce que je dirois et
» ce que j'annoncerois (2) ».

On ne parle bien que d'après Dieu, et Jésus-Christ
est le seul qui n'ait rien dit que de cette manière; c'est
ce qui fait que ses paroles sont la vie éternelle, non-
seulement parce qu'elles renferment la route et le
moyen d'y parvenir, mais parce que la foi avec laquelle on les reçoit et on les pratique, est le germe
de la vie éternelle.

§. CCXXIII. *Rien n'est impossible à la foi qui n'hésite point;*
c'est par cette foi que Dieu opère des miracles.

Jésus-Christ parle en maître à la nature; il dit au
figuier stérile : tu ne porteras jamais de fruit; et le
figuier sèche à l'instant. (3) Mais ce qui prouve encore

(1) Joann., ch. 12, v. 48. — (2) *Ibid.*, ch. 12, v. 49. —
(3) Math., ch. 21, v. 18., etc.

mieux qu'il est Dieu, c'est qu'il donne à ses disciples le pouvoir de faire de pareils prodiges, et de
plus grands encore en apparence, comme de trans-
porter les montagnes ; il n'exige d'eux, pour cela,
qu'une foi qui exclue tout doute et toute incertitude ; il n'a pas seulement fait ces promesses, mais
il les a accomplies. Les apôtres ont cru, et ont fait
des miracles. Quel autre qu'un Dieu peut parler et
agir ainsi !

§. CCXXIV. *Jésus-Christ nous a annoncé, en diverses ma-*
nières, la destruction des Juifs incrédules et la vocation des
Gentils.

Rien ne prouve davantage l'aveuglement de l'esprit humain, que de rejeter la preuve éclatante de
l'accomplissement des prophéties de Jésus-Christ (1).
Y a-t-il rien de plus lumineux que celles qu'il a faites
dans la parabole de la vigne et des vignerons ; qui
exprime, d'un côté, la conduite des juifs à l'égard
des prophètes envoyés de Dieu et de Jésus-Christ
même, fils unique du père ; de l'autre, le châtiment
affreux dont leur ingratitude et leur déicide devoient
être suivis, la destruction entière de Jérusalem, la
vigne ou l'héritage céleste donné à des sujets plus dignes de le cultiver, le royaume de Dieu, c'est-à-dire,
la religion transportée des juifs aux gentils ; tout cela
est prédit si clairement, que les princes des prêtres et
les scribes s'en font l'application ; et tout cela s'est
accompli à la lettre peu d'années après la mort du
sauveur.

On lit une prophétie semblable dans la parabole
du festin nuptial, préparé par le père de famille pour
son fils. On peut dire que cette prédiction va encore
plus loin, puisqu'elle annonce l'effet de la prédication
des apôtres dispersés par toute la terre, et la maison
du père de famille remplie de conviés bons et mauvais, avec le discernement qu'il fait des uns et des

(1) Matth., ch. 21, ý. 33.

autres, figuré par le jugement qu'il exerce sur celui qui s'étoit assis sans avoir la robe nuptial, c'est-à-dire, sans porter par la foi et par les œuvres le caractère de Jésus-Christ : rien de plus clairement prédit, rien de plus réellement accompli.

§. CCXXV. *Dieu étant fidèle, et incapable de manquer à sa parole et à ses promesses, il faut qu'il y ait une autre vie où les héritiers des promesses de Dieu en puissent recevoir l'effet. Les livres saints qui contiennent ces promesses nous fournissent la preuve victorieuse de l'immortalité de l'ame.*

« Et pour ce qui est de la résurrection des morts, » n'avez-vous point lu ces paroles que Dieu vous a » dites(1) : *je suis le dieu d'Abraham, le dieu d'Isaac,* » *de Jacob;* or, Dieu n'est point le Dieu des morts, » mais des vivans ».

Jésus-Christ n'a jamais mieux fait voir que la clef de l'intelligence des saintes écritures étoit entre ses mains, qu'en expliquant ce passage de l'exode aux saducéens. Pour sentir toute la force de la démonstration, donnée par Jésus-Christ, il faut seulement traduire le mot *Dieu* selon le véritable sens qu'il a dans l'hébreux, où il signifie *l'Être même*, et l'auteur de tout être : *per quem omnia, in quo omnia, propter quem omnia vivunt.* C'est donc comme si Dieu avoit dit à Moïse : *je suis celui qui fait vivre Abraham, Isaac et Jacob, en qui, par qui existent Abraham, Isaac et Jacob.*

Donc, 1°. Abraham, Isaac et Jacob ne sont point morts, c'est-à-dire, anéantis; ils vivent devant moi, par moi et pour moi: *omnes enim illi vivunt;* comme on le lit ici dans saint Luc, ou comme parle l'auteur du livre de la sagesse : *visi sunt oculis insipientium mori, illi autem sunt in pace* (2).

2°. Abraham, Isaac et Jacob ressusciteront un jour; c'est moi qui suis l'auteur de leur être entier, c'est-à-dire, de leurs corps comme de leurs ames : du

(1) Math., ch. 22, ỳ. v. 1. — (2) Sap., chap. 3, ỳ. 2.

lien qui les unit ainsi, puisque je suis leur Dieu, que
je leur donne la vie corporelle comme la vie spirituelle, je réunirai un jour ce que j'ai séparé pour
quelque temps, et je ferai voir que je suis le Dieu,
c'est-a-dire, le vivificateur non-seulement du corps,
et de l'ame séparée, mais de l'homme entier, composé
de l'un et de l'autre.

§. CCXXVI. *Les vérités fondamentales de la morale ont été
révélées par Jésus-Christ. La doctrine de ce divin législateur réunit ces deux caractères admirables, simplicité et
fécondité.*

Toute la loi et les prophètes sont renfermés dans
les deux grands préceptes de l'amour de Dieu et de
l'amour du prochain; il est surprenant que ces deux
fondemens de tous les devoirs et de toute la morale
aient été si peu connus des anciens philosophes, et surtout le premier; s'ils ont parlé du second, ils ne l'ont
fait qu'en passant et sans le regarder, comme un premier principe, comme une source féconde d'où dé-
couloient non-seulement les devoirs des hommes les
uns envers les autres, mais toutes les lois qui forment
le droit naturel, et à quoi les lois positives ne doivent
avoir rien de contraire (1).

Simplicité et fécondité admirables de cette véritable
philosophie, dont Dieu seul est l'auteur: on le connoîtra
encore mieux en méditant chacune de ces paroles,
*ex toto corde tuo, id est ex totâ voluntate tuâ, ex
totâ mente tuâ, sive ex totâ intelligentiâ, ex omni
cogitatione tuâ, ex totâ animâ tuâ, id est ex animâ
spectatâ, quatenus corpori unita est, quod idem est,
ac si dixisset, ex omnibus humanis actionibus, qui
ab integro homine, secundum corpus et animam
considerato proficiscuntur, ex totâ virtute tuâ, seu
ex totis viribus tuis, à Deo ut quidquid in nobis po-
tentia est, aut saltem potestatis instar est, à Deo
acceptum, ad Deum referatur.*

(1) Math., ch. 22, ỳ. 31.

§. CCXXVII. *Le psaume* (109) *n'a pour objet que le Messie et ses augustes qualités de Roi et de Pontife. David, éclairé par l'esprit de prophétie, reconnoît dans ce cantique que Jésus-Christ est son Seigneur, qui est assis à la droite du Très-Haut, quoiqu'il doive aussi être son fils ; donc, le Messie ne sera pas seulement homme, mais Dieu et égal à Dieu.*

L'argument que Jésus-Christ titre du premier verset du psaume 109, ferme la bouche aux pharisiens, qui ne pouvoient nier, ni que ce psaume fût de David, ni que les paroles rapportées par Jésus-Christ ne fussent pas véritablement dans ce psaume, ni que le terme de *Dominus* en hébreu ne s'applique à Dieu perpétuellement dans les psaumes, ni que celui à qui Dieu parle dans ce psaume, n'y soit représenté comme ayant reçu l'empire et étant né avant l'aurore ; comme le pontife éternel, selon l'ordre de Melchisedec, ni par conséquent que ces paroles *dixit Dominus Domino meo*, ne pouvoient se rapporter à David, et qu'elles ne pouvoient s'entendre que du messie, comme ministre, Seigneur et Dieu de David, qui n'est ici que l'historien de ce que Dieu a dit du messie (1).

§. CCXXVIII. *Jésus-Christ est le seul docteur de la justice, prédit par les Prophètes.*

Il n'y a qu'un père, c'est celui qui est dans le ciel ; il n'y a qu'un maître et un conducteur, c'est le christ, parce que lui seul est le maître intérieur qui, comme verbe, lumière et vérité éternelle, éclaire tout esprit créé et découvre toute vérité, et qui, comme sauveur, enseigne aux hommes la vérité, en la leur faisant aimer (2). Toute la religion est donc renfermée dans ces deux mots.

(1) Math., ch. 22, ℣. 41. — (2) *Ibid.*, ch. 23, ℣. 8, 9.

§. CCXXIX. *La morale est toujours la même sous la loi et sous l'Évangile. Ce n'est que par Jésus-Christ qu'on connoît les mystères de l'Évangile, cachés sous les figures de l'ancienne loi.*

« Vous avez laissé, vous avez abandonné ce qu'il
» y a de plus grave, de plus important dans la loi,
» la justice, la miséricorde, la foi (1) ».

Donc la foi appartenoit à la loi, et c'est ici que se vérifie, comme ailleurs, cette parole, *aperuit illis sensum ut intelligerent scripturas*; et ce que dit saint Paul, *velamen in lectione veteris testamenti manet non revelatum, quoniam in christo evacuatur* (2). Que de chrétiens qui ont sur leur cœur ce voile judaïque. Faut-il s'étonner qu'on demeure dans l'aveuglement, lorsqu'on ne cherche dans les écritures ni Dieu, ni Jésus-Christ, ni ses devoirs, ni les moyens de les accomplir.

§. CCXXX. *Les prophéties, rapportées dans les trois Évangiles, sur la prise de Jérusalem, la ruine du temple et de la nation juive, sont claires, précises et très-bien circonstanciées, et l'accomplissement littéral de ces prophéties prouve la divinité de Jésus-Christ.*

« Voyez-vous ces grandes structures (du temple
» de Jérusalem), il viendra un jour qu'on n'y lais-
» sera pas pierre sur pierre (3). »

Prophétie aussi claire que réellement et promptement accomplie.

Ce n'est pas seulement le fait qui est prédit en général, ce sont aussi les signes qui doivent précéder cet événement et ses principales circonstances, comme la suite du même chapitre le fait voir.

« Lorsque vous entendrez des bruits de guerre, de
» séditions ou de guerres civiles, ne soyez point trou-
» blés, cela doit arriver, mais la fin ne viendra pas
» sitôt ».

(1) Math., ch. 23, ꝟ. 23. — (2) 2 Corinth., ch. 3, ꝟ. 14. —
(3) Math., ch. 24; Marc, ch. 13; Luc, ch. 21.

C'est la peinture de ce qui se passa après la mort de Néron, trente ans après.

— La nation s'éleva contre la nation, et l'empire contre l'empire; Othon contre Galba; Vitellius contre Othon; Vespasien contre Vitellius; l'Orient contre l'Occident.

Des tremblemens de terre, des famines, tout cela s'est vérifié par l'événement.

» Avant ce temps vous essuierez de grandes persécutions; vous serez cités dans les synagogues, » et devant les tribunaux : tout cela est encore arrivé.

» L'évangile sera prêchée dans toutes les parties » du monde, avant la dernière désolation de Jérusalem ». L'événement a justifié aussi cette prédiction.

« Ne soyez point en peine de ce que vous répondrez aux persécuteurs, le Saint-Esprit parlera par » votre bouche.

» Plusieurs d'entre vous seront livrés à la mort.

» Vous serez un objet de haine et d'exécration.

» Plusieurs d'entre vous seront troublés, et la charité s'éteindra dans leurs cœurs.

» Beaucoup de faux prophètes s'élèveront, et plusieurs tomberont dans l'illusion ».

De ces signes généraux et plus éloignés, Jésus-Christ passe à ceux qui précédront de plus près la ruine de Jérusalem.

« Lorsque vous verrez Jérusalem assiégée par des » armées, les aigles romaines, plantées où elles ne » devroient pas être, l'abomination de la désolation » dans le lieu saint.

» Que ceux qui sont dans la Judée fuient vers les » montagnes, etc. ».

Il n'y eut de sauvés que ceux qui suivirent ce conseil, et dont une grande partie se réfugia à Pella.

« La tribulation sera si grande, que le monde n'en » a pas vu et n'en verra point de pareille » : nulle mémoire en effet, nul exemple d'un siège pareil à celui de Jérusalem, et d'une si grande désolation.

En voilà assez pour montrer la vérité de la prédiction, et en général, et dans toutes ses parties : il
seroit aisé d'ajouter ici un plus grand détail, etc.

§. CCXXXI. *La rapidité de la prédication de l'Évangile,
et la dispersion de la nation juive, qui a porté partout les
marques de la vengeance divine, sont autant de preuves victorieuses de la vérité de la Religion chrétienne.*

« Comme l'éclair part du levant, et touche en
» même temps à l'occident, telle sera l'apparition
» ou la présence du fils de l'homme (1) ».

Comme cette prédiction est entièrement jointe à
celle du siége et de la ruine de *Jérusalem, la présence du fils de l'homme,* ou le signe, ou le prodige
du fils de l'homme, doit s'entendre de la vengeance
terrible que Dieu exerça manifestement sur les juifs
coupables d'un déicide.

C'est pour cela qu'il est ajouté immédiatement :
*partout où sera le corps ou le cadavre, là s'assem-
bleront les aigles* ; et soit qu'on entende ces mots,
des aigles romaines, soit qu'on les prenne dans le sens
naturel, pour exprimer les oiseaux de proie, ils marquent toujours que la destruction de la nation juive
sera entière ; qu'elle ne sera plus que comme un cadavre dont les restes mêmes seront enlevés par les
aigles, par les vautours et dispersés dans toute la
terre, etc.

Tout cet endroit demanderoit une explication
suivie et détaillée ; mais le résultat est que tout ce qui
est dit ici en termes figurés et en style prophétique,
s'est accompli à la lettre dans la destruction de Jérusalem, où le signe du fils de l'homme, c'est-à-dire, les
marques de la vengeance divine, a éclaté sur les juifs
coupables de la mort du fils de Dieu, et où il a manifesté sa puissance par un événement que les païens
mêmes ont regardé comme la punition du plus
grand de tous les crimes.

(1) Math., ch. 24, ℣. 26, 27.

§. CCXXXII. *Jésus-Christ est l'objet principal de tout l'ancien testament.*

Toutes les images d'Abel, d'Isaac, de Joseph, de l'agneau pascal (1); toutes les figures des cérémonies et des sacrifices de la loi ; toutes les prédictions de David, de Salomon, d'Isaïe ; de Jérémie et des autres prophètes, sur les humiliations, les douleurs, la mort du messie, se trouvent accomplies dans la passion de Jésus-Christ; en sorte qu'il est véritablement, selon saint Paul, *finis legis*, et selon saint Jean, *agnus occisus ab origine mundi*, et selon saint Pierre, *agnus immaculatus et incontaminatus, præcognitus quidem, ante mundi constitutionem, manifestatus autem novissimis temporibus propter nos* (2).

§. CCXXXIII. *Dieu dirige tous les événemens pour l'exécution de ses desseins, et les fait servir à l'accomplissement des prophéties.*

« Vous savez que la Pâque se fera dans deux jours, » et que le fils de l'homme sera trahi et livré pour » être crucifié (3) ».

Jésus-Christ répète la prédiction de sa mort, comme connue de ses disciples, à qui ils l'avoient annoncée plusieurs fois, et il en marque précisément le jour.

Les pontifes et les prêtres craignent de prendre ce temps pour le faire mourir ; cependant, contre leur dessein, la prédiction s'accomplit, et les apôtres s'écrient avec raison : *ils se sont assemblés dans cette ville contre votre saint fils Jésus* (4); *et pourquoi? Pour faire tout ce que votre main et votre conseil avoient déterminé devoir être fait: facere quæcumque manus tua et consilium decreverunt fieri.*

L'homme, à qui toute la loi se rapporte, comme à son unique objet; l'homme, en qui toutes les prophéties se réunissent et s'accomplissent; l'homme,

(1) Apoc., ch. 13, ⊕. 8. — (2) 1. Petr. ch. 1, ⊕. 19, 20. — (3) Math.; ch. 26, ⊕. 2. — (4) Act., cap. 4, ⊕. 27 et 28.

à qui Dieu révèle si clairement l'avenir, et dont il exécute toutes les paroles, est celui qui a dit tant de fois et si clairement qu'il étoit Dieu.

§. CCXXXIV. *On a droit de regarder comme des prédictions les honneurs extérieurs que Marie rend au mystère de la sépulture de Jésus-Christ, avant même son accomplissement.*

Le parfum que Marie répand sur les pieds de Jésus-Christ étoit une action prophétique qui annonçoit sa mort et sa sépulture : on a droit de présumer qu'elle avoit reçu des lumières extraordinaires sur la mort prochaine de Jésus-Christ (1). Cette femme, par son action, remplit un dernier devoir de piété à l'égard de son Sauveur, et fait en même temps une nouvelle prédiction de sa mort et de sa sépulture. Ce qu'elle a fait sera raconté partout où mon évangile sera annoncé, et il le sera dans tout le monde. C'est ici une autre prédiction qui s'accomplit depuis plus de dix-sept cents ans.

§. CCXXXV. *Jésus-Christ parle toujours en Dieu, au moment même de ses opprobres et de sa mort. On voit que c'est le maître de l'univers qui va les souffrir.*

Jésus-Christ, à la veille de souffrir la mort et toutes les indignités qui la précédèrent, parle et agit toujours en Dieu qui connoît l'avenir et qui dispose des volontés, comme on le voit dans l'ordre qu'il donne à saint Pierre et à saint Jean, sur le lieu où il devoit faire la vraie Pâque (2). Cet ordre et l'obéissance des disciples, font voir que c'est un Dieu qui parle et qui se fait obéir quand il veut. Il prévoit ses souffrances et sa mort comme Dieu, et les attend comme homme.

§. CCXXXVI. *La connoissance du fond des cœurs, que Jésus-Christ possédoit, est un attribut de la Divinité.*

Jésus-Christ connoît celui qui doit le trahir, et il

(1) Math., ch. 26, ꝟ. 13, 14. — (2) *Ibid.*, ch. 26, ꝟ. 17.

ne l'empêche pas , parce qu'il falloit que le fils de l'homme s'en allât, selon qu'il avoit été prédit de lui ; c'est ainsi que, dans le même moment, Jésus-Christ prophétise et accomplit les prophéties , et cela contre lui-même (1).

§. CCXXXVII. *Dieu confirme, par des miracles et par des prophéties, tout ce qu'il dit.*

Jésus-Christ est sorti de Dieu, et il est rentré dans Dieu : le père a tout remis entre ses mains (2). Les apôtres l'appellent le maître, le docteur, le Seigneur; et ils font bien , car il l'est en effet. Force de toutes ces expressions réunies : un simple homme , une simple créature, peuvent-ils parler ainsi ; et, s'ils osoient le faire, Dieu confirmeroit-il ces paroles par le don des miracles, des prophéties , etc.

§. CCXXXVIII. *L'Eucharistie est un miracle perpétuel que la Divinité peut seule opérer.*

L'institution de l'Eucharistie a été figurée par le sacrifice de Melchisédec : image la plus parfaite, selon saint Paul, du sacerdoce de Jésus-Christ , prédite par Malachie , *in omni loco offertur mihi oblatio munda;* confirmée par la pratique de tous les siècles, depuis Jésus-Christ, et substituée à la place de tous les sacrifices de l'ancienne loi (3). Quel autre qu'un Dieu a pu promettre ainsi un miracle perpétuel ? Se faire croire par ceux à qui il le promettoit, et en faire un acte public, solennel , continuel et perpétuel de religion. Ces paroles, *hoc facite in meam commemorationem*, étoient vraiment prophétiques.

§. CCXXXIX. *Jésus-Christ prédit la trahison de Judas et les effets admirables qu'elle devoit produire. Dieu fait servir la malice des hommes à l'exécution de ses desseins ; et les humiliations de Jésus-Christ sont la source de sa gloire et de celle de ses Disciples.*

Jésus-Christ prédit qu'il va être trahi et livré par

(1) Math. , ch. 26, ỳ. 21. — (2) Joann. , ch. 13, ỳ. 5. — (3) Math., ch. 26, ỳ. 26.

un de ses apôtres (1). Il prophétise en Dieu tout ce qu'il va souffrir volontairement comme homme. Judas sort, ayant consommé dans son cœur le dessein de trahir son maître, et Jésus-Christ s'écrie : *maintenant le fils de l'homme est glorifié, et Dieu est glorifié en lui ; si Dieu est glorifié en lui, Dieu le glorifiera aussi en soi-même, et ce sera bientôt qu'il le glorifiera.* Quel autre que celui qui avoit une communication intime avec Dieu, pouvoit tirer cette conséquence de la perfidie de Judas ? Quelle énergie dans ces expressions : le fils de l'homme est glorifié, et Dieu est glorifié en lui ; réciprocité, égalité de la gloire que le père donne au fils, et que le fils rend au père. Quel autre que Dieu a pu tenir ce langage ?

Enfin, cette prédiction d'une glorification prochaine est accomplie le troisième jour suivant, et c'est par une mort honteuse, cruelle, que Jésus-Christ s'ouvre la route à cette gloire (2). Comment saint Paul n'auroit-il pas raison de s'écrier, après cela : *quod stultum est Dei, sapientius est hominibus, et quod infirmum est Dei, fortius est hominibus ;* et d'appeler le christ *Dei virtutem et Dei sapientiam.*

Celui qui va mourir dans l'ignominie et dans les douleurs promet, en même temps qu'il l'annonce, un royaume à ses disciples, et un royaume tel qu'il l'avoit reçu de son père ; c'est-à-dire, invisible, et aperçu seulement par la foi, mais immense et éternel (3). Il se fait croire et suivre crucifié par des apôtres qui le sont ensuite comme lui.

§. CCXL. *La foi de saint Pierre affermit celle de ses frères.*

Jésus-Christ a prédit que la foi de Pierre ne manqueroit point : elle n'a point manqué, et elle ne manquera jamais. Il a prédit que Pierre affermiroit ses frères : on le voit accomplir cette prédiction d'abord après l'ascension et l'effusion du Saint-Esprit (4).

(1) Math., ch. 26, ℣. 20. — (2) Joann., ch. 13, ℣. 27. — (3) Luc, ch. 22, ℣. 29. — (4) *Ibid.*, ch. 22, ℣. 32.

La même prophétie s'est accomplie dans tous les siècles, ou, s'il y a eu quelques nuages, ils ne sont tombés que sur les personnes. Le siége et la succession de Pierre n'ont jamais manqué, et elle n'a pas cessé d'affermir la foi des autres églises.

§. CCXLI. *Excellence de la doctrine de Jésus-Christ sur l'amour du prochain.*

« Je vous donne un commandement nouveau, » c'est de vous aimer les uns les autres (1) ». Pourquoi *nouveau ?* N'étoit-ce pas un des premiers préceptes de la loi ? Mais il n'en est pas moins nouveau par la manière dont il est donné : *aimez-vous les uns les autres comme je vous ai aimé;* c'est-à-dire, que, comme je vous ai aimé jusqu'à donner ma vie, et me sacrifier tout entier pour vous, qui étiez mes ennemis ; ainsi, vous devez être prêt à vous immoler pour le salut de vos frères, et à mourir pour ceux mêmes qui vous haïssent; perfection de l'amour du prochain, qui fait le caractère de la loi nouvelle. *C'est à cette marque qu'on reconnoîtra si vous êtes mes disciples,* c'est-à-dire, lorsque vous vous aimerez réciproquement comme je vous ai aimé.

Prophéties accomplies dans les premiers chrétiens, dont les païens disoient : *voyez comme ils s'aiment.*

§. CCXLII. *Jésus-Christ connoît l'avenir, et cette prescience est un caractère de divinité.*

Jésus-Christ fait de nouvelles prédictions à mesure qu'il approche de la mort (2). *Saint Pierre le renoncera trois fois avant le chant du coq* (3). Il faut vendre son manteau pour acheter une épée ; ce qui signifioit les guerres civiles et étrangères, dont la Judée alloit être affligée. *Ce qui a été dit de moi, et il a été mis au nombre des injustes, ou des rebelles*

(1) Joann., ch. 13, ♥. 34. — (2) Luc, ch. 22, ♥. 34, etc.
— (3) Joann., ch. 13, ♥. 38.

à la loi, va être accompli. Tout ce qui me *regarde tend à sa fin* (1).

Quel homme a lu si clairement dans l'avenir, et a parlé de sa mort avec une connoissance si intrépide!

§. CCXLIII. *Jésus-Christ veut que l'on ait de la foi en lui comme en Dieu. Le trouble du cœur prouve que l'on manque de cette foi.*

« Que votre cœur ne se trouble point, etc. Croyez » en Dieu, croyez aussi en moi (2) ».

Jésus-Christ n'est occupé que du soin de rassurer ses disciples, il va être livré à la mort; et il ne craint rien pour lui-même; il ne craint que pour ses disciples, et comment les rassure-t-il, en s'égalant à Dieu? *Vous croyez en Dieu, croyez aussi en moi.* Quel sens auroient eu ces paroles, s'il n'avoit pas été Dieu? Sans cela, quelle confiance auroit pu inspirer un homme qui, selon les apparences, ne pouvoit se sauver lui-même des mains de ses ennemis?

§. CCXLIV. *Jésus-Christ annonce à ses Disciples que sa mort sera la source de leur gloire.*

« Il y a plusieurs demeures dans la maison de » mon père; je vais vous y préparer la place; je » reviendrai et je vous prendrai avec moi, afin que » là où je suis vous y soyez aussi (3) ». Il ne promet qu'une demeure invisible, une félicité future, et l'assurance de tout ce qu'il promet est qu'on va le voir mourir sur une croix. Il assure la foi de ses disciples par tout ce qui pouvoit l'ébranler, ou plutôt l'éteindre entièrement.

§. CCXLV. *Jésus-Christ est la voie qui conduit à la vie, non-seulement par ses exemples, mais encore par ses mérites.*

« Je suis la voie, la vérité et la vie (4) ».
On comprend bien qu'un simple homme puisse

(1) Isaïe, ch. 53, ℣. 12. — (2) Joann., ch. 14, ℣. 1. — (3) *Ibid.*, ch. 14, ℣. 2. — (4) *Ibid.*, ch. 14, ℣. 6.

être appelé la voie qui conduit à Dieu, par sa doctrine et par ses exemples ; mais qu'un simple homme ose dire : *je suis la vérité et la vie*, comme possédant l'une et l'autre dans la plénitude et par essence, et que cet homme fasse des miracles infinis, qu'il connoisse l'avenir comme le présent, et que Dieu le ressuscite comme il l'a prédit ; c'est ce qui est absolument incompréhensible. Dieu seroit contraire à lui-même ; Dieu ne seroit pas Dieu, si celui qui parle ainsi, et dont l'événement justifie les paroles, n'étoit pas Dieu lui-même.

C'est ce qui fait voir encore que le terme de *voie* a un sens plus élevé et plus parfait que celui qu'on vient d'indiquer. Jésus-Christ n'est pas seulement la voie par sa doctrine, par ses exemples ; il l'est à titre de mérite, comme nous ayant mérité la grâce qui nous fait marcher vers le père, et arriver au terme de la félicité : grâce supérieure encore à la lumière, qui ne sert qu'à nous montrer le chemin, sans nous y faire marcher en effet. C'est ce que prouvent ces paroles : *personne ne vient* au père, si ce n'est par moi ; *par moi*, comme lumière ; *par moi*, comme modèle ; *par moi*, comme médiateur, comme ayant mérité, pour mon corps mystique, la grâce sanctifiante qui fait marcher et arriver.

§. CCXLVI. *La doctrine céleste de Jésus-Christ, rapportée dans saint Jean, prouve qu'il étoit Dieu et homme tout ensemble.*

« Dès maintenant vous connoissez mon père, et
» vous l'avez vu (1). Celui qui m'a vu a vu mon
» père ; je suis dans mon père et mon père est en
» moi : les paroles que je vous dis, je ne les dis pas
» de moi-même, c'est mon père, demeurant en moi ;
» c'est mon père qui, lui-même, fait les œuvres que
» vous voyez. Tout ce que vous demanderez en mon
» nom, je le ferai, afin que le père soit glorifié dans
» le fils ; je prierai mon père, et il vous enverra un

(1) Joann., ch. 14, ɣ. 7, etc.

» autre consolateur qui demeurera en vous jusqu'à
» l'éternité ; l'Esprit-Saint, l'esprit de vérité, que
» le monde ne peut recevoir, parce qu'il ne le voit
» ni ne le connoît ; mais vous le connoîtrez, parce
» qu'il demeurera en vous ; vous connoîtrez alors que
» je suis dans mon père, vous en moi, et moi en
» vous ; celui qui m'aimera sera aimé de mon père ;
» nous viendrons dans lui, et nous y ferons notre
» demeure. Le consolateur, l'Esprit-Saint, que le
» père enverra en mon nom, celui-là vous enseignera
» toutes choses, et il vous rappellera le souvenir de
» tout ce que je vous ai dit. Je vous laisse la paix,
» je vous donne ma paix, non telle que le monde
» la donne. Je vous prédis toutes ces choses avant
» qu'elles arrivent, afin que, lorsqu'elles seront ar-
» rivées, vous croyiez ».

Qui peut parler ainsi, qui peut promettre, qui
peut annoncer des vérités si sublimes, si admirables,
si inconcevables, sans être Dieu même !

Mais Jésus-Christ n'étoit pas seulement Dieu, il
étoit aussi homme, et c'est pour cela qu'il ajoute tout
de suite : *si vous m'aimiez, vous seriez dans la joie,
parce que je vais à mon père, car mon père est plus
grand que moi* (1).

Ainsi, cet endroit de Jean rassemble tout ce qui
prouve la divinité et l'humanité réunies dans Jésus-
Christ. Tout ce qui précède démontre l'égalité, l'identité, l'unité du verbe avec le père, et ce que Jésus-
Christ y ajoute montre que celui qui est le même que
le père, ou qui est un avec lui par la divinité, est
inférieur à lui par l'humanité.

§. CCXLVII. *Jésus-Christ réserve les plus grands miracles à
ses Apôtres, et, dans la suite des temps, à tous ceux qui
imiteront leur confiance, et qui participeront au même don.*

« Si quelqu'un croit en moi les œuvres que je fais,
» il les fera aussi, et il en fera de plus grandes (2) ».
La prédiction a été accomplie. L'ombre seule de

(1) Joann., ch. 14, ȳ. 28. — (2) *Ibid.*, ch. 14, ȳ. 12.

Pierre a guéri les malades ; un seul de ses discours a converti trois mille hommes ; un autre, cinq mille ; le monde entier a embrassé la religion. Ce petit nombre de disciples, qui avoit suivi Jésus-Christ, qu'étoit-ce en comparaison de l'univers ? Hérode se moqua de Jésus-Christ ; Pilate le respecta, et ne laissa pas de le condamner ; mais, après la mort et la résurrection du Sauveur, on a vu, à la prédication des apôtres et de leurs successeurs, les empereurs et les rois descendre de leurs trônes pour adorer la croix.

§. CCXLVIII. *Jésus-Christ est la vie sans qui rien ne se fait, avec qui et en qui tout se fait.*

« Comme la branche de la vigne ne peut porter
» du fruit si elle ne demeure dans le tronc de la
» vigne, ainsi vous n'en pourrez produire aucun,
» si vous ne demeurez en moi (1). Celui qui demeure
» en moi, et en qui je demeure, portera beaucoup
» de fruit ; car, sans moi, vous ne pouvez rien faire. Si
» vous demeurez en moi, et si mes paroles demeurent
» en vous, demandez tout ce que vous voudrez, et
» il vous sera donné, etc. ».

Tout cela est renfermé dans ce que Jésus-Christ avoit dit plus haut : *je suis la vérité et la vie.*

La vérité. Tout ce que je dis, tout ce que je promets, arriveront infailliblement.

La vie. Toute puissance, toute force, tout germe de vie sont en moi ; je suis l'être et le principe de tout être ; avec moi et par moi tout est possible ; sans moi, sans ma vertu toute-puissante, vous ne pouvez rien faire.

Un autre que Dieu peut-il parler ainsi, et se déclarer la puissance véritable, la cause universelle et seule efficace.

(1) Joann., ch. 15, ℣. 4.

§. CCXLIX. *Dieu aime son fils, et nous dans son fils; il attache son amour et l'éternité de son amour à l'accomplissement de sa loi.*

« Je vous ai aimé comme mon père m'a aimé; de-
» meurez dans mon amour, comme je demeure dans
» l'amour de mon père (1). Si vous gardez mes pré-
» ceptes, vous demeurerez dans mon amour; comme
» j'ai gardé les préceptes de mon père et comme je de-
» meure dans son amour ».

L'évangile compare perpétuellement les préceptes de Jésus-Christ avec ceux de Dieu, l'amour qu'on a pour Jésus-Christ, avec l'amour qu'on a pour Dieu. Partout on y voit qu'il faudroit que Jésus-Christ eût été un blasphémateur, ce qui est également horrible et insensé, ou qu'il faut nécessairement qu'il soit Dieu.

§. CCL. *Tous les commandemens de la loi se réduisent à aimer Dieu et le prochain; simplicité et fécondité qui caractérisent la doctrine de l'Évangile.*

Quelle morale plus pure, quelle doctrine plus sublime, plus digne d'un Dieu, plus convenable à la nature de l'homme, que celle qui réduit tout à l'amour de Dieu et de Jésus-Christ Dieu, et à l'amour du prochain! *Tota lex et prophetæ.* Qui définit cet amour, la pratique fidèle des commandemens, ou la conformité, l'identité de notre volonté avec celle de Dieu, et qui, pour nous exciter à cet amour, nous montre que Dieu, que Jésus-Christ nous ont aimés les premiers, traitant la créature avec tant de bonté, et pour ainsi dire, d'égalité, qu'il ne demande qu'amour pour amour. Peut-on lire sans émotion les endroits de l'évangile où Jésus-Christ réunit les expressions les plus tendres et les plus touchantes, pour nous faire sentir tout l'amour qu'il a pour nous. Du néant, il a fait l'être; d'une créature naturellement

(1) Joann., ch. 15, ɣ. 9.

esclave, il en fait ses amis, ses frères, ses cohéritiers, en commençant par mourir pour nous (1).

Quelle religion a jamais rien fait entrevoir de si consolant ! Partout elle nous montre l'amour de Dieu pour son fils, l'amour que Dieu a pour nous dans son fils, l'amour de Jésus-Christ pour son père, et l'amour que Jésus-Christ a pour nous.

§. CCLI. *Souffrir et gémir; telle est la condition de l'Église et de la vérité sur la terre.*

« Le monde m'a haï et il vous haïra, parce que
» vous n'êtes pas du monde, et que je vous en ai
» séparés. Il m'a persécuté et il vous persécutera. Il
» a épié mes paroles, il épiera les vôtres. Voilà ce
» qu'il vous fera en haine de mon nom. Ils vous
» chasseront des synagogues (2). Ou (pour rendre le
terme grec plus littéralement) ils vous excommu-
» nieront, ils vous proscriront de leur société, et
» l'heure vient que quiconque vous tuera, croira
» offrir un culte agréable à Dieu (3) ».

Voilà ce que Jésus-Christ annonce et on le suit :

L'effet a répondu à ses prédictions; les souffrances, le sang même des disciples de Jésus-Christ ont affermi leur foi, bien loin de l'ébranler.

Jésus-Christ prédit ainsi par avance, les maux que souffriront ses serviteurs, et pourquoi? afin *qu'ils s'en souviennent quand la chose arrivera*, et que leur foi croisse par ce souvenir.

Parcourons les divines écritures, dit Tertullien, on n'y promet aux fidèles que la contradiction du monde, les persécutions, les souffrances et la mort; c'est à ces conditions que nous sommes chrétiens.

Telle est la condition de la vérité sur la terre; elle le sait et n'a garde de s'en plaindre; c'est dans le ciel qu'elle attend son repos et qu'elle a placé ses espérances, parce que c'est du ciel qu'elle tire son

---

(1) Joann., ch. 15, ⅴ. 9, 10. — (2) *Ibid.*, ch. 15, ⅴ. 19, 20. — (3) *Ibid.*, ch. 16, ⅴ. 2.

origine. Née sur la croix, disent les pères, et nourrie dans les persécutions, la religion de Jésus-Christ, et sa victoire sur le monde doivent se consommer dans les humiliations et les souffrances.

§. CCLII. *Tout vrai miracle donne droit de conclure la vérité de la doctrine en faveur de laquelle il est opéré. Résister à la voix des miracles, c'est résister à la voix de Dieu même.*

« Si je n'étois pas venu et si je ne leur avois pas » parlé, ils n'auroient point de péché. Si je n'avois » pas fait des œuvres à leurs yeux, que nul autre » n'a fait, ils n'auroient point de péché (1) ».

Les vrais miracles sont l'apanage incommunicable de la vérité; une doctrine prouvée par les miracles n'a plus besoin d'autres preuves pour être reçue, parce qu'elle est nécessairement vraie et émanée de Dieu. La fin des miracles est de servir de témoignage à la vérité, et la vérité ne peut pas se combattre elle-même; Dieu ne peut pas se contredire lui-même, *se ipsum negare non potest.*

« Pourquoi ne jugez-vous pas vous-même de ce » qui est juste, disoit Jésus-Christ au peuple témoin » de ses miracles (2) » ? Si vous ne croyez pas à mon témoignage, croyez à celui de mes œuvres; elles attestent que je suis l'envoyé de Dieu. Pourquoi Jésus-Christ adresse-t-il cette parole à tous indistinctement? C'est que la preuve des miracles tire sa force primitive et directe, de l'usage légitime et raisonnable des sens, dont tout le monde est capable. C'est donc pour tous les hommes et pour tous les temps, qu'en genre de miracles il est écrit: « Jugez par vous-même » de ce qui est équitable ». Ces paroles et les œuvres de Jésus-Christ prouvent donc également sa mission et sa divinité.

(1) Joann., ch. 15, ỷ. 26. — (2) Luc, ch. 12, ỷ. 57.

§. CCLIII. *La Trinité, ce grand mystère de la foi chrétienne, est clairement révélée dans le saint Évangile. Jésus-Christ s'y montre partout, non-seulement égal au père, mais un avec le père.*

« Lorsque je serai allé rejoindre mon père, j'en-
» verrai l'Esprit-Saint, le consolateur vers vous (1)...
» Il vous ouvrira la voie, il vous conduira comme
» par la main, pour vous faire parvenir à l'entière
» vérité; il vous dévoilera les choses; il ne parlera
» point de lui-même, mais ce qu'il a entendu il l'ex-
» pliquera, il me glorifiera, par ce qu'il prendra de
» ce qui est à moi, et il vous l'annoncera ».

Donc, le fils envoie le Saint-Esprit comme le père; donc, tout se ramène à l'unité. Tout vient du père, le fils est engendré par le père; le Saint-Esprit procède du père et du fils. Jésus-Christ dit ici du Saint-Esprit, ce qu'il a dit ailleurs de lui-même, qu'il annonce ce qu'il a entendu, ce qu'il sait par son père; il prend ce qu'il annonce de la même source que le fils, et, comme ils sont eux-mêmes cette source par la divinité qui est une en eux, le fils reçoit du père, et le Saint-Esprit reçoit du père et du fils. Ce qui est au fils est au Saint-Esprit comme au père, par l'unité ds l'essence, qui n'empêche pas la distinction des personnes : enfin, le Saint-Esprit glorifie le fils, comme le fils glorifie le père, et le père réciproquement glorifie le fils et le Saint-Esprit, la gloire qui est propre à chaque personne leur étant aussi commune.

Quel autre qu'un Dieu a pu parler ce langage, qui égale si manifestement Jésus-Christ à Dieu, ou plutôt qui fait si bien sentir qu'il n'est qu'un avec Dieu? Pourroit-on douter que ce ne fût là le véritable sens des paroles de Jésus-Christ? Il le fixe lui-même lorsqu'il veut bien nous expliquer la raison de ce qu'il vient de dire.

(1) Joann., ch. 21, ỳ. 13, 14.

« Tout ce qui est à mon père est à moi ; c'est pour
» cela que je vous ai dit, que le Saint-Esprit prendra
» du mien, et vous l'annoncera ».

Communauté, unité de biens admirable entre le
père et le fils. Tout est à Dieu et tout est à lui ; donc,
il est Dieu.

§. CCLIV. *L'Évangile, en ne nous annonçant que des croix et
des tribulations, nous apprend aussi qu'elles seules produisent
cette joie pleine et parfaite de l'éternité.*

« Le monde sera dans la joie, et vous, vous serez
» dans la tristesse, mais votre tristesse se changera
» en joie. Je vous visiterai, et votre cœur se ré-
» jouira, et personne ne vous ravira votre joie (1) ».

Les apôtres eurent part à la joie de la résurrection
du sauveur, parce qu'ils avoient eu part à la douleur de sa mort. Cette joie s'augmenta toujours au
milieu même de leurs souffrances ; nul ne fut capable
de la leur ravir. C'étoit l'onction intérieure de l'Esprit-
Saint qui en étoit la source. Il n'appartient qu'à Dieu
seul de faire sentir des consolations ineffables au milieu même des plus vives douleurs.

Promettre la tristesse et se faire suivre ; annoncer
une joie éternelle, qui ne pourra jamais être ravie ni
troublée ; faire aimer les souffrances, inspirer l'amour
du martyre, c'est ce que Dieu seul peut faire ; aussi
les apôtres eurent-ils part à la joie de la résurrection
du sauveur.

§. CCLV. *Tout est promis à la prière faite au nom de Jésus-
Christ, notre unique médiateur, et animée par une vraie
confiance en ses mérites. Elle mérite d'être exaucée, parce
qu'elle renferme un vrai désir d'être à Dieu ; que ce désir
comprend l'application aux moyens, et que cette application exclut tout ce qui n'est pas conforme à la volonté
de Dieu.*

« Tout ce que vous demanderez à mon père en
» mon nom, vous le recevrez (2) ».

(1) Joann., ch. 16, ⟩. 20, 22. — (2) *Ibid.*, ch. 16, ⟩. 23.

37*

Jesus-Christ avoit dit ailleurs, qu'*il est la voie*, et que personne ne peut aller au père que par lui.

Quels sont donc cette voie sûre, ce nom efficace, à qui rien ne peut être refusé, si ce n'est le nom d'un Dieu fait homme pour la gloire de son père et pour le salut des hommes ?

Jésus-Christ va encore plus loin et fait entendre que ceux qui croient qu'il est sorti de Dieu, partagent avec lui son pouvoir et sa gloire, parce qu'ils partagent l'amour que le père a pour le fils avec lequel ils deviennent *un*.

C'est ce que veulent dire ces paroles si tendres, si touchantes : « Et je ne vous dis point que je prierai » mon père pour vous; car le père lui-même vous » aime parce que vous m'avez aimé, et que vous avez » cru que je suis sorti de Dieu (1) ».

» Je suis sorti en effet de mon père pour venir dans » le monde; je sors maintenant du monde, et je vais » à mon père ».

Les apôtres pénétrés de foi et d'amour, lui répondent : « Vous nous parlez ouvertement, vous ne » vous servez plus du langage des paraboles; nous » reconnoissons que vous savez toutes choses, c'est » pour cela que nous croyons que vous êtes sorti de » Dieu (2) ».

Qui ne parleroit, qui ne croiroit, qui n'aimeroit comme eux après un tel discours?

§. CCLVI. *Les prédictions de Jésus-Christ renferment le double caracière de force et de foiblesse, et prouvent qu'il est Dieu et Homme.*

Les prédictions de l'abandonnement des apôtres et de la chute de saint Pierre (3) ; celle de la résurrection de Jésus-Christ, jointe à celle de sa mort, offrent

(1) Joann., ch. 16, ⅋. 26, 27. — (2) *Ibid.*, ch. 16, ⅋. 29. (3) Math., ch. 16.

un mélange admirable de force et de foiblesse, d'é-
lévation et d'abaissement de la divinité toujours toute
puissante, et de l'humanité humiliée, sacrifiée pour
un temps.

Celui qui dit qu'il va mourir par les mains des
pécheurs, dit en même temps : « je ne suis pas seul,
» mon père est avec moi (1). Moi-même qui vais
» mourir, je me ressusciterai et je vous précéderai
» en Galilée. Vous aurez, comme moi, des tribula-
» tions dans le monde; mais ayez confiance en moi.
» J'ai vaincu le monde, ce n'est pas pour moi-même
» que je l'ai vaincu, puisqu'il n'avoit rien en moi
» qui lui appartînt, mais c'est pour vous, c'est afin
» de vous communiquer le droit et le pouvoir de
» le vaincre; je l'ai vaincu par moi-même, et vous
» le vaincrez à votre tour par le mérite de ma victoire.
» Ne placez qu'en moi votre confiance, votre paix ».
Quel peut être celui qui parle ainsi, si ce n'est en
même temps un homme qui va mourir, et un Dieu
qui va triompher ?

§. CCLVII. *La prière que Jésus-Christ fit à Dieu son père,*
après la cène, pour lui-même, pour ses Apôtres et pour
toute son Église, renferme des traits sublimes et prouve sa
divinité.

« Glorifiez votre fils, afin que votre fils vous glo-
» rifie. Le fils glorifie le père, comme le père glorifie
» le fils, et réciproquement (2) ».
» Vous lui avez donné puissance sur toute chair,
» afin qu'à tout ce que vous lui avez donné, il donne
» la vie éternelle ».
Un autre qu'un Dieu peut-il donner la vie éternelle ?
En quoi consiste la vie éternelle? également à connoître Dieu et Jésus-Christ qu'il a envoyé. Le terme
de connoître en hébreu, renferme l'amour joint à la
connoissance.

(1) Math., chap. 26; Marc, chap. 14; Joann., chap. 16.
(2) *Ibid.*, chap. 17.

« J'ai achevé, j'ai consommé parfaitement l'ouvrage
» que vous m'aviez donné à faire » ?

L'être imparfait peut-il faire un ouvrage parfait ?

« Et maintenant glorifiez-moi, vous mon père dans
» vous-même, de la gloire que j'ai eue en vous avant
» que le monde fût ».

Donc, il étoit en Dieu, avant qu'il y ait eu aucun
être créé, et il étoit déjà glorifié. Donc, glorifié par
Dieu et en Dieu ; donc, incréé ; donc, Dieu.

« Ils ont reconnu véritablement que je suis sorti de
» vous, et ils ont cru que vous m'avez envoyé ».

Si Jésus-Christ n'avoit été qu'un prophète, étoit-il
donc si difficile, et d'un si grand mérite de reconnoître qu'il étoit sorti de Dieu, ou de croire que
Dieu l'avoit envoyé ainsi que les autres prophètes ?
A-t-on loué ceux qui ont cru que Dieu avoit envoyé
Moïse, ou Jérémie, ou Elie, etc. ? N'a-t-on pas
blâmé, au contraire, ceux qui ne l'ont pas cru ? Il
s'agissoit donc ici *d'une sortie de Dieu, d'une entrée
dans le monde, et d'une mission,* d'un ordre tout
différent et infiniment supérieur.

« Tout ce qui est à moi est à vous, et tout ce qui
» est à vous est à moi ».

Quelle créature a jamais eu l'audace de parler ainsi
à Dieu même, aux fausses divinités ?

« Conservez en votre nom ceux que vous m'avez
» donnés, afin qu'ils soient un comme nous ».

Donc, Jésus-Christ est un avec Dieu.

Mais comment l'homme participera-t-il à cette ado-
rable unité ? Par son attachement à Jésus – Christ
Homme-Dieu ; par son union avec l'Homme-Dieu, qui
le rendra un avec Dieu même.

Ainsi, l'union de Jésus-Christ avec Dieu est le modèle et la source de celle que nous avons avec Jésus-
Christ, qui ne fait de tous ses membres qu'un corps
et qui les unit par son humanité à la divinité même.
Sans cela, sans ce lien, sans ce milieu admirable,
comment l'homme auroit-il pu s'unir à Dieu, et
franchir cette distance immense, qui est entre le créateur et la créature, entre l'infini et le fini ?

« Sanctifiez - les dans votre vérité ; votre parole ,
» votre *verbe est la vérité* ».

Jésus-Christ est partout appelé la parole, le verbe
du père. Il est donc la vérité par essence ; il est donc
Dieu suprême, universelle et éternelle vérité.

C'est lui qui se sanctifie, qui se consacre, qui
s'immole pour les hommes, afin qu'ils soient eux-
mêmes sanctifiés, consacrés, immolés avec lui en
vérité.

Qu'ils *soient un comme nous sommes un, moi en
eux et vous en moi,* afin qu'ils *soient perfectionnés,
consommés en un.*

Grandeur de cette vérité ou de cette union ; Jésus-
Christ homme nous unit à lui ; et comme il est en
même temps Dieu et un avec son père, en nous
unissant à lui, il nous unit à son père ; en sorte qu'il
se forme un tout ou un corps dont nous sommes
les membres, et dont Jésus-Christ est la tête insé-
parablement et essentiellement unie à la divinité, et
y unissant tout le reste.

Toute cette prière si fervente et si sublime, si
remplie d'élévation et de grandeur d'ame, au milieu des opprobres et des douleurs, est remplie de
traits qui caractérisent la divinité de celui qui l'a
faite ; et ce seul endroit du nouveau testament suffiroit pour établir ce grand point, qui est le fondement de la religion. Supposez, pour un moment,
que Jésus-Christ ne soit pas Dieu, toute cette prière
ne sera qu'une énigme inexplicable, et un tissu d'expressions, non-seulement inintelligibles, mais fausses,
mais impies, que Dieu auroit cependant récompensées,
en exauçant la prière de Jésus-Christ, et en accomplissant tout ce que Jésus-Christ avoit prédit. Dieu
ressusciteroit-il un homme qui auroit osé se déclarer
égal à lui, un avec lui, avant le temps et de toute
éternité ?

§. CCLVIII. *Jésus-Christ ne s'abandonne à la tristesse que par un effet de sa volonté toute-puissante et de sa charité ineffable pour les hommes.*

Jésus-Christ commença à être frappé de tristesse, de trouble et de terreur : « Mon ame est triste jusqu'à » la mort (1) ».

C'est un Dieu-Homme qui a parlé dans la prière qui précède; ici c'est l'homme à qui Jésus-Christ, comme Dieu, permet de parler pour le vaincre et l'absorber dans la divinité.

Le combat de l'humanité cesse tout d'un coup, par ces paroles efficaces : *mais non, que ce ne soit pas ma volonté, que ce soit la vôtre qui s'accomplisse.* De ce moment la divinité agit si puissamment, qu'il ne paroit plus aucune trace d'une foiblesse ordonnée par elle, pour notre instruction et pour notre exemple. L'humanité soutenue, fortifiée, affermie par la divinité, ne fait plus qu'un avec elle. Jésus-Christ ne paroît jamais plus Dieu que pendant qu'il souffre comme homme.

§. CCLIX. *Jésus-Christ prouve qu'il est Dieu par l'accomplissement de ses prédictions. Il marque toutes les actions de ses ennemis, pour faire voir que rien ne se fait malgré lui, et qu'ils ne font qu'exécuter ses desseins.*

« L'heure s'approche, et le fils de l'homme est livré » entre les mains des pécheurs; il avance celui qui me » trahit (2) ».

Jésus-Christ ne cesse pas de connoître et de prédire l'avenir, dans le temps même qu'il va être livré à ses ennemis. Jésus-Christ ne souffre que ce qui a été prédit; les prophéties s'accomplissent par ceux mêmes qui ne le connoissoient pas.

Judas ne se doutoit pas qu'il eut été figuré et annoncé par le traître Architophel.

Rien de plus digne d'admiration que la bonté et la

(1) Math., ch. 26, etc. — (2) *Ibid.*, ch. 26, ⅴ. 45.

tendresse que Jésus-Christ témoigne à l'égard du disciple apôtre qui le trahit par un baiser. Y a-t-il jamais eu une charité semblable à celle que Jésus-Christ manifeste dans une occasion où la patience échappe aux plus modérés? Quel sujet d'instruction et de condamnation pour la plupart des chrétiens.

§. CCLX. *Jésus-Christ fait bien voir qu'il est le maître, puisque, avec un seul mot, il se fait obéir par une troupe de soldats.*

La puissance d'un Dieu se montre avec éclat dans Jésus-Christ, lors même qu'il veut bien éprouver toute la foiblesse de l'homme. Il n'est jamais plus Dieu que dans le temps qu'il se livre comme homme. Il dit, *c'est moi*, et, à cette seule parole, ceux qui viennent pour l'arrêter tombent en arrière et sont renversés. Autre prophétie accomplie, sans qu'ils le sachent ou qu'ils y pensent : *avertantur retrorsum et confundantur.* Le psaume 34 a toujours été regardé comme une prophétie de la passion de Jésus-Christ; c'est ce divin législateur qui parle lui-même dans la plupart de ces divins cantiques. On est forcé d'oublier le serviteur pour ne plus écouter que le maître (1).

§. CCLXI. *Comme Jésus-Christ étoit seul digne de nous racheter par la mort, il étoit nécessaire que Jésus-Christ mourût tout seul pour sauver les hommes.*

« Si c'est moi que vous cherchez, laissez aller » ceux-ci (2) ».

Jésus-Christ, en disant ces paroles aux soldats, leur ôte le pouvoir de toucher à ses disciples. C'est l'effet de cette volonté toute-puissante, par laquelle il les avoit d'abord renversés par terre.

Ainsi s'accomplit ce que Jésus-Christ avoit dit:

(1) Joann., ch. 18, ỳ. 6. — (2) *Ibid.*, ch. 18, ỳ. 8.

de ceux que vous m'avez donné, je n'en ai perdu
aucun (1).

Pourquoi les eût-il perdus s'ils fussent morts avec
lui, sinon parce qu'ils ne croyoient pas encore en lui
comme y croient tous ceux qui ne doivent point
périr. Voilà comme s'expliquent les interprètes de
l'évangile.

Toute la passion est l'accomplissement de ce que les
prophètes avoient prédit de Jésus-Christ, ou de ce
qu'il avoit prédit lui-même.

§. CCLXII. *Jésus-Christ, quoique lié et garrotté, n'en fait pas*
moins éclater sa toute-puissance.

« Laissez-moi approcher de cet esclave, et lui tou-
» chant l'oreille il le guérit (2) ».

Admirez la toute-puissance de celui qui ne va
mourir que parce qu'il le veut. Ses mains sont liées,
son humanité est pour ainsi dire captive; mais *ver-*
bum Dei non est alligatum.

Jésus-Christ ne permet le mal que pour en tirer
un plus grand bien; il fait tout servir à l'instruction et à l'édification; sa sagesse égale sa toute-
puissance.

§. CCLXIII. *Toutes les paroles de Jésus-Christ prouvent qu'il*
a toujours eu devant les yeux les écritures comme le plan
des desseins de Dieu sur lui et sur nous.

« Ce calice, que mon père m'a donné, ne le boirai-
» je pas (3)? Je pourrois lui demander du secours, et il
» m'enverroit plus de douze légions d'anges; mais
» comment s'accompliroient les écritures, qui ont
» prédit que cela doit arriver ainsi » ?

Jésus-Christ allant à une mort certaine, n'est
occupé que de l'accomplissement de la volonté de
Dieu; et il se conforme à l'ordre immuable, en faisant céder sa volonté humaine à sa volonté divine.

(1) Joann., ch. 18, ÿ. 9. — (2) Luc, ch. 18, ÿ. 31. —
(3) Math., ch. 26, ÿ. 52.

Toutes les circonstances de la passion de Jésus-Christ prouvent d'une manière sensible, que notre divin Sauveur n'est pas mort par impuissance, mais par obéissance, par zèle et par charité. Ses chaînes avoient été prédites par Isaïe. Autre prophétie qui est accomplie.

§. CCLXIV. *Les témoignages de Jésus-Christ lui-même, les applications fréquentes que les Apôtres lui font de plusieurs prophéties, surtout des psaumes ; l'usage perpétuel de l'Église, qui en fait la matière de toutes les prières ; enfin, la doctrine constante des Saints Pères, sont autant de preuves claires que Jésus-Christ et son Église sont le sens principal de plusieurs prophéties et de presque tous les psaumes.*

Jérémie (1) a exprimé d'une manière admirable les souffrances et la patience de Jésus-Christ : « j'étois, dit-» il, comme un agneau plein de douceur, qu'on porte » pour en faire une victime ». C'est ce qu'Isaïe avoit prédit de Jésus-Christ. « Il a été mené à la mort » comme un agneau (2) ». Et toutes les églises conviennent, dit saint Jérôme, que ce que dit ici Jérémie doit être entendu de Jésus-Christ même, qui s'exprime ainsi par la bouche du prophète.

David avoit prédit en plusieurs endroits, qu'il seroit abandonné par ses amis, pendant que ses ennemis tiendroient conseil pour le perdre.

C'est sur cela et plusieurs autres circonstances de la passion, que saint Mathieu et saint Marc disent, *hoc autem totum factum est, ut implerentur scripturæ prophetarum.*

§. CCLXV. *La conduite courageuse de Jésus-Christ, pendant sa passion, prouve sa divinité.*

Rien de plus digne d'admiration que la patience et la tranquillité de Jésus-Christ dans toute la suite de sa passion, où il paroît toujours également supérieur à ses ennemis, à ses juges, aux tourmens et

_____

(1) Math., ch. 11, ỳ. 19. — (2) Isaïe, ch. 53, ỳ. 7.

à la mort même. Un tel courage ne peut être que l'effet de la grâce de l'Homme-Dieu, que le verbe en qui il subsiste, conduit toujours par sa lumière, et par sa force; les sentimens humains ne produisent pas des effets durables. Un Dieu mourant devoit mourir ainsi (1).

§. CCLXVI. *Jésus, comme vérité, a bien voulu être humilié par les faux témoins; il se laisse accuser sans ouvrir la bouche pour sa justification.*

On cherche des preuves pour le condamner, et on n'en trouve point; de faux témoins s'élèvent, mais leurs témoignages se contredisent. Il falloit que son jugement fût contraire à toutes les règles. Tout cela avoit été prédit, et tout cela s'est tourné en preuve de l'innocence, ou plutôt de la sainteté de Jésus-Christ (2).

Rien n'est plus propre à confondre l'orgueil des enfans d'Adam, que le silence admirable de Jésus-Christ devant le grand-prêtre, lorsqu'il n'est question que de sa défense personnelle (3). Nous avions un extrême besoin d'un exemple aussi frappant de patience, pour nous encourager à souffrir les calomnies.

Il n'ouvre la bouche que lorsqu'il est question de rendre témoignage à Dieu, en se le rendant à lui-même; lorsqu'on le prend à serment par le Dieu vivant.

§. CCLXVII. *Le Messie, suivant la tradition des Juifs, devoit être le fils de Dieu, et c'est au temps de sa mort que Jésus-Christ s'approprie cette qualité, et qu'il annonce sa toute-puissance.*

L'interrogation que le grand-prêtre fait à Jésus-Christ, suppose nécessairement, que la tradition des juifs enseignoit, que le christ ou le messie étoit aussi

(1) Math., ch. 26, ɤ. 5; Marc, ch. 19, ɤ. 48, etc. — (2) Math., ch. 26, ɤ. 59. — (3) *Ibid.*, ch. 26, ɤ. 62.

le fils de Dieu (1). *Adjuro te per Deum vivum, ut dicas nobis si tu es christus filius Dei benedicti?* Le *christ*, ou le *messie et le fils de Dieu*, étoient donc des termes synonymes, et celui de *fils de Dieu* ne s'entendoit point dans le sens dans lequel cette expression a été expliquée à de simples hommes, dans les livres sacrés. Il y en a une preuve démonstrative dans cet endroit même, puisque Jésus-Christ ayant répondu, qu'il étoit en effet le *fils de Dieu*, le pontife s'écrie, il a blasphémé. Un homme abandonné de tout le monde, au milieu de ses ennemis, en présence de ses juges et à la vue d'un peuple furieux, déclare hautement et avec la plus grande simplicité, qu'il est le *fils de Dieu*. Il annonce que dorénavant on le reconnoîtra pour tel, par les marques éclatantes de sa puissance. Et que gagnoit-il à parler ainsi? La mort, et une mort prévue et prédite. L'univers vit-il jamais rien de pareil (2)?

§. CCLXVIII. *C'est par un excès d'aveuglement et de malice qu'on ose traiter de blasphémateur cet Homme-Dieu, qui réunit tous les caractères du Messie et du Christ attendu depuis tant de siècles.*

« Vous venez vous-même de l'entendre blasphé-» mer, qu'en jugez-vous »? Ils répondirent, il mérite la mort (3).

On a déjà observé que, selon la tradition des juifs, le *messie devoit* être en même temps *fils de Dieu*, c'est-à-dire, selon qu'ils l'ont expliqué eux-mêmes, *égal* à Dieu, et Dieu lui-même.

Jésus-Christ avoit prouvé qu'il étoit le messie, par les prophéties accomplies en lui, par sa conduite, par sa doctrine, par ses miracles; la plus grande partie des juifs lui en avoient rendu le témoignage.

Il ne blasphémoit donc ni sur *le droit*, ni sur le fait, et l'on viole toutes les formes de la justice à son

(1) Math., ch. 26. — (2) *Ibid.*, ch. 26. — (3) *Ibid.*, ch. 26, ⱴ. 65, 66.

égard. Le juge se rend partie et accusateur, et n'examine pas si les prophéties du messie et les miracles éclatans ne le justifioient pas.

Pourquoi est-il donc condamné? Tout son crime est d'être fils de Dieu et de l'avoir dit. Or, il est essentiel au messie de parler ainsi, et, en parlant ainsi, il ne pouvoit éviter la mort.

Donc, il falloit que le messie mourût, et que l'auteur de la foi fût sacrifié par l'infidélité.

§. CCLXIX. *En même temps que Jésus-Christ s'humilie profondément, et subit les souffrances les plus ignominieuses, il fait ce que nul autre que Dieu ne peut faire.*

Jésus-Christ déclare hautement dans sa passion et dans l'excès de son humiliation, qu'il est le fils de Dieu, et que désormais il sera assis à la droite de la puissance de Dieu. Dans ce même temps il souffre toutes sortes d'outrages, et il devient le jouet de l'insolence des juifs. Est-ce par impuissance? Non, sans doute: *verbum Dei non est alligatum* (1). Pendant qu'il se livre à ses ennemis, pendant qu'il se réduit dans cet état, où, par la bouche de David, il avoit dit de lui-même : *sum vermis et non homo, opprobrium hominum et abjectio plebis* (2). Il instruit les hommes; il fait des miracles, il convertit saint Pierre d'un seul regard. Qui est-ce donc qui lie les mains à sa puissance? La justice envers son père, la miséricorde pour les hommes. Quel autre qu'un Dieu peut soutenir ce caractère? Donc, Jésus-Christ se montre Dieu dans ses souffrances et dans ses humiliations mêmes.

Prophétie de Jésus-Christ accomplie dans sa passion.

Il est livré aux gentils.

Fin terrible de Judas.

(1) Luc, ch. 22, ℣. 26. — (2) Ps. 21, ℣. 7.

§. CCLXX. *Jésus-Christ manifeste son innocence, en ne fai-*
sant que rendre témoignage à la vérité ; et la déclaration
publique que Pilate fait de l'innocence de Jésus-Christ étoit
due au juste par excellence, qu'il alloit mourir pour des pé-
chés qu'il n'avoit point commis.

Jésus-Christ seul, dénué de tout secours, déclare
à Pilate qu'il est roi, quoique son royaume ne soit
pas de ce monde ; et il ne le fait que parce qu'il est
venu dans ce monde pour rendre témoignage à la vérité au péril de sa vie (1). *Quiconque est du côté de*
la vérité, entend ma voix.

A - t - on jamais vu un simple homme, un accusé,
tenir ce langage devant son juge.

Il s'est fait respecter en parlant ainsi. C'est après
l'avoir entendu, que Pilate sort pour dire aux juifs :
je ne trouve rien de criminel en lui (2).

Rien de si admirable que la sagesse de Jésus-Christ
qui, par son interrogation, tire de la bouche de son
juge même la justification de son innocence.

§. CCLXXI. *La malignité des Princes des Prêtres, la lâcheté*
de Pilate, la curiosité d'Hérode servent à Jésus-Christ à
confondre ses accusateurs, et à multiplier en même temps ses
humiliations et les témoins de son innocence.

Jésus-Christ garde un silence absolu sur les accu-
sations des princes des prêtres, devant Pilate qui
le presse envain de se défendre. Ce silence, dirigé
par une sagesse divine, confond et la malignité des
accusateurs et la lâcheté d'un juge prévaricateur.
L'iniquité étoit à son comble ; la corruption des premiers ministres de la religion étoit montée au plus
haut degré : il falloit donc que le vrai prêtre vînt
offrir son sacrifice et se former de nouveaux adorateurs.

Ce divin législateur garde le même silence devant
Hérode, dont il souffre de devenir le jouet, sans
proférer une seule parole. Il devoit également de-

(1) Joann., ch. 18, ✝. 36. — (2) *Ibid.*, ch. 18, ✝. 38.

clarer sa doctrine devant le grand-prêtre, et répondre aux questions de Pilate, qui, suivant les lois humaines, étoit son juge ; mais il ne devoit rien à Hérode, chez qui il ne pouvoit parler que pour sa gloire, dont il avoit résolu de faire le sacrifice avec celui de sa vie.

§. CCLXXII. *La qualité de fils de Dieu, que Jésus-Christ se donne, est traitée de blasphème par les Juifs. Donc, cette expression signifioit, suivant leur interprétation, que Jésus-Christ étoit vraiment Dieu.*

Les juifs disent à Pilate : « nous avons une loi, et » selon cette loi, il doit mourir ; parce qu'il s'est dit » fils de Dieu (1) ».

Ce n'étoit point sans doute dans le même sens, que des prophètes, ou même des juges, que l'Écriture appelle fils de Dieu, ou Dieux mêmes, *ego dixi Dii estis et filii altissimi omne, etc.* Il n'y auroit eu en cela, ni impiété, ni blasphème qui dussent être punis suivant la loi. C'étoit donc, en tant que fils de Dieu, signifiant *Dieu même*, le verbe éternel, la parole incréée du père. Donc, tous les juifs attestent devant Pilate, que Jésus-Christ a déclaré qu'il étoit Dieu, *et mentita est iniquitas sibi.* Appliquer ici la remarque de saint Jean sur cette proposition de Caïphe : *oportet unum hominem mori pro populo (2).* Il falloit, en effet, que le véritable messie, le fils de Dieu mourût. La loi ne l'ordonnoit pas, mais elle le déclaroit ; et les juifs parloient très-correctement quand ils disoient que, selon la loi, le christ devoit être mis à mort. Ils prophétisoient donc comme Caïphe, sans le vouloir et sans le savoir.

§. CCLXXIII. *Jésus-Christ parle à Pilate en maître et en juge ; il donne de justes idées de la puissance des Rois ; il prouve qu'elle émane de Dieu même.*

Au lieu de se défendre, Jésus-Christ n'est occupé que d'instruire et d'étonner son juge. Il le rappelle à

(1) Joann., ch. 19, ỳ. 7. — (2) *Ibid.*, ch. 18, ỳ. 14.

la source de toute-puissance. « Vous n'auriez aucun
» pouvoir sur moi, s'il ne vous étoit donné d'en haut;
» remontez plus haut que César et que le peuple ro-
» main; c'est de Dieu qu'émane tout pouvoir, et sur-
» tout quand il s'agit de juger le fils unique de Dieu et
» Dieu lui-même. Celui qui m'a livré à vous, savoit
» ce que je vous dis et ce que vous ignorez; c'est pour
» cela que son crime est encore plus grand que le
» vôtre (1) ». Tout cela devoit irriter Pilate, et tout
cela au contraire l'adoucit, tant il se sent intérieurement touché, frappé, convaincu de l'innocence et
de la majesté de celui qui lui est livré comme coupable.

§. CCLXXIV. *L'innocence de Jésus-Christ est plusieurs fois
attestée par Pilate, gouverneur de la Judée pour les Romains; et ce témoignage prophétisoit plusieurs grands événemens.*

Pour présager la conversion des gentils et l'endurcissement des juifs, il falloit que Pilate rendît plus
d'une fois un témoignage public à l'innocence de Jésus-Christ; et c'est ce qu'il achève de faire *en se
lavant les mains* en présence de tout le peuple, immédiatement avant que de livrer le juste à la mort.
Ce magistrat perfide a beau se laver les mains, il n'en
sera pas moins un lâche prévaricateur, pour ne s'être
point opposé, comme il le devoit, à l'injustice. Le
crime, d'avoir trop balancé entre une lâche complaisance et son devoir, le rendit digne de commettre la
plus horrible injustice qui fût jamais.

§. CCLXXV. *Le sang de Jésus-Christ est le salut des uns et
la condamnation des autres, des Gentils et des Juifs.*

« Que son sang soit sur nous et sur nos enfans (2) ».
Imprécation et prophétie, dont nous voyons l'accomplissement depuis 1700 ans. Elle attira la ruine
de Jérusalem, du temple de cette perfide nation qui,

(1) Joann., ch. 19, ỳ. 11. — (2) Math., ch. 27, ỳ. 25.

dans la seule ville de Jérusalem, vit périr treize cent
mille juifs. Elle s'accomplit encore par cet état de
malédiction où la nation juive subsiste dans toute la
terre, et elle s'accomplira encore dans le temps même
qu'ils se convertiront, puisque ce sera par ce même
sang qui les poursuit partout aujourd'hui, qu'ils
seront lavés, convertis, justifiés. Cette alternative
de miséricorde et de justice qu'on trouve dans toutes
les œuvres du seigneur, sert à faire admirer en même
temps sa sagesse et son indépendance. Tel est l'ordre
constant et le plan perpétuel des desseins de Dieu, de
faire passer ses faveurs d'un peuple à un autre, et de
n'ôter la coupe de sa colère d'entre les mains d'une
nation que pour la faire passer dans celles d'une nation rivale.

§. CCLXXVI. *Diverses prophéties accomplies en Jésus-
Christ.*

Y a-t-il prophétie plus claire ou figure plus expres-
sive de Jésus-Christ que l'immolation d'Isaac? Celui-
ci, portant le bois destiné à son sacrifice, représente
d'une manière bien sensible Jésus-Christ portant sa
croix. Il y a une ressemblance si parfaite entre la
figure et la vérité, qu'on ne peut voir l'une sans
penser à l'autre. Abraham, qui met sur les épaules
d'Isaac le bois sur lequel il doit être sacrifié, est une
belle image du père céleste qui charge du poids de la
croix un fils qu'il aime de toute éternité. Jésus-Christ
et Isaac sont obéissans jusqu'à la mort, et survivent
l'un et l'autre à leur sacrifice; mais Isaac n'est im-
molé et ne ressuscite qu'en figure. Jésus-Christ répand jusqu'à la dernière goutte de son sang, donne sa
vie, et la reprend réellement.

Jésus-Christ, accablé sous le poids de sa croix,
prophétise et prédit le siége et la ruine de Jérusalem
avec celle de ses habitans innombrables. Cette prédiction fut accomplie quarante ans après sa mort.

Autre prophétie accomplie dans le vin mêlé de
fiel, qu'on lui présente au calvaire, et dont il ne vou-

lût pas boire, pour mieux sentir des douleurs qui
devoient nous être si salutaires.

§. CCLXXVII. *Le crucifiement de Jésus-Christ entre deux
voleurs est en même temps l'accomplissement des prophéties,
et une vive image de la séparation des bons et des méchans
qu'il fera au dernier jour. L'opprobre à laquelle il veut se
soumettre est une figure et une prédiction de sa grandeur
future.*

Jésus-Christ crucifié entre deux voleurs accomplit
la prophétie d'Isaïe, où l'on trouve ces paroles, *et
cum iniquis reputatus est* (1). Cette circonstance particulière de la passion, ayant été prédite par un prophète, devoit s'accomplir comme toutes les autres
prophéties.

Il meurt entre un pécheur endurci et un pécheur
pénitent, placé au milieu d'eux, comme pour montrer aux pécheurs le sang qui seul peut expier leurs
crimes, et aux pénitens, le même sang qui peut seul
les sanctifier et leur ouvrir le ciel, le sang qui con-
damnera les uns et qui justifiera les autres.

§. CCLXXVIII. *Jésus-Christ manifeste sa charité infinie pour
les pécheurs, en sollicitant la grâce et le salut de ses ennemis
et de ses bourreaux.*

« Mon père pardonnez-leur, parce qu'ils ne savent
» ce qu'ils font (2) ».

Quel criminel, ou plutôt quel condamné avant
Jésus-Christ a imploré la clémence du ciel pour ses
ennemis, ses persécuteurs, ses calomniateurs, ses
bourreaux ? Si saint Étienne et les autres martyrs
l'ont fait depuis, c'est son exemple, ou plutôt sa
grâce et la vertu de son sacrifice qui leur en a donné
la force.

En même temps il accomplit par là la prédiction
d'Isaïe : *et pro transgressoribus seu prævaricatoribus
oravit, Deo irato sese obtulit, seu oravit.*

(1) Isaïe, ch. 53, ỳ. 12. — (2) Luc, ch. 23, ỳ. 34.

38 *

§. CCLXXIX. *La royauté de Jésus-Christ sur la croix est publiée et attestée par son Juge, même aux trois peuples Juifs, Grecs et Romains, dont l'Église devoit être principalement composée.*

En vain les juifs veulent obliger Pilate à changer l'inscription qu'il avoit fait mettre sur la croix de Jésus-Christ. Dieu dispose tellement les choses, que c'est la gentilité même dans la personne de Pilate qui commence à donner le titre de roi à Jésus-Christ; Pilate semble quitter ses fonctions de juge, pour devenir en quelque sorte le premier apôtre de Jésus-Christ pour les grecs, les latins, les hébreux, auxquels il annonce son règne par la croix et sur la croix (1). C'est ainsi que ceux qui vouloient humilier Jésus-Christ publioient, sans y penser, sa grandeur et sa gloire.

§. CCLXXX. *Jésus-Christ, en prononçant sur la croix les premières paroles du psaume 21, nous invite à chercher, dans ce cantique, l'Histoire des principales circonstances de sa passion.*

Les évangélistes ont remarqué dans leur récit l'accomplissement de la prophétie du partage des vêtemens de Jésus-Christ, et du sort jeté sur la tunique; et l'accomplissement de cette prophétie renfermée dans le psaume 21 est une preuve claire de la mort de Jésus - Christ. Ses habits étoient ses seules richesses, et elles sont divisées; et la robe a été jetée au sort, parce qu'elle ne pouvoit être divisée sans devenir inutile. Elle a toujours été regardée comme une figure de l'église, qu'on ne pourra jamais diviser, quoiqu'on ait le malheur de s'en séparer.

On a vu l'accomplissement d'une autre prophétie dans les insultes que Jésus-Christ a souffertes, étant attaché sur la croix.

(1) Joann., ch. 19; ꝟ. 21, 22.

-·Dans le sacrifice solennel d'expiation, la victime étoit anathématisée ; le bouc émissaire étoit chargé d'imprécations ; l'aveuglement et la fureur de ceux qui chargent Jésus--Christ d'injures et d'outrages sont l'accomplissement de ces deux figures. Toutes les consolations humaines devoient manquer à Jésus-Christ, afin qu'il devînt notre modèle et la source du vrai courage, dont les martyrs eurent besoin dans leurs terribles épreuves.

Dieu permet que les juifs se servent des termes mêmes du psaume 21 , v. 9 : *speravit in Domino, eripiat eum*, etc.

§. CCLXXXI. *C'est parce que Jésus-Christ est Dieu, et fils de Dieu, qu'il ne descend pas de la croix; et c'est à la croix même qu'il devoit attacher, comme à un trophée, tous ses ennemis.*

« Si vous êtes le fils de Dieu, descendez main-
» tenant de la croix, et nous croirons en vous (1) ».

C'est parce qu'il est fils de Dieu qu'il ne descendra pas. Les paroles du fils de Dieu sont immuables. Il a prédit qu'il mourroit sur la croix, et il y mourra. C'auroit été quelque chose pour un homme d'en descendre en effet et de se sauver; mais il est digne d'un Dieu, et il ne convient qu'à un Dieu, de triompher sur la croix, d'y attirer l'univers après lui, de vivre et de donner la vie par la mort même.

§. CCLXXXII. *Le bon larron est tout à la fois le premier confesseur du règne céleste de Jésus-Christ, le premier martyr de la sainteté de ses souffrances, le premier apologiste de son innocence crucifiée, et la preuve la plus éclatante de la toute-puissance de Dieu et de son infinie miséricorde.*

Convertir un voleur sur la croix et lui promettre le paradis, c'est quelque chose de bien plus grand que de s'échapper des mains des juifs; purifier en un moment un homme tout couvert de crimes, c'est le

_____
(1) Luc, ch. 23, y. 39.

chef-d'œuvre de la toute-puissance de Dieu, et la preuve complète de la divinité de Jésus-Christ.

Voilà le premier arrêt que le fils de Dieu prononce de dessus le tribunal de sa croix. Ce scélérat ne lui demande qu'un souvenir; et Jésus-Christ lui promet de lui faire partager la joie céleste dont il doit jouir lui-même. Quelle miséricorde! Quelle libéralité! Motif précieux de la confiance que nous devons avoir en ce divin sauveur.

§. CCLXXXIII. *Diverses prophéties accomplies dans la passion de Jésus-Christ.*

Prédiction de l'obscurcissement du soleil. Dieu veut bien se servir des créatures inanimées pour parler encore à ce peuple aveugle, qui n'a point voulu connoître son fils. Les fêtes converties en deuil à la mort de Jésus-Christ. Les écritures l'avoient annoncé; l'extrême soif qu'il veut bien souffrir avoit encore été prédite, et il ne manifeste ce besoin à haute voix que pour donner lieu à un nouveau tourment prédit dans un autre psaume : *Et lorsque j'ai eu soif, ils m'ont donné du vinaigre à boire* (1). Ainsi, dans le temps que les impies ne pensent qu'à augmenter les douleurs de Jésus-Christ, cette victime pure et innocente ne perd pas de vue un instant les divines écritures, et accomplit dans le détail tout ce qui a été prédit de lui dans les livres saints. Les prophètes ont été les premiers historiens de sa passion. Aucune circonstance ne leur a échappé; la prière même ou le cri que Jésus adresse à son père dans son dernier délaissement avoit encore été prédit. Voyez le psaume 21, c'est l'histoire entière de sa passion.

§. CCLXXXIV. *Le dernier cri de Jésus-Christ, au dernier instant de sa vie, est en même temps la preuve que son sacrifice a été très-volontaire, et le signe de l'entier accomplissement des prophéties.*

Il attend que la dernière prophétie soit accomplie

(1) Psaume 21.

pour dire : *tout est consommé ;* c'est-à-dire, tout ce
que la loi et les prophètes ont prédit du christ souffrant et mourant ; toutes les parties, tous les degrés
de son sacrifice ; tout ce qui appartenoit à la réparation et à l'expiation du péché, à la satisfaction que
la justice divine exigeoit, à la rédemption du genre
humain ; *tout est accompli.* Que de vérités ! Que de
grandeur dans une seule parole! Elle vérifie encore
ce que Jésus-Christ avoit prédit lui-même, lorsqu'il
disoit: « Personne ne peut m'ôter la vie : j'ai le pou-
» voir de la quitter de moi-même, et j'ai le pouvoir
» de la reprendre de moi-même (1) ». Ce ne sont
donc ni les juifs ni les gentils, ce ne sont ni les tourmens, ni la croix qui lui font perdre la vie ; c'est sa
seule volonté : *oblatus est quia ipse voluit* (2). Il
ne meurt que parce que tout est consommé par un
sacrifice volontaire ; et c'est par cette parole, qu'il
s'immole, pour ainsi dire, lui-même, sans autre
cause de mort que sa volonté, soumise aux ordres de
son père, pour lui offrir la seule hostie qui fût digne
de lui.

§. CCLXXXV. *Jésus-Christ remet son ame en dépôt dans le
sein de Dieu, pour la reprendre bientôt.*

« Mon père, je remets, je dépose mon ame, ou
« ma vie entre vos mains (3) ». Ce n'est en effet qu'un
dépôt volontaire, qui ne durera que jusqu'au moment où il le reprendra par une résurrection volontaire (4). *Sicut enim pater habet vitam in semetipso,
sic dedit filio vitam habere in semetipso :* car, comme
le père a la vie en lui-même, c'est-à-dire, qu'il l'a
de toute éternité, par sa nature divine, *il a aussi
donné au fils,* en l'engendrant, avant tous les siècles,
de sa substance, *d'avoir la vie en lui-même,* comme
une chose inséparable de l'Être divin, qu'il a reçue de
son père.

(1) Joann., ch. 10, ỳ. 18. — (2) Isaïe, ch. 53, ỳ. 7. —
(3) Luc, ch. 23, ỳ. 46. — (4) Joann., ch. 5, ỳ. 26.

§. CCLXXXVI. *Toute la nature annonce, par des prodiges,*
que le fils de Dieu est mort. Dieu relève la gloire de son fils
et honore ses humiliations et ses souffrances. Le centenier et
des soldats païens en recueillent les premiers fruits, et sont
les prémices de la foi des gentils et le signe prophétique de
la préférence des nations aux Juifs.

Le voile du temple se déchire, la terre tremble,
les pierres se fendent, les tombeaux s'ouvrent, les
morts en sortent comme pour accompagner Jésus-
Christ ressuscité, et pour faire voir que s'il a été
livré pour nos péchés, il est ressuscité pour notre
justification. Tout ce qui étoit caché sur ce sujet,
dans les ombres et dans les figures de la loi, se développe et se manifeste. La mort, qui est la plus
grande humiliation de l'homme, devoit être le
triomphe d'un Dieu-Homme.

Les juifs, étonnés de ces prodiges, s'écrient: *c'étoit*
vraiment le fils de Dieu, c'est-à-dire, Dieu (1).

Le centenier même, quoique païen, est obligé de
lui rendre témoignage. Il publie hautement sa divinité, sans craindre les juifs qui étoient dans ce moment livrés à la plus grande fureur. Et la conversion
des gentils, si hautement annoncée par les prophètes,
commence dans le moment même de la mort de
Jésus-Christ.

Jésus-Christ, pendant toute sa vie, s'étoit dévoué
aux juifs; mais après sa mort, il commence à se
déclarer pour les gentils, par le don précieux de la
foi qu'il accorde au centenier. Les princes des prêtres, les docteurs juifs restent dans l'aveuglement,
malgré tous les secours de la loi, des prophéties,
des miracles, des prédications et de la sainteté singulière de Jésus-Christ; et l'on voit un homme de
guerre, occupé uniquement des devoirs de sa charge,
ouvrir les yeux à la lumière, et confesser avec courage la divinité du sauveur. La manière dont Dieu
exerce ses jugemens est au-dessus de nos foibles in-

(1) Marc., ch. 15, ⱴ. 39.

telligences : *quis enim cognovit sensum Domini aut quis consiliarius ejus fuit ? Quam incomprehensibilia sunt judicia ejus, et investigabiles viæ ejus* (1).

§. CCLXXXVII. *C'est en Jésus-Christ que toutes les prédictions, les figures et les sacrifices ont eu leur accomplissement. Il est le terme de la loi.*

Ce qui avoit été dit de l'agneau pascal, *nec os illius confringetis* (2), se vérifie dans la personne de Jésus-Christ, dont il étoit le type : *ad Jesum autem cum venissent, ut viderunt eum jam mortuum, non fregerunt ejus crura* (3) : ainsi, ce qui a été réalisé à l'égard de Jésus-Christ, cet agneau véritable, avoit déjà été accompli à la lettre dans l'agneau figuratif.

Zacharie avoit dit : *ils tourneront les yeux vers moi qu'ils ont percé* (4). A peine un soldat a-t-il percé le côté de notre seigneur, que le centurion s'écrie : *cet homme étoit véritablement juste* (5); et qu'un grand nombre de juifs commencent à se frapper la poitrine, et disent : *cet homme étoit véritablement le fils de Dieu.* Il est reconnu pour ce qu'il étoit, précisément dans le moment, et par les traits mêmes qui auroient dû naturellement le faire méconnoître.

C'est encore dans ce moment que le courage revient à Joseph d'Arimathie (auparavant disciple caché de Jésus-Christ), pour demander son corps à Pilate.

Comme Jonas fut trois jours et trois nuits dans le ventre d'un poisson, ainsi le fils de l'homme sera trois jours et trois nuits dans le sein de la terre (6). Ce qui est dit de Jonas est appliqué à Jésus - Christ par Jésus-Christ même. C'est avec fondement qu'il est regardé comme la figure la plus excellente de

(1) Paul, Rom., ch. 3, ỳ. 52, 53. — (2) Exod., ch. 12, ỳ. 46. — (3) Joann., ch. 19, ỳ. 33. — (4) Zacharie, ch. 12, ỳ. 10. — (5) Math., ch. 27, ỳ. 54. — (6) *Ibid.*, ch. 12, ỳ. 40.

Jésus-Christ, considéré sous différens rapports. Ajoutez à la figure de Jonas celle d'Isaac, la résurrection passagère de Moïse, et l'apparition d'Élie le jour de la transfiguration, et Jésus-Christ se transfigurant lui-même dans un état de gloire et de majesté, pour donner une image à ses apôtres de ce qu'il seroit après sa résurrection. Les divines écritures renferment un grand nombre de ces exemples : or, y a-t-il une autre religion qui renferme des figures aussi conformes à la vérité qu'elles représentent, et des prophéties si claires et si visiblement accomplies.

David annonce clairement que la chair de Jésus-Christ ne devoit point éprouver la corruption : *nec dabis sanctum tuum videre corruptionem* (1). Saint Pierre et saint Paul se servent de ces paroles pour prouver la résurrection de Jésus-Christ, et pour nous apprendre qu'il étoit exempt de corruption, parce qu'il étoit Dieu et le saint de Dieu (2). La corruption de notre chair après la mort, est la peine du péché ; la sentence nous en a été prononcée en la personne d'Adam ; mais la chair de Jésus-Christ qui, non-seulement étoit sans péché, mais qui étoit devenue le canal de la sainteté, ne pouvoit pas être sujette à la corruption.

Isaïe, en nous annonçant que le sépulcre de Jésus-Christ seroit glorieux, nous apprend que c'est pour y avoir été mis que Jésus-Christ est devenu la lumière et la justice de ceux qui étoient dans les ténèbres. Les ennemis de Jésus-Christ avoient espéré que sa mort ne seroit que le commencement de ses humiliations ; mais dès qu'il a rendu l'esprit, son père lui fera rendre les honneurs qui lui sont dus. Il avoit subi la malédiction de la loi, pour nous en délivrer ; mais celui qui est mort n'est plus soumis à la loi. Si le corps de Jésus-Christ est mis dans le sépulcre, il y est mis avec honneur : aussi le lieu de

(1) Psaume 15, ỳ. 10. — (2) Actes des Apôtres, chap. 2, ỳ. 27.

ce sépulcre a toujours été en vénération; les ennemis même du christianisme le respectent, et en sont des gardiens sévères.

§. CCLXXXVIII. *Les Juifs publient eux-mêmes, par avance, le mystère de la résurrection, en voulant en empêcher la croyance, tant la prudence humaine est inutile et impuissante contre Dieu.*

Les juifs eux-mêmes, sans le vouloir, rendent témoignage à Jésus-Christ, en attestant à Pilate, qu'il avoit dit : *je ressusciterai dans trois jours* (1); ainsi, le fait de la prophétie est affirmé par ses plus grands ennemis, et l'accomplissement de la prophétie se fait presque à leurs yeux. Les précautions mêmes qu'ils prennent pour la cacher ne servent qu'à la faire éclater encore plus, et à en mieux prouver la vérité.

§. CCLXXXIX. *Les anges sont les premiers Évangélistes de la résurrection de Jésus-Christ.*

Comment s'expliquent les anges sur Jésus-Christ ressuscité (2) ? *il est ressuscité selon ce qu'il a dit....* Il vous précédera *en Galilée comme il vous l'a dit*, voilà comme ils s'expriment; ils ne présentent point d'autre cause de sa résurrection que sa parole, *sicut dixit*: pouvoient-ils parler autrement de Dieu même? Et il est bien remarquable que cela s'accorde parfaitement avec ce que Jésus-Christ a dit lui-même, lorsqu'il a parlé de sa résurrection. Il n'a point dit : *mon père me ressuscitera*; il a dit : *je me ressusciterai*: et ailleurs, *sicut pater habet vitam in semetipso, ità dedit filio habere vitam in semetipso; sicut pater suscitat mortuos et vivificat sic et filius* (3). C'est ce que saint Paul fait bien entendre, lorsque après avoir dit de Jésus-Christ, *de filio suo qui factus est ei ex semine David secundum carnem*, il ajoute, *qui*

(1) Math., ch. 28, y. 63. — (2) *Ibid.*, ch. 6, y. 7. — (3) Joann., ch. 5, y. 26.

prædestinatus est filius Dei in virtute, secundum spiritum sanctificationis ex resurrectione mortuorum Jesu-Christi domini nostri (1). « Touchant son
» fils qui lui est né selon la chair, du sang et de la
» race de David, qui a été prédestiné pour être fils
» de Dieu, déclaré et reconnu tel par sa puissance
» et ses miracles, par l'esprit de sainteté dont il
» étoit rempli, et qu'il a communiqué à son église,
» par sa résurrection d'entre les morts, et la vie nou-
» velle qu'il s'est donnée lui-même, après avoir de-
» meuré quelques jours dans le tombeau, touchant,
» dis-je, Jésus-Christ notre seigneur ».

§. CCXC. *La doctrine de l'Évangile ne respire que confiance
et humilité; elle nous annonce un Dieu qui nous avoue pour
ses frères, tout pécheurs que nous sommes, afin de former
avec eux une Église qui la glorifie éternellement.*

« Je retourne à mon père et à votre père, à mon
« Dieu et à votre Dieu (2) ».

Un Dieu se faisant homme a fait les hommes Dieux : il s'est abaissé vers nous pour nous élever jusqu'à lui, et établir par là, toute proportion gardée, une espèce d'égalité entre lui et nous ; c'est pour cela que, dans le même endroit, il appelle les apôtres ses frères, *propter quam causam non confunditur eos fratres vocare* (3), dit saint Paul; il accomplit ainsi, et, dès ce moment, la prophétie de David, *narrabo nomen tuum fratribus meis* (4). Y a-t-il rien de plus consolant pour les chrétiens que d'apprendre qu'ils ont un même Dieu et un même père que Jésus-Christ, et qu'ils sont ses frères ; c'est un effet de la bonté extrême et toute divine du fils de Dieu d'appeler ainsi, dans l'état de sa puissance, ceux mêmes qui l'avoient abandonné dans les jours de son humiliation et de ses souffrances. Les divines écritures retentissent partout de cette vérité conso-lante. Saint Paul nous fait souvenir, dans toutes ses

(1) Rom., ch. 1, y. 3, 4. — (2) Joann., ch. 20, y. 17. —
(3) *Hebr.*, cap. 2, y. 11. — (4) *Psalm.* 21, y. 23.

épîtres ; non-seulement que nous sommes les héritiers d'un Dieu vivant dans le ciel, afin de mépriser les choses de la terre, mais encore que nous sommes les cohéritiers d'un Dieu mort en croix, afin de ne pas refuser de mourir avec lui sur la nôtre : *ipse spiritus testimonium reddit spiritui nostro quod sumus filii Dei, si autem filii et hæredes ; hæredes quidem Dei, cohæredes autem Christi :* Quelle religion, quelle philosophie ont jamais enseigné une doctrine si sublime, si glorieuse, si précieuse pour l'homme (1) » ?

§. CCXCI. *La résurrection de Jésus-Christ a été crue jusqu'au point de souffrir le martyre pour la publier.*

Aucun de tous ceux à qui Jésus-Christ s'est fait voir après la résurrection, n'a conservé le moindre doute, malgré leur hésitation et même leur incrédulité précédente ; ils l'ont crue si fermement qu'ils ont été l'annoncer par toute la terre, aux dépens de leur fortune, de leur repos, de leur vie même, Dieu confirmant leur témoignage par des miracles aussi grands que ceux de Jésus-Christ (2) : *constante Deo signis et variis virtutibus, et spiritus sancti distributionibus secundum suam voluntatem.*

Le plus grand de tous les miracles a été d'avoir converti le monde malgré ses préjugés, malgré ses passions, malgré une infinité de persécutions ; tout devoit porter à ne les pas croire, et on les a crus.

§. CCXCII. *Jésus-Christ prouve sa puissance divine, en opérant tout par sa seule parole.*

Comment Jésus-Christ fait-il tout, même l'établissement de la religion et de son église ? *Par sa seule parole. La paix soit avec vous,* dit-il à ses apôtres, et la paix y demeure au milieu de tous les troubles et de toutes les tribulations qu'ils éprouvent. *Comme mon père m'a envoyé, ainsi je vous envoie ;*

(1) *Rom.*, cap. 8, ỳ. 16, 17. — (2) *Heb.*, cap. 2, ỳ. 4.

recevez l'esprit saint ; remettez les péchés , et ils seront remis ; retenez-les , et ils seront retenus (1). Il
n'y a que Dieu à qui il appartient de le dire comme
de le faire, et d'agir seul, sans moyen, sans instrumens, sans l'interposition ou le mélange d'aucune
autre cause, il ne lui faut qu'un souffle, qu'une parole, *ipse dixit et facta sunt* ; c'est ainsi qu'agit
Jésus-Christ (2).

§. CCXCIII. *Saint Thomas a été le dernier à croire ; il n'en
est pas moins le premier confesseur de la Divinité de Jésus-
Christ, depuis sa mort ; et cette confession de foi courte ,
prompte et parfaite , est le modèle de celle que nous devons
faire à tout moment.*

Jésus-Christ donne la foi en un moment. Saint
Thomas, qui ne vouloit croire que ce qu'il auroit vu
et touché, n'a pas besoin de porter ses mains sur
les plaies sacrées du sauveur ; à cette seule parole :
ne soyez plus incrédule , mais devenez fidèle ; il
s'écrie, c'est là *mon seigneur et mon Dieu* (3), c'est
le premier témoin de la divinité de Jésus - Christ
après sa résurrection ; il la confesse d'autant plus utilement pour nous , que c'est après en avoir douté.
On doit admirer la condescendance de Jésus - Christ
qui laisse à son apôtre la liberté de faire l'expérience
de ses mains, et qui, malgré l'imperfection de sa
foi, ne lui ouvre pas moins ses yeux , et le rend
dans un moment confesseur de sa divinité.

« *Heureux ceux qui croiront sans voir ce que
» vous avez vu* (4) ».

Aucune religion avant Jésus-Christ n'avoit exigé
la foi intérieure. On diroit que toutes les fausses religions aient voulu rendre cet hommage à la véritable , de ne point exiger ce qu'elle seule a droit de
commander ; c'est-à-dire, la créance de l'esprit et la
soumission du cœur.

(1) Joann., ch. 20, ỳ. 21, 22. — (2) Psaume 32, ỳ. 9. —
(3) Joann., ch. 20, ỳ. 27. — (4) *Ibid.*, ch. 20, ỳ. 29.

§. CCXCIV. *Tout est mystérieux et instructif dans la pêche que font les Apôtres après la résurrection de Jésus-Christ.*

Il ne faut point s'arrêter à la lettre du récit de la pêche miraculeuse où saint Pierre, avec d'autres apôtres, prend cent cinquante-trois grands poissons, après une nuit passée sans rien prendre, et après avoir été avertis, par Jésus-Christ, de jeter leur filet d'un autre côté. Elle renferme une figure mystérieuse de l'inutilité de toutes les pêches qui avoient précédé Jésus-Christ, et de cette pêche abondante, immense, que les apôtres devoient faire. Devenus pêcheurs d'hommes, elle marque encore, selon les interprètes, ce que les apôtres ont fait dans la suite, et la vie laborieuse qu'ils ont préférée à l'éclat et au repos. Jésus-Christ ressuscité ne daigne pas employer la puissance de son état pour tirer ses apôtres de la pauvreté ; il ne leur prépare rien de superflu ni de somptueux, et se borne au seul nécessaire. Cet exemple nous prouve bien que le mépris des richesses doit être la vertu principale de ses ministres et de tous ceux qui veulent gagner des ames à Dieu.

On voit dans ce récit une foule de miracles. La même puissance qui produit cette abondance de poissons dans le filet, en crée d'autres sur la terre ; c'est la preuve la plus claire que ce n'étoit point par impuissance de fournir des poissons aux apôtres, que Jésus-Christ les oblige de pêcher.

Ce filet que la multitude des poissons ne pouvoit rompre, figuroit l'unité de l'église, et la promettoit.

Toutes les actions de Jésus-Christ sont des instructions ou des prophéties.

§. CCXCV. *Jésus-Christ, en donnant, à son Église, son corps, son sang, son ame et sa divinité sous les apparences du pain et du vin, réalise, par l'institution de ce sacrifice et de ce sacrement, tout ce qui étoit figuré dans la loi ancienne, accomplit la promesse que Dieu avoit faite aux hommes d'être avec eux jusqu'à la consommation des siècles, et devient, par cette invention admirable de son amour, le lien principal de l'unité, le sceau de notre alliance avec Dieu; le soutien et la nourriture de nos ames; le centre unique de la Religion, le trésor et la gloire de l'Église.*

Rien de plus clair et de plus énergique que les paroles dont Jésus-Christ s'est servi dans la promesse et l'institution de l'Eucharistie : en méconnoître la clarté et la force, ne point adopter l'interprétation naturelle qui en a été donnée durant quinze siècles, c'est préférer l'usage trompeur de nos sens, les foibles lumières d'une raison toujours flottante et incertaine, à la parole de Dieu même, à l'autorité de la tradition, à la foi constante des fidèles de tous les âges, à l'uniformité de la croyance de l'église. C'est contester à Dieu sa toute-puissance, prescrire des bornes à son amour, et se priver soi-même du gage le plus éclatant de sa miséricorde : c'est vouloir avilir le sacrifice de la nouvelle alliance, et le mettre au-dessous de l'ancienne : car si l'oblation des chrétiens, comme on l'a tant de fois remarqué, n'est que du pain et du vin, si la matière de leur sacrifice n'est qu'une figure, qu'une image, qu'une représentation, que devient la supériorité du sacrifice de la loi nouvelle sur ceux de l'ancienne, où cette représentation étoit plus auguste, cette image plus frappante, cette figure plus sensible ? Le culte de la loi de grâce n'auroit donc aucune prééminence sur celui de la loi judaïque ?

Ceux qui, sous prétexte de l'impossibilité du mystère, s'élèvent contre la vérité de ce dogme, connoissent-ils à fond toutes les propriétés des corps, et les divers états auxquels Dieu peut les réduire ? Sont-ils capables de sonder les profondeurs de sa sagesse, et de mesurer l'immensité de sa toute-puissance ? Ne savent-ils pas que rien n'est impossible à celui qui, en un instant, a fait sortir la lumière des ténèbres, qui change les substances aussi promptement qu'il les a créées, qui *dit, et tout est fait : dixit et facta sunt ?*

Tout se réduit donc ici à savoir si Dieu, qui ne peut se tromper ni nous tromper, a clairement révélé le dogme de la présence réelle ; si un dogme qui a été cru et enseigné sans interruption dans l'église, depuis les apôtres jusqu'à nous, ne porte pas avec soi le caractère de la vérité ; et si ce ne seroit pas faire injure à la bonté de Dieu, et rendre le genre humain bien malheureux, que de le réduire à la voie désespérante de l'examen particulier qui conduit à des discussions interminables, et fait naître des difficultés insolubles. Or, rien de plus lumineux que les argumens (1) par lesquels on a prouvé : 1.º que l'être infini ne peut être compris par une intelligence finie ; 2.º que les objets de la foi ne tirent leur certitude que du témoignage qui les annonce ; 3.º Que les motifs de crédibilité qui manifestent le témoignage de Dieu, c'est-à-dire, qui prouvent que Dieu a parlé, ont ici toute la force nécessaire pour mettre la révélation à l'abri de tout soupçon d'imposture ; 4.º que les mystères les plus incompréhensibles de la religion sont vrais, lorsqu'il est démontré qu'ils sont révélés. On a également prouvé que la présence réelle de Jésus-Christ dans l'eucharistie, réunissoit à ce caractère, c'est-à-dire, à l'évidence de la révélation, celui d'avoir toujours été l'objet de la prédication commune : en effet, tous les monumens nous attestent qu'elle a été enseignée dans tous les lieux et dans tous les siècles. C'est un fait aussi certain que notre divin législateur a établi sur la terre une autorité suprême, sur laquelle nous pouvons nous appuyer, et qui nous sert d'un degré ferme et solide, pour parvenir jusqu'à

(1) Voyez la Perpétuité de la Foi, par MM. Arnaud et Nicole.

la connoissance de ses mystères. Nier la vérité de la présence réelle de Jésus-Christ sur nos autels, c'est donc enlever toute autorité à la parole révélée et à la tradition : donner aux sombres lumières d'une raison foible et présomptueuse, la prééminence sur la certitude du témoignage de Dieu même, et préférer l'instabilité et le cahos des opinions humaines, à la sagesse et aux lumières sûres du tribunal de l'église.

§. CCXCVI. *Devoirs que la primauté impose à saint Pierre et à ses successeurs.*

La primauté de saint Pierre a été annoncée par ces paroles de Jésus-Christ trois fois répétées (1) : « paissez, nourrissez mes brebis ou mon troupeau », et surtout par celles-ci (2) : « je vous dis que vous » êtes Pierre ». Les effets de cette primauté, réglée par Jésus-Christ même, sont : 1.º de le rendre le chef visible de l'église ; de faire, par l'unité du chef, un seul et même corps de toutes les églises du monde ; 2.º de lui donner le droit de veiller, dans toute l'église, à la conservation des vérités saintes qui forment le sacré dépôt, et à l'observance des réglemens sages qui constituent sa discipline ; 3.º de proposer à tous les chrétiens ce qu'il croit pouvoir contribuer à l'affermissement de la foi ; 4.º de lui donner l'autorité ordinaire d'assembler les conciles généraux, d'y présider ; enfin, de réprimer les différens scandales et abus qui peuvent s'introduire dans le sein de l'église.

§. CCXCVII. *La toute-puissance de Jésus-Christ, manifestée par tant d'effets merveilleux, est un caractère de divinité.*

« Toute-puissance m'a été donnée dans le ciel et « sur la terre, (3) ».

Jésus-Christ a prouvé la vérité de ces paroles par les effets : miracles de toute espèce, prophéties accomplies, conversion du monde, établissement de

_____

(1) Joann., ch. 21, ⊁. 17. — (2) Math., ch. 16, ⊁. 15. — (3) *Ibid.*, ch. 28, ⊁. 18.

la religion ; soumission des princes et des peuples de la terre aux apôtres et à leurs successeurs ; perpétuité de l'église, efficacité des sacremens, sanctification des élus., etc.

§. CCXCVIII. *Le Baptême renferme le mystère profond et sublime de la Trinité.*

« Allez, enseignez toutes les nations (1) » : prêchez l'évangile à toute créature, les baptisant *au nom du père, du fils et du Saint-Esprit* (2). Égalité des trois personnes divines ; baptême au nom des trois : donc, égalité d'être, de sainteté, de puissance. Or, Jésus-Christ s'est toujours appelé le fils de Dieu ; donc, égal à Dieu, n'y ayant qu'un Dieu ; donc, un avec Dieu ; donc, Dieu de Dieu ; donc, consubstantiel au père. La foi de toutes ces vérités est renfermée dans le baptême même.

§. CCXCIX. *Jésus-Christ promet de rendre perpétuel, dans l'Église, le ministère des Pasteurs.*

« Et voilà que je suis avec vous pendant tous les » jours, jusqu'à la consommation des siècles (3) ».
Promesse de la perpétuité de l'église. Jésus-Christ quoique absent aux yeux de la chair, est toujours présent au milieu de l'église, comme Dieu et comme Dieu-Homme.

La promesse s'est accomplie, et s'accomplira jusqu'à la fin des siècles : elle forme un argument que chaque année fortifie.

Quel homme a jamais fait une pareille promesse, et l'a justifiée par une durée de plus de 1700 ans ? Elle sera consommée à la fin du monde, où l'église de la terre se réunira pour jamais à celle du ciel.

Prophétie, et, en même temps, ordre de prêcher l'évangile par toute la terre.

Cette promesse est également accomplie : nul pays,

(1) Math., ch. 28, ỳ. 18. — (2) Marc, ch. 16, ỳ. 15. — (3) Math., ch. 28, ỳ. 20.

dans la terre, où il n'y ait des hommes soumis à
l'Évangile.

§. CCC. *Jésus-Christ, comme Dieu, éclaire l'esprit et soumet
le cœur.*

Jésus-Christ reproche aux apôtres leur incrédulité
et la fait cesser en même temps (1). Il leur ouvre
l'esprit pour leur donner l'intelligence des écritures:
ils comprennent qu'il falloit que le Christ, Dieu fait
homme, souffrit et entrât par la croix dans sa gloire.

Quel autre qu'un Dieu a pu annoncer des vérités
aussi incompréhensibles, et les faire croire à toute
la terre ?

§. CCCI. *Miracles promis à ceux qui croiront.*

« Tels sont les signes qui accompagneront ceux
» qui croiront. En mon nom, ils chasseront les dé-
» mons ; etc. (2) ».

En accomplissant une prophétie, Jésus-Christ en
fait une autre, ou plutôt il confirme celle d'Isaïe par
la sienne ; l'une et l'autre ont été accomplies.

Quel autre qu'un Dieu pouvoit promettre et opérer de si grandes merveilles.

Il ne dit pas même, *au nom de Dieu, ils chasseront les démons, etc.*, mais en mon nom ; donc, il
est Dieu.

J'enverrai sur vous la promesse du père ; c'est-à-
dire, le Saint-Esprit qui vous a été promis (3).

Il l'a dit et il l'a exécuté.

Un autre que Dieu peut-il envoyer l'esprit de Dieu?

Il ne dit pas, *Dieu enverra, mais j'enverrai* ou
j'envoie, pour marquer, par le présent, le prompt
accomplissement de la promesse.

La même promesse est expliquée ailleurs encore
plus clairement.

Jean a *baptisé dans l'eau,* mais pour Jésus-Christ,

(1) Marc, ch. 16. — (2) *Ibid.*, ch. 16, ⍓. 17. — (3) Luc,
ch. 24, ⍓. 40.

c'est lui qui vous baptisera dans le Saint-Esprit et dans le feu, et ce sera dans peu de jours (1).

Vous recevrez la puissance de l'esprit saint qui viendra sur vous.

§. CCCII. *Prédication de l'Évangile, conversion du monde.*

« Vous me serez témoins dans la Judée, dans la » Samarie, jusqu'aux extrémités de la terre (2) ».

Être témoin de la révélation de la doctrine, de la vie, de la mort de Jésus-Christ, c'est à quoi je réduis tout ce que l'homme devoit faire de sa part pour l'établissement de la religion ; mais qu'auroit-ce été que de simples paroles, un simple témoignage, si Dieu n'avoit fait tout le reste ? Donc, la religion de Jésus-Christ est l'ouvrage de Dieu ; donc, Jésus-Christ étoit Dieu : *placuit Deo per stultitiam prædicationis salvos facere credentes* (3).

Quoi de plus foible en effet que les paroles d'hommes aussi imparfaits que les apôtres ? Quoi même de plus insensé, selon l'homme, que de prétendre assujettir tout l'univers à leur créance, et cela sur la foi de leur seule parole ? Ils l'ont fait néanmoins, et ils ont prouvé, par les effets, ce qu'ils ont dit : *infirma mundi elegit Deus, ut confundat fortia* (4).

Donc, celui qui a prédit tout cela, et qui opère ce grand événement par cette seule parole, *vous serez mes témoins*, étoit Dieu : et l'on peut dire du rédempteur comme du créateur, *ipse dixit et fecit, ipse præcepit et fuit.*

§. CCCIII. *L'Ascension de Jésus-Christ au Ciel attestée et prouvée.*

Jésus-Christ monte au ciel en présence de ses apôtres, c'est encore un fait dont ils sont chargés de rendre témoignage. Des anges annoncent son second

_____

(1) Luc, ch. 3, ⍑. 16. — (2) Act. apost., ch. 1, ⍑. 8. — (3) *Paul.* 1, *ad Cor.* 1, ⍑. 21. — (4) *Ibid.*

avénement comme ils avoient annoncé sa naissance. Le Saint-Esprit lui-même descend, peu de jours après, sur les apôtres, pour confirmer la vérité du fait, non-seulement par leur bouche, mais par les prodiges et les miracles qui s'opéreront à leur gré; par leur pauvreté, par le genre de leur vie, par leur doctrine, par leurs souffrances, par leur mort, par la conversion du monde qui est comme le fruit commun de tant de merveilles.

§. CCCIV. *La qualité d'Apôtres consiste à être témoins.*

S'agit-il d'élire un apôtre à la place de Judas, il n'est question, dit saint Pierre, que de choisir un témoin de la vie et de la résurrection de Jésus-Christ: tout, dans la prédication de l'évangile, s'est fait en vertu de ces simples paroles, *vous serez mes témoins.*

§. CCCV. *Publication de la nouvelle loi par la descente de l'Esprit saint et par les signes qui l'accompagnent, et les effets qui la suivent; signes de la force que l'Esprit saint donne aux Apôtres.*

La publication de l'ancienne loi étoit l'image de la publication de la loi nouvelle : la dernière arrive le même jour que la première, mais avec des caractères éclatans qui la distinguent de l'ancienne, et qui font voir combien l'une est plus parfaite que l'autre.

Ainsi s'accomplissent toutes les promesses de Jésus-Christ, sur l'Esprit saint qui devoit venir d'en haut, et comme inonder les apôtres, sur ce baptême de feu, sur cette force invincible dont ils devoient être revêtus.

Signes extérieurs de cette force :

1.° Ce vent violent et impétueux, signe admirable de la rapidité avec laquelle les paroles de la vie éternelle devoient se répandre dans toute la terre, et de l'étonnement du genre humain lorsqu'il vit ce prodigieux changement, que la seule parole des apôtres opéra dans le monde ;

2.º Les langues de feu, symbole d'une lumière supérieure à toute la raison humaine, et d'une charité si abondante, si surnaturelle, que les hommes n'avoient pu jusque-là s'en former l'idée, et ne l'auroient jamais cru s'ils n'en avoient vu les effets;

3.º Ce don des langues, si miraculeux en lui-même, et qui tend visiblement à réunir ceux que la confusion des langues avoit dispersé;

4.º Cette intrépidité des apôtres à annoncer publiquement que celui que toute la Judée et tous ceux que la solennité de pâques attiroit à Jérusalem, avoient vu attaché à une croix, étoit ressuscité, monté au ciel, assis à la droite de Dieu son père, victorieux, triomphant, tout-puissant, maître du ciel et de la terre, et que son nom étoit le seul par lequel toute créature pût être sauvée;

5.º Cette conversion subite de tant de milliers d'hommes;

6.º Tous ces miracles que les apôtres faisoient avec autant de facilité que les actions les plus communes de la vie.

C'est ainsi que s'accomplissent ces prophéties de Jésus-Christ : *vous serez revêtus de la vertu d'en haut ; vous recevrez la puissance du Saint - Esprit qui surviendra sur vous, vous serez baptisés dans l'Esprit saint ; vous serez mes témoins*, etc.

§. CCCVI. *La Pénitence est le but principal de la prédication des Apôtres.*

« Faites pénitence ; que chacun de vous soit baptisé au nom de Jésus-Christ, pour la rémission des péchés, et vous recevrez le don de l'Esprit saint (1) ».

Cependant, à ces seules paroles trois mille hommes se convertissent.

C'est ainsi que Dieu même rend témoignage à celui qui s'étoit dit Dieu ; donc il l'étoit.

(1) Act. apost., ch. 2, ỳ. 38.

§. CCCVII. *Succès incroyable de la prédication des Apôtres dans toute la terre. Le doigt de Dieu est ici.*

« -Et les apôtres sortant de la Judée, prêchèrent
» en tous les lieux : le seigneur travaillant avec eux,
» étant leur coopérateur, affermissant leurs paroles
» par les signes qui les suivoient (1) ».

C'est ainsi que se termine la vie de Jésus-Christ,
et que s'établit la religion chrétienne. Douze hommes
ignorans, douze pêcheurs ou gens de pareille espèce, partant de Jérusalem, se dispersent dans toute
la terre, sans secours, sans protection, persécutés
partout où ils vont, en butte aux juifs et aux gentils, annonçant des choses incroyables, enseignant
une morale contraire à la nature, aux passions, aux
préjugés, aux mœurs de tous les peuples, et ils se
font croire et imiter. Qui pourra douter que celui
dont la mort a été la source de tant de merveilles,
mais surtout d'un événement si incompréhensible,
et qui a dit tant de fois qu'il étoit Dieu, ne le fut
en effet ?

(1) Marc, ch. 16, y. 20.

FIN DU TOME QUINZIÈME.